U0919040

中国专利发明人年鉴

（第十三卷）

中国发明与专利杂志社　编

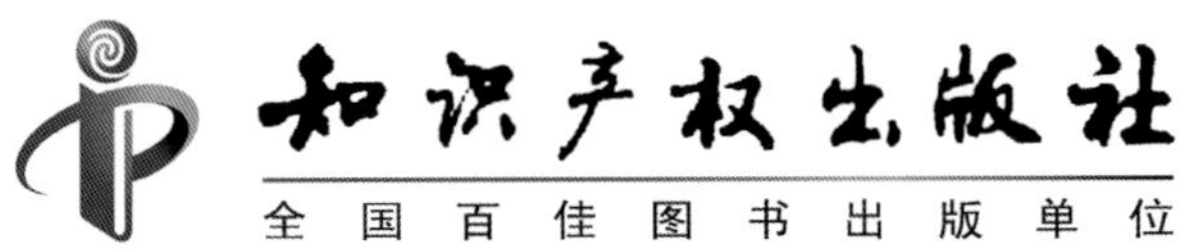

内容提要：

本书介绍了 2010 ～ 2011 年度国家知识产权局公布的部分专利的发明简况及发明人的简要事迹。本书汇集了大量有关知识产权的信息，为将专利转化为生产力搭建了一个交流的平台，对国家经济建设，增强国家核心竞争力具有重大的现实意义。

责任编辑：陈 磊　　**文字编辑**：陈 磊 刘笑明
装帧设计：徐卫兰　　**责任出版**：卢运霞

图书在版编目（CIP）数据

中国专利发明人年鉴．第十三卷/中国发明与专利杂志社编．-- 北京：知识产权出版社，2012.3
ISBN 978-7-5130-0976-8

Ⅰ．①中… Ⅱ．①中… Ⅲ．①专利—创造发明—人名录—中国—现代 Ⅳ．①K826.1 ②G306.72

中国版本图书馆 CIP 数据核字（2011）第 248369 号

中国专利发明人年鉴（第十三卷）

ZHONGGUO ZHUANLI FAMINGREN NIANJIAN (DISHISANJUAN)

中国发明与专利杂志社　编

出版发行：知识产权出版社
社　　址：北京市海淀区马甸南村 1 号　　邮　　编：100088
网　　址：http://www.ipph.cn　　邮　　箱：bjb@cnipr.com
发行电话：010-82000860-8181　　传　　真：010-82009582
责编电话：010-82000860-8336　　责编邮箱：fmyzl@vip.sina.com
印　　刷：北京光之彩印刷有限公司　　经　　销：新华书店及相关销售网点
开　　本：787mm×1092mm　1/16　　印　　张：27
版　　次：2012 年 11 月第 1 版　　印　　次：2012 年 11 月第 1 次印刷
字　　数：500 千字　　定　　价：280.00 元

ISBN 978-7-5130-0976-8/K・110(3864)

编辑说明

随着我国改革开放和构建和谐社会的深入发展，全国人民正坚持科学的发展观，发展知识经济，提高我国的自主创新能力，努力建设具有核心竞争力的创新型国家。为了贯彻实施国家知识产权战略，促进专利技术尽快转化为生产力，推广专利技术，宣传发明人的业绩，我们继编辑出版《中国专利发明人年鉴》第十二卷后，再编辑出版了《中国专利发明人年鉴》第十三卷。

《中国专利发明人年鉴》第十三卷内容丰富，信息量大。专利技术涉及生活日用、机械、电子电器、化工、冶金、医疗保健、工程建设等领域。本年鉴刊登的条目，既概述专利项目的简况，又展示发明人的业绩；既有文字说明，又有发明人的照片和产品图像；既保护发明人的权益，又为专利的转化牵线搭桥；既有该专利项目的转让条件及合作意向，又有各专利发明人的地址、邮编、电话及电子邮箱（E-mail）等联系方式，便于发明人与生产厂家的沟通和建立广泛的社会联系。因此，对我国各地急欲寻求项目开发、引进技术和人才的企事业单位有一定的参考作用，同时，也具有一定的研究价值和收藏价值。

另外，为保证您引进的技术可靠性，请在联系转让时向有关权威机构咨询专利技术的法律状态并深入考察。同时，由于编辑出版时间仓促，《中国专利发明人年鉴》第十三卷难免有疏漏和错误之处，恳望广大读者谅解指正，以便在下卷中改进、提高。

中国发明与专利杂志社

2012 年 7 月

凡 例

一、《中国专利发明人年鉴》（第十三卷）收录的是近期获得专利证书的（含已申请专利尚未拿到证书的）部分专利发明人简要事迹。书中对绝大多数人物及其主要专利技术和产品有较为详尽的介绍，并尽可能刊登发明人近照。

二、2011 年度优秀发明家展示（彩色页）词目随机排列，排名不分先后；2011 年度优秀专利展示（黑白页）词目按专利权人姓氏汉语拼音音序，由计算机自动排列。

三、为便于专利人与专利技术需求者之间的直接沟通，词条中增加了工作单位名称、通信地址以及联系方式。与以往各卷不同的是，本卷尽可能地收录了发明人的电子邮箱（E-mail）。

四、发明简况栏目中，由于字数所限，对持有多项专利的发明人，主要介绍了 1 个专利项目；对于专利项目过多者，重点介绍了少数项目，其余各项则只刊登专利名称及专利号（含专利申请号），而个人简介则适当从简。

五、书中人物的释文资料截止日期为 2011 年 12 月 31 日。

2011年度优秀发明家展示（彩色页）

目录

袁仕杰：要发明 要创新 …… 1
宁波索科：服装定制专用车 …… 2
葛汶雨：一个勇攀高峰的发明家 …… 3
叶吉：双控动力固结软弱地基 …… 4
邱南海：用工业垃圾提炼莫来 …… 5
吕建军：自动吞沫机为低碳经济增添新内容 …… 6
马兆瑞：多个技术领域的发明家 …… 7
巴雅斯胡良：让科技引领农牧业前行 …… 8
张正儒：让美酒香飘四海 …… 10
程维来："中华人牙第一塔"医学与艺术完美结合 …… 12
史家云：为了人民健康 而探索不止 …… 13
王学贵：驰骋中医治癌路 …… 14
黎孝纯：抓住难题攻坚不止 形成知识产权 建设创新型国家 …… 17
曾玉华：向治愈骨质增生发起挑战 …… 18
陈国来：探寻中医精粹 造福广大患者 …… 19
臧玉华：气体行业的杰出女性 …… 20
金道收：加快转变经济发展方式的积极推动者 …… 21
陈刚：中医肿瘤治疗新思路 …… 22
吴桂芳：百花草堂创骨质增生良药 …… 24
俞正良：环保高新技术促节能减排事业发展 …… 26
郭俊杰：全智能比例电液控制机构填补国内空白 …… 28
向凌云：专业、低价代客研发专利，评估、认证、投融资 …… 29
通用三洋 天津和美：追求新药研发无止境 …… 30
沈高云：纯葛根功能营养酒 …… 31
李国健：在发明道路上探索不止 …… 32
邹学满：将氨基酸提取技术进行到底 …… 33
高新：将人类健康防线前移 …… 36
陈茂高：自主创新助推低碳能源发展 …… 38
刘华映：磁旋量释能汽车与磁环量模感变压器模方磁镛管发电发动机 …… 39

韩秀峰：包含和非包含金属芯的闭合形状磁性多层膜及其制备方法和用途 …… 40
杨世祥：数字液压技术前景广阔 …… 41
应关雄：在创新中升华人生价值 …… 42
陈庆洲：科根文化的追梦人 …… 43
胡礼元：全功能电动自理床应运而生 …… 44
吴健：走在生物科技前沿 …… 46
戴耀良：创新一流精品 关注生命健康 …… 47
孙建华：生物感应技术 …… 48
苏世同：血清降脂胶囊治疗高脂血症 …… 49
何申戌：为人类健康事业奋斗不息 …… 50
苏国强：创新科技 取宝生物界 …… 52
小井盖里探索大学问 …… 53
王泽蓉：饮用分质 推动中国饮、用供水文明进程 …… 54
朱夏霖：自主创新填料、再分布器的开发应用 …… 56
殷志强：太阳能热利用研究与产业的领头人 …… 58
陈远宪：历经风雨沧桑 执著发明路 …… 60
尹凤金：全液压转向器达国际先进水平 …… 61
朱世榈：汇通中藏医精华 创拟藏药香莲祛痛霜 …… 62
金来兴：奥勃龙高楼火灾逃生装置 健身安防两不误 …… 63
王远大：创新技术让褐煤脱胎换骨 …… 64
李政文：电动隐藏警示牌能有效减少汽车追尾 …… 66
郭春未：创新防水理念 为建筑造“皮肤” …… 67
柏启怀：焙烧瓦和焙烧砖瓦的隧道窑项目 …… 68
朱孟领：新一代环保真空防火复合装饰板填补国际空白 …… 69
于江波：情系公路 满载发明不断向前 …… 70
陈南海：轮履复合式越野车开创机动车技术新领域 …… 71
刘邦贵：一种能永久防水与绿化的屋面 …… 72
王文远：平衡针灸创新学科的创始人 …… 73
金元生：在金属摩擦与磨损表面 生成保护层的制剂及其制备方法 …… 74
向高峰：让吸烟也变得“绿色” …… 75
李贺清：喷流推进器节能显著 …… 76
何克忠：清华智能车驶出全球极速 …… 77
邓寿长：为人们工作生活求便利 …… 78
林健：发明一种食疗粉 关注亚健康人群 …… 80
李宝军：提高太阳能的利用率，发展生态环保农业 …… 81
赵晓江：研发最贴近百姓生活的实用专利 …… 82

林世光 罗国维：金婚夫妇举案齐眉 携手并进环保事业 …… 84
陈爱红：高效无毒农药广普型杀虫杀菌剂效果佳 …… 85
夏爱国：让煤矿通信更安全 …… 86
黄太清：专注创新 不断发明 …… 87
刘爱生：精致发明 …… 88
韩允杞：家庭采暖立式节能热水器和真空保温玻璃 …… 89
张忠深 王久英：清洁的能源 无限的动力 …… 90
李国坤：为专利转化不遗余力 …… 91
董达：着眼能源转换 创新发电装置 …… 92
乔希海：锲而不舍的发明家 …… 93
胡华梁：架起易货交易的技术桥梁 …… 94
詹朝润：总线式油雾探测器检测精度高 …… 95
李礼然：创新科技产业化 服务发明专利事业 …… 96
张群刚：依靠科技抢占化工产品前沿 …… 97
一种治疗消化道出血的中成药及其制备方法 …… 98
刘春林：从文学之秋走向药物研发的春天 …… 99
沃建中：刺激信息认知能力值测试系统及其方法 …… 100
周志壮：归国立业 创新发明 …… 102
双霉降解生物基 高分子环保材料聚酶酯 …… 103
冯锦满：建设和谐社会从我做起 …… 104
黄大卫：实力彰显年轻魅力 …… 105
田克恭：“高致病性猪蓝耳病”的克星 …… 106
刘国忠：把生活装饰得更美丽 …… 107
俞善锋：反光纽扣生产工艺及其方法 …… 108
杨建敏：家庭工业节约水资源减少排污方法 …… 109
林宗全：中医预防治疗老年性痴呆的创新成果 …… 110
张进发：海南—DF380一次成型式开沟机的研制是逼出来的 …… 112
张福全：研制新型节能减排产品 …… 113
李标荣：发明爬楼轮椅 …… 114
王巧玲：“巧式疗法” …… 116
李义德：攻破棉、蕉枯萎病的第一人 …… 117
徐贵阁：用智慧照亮农业科技新天地 …… 118
邹大恒：让巨轮下水变得很简单 …… 119
马月俊：创新，永远的追求 …… 120
蓝著碧：让“神草”与寻常百姓相会鹊桥 …… 121
杨培瀛：走出一条高效节能之路 …… 122

陈峰：电子智能化测试仪器领域的“攀登者” …… 123
陈凤仪：先进的环保和资源综合利用技术 …… 124
李小岛：关注前沿领域 创新研究不辍 …… 125
谢佩林：棘稞为茶，得天独厚益健康 …… 126
赵立萍：身轻体健，世界才更精彩 …… 127
金明：在环保领域绽放创新才能 …… 128
王绪征：创业共求生存 发展铸就未来 …… 129
武万亮：珠坛创新进取者 教具优秀发明家 …… 130
康尧：创新让生命历程更精彩 …… 131
杨南征：开创“从门到门”个体轨道交通新时代 …… 132
林富雄：勤劳与探索积累人生财富 …… 134
王龙：新玉米制糁机助力玉米深加工 …… 136
古菊云：青山碧水蓝天我的梦 …… 137
张东海：当好骨伤患者的“主心骨” …… 138
黄凯奇：突破智能视频实时监控瓶颈 …… 139
赖奇志：让输入法不再烦琐 …… 140
董传义和他的发明 …… 141
孟庆云：创新疗法降服哮喘顽症 …… 142
温冰冰：健康领域的执著追求者 …… 143
赵瑛：一种用途广泛的台徽 …… 144
孙宝树：走在能量科技前沿的开拓者 …… 145
司徒植及其发明介绍 …… 146
梁方雄及其专利介绍 …… 146
王忠智及其专利介绍 …… 147
曾腾辉及其专利介绍 …… 147
张坤树及其发明介绍 …… 148
朱一夫及其专利介绍 …… 148
李瑶松及其专利介绍 …… 149
李朝阳及其专利介绍 …… 149
王岸娜及其发明介绍 …… 150
白蓬江及其成果介绍 …… 150
林世昌：绿色生态环保墙 …… 151
李滋星：战略创新 国际领先 …… 151
杨解定及其专利介绍 …… 152
郑定悦：一生心血凝成字 …… 152
张立新及其专利介绍 …… 153
尹凤琴：为大众健康研制保健酒 …… 153

刘小江：金属蜂窝式换热器 …… 154
庄汉忠的多项专利发明 …… 154
范朝来及其成果介绍 …… 155
吴向东：塔式公墓新技术 …… 155
林忠平及其成果介绍 …… 156
刘长林：太阳能燃气壁挂炉供暖系统 …… 156
邹立基及其专利介绍 …… 157
卢保健及其专利介绍 …… 157
朱艳及其发明介绍 …… 158
万特尔公司及其发明介绍 …… 158
赵友三、林建筑及其发明介绍 …… 159
王鸽、左美俊及其发明介绍 …… 159
胡泽林及其专利介绍 …… 160
陈耀华及其成果介绍 …… 160
戴明义及其专利介绍 …… 161
陈瑞文及其成果介绍 …… 161
蒋立科及其专利介绍 …… 162
刘新壮及其发明介绍 …… 162
张玉增：机械蓄能动力装置适用范围广 …… 163
牟水元及其发明介绍 …… 163
欧阳江南及其专利介绍 …… 164
甘从远及其成果介绍 …… 164
唐清波：羽毛挤干脱水机效益可观 …… 165
万之江及其专利介绍 …… 165
俞沅：滚动式水面油膜采样装置 …… 166
龙绪明：电子整机SMT生产线虚拟制造系统 …… 166
黄启祥：小型精密蜗杆专用机床 …… 167
尹钢：优化汽车核心技术 …… 167
杨栎：新工艺让柔性沥青路面更“坚强” …… 168
陈雄文：特制手杖“变身” …… 168
唐瑞：创新科研，一路向前 …… 169
张诗文：利用地热控温为人类节能 …… 169
叶苏祥：用平生所学保黎民健康 …… 170
赵杨：秀包 能防盗的挂包 …… 170
吴铭鑫及其成果介绍 …… 171
刘霞及其成果介绍 …… 171
王福山：祖传“新药”为肝病患者带来福音 …… 172

王钧及其成果介绍 …… 172
黄泉忠：高楼“救命草”——自发电型缓降器 …… 173
周名扬及其专利介绍 …… 173
周健勇：新型尿素干法脱蜡工艺 …… 174
赵建波：续筋接骨膏药送健康 …… 174
陈邦儒：实现“电脑键盘中文化” …… 175
王红星及其成果介绍 …… 175
段方泉及其专利介绍 …… 175
李书印及其专利介绍 …… 176
王兴安及其成果介绍 …… 176
刘旭及其专利介绍 …… 176
范秉法及其成果介绍 …… 176
李妙友及其成果介绍 …… 177
侯希彦及其专利介绍 …… 177
吴淑文及其专利介绍 …… 177
曾昭湘及其专利介绍 …… 177
颜可根及其专利介绍 …… 178
马斌其及其发明介绍 …… 178
莫晓东及其发明介绍 …… 178
刘春河和他的专利产品 …… 178
廖煌及其专利介绍 …… 179
刘极上及其专利介绍 …… 179
杜双生及其专利介绍 …… 179
刘公保的新型减速电机 …… 179
徐吉民及其专利介绍 …… 180
柯亨方及其成果介绍 …… 180
许桂莲及其成果介绍 …… 180
陈火明及其专利介绍 …… 180
丁睿旖及其成果介绍 …… 181
王连君及其发明介绍 …… 181
刘志飞及其专利介绍 …… 181
袁坚及其发明介绍 …… 181
张旻及其成果介绍 …… 182
陈德来及其成果介绍 …… 182
黄有银及其专利介绍 …… 182
吴永华及其成果介绍 …… 182

袁仕杰：要发明 要创新

袁仕杰，祖籍广东汕尾，美国威斯康星州大学工商管理荣誉博士，香港著名科学发明家、实业家，香港中兴科技集团有限公司董事局主席，香港发明家协会顾问。

20 世纪 60 年初，正是香港经济开始起步之际，制造业方兴未艾。袁仕杰洞察先机于 1964 年春，创办了仅有 15 名员工的小电器厂，即香港中兴科技集团的前身。1976 年，小电器厂成为当时世界上光电子电器五大生产商之一。1979 年，“中兴电子”品牌商标 "JOHNLITE”“JOHNDEX” “PARLY” 产品系列，成功先行进入欧美市场。

20 世纪 80 年代初，经济改革开放号角吹起，香港工业发展迎来新契机。袁仕杰毅然将生产线迁往深圳，建立了第一家子公司——同泰实业公司制造厂。他是最早在深圳投资设厂的香港实业家之一。

1992 年，“中兴”在深圳建立第二家子公司——明辉光源科技（深圳）有限公司，主要生产光源电子电器系列产品，产品 100% 外销，在国际市场上享有盛誉。

2003 年 4 月，SARS 病毒肆虐，袁仕杰迅速反应，制造了环保型纳米光电子兼负离子空气净化器系列产品，并将第一批制造的价值约 40 万人民币的 800 台纳米光电子空气净化器捐赠给灾情最严重的北京小汤山医院和广东多家医院，并亲自送往北京以表达“中兴科技”支持国人对抗 SARS 病毒的决心。

袁仕杰从事产品研发、制造近 40 年，已发明专利产品 15000 余种，投入生产 300 多种。他先后获得 24 项奖项，其中获香港电子业创新产品设计奖 9 项，香港电子业商会设计奖 3 项，香港贸易发展局国际市场推广奖 3 项，欧洲游品质奖和美国品质奖共 3 项。

这一切都源于他坚信：要发展企业、走自己的路，就一定要不断发明，不断创新！

葛汶雨：一个勇攀高峰的发明家

人物风采：葛汶雨，1942年生，教授级高工，1965年毕业于清华大学，现任大连万泉应用科技有限公司首席科学家。长期从事科学技术研究工作，先后申报40多项国家发明专利，2004年被授予全国“十大发明人”、2005年荣获“中国发明专利20年优秀成果特别金奖”、曾获得美国“爱因斯坦科学技术发明奖”、“英联邦科学技术发明个人终身成就金奖”、“尤里卡世界发明金奖”等国际国内多项大奖。

创立了全海水产业链理论

“全海水产业链”理论推翻了传统思维观念，视海水为“液态富矿资源”,创新出“海水反复循环提取”方法，并利用“优化组合”手段将海水全部综合利用，实现零排放。生产出三大系列产品：①从海洋的微型藻中提取出能治疗人类心脑血管疾病的PUFA长链高度不饱和脂肪酸；②降低30%生产成本的系列盐化工产品，或将海水改性为植物营养液；③剩余下来的副产品是洁净淡水，每吨生产成本仅0.6元人民币。

“全海水产业链”是一场技术革命，它能将地球上最大的资源“海水”变成“宝”，寻找到能医治人类第一大死亡疾病珍贵的海洋生物医药，为人类提供永恒而又廉价的淡水资源，“全海水产业链”是项最大可持续发展、有极高经济价值的绿色环保产业。发明专利有：ZL200610151976.4等。

创建了一分为二的管道连接理论

传统的管道连接方法是“合二为一”连接理论，如“丝扣连接方法”中的“丝扣”和“焊接连接方法”中的“焊缝”既要承担“密封”功能又要承担“连接”功能，功能混淆、顾此失彼，所以必然要漏。葛汶雨以逆向思维提出“密封”由密封环承担、“连接”由一个锁紧件承担，功能分开、分工明确、一个不漏！这就是“一分为二”连接理论。葛汶雨依据此理论发明出“活节管件”，先后申报13项国家发明专利，实现管道无泄漏连接，安装简单方便快捷，被称为“傻瓜相机管件”，人人都会安装管道。从此管道安装不再需要使用铰丝机、压槽机、电焊机、探伤机、热熔机等施工机械设备，只要有把扳手就能安装各种管道，可节省80%人工费，提高工效3～5倍，降低20%以上工程造价。经中国建设部专家论证和典型工程使用三年验证后，确定作为：在全国推广应用的科技成果项目（项目编号：2003036）。发明专利有：ZL03111097.5、200510045875.4等。

创新了清洁制浆理论，消除了造纸三废

使全世界头痛无耐的造纸“三废公害”废水、废气、废泥的污染排放，被葛汶雨创建的“清洁制浆理论”解决了。只有100%综合利用，才能真正消除“三废公害”！在此理论指导下葛汶雨先后申请6项国家发明专利，对制浆造纸废液（水）中的有机、无机物进行化学改性和接技共聚，获得木素有机胶、糠醛、建筑保温砖等多种副产品，消除生产垃圾，形成“治污效益”，淘汰了黑液焚烧碱回收、白液苛化和中段废水做三级生化处理“花钱治污仍排污”的工艺方法，真正做到清洁生产。使制浆造纸企业从用水大户变为节水大户、从污染大户变为环保大户、从被动治污变为主动治污、从资源浪费大户变成综合利用大户，企业提高一倍经济效益。这是制浆造纸行业的一场“改天换地”的技术革命！

发明专利有：ZL200410050556.8、20051009182.26、200610093356.X等。

电话：0411-83612266
E-mail：gwyu_2009@163.com
通信地址：辽宁省大连市西岗区北岗街27号
邮政编码：116011

叶吉：双控动力固结软弱地基

✦人物风采：叶吉，男，1957年6月生，江苏江阴人。毕业于中国地质大学，中国科技工程学院，工学学士，高级工程师，特级职业经理人。1976年进交通部澄西船厂，1983年在江阴澄西机械施工处打桩队工作，1997年任江阴澄西机械施工处打桩队队长，2000年在江阴市华澄建筑安装工程有限公司历任机械施工队队长、打桩队队长、项目部经理等职。叶吉先后参与了上海浦东机场第二、第三跑道，上海海港新城，上海虹桥机场第二跑道，上海洋山港陆域配套道路施工等市级，国家级重点工程项目。2007年在北京人民大会堂被授予“优秀职业经理人”，2008年在北京钓鱼台国宾馆被授予“诚信企业家金鼎奖”，2009年获江苏省民间发明家“一等奖”。

成果展示

通过近20年的施工实践，叶吉针对软弱地基特别是新吹填砂土及淤泥质土的处理，发明了“双控动力固结处理软地基的方法”（专利号：ZL200510134968.4）。

“双控动力固结处理软弱地基的方法”是一种优于现有的降水强夯方法的新技术，本工法通过数遍电渗降水，采取最先进的物理原理，综合现有的井点降水并结合数轮强夯，达到提高土体密实度，减少地基工后沉降和差异沉降的目的。

通过电渗降水降低施工区域内的地下水位，使加固范围内土体的含水量达到满足强夯施工的最佳含水量，利用电渗后流塑状淤泥在外力作用下可塑成任何形态这一特点，通过施加电渗（外力）来激活水分子，通过抽水，使之成为半固态或固态。淤泥质黏土在外力除去后，能继续保持半固态。同时，在塑态变成半固态时，土的形状不变，由于电渗降水的作用，土的体积因水分减小而发生收缩，特别是当土体水分进一步减少后，土由半固态转变成固态，从而达到固结的效果。

该专利技术不仅解决了软土超孔隙水压力消散及强夯容易使软土形成“弹簧土”等关键问题，同时，采用电渗降水，减少了土体含水量，辅以强夯工艺，使夯实效果大大提高，从而被处理土体形成一定厚度的超固结“硬壳层”，由于“硬壳层”的存在，使得表层荷载有效扩散，减少了因荷载不均匀产生的不均匀沉降；由于采取电渗降水强夯结合多遍施工技术，土体的瞬时沉降在施工过程中被消除，大大减少了需加固区域的工后沉降。

该专利技术是目前国内一种实用、先进的降水方法，该工法不仅能达到现有井点降水强夯能达到的技术要求，而且现有井点降水无法达到的技术要求，本工法同样能达到。该技术主要用于表层吹填砂下卧淤泥质土、表层耕植土下卧淤泥质土以及淤泥质粉质黏土和淤泥夹粉质土的降低土体含水量，同时，通过对降水井点的控制，在一根电渗井点上可根据不同的土质确定电渗不同部位进行调整，并结合多轮不同夯击能的控制。因其创造性、新颖性、实用性而被国家授予发明专利。

该技术先后通过浙江湖州、温岭、温州；广东东莞虎门港；连云港、福建厦门等沿海、沿江各种不同地区、不同地质条件的试验，受到有关专家、业内人士的一致好评，目前在技术、工法成熟的基础上，开始进入大面积施工，完成浙江温州滨海园区、江苏华澄重工（靖江）、天津鲤鱼港大面积超软地基处理，并通过专家评审。该技术突破了“神仙难降淤泥水”的神话，为淤泥质土的再生利用，为我国加快沿海发展战略奠定了基础。该专利技术获国家专利战略促进计划重点推荐项目和建设部建筑业协会十项新技术应用推荐项目。

邱南海：用工业垃圾提炼莫来

莫来石分布于我国山东章丘、安徽淮北、河北唐山和辽宁等少数地方，属珍稀资源，国内供不应求，需高价进口。

莫来砂是不锈钢精铸工艺中的重要原材料，是从莫来石中提炼出来的。邱南海在深圳多年，踏遍了珠江三角洲山山水水，了解到许多不锈钢精铸厂不但消耗大量的莫来砂，而且也把大量的含有珍稀元素的壳模当做垃圾丢弃，散堆于各水源地、山坑和路旁。经风化雨刷，这些废垃圾逐渐变成黑色的、灰色的、淡红的、暗黑的污水渗入溪水和河江海域，不仅浪费了资源，破坏了环境，污染了水源，更与环保和再生资源政策背道而驰。

为改变这种恶性循环，邱南海决心在有生之年为保护环境，净化水源，节约资源多作贡献。

自2000开始，他潜心研究了一种利用废弃工业垃圾提炼莫来砂的方法（专利申请号：201010145874.8）。

1. 精选原料，把废弃的壳模渣中的杂质除掉。

2. 进行破碎，得到粗选产品。

3. 把含铁、铝等多种杂质和纯莫来砂进行分开，把准产品引入筛机分流出S16−30目，S30−60目的初级品引入风机，除尘入库。

4. 把初产品输入磨机进行精选，排除非莫来砂粉杂质，把S200目的准产品引入仓库。

5. 对准产品进行化验精包装。

把准产品推向市场，经许多厂家用后反馈，该产品比原矿山产的原质产品更好用，更具有抗高温、抗高压、防裂变、防漏钢水的特点。

实践证明，这套方法起到了一箭三雕的作用：一是保护环境净化水质，起了治本作用；二是填补了缺少莫来砂资源的空白；三是获得了较好的经济和社会效益，其利润率高达20%。

市场前景：本发明技术适逢国家对自然环境和国家资源的保护政策的推广执行，前景十分喜人。全国各地的不锈钢精铸生产中产生的废弃垃圾，由于没有一个整体的回收、利用、整治的机构负责管理，每年有数千万吨的工业垃圾，特别是壳模渣，大多数分散乱堆于各地的偏远山丘、小溪、荒山、土坡、水道旁边。时间一长，经风雨浸蚀，这些垃圾就氧化流出红色、暗黑色的污水渗入地表，流入河流。

广东省是莫来矿石缺少的省份，这里的精铸企业要花大量的资金从国内、国外以高价购入精铸原材料，生产后变成了废弃工业垃圾又一分不值地散丢弃于各地。

广东省水源的污染是众人有目共睹的事实，这种行为既污染了水源破坏了环境，又严重浪费了国家资源。

如果利用本技术，组织专业人员进行大规模的回收利用，全方位地从整治环境、净化水源入手，将会出现的景象是：以超低的成本，生产出高价格产品，这种低碳绿色环保企业，既增加了经济效益又有好的社会效益，利国利民。

转让意向：本发明技术，可向有志于保护环境、净化水源、保护国家资源、增加投资效益的志士转让或合作。

人物风采：邱南海，大学毕业后由国家分配在行政机关从事党委的党务工作，一直工作到退休。退休后更热心于公益事业的钻研，特别是对保护环境，净化水质，造福子孙后代的公益事业更显热诚。

通信地址：广东省深圳市平湖平荔东街九号
邮政编码：518111
电　　话：13609672986/13603068576
传　　真：0755−28450181

2009年12月备受关注的世界气候峰会在哥本哈根隆重召开，中国政府向全世界承诺："到2020年我国节能减排目标比2005年减少40%～45%。"在这一郑重承诺理论指导下，我国进一步提出：大力发展低碳经济的经营战略理念。

北京市博硕德恒科技开发有限公司吕建军董事长和他的科研团队研发了拥有自主知识产权的高科技项目——"自动吞沫成套设备"。

发明人吕建军研发的"自动吞沫成套设备"改写了传统的除泡方法，具有独特的技术优势，市场前景良好，为低碳经济建设增添了新内容。

吕建军：自动吞沫机为低碳经济增添新内容

所谓低碳经济，就是通过技术创新、制度创新、产业转型、新能源开发等多种手段，尽可能地减少煤炭石油等高碳能源消耗，减少温室气体排放，达到经济社会发展与生态环境保护双赢的一种经济发展形态。

在生物发酵工程领域，如氨基酸、有机酸、核苷酸、抗生素、维生素等好氧发酵生产过程中，不可避免地产生大量泡沫，这些泡沫必须及时清除，否则将严重影响生产，甚至逃液冒罐染菌报废。传统的除泡方法是消沫耙和化学消泡剂并用，其缺点是消沫耙只是在罐内液面上方安装耙式刮板，将表面的大泡打碎成小泡，结果还是除不掉泡沫，无奈只好再添加化学消泡剂（泡敌）或植物油除泡，而化学消泡剂和植物油不仅成本高、抑制菌体的繁殖和生长，还会破坏环境，增加碳排放和治污成本，这些都是和低碳经济的理念相悖的。

"自动吞沫机成套设备"历经博硕德恒科技开发有限公司8年时间的探索与完善，是拥有多项自主知识产权的高新科技成果。该专利技术属国内外首创，广泛适用于生物好氧发酵并产生一般黏滞性气泡的生产工艺。

吕建军介绍，该低碳产品的经济效益和社会效益是显而易见的，研发和生产低碳产品是为节约国家资源做大事。该产品攻克了多个技术难关，项目和产品经国家相关部门检测，各项性能指标达到或超过国家相关技术标准要求。

"自动吞沫机成套设备"工作原理是依据流体力学原理设计的，当具有一定压强的气流，按特定的方向流动并通过吞沫机的喷腔（贯通式）装置时，即在吞沫机周围形成一个负压区，大量挤压在吞沫机周围的泡沫，在负压所形成的空吸作用下，通过各环形吸沫口被吸入该机管腔，在空气动力的作用下将泡沫击碎雾化，液体顺着射流方向与罐内原来料液溶为一体，气体顺着排气管道排出罐外。其独特的技术优势在于：以好氧发酵罐自备的无菌压缩空气为动力。

通过吞沫机的特殊装置，将大量的泡沫迅速彻底地吞噬掉并还原为料液，既节省了人力、物力（消泡剂），提高了产量（增加罐容），又保护了环境，且对提取工序大有益处，同时也减少了化学除泡带给人体乃至动植物类的侵害。这无疑是对传统除泡方式的一次革命。

秉承"以善为本、以实求实、以赢求赢、以利求利"为经营理念的北京博硕德恒科技开发有限公司，积极承担社会责任，紧紧围绕服务民生开展科技攻关，蕴藉了深厚的技术实力和广泛的战略合作关系，2006年公司被北京市科委认定为高新技术企业，同年顺利通过（GB/T19001–2000）质量管理体系认证；2008年在国家重新审核的高新技术企业名单中，公司再次被认定为国家级高新技术企业；2009年又再次通过质量管理体系认证（GB/T19001–2008/IS9001:2008标准）；2010年"自动吞沫机成套设备"仍被列为"北京市火炬计划推广项目"。

马兆瑞：多个技术领域的发明家

人物风采

马兆瑞，男，69岁。1965年毕业于东北石油大学，被分配到石油工业部北京设计院，1969年参加北京燕山石化公司炼油厂建设，同年4月初独自发现制造中的催化裂化装置两套3000千瓦汽轮机－增速机－主风机反向事故隐患并参与解决，当即避免200万元直接损失和不可估量的间接损失。后在燕山石化公司、北京化纤厂工作，担任过日本、英国、美国等多国企业的总工程师。现任北京法拉第马科技开发有限公司（www.faradma.com）技术总监，被授权有六项不同技术领域的中国创造型专利。

成果展示

太阳能电池板追日旋转平台

（专利号：ZL200710111312.X）

本发明专利具有独特的旋转平台模式，其跟踪日光模式、原理、方法和构造在世界属首创，与国内外跟踪日光装置相比较，在造价低、占地省、跟踪日光系统用电省、寿命长、平台下可建造房屋等十方面具有突出的先进性。本发明如同巨大的水平放置的向日葵圆盘，大圆盘上面布阵太阳能电池板。向日葵圆盘旋转速度在每个随机时刻与地球自转角速度完全同步，是用一套具有一百万倍数量级减速比的总体机械减速系统实现的，平台上电池板仰角控制参数源自一年365日的每天日出时刻、日落时刻、正午太阳高度角等，使布阵在上面的电池板始终连续同步跟踪日光，保持日光垂直照射。从而使已有电池板比固定不动的电池板多获取30% 的电能。本发明是中国创造的“太阳能光伏建筑物一体化”（BIPV，Building Integrated Photovoltaic）的一种特殊典型。

不致癌不致敏金属炒菜锅铲

（专利申请号：200910148369.6）

全球应用最广泛的不锈钢18－8含铬18%、含镍8%～9%，超过1/4的重量是铬、镍。经癌症病理学证实及国际癌症研究署（IARC）公告，铬和镍存在致癌性，为一类致癌剂。且对人体致敏。当前中国人普遍使用不锈钢锅铲炒菜，锅铲碰撞、摩擦、磨损将铬、镍的粉末混入菜肴，进而食入人体，无形中形成一条致癌通道。本专利为饮食习惯以吃炒菜为主的国人提供一种使用不锈钢锅铲炒菜而不致癌的新技术方案，本产品已经批量生产并销售。

带有公交车线路号永久性标志的站台砌块

（专利号：ZL200920175828.5）

一种带有公交车线路号标志的站台砌块，被铺砌在公交车站台地面上，在砌块顶面做出永久性标志公交车线路号，以向在站台候车人示意在此处排队乘车；同时公交车司机把车的上车门停靠在此处可促进乘客文明、有序乘车。砌块共设计出用铸铁、混凝土、透水砖、玻璃钢、注塑材质制作，用铜、铝合金材质搭配其间的豪华设计。从景观性而言，也提高了城市档次。对含有铸铁、黄铜、铝合金的砌块设计了防盗结构。

银行卡和新一代身份证保险盒

（专利号：ZL200420120080.6）

本专利在固有功能的基础上，在金属盒上用激光雕刻或丝网印刷做用户商标、LOGO、网站、电话，做广告载体。每个卡盒内可重叠放置4张银行卡和一个身份证。每个卡盒内的质量合格证上用8种文字（中、英、法、俄、日、德、韩、西班牙）写明其防电磁功能。

除以上介绍的成果之外，马兆瑞被授权的成果还有：不含不锈钢必需含有铬镍的低碳钢一体式发蓝锅铲（专利号：ZL200920171113.2）、一种正多边形追日旋转平台（专利号：ZL201020228616.1）、追日旋转平台的一种轴向止推调心定心轴装置（专利号：ZL201020236999.7），还有追日旋转平台多项专门用途离网小型光伏电站（专利申请号：201010290134.3及201020540081.1）、带有旋转餐厅的观景向日葵光伏电站大厦（专利申请号：201010299120.8及201020551330.7）、不致癌不致敏金属炒菜锅（专利申请号：201110035620.5）。

巴雅斯胡良：让科技引领农牧业前行

人物风采

巴雅斯胡良，男，蒙古族，现年48岁，1987年毕业于内蒙古农牧学院，农学学士学位。现任鄂托克前旗农牧业局局长，中共党员，农业技术推广研究员。中共鄂托克前旗委员会第七届代表，政协第五、六届委员，第八届人大代表；中共鄂尔多斯市第二届党代表、第一届政协委员、科普作家协会会员、科协委员；2004年获自治区“家庭草库伦模式化技术”丰收二等奖、自治区“山羊舍饲示范工程”丰收一等奖；2005年鄂尔多斯市人民政府授予“动物防疫工作先进个人”；2005年获自治区“内蒙古不同类型天然放牧地合理利用研究与应用推广”丰收一等奖；2006年被评为鄂尔多斯市第一届优秀政协委员；2007年获自治区“五一劳动奖章”，2009年中华全国总工会“五一劳动奖章”，国家二级项目管理师、评估师；生态监理工程师。2010年获自治区人民政府有突出贡献中青年专家奖励。

巴雅斯胡良参加工作以来，一直在农牧系统工作，从未间断过对农牧业技术的研究和探索，他力求找到一个既能保护生态环境、科学利用草牧场，又能显著提高农牧民收入的路子，取得了突出的成绩。

成果展示

肉羊三元杂交模式

（专利号：ZL200810173436.5）

以现有的蒙古羊、低生产性能细毛羊为母本导入小尾寒羊血缘提高其杂交后代的多胎性能、性早成熟性能、四季发情性的“三性优势”，利用这种杂交后代为母本（F1），导入纯种肉羊（道赛特、萨福克、特克塞尔、乌珠穆沁羊等）血缘进行杂交生产育肥羔羊（F2），提高后代的产肉性能和肉的品质及饲料报酬率，加以短期育肥出栏。这项新型肉羊羔羊生产模式，打破了传统的肉羊冬春产羔，一年一胎一羔，每年出栏一次的固定程序，大大缩短了母畜空怀期，提高多羔率、繁殖率，加快出栏周转，实现了四季出栏。由传统的模式，“百母产百子”的大丰年，每只母羊年生产一只羔羊变为年生产两胎羔、一胎双羔，增加养殖户的收入，以此达到产业化生产的目的。同时减轻放牧草场压力66%，纯提高产值200%。推广该项目的地区实现了利用草原生态植被的同时，保护了草原生态，在保护生态环境的前提下，合理利用草原。

一种绒山羊增绒的饲养方法

（专利号：ZL200710142975.8）

多年来，饲养绒山羊是西北地区许多农牧民赖以生存和致富的方式。近年来，饲养绒山羊并使其增绒的技术受到科技人员和广大农牧民的重视，但是，现有的增绒技术都是以药物处理为主要方式，而药物刺激对绒山羊的生长往往有负面作用，并且增绒效果不好。现有增绒技术存在着在广大农村牧区不易推广，在生产实践中养羊户不愿意接受的问题。

绒山羊增绒的饲养方法，舍饲和放牧结合、暖季长绒冷季增绒饲养结合，其特征是：羊棚顶用6～8分空心钢管做成弓形支撑架，其上用三层以上的黑色遮阳网使棚内完全黑暗，棚墙底设计进气孔，棚墙上沿设计排气孔，排气孔的直径为10厘米，进气孔和排气孔按棚占地面积每10平方米各设计一个，进气孔和排气孔通风不漏光，棚内面积按每只羊1平方米设计，每年5月15日至10月15日为限制日照长绒期，在此期间每日9:30±30分钟至16:30±30分钟为绒山羊自由放牧、饲喂、饮水时间，16:30±30分钟至次日9:30±30分钟将绒山羊圈入棚内，关闭棚门，此为限制日照时间，在棚内早、晚各给绒山羊补饲一次。

本发明的优点是：(1)适用于广阔的草原、广大的农村牧区、千万个绒山羊养殖户，也可用于城郊、禁牧区。(2)减轻放牧草场压力，有利于保护生态，降低草料过量消耗。(3)是一种快速高效增绒，并具绿色环保、低成本、高科技含量的饲养方法。(4)平均产绒量可提高80%以上。(5)对绒山羊的正常生长发育、生产性能无任何影响。(6)不使用药物、添加剂、激素等促绒生长剂。

具体实施方式：

1. 羊棚的改造或新建，羊棚顶采用半硬半软或全软顶，软顶部分用6～8分空心钢管做成弓形支撑架，其上用草帘盖密或用遮阳布三层以上，使棚内完全变暗如同夜晚即可。棚墙底设计进气孔，棚墙上沿设计排气孔，排气孔的大小根据换气情况而定，一般直径为10厘米为宜，进气孔和排气孔按棚占地面积每10平方米各设计一个，进气孔和排气孔通风不漏光，棚内面积按每只羊1平方米设计为宜，其他要求如同常用羊棚，没有特殊要求。若遇雨天，棚顶上加盖塑料薄膜避雨，雨停后去掉薄膜。在绒山羊非限制日照长绒期，羊棚也能很好地应用于生产中，提高养殖效益。进入冷季（平均气温≤5℃时），把草帘或遮阳布换为塑料薄膜，即变成了采光蓄热棚（也叫做温棚），棚内温度相对提高，形成人工小气候环境，棚内可以进行接羔、饲喂和绒山羊的防寒、防雪、防沙尘暴抵御恶劣气候环境。经7年多的广泛使用，效果非凡。本饲养方法具有可减轻放牧草场压力、保护生态、绿色环保、低成本、提高产绒量的优点。由于不使用药物、添加剂、激素等促绒生长剂，本饲养方法对绒山羊的正常生长发育、生产性能无任何影响。

2. 每年4月15日至5月15日为常规顶绒集中抓绒期（绒山羊毛被自然脱离期）。每年5月15日至10月15日为限制日照长绒期，棚内自然形成温度≤外界温度，不另采取人工换气和降温措施，在此期间每日9：30±30分钟至16：30±30分钟为绒山羊自由放牧、饲喂、饮水时间，16：30±30分钟至次日9：30±30分钟将绒山羊圈入棚内，关闭棚门，此为限制日照时间，在棚内早、晚各给绒山羊补饲一次。每年10月15日至翌年5月15日为绒山羊自然增绒期，解除限制日照期，为自然放牧加补饲。

生态养羊模式
（专利号：ZL200810173437.X）

本专利是一种在干旱少雨，年平均降雨量在200毫米左右的荒漠化草原类型区的生态养羊模式。这种模式的应用彻底打破了传统养羊格局，遵循一年四季气候的变化和牧草生长成熟以及枯草期变化情况，是养羊的新型模式。对生态植被的恢复，提高农牧民的收入有着重要的作用。

一种舍饲羊的温棚
（专利申请号：ZL200810212166.4）

一种根据自然气候特点及羊的生长发育和生产性能的要求，人工创造小气候环境来抵御自然恶劣气候，提高羊的生产性能的养羊设施。

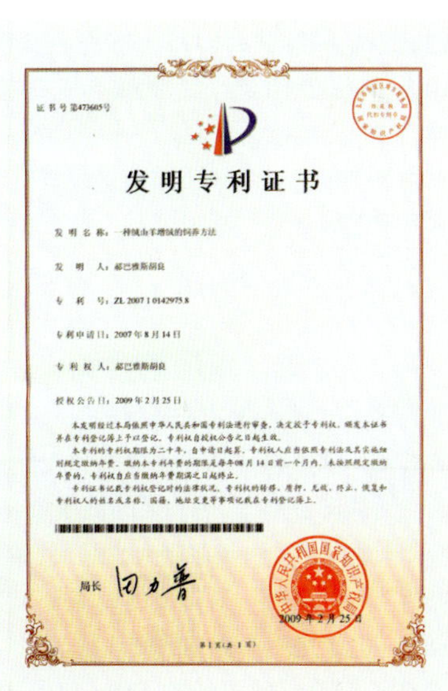
证书号第473605号

发明专利证书

发明名称：一种绒山羊增绒的饲养方法

发明人：都巴雅斯胡良

专利号：ZL 2007 1 0142975.8

专利申请日：2007年8月14日

专利权人：都巴雅斯胡良

授权公告日：2009年2月25日

本发明经过本局依照中华人民共和国专利法进行审查，决定授予专利权，颁发本证书并在专利登记簿上予以登记。专利权自授权公告之日起生效。

本专利的专利权期限为二十年，自申请日起算。专利权人应当依照专利法及其实施细则规定缴纳年费。缴纳本专利年费的期限是每年08月14日前一个月内。未按照规定缴纳年费的，专利权自应当缴纳年费期满之日起终止。

专利证书记载专利权登记时的法律状况。专利权的转移、质押、无效、终止、恢复和专利权人的姓名或名称、国籍、地址变更等事项记载在专利登记簿上。

局长 田力普

2009年2月25日

第1页（共1页）

张正儒教授向联合国生态组织主席沃纳和世界可再生能源主席普里本等国际友人敬献参花酒，祝他们健康幸福。

2005年中国民技军用高峰论坛会上原国家科委主任宋健在人民大会堂接见张正儒院长。

张正儒：让美酒香飘四海

我国酒文化伴随着文明史一路走来，展示出自身的独特魅力。在当今琳琅满目的酒产品市场中，由四川昶阳参花酒有限公司推出的“昶阳参花酒”，给人们带来良好酒口感的同时，有利于健康，给我国的酒文化融入全新的元素。张正儒是该公司董事长。他于1986年任深圳智兴企业公司副总经理，1992年创办中国管理科学研究院节能技术研究所，任所长，1996年任北京应用技术大学管理系教授，2006年创办四川昶阳参花酒有限公司，任董事长，2009年获12届科博会自主创新卓越品牌奖，1995年参花酒获国家科委会奖，2010年荣获2010年上海世博会唯一指定绿色健康酒品牌。

对自主创新的品牌来说，市场是块“试金石”。“昶阳参花酒”用品质说话，赢得了行内专家和广大消费者的好评。

健康，永恒的主题

21世纪是一个崇尚健康和环保的时代，随着人们生活质量的提高，饮酒也更应注重健康和人性化。传统的健康观是“无病即健康”，现代人的健康观是整体健康，还讲究治“未病”。毕竟,健康是人生最宝贵的财富之一；健康是生活质量的基础；对健康的追求是人类自我觉醒的重要表现；健康是生命存在的最佳状态。

正是在人们追求健康的脚步中，为了适应社会文明的进步，绿色健康的“昶阳参花酒”应运而生。

昶阳参花酒产自中国酒文化的故乡——四川绵竹，以西洋参为主要原料，配以野生枸杞、金银花等八味名贵中药，西洋参所具有的有效成分在优质酒液的作用下，功效不言而喻。取自天府的玉妃泉水，纯正五粮酿造出的时尚绿色健康酒，澄清透明、醇厚爽口、色香诱人。本品既除去了植物药材的异味，又保持了酒的自然浓香，酒色晶莹如露，口味绵柔宜人，是酒中珍品，可供保存鉴赏，是珍藏100年也不变质的科技奇葩。

用品质说话

绿色健康昶阳参花酒经过了科学而权威的审定程序，经四川省食品技术监督检验局食品药品安全性毒理学评价程序检验，又经国家食品质量检测中心(2009)国监认字(079)号检测报告结果证明纯属无毒，无副作用，饮用安全可靠，并因药物温凉，任何体质之人均可饮用。

经验证，饮用此酒，促使人体血液循环，清火解毒，生津养胃，滋润肝肾，甘脾益气，亦可润喉，扶正固本，强身健体，给人的美感不用言表，充分体现酒药两香的优势，饮之心悦，有不忍停杯之感！

“昶阳参花酒”的研制者张正儒教授，多次受到各级领导的接见，领导们对该酒作出了高度评价。“昶阳参花酒”获得各大权威峰会、知名媒体的一致好评，多次成为国家级宴会指定用酒，社会各界知名人士品尝后都对它赞美不绝！“参花酒馥牵佳客，芙蓉国色绽奇霞”，这是世界文化名人萧墅先生对昶阳参花酒的赞誉！如今，昶阳参花酒业公司计划将绿色健康昶阳参花酒产业化、规模化，奉献爱心，回报社会。深信荣获2010上海世博会唯一指定绿色健康酒的昶阳参花酒一定会以它独有魅力，与孔子文化一道香飘四海，艳冠群芳。

载誉而行，让品牌更加响亮

由中国食品质量报社监制，依托中国管理科学研究院的节能技术研究平台和强大的科研团队，经过十多年精心研制而成的昶阳参花酒，继承和发掘秦汉以来祖传配制秘方，沿袭了中国古老的传统酿造工艺，又融入现代高新制作技术，是对传统白酒再创新的产物。

昶阳参花酒独家荣获95' 国家科委金奖；2004年被中国国家知识产权局授予发明专利（专利号：ZL 03123539.5）；2009年获第十二届科博会自主创新卓越品牌奖；2010年又荣获“中国上海世博会唯一指定绿色健康酒”殊荣，现已发展成为国内外卓有名气的自主品牌。

绿色健康昶阳参花酒

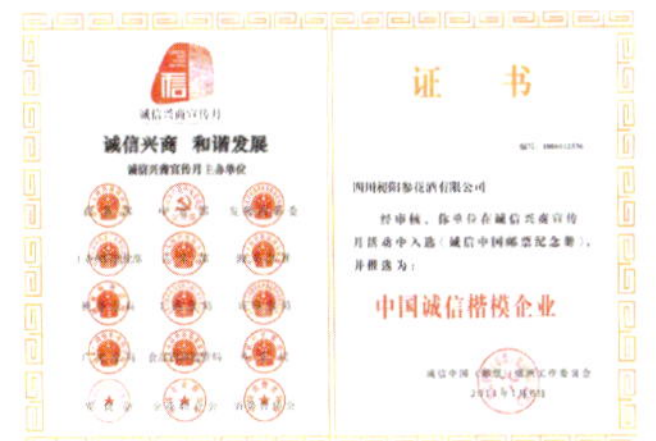

中国发明专利 ZL03123539.5

发明名称：参花酒的制作方法

发 明 人：张正儒

专利权人：张正儒

本发明涉及一种参花酒及其制作方法，属于国际专利分类C12G3/04“混合法配制酒”技术领域。

背景技术：现有技术掺料曲酒的生产方法，检索到的文献包括：ZL93110990——人参果珍品曲酒，ZL94111787——滋补大曲酒及其制备方法，ZL00101250——保健葡米曲酒。其中滋补大曲酒的组成成分中有龙眼肉、人参、莲米、黄芪、麦冬、当归等，为低度滋补保健饮料酒，保持了曲酒的传统风味，减少了高度酒的烈性刺激，浓香醇和，绵柔适口，同时又有扶正固本、强身健体之功效，但其强补成分较大，与本发明的配方及制作工艺全然有别。针对目前全国某些地区出现的非典型性肺炎病例，本发明人结合中医原理分析，认为应以清热解毒为主，宜药性温凉为主，辅以滋阴补肾，以达到既去除内热，预防内热淤积造成易感非典型性肺炎，同时达到强健身体的效果。同时，分析现有的药材配酒的专利技术，多以简单配兑方法制作药性酒，色、香、味及药效均欠佳。

发明目的：本发明的目的，在于提供一种既保持四川特有曲酒的浓香风格，又具良好性效果的一种参花酒的制作方法。一种参花酒的制作方法，是在传统药膳的基础上，采用经过拣选除杂的中药材成分：加入四川浓香型曲酒中制成参花酒。其加入的中药成分包括金银花、枸杞、花苓、白术、黄柏、柏子仁、五味子和西洋参。在700优质酒中，按照配方量加入上述8种药材，在45° C± 2° C的温度下密封恒温保持35天，再经过滤，滤液蒸馏，得到参花含香酒，再根据不同需要配兑配成50^0、45^0、38^0、22^0的参花酒。本发明突破了传统工艺方法，去除了中药材自身的苦涩味等不好的口感及受影响的外观色泽，并在50^0、45^0、38^0、22^0参花酒中完全保留了四川浓香型曲酒的口感与香味，酒药两香都非常显著。饮之协调适口，余味悠长，系高科技产品。

通信地址：四川省成都市人民南路四段53号嘉云台甲幢7-B　邮政编码：610043
电　　话：028-87784068/13111864939/13801095945　传　　真：028-87713768

程维来："中华人牙第一塔"医学与艺术完美结合

从20世纪60年代开始，程维来在天柱山下一个县城从事牙科医疗工作。那时牙病患者牙痛最有效的治疗方法就是拔牙，程维来治愈的牙病患者数以万计，他留心将拔下的病牙一颗颗保留了下来。

90年代初，华东六省一市部分高校口腔系教授、口腔医院院长来安徽时专程来天柱山，参观了程维来的牙科诊所，这些口腔专家教授看到程维来积累的那么多离体牙时，非常惊讶并取走一些离体牙做教材使用。

2001年，程维来开始将离体牙通过消毒处理漂白，分类分装收藏。他想把数万颗人的龋牙做成一座世界上独一无二的人牙宝塔。

经过近十年的奔波，经历了设计、修改和制作，2009年，饱含着程维来心血的"中华人牙第一塔"制作完成。

这座奇美佛塔表达了风调雨顺、招财进宝、富贵平安、吉祥如意等传统民俗文化内涵。该塔以非洲大红木为主体骨架，使用离体牙百余斤在宝塔外层镶嵌雕刻出人物、动物装饰性图案4556个，使用人牙牙片总计为48888片，"人相牙"160颗。塔高3米，七层八方，飞檐翘角，古色古香，极尽中华古塔之神韵。

中华人牙第一塔，这座"旷世杰作"填补了我国乃至全世界人牙塔展览史、人牙科技史上的一项空白，为人类社会创造了一个奇迹。唤醒人们关注和保护自己的牙齿健康的意识，是很好的爱牙教育活教材。

中国工程院院士、国际著名口腔医学专家、上海交通大学口腔医学院院长邱蔚六先生为中华人牙塔题词："医术与艺术的完美结合"，祝贺"中华人牙第一塔问世"；国际著名口腔医学专家，中华医学会医学美学与美容学分会专家委员会主任委员，安徽医科大学口腔医学院教授孙少宣先生，为人牙塔题词："科学与艺术的完美结合"，"世界牙医学伟大创举"；中华口腔医学会会长王兴先生对中华人牙第一塔的题词，"磨难是人生的宝贵财富"，"挚着终成就梦中的理想"……

2009年6月，上海大世界基尼斯总部专家通过评审，确认安徽天柱山牙医程维来先生创作的"中华人牙第一塔"为"镶嵌最多人牙片的红木雕刻作品"，2009年7月荣获大世界吉尼斯之最（中国之最）证书。2010年5月19日荣获中华人民共和国知识产权局专利局实用新型专利证书和国家工商总局商标注册。2009年8月在北京参加首届全国医学美学艺术展。

程维来说："从业50余年，作为一名一辈子从事基层医学工作的，我的'中华人牙第一塔'是我50多年从医工作的结晶，它不仅记录了我50多年的辛勤工作，也见证了我国牙科医疗事业的蓬勃发展。为圆这个牙塔梦，我五上北京，数赴福建闽南，可谓上下求索，历尽艰辛。如今，这座牙塔被口腔界名家誉为'医学与艺术的完美结合，世界牙医学伟大创举'。我为人牙塔终于得到社会的承认，我为自己在古稀之年为人类社会创新发展做了点工作而感到十分欣慰！"

史家云：为了人民健康而探索不止

神奇的大自然蕴藏着无数奇珍异宝，如何将这些珍宝为人类所用？这是杜湾山农业开发有限公司创史人史家云一直思考的问题，他发现在大自然中一直不曾被人注意的山药子是强身健体的上品，经过20多年的培育，史家云终于选育出了高产的山药子品种——杜湾山1号。

山药子，学名零余子。《本草纲目》记载：零余子即山药所结子也……煮熟食之胜于山药，美于芋子。《食物本草》记载：零余子，味甘，温，无毒，主补虚损，强腰脚，益肾，功用强于山药。

清末名医张锡纯认为：山药健脾补肺，固肾益精，滋润血脉，固摄气化，宁咳定喘，强志育神，能滋阴又利湿，既滑润又收涩，其性平可以常服多服，在滋补药中属无上之品。

山药子源于山药，优于山药。之所以没有引起人们的重视是因为产量太低，很难创造很高经济价值，自古就被看作山药的零余，叫零余子。史家云选育出的山药子品种——杜湾山1号，使山药子变为农作物、使人们吃强身子的梦想变为现实。

杜湾山1号，叶腋间所生珠芽(山药子）多、大，有的扁藤上一个节就长5～6个珠芽，大的单重3～4克，单株重可达1kg以上，珠芽系数高达65%，而我国山药作物品种的珠芽系数在0～14.3%之间。

杜湾山山药子适应性强，耐干旱、易栽培、产量高；山药子喜阳光、怕水渍，在阳光充足、排水良好、疏松肥沃的砂质土壤中生长最好，产量逐年递增，第一年3000～3750kg/公顷，第二年12000～15000kg/公顷，第三年15000～22500kg/公顷。现超市零售价17.8元/kg，经济效益显著。

另外，杜湾山人以山药子为核心研发出消除和预防亚健康症状的“零余子养颜茶”（专利申请号：201010199289.6，2010年10月27日在《中国专利公报》发明专利公报第43期公开）和“零余子·小麦胚芽营养早餐及配制方法”（专利申请号：201010229965.X，2010年12月8日在《中国专利公报》发明专利公报第49期公开）。这两项专利延长了山药子的产业链，为山药子产业的进一步发展奠定了基础。四川省科技成果查新咨询中心农业分中心GA–2008088号“科技查新报告”证实：杜湾山1号山药子是中国第一个山药子新品种，该品种的选育成功突破了制约山药子产业发展的瓶颈，开创了山药子产业的新纪元。

中国率先选育出高产的山药子品种，并以此为核心研发出预防和消除亚健康症状的深加工产品，在世界上领先一步。中国有众多中医药大学，中医药研究机构和保健食品研究机构；有众多的农业大学和众多的农业研究机构，国家现代农业科技城——“农业硅谷”已经扬帆启航，DH工程化育种已在北京起步，中国有能力让新兴的山药子产业一步领先，步步领先，永远走在世界的前列，让中国首创的山药子为中国和世界人民造福。

为了尽快让山药子产业化，杜湾山人已经设计出以生产有机山药子为主要产品的生态农场系统。这是一个大匠无弃材的生态循环系统，是农业可持续发展高效生产模式。

万事俱备，只要在相关政策的支持下，把各种优势资源整合起来，就能形成集科研、教学、农业生产、工厂生产、储运、销售、餐饮、采摘、观光、旅游为一体的山药子产业链，并把这个产业链延伸到中国和世界每一个家庭的餐桌。人民将会更健康，更幸福。

编者按：我国目前每年新发癌症病例200万人，因癌症死亡人数为140万，癌症死亡率比20世纪90年代初期增加了22.5%……

当癌症发病率和死亡率伴随着GDP的增长而飙升时，当“治癌智慧”趋于钝化，西医疗法在癌症面前处于无奈时，无数医者开始探寻中医治疗癌症之路。王学贵——一位国粹中医的传承者，在中医治癌路上孜孜以求，为人类健康事业默默耕耘。

王学贵：驰骋中医治癌路

现年66岁的王学贵依然精力充沛，家住在云南省文山州的他正在为着建设昆明养老示范基地的事情忙碌着，他还没有想过要退休，因为他还想发挥余热，为人民的健康事业多做些贡献。

虽然他不是出生于医学世家，却早已与中医结缘，在中医治癌道路上探索出自己的独特方法，为数位癌症患者解除病痛。

与医结缘　成果卓越

王学贵的家族中没有一个医生，命运却让他一生与中医结缘。

王学贵早年参军，1969年因身体不好而被迫退伍分配在砚山县公安局工作，曾任派出所所长、刑侦组长、县委一打三反办公室主任。1972年调到文山县公安局工作，做了12年的代理法医。家中虽然没有做中医的先辈，却有着肿瘤病的遗传历史，四代同堂就有两人患肿瘤，两人患癌症，两人患肝炎。看着自己的亲人患病却无能为力，王学贵从那时候起就对中草药产生了兴趣，试图寻找出一种中医治疗肿瘤、癌症的方法。

1999年底，王学贵在文山县公安局工作中因公负伤致残，提前退休。2005年6月，文山县老科技工作者协会成立，经过反复了解得知王学贵在治疗癌症上有一技之长，就选举他为常务理事，治疗癌症攻关组长。2007年6月，王学贵从3000多种中草药中筛选出56种药物，经独特炮制配方成为6个组药方（专利申请号：200710127619．9），此药有诸多特点：一是治癌；二是防癌；三是防治艾滋病；四是减肥；五是延年益寿；六是美容；七是适用性非常广泛，上到百岁老人，下到婴儿都适用；八是多病同治（五大疾病）；九是无毒副作用；十是用科学的加工方式，用鸡、鸭、鹅、猪、牛、羊肉煮药较佳。

2008年5月，联合国医疗组织为王学贵办了在全世界各国的行医执照，6月被任命为科学家论坛会副理事长、华厦杰出医协会副理事长、世界杰出华商协会副理事长、全国科技推进报告副总编。2009年任北京宝芝堂医学研究院副院长，北京王学贵中医药研究院院长。9 月被中央电视台选中，在北京拍摄《成功之路》并在全国 200 多个电视台播出，反响很大。同年底被联合国癌友康复协会等单位授予全球抗癌大师。2010 年 4 月被国家有关单位授予健康大使，行业十大劳动楷模，7 月通过近几年的考试学习论文答辩，被世界传统医学科学院授予博士学位，被全国高健委等部门聘为首席专家、中医师。11 月国际注册特色诊疗执业医师，中国国家双重认证。12 月任中国专家学者协会常务理事。北京王学贵中医药研究院被指定为全国卫生产业管理协会第三届会员单位。

2005 年至今，王学贵撰写了 52 篇治疗癌症、艾滋病、心脑血管病、糖尿病、肝炎病的论文，提供近 200 名典型病例。

为癌症患者带来福音

看到癌症患者痛苦地生活着，王学贵有说不出的难受，他倾尽一生能力为患者减轻痛苦，不求回报，履行着一名医者的济世职责。

王学贵在治疗肺癌方面有着自己的独特之处。王学贵介绍，肺癌全称为原发支气管肺癌，是常见的恶性肿瘤之一，发病原因之多，在各种癌症中排第一位，死亡率高，世界难以突破。常见症状有：咳嗽，阵发性刺激呛咳，开初痰多或少量的泡沫痰，咯血或痰中带血丝、血块，胸闷、胸痛，转移扩散时腰酸、背痛，声带麻痹、声音嘶哑、静脉曲张部位疼痛，皮肤暗紫色，视力模糊，头昏晕厥，食管吞咽困难等。

王学贵清楚地记得那位 73 岁高龄的老人，她常年咳嗽，被多家医院诊断为肺癌，住了 12 天的医院，医生却告诉她："你年纪大，身体差，这种病开刀、化疗、介疗的成功率不大，还是回家吃些药吧。"但是病情并不见好转，身体越来越差，体重只剩下 40 多千克。实在没有办法的老人从湖南历经艰辛到云南文山找到王学贵，他没有说什么，立即为老人做了检查。王学贵说："经我检查，她脉理紊乱，肝、肠、胃功能差，皮肤、肌体松驰，抗癌生物环球线全消失，癌细胞 65%，'血

毒因子’70.75%，血体蛋白变异的毒素45.50%，胃里锈化汞和饰脂中毒的毒素50%。预计3～4个月就能好。”老人在长时间绝望之后终于又看到了希望，一直留在文山治疗，在病情好转后回到了湖南。提起这位患者，王学贵有些兴奋，他说："去年春节老人还托人打电话给我，说她身体很好，我也感到很高兴。”

王学贵遇到的这样的情况很多，每次他都尽自己最大的努力帮助他们，不求金钱上的回报，只希望他们能够好好的生活下去，王学贵给予患者的，不仅是身体上的恢复，更重要的是让他们重燃生命的希望。

王学贵还记得有一位家住邱北县的患者，她在外打工中发现下身出血，腹部、腰部疼痛。到文山州医院检查，被确诊为子宫癌，并已扩散。到昆明省肿瘤医院检查，也仍然是这个结论，因癌扩散，医院只能作化疗治理。但是，两个月的化疗并没有使病情好转，却花去了她4万多元的治疗费。这名患者已经“山穷水尽”，对生活完全失去了信心，她只是回到文山老家听天由命。

经过熟人介绍，她辗转找到了王学贵，他介绍说："经我检查号脉，抗癌生物环球线全消失，肌体、皮肤松弛，体内有80%～85%‘血毒因子’，癌细胞高达75%～80%，胃里面锈化汞和饰脂变黄的毒素达80%～85%，血体蛋白变异的毒素60%，肺心功能太差，有时上气接不着下气，头昏眼花，舌头干燥，有裂痕深2毫米，长达3～5厘米，肚子硬邦邦的，右肋下肝区的硬包块约10多厘米，生命危险。”患者很明白自己的情况，只是一再叹气，王学贵对她说："你千万别胡思乱想，你还年轻，上有老，下有小，今后的道路还长，比你严重的患者很多，要跟癌魔作斗争，不要自暴自弃，要相信科学，相信医生，我会尽最大的努力医治你的，只要你积极配合治疗。”

患者的情绪逐渐稳定，王学贵用自己研制的中药给她治疗，经过几个月之后，那名患者的病情奇迹般的好转了，经医院检查，果然癌细胞减少。从此，患者又露出了以往的笑容，王学贵心里又感觉到踏实了一些。

金杯银杯，不如患者的口碑，王学贵治病救人的事迹也被患者口口相传着，也有很多患者通过口口相传知道了这位治疗癌症的专家，很多人都慕名前来。

一位子宫肌瘤患者就是慕名找到了王学贵，他至今还记得那位患者的情况，“当时她来找我，说是亲戚介绍的，经过我检查，她的皮肤、肌体松弛，抗癌生物环球线消失了2/3，癌细胞45%～50%，‘血毒因子’60%～70%，血体蛋白的变异毒素45%，胃里面锈化贡和饰脂变黄毒素35%～40%，肝、肠、肺、肾不同程度受侵害，预测要2～3个月才能治好”。经过诊断之后，王学贵依然开药给她，在试探性服用一个月后再到医院检查，发现肌瘤已开始缩小。这增强了患者的治疗信心，又经过了一个月的治疗之后，她的病情大大好转。王学贵又一次挽救了一个年轻的生命。

医者仁心　书人间大爱

王学贵在治病救人的道路上始终坚持医术、医德并行，不管情况多危急的患者，只要找到他，他都要想尽办法医治，他唾弃那些置患者生命于不顾，把赚钱作为第一目的的所谓医生。他认为，医生的天职是救死扶伤，医生要有仁爱之心。

在癌症的治疗领域，王学贵一直认为，患癌症不等于死亡，随着社会的进步，中医药科学的发展，中医药治疗癌症的技术也逐渐成熟，CT、B超、核磁共振等检测出的癌症证明书并不是一张“死亡宣判书”，只要医患双方相互理解，找准治疗对策，相互支持，相互配合，癌症最终会被攻克。

除了医治那些危在旦夕的患者，王学贵还尽一己之力，为家乡养老事业做着自己的贡献。

为了弘扬中华民族敬老、尊老的优良传统，加快发展养老事业，中国生物工程研究、中国养老基金会、云南老年康复中心经过认真研究，得到云南省老龄工作委员会和昆明市老龄工作委员会的批复意见，在昆明创建养老示范基地，其宗旨是“以人为本，孝行天下，给天下老年人解难，为党和政府分忧”。

今年伊始，王学贵和其他专家亲临昆明考察，就创建养老示范基地取得共识，并达成联合开发创建昆明养老基地的协议。从此，王学贵会更加忙碌，但他却乐此不疲，他没有想过要退休安享晚年，他所想的就是用自己的所学，为患者减轻痛苦，为中国的治癌事业多做些贡献。

黎孝纯：

抓住难题攻坚不止 形成知识产权 建设创新型国家

人物风采

黎孝纯，1938年生于四川渠县，1968年以来，一直从事卫星通信、跟踪测量、定位技术研究。任航天504所研究员。曾任中国宇航学会第二、三届飞行器测控专业委员会委员、第二、三届遥测专业委员会委员，航天五院学科学术带头人和五院科技委员会委员。

他在人民日报社出版的《人生格言经典》等中发表的人生格言是："难题是成功的机会，抓住难题攻坚不止，难题被突破了，你就成功了"，"发明是一种诀窍，它用一种简单的方法和设备解决了一个按传统途径视为无法解决的技术难题"，"抓住难题攻坚不止，形成知识产权，把祖国建设成创新型国家"，"发明产生于对基本概念的深刻准确理解、灵活应用和精心设计"。这四条格言是他对自己奋进历程的概括。

成果展示

他擅长卫星跟踪测量设备设计研制。负责完成12种精密测控设备的设计和研制。1970年，他负责总体设计研制的"10m抛物面天线（X−Y传动）测控系统"是国内第1个统一载波体制测控系统，也是国内第一个X−Y传动天线的测控系统；1975年，他负责总体设计研制"舰载测速遥测定位设备"，是中国"远望号"航天测量船上的大型精密测量设备之一；1988年，他负责设计并研制成功的"无人驾驶飞机测向系统"，获解放军科技进步一等奖。

1985年开始，他先后承担了国家三项关键技术重点攻关项目的项目负责人，负责设计研制成功的"双星定位中心站快速捕获装置"（获国家发明三等奖）、"调频调相卫星应答机距离零值测量方法及设备"（获国家发明四等奖）和"星间链路天线捕获跟踪系统"取得重要突破。

在"双星定位中心站快速捕获装置"攻关中，他领头获两项国家发明专利："双星定位入站信号快速捕获装置"，"多重扩频信号快速检测装置"。研制成功的快速捕获装置经鉴定，其输入信噪比优于当时国际标准水平，1995年获国家发明三等奖。

在"调频调相应答机距离零值测量"攻关中，他领头获3项国家发明专利："卫星应答机距离零值测量方法及设备"，"调频调相应答机距离零值测量方法及设备"，"调频信号源大／小频偏调制的时延差测量设备与测量方法"。攻关过程发表的论文"调频调相应答机距离零值测量理论"（1999年航天飞行器测控学会论文集），"调频调相应答机距离零值测量新方法"（《飞行器测控学报》2008年第3期）形成了系统完整的"调频调相应答机距离零值测量理论"，完全突破了这一关键技术难题，走出了一条中国自己的路。

在"星间链路天线捕获跟踪系统"攻关中，他领头获4项国家发明专利："星载角跟踪系统的相位校准方法及设备"，"星载角跟踪单通道调制器"，"同步卫星天线角跟踪系统在轨校相方法及设备"，"星间链路天线扫描捕获方法及设备"。他负责设计研制成功的Ka频段角跟踪系统和发表的论文"对宽带数据传输信号的角跟踪理论"（《电子学报》2005年第10期）及"再论证'对宽带数据传输信号的角跟踪理论'"（《空间电子技术》2008年第2期），建立了取宽带数传信号频谱主瓣的小部分（如1/5～1/200）带宽内信号实现角跟踪的理论，这是无线电角捕获跟踪技术领域的一种新概念和新理论。这种理论和4项发明专利完全突破了星间链路天线星上自主闭环捕获跟踪方案遇到的重大技术难题，对中国航天事业的发展具有重大的历史意义。

黎孝纯主持合著《锁相技术基础》、《星间链路天线指向系统》两本书，发表论文40多篇，获10项国家发明专利（均为第一发明人），获国家发明三等奖、四等奖各一次（均排名第一），获部级科技进步一等奖2次、二等奖4次、三等奖5次，2006年获航天五院优秀发明人称号。

出于对亲人的爱，对患者的责任，出于一名医生的大爱情怀，曾玉华极尽 20 多年的临床经验，翻阅和学习大量的医学著作，经过两年的时间，终于研制出一种用于治疗骨质增生的药膏，不仅挽救了患有骨质增生疾病的妻子的健康，更为更多的患者带去福音。

曾玉华：向治愈骨质增生发起挑战

出生于 1957 年的曾玉华在 20 世纪 70 年代末取得乡村医生资格证书，后在北京师范大学继续教育学院，函授西医临床专业，经考核合格取得医师资格证书。

从此，曾玉华一直在广东家乡从事医疗卫生保健事业。1990 年，经有关卫生主管部门审核同意，曾玉华在广东省惠州市惠阳区镇隆镇创办了楼寨村下列卫生站，成为一名村医，在治病救人的道路上默默前行。

曾玉华潜心研究治疗骨质增生疾病的方法，是源于对亲人的爱。妻子于 2000 年被诊断为腰椎 L3/4、L5/S1 椎间盘突出及退行性改变，几年来都受着骨质增生疾病的折磨与摧残，身为医生的曾玉华十分痛心。同时，他也知道，骨质增生是医学界的难题。

据世界卫生部门组织统计和临床资料显示，全球有 80% 的人口均患有不同程度的骨质增生病症。在中国，骨质增生病也已成为常见病、多发病，且趋于年轻化，严重危害和摧残患者的身心健康。该疾病如果治疗不慎会留下终身痛苦，重者可致畸或致残。目前，骨质增生疾病按常规是不能治愈的，只有靠手术暂时缓解症状，且风险大、费用高、容易复发。“难道真的无药可施吗？”曾玉华发出这样的质疑，同时他也想到“有一种痛，就有一种草”的古语，于是他下决心要攻克治疗骨质增生疾病的难题。

曾玉华翻阅和学习了大量的医学著作，结合自己 20 多年的临床经验，采用多种中草药和六种基质为辅料，经过研粉加工精炼，用外敷治疗的方法配制外敷药膏，经过在妻子身上近两年的试验、治疗，妻子的病竟然奇迹般地好转了！随后，曾玉华又经过五年的时间，在海内外及周边一千多例骨质增生、骨刺患者身上进行临床应用，在经过充分的临床证明之后，“一种用于治疗骨质增生的药膏”问世了，该药膏于 2007 年申请国家专利并获得授权，专利号：ZL200710030499.0。

该药膏采取定点、靶向溶解法，将药膏直接对准增生部位进行外敷，药膏可选择性地区分增生骨骼和正常的骨组织，继而能安全分解颈、腰椎及其他部位上长出多余的增生物质，将其转化为人体可吸收并能溶解为代谢产物参与体循环，对在不同部位上长出的增生骨骼，被溶解、消散、吸收干净，达到清除病根，通过人体的新陈代谢，使骨与骨，与椎间盘和骨的形态及功能恢复正常，实现康复。

曾玉华介绍，骨质增生外敷药膏，28 天为一个疗程，通过外敷适当疗程的药膏后，骨质增生、骨刺治愈率在 98% 以上。自 2006 年 4 月正式对外推广至今，曾玉华共接收并治愈了 800 多名骨质增生患者。惠州、东莞、深圳、香港等地的骨质增生患者很多都慕名而来。

为了造福于患者，曾玉华决定将自己的发明转化为生产力，与有实力的厂商共同生产批量治疗骨质增生的药膏。

转让及合作意向：本专利一次转让或独家转让，（共同开发）条件面议。

陈国来：探寻中医精粹 造福广大患者

灿烂的华夏文明，中医以其独有的魅力绽放光彩，无数医者寻求以中医之术为患者解除痛苦。陈国来也在中医道路上孜孜以求，苦心发明出用于治疗心脑血管病的鹿茸蒜素酒，为广大心脑血管患者带去福音，更发挥中医未病先防的功效。

年仅 47 岁的陈国来却有着 30 多年的学习中医的经历，1978 年开始他师从青海省中医世家，学习岐黄之术，习四大经典及家传中医秘笈。后来他总结临床实践经验发表过国家级、国际级论文 20 余篇。1997 年任中国民间中医医药研究开发协会会员，1998 年 10 月至 2003 年 10 月任中国保健科学技术学会疑难病医学会副秘书长，1999 年 1 月任《美国中华创伤杂志》特约编委。2000 年 5 月至 2003 年 5 月任北京中医药进修学院老年医学课程委员会委员。2001 年 1 月任中国药文化研究会传统医药科委员会常务副主任，《老年医学名医、名著、名药》副主编、编委，《临床医药科技》副主编，《老年医学概论》副主编。

1998 年荣获全国“华佗杯”论文大赛一等奖、二等奖并荣获奖杯，同年荣获国家成果奖；1999 年在韩国荣获国际疑难病优秀成果大会金奖。2010 年 10 月获“光辉岁月——共和国建设功臣”功勋奖章一枚。

多年的从医经历让陈国来拥有一颗仁爱之心，为了解除心脑血管患者的痛苦，他致力于研制出一种治疗心脑血管疾病的药物。

陈国来发明了一种治疗心脑血管病的鹿茸蒜素酒，专利申请号:200910000839.4，它是由鹿茸、生地、杜仲、山楂、葛根等多味天然中药配以大蒜、蜂蜜和米醋，利用传统药酒制备方法炮制而成。其口感舒适绵醇，无大蒜之异臭，存蒜之清香，同时又具有中药食补之功效，并可长期饮用。该产品成本低廉，用量少，见效快，治愈后复发率低，无毒副作用。大量实践证明本品不仅对心脑血管、高血压、高血脂、糖尿病有显著疗效；而且能解除头昏、头痛、脑血栓、颈项疼痛等疾患，具有抗癌、降血脂、降血糖、预防中风、偏瘫、伤寒及疾病的作用；在预防血小板凝聚、恢复血小板功能、提高机体抗病能力方面更有着显著疗效。

鹿茸蒜素酒活血通络以促进血行，祛瘀不伤正气、改善微循环、改善血液流变、改善血液动力等药理作用，具有良好的免疫调节和增强作用，能有效地延缓免疫功能老化，延缓衰老，从而达到未病先防。《黄帝内经》云：“圣人不治已病治未病，……夫病已成后药之，乱已成后治之，……不亦晚乎”，阐述了治未病的重要意义。这正体现了中医先进的预防医疗思想。陈国来运用治未病的理论，发明的鹿茸蒜素酒使心脑血管症在根本上得到控制，在医疗领域有广泛的推广和应用价值。

探寻中医精粹，造福广大患者。这是陈国来一直奉行并付诸实践的信条。

臧玉华：气体行业的杰出女性

人物风采

臧玉华，女，1965 年生，国际企业经营管理师，国际企业战略规划师，化工行业高级研究员，高级经济师，高级工程师。1998 年成立青岛瑞丰气体有限公司，现任公司董事长。

2008 年被评为“最具魅力商界女性”、“中国企业社会责任优秀企业家”、“中国经济十大新闻人物”、“信用中国改革创新人物”，被聘为“中国卓越领导者联合会副会长”，并被中国社会调查所授予“中国气体行业突出贡献企业家”称号；2009 年被评为“中国企业家社会责任优秀企业家”、“全国改革创新十大杰出女性”；2010 年荣获“全国高科技创新品牌发展研究课题组九星金章”和“中国改革优秀人物”、“工业和信息化科技人才专家”、“2010 年最具环境责任人物”等称号，被聘为“中国房地产学会副会长”、“中国国际经济发展研究中心特邀高级研究员”、“中国管理科学院企业管理创新研究所副所长”；2011 年荣获“中国经济百名杰出人物”、“中华脊梁——共和国行业杰出人物”，被聘为“中国高科技产业化研究会人才工作委员会行业专家”。

成果展示

2007 年，臧玉华带领团队发明了一项国家实用新型专利——“便移式低压低温供气装置”（专利号：ZL200620138603.9）。其目的是克服现有杜瓦瓶无法对夹层真空度、夹层漏放气速率即时检测的不足。

臧玉华介绍，本实用新型是一种杜瓦瓶，该杜瓦瓶由不锈钢内胆、不锈钢外壳、真空夹层、汽化盘管、增压盘管、底托、阀门管路系统、夹层真空检测系统等组成。夹层真空检测系统，由金属规管、真空测量线、真空计构成，设在不锈钢外壳上。在有电源的情况下，真空夹层的真空度通过电离真空计可以随时随地直接读出数据，根据该数据可计算出夹层漏放气速率数值，从而判断杜瓦瓶是否符合质量标准。

本实用新型的不锈钢内胆主要由封头、内筒体，分配器、分子筛盒、底部支撑组成，主要用来盛装低温液体。真空夹层由不锈钢内胆、不锈钢外壳经焊接而成，绝热材料置于真空夹层中，以阻挡低温液体与外界的热传递。

另外，阀门管路系统主要由截止阀、安全阀、组合调节阀、内胆爆破片、浮力液位计、增压弯管、汽化弯管等组成。截止阀分为进出液阀、气体使用阀、增压阀和排空阀，进出液阀用于液体的充装和输出，用户在使用中可由此阀与外置汽化器相连接；气体使用阀与真空夹层中的气化盘管相连接，通过此阀可以得到汽化后的气体；增压阀对杜瓦瓶增压，从而获得连续稳定的压力；排空阀开启可释放瓶内气体，使压力降低。安全阀防止杜瓦瓶内压力超过设计的安全值，超压时自动排放杜瓦罐内的压力。组合调节阀与增压阀相组合，给瓶内增压，从而保证连续稳定的工作压力。内胆爆破片在安全阀失去作用时，爆破片自动开启泄压，确保瓶内压力安全。浮力液位计显示瓶内液面高低，准确装载重量一般按实际称重计算。

本实用新型的优点是：由于设有夹层真空检测系统，可以随时随地通过真空计直接读出真空数据，并可根据真空数据，随时计算出夹层漏放气速率数值，从而随机检测出质量不合格的杜瓦瓶。

本项目建设达产后，可为企业增加收入近 3 亿元，新增就业岗位 100 个。

融资及合作意向：便移式低压低温供气装置（杜瓦瓶）生产基地坐落于胶州阜安第二工业园区，本项目总投资 1.67 亿元。其中，土地、厂房、设备、无形资产、流动资金等已投入 1.17 亿元，扩大再生产还需投入资金 5000 万元。

臧玉华，一代魅力商界女性，以巾帼不让须眉的气魄与胆识，以睿智的战略目光，凭借着开拓进取和实干精神，正带领着青岛瑞丰气体有限公司扬帆起航，向着更高、更远的方向前进。

通信地址：山东省青岛市崂山区株洲路 153 号 2 号楼
益青科技创新园 14F、16F
电　　话：18954200778

金道收：加快转变经济发展方式的积极推动者

中国优秀发明家金道收

在加快经济发展方式转变时期，金道收同志努力实践科学发展观，坚持不懈地研究发明，连续取得有关城市建设等“中国创造文化”传承与发展的系列发明成果，成为加快转变经济发展方式的积极推动者。

金道收早在2000年第6期《广播电视网络技术》杂志，发表了题为“IT业界的一个宏伟构想：双星网络”的论文，所论述的IT信息网络空中网与地面网互联合一的概念，与10年后的今天我国信息产业正在实施的“三网合一”，有某种不谋而合之功。2000年他利用美国卫星通信与数字广播技术，通过进一步技术研发与协同，在合肥广电世界首播了“音字同步广播”，实现了上海—合肥实验中学卫星远程广播教学，受到时任中国国际广播电台台长与合肥市有关领导的首肯。2010年为了推广实施他本人与其他专利发明人的发明专利，以及推广普及“中国创造文化”，金道收还亲自创办了“wap.中国创造网”与“www.中国创造.mobi”网站。由于他日常生活中，善于观察，勤于思考，有社会责任感，才会有水到渠成的创造灵感，并付诸行动。正如金道收的创造体会：“夜有所思，日有所创。

金道收近期独立完成的专利发明项目有：多功能指南砖或指南地面贴（专利申请号：200710160501.6），多功能字符砖或足摩砖或万花装饰模块（专利申请号：200810095629.3），巧板类拼图玩具深度创造加工的方法（专利申请号：200910133202.2），东方魔板或东方魔板风筝设计制作或DIY制作的方法（专利申请号：201010245616.7）等发明专利，荣获国家知识产权局主办的第七届中国国际专利与名牌博览会5项金奖、1项特别金奖，“世博龙风筝”荣获第六届世界风筝锦标赛“最佳空中效果奖”，“中国龙·百姓和谐龙风筝”荣获第七届世界风筝锦标赛“优秀风筝表演奖”。

2011年1月金道收的最新发明项目“一种以计算机网络技术实现知识产权证券化国际化的方法”（专利申请号：ZL201110028988.9），以知识产权交易各要素间的逻辑关系调整市场模式；以计算机控制程序调整交易规则；以网络信息技术集成构成知识经济产业链条的五创主体；以数据库技术集成加快转变经济发展方式的四个要素；以交易规则控制程序集成三大市场交易模式；以网络通信技术对接知识产权交易主体中的两个阵营；以自然科学与社会科学相结合的方法，打造了一个解放中国乃至世界创造力的“航母”。

金道收的优秀发明项目“一种绿化节水的方法”（专利申请号：200910132246.3），同时应对了两个难题，即“缺水地陷”与“城市绿化用水方式”。它是城市建设与管理方法的发明，它挑战了城市管理部门的职能分工习惯，模糊了市政与绿化等部门的管理边界，突破了城市管理者的思维定势，为城市管理者提供了运用科学发展观，利用科学技术和方法的进步，在都市化、国际化的进程中努力践行变革，纠正人们的习惯误区，革新现行常规旧律，克服城市建设弊端，改善生态功能，展现城市创意，彰显和谐环境，凸显城市个性，增添城市魅力和保持独特自我的机会。

方法的创新是人类生产活动过程与其生存现实矛盾以及与思维定势反应的裂变，是人类行为方式的突破性转变，往往比发明与实施一个创新产品的难度要大得多。该系列优秀发明项目对于智慧创新型社会、资源节约型社会与环境友好型社会，特别是节水型社会建设进程中，运用“中国创造文化”，践行科学发展观，将会起到积极的推动作用。

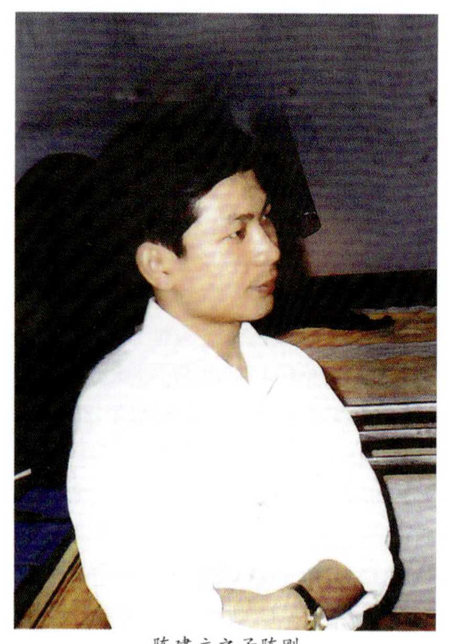

陈建立之子陈刚

当前中医药正处于爬坡上坎的关键时期，按照十七大提出的全面建设小康社会的新要求，中医药的发展必须找准着力点，明确跨越发展路径。现代中药属优势产业，当深入推进改革开放和自主创新，推动中医药又快又好发展。20多年前四川省在全国率先以省委、省政府的名义提出了“振兴中医”的口号，2004年又以省长令出台了《四川省中医药管理办法》为中医药发展提供了坚实的政策和法律保障。

陈建立和陈刚父子为贯彻落实科学发展观，按照“以人为本”构建和谐社会和创新型国家的要求，坚持发挥中医药特色与优势，在多年的行医临床实践积累中研发了一种纯天然植物药，取名为“克炎灵”，临床证明“克炎灵”是肿瘤和各种炎症的通用药。

陈刚：中医肿瘤治疗新思路

肿瘤的攻关，到现在为止还是全世界医学界的难题，在陈刚研发“克炎灵”的过程中，他的父亲陈建立也参与并付了很多心血和努力，又因为陈建立多年来行走在治病救人的一线，因此他也很熟悉“克炎灵”的特性。他介绍，“克炎灵”治疗特色在于突出“以人为本，带瘤生存”的和谐要领。即“克炎灵”不是直接消灭癌细胞，而是针对肿瘤发病环节中的蛋白或基因的突变，以增强机体免疫力，使其变异得到逆转，得到定点调控；治疗后，患者亦处于“带瘤生存”的状态。

发明简况

“克炎灵”治疗特色突出“以人为本，带瘤生存”的和谐要领。

治疗方法：“克炎灵”是针对肿瘤发病环节中的蛋白或基因的突变，以增强机体免疫力，使其变异得到逆转，得到定点调控，而不是直接灭癌，治疗后患者亦处于“带瘤生存”的状态。

“克炎灵”属“免疫疗法”，方法简便、费用低廉，易被患者接受，患者常在医院获得临床或病理确证后，而“克炎灵”能有效地进行对于手术后体虚的患者进行康复治疗。对放、化疗的患者进行减毒增效治疗，对晚期癌症住院或非住院患者，此时瘤体较大或已转移，体质虚衰，现代医学的抗癌措施已无能为力，只有“克炎灵”药效明显可信。相对而言不管是医学院治疗中心、国家新药研究临床基地等，其结果都是临床设计欠合理，药理药效欠明确，药物质量难控，研究结果难于可信；相对而言，资金消耗巨大，开发药物较少，总体上受益患者人数亦较少。

多年来临床实践表明，“克炎灵”治疗肿瘤方法简便、费用低廉，其疗效是使患者能在改善症状的过程中生存较长时间，常常出现“带瘤生存”的状况。而现代肿瘤学研究毫无新进展，无法应对因学科标准化、规范化不足带来的挑战。

陈刚说：“民间验方也是我们的国粹，在民间流传很多有效方药。但目前由于多方面因素，对民间验方的整理和研究工作严重不足，造成许多有效的民间验方流失，无法更好地应用于临床。”

当今癌症治疗疗效评价理念发生了根本变化，以“疾病为核心”最大限度杀伤肿瘤的治疗模式，正在向以“患者为核心”谋求最好生活质量的人性化治疗方向转变，突出“以人为本，带瘤生存”的和谐概念。陈刚多年来的诊疗实践证明了“癌症多虚”的病因学、“痰瘀互结”的病理学，使癌症呈均衡状态，带瘤生存的治疗原则及“恶性肿瘤全流程中西医相融合互补的实效疗法”的观点。注重维护患者的生活质量和切实树立患者顽强抗癌的自信心，长服“克炎灵”以保持患者各系统的免疫力不会降低，反对过度治疗。目前病例到最长的已健康存活13年。克炎灵对各种癌症都有疗效，减轻症状，促进愈合，达到带瘤生存的独特疗效。

陈刚对于克炎灵的前景非常自信，他表示克炎灵在免疫疗法治疗领域，是自主创新和研发的，已超过国际先进水平，它建立的中医肿瘤治疗规范若能尽快推广，用于肿瘤的防治服务，将能有效降低癌症风险，确保患者获得高质量的治疗，同时使所有普通癌症患者的存活率上升。

为能尽快得到规范化种植，以“质量为保证，地道为特征”，凸显地理标志，为做好技术秘密保护工作，得到中药品种行政保护十分重要，陈刚作如下打算：

1. 在攀枝花学院相邻的群山区域开设“克炎灵”种植场，同时与攀枝花学院附属医院联合建一个中西医结合专科医院（注），开设肿瘤科、针灸科、烧伤科、骨伤科、狂犬病科、普外科。

2. 与攀枝花学院医学系联合开办中医专科学习班，学制3～6个月，生源：“新农村、社区医生及中医院校毕业生”均可前来参加专科学习，尽快将他师承之医技推广，以解老百姓看病贵、看病难之急，望有关部门尽快对他的医技以实际临床进行验证并推广。

3. 打算与成都千方中药／饮片有限公司合作开发“克炎灵”，飞阳丹、狂犬病、烧烫伤等药方也争取早日取得有关批文，让产品早日面世。

此外陈氏家传烧伤验方，系由地榆、儿茶、黄连等数十味纯中药熬炼而成，具有抗感染、收敛结痂、减少创面渗出、促进坏死物质脱落、促进上皮生长、以及减轻疤痕组织增生等作用。治验表明，此方尚属中草药治烧伤的典型代表方。

陈建立之子陈刚

吴桂芳：百花草堂创骨质增生良药

百花草堂诊所由黄本云和吴桂芳共同创建于云南省玉溪市。

自成立后便凭借其精湛的医术和乐于助人、救死扶伤的精神和感人事迹被广大患者认可称赞。尤其是由黄本云和吴桂芳共同发明的“胃定康”，一种骨增风湿药，曾获国家专利（专利号：02119555.2）。

本发明涉及一种治疗骨质增生及风湿病的药物，尤其是以天然植物提取的药物。药物是由下述重量配比的原料制成的药剂：草乌 60 ~ 80g，八角枫 0.2 ~ 0.5g，通关散 10 ~ 20g，三分三 0.2 ~ 0.5g，姜黄 5 ~ 15g，滚山虫 5 ~ 15g，木香 5 ~ 15g，延胡索 5 ~ 15g，铁扫帚 5 ~ 15g，草血竭 5 ~ 15g，刺桐 5 ~ 15g，重楼 4 ~ 7g，金樱子 10 ~ 20g，白云花根 5 ~ 15g，樟木 5 ~ 15g，紫丹参 10 ~ 20g。经急性及慢性毒性试验证明，本药无毒副

吴桂芳所长与中华国际医学交流基金会理事长兼秘书长宗淑杰亲切合影

卫生部原副部长蒋作君亲切接见玉溪百花草堂诊所吴桂芳所长

吴桂芳所长与卫生部原副部长孙隆椿合影

作用。

该药作为一种治疗风湿、骨质增生、股骨头坏死、椎间盘突出或脱出、中风偏瘫、痛风的中草药，具有强筋壮骨、舒筋活血、消淤止疼、消炎、除风湿等显著疗效，配方合理、服用方便，迅速被患者广泛相传。全国从农村到各大都市成千上万的患者慕名前来求医、购药，深受患者的好评和厚爱。

为此，百花草堂虽为一个民间诊所，却在社会上产生了良好的影响力。作为百花草堂的创建人黄本云、吴桂芳多次作为特邀嘉宾受邀参加如中国名医论坛、中国百名名医论坛、中国百名医学家峰会、中国主任医师年会等全国大型医学盛会，并被参会的国家领导、卫生部领导在人民大会堂亲切接见、合影留念。作为回馈社会的心愿，吴桂芳表示一定竭尽全力让来百花草堂就诊的患者早日康复，把中医中药通过百花草堂发扬光大。

发明（设计）人： 黄本云　吴桂芳　　**邮政编码：** 653100

通信地址： 云南省玉溪市西站南路6号

吴桂芳所长与第九届全国人大常委会副委员长吴阶平院士合影

俞正良：环保高新技术促节能减排事业发展

人物风采：俞正良，男，中共党员，毕业于浙江建筑技术学院，大专学历，杭州桐庐洪风新技术新燃料开发有限公司总经理、杭州神力助燃剂有限公司董事长（高级研究员、兼职教授）、国务院经济研究中心特邀高级研究员。

俞正良长期致力于我国节能与环保高新技术和产品的研究开发，多年来坚持艰苦创业，科技创新，成功研制出居国际领先水平的“原创性节能减排成果”三项——“HF燃油乳化节能减排技术”，以及汽油、柴油等高效节能环保系列产品。该项技术节油率为13%～20%，降低烟气排放污染55%以上，减少和降低二氧化硫的排放50%以上，降低经济成本5%～10%，具有显著的节能与减排效果。

企业名片

杭州桐庐洪风新技术新燃料开发有限公司创建于1993年，是一家主要从事研制、开发、生产经营节能与环保高新技术系列产品，以及配套的油水合成自动化成套设备的科技型实体企业。目前已成功的自主创新研制和开发出HF绿色节能燃油技术的原创性技术项目2项，并已形成了产业化规模的生产和应用。“HF绿色燃油乳化高效节能技术”已列人国家重点火炬计划和浙江省重大科技专项重点项目。

公司正在生产经营由中国科学院鉴定的专利产品TG02型汽油节能剂、SL03型柴油节能剂，该产品加入汽油、柴油中可立即改善燃油雾化，提高热值，增加动力，节省燃油，消除积炭，清洁燃油系统，延长机器寿命，降低排烟度值，其各项技术、经济指标都达到了国际同类技术的领先水平。该高节能、低污染的高科技节能环保系列产品，经国家有关部门组织专家进行严格筛选，审定为“中国企业新纪录”，在北京举行的新闻发布会上颁发了荣誉奖牌。

发明简况

一种燃油乳化连续式自动生产设备，专利申请号：200920119463.4，本实用新型涉及一种燃油乳化设备。燃油乳化连续式自动生产设备由混合组件、进储油组件和催化组件组成，其中，混合组件包括通过管道依次连接的加热锅、搅拌锅和储存锅，加热锅上设置有进水管，搅拌锅上设置有进料管，储存锅上设置有出料管；进储油组件包括依次连接的进油管、油稳压罐和出油管；催化组件包括依次相连的前静态混合器、前混合桶、后混合桶和后静态混合器，前静态混合器分别与出油管和出料管相连，后静态混合器上设置有成品油出口。本实用新型具有连续对燃油乳化，乳化效果好，生产效率高，操作简便的优点。

一种汽油节油添加剂及其制备方法，专利申请号：200910098315.3，本发明涉及一种汽油节油添加剂及其制备方法，特别是公开一种可有效改善汽油品质、提高燃烧值、减少有害物质排放的高效环保汽油节油添加剂，属石油化工技术领域。本发明具有配方设计合理，有效改善汽油品质，提高汽油辛烷值，提高燃

烧值，增加动力，消除积炭，清洁燃油系统，节油效果明显，减少汽车尾气污染物的排放，增强机器润滑性，延长机器寿命，降低汽车运行成本等优点。该成果有节油率达到12%～16%,降低烟气排放65%以上，为用户降低耗油成本8%以上的显著效果。

一种燃油乳化连续式自动生产设备及燃油乳化的方法，专利申请号：200910098316.8，本发明涉及一种燃油乳化设备和燃油乳化的方法。燃油乳化连续式自动生产设备由混合组件、进储油组件和催化组件组成，其中，混合组件包括通过管道依次连接的加热锅、搅拌锅和储存锅，加热锅上设置有进水管，搅拌锅上设置有进料管，储存锅上设置有出料管；进储油组件包括依次连接的进油管、油稳压罐和出油管；催化组件包括依次相连的前静态混合器、前混合桶、后混合桶和后静态混合器，前静态混合器分别与出油管和出料管相连，后静态混合器上设置有成品油出口。本发明具有连续对燃油乳化，乳化效果好，生产效率高，操作简便的优点。

根据2004年2月至2005年11月科技部组织专家组检测认定的平均节油率12.3%，以及环保部门检测后降低和减少二氧化硫50%的排放率来计算，在这10多年中，HF燃油乳化技术在我国10多家国家大型企业有偿和无偿地加工和生产使用100多万吨HF乳化燃料油，已取得了为国家节约紧张的石油资源10万吨以上、降低和减少二氧化硫的烟气排放近万吨的社会效益。

这些高效“节能减排”技术成果，属国家发改委公布的国家“十一五”十大重点节能工程实施意见“节约和替代石油资源”的推广项目之一，并列入科技部“国家重点火炬计划产业化项目”、交通部汽车营运节能技术产品重点推广产品、浙江省“十一五”重大科技专项重点项目（2010年9月已完成结题验收工作）、浙江省经贸委第二批节能产品推广目录项目。2009年被全国节能监测管理中心收录为“全国节能产品数据库”节油类节能减排产品，2010年6月获得“2010年中国上海世博会联合国馆高新技术产品”的国际荣誉。

俞正良总经理被美国美中友好协会、美国联合基金会授予“为国际经济和事业发展做出杰出贡献的企业家”荣誉，被国家有关部门授予“中国百名优秀企业家”的国家级荣誉，并先后入选《中国党政干部改革论坛》《世界优秀人才大典》《中国兴国人物大典》《国家跨世纪人才总库》《鲜红的党旗》《中国当代科技专家大典》《党旗飘飘》等文献，荣获由国家科委主办的“第六届中国新技术新产品博览会”金奖，“全国第三届科技人才交流展示大会”金奖。中国管理科学院授予俞正良同志“中国经济建设杰出人物”的荣誉称号，杭州市人民政府授予俞正良同志“市优秀科技工作者”的荣誉；国务院经济研究中心授予“全国十大杰出企业家”荣誉称号，中国国际经济研究中心授予“2008年度中国改革创新风云人物”荣誉称号,2009年12月，中国石油集团与上海世博局授予“中国石油世博城市之星”之“世博城市之星”荣誉，2010年6月，获得了“2010上海世博会联合国馆低碳经济与新能源产业高新技术企业家”的国际荣誉，2011年2月，荣获“浙江省民营经济杰出企业家”荣誉称号。目前俞正良同志正带领全体员工向社会广大用户全方位推广应用其研制开发的节能减排技术产品，同时也正在进一步研制开发多元化、更高档的新一代高效节能环保产品，为我国的能源和环保事业做出更大的贡献。

郭俊杰：
全智能比例电液控制机构填补国内空白

人物风采：郭俊杰，男，1948年8月出生，1970年毕业于南昌航空学校，1987至1989年就读于江西工业大学机电专业，1970年至1994年先后在南昌洪都机械厂、九江仪表厂任技术员、工程师、技术科长、分厂经理等职。20多年的工作经历，使其对机械行业的生产技术、经营和管理积累了丰富的经验，决策能力、创新意识、开拓精神、经营理念等综合素质得以提高。

特别是1992年至1996年在九江仪表厂任电器分厂经理期间，郭俊杰使该厂在完成开发任务的基础上，取得了多项重点科研成果和专利技术，并取得了显著的经济效益和社会效益。

1996年，郭俊杰辞去工作，创办了九江市环球科技开发有限公司，独闯市场，开发的HPT型高压安全阀校验台系列、LPT型低压安全阀校验台系列、呼吸阀校验台、智能型比例电液控制机构系列产品、烟机速关自保系统、高扬程加油机、液位仪、清洗机等十几项新产品开始走向国内市场。本人也实现了从技术员到企业家的真正转换，工业生产的理念和现代化企业管理方法在实践中得以树立和掌握，企业经营管理水平和市场开发能力在锻炼中得以迅速提高。

企业名片

九江市环球科技开发有限公司2005年8月被江西省科技厅认定为高新技术企业，2006年被评为九江市一级诚信企业，高低压气体安全阀校验台获得高新技术产品证书，2009年7月全智能型比例电液控制机构获得江西省自主创新产品证书，同年12月通过了中国质量体系认证ISO9001：2008质量管理体系的认证，使企业的管理水平迈上了一个新的台阶。

发明简况

全智能比例电液控制机构（专利号：ZL200520098159.8），是针对石化、电力、冶金行业在主风机、压缩机、导叶电液控制机构、烟机、催化电液控制机构等设备经常性故障造成损失的问题上，总结国内外经验研制开发出来的一个新型可靠、全数字智能型比例电液控制机构，它以可靠、稳定、安全、操作方便和智能化的优点占领市场，是最优的替代产品，填补了国内空白。

本实用新型涉及一种用于汽机风机导叶控制、高温蝶阀控制和滑阀控制，设备的核心部件电液控制阀为电液比例阀，输出流量正比于电液比例阀控制绕组的输入控制信号，属于线性控制系统。原来应用射流管伺服阀容易堵塞，故障率高，而比例阀与伺服阀相比，其抗污染能力强、运行平稳、不容易堵塞、工作可靠。泵站采用压力控制，液压系统控制在额定压力（10～14MPa）下运行，适合长期稳定操作的电液控制系统。电液比例阀对工作油液清洁度要求比伺服阀低，抗污能力强。据国外对同类产品所建议过滤精度要求，比例阀为ISO △△ 006，代号16/13。即每毫升油液中，大于5ч颗粒小于640个，大于15ч颗粒小于80个。电液伺服阀为IS04406，代号为15/11。即每毫升油液中，大于5ч颗粒小于320个，大于15ч颗粒小于20个。射流管阀喷孔 φ0.5mm，而比例阀喷孔是它的倍数，因此比例阀对油液清洁度要求比伺服阀低，所以比例阀一般采用10ч全流量过滤器就能达到液压系统中油液清洁度要求，而采用射流管的伺服阀使喷嘴赌塞，造成控制系统失灵的故障。

本装置控制系统采用最新的控制技术——数字控制代替模拟控制，以工艺流程实施控制，精度高、抗干扰能力强、故障率低，是一种先进的控制装置。

向凌云：专业、低价代客研发专利，评估、认证、投融资

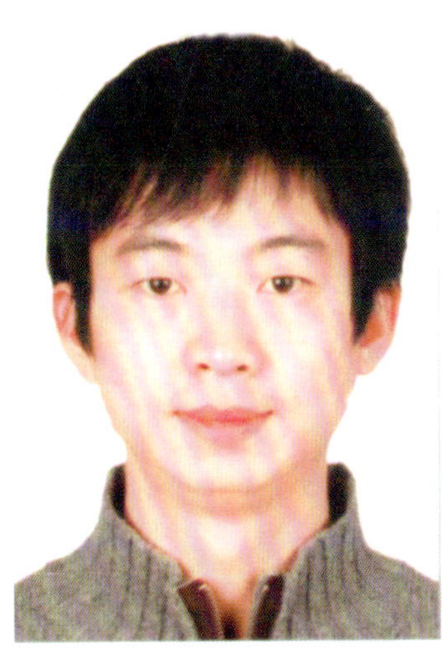

年仅30多岁的向凌云在发明创造事业中已经很成熟了，不仅荣获多项荣誉和奖励，其个人发明拥有数十项国家重点专利，他还把创造发明作为一项事业经营，为有所需求的个人或企业提供研发服务。

出生于1977年的向凌云是贵州省贵阳市人，毕业于中南财经大学贸易经济专业本科、经济学学士；中共贵州省委党校经济管理第二本科；北京大学光华管理学院项目管理硕士；联合国科学技术组织世界科学院荣誉博士。现任中国美食家协会贵州分会会长、《商业故事》杂志贵州办事处主任等职。其成果、著作、业绩已入编《世界名人录》《中国知名专家学者辞典》《百年中华重要贡献人物》《国际专家名录》等重要书典。还多次荣获联合国及国内外权威机构授予的诸多奖项与荣誉。

向凌云个人发明并拥有多项已纳入"国家技术转移促进行动"重点推广项目的国家专利。其中包括：一种广幅声场立体声式扬声器（专利号：ZL200720201813.2），这种广幅声场立体声式扬声器通过喇叭单元的特殊结构设计，在较小巧的箱体内集成安装1只低音喇叭、4只特殊交叉反射角设计的高音喇叭，能够使室内声场分布均匀、立体声空间感更强、能够有效避免室内空间狭小容易产生啸叫和声场共振的问题，本专利适用于民用与专业音响厂家生产或卡拉OK、KTV练歌房等企业定制开发使用；用于电子元件钢帽扭紧的密集式扭紧机（专利号：ZL200820303864.0）；用于打火机电子点火器组装的模板（专利号：ZL200820303865.5），其专利成果提高生产率80倍，节省劳动力近6倍，使废品率由5%以上降至0.2%以下，解决了电子元件生产中的重大技术难题，极大地减轻了劳动强度，保障了生产安全，提高了生产效率；移动式安全防范装置（专利号：ZL200920311462.X）是一种民用安防主动式智能多维机器人，是划时代的家庭管家、保姆、卫士、电器、清洁工、电子眼；社区整体智能服务系统与车用整体智能服务系统的专利发明能够成功实现未来世界的整体智能化全面家居安全服务；发明的反观内视人体经脉穴位仿生模型对指导中医各科的临床实践、普及人体经脉、穴位知识，让一般行医人充分、直观地了解人体经脉、穴位的准确分布及位置（语音播报），从而推动祖国中医产业的发展，更进一步践行《天道》《天行健道》系列丛书、产品所荟萃的反观内视已体、伸筋、通脉、畅络、快乐养息、健康公益的人类文明成果。

"创新、发明、创意是一种很有趣的事。"向凌云常说。他组织了一个由高级专家学者组建的顶尖CRO团队，为有所需求的个人或企业研发全权创造发明并独立拥有的专利，代为国内外各类企事业单位、协会、机构设立驻贵州省的分会、分公司、代表处、科研基地、售后服务处等。提供专业、完善、高质、低价的办公、售后、市场、调研、通信、销售、研发、会议、招商、创意、活动组办等兼具学术与商业的高效专业服务。

通信地址：贵州省贵阳市云岩区松山路智慧龙城玲珑水榭2栋2号楼10-1号
邮政编码：550001
电　　话：18985156001/15285116607　　QQ：315158812　　E-mail:unstocn@gmail.com

通用三洋 天津和美：追求新药研发无止境

高脂血症是中老年人常见的疾病之一，也是备受关注和严重影响中老年人正常生活的疾病。3–羟基–3–甲基–戊二酰辅酶A（HMG–CoA）还原酶抑制剂第三代产品阿托伐他汀作为处方药中的领军品种已连续多年摘取了全球最畅销药物的桂冠。在中国，国内制药企业为了避开晶型专利，只能开发无定型的阿托伐他汀钙。天津和美生物技术有限公司成功研发出了阿托伐他汀锶盐多晶型物，并申请了专利保护。阿托伐他汀锶盐具有溶解度高、稳定性好等特点。目前天津和美生物技术有限公司与海南通用三洋药业有限公司联合开发了阿托伐他汀锶原料药和片剂，正在准备向国家食品药品监督管理局提出新药注册申请。

天津和美是由留美药物研发专家张和胜总经理组建的，宗旨是立足于中国市场，瞄准国际市场，开发具有自主知识产权的、有特点的新药核心技术，为病人开发更有效、更安全、更经济的新药，使公司成为中国首创新药研发的重要基地之一。

公司成立以来，已形成高、中、初级科学家合理搭配、新药发现核心功能研究团队配套、外包协作系统初步成熟的研发体系。迄今，公司已申报45项中国发明专利，其中22项已申报PCT，并已有16项申报了美、日、欧等10国（国家集团）专利，10项发明专利已获得国内专利授权，2项发明专利已获得美国专利授权，另有部分专利获得欧洲、日本、印度、澳大利亚、南非等国外专利授权。

近年来，天津和美获得了多项政府支持，包括国家“十一五”规划重大新药创制项目、“十二五”规划重大新药创制（进第二轮）、科技部中小企业创新基金、天津市科技支撑计划重点项目、天津市科技支撑计划培育项目、天津市中小企业创新基金、滨海新区科技小巨人成长计划。

天津和美的企业模式及成长，也越来越多地得到了社会及行业的认可。2010年，天津和美荣获“2010年中国留学人员创业园百家最具成长性创业企业”称号。

海南通用三洋药业有限公司是国内专门致力于耐酶高效抗生素类系列产品研发、生产的现代化制药企业，是高新技术企业、海口市纳税大户、海南省工业企业50强企业、海南省综合实力30强企业。

到目前为止，公司有粉针剂、冻干粉针剂、片剂、胶囊剂、微丸剂等剂型及原料药生产线，可生产青霉素类、头孢类、心脑血管类药物等多个类别100多个品种，分别取得药品GMP证书11张。近年来，平均每年有10多个不同类别、不同等级的新产品面市，部分品种还入选了“中国高新技术产品目录”，并列入国家级火炬计划等。其主导产品“注射用头孢哌酮钠他唑巴坦钠”为国内外独家产品，不仅为医疗临床战胜严重感染提供了强有力的武器，同时还极大地提升了公司的经济效益，2008年进入了国内临床用抗生素品种前三甲。

公司建立了完善、规范的质量保证体系，确保公司产品在生产的每一个环节、每时、每刻都符合GMP要求。公司产品的市场抽检合格率始终保持100%。

沈高云：纯葛根功能营养酒

人物介绍：沈高云，1941 年生，云南省沾益县福上福葛根酒业有限公司创始人，董事长，“纯葛根功能营养酒及其制备方法”专利发明人，葛根酿酒专家。

企业名片：沾益县福上福葛根酒业有限公司，是集科研、生产、销售为一体的、全球唯一的纯葛根营养白酒制造商、销售商。公司以人为本，诚信至上，依法实行标准化生产。既坚持无粮酿酒，又坚持不使用添加剂，并大力种植葛根，用能解酒毒的葛根酿出天下奇酒，造福芸芸众生。

成果展示：纯葛根功能营养酒及其制备方法（专利号：ZL200510010966.4)。该项目获“人类生活必须（轻、医类）2011 年度优秀专利荣誉称号”。

《本草纲目》记载：葛根，味甘辛，具有解肌、退热、生津止渴、升阳止泻等作用，能有效地降低血压、血脂、血糖，具有清热解毒、消渴解酒之功效。

国家卫生部认定珍贵山地植物葛根是药、食两用植物。葛根含有淀粉、蛋白质、脂肪、低聚糖以及钙、钾、镁、锌、硒、酮等十几种人体所需的微量元素和 18 种氨基酸。

1998 年起，沈高云开始大规模种植葛根，并开始进行酿酒实验。凭借着一种睿智和执著，他最终取得了成功，酿造出了纯葛根酒。酿酒所用的原料全部是葛根块茎晾晒后发酵而制成的。15 公斤活葛根可酿出一公斤酒。云南省产品质量监督检验中心的报告显示，沈高云酿造出的葛根酒所有检测项目均合格。西南大学食品科学学院的检验报告显示，沈高云的福上福酒业有限公司生产出的葛根酒含有大量的总黄酮和葛根素，仍不失葛根的特性，有很好的保健作用。沈高云以葛根为酿酒原料，用“解酒药”来酿酒，并通过喝酒来治疗高血压、冠心病等，彻底打破了人们传统的思维模式。

本专利精选云南野生葛根酿制出来的福上福纯葛根功能营养白酒，有效地保持了葛根原有的营养成分，完美地保留了葛根的药用成分，是宜人的养生酒。葛根酒同时还具有防癌抗癌、解痉止痛、增强脑及冠状动脉血流量，扩张冠状动脉血管，改善缺血区的血流状况，增强心肌收缩力，防治高血脂、高血压，高血糖等作用。对头晕、头痛、颈项疼痛、冠心病、心绞痛、神经性头痛、抗氧化和增强机体免疫力等有明显功效。近年来，荣获相关部门授予的“群众喜爱的环保产品”、“放心消费环境承诺单位”、“维权先锋”、国际农博会金奖、龙头企业等殊荣。

本专利产品与其他酒有很大的差异，本产品健康环保，品质优良，特点明显，是全球唯一的葛根功能凉性营养酒，是中华酿酒史上的又一座里程碑。

目前，福上福葛根酒业有限公司已研制出以纯葛根酒为主的葛根系列产品十余种，囊括了食品、药用、化妆品三大类。福上福葛根酒业有限公司以振兴沾益葛根产业、发展特色农业，改变消费观念，带动农民致富为宗旨，正朝着打造“福上福”纯葛根酒品牌，把公司发展成集科研、生产、加工、销售为一体的现代企业的目标迈进。

42° 纯葛根白酒

通信地址：云南省曲靖市沾益县盘江镇花山十里铺丰华村葛根酒厂
电　　话：0874-3062699/0874-3063892/15987408939
传　　真：0874-3062599　　E-mail：fsfggjy@163.com

李国健：在发明道路上探索不止

经历过人生的酸甜苦辣，尝试过事业的成功、失败，唯一不变的是他对科学技术认真的追求与探索。李国健，一位在发明道路上耕耘不辍的执著者。

68岁的李国健是浙江余姚人，从小就善于动脑筋，喜欢研究新事物，年轻时做过工农商学兵，但不管环境条件如何，他从未放弃过对新技术的探索和对旧技术的改造。借着改革开放的东风，李国健办起了企业，更有条件搞技术创新了。

李国健善于思考问题，他发现生活中常用的皮卷尺有很大的创新空间。以往，皮卷尺的生产，由于其长度的特殊性，始终有一个难以解决的问题，这就是公英尺大尺码的文字印刷，无法实现机械化印刷。 世界各国，包括发达资本主义国家，无一列外地都采用丝网或别的手工方法印刷。老方法印刷，一个不可避免的弊病是生产效率低，劳动强度大，印刷质量差，占用场地多。对大尺码文字的自动化机械印刷，似乎是一个禁区，无人进入。国内有不少专业人士，潜心研究数年，最后仍无获而终。

李国健经过多年刻苦研究，从理论到实践，从机械到电子，呕心沥血，克服重重困难，终于完成了多功能卷尺印刷机的发明，实现了皮卷尺生产的全自动印刷。这一发明，填补了卷尺生产印刷行业全自动印刷卷尺的空白，在行业内引起过不小的轰动。发明专利号200710066701.5，并提出了国际专利审请。

本发明涉及一种印刷机，专门用来印刷塑料卷尺或其他软质材料的卷尺，特别适用印刷一面公制尺码，另一面英制尺码的卷尺。其特征在于另有功能部件，增加公尺大尺码印刷滚筒和英尺大尺码印刷滚筒后，能一次性印完公制面和英制面尺面上的大小尺码，成为一种多功能卷尺印刷机。多功能卷尺印刷机，能一次完成皮卷尺所有尺码的印刷，包括尺长度线纹标记和文字尺码，并同时实现卷尺两面公英尺零位起点的对准。该发明在业界产生了不小的影响。

该发明一改以往卷尺印刷的落后工艺，使卷尺印刷行业的主要生产工具得以彻底更新换代。一是改人工操作为机械操作，把工人从繁重的体力劳动中解放出来；二是大大提高了生产效率，印刷速度提高到5倍以上；三是印刷的质量有了极大提高，产品字体清晰，油墨均匀，远超过原来手工印刷的质量，四是能节约一半以上生产场地。

发明者申请专利是为了保护自己的知识产权，然而，社会上总是会有一些人无视法律法规的存在，猖狂盗窃他人研究成果，其方法无奇不有，手段卑鄙，使人防不胜防。在发明的道路上，李国健也遇到了很多不愉快的事情，他发明的多功能卷尺印刷机技术也曾被盗窃。对此，李国健的想法是：对盗窃者嗤之以鼻，但对自己研究成果能用之于民，造福于民，看到用自己发明的技术生产的产品供应到世界各地，各地人们都能享用自己的发明成果，感到十分欣慰。他觉得对社会对他人有所贡献，个人能在历史上留下小小的痕迹，就不算白过此生了。

现在，已步入老年的李国健为攀登科学技术的高峰仍奋斗不息，他对于研究事业的热情始终保持“坚决亦如往，终身事之方恨短”的状态。

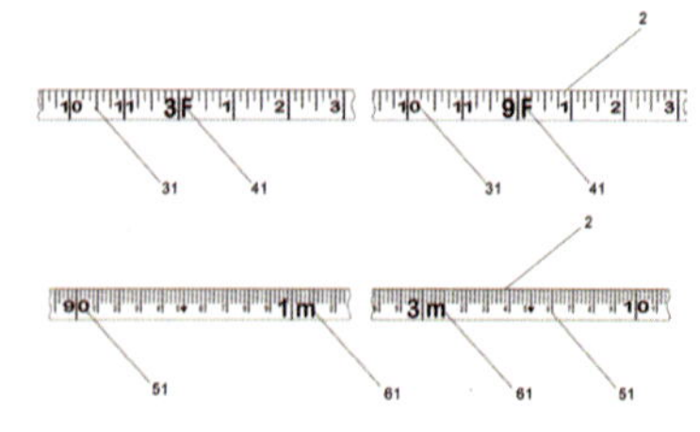

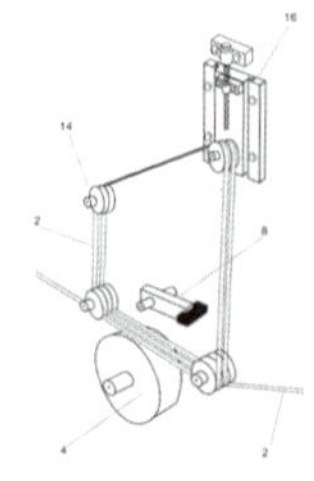

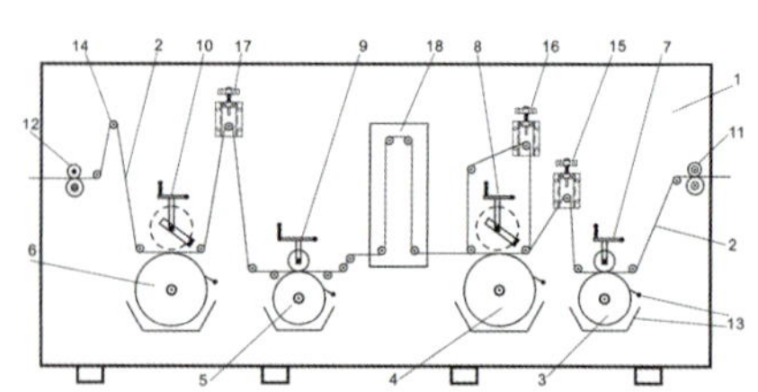

氨基酸是构成生物体蛋白质并同生命活动有关的最基本的物质，是生物体内不可缺少的最主要的营养成分。

经过短短40年的发展，我国已经成为氨基酸生产和消费大国。但是，氨基酸目前主要用于饲料和食品领域，医药原料用的氨基酸数量不大。邹学满一直从事水解蛋白质分离提取氨基酸产品技术的研究工作，极尽大半生精力研究出分离并提取由蛋白质转化生成的全部氨基酸的技术方法。

他于1987年最先组建了广州华立氨基酸技术开发公司；随后为了引资投资的需要，把它从广州注销，到东莞市桥头镇于2002年组建了东莞市蓝鲸生物化工科技有限公司；该公司于2005年又同广东省罗定市金鸡镇政府合作，组建了金鸡氨基酸有限公司，采用合作方式共同引外资投资开发氨基酸产品生产技术；后来，由于国际性金融风暴的干扰，于2007年，他又回到了广州市，注册了广州博采生物科技有限公司，继续致力于氨基酸产品的产业技术开发。

邹学满：将氨基酸提取技术进行到底

邹学满于1970年毕业于中山大学生物系，一直从事微生物菌种的筛选和发酵工作。1983年，一个偶然的机会，他发现有关胱氨酸生产企业排放的废水中含有大量的氨基酸物质，从此之后，他就和氨基酸提取技术结下了一生的缘分，他倾尽青春与精力，终于研制出从蛋白质水解液中彻底分离提取所有生成的氨基酸成为单一氨基酸成分产品的技术方法，并申请了国家发明专利。

解读氨基酸

邹学满介绍说：氨基酸是构成生物体蛋白质并同生命活动有关的最基本的物质，是在生物体内构成蛋白质分子的基本单位，与生物的生命活动有着密切的关系。 作为构成蛋白质分子的基本单位的氨基酸，无疑是构成人体的物质中最基本物质。生命的产生、存在和消亡，无一不与蛋白质有关，蛋白质的基本单位是氨基酸，如果人体缺乏任何一种必需氨基酸，就可导致生理功能异常，影响抗体代谢的正常进行，最后导致疾病的发生。同样，如果人体内缺乏某些非必需氨基酸，会产生抗体代谢障碍。精氨酸和瓜氨酸对形成尿素十分重要；胱氨酸摄入不足就会引起胰岛素减少，血糖升高；又如创伤后胱氨酸和精氨酸的需要量大增，如缺乏，即使热能充足仍不能顺利合成蛋白质。

因此，人类想要获得足够的营养物质就要通过各种途径获取氨基酸或蛋白质，将大量废弃的蛋白质资源充分用作水解生产氨基酸物质的资源，是大有作为的事业。

一种创新的提取氨基酸的技术

虽然人类通过工业方式制造的天然氨基酸物质同绿色植物合成天然氨基酸物质的数量相比是沧海一粟，但由工业生产制造出的产品是纯正的天然氨基酸商品，能够满足人类在某些方面对它们的基本渴求。

从 1820 年起，人类首次从明胶蛋白质水解液中分离提取到甘氨酸物质开始，到 1930 年从酪蛋白质水解液中分离提取到苏氨酸物质为止，历时整整 110 年，才把构成普通蛋白质的 18 种天然氨基酸物质全部分离提取，获得了它们的纯净物质制品。

纵观氨基酸提取技术的发展历程，制备氨基酸产品的工业生产技术大体分为三种类型，即水解蛋白质分解提取法，微生物发酵法，以及有机合成法。其中，水解蛋白质分离提取法是最为经典的氨基酸产品工业制造技术，也是最早的氨基酸产品制造技术方法，从 1820 年开始，至今已经沿袭了近 200 年的时间。

采用这种工业制造技术，任何蛋白质经水解转化后，都可以生成 17 种以上的氨基酸物质，由于它们彼此间的理化性质近似甚至几乎无差别，人们欲从它们水解生成的混合物中利用它们的理化性质区别把它们一一分开，从技术角度说，其难度非常大。因此，从蛋白质水解生成的氨基酸混合溶液中系统而彻底分离出全部氨基酸产品的技术，一直是一项世界性技术难题。

由于水解蛋白质分离提取氨基酸物质的技术难题没有被攻克的前提下，许多研究者选择绕道而行，于是一种新的方法产生了，就是采用微生物发酵方法生产制造天然氨基酸产品。这项技术以日本为首的发达国家率先进行，利用微生物细胞在生长代谢过程中的物质转化代谢作用累积在生长环境中的氨基酸物质的富余状况，而演化成功的氨基酸产品制造技术。但是，这种技术投资巨大，产品单一，难以实现氨基酸多品种配套销售，致使各种氨基酸产品的销售价格居高不下。

虽然后来人们又研究发明了有机合成法生产天然氨基酸产品的技术工艺，它是以石油中间产品为基础的。在石油资源紧张的今天，这项工艺显然不具备发展的前景。

天然氨基酸产品生产技术陷入困境，作为一名研究者，邹学满深深地感觉到责无旁贷，他以明知山有虎偏向虎山行的精神向世界性的技术难题挑战。他研究发现了氨基酸物质被活性炭物质吸附的规律，于是活性炭物质吸附色层分离氨基酸物质的技术发明就诞生于这种对物质世界规律的认知摇篮之中，邹学满于 1985 年 4 月 1 日之前申请了 9 种氨基酸产品的发明专利，又于 2002 年申请了 14 种氨基酸产品的发明专利，本次申请了 15 种氨基酸产品的发明专利。前两次因资金之故，主动放弃了申请。每一次申请，都是在前一次申请的基础上，技术获得了本质的提升和进步。发明专利号：ZL200710031199.4。

邹学满介绍说，该发明包含以下工艺：首先将人发加酸、加热水解而获取人发蛋白水解液，而后将其用水稀释，再使其流经短程活性炭吸附色层柱，合并该色层柱的流出液和水洗液，并将所得收集液用碱中和至 pH 值 4.0 ~ 5.0，在 0℃ ~ 4℃条件下结晶，过滤出结晶物后，重结晶，得胱氨酸；其后，将所得胱氨酸母液中和至 pH 值 7.0 ~ 9.0，并让其流经长程活性炭吸附色层柱，再依次采用水洗、盐酸和乙醇液解脱，分段收集洗涤液而得到丙组分、脯组分、亮组分和精氨酸分离溶液，再对这些分离溶液作后续分离即得其余 14 种氨基酸。本工艺简单，分离效果好，收率高。

该发明专利技术中设置的短程活性炭柱是对现在生产中的胱氨酸生产技术的本质性创新，它取代了现有胱氨酸产品制备中的大量粉末活性炭的消耗，大幅度地节约了胱氨酸产品的生产成本。同时，该短程活性炭柱，是已经成为公开技术的 14 种氨基酸产品生产的关键设备，没有它，已公开的 14 种氨基酸产品就无法进行生产。所以，该装置及其相关技术方法是 14 种氨基酸产品能够生产实施的技术瓶颈。

谈到这项发明技术的市场前景，邹学满举例说，如果全新建造一个微生物发酵工厂生产氨基酸产品，有经济效益出现的最小投资规模为一亿元人民币的话，用同一投资数额使用本发明技术，就可以实现年水解人发 6000 吨，生产 15 种以上氨基酸的产品，其产量达 3258 吨，其销售收入达 3.6 亿人民币，其毛利润额达 1.5 亿元以上。所以该投资的经济效益显而易见，该技术项目投资市场的前景很广阔。

进军氨基酸制药产业

解决了从蛋白质水解液中提取全部氨基酸的世界性技术难题后，邹学满没有停止继续前进的脚步，他把目光又放在了氨基酸制药产业上，带领着他一手创办的广州博采生物科技有限公司开始大规模生产氨基酸原料药。

说起我国氨基酸原料药的历史，是从 1978 年开发氨基酸输液制剂开始的，为了配套生产我国自己的氨基酸输液，在全国开展了协作配套，国内出现研究和开发氨基酸原料药的热潮。但是，随着改革开放，进口的氨基酸原料药大量涌进国内，由于技术、成本等因素，我国药用氨基酸原料的生产受到国际市场的严重冲击，大部分生产厂家纷纷下马，能够继续维持的企业甚少。

2004年，邹学满从北京的商品市场上获悉，当时全世界的氨基酸产品总量在500万吨左右，而需求总量为800万吨以上，其市场价值规模在800亿美元以上。他同时也发现，在我国的氨基酸供给市场，饲料和调味食品方面均是饱和的，生产量大，售价低，国内企业生产供给国内市场绰绰有余；而食品营养性的氨基酸原料供给量很少；医药原料用的氨基酸数量不大，且价值高。氨基酸原料药的生产很大程度上依赖于从日本进口，日本一直占据着世界药用氨基酸原料90%的市场。他清楚，实现氨基酸原料药的国产化是十分必要的且是迫切的。

我国目前生产的氨基酸原料药品种与20世纪80年代相比有了很大的发展，18个常用的品种中，有14个品种可以自给，很多品种在成本和质量上都达到国际先进的标准，但是也存在着不少的问题：一、品种不齐全，其中有些产品的产量不足。如在发展氨基酸输液新产品中，L－鸟氨酸、L－瓜氨酸以及N－AC－L－酪氨酸等国内尚无厂家组织生产；二、产品技术水平低，如发酵产品L－缬氨酸、L－异亮氨酸、L－精氨酸的产酸率低，以上产品的产酸率都在2%～3%之间，致使生产成本高；在分离中，缺乏专用树脂，目前常用的只有731、732树脂，对杂酸的处理带来了困难；水解的条件及控制，缺乏自控，以致提取收率低；三、产品的质量还不稳定，如在溶解速度、外观晶型等方面还与国外产品有差距，在重结晶的工艺中对一些产品缺乏研究，生产中缺少自控设备和手段。

经过28年的努力，邹学满发明的并经过不断完善的氨基酸分离技术，经过多家生产企业证实，完全可以适用于大规模工业生产。邹学满分析其市场前景时说到，假设使用广州博采生物科技有限公司的氨基酸分离技术，一年内能够得到6000吨胱氨酸及其衍生物产品、4000吨精氨酸及其衍生物产品、2500吨亮氨酸、2200吨缬氨酸、3000吨脯氨酸、800吨丝氨酸、1800吨酪氨酸、1800吨苯丙氨酸、2000吨苏氨酸、2000吨异亮氨酸、800吨蛋氨酸、1000吨赖氨酸、1000吨色氨酸，合计总量2.62万吨，再辅之于谷氨酸的微生物发酵和微生物发酵产生的酶转化富马酸，生成的天门冬氨酸系列产品，以及有机合成的甘氨酸等，可使我国的药用氨基酸原料总量达5万吨以上。目前的市场药用氨基酸价格平均在30万元／吨左右，市场价值规模量按1万吨计算的话，是30亿元左右。如果充分开发使用邹学满的发明技术，使药用氨基酸原料产量达到5万吨的话，届时的药用氨基酸原料的市场价格就能够从30万元／吨降为20万元／吨，则其市场价值规模从30亿元增加到100亿元以上。

依据该技术设计我国氨基酸产业的未来

要实现药用氨基酸原料产品的市场价值达100亿元，主要是基于我国每年130万吨（人发10万吨、猪毛30万吨、羊毛20万吨、牛毛10万吨、马毛10万吨、鸡毛20万吨、鹅鸭羽毛梗30万吨）以上的角蛋白质资源；合计为1500万吨（棉籽饼粕700万吨、菜籽饼粕800万吨、蓖麻饼粕50万吨、亚麻饼粕50万吨）以上的各种植物油饼粕资源；以及近100万吨的血粉、皮胶、骨胶产品中所含有的全部蛋白质资源等，均采用邹学满发明的水解蛋白质生产出400万吨以上的营养性饲料用复合氨基酸产品；生产出200万吨以上数量的调味复合氨基酸产品；生产出10万吨以上的化妆用复合氨基酸产品；并生产出5万吨以上药用氨基酸原料产品，这些氨基酸产品的总量达615万吨，可实现氨基酸原料产品销售收入总额达到1670亿元人民币（饲料复合氨基酸产品售价1.8万元／吨，销售收入720亿元；调味食品复合氨基酸售价4万元／吨，销售收入800亿元；化妆品复合氨基酸售价5万元／吨，销售收入50亿元；药用氨基酸原料销售收入100亿元）。

到那时，我国上千万吨的低利用价值甚至是无利用价值的蛋白质资源就会实现空前的充分利用；我国氨基酸原料产品总量就会达到600万～800万吨的巨大生产规模；我国的氨基酸原料价值产业规模会在1700亿元以上；届时，氨基酸营养的价格之便宜，享有者之众，是我们今天无法想象的。可见，该发明技术对国家和人民的巨大贡献！与微生物法相比，又为国家节省了近千万吨的粮食消耗！

路漫漫其修远兮，吾将上下而求索。如今，将进入古稀之年的邹学满还在氨基酸提取技术的研发道路上探索着，在技术发明与技术开发使用的途中前行。回首走过的路，纵然布满荆棘与艰辛，邹学满却感到快乐与幸福，孜孜不倦做研究已成为他毕生追求的事业，科研报国，奉献社会是他人生价值的实现。他回顾28年的氨基酸产品生产技术的研究与开发历程，觉得苦也吃过，难也受过，不达目的誓不罢休，立志要走出一条中国氨基酸产业的大道，宽又阔！

健康是生命之基，是人生幸福的源泉。当前社会，癌症已成为威胁人类生命健康的第一大疾病，早期发现并诊断癌细胞的转移及扩散，将健康防线前移显得尤为重要。中山大学附属第三医院副院长、泌尿外科主任高新领导其团队，在前列腺癌转移早期诊断领域积极探索，发明了一种有效的前列腺癌转移早期诊断的方法，为男性健康带去福音。

高新：将人类健康防线前移

人物风采

高新，男，教授，博士生导师，现任中山大学附属第三医院副院长、泌尿外科主任。1957 年 10 月出生于湖北武汉。1994 年获武汉大学医学博士学位，1994 ~ 1997 年在美国耶鲁大学医学院作博士后研究。1997 年留美回国后到中山大学附属第三医院泌尿外科工作。临床业务主要特长为前列腺癌的综合治疗和泌尿外科微创手术。基础研究方面，着重开展纳米转基因载体制备 DC 疫苗应用于前列腺癌的治疗方面的研究，和纳米显像探针应用于前列腺癌早期诊断的研究，以及前列腺癌转移机制的研究，先后获得 6 项国家自然科学基金资助，2006 年获得高校博士点专项基金和广州市科技攻关项目资助，2007 年获得广东省自然科学基金重点项目资助和卫生部临床重点项目资助。主编专著两部（《微创泌尿外科手术与图谱》，广东科技出版社，2006 年出版；《泌尿外科手术学》第三版，人民卫生出版社，2008 年出版），主编中华医学会系列杂志《中华腔镜泌尿外科杂志（电子版）》。在国内外核心期刊发表学术论文 60 余篇，其中 SCI 收录 21 篇。近年来先后 4 次美国泌尿科学协会 American Urological Association（AUA）年会作学术会议报告。2006 获广东省科学技术奖三等奖 1 项，2008 年获得教育部科学技术二等奖。

前列腺癌是男性恶性肿瘤中发病率较高的一种，在我国其发病率逐年上升。目前临床尚无有效的方法早期诊断前列腺癌转移，高新利用分子生物学原理，经过和团队的一起努力，发明了一种“用于前列腺癌转移早期诊断的试剂盒”（专利申请号：200910193654.X），能够准确地诊断前列腺癌的微小转移。

前列腺癌早期诊断遇瓶颈

前列腺癌（prostatic carcinoma，prostatic cancer，英文简写为 PCa）是男性生殖系最常见的恶性肿瘤，发病率随年龄而增长，其发病率有明显的地区差异，欧美地区较高，仅次于肺癌，在男性癌症死亡病例中排第二位。

前列腺癌起病较隐匿，早期缺乏特征性表现，但是当前列腺癌进行及生长到某一程度，如果向膀胱及尿道延伸时则会产生解尿困难、频尿或影响肾功能，如果前列腺癌侵犯出前列腺被膜，并破坏附近与阴茎勃起有关之神经血管，或侵犯直肠壁，则可能导致阳痿或大便里急内重。更进一步，如果前列腺癌转移出去，最常见的是骨盆腔淋巴腺及骨骼转移而造成骨头疼痛或下肢水肿。等到有这一些进一步的症状发生时再寻求治疗，疗效往往大打折扣而丧失早期发现早期治疗的先机。因此，对前列腺癌早期微小转移的诊断十分重要。

为早期诊断前列腺癌，国内外泌尿科医生做了大量的临床和科研工作。目前，前列腺特异性抗原(PsA)是公认的早期诊断前列腺癌的有效方法之一，已被广泛应用于临床，但PsA并不是十分完美的方法，有时候前列腺癌亦会躲过PsA的审查。虽然医学科技不断发展，对于十分精确的早期诊断前列腺癌转移技术仍未出现。常年从事该领域研究的美国归国教授高新敢于向尖端挑战，终于研制发明了一种前列腺癌转移早期诊断的方法。

早期诊断前列腺癌转移新方法

一种“用于前列腺癌转移早期诊断的试剂盒”(专利申请号：200910193654.X)，是由中山大学附属第三医院泌尿外科的科研团队发明的，以高新为带头人，团队成员都是泌尿外科的研究精英。庞俊博士也是其中一位，他作为主要研究人员参与863计划（1项）、国家自然科学基金项目（3项）、卫生部临床重点项目（2项）、广东省自然科学基金重点项目（2项），广东省科委、广州市科委和中山大学临床医学研究“5010计划”等多项课题的研究。

为了克服现有检查手段不能早期诊断前列腺癌转移的不足，高新带领团队发明了一种“用于前列腺癌转移早期诊断的试剂盒”，本发明的目的之一在于提供一种前列腺癌转移早期诊断的方法，该方法利用分子生物学原理，能够明确诊断出前列腺癌的转移，更重要的是对前列腺癌的微小转移也能早期明确诊断。

本发明的另一目的在于提供一种用于前列腺癌转移早期诊断的试剂盒，该试剂盒可以明确诊断出前列腺癌的微小转移，准确率非常高。

为实现上述目的，本发明一方面提供一种前列腺癌转移早期诊断的方法，该方法包括：(1)提取前列腺癌组织的基因组DNA；(2)分别利用M引物对和U引物对，使用甲基化特异性聚合酶链式反应(Methylation specific PCR，MSP)进行PCR扩增；(3)对上述PCR扩增的产物进行电泳；(4)根据特异性条带的有无来判断是否发生转移。

在本发明的另一个实施方式中，在步骤(2)之前还可使用外引物对来扩增所述基因组DNA，随后再进行步骤(2)，即采用巢式PCR对基因组DNA进行扩增，以增加本发明方法的灵敏度，使结果更加稳定可靠。

另一方面，本发明提供一种用于前列腺癌转移早期诊断的试剂盒，其包含M引物对和U引物对。在优选的实施方式中，所述试剂盒还包括外引物对。

本发明通过甲基化特异性聚合酶链式反应来检测前列腺癌组织中脑衰蛋白反应调节蛋白-4基因启动子区的甲基化状况来判定有无前列腺癌的转移。该方法利用分子生物学原理，具有很高的特异性和准确率，可以在早期明确诊断出前列腺癌的微小转移。

转让及合作意向：本专利利用分子生物学原理，具有很高的特异性和准确率，可以在早期明确诊断出前列腺癌的微小转移，具有极高的临床运用价值及开发前景，欢迎各大生物工程公司来函咨询，共商合作开发或专利转让事宜。

为了广大男性的健康与幸福，高新及其所在的中山大学附属第三医院泌尿外科在不懈地探索和创新，为了将自主研发的技术应用到临床医疗当中，他们在做着发明专利转化的努力。

陈茂高：自主创新助推低碳能源发展

人物风采：陈茂高，男，1953 年 11 月出生，广东兴宁市人，汉族，博士学位，1973 年 11 月入伍，1977 年 3 月加入中国共产党，1988 年 11 月转业到广东乐昌市交通局，1992 年调动到深圳鸿基集团工作任工程师，1985 年起一直从事新能源项目研发，2005 年底至今一直从事新能源行业工作。现任无锡昊华新能源、深圳华南能源董事长、法人代表，河北福宽生物油脂公司董事长，广东省石油行业协会副会长，中国科学家论坛副理事长，中国新能源行业著名专家。

专利介绍

甲醇汽油核心剂母液及其制备方法以及将该母液配制成为甲醇汽油的方法（专利号：ZL200810000485.9）

本专利创新点在于通过热物理化学反应调整改变了燃料甲醇的性质，在发动机使用时的燃烧传播速度、汽化潜热、抗爆性、加速性及抗水、抗腐蚀、抗溶胀、抗气阻等方面的性能均达到或接近国标汽油。其产品先进性在于：

1. 热效能高。低碳 M85 甲醇汽油与国标 97# 汽油台架对比实验表明，两者功率、扭矩相当，能满足发动机足够的动力需求，油耗比为 1 ：1 ～ 1.20 ：1。从而使低碳 M85 甲醇汽油的使用价值大大提高。

2. 不改发动机。汽车使用低碳 M85 甲醇汽油，不改发动机，不腐蚀不溶胀发动机零部件，可以单独使用，也可以与国标汽油、甲醇汽油、乙醇汽油互换使用或混合使用，大大方便了低碳 M85 甲醇汽油的储存、输配、加注和使用。

3. 尾气排放少。低碳 M85 甲醇汽油核心剂母液具有特强的速燃递进作用，从而抑制了发动机冷启动时未燃甲醇中间产物甲醛气体的生成和排放。使用低碳 M85 甲醇汽油常规排放减少 60% ～ 70% 以上；温室气体减少 70% ～ 80% 以上。

4. 安全性好。甲醇的蒸气压比汽油低，蒸气的密度较低，只略大于空气的密度，易于扩散流动。甲醇在空气中的蒸气点燃爆炸浓度是低于汽油的 4 倍。因此，甲醇燃料发生火灾爆炸的可能性远低于汽油。为此国际运动赛车均选用甲醇作为燃料。

5. 独特的抗水性和适应性。低碳 M85 甲醇汽油稳定性好，正常情况下，能吸附 4% ～ 5% 的水分，并在 180 天内不分层、不变质；在 −40℃ ～ 40℃环境温度下不分相，能抵御储存、运输、使用时混入、误入的水分。能与国标汽油、甲醇汽油、乙醇汽油任意比例达到无限互溶。

6. 经济性好。低碳 M85 甲醇汽油的合成成本低。国内甲醇价格一般在 2500 ～ 3000 元／吨，高比例甲醇汽油添加剂母液添加量 5%，添加剂母液掺入成本约 1650 元／吨，低碳 M85 甲醇汽油合成的完全成本约 5000 元／吨，对比 93# 国标汽油 9200 元／吨批发价，比 93# 国标汽油批发价低 4200 元／吨。燃油经济性提高 46%。

若把燃料甲醇转换成替代汽油的高清洁燃料，燃油经济性又提高了 46%，可替代石油，减轻石油进口依存度，有利于保证国家能源战略安全，由此可兴起一个庞大的新能源产业，为国家新能源建设做出大的贡献。

转让及合作意向

联合政府，推动产业；整合营销，达到共赢。

人物风采

刘华映，1970年6月24日出生，汉族，男，北京易释能科技公司北京通州区法人代表。中学毕业后从事汽车修理、机工与电工工作。1990年后从事物业电工工作，并一直爱好电磁学的研究。于2000年申请了“环保型易释能汽车发电发动机”的发明专利。并于2006年12月被中国发展战略学研究学院授予“中国最具有影响力的创新人物”荣誉奖。

2000年至2008年在北京光电设备厂下属单位从事舞台机械设备的安装工作。并于2005年至2008年在北京现代管理大学科学教育学院专修机电一体化课程，于2008年7月毕业。在2008年7月9日向中华人民共和国国家知识产权局申请了“磁旋量释能汽车与磁环量模感变压器模方磁镛管发电发动机”的发明专利，并撰写了题为“经典电磁理论”的学术论文。

刘华映：磁旋量释能汽车与磁环量模感变压器模方磁镛管发电发动机

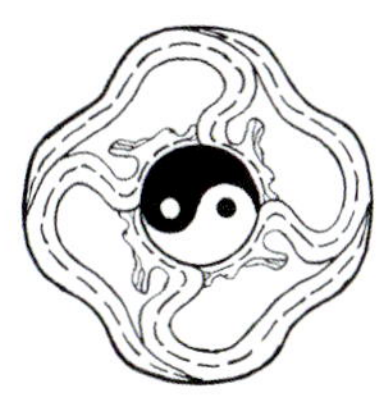

企业名片

易释能汽车发电发动机科技发展有限公司，主要从事磁旋量释能汽车与磁环量模感变压器模方磁镛管发电发动机的专利项目的科研开发与投融资及产学研一体化的社会服务。

发明简况

磁旋量释能汽车与磁环模感变压器模方磁镛管发电发动机（专利申请号：200810132802.2）是一种可循环利用的新能源。磁旋量释能的发电发动机组主要用于汽车及列车工业与发电业，也可用于国防建设中的航天器、直升机等，是很理想的环保型可循环利用的新能源。该发明的模感变压器与模方旋量磁镛管系统主要用于该发电机组的电磁旋量功率放大转换能量使用。

该项目以“易释能”商标为汽车与发电发动机作为商标产品进入市场。易释能汽车分为小轿车、中小货车与大客车为主为市场占有率。小轿车与小货车设计一个发电动机组充一次电可行驶1500～2000公里，时速120公里。两个机组充一次电可行驶2500～3000公里。中货与大客车设计一个发电发动机组充一次电可行驶1000～1500公里，两个机组充一次电可行驶2000～2500公里，时速100公里。易释能汽车最大的特点是：在不行驶时可作为发电机对外输出电功率，大客车可给小社区小企业供电用，小轿、货车可给机电设备及电动工具供电用。该项目作为发电业应用时以太阳能晶硅为始能源启动各个发电发动机组发电供电。主要应用于中小发电厂，小区城镇及大中小企业供电。

该成果发明人希望以中国独占实施许可形式合作，以大中汽车制造厂商为合作对象。

电　话：15510775375
传　真：010-80585019
E-mail:yishineng@163.com

韩秀峰：包含和非包含金属芯的闭合形状磁性多层膜及其制备方法和用途

人物风采：韩秀峰，中国科学院物理研究所研究员、博士生导师、M02课题组组长。2000年获中科院“百人计划”资助；2003年获国家杰出青年基金资助；2007年入选“新世纪百千万人才”；2007年和2010年连续获国家基金委创新研究群体基金一期和二期资助。主要从事磁电子学和自旋电子学的研究，包括纳米磁性多层膜及巨磁电阻效应(GMR)、磁性隧道结及隧穿磁电阻效应(TMR)、新型磁随机存取存储器(MRAM)、磁逻辑、自旋纳米振荡器和微波探测器、磁电阻磁敏传感器等原理型器件的研究。已发表SCI学术论文170余篇。2003年以来与合作者一起提交中国发明专利申请50余项，已获授权30余项；提交国际发明专利申请5项，已获授权2项；与合作者研制成功一种新型纳米环磁随机存取存储器(MRAM)原理型演示器件、四种磁电阻磁敏传感器原理型演示器件。

发明简况

磁随机存储器(MRAM)以磁性隧道结(MTJ)作为存储单元，拥有SRAM的高速读取写入能力以及DRAM的高集成度，而且几乎可以无限次地重复写入。现有的MRAM 主要有两类磁场驱动型MRAM和电流驱动型的STT-MRAM。MRAM抗辐照性能好、功耗低(每写一次功耗<1pJ)、速度快(写入时间~10 ns，读出时间~ns)、并且具有数据非易失性。

目前其4M和16M产品已经应用在航天航空、工业以及消费电子产品中，如果未来10年中，密度和容量超过1Gbit的MRAM开发成功，可以预计其市场价值每年可达数百亿美元。

现有技术中MRAM存储单元均采用非闭合结构(如矩形、椭圆形)，随着存储密度提高，存储单元尺寸以及单元之间距离的减小，存储单元之间退磁场相互作用增强，会增大翻转场和功耗及磁噪声，这些问题制约了MRAM存储密度的提高和发展。

韩秀峰多年来研究得出的专利成果“包含和非包含金属芯的闭合形状磁性多层膜及其制备方法和用途”，涉及一种基于纳米环状或纳米椭圆环状磁性隧道结作为存储单元的磁随机存取存储器，存储单元中的磁矩分布呈闭合形。该类MRAM是通过流经存储单元中电流的大小和方向来实现读操作和写操作，或是通过对存储单元中的金属芯施加的电流来实现写操作；通过对存储单元中的环状磁性多层膜施加的隧穿电流来实现读操作。与现有技术相比，该MRAM利用正负两个方向的极化隧穿电流自身产生的环行磁场或者金属芯中正负两个方向的驱动电流产生的环形磁场，并结合自旋转力矩效应进行数据的写操作，使得MRAM的控制更加简便，并降低了存储单元结构和MRAM设计结构的复杂性、制造工艺难度及成本，并且有助于进一步降低功耗、减弱磁干扰，该项专利提供了一种实用型MRAM的新结构和新设计。

“包含和非包含金属芯的闭合形状磁性多层膜及其制备方法和用途”，国际发明专利申请号：PCT/CN2006/003799；美国专利号：US7936595 B2。已获授权的其他相关中国发明专利还有：ZL200610000191.7；ZL200610011168.8；ZL200610011166.9；ZL200610072797.1；ZL200310113535.1；以及相关美国专利：US7480171 B2。

韩秀峰表示欢迎国内外高科技企业来合作开发磁随机存储器MRAM产业化技术及其产品，他愿意转让有关纳米环和纳米椭圆环磁随机存储器发明的相关专利和知识产权，并愿意提供后续技术研发支持和服务。

通信地址：北京市海淀区中关村南三街八号
电　　话：010-82649268

人物风采：杨世祥，1962年毕业于重庆大学机械系冶金厂机械设备专业，同年分配到北京钢铁设计研究总院工作，1980年晋升工程师，1987年晋升高级工程师，1991年获政府特殊津贴（该院首批），1992年晋升为教授级高级工程师。1996年退休，退休后响应国家科教兴国的号召，于1998年在中国硅谷——中关村组建新的高科技公司并任公司负责人和总工程师，继续研制和推出一系列新技术。

杨世祥：数字液压技术前景广阔

液压技术是一个国家的基础技术，在国民经济各领域获得了极为广泛的应用，但长期以来，中国的液压技术落后于世界，已经严重制约了国家的技术进步。随着计算机技术和数字技术的发展，液压技术必然要与计算机相结合，这是发展方向。

在这一领域，全世界进行了数十年的研究，但一直未突破，至今未推出理想的产品。中国在这一领域，也进行了长达30年以上的持续跟踪和研究，终于取得了全面突破。

北京亿美博科技有限公司在杨世祥的带领下已经推出了超高精度数字缸、高精度数字缸和工业精度数字缸、超高频振动数字缸、高精度数字油马达、数字阀等系列产品，到目前为止，已经完成了数字油缸的三代发明研究和应用考核，并取得了多项国家发明专利，从而把液压技术推向一个崭新的高度，并取得了全面领先世界的业绩。它不但大大减化了液压技术，也大大减化了控制技术，为液压和控制技术带来了革命性的进步。

更为可贵的是所有这些专利产品，均经过了工业化实际应用的考核，有的已经应用10年以上，不但表现出远远超过传统液压的水平，而且具有高抗污染和高抗干扰的能力，这正是工程机械所要求的。

杨世祥表示："用我们已经发明的多种数字液压核心专利组合，可以十分方便地开发出高端智能工程机械，而成本却能大幅度降低。由于核心专利是中国人的，因而具有完全独立的知识产权，这种低价格高性能的工程机械，不但可以满足国内市场的广泛需要，而且还能大量出口，占领国际市场，前景十分广阔。"

新发明的数字缸具有全集成一体化数字缸和缸阀分离式数字缸两种。前一种是将缸阀做成整体的，具有一体化优点。后一种是利用我们开发成功的高性能数字伺服阀、数字传感器、专用数字伺服控制器等组合而成，可以用这些阀组成智能阀岛，从而可以满足各种工程缸、多级缸和超长行程工程缸的使用要求。这两种数字缸几乎涵盖了工程机械的所有应用领域，为工程机械数字化打下了坚实的基础。

中国是制造大国，但不是制造强国。很重要的一个原因就是中国的主机缺少高水平的灵魂，这个灵魂就是自动控制技术和液压技术。

杨世祥认为："数字液压系列发明和专利，可以形成巨大的产业链和产业群，它不但具有巨大的国内市场，还拥有巨大的国际市场。由于它用一个元件，几乎取代了传统液压技术中的绝大部分元件，不但节省了大量的设计时间，而且可以节约大量的原材料和加工工时，不但降低了成本，而且降低了能源消耗，减少碳排放，减少污染。由于它能方便地与计算机技术、数字技术和信息技术相结合。可以构造出无穷无尽的新产品和新主机，是利用高新技术改造传统产业的有力武器。与传统电传动相结合，还能十分方便地构建出大量的自动化生产作业线甚至自动化工厂，从而大幅度提高生产效率，加速中国从制造大国转变为制造强国的进程。除此以外，它还在军事领域具有巨大的应用前景。"

企业名片：北京亿美博科技有限公司成功地将工业数字化产品在冶金、军事、航源、化工等领域中广泛推广和应用，并成为1999年度和2003年度"国家级重点新产品"计划项目和国家"科技创新基金"项目承担企业。为支持工业数字科技产业化发展，科技部向亿美博科技有限公司提供了科技创新基金，并将数字液压技术列为"十五"重点国家科技攻关项目。

应关雄：在创新中升华人生价值

应关雄有着浙江人特有的灵性。西北工业大学火箭发动机设计专业毕业的他曾任该校研究室主任、中国宇航学会江苏省分会动力专业委员会副主任委员等职务，退休后创建南京天华科技开发有限责任公司，现任南京天华科技开发有限责任公司董事长，专业从事“504双吸剂和双吸保鲜封存新技术”的开拓性研究开发、推广应用。

说起走上保鲜封存新技术的研究道路，要追溯到20世纪80年代。改革开放初期，应关雄曾领导（技术总负责）首个国产除氧剂“801”的研制和第一条国产除氧剂生产线的设计，1984年“801”除氧剂出口香港，因胀袋鼓气造成整批产品退货，这促使他走上了发明“504双吸剂和双吸保鲜封存新技术”的道路。

据介绍，“双吸型保鲜封存剂及其制备方法与用途”（专利号：ZL88105412.7，简称504双吸剂）成功攻克了在碱性条件下吸氧易发生“窒息”的技术关键，促使除氧封存技术进入了双吸剂多吸剂发展阶段。本发明引进水分欠足的设计思想并使供水系统具有自动调节功能，让碱性粒子起蓄水池作用，让氯化钙起自动调节阀作用，贮存期间通过碱性粒子最外层的氯化钙吸附周围的水汽（还可以降低Aw，有利于提高保鲜性能）、通过松毛状纤维输送到碱性粒子贮存起来；当铁粉发生吸氧反应时，铁粉又通过与其接触的氯化钙、松毛状纤维，从碱性粒子中按需吸取除氧反应所需要的水分，使铁粉表面的水分始终保持较稳定状态；同时将碱性粒子裹覆上活性炭和盐类形成的反应基作为半成品，运用优选法选取最佳水分，使铁粉表面形成有利于吸氧反应所需的最佳水膜厚度，确保吸氧反应始终处于最佳状态，从而成功攻克了在碱性条件下吸氧易发生“窒息”事故的技术问题。

“504双吸剂”的成功研制让保鲜技术闯出了一条路子，接着，应关雄又攻克了系列产品开发中的技术关键，发明了双吸剂除氧剂系列产品开发专利“多剂型保鲜封存剂”（专利号：ZL95110973.1）、配套产品“多剂型厌氧指示剂”（专利号：ZL91108195.X）和“一种具有不干胶复合纸的双吸剂药袋”（专利号：ZL02221167.5）、“一种蛭石双吸剂／吸氧剂”（专利申请号：200710135222.4）、“一种自热式除氢加热包”（专利申请号：200910234569.3）、“一种组合式气调保鲜剂”（专利申请号：201010263349.6）等，并陆续开发出了通用型、干燥型、气调型、高能型、高湿型除氧剂双吸剂、咖啡保存剂；非铁基除氧剂；高水分红枣、大蒜、甘蔗、牛蒡、鲜肉保鲜剂；粘贴型双吸剂和指示型双吸剂、厌氧指示剂等新产品，在同类产品中处于技术领先水平。

“一种自热式除氢加热包”（专利申请号：200910234569.3）是一种利用化学反应产生的热量作为热源制成的加热装置，由铝粉、生石灰、铁粉或氧化铁为基本发热材料，其组成为，生石灰：铝粉：铁粉＝3：1.5：1或氧化铁：生石灰：铝粉＝1：1：1～2：1.1：1，选铁的氧化物和／或铜盐作除氢剂，可用于军队、野外作业人员、旅行者、自带饭菜上班族食品加热。

应关雄在双吸剂和除氧／双吸保鲜封存新技术领域自主创新，为我国除氧剂实现“商品化、系列化、标准化”作出了重要贡献，他一直坚持的理念是：讲科学、讲技术、讲质量、讲信誉、讲道德，不断求索创新，开发技术先进、安全无毒、符合健康要求的保鲜封存新产品，服务人类，为国争光。

陈庆洲：科根文化的追梦人

陈庆洲，1938 年出生于我国台湾省台中市，我国台湾首届十大杰出发明家。曾获日本、美国、中国等国家和中国台湾地区多项专利证书。荣任台湾国际发明得奖人协会发起人兼第一届监事。现任台湾语文科根研究所研究员、台湾国际发明人得奖协会理事、台北市发明人协会顾问。

文化是一个民族的灵魂和血脉，是维系民族间情感的纽带和桥梁。大陆和台湾血脉相连，两岸文化同根同祖。陈庆洲从促进两岸文化交流出发，发明了科根文化，是现代汉语言文化的创新，对加强两岸文字语言交流意义重大。

台语（即台湾所使用闽南语）领域大部分是祖传的漳泉厦门话，小部分是外来语字。台语文字科根化，依照台语所有语音给予 100% 整理出音调系统又依科学分类，能使习用者省时、省力写出百科文化。

科根定理：任何一种族语字母附配音调（发出语调）+ 科根（无音调）= 字……（含一切哲理，科技）

例：①:sī =,hui ≠ 是，非。②:āba ♂ aí♥āvú ♀ hèŋhok$（阿爸爱阿母幸福）———台语升华科根文字化。③:Śh=，fei ≠ 是，非。④:bábā ♂ aí♥mamā ♀ séŋû$（爸爸爱妈妈幸福）——汉语升华科根文字化。

Jiaud bô ♂ :「ànd ìeìe ♂ ④ :séŋs Jiaud, ànd de ♂ ìe= ④ :séŋs 焦伯：「俺爷爷④：姓焦，俺爹也④：

Jiaud,jíoy lîan ╫ ànd êrjỳ ♂ ,nyù êr ♀ do% ④ :séŋs Jiaud, 姓焦，就连俺儿子，女儿都④：姓焦，

wéshmoh? And îkrhyué ńe bújhūn ≠ ④ :séŋs Jiaud」。

为什么？俺一个月内不准④：姓焦。

以上①②③④，每个单字标出一种语调，念出族语，随结尾标示无音调之科根正可简易看出 60 倍显微之表记出定义精确极其精致周详，系统完善：其左右两边各归两种文字，对照出其左边表记出之科根文字化；其右边之族语汉字毫无语调可以发念出，只能看出汉字表记 200 多个部首化成文字之笔画繁杂。对其整体系统表记解意都显得相当艰难。两种表记互相对决出各属优劣，比较清楚明白。

科根发明家　陈庆洲

科根文化的创造性："心思情感或理化科"严密清楚，"科根 60 个"任何种族都有部首之父母子女，是非价值比较之认定，此科根是♂，♀，=，≠，$,%。又如"鼠，牛，马，龟，鹿，鸟……"十外种语音不同之动物拢是汉字之部首，科根族文只在单字尾附人一个"z"就知拢是动物。也就是讲"有头有尾，有黑有白，有过去当今未来"无时间就无空间，无时空就无"物，形，能，理，事思"这些实物之存在与理念发生出现，都有绝对关系，无法欠缺，无法省略或减免，这是宇宙事实之铁证，是高明文法。

陈庆洲，这位执著于两岸文化交流与发展的老人依然在为弘扬科根文化不遗余力，不管路途多么艰难，他依然坚定不移。

胡礼元：全功能电动自理床应运而生

国际上通常把 60 岁以上的人口占总人口的比重达到 10%或 65 岁以上的人口占总人口的比重达到 7%作为国家或地区是否进入老龄化社会的标准，按此标准中国于 1999 年即已进入老龄化社会。

2010 年全国老龄委在《人口老龄化发展趋势预测研究报告》中指出：从 2001 年至 2020 年是快速老龄化阶段，平均每年增加 596 万老年人口，到 2020 年，老龄化水平将达到 17.17%；2021 年至 2050 年是加速老龄化阶段，到 2050 年，老年人口总量将超过 4 亿，老龄化水平达到 30%；2051 年至 2100 年是稳定的重度老龄化阶段，老年人口规模稳定在 3 亿至 4 亿，老龄化水平在 31% 左右。

全国老龄委办公室主任李本公说，要应对严峻的人口老龄化挑战，首先要在 2030 年人口总量高峰到来之前，建立城乡养老、医疗保险体系；其次大力发展老龄产业，发展老年服务业，研制开发老年消费品，培育老年用品市场。

我国医疗机构病人用床中大多数是传统、功能单一的护理床，长期以来很少更新改进。如果根据病人特征推广使用胡礼元先生研制的自理床，可以预见其市场需求是十分巨大的。推广使用全功能电动自理床，将引发我国医疗卫生机构用床的一次革命。

2010 年 8 月，湖南省益阳市医疗器械科学技术研究所所长胡礼元先生成功研制出高新技术护理产品——全功能电动自理床。2010 年 10 月在沈阳召开的第 64 届中国国际医疗器械博览会上，全功能电动自理床受到国内和德国、法国、日本、台湾、俄罗斯等国外众多代表的青睐，多家厂商表达了明确的生产合作和产品订购意向。

为实现产业化，2011 年 4 月初，胡礼元先生与投资商合作成立湖南增元护理设备科技发展有限公司，注册资本为人民币 2000 万元，注册地址在益阳市奥林匹克公园南大门。

全功能电动自理床具有新、特、全三大特点，病人主要通过遥控器操纵自理床实现日常生活自理。

自理床设有电动装置和自动加热装置。病人能在床上自行完成大小便，便后自动清洗便盆、温热水自动清洗、风干臀部，大小便直通下水道。病人能自理洗头、洗脚、自动侧身、坐立，能遥控移动与升降便盆、自动冲洗痰盂、自动除臭、除异味以净化空气。自理床配置工作台，可连接电脑、电视，病人可享受生活、学习和娱乐。总之，自理床具有吃、喝、拉、撒、睡、洗漱、工作、学习、娱乐、心理和生理助疗等全方位功能。

自理床能最大限度保护病人的隐私和自尊，增强病人的自信心，利于病人进行心理和生理治疗，减轻护理人员的劳动强度，创造和谐幸福的生活。自理床一切为了病人，为了病人的一切，切实解决病人护理方面的大多数现实难题，真正实现了以人为本。

新中国成立至今 60 多年，我国建立的养老床位只有 230 万张，未来 5 年这个数字将翻一番，每千名老年人将拥有 30 张养老床位。

我国自 1999 年进入老龄化社会，至 2009 年底老年人已经达到 1.67 亿人，其中 80 岁以上的老人 1899 万人，无自理能力的老人 1036 万人，城乡空巢家庭已经接近 50%，大中城市接近 70%。老龄化、高龄化、空巢化特点越来越突出。未来 5 年我国将建立以居家为基础、以社区为依托、以养老机构为支撑的养老社会服务体系。

百善孝为先，居家养老是我国的传统，既是子女应尽的赡养义务，也有利于老年人享受天伦之乐。但由于我国家庭小型化，造成家庭养老功能不足，必须有社会化服务支持。

可以预测，全功能电动自理床在养老护理市场中的需求很大。

全功能电动自理床已经拥有六项国家专利：智能冲落式座便器自动冲洗装置（专利号：ZL201020228086.0）、护理床便盆移动装置（专利号：ZL201020583581.3）、床用洗脚装置（专利号：ZL201020583574.3）、床用洗头装置（专利号：ZL201020583569.2）、活动痰盂（专利号：ZL201020583577.7）、护理床的便盆（专利号：ZL201120047468.8）。

1. 智能冲落式座便器自动冲洗装置

本实用新型公开了一种在冲落式座便器上设置自动冲洗装置的智能冲落式座便器自动冲洗装置，它包括座体，其特征是所述的座体为椭圆漏斗型，座体上设有清洗装置、烘干装置，烘干装置设置在座体的上部，清洗装置设置在座体的下部，本实用新型结构简单，实用性强，大、小便后实现自动准确冲洗、烘干，应用于病人护理床，可满足病人在床上大小便的需要，大大减轻了护理人员的负担。

2. 床用洗脚装置

本实用新型公开了一种可在床上使用的床用洗脚装置，它包括由床头架、床身架及床尾架组成的床架，其特征是床尾架上设有洗脚盆，本实用新型结构简单，使用时可坐、可卧，不用端水和泼水，特别适应于病人护理和洗脚城用。

3. 护理床便盆移动装置

本实用新型公开了一种使用方便的护理床便盆移动装置，它包括床身架，床身架上设有用于放置便盆的孔，其特征是所述的便盆可通过设置在床身架上的导轨滑动，便盆通过连杆与运动支架连接，运动支架上设有可封闭孔的软垫并铰接在定位杆上，定位杆安装在床身架上，床身架上设有可使运动支架绕定位杆转动的电动推杆，本实用新型结构简单，使用操作方便，当便盆不需使用时，为人体的舒适，通过本装置可将便盆移开，并将软垫移到孔内，同时，在便盆上还可设置冲洗及清洁装置，更加方便特别是瘫痪病人的使用。

4. 床用洗头装置

本实用新型公开了一种可在床上使用的床用洗头装置，它包括由床头架、床身架及床尾架组成的床架，其特征是床头架上设有洗头盆，本实用新型结构简单，使用方便，不用端水和泼水，特别适应于病人护理床使用。

此外，活动痰盂和护理床的便盆也为大家使用全功能电动自理床提供了方便和舒适。

公司与国内顶尖工业设计公司——深圳市嘉兰图设计有限公司合作，计划在2011年7月完成产品模块化设计及工艺流程设计，制作8台样品以供电视广告宣传之用。公司与深圳、东莞等地多个厂家合作，通过外协加工、益阳整体组装的方式迅速实现批量生产，由媒体策划产品上市。

全功能电动自理床是胡礼元先生遵循以人为本的宗旨，根据老、弱、病、残人群的客观需求，经过无数次反复实践、创新研制而成。经过对全球各种护理床产品进行全面分析比较，加之国内外众多专家的一致评价，可以判断胡礼元先生研制的全功能电动自理床处于同行业国际领先水平。

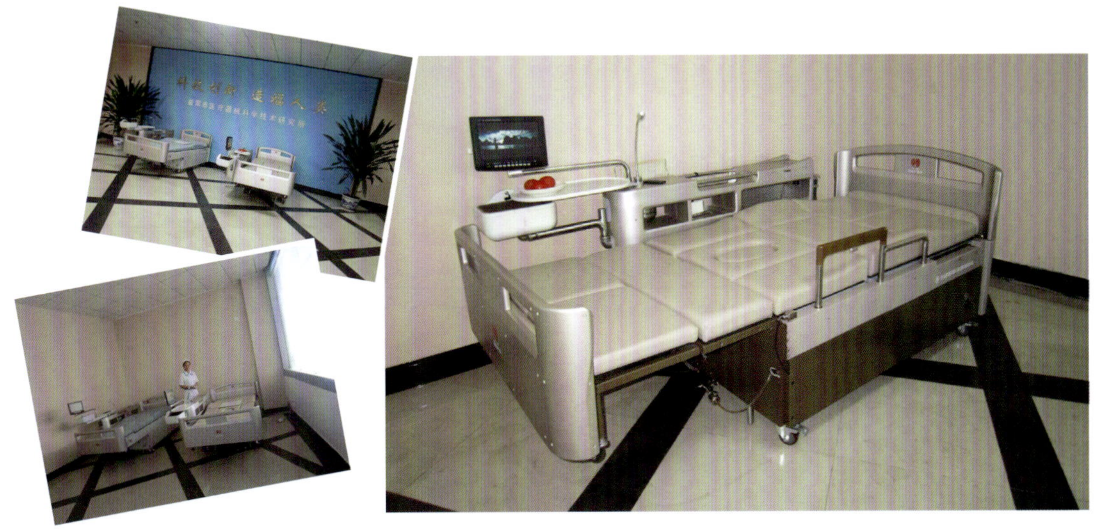

“创新是一个民族进步的灵魂，是国家兴旺发达的不竭动力。”在中国大踏步向着创新型国家迈进的同时，一批批科技工作者以自主创新为责任，取得了一项项科技成果，为中国科学事业做出了应有的贡献。

作为上海同济生物制品有限公司总工程师的吴健，也在自主创新的道路上探索出了一片天地。吴健于1986年7月毕业于上海华东理工大学生物化学工程系生物化学专业，之后前往新加坡留学深造5年，长期以来从事生物技术的研究与开发工作，包括生物发酵、天然动植物中活性成分的提取与分离纯化、食品和保健食品生产中生物技术的应用、食品和保健食品配方设计与产品的注册、功效机理的研究、营养成分及功效成分的分析检测、企业质量标准的起草与审核备案、保健食品GMP的审查与食品安全管理等。

一路走来，伴随吴健的是许许多多的荣誉。2007年10月，他荣获第九届“国家技术发明奖”一等奖；2007年10月，荣获第九届“国家科技创新奖”二等奖；2009年10月，荣获“建国六十周年百名优秀发明家”荣誉称号；2010年4月，荣获“2010科技创新先锋人物”荣誉称号；2010年6月，荣获“影响中国行业楷模”荣誉证书；2010年8月，荣获“中国时代改革创新百佳先锋人物”荣誉称号……

吴健：走在生物科技前沿

在科研生涯中，令吴健感到自豪与欣慰的是他的发明专利——“一种银杏叶纯化冻干粉制备工艺”（专利号：200710039262.9）。银杏叶又名白果叶，据《食疗本草》记载，银杏叶可用于心悸怔忡、肺虚咳喘等病症，早在20世纪60年代，前联邦德国即开始了银杏叶的研究。但是，银杏叶同时也含有毒成分，直接用其泡茶喝可引起阵发性痉挛、神经麻痹、瞳孔放大、过敏和其他副作用。去除银杏叶中的有害成分成为有效利用银杏叶的关键技术。

吴健发明的“一种银杏叶纯化冻干粉制备工艺”专利，利用超临界CO_2萃取技术取代传统的酒精提取，能够有效去除银杏叶中的有害成分银杏酸；采用在35℃～40℃低温萃取比在65℃～75℃高温萃取更容易保存银杏叶中生物活性成分的特性，使产品具备更强的功效；采用−40℃温度的真空冷冻干燥工艺取代传统的150℃进风温度的喷雾干燥工艺，使产品在干燥过程中的生物活性损失接近于零；生物膜法及色谱法分离纯化工艺使产品的纯度比传统产品有较大幅度的提高，使有效成分银杏黄酮和内酯的含量大于50%，进一步降低有害成分，使银杏酸的含量小于5ppm。

该专利的主要贡献在于对银杏叶提取物进行了减毒和增效，使产品具有更好的安全性、稳定性及功效。

为了更早地将专利投入生产当中，吴健想要在上海浦江工业园实现该专利项目的产业化。

创新是一条没有止境的路，路上充满荆棘与坎坷，吴健凭借一份毅力与执著，还有对于科学的极大兴趣，在生物科学创新路上越走越远。

戴耀良：创新一流精品 关注生命健康

人物风采

2009年1月戴耀良总经理出访德国并在“中德经济技术合作论坛”上演讲。

戴耀良，1951年生，现任江苏天马高科技有限责任公司董事长、总经理。参与研制开发的TM-OTS骨质疏松治疗康复系统被列入国家级火炬计划项目、国家重点新产品项目和国家重点“双高一优”项目，2007年获江苏省科学技术进步二等奖。

戴耀良致力于医疗器械的创新研制，无论在什么岗位，他都以优良的素质和优秀的业绩证明自己，回报社会。他曾荣获一等功七次、二等功一次。曾获得许多荣誉称号，1994年被评为全国优秀青年企业家，2001年世界杰出人士，2003年中国公益之星，2005年被评为十大杰出名人，2006年被评为中国工业经济年度十大新闻人物、时代楷模。2006年12月，他又光荣地被中国名人工委和中国名人协会评为中华十大企业名人贡献奖，表彰他为造福人类健康作出的突出贡献。

以戴耀良为带头人成功研制的射频肿瘤治疗仪于2006年获江苏省科学技术进步一等奖，同时戴耀良因为在促进科学技术进步工作中做出重大贡献获得一等奖，2009年获得射频肿瘤治疗仪和多针冷循环电极2项发明专利；2010年获中华全国工商业联合会科技进步二等奖。

企业名片

江苏天马高科技有限责任公司是专业从事大中型高科技医疗设备的研制开发、引进和生产的高科技产业中心。公司以“确保精品一丝不苟，人命关天步步把关”为企业宗旨，以国家方针政策为指导方向，坚持科技兴业，不断提高新产品的开发能力和科技含量，取得社会效益与经济效益双丰收。

专利介绍

射频肿瘤治疗仪（专利号：ZL200710108336.X）

多针冷循环电极（专利号：ZL200710019486.3）

该专利产品是江苏天马高科技有限责任公司与江苏省人民医院、解放军军事医学科学院等科研单位，历经10年的艰苦拼搏，成功研发而成的。

射频肿瘤治疗仪是运用射频消融（radiofrequency ablation，RFA）技术对各种实体肿瘤组织灭活，从而达到治疗的目的。射频消融是一种新的微创手术，它具有创伤小、并发症少，花费低廉，治疗效果不低于手术治疗的特点。

工作原理：射频肿瘤治疗仪由射频源、冷循环电极及蠕动泵组成。射频源能输出高达180瓦射频功率，能持续监测肿瘤组织的电阻，射频电流以及射频功率的大小，并将它们显示在面板上；冷循环电极将高频能量传送给肿瘤组织，使其温度升高直至达到热消融；蠕动泵将冷却水不断地流经冷循环电极，使电极不至于过热而影响疗效。

专利产品特点：射频治疗仪由射频源、蠕动泵、冷循环电极包三部分组成。针对射频源，天马公司投入巨资进行了专门的研发改良，其特点为：操作简便，治疗时间短（约30分钟/人/次），无须住院，体质不明显下降，病人痛苦小，治疗费用大大下降。根据美国等发达国家的经验，在门诊可以进行肿瘤治疗。

2009年3月，中国中医科学院原院长王永炎院士主持射频肿瘤治疗仪专题中医专家论证会，专家认为该设备具有微创、治疗时间短、恢复快、并发症少、操作方便等特点，有利于帮助解决广大肿瘤患者看病难、看病贵的重大现实问题，对促进我国医疗器械行业的发展跃上新台阶做出重大贡献，对推动我国中医理论和中医技术的进步具有重要作用。

“确保精品一丝不苟，人命关天步步把关。”戴耀良及其领导的江苏天马高科技有限责任公司为人民健康事业凝心聚力，自主创新，为中国医疗器械行业的发展做出了重要贡献。

研发历程："生物感应技术"是孙建华结合在中国工程物理研究院长期工作实践中积累的专业技术理论与实践经验，自主创新的原创发明。孙建华于2001年申请国际检索发明专利，在此基础上，2002年创办了四川省绵阳市安防科技有限公司，从原理样机到工程应用成果，经过艰辛努力，成功实现了"生物感应智能传感器"原理样机到产品应用的技术转化，并取得在国防、电力、航空、金融、家庭等领域成功应用多年的工程案例。

公司档案：四川华卫生物智能科技有限公司于2011年5月在绵阳科学城完成登记注册，注册资本500万元，公司已完成"生物智能探测器"、"生物感应电缆"、"生物感应介质"、"ATM机智能一米线"、"智能周界"、"智能隔离带"、"农网变压器生物感应与在线采集智能管理"等7个系列生物智能产品的研发、生产保障及检测能力，正在筹建年产10万套生物智能系列产品的生产线，预计2011年7月建成投产。

孙建华：生物感应技术

"生物感应"是人体生物电波干扰无线电波产生的物理现象，如人体接近电视机羊角天线产生的图像扭曲。生物智能传感器——以"生物感应"原理为基础，利用生物电波能量非接触扰动感应介质产生电信号转换，触发生物智能芯片，实现区别非生物体，准确感应人体生物磁场，对非生物介质、小动物、电磁波、自然气候等干扰不响应的智能效果。生物感应介质应用广泛，具有在野外、墙体内、地下、水下等隐蔽安装及全天候工作的实用性。

孙建华1976年到中国工程物理研究院工作，从事电子设备维修工作，多次获得先进工作者奖励。1998年至1999年，研制臭氧发生器及实验致伤后，离岗至今。

在20多年的工作期间，孙建华勤奋工作，虚心请教，刻苦自学无线电与电子学技术专业理论，积累了丰富的技术理论，锻炼了动手能力。在工作实践中他从电视机羊角天线得到启发，发明了"生物感应"技术，先后还发明"语音报警电话"等，并获得多项专利。

2002年，孙建华得到绵阳市游仙区政府10万元人民币无偿扶持，并在游仙区政府招商局的帮助下，创办了"四川省绵阳市安防科技有限公司（绵阳安防）"。公司成立后，获得国家中小企业创新基金15万元无偿资金扶持。

绵阳安防创办以来，孙建华先生克服无研发资金支持、无技术资料参考、无团队支撑等难关，通过游仙区政府、家庭、亲朋好友与合作获得有限的资金。通过大量室内外环境反复试验，总结失败和成功经验，完成技术理论研究。通过个人和单位免费试用等，完成"生物智能"产品定型。经过10年坚持不懈的努力，孙建华克服失败和重重困难，终于完成了生物感应技术基础理论研究，获得在国防、金融、电力、航空、家庭等领域应用成功的成果，开创了以"感应电缆"为载体的"生物感应技术理念"，为国家提供了生物智能安全防范技术民族品牌的原创发明。

目前，绵阳安防通过股权融资获得500万资金，于2011年5月与合伙人注册成立四川华卫生物智能科技有限公司（华卫生物智能），注册了"生物智能"商标。公司利用获得的资金已开始组建团队，完成生物智能传感器研究实验室、生物智能产品开发实验室、年产10万只生物智能探测器的生产线及质量体系建设。以上基础建设完成后，将提升公司规范管理与生物智能技术研发、产品生产及市场营销能力。

华卫生物智能公司实验室建成后，可完善和扩大生物智能传感器芯片、生物感应介质、生物感应技术应用的基础研究。生产线建成后可进行系列生物智能产品生产。公司制定了强化科研与生产能力建设，加速生物智能产业化，实现国际领先战略目标。

苏世同：血清降脂胶囊治疗高脂血症

当前随着社会的发展，人们生活水平的提高，心脑血管的发病率也在逐年上升，高血脂、高血压已是危害人类生命的"罪魁祸首"，而高血脂症也是导致动脉粥样硬化、心肌梗塞、脑梗塞、高血压等动脉血栓性疾病的独立危险因素。本病多发于中老年人，但由于肯德基、麦当劳等"洋快餐"和油炸膨化食品的增多，导致目前"小胖墩"也逐年增多，高脂血症已危害到儿童及青少年。据不完全统计，全国有一亿多人患有不同程度的高脂血症。

中医专家、宜宾市名中医、医疗事故技术鉴定专家库专家苏世同老中医行医46年，历经12年对1684例高脂血症病人的专题临床治疗、分析、研究制作出来一种治疗高脂血症的中药组合物即血清降脂胶囊（专利号：ZL201010261295.X）。

本方是一种治疗高脂血症的中药组合物，它的原料药包括、紫丹参、决明子、山楂肉、制首乌、牡丹皮、黄栀子等。将其分别处理后，按比例配制，粉碎细末，混合制备成胶囊剂，高脂血症患者每日服用胶囊剂3次，每次服用4～5粒，一个月为一疗程，连续服用2～3个疗程后血脂可恢复正常范围内，本方为纯中药制剂，降脂效果良好，停药一个月后无反弹，而且有一定的减肥效果。

苏世同表示高脂血症不是简单的血液问题，而是因多脏腑机能失调而产生的高血脂病变，如心主行血，血液的运行直接影响血脂代谢；脾主运化与输布，直接影响着血脂的吸收与排泄；肝主疏泄，直接影响血脂的排泄与贮藏；肾主气化与温养，直接影响各脏腑功能及其对血脂的调节。又因高脂血症患者，大多嗜食肥甘厚味之品，易滋生痰浊湿热，痰壅热盛，病由浅入深，由气及血，导致气血同病，常出现形体肥胖、头晕头痛、心慌、心烦、胸闷胸痛、肢麻、乏力等高血脂症的诸多常见症候。

苏世同结合上述病因、病机、病位、病症的精确分析，选用准确的中药材，经筛选后，组成精确的配方研制而成。如紫丹参活血入心经，改善心脏血液循环，降低血液的黏稠度，能抑制内原性胆固醇的合成，促进脂质在肝内的转化，能抑制动脉粥样瘢块的形成。具有良好的活血化瘀效果。山楂肉入脾经，专消肉食，分解脂肪。能促进消化酶的分泌，增强脾的运化能力，促进食物的消化与吸收，又能增强血流量，降低血液的黏稠度，提高高密度脂蛋白水平，具有独特的良好的降脂效果。决明子入肝经，疏泄肝气，滋养肝阴（血），能促进肝对血脂的分解与排泄，能影响脂质在肠道的吸收，并能抗动脉粥样硬化，具有降脂保肝的双重效力。制何首乌入肾经，滋养肾精，助肾气化，温养五脏，能与脂固醇相结合，所含的卵磷脂能阻止胆固醇在肝内的沉积，阻止脂质在肝内滞留，促进肠蠕动，并使脂质排泄体外。黄栀子味苦性寒，能清除痰热湿阻等气分之热；牡丹皮味苦性寒，功清血分之热。这样标本兼治，气血同调，诸脏相顾，选药精确，配方合理，效果显著。

电　　话：13198842556
通信地址：四川省宜宾市南岸西区山水庭院11栋0103号
邮政编码：644000

编者按：作为一名医学工作者，他关注与人类健康相关的一切内容；作为一名科研工作者，他执著于医学领域的每一个创新。何申戌，一位坚持在医学事业一线的花甲老人，“为着人类健康事业奋斗不息”是他一生追求的境界。

何申戌：为人类健康事业奋斗不息

北京大学 HIFU 研究负责人何申戌教授（退休）照

在何申戌的“词典”里，出现最多的语句是“减轻病人痛苦”，一直在医学战线工作的他把这句话作为一切行动的出发点和落脚点。

何申戌于 20 世纪 60 年代末进入北京医科大学人民医院工作，现任北京大学人民医院碎石技术研究所所长，北京贝仪医疗设备厂厂长。40 年来，何申戌成功研制出我国第一台液电冲击碎石治疗机和全套实用技术，获得 1985 年北京市科技进步一等奖，1986 年卫生部科技成果甲等奖，1987 年国家科技进步一等奖。他还将全世界尚处于研究阶段的 HIFU 技术推进到实用临床水平，获 2000 年北京市科技进步二等奖。除此之外，他还曾荣获国家突出贡献中青年专家称号，获教育部 2002 年“211”工程重点项目大奖，获教育部提名的国家科技发明奖。

开创中国碎石事业

何申戌致力于医学领域创新，他拼搏三年研制成功我国第一台液电冲击碎石治疗机和全套实用技术达到国外同类技术先进水平，开创了我国碎石事业。

结石病的传统治疗方法是手术（微小结石除外），手术本身有疼痛、创伤，还有麻醉风险和失血、感染、尿漏等并发症，发病率又高，棘手的是手术以后会复发，而开刀只能进行 1 ～ 2 次……

何申戌于 1984 年 10 月研制成功我国首台 E8410 型液电冲击体外碎石机，之后又进行了近一年的安全试验，于 1985 年 7 月第一例试用获圆满成功。1985 年 12 月，治疗人数达 50 人，治愈率 100%，未产生任何并发症，治疗病种由国外的肾石扩展到上中下输尿管结石、膀胱结石，肾石治疗也由当时的国际规定 Φ20mm 以下为适应症，扩展到多发石、巨大石、鹿角石、双肾石、孤立肾石等各种复杂情况，在碎石机技术上，创造了自来水作介质，特殊活环式电极结构，心电触发、呼吸追踪等若干与国外设备不同的新型技术特征。迄今碎石治疗仍在不间断进行。

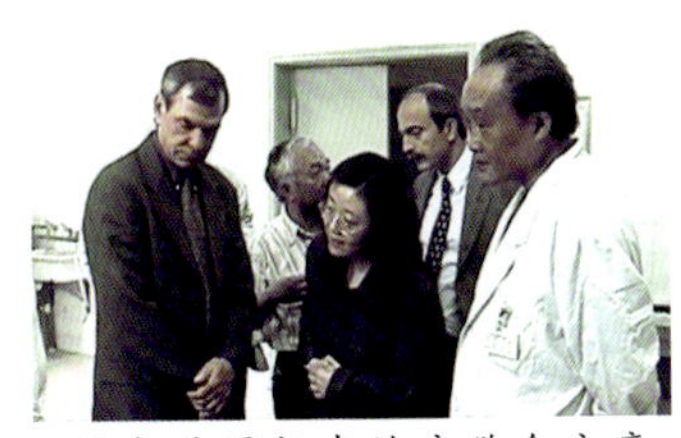

1999年美国超声治疗学会主席、美国华盛顿大学劳伦斯·克鲁姆 Lowrrence A.Crum教授在获悉人民医院获得HIFU研究的巨大进展后，直飞北京进行实地考察后他说："你们的工作领先世界3～5年，何教授是一位超声奇才。"

何申戌作为该项目的主持人和第一作者，在设备推广过程中付出巨大努力，在近乎无偿的条件下，将技术在四机部某厂转产成功，并在全国掀起了一个碎石机生产热，如今在中国大地上运转的碎石机绝大多数为国产机型，碎石机已成为尿石症的治疗首选方法，数十万结石病人避免了开刀之苦，这是医学结石治疗领域的一座新的里程碑。

开拓肿瘤治疗新领域

环境的恶化与肿瘤患者数量的增长有着千丝万缕的关系。据统计，全世界的肿瘤患者多达3000万～4000万，并以1000万的年新生速度在增加，相关的年治疗经费多达1000亿～3000亿美元。在中国，肿瘤患者达到600万～700万，并以240万的年新生速度在增加。肿瘤患者数目如此庞大，传统的手术治疗、化疗却难以取得令人满意的效果，患者的生命安全和健康前景堪忧，肿瘤已成为常见多发性疾病。

凭借在医学领域多年的经验和科研基础，何申戌创新了高能超声体外聚焦热疗技术（Focused Ultrasound Surgery），用业内的话来说，是一种利用超声波进行的肿瘤切除技术。

在该技术的基础上，在何申戌带领的北京贝仪医疗设备厂生产出专利产品——高能超声体外聚焦热疗机功率超声发射器（专利号：ZL99200990.1）。本实用新型涉及一种用于高能超声体外聚焦热疗机的大功率超声发射器，属于医疗器械技术领域。它的结构是在一个球形基底上固定若干个压电片，他们之间采用并联或串接方式有序地排列在内球面的表面。该装置结构简单、使用方便、性能可靠；可将分散发射的超声束聚焦为点状的高温焦域，迅速杀死肿瘤细胞。安装在热疗机上形成一个不用开刀即可杀死癌组织的理想治疗装置。专利利用超声波静止发射期内，温升在继续转化中的特点可使患者避免严重烧伤、疼痛，依靠这两个专利使患者避免疼痛和烧伤。

在治疗肿瘤领域，何申戌和他的团队还发明、生产出了专利产品——数据量化治疗机（专利号：ZL200510103310.7）。它包括：给水系统、排水系统、真空振荡脱水处理器、B超机、治疗床、驱动放大器、运动控制系统、计算机、相控聚焦发生器和相位控制器，与现有的热治疗机相比，该发明的数据量化热治疗机采用了相位控制器和相控聚焦发生器，相位控制器控制着相控聚焦发生器上的发射源，使发射源的相位发生改变，而自动聚焦，对准病人的治疗点，省去了现有热治疗机在每次聚焦后，在定位下一个治疗点时，要不停地移动治疗床让病人的治疗点与聚焦发生器固定的聚焦点对准，这样不但省去了许多调节时间，而且使聚焦更加准确，减少了因聚焦不准而给患者造成的痛苦。该项专利的关键技术及工作原理是：用已知数据照射经手术切除的癌症标本精密测量温升，取得对应温升的WT、T0、N；在离体标本上分别测量下列物质的超声衰减系数，再利用公式 $\alpha=(20\log p_2/p_1)/\times(DB/mm)$ 分别逆向推出下列物质的超声焦点声功率，这些物质是：肠管、乳糜液、肤膜外脂肪、肌层和皮下脂肪层和皮肤；根据求得的皮肤入射声强查表求出形成此入射声强的压电振元所施加的电功率。这项专利既不使用人作活体试验又符合声传播规律，可弥补当前全世界不知道此治疗参数如何选择的难题。

在何申戌诸多成就中，还有一项值得一提的是他的专利产品——相控聚焦装置（专利号：ZL200610113965.7），该装置用独特的相控发生器（使用脉冲电路和模拟电路的混合技术）生成相位差，并利用数控反馈装置控制电机的行走步数以求控制压电振元的开角方向，保证命中精度。整个相控聚焦装置开角的范围为90度以内，相控差计算依靠发射振元到焦点的射程，要根据计算机模拟图纸的计算做出，各个振元发生的超声波同时到达焦点的时间不同，因此需要各个点的发射时间在100个片子以内，这是有区别的。该装置可以满足医用、军事和工业上的需要，而且，该设备自动化程度和精度较高，是人们在上述领域中最理想的技术模式。

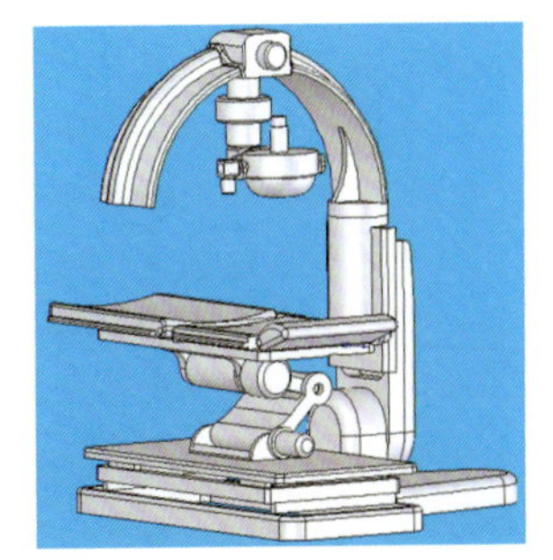

FUS Ⅲ型智能化高精度相控高能聚焦热疗抗癌治疗机整机设计图

科技是第一生产力，国家的强大、社会的进步需要科技创新，医学事业的发展和进步也需要科技的创新。在医学战线上，何申戌不断创新，一切为了患者早日康复，为人类健康事业奋斗不息，探索不止。

编者按：万象的生物界蕴藏着无尽的奇珍异宝，苏国强和他带领的团队极尽智慧，致力于生物技术创新，在神秘的生物界获取“宝藏”，在水蛭生物界提取宝贵的水蛭素，为人类所用。

苏国强总经理（左）

苏国强：创新科技 取宝生物界

水蛭，俗名蚂蟥，是我国传统的特种药用水生动物，其药用价值显著，尤其是从中提取出来的水蛭素。水蛭素是水蛭及其唾液腺中已提取出的多种活性成分中，活性最显著并且研究得最多的一种成分，它对凝血酶有极强的抑制作用，是迄今为止所发现最强的凝血酶天然特异抑制剂。

让生物界中的水蛭为人类所用，从中提取水蛭素是一项重要的技术。苏志强带领他的南宁乙翔生物科技有限公司和南宁市金贝生物技术有限责任公司专注于水蛭素提取技术及相关技术，研发出了多项专利。

电刺激活体水蛭提取水蛭素的方法（专利申请号：201010604457.5），是利用电流对生物体腺体的刺激作用，直接使用直流弱电刺激活体水蛭批量提取高纯度水蛭素的方式，并保持水蛭的活体性状，以期简化水蛭素的生产工艺，提高产品纯度，保持野生水蛭资源可重复利用，降低生产成本，克服生产的季节性障碍。该发明提取的水蛭素经过纳滤除水，减压喷雾干燥，制成含抗凝血酶活性达 800AT−U/g 的粉状水蛭素，加入保护剂的抗凝血酶活性达 1000AT−U/g 液态水蛭素。

一种从天然水蛭中提取高抗凝活性水蛭素的方法（专利申请号：201010526681.7），是将氯化钠、一水乙酰半胱氨酸盐酸盐、赖氨酸、中性蛋白本酶、木瓜蛋白酶中的两种或多种物质进行组合，溶解于离子水中配制成刺激液，刺激液中各物质垢重量百分浓度为 0.01% ~ 5%，其中酶浓度在 100U/ml ~ 300U/ml。将活体水蛭称重后置于容器中，按水蛭重量比刺激液体积为 1：1 ~ 1：5 倍加入所述刺激液，刺激 3 小时使水蛭分泌分泌液。分泌液经过 16000 ~ 20000r/min 离心分离得水蛭素粗品，经 0.2mil 不锈钢膜微滤，再经 10000 ~ 3000 道尔顿分子量的有机膜超滤，再进行反渗透纳滤浓缩，然后按固体比液体的重量体积比为 1：6 ~ 1：10 加入药用淀粉调配，经喷雾干燥，得水蛭素成品。最终水蛭素提取得率在 30% 以上，产品活性单位稳定控制在 600AT−U/g 至 1000AT−U/g。

用电渗析除去水蛭素中重金属离子的方法（专利申请号：201010604482.3），该方法是在水蛭素的提取过程中，将水蛭均质粉碎、离心分离、过滤大块不溶物后得到的水蛭素液体混合物，加入去离子水稀释水蛭素液体混合物，添加酸调整 pH 值，然后进入电渗析设备，经过回流循环，除去铅等重金属离子，该方法不需要消耗化学药品，设备简单，操作方便。

每一项新技术的诞生都离不开人的努力，离不开团队的团结协作。作为南宁乙翔生物科技有限公司和南宁市金贝生物技术有限责任公司的总经理，苏国强历任三株集团玉林公司企划总监、副总经理，曾兼任广西三红生物公司全国市场运营总监。具有丰富的市场经验和突出的管理规划能力，带领出了一支优秀的科研团队。

公司的总工程师刁建中也立下了汗马功劳，他曾任南宁万力经济技术有限公司项目经理，现为南宁新技术创业者中心企业发展部部长。曾获得 2008 年南宁市科技进步三等奖，主持国家创新基金项目“无磷共聚凝浮清技术及设备”，2009 年由科技部完成验收。

刁建中总工程师

小井盖里探索大学问

在市政设施里，最不起眼、也最容易被人忽略的，应该就是井盖了，但是，不起眼并不代表作用小，小小的井盖在城市中扮演着重要的角色，是关乎社会公共安全的大问题。

小井盖里蕴藏着大学问，生活中因井盖缺损造成的事故也常有发生，井盖的安全性成为社会关心的问题。由四川汇智生物科技有限公司研制的汇智牌新型杂化材料检查井盖解决了传统井盖存在的承载力不强、成本高等弊端，为安全、防盗、节能、减排、环保等多方面做出了积极的贡献，其质量标准达到和超过了2010年2月1日起实施的符合国际标准的全国统一新标准GB/T23858-2009。

四川汇智生物科技有限公司是一家以生物医药、化工、建材业为经营方向的公司，成立于2006年，公司创始人为张洪沙。公司以四川大学为主要技术依托，会聚了一批多年从事高分子化学、生物化学、药物化学、药理学、中医学、机械力学等多学科的一流专家、教授和优秀企业管理人员，2010年4月被全国高技术产业化协作组织及其战略研究室专家委员会和中国自主创新产业发展年会组织委员会授予“中国自主创新产业最具商业品牌价值企业”的称号。

为了避免井盖潜在的问题导致更多伤害，四川汇智生物科技有限公司致力于研制出一种新型检查井盖。据张洪沙介绍，现在所用井盖主要有两大类：传统的铸铁井盖和复合材料检查井盖。传统的铸铁井盖承载能力较高，但屡屡被盗；复合材料井盖又包括玻璃纤维增强复合检查井盖、聚合物基复合材料检查井盖、再生树脂复合材料检查井盖等由化工原料或部分化工原料制造的井盖，这几种检查井盖除第一种承载能力较高，其余几种的承载能力都较低，而承载力低是造成检查井盖破损的主要原因。玻璃纤维增强复合检查井盖虽承载能力较强，但因其制造成本较高而难以普遍推广。一种新型的、安全的、实用的井盖亟待被发明研制。

由四川大学高分子化学专家吴大诚教授提供配制方案，四川汇智生物科技有限公司具体组织实施、研究的具有高强承载能力的检查井盖终于于2008年研制成功了，汇智牌新型杂化材料检查井盖具有明显优势：承载能力高，最高试验荷载已经达650kn；使用寿命长，理化指标良好、抗老化、防酸碱、耐磨性均超过铸铁井盖；嵌入深度佳，A级（试验荷载15kn）25kn，D级（试验荷载400kn）嵌入深度55mm。井盖为平底，嵌入深度与承载能力之比，目前尚无其他产品能超越；安全防范优，超过规定荷载而导致井盖损坏时，井盖不解体，使正在通过的车辆能安全通过；取出骨架十分困难，增大盗卖成本从而起到防盗作用，更加全面地杜绝了安全隐患；生产工艺简单，投资少，成本低，噪音少，绿色低碳。

汇智牌新型杂化材料检查井盖技术成熟、先进，于2009年被授予实用新型专利、发明专利共4项，2010年3月被评为“最具投资价值项目”，“2010年度最具投资价值的专利项目”，4月在商务部、国际贸促会举办的“第四届中国企业跨国投资研讨会——国际科技项目融资洽谈会”上获科技创新突出贡献奖。

在小井盖里探索大学问，汇智牌新型杂化材料检查井盖的开拓之路并没有终结，而是向着产业化、市场化的方向前进，四川汇智生物科技有限公司愿寻求合作伙伴，或技术转让，共同为社会公共安全做贡献。

从取江、河、湖、井水到饮用自来水，再到饮用分质供水理念的提出与实践，中国饮水文明在向前发展。一路艰辛，离不开开拓者们的探索与耕耘。

王泽蓉带领成都新厦科技贸易发展公司用科技创新为中国饮水文明贡献力量，一项项专利产品，为人类健康和可持续发展服务。

王泽蓉：饮用分质
推动中国饮、用供水文明进程

“开发节能环保产品，充分利用水资源，为人类健康和可持续资源与循环经济发展服务”——这是成都新厦科技贸易发展公司（以下称新厦科贸公司）一切行为的出发点和着眼点，公司自 1993 年成立以来，在总经理王泽蓉的带领下，主要从事工民建及水利相关的生态环保、节水、节能、实用经济型科技工程项目及设备的研发应用。经过艰辛的研究与探索，王泽蓉带领团队研发出专利科技成果——“稳压贮水饮用分质供水系统”，该项目经科技部批准为重点科技计划项目。

为了推进产学研发展，新厦科贸公司与四川大学相关学院联合组建“成都新厦饮用分质供水科学研究所”，在饮用分质供水领域深度研发节水、节能、水资源利用及公共卫生等项目。

饮用分质供水　引领国际潮流

长久以来，人们对于水的需求都没有进一步的区分，不会分出哪些是专门用的水（如洗澡、洗衣服等），哪些是专门喝的水，随着社会经济的发展，瓶装水、桶装水市场方兴未艾，饮用分质供水也逐渐走进人们的视野。

对于饮用分质供水，王泽蓉这样论述道，它是将生活水源水处理为生活用水，输水到末端前级再分质

处理达到饮、用多种标准规定要求，用相匹配无污染材质的管道、表、阀按需要组成多组输水管网，智能供水计费到用户，使其供给优质饮水并以用途分质用水，实现安全卫生、循环、经济、节约水资源的目的。

饮用分质供水属于一个新兴的领域，世界大多数国家都还没有实现分质供水，但在西方一些发达国家，水是分两个等级来供应的：(1) 饮用水，是人们的生活饮用水，标准较高，各种卫生指标严格控制；(2) 非饮用水。而在中国，也有一些城市先将分质供水的理念率先付诸实践，广东省先提出在全省的一些城市和地区开展“水杯子”工程，提高饮水质量；上海近几年来在已建和新建住宅区中，供生活饮水用的分质供水工程逐渐增多。由此可见，我国实施分质供水并非一时之时尚，而是符合国际先进潮流，符合时代潮流的。

不仅如此，饮用分质供水隐藏着巨大的经济价值。王泽蓉说道：“每人每天需饮水 2 ~ 4L，需生活用水 110 ~ 130L，饮、用分质供水能节约大量用于生活用水的高标准优质饮水。饮水的用量小，在末端前级能容易地将饮、用分质处理，防止二次污染，使饮水达到新卫生标准 GB5749–2006。全国以 13 亿人用量的经济价值计算，所节约用于生活用水的高标准饮水的水处理量费差价值将是一个天文数字。”

饮用分质供水不仅是一项朝阳产业，还能够让人们实现健康饮水，太阳能热水实现节约能源，将污水处理达标成生活用水再回流到地下涵水层中实现平衡地下水位。一心想为中国环保事业做点事情的王泽蓉于 1993 年成立了成都新厦科技贸易发展公司，致力于生态环保、节水设备的研究与生产，经过不懈努力，研制并申请“稳压贮水饮用供水系统”发明专利，专利号：ZL98121861.X，此后又相继申请关于饮用分质供水系统专利 10 余项。

专利产业化　让创新走得更远

在饮用分质供水领域，王泽蓉带领他的团队自主创新，运用它们的智慧走出一条发明创造之路，与此同时，王泽蓉深深懂得：发明专利一定要产业化才能走得更远。这样的理念让他向着产业化的方向走去。

在众多的发明专利项目中，稳压贮水饮用分质供水系统尤其令王泽蓉欣慰，该项目经国家科技部批准为 2002 年国家级火炬计划项目，此环保水务自主创新科技成果 2004 年 7 月被成都市科技局列入重点科技计划项目，项目还拥有国际专利 PCT、美国和国内多项专利的自主知识产权。

在多项关于饮用分质供水系统专利的基础上，新厦科贸公司生产出了“地禾牌 FZW 型饮用分质供水处理装置（器）”，并得到了卫生部卫水字（2004）第 0066 号卫生许可批件批准，并于 2007 年被四川省与成都市专利局和财政局评选为“2007 年四川省省级专利实施项目”，给予专利实施专项补助资金项目经费。

王泽蓉介绍，该装置可以将原水处理成饮（直饮）水、生活用水和中水三种，装一套饮用分质供水装置就是一个小（微）型饮用分质供水自来水厂，为山丘及缺水地区农村与集中居住区供给安全卫生健康饮用水及微（滴）水灌溉、大棚节水种养植的“磁水农业”。工业用水的循环和沿海缺水地区和船舶的海水淡化处理使用。此外公司生产的地禾（DH）牌“饮用分质多管道供水”系列产品与可作防治水源水遭污染预案的末端前级饮用分质供水处理法与三管一体分质供水管网及环保产业化供水营运，能实现国家生活饮用水新卫生标准 GB5749–2006 的执行，为节约资源与循环经济建设服务。

时代在进步，历史在发展。中国要实现饮用分质供水还有很长的路要走，但是有了像王泽蓉这样的探索者与发明家们，中国的饮水文明必将迎来一次大发展，为实现中华民族的伟大复兴，这些为了中国文明贡献智慧与汗水的人们，也将被历史所铭记。

朱夏霖：自主创新填料、再分布器的开发应用

人物风采

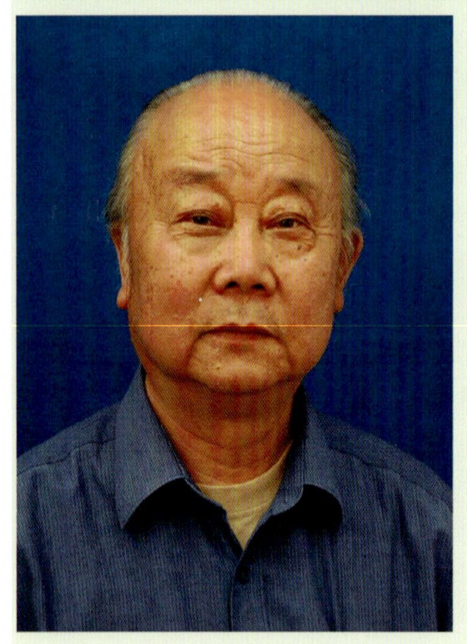

朱夏霖，男，1942年5月出生，江苏无锡人，高级工程师。现任无锡市雪浪化工填料有限公司董事长，兼任全国化工化学工程技术设计中心站技术委员会委员和滨湖区太湖镇商会副会长等职。

1958年初中毕业后，从事机械加工工作，1964年开始创办了五金加工厂，1966年先后进入手工业联社和农机厂，1968年全面指挥制造出了我国第一台由轻工部设计的G4gz自动灌酒压盖机，设计制造了各种工模夹具和新型机床。1979年创办了无锡县家用电器二厂，任厂长。1983年，调入无锡雪浪家具厂任厂长，从事机械加工、机械冲加工和工夹模具的开发研究，1985年开始主持网孔波纹填料及加工设备的研制开发工作，网孔波纹填料1992年获国家科技进步二等奖、江苏省金牛奖、无锡市优秀新产品奖、1993年中国高新技术新产品博览会金奖、中石化新产品新材料金奖，被纳入国家科委95重点推广计划。“新型网孔波纹填料”、“单块式滑块菱形网冲网机”分别获得1993年全国专利技术博览会金奖和第九届全国星火杯创造发明竞赛新产品金奖。带头研制开发了十多项发明和实用新型专利技术，取得了一定的成效，为我国的化工分离技术作出了较大的贡献。

企业名片

无锡市雪浪化工填料有限公司原名无锡市雪浪化工填料厂，专业生产各种化工填料、空分填料、塔内件及除沫器，系全国化工工程建设标准产品定点生产单位、中国石油化工集团公司填料生产定点单位。

本公司始终遵循科学技术是第一生产力的理念，通过不断的开拓创新，先后获得十多项实用新型专利和发明专利。新型网孔波纹填料1992年获国家级科技进步二等奖、1993年获第二届中国专利新技术新产品博览会金奖。

本公司产品及技术已广泛应用于炼油、石油化工、空气分离、化肥、煤化工、精细化工、医药、香料、染料等产品的精馏、吸收、解吸、萃取、分离提纯等过程，取得了较好的社会效益和经济效益。

各项专利介绍

1. 液体收集再分布器的穿梁结构（专利申请号：ZL201020140320.4）

分块式托盘液体再分布器和槽式液体收集再分布器都是用于精馏塔内作液体收集后进行再分布的必要设备。由于在工业化应用中规模范围的扩大，对设备的要求也进一步扩大，一般在直径3米以上的大塔上都需要加设大梁、托梁来承载能力。使分布器在无

形中增加了高度，并且大梁的存在影响了填料的放置，大梁的宽度影响了液体分布点的设置，直接影响了填料塔高度和分离效率，无形中增加了能耗。

本发明的目的是克服现有技术中存在的不足，提供一种可以降低再分布器的总高度、可减少无液区和少液区的液体收集再分布器的穿梁结构。

本发明主要用于塔内液体分布和液体收集后再分布的液体收集再分布器的穿梁结构，包括液体槽组件，还包括穿梁体，所述穿梁体断面呈“工”字形，穿梁体包括上横板、下横板与竖直板，上横板的下平面中间，下横板的上平面中间，通过竖直板焊接连接成“工”字形，在竖直板上开设有安装孔，位于竖直板左侧的液体槽组件搁置在竖直板左侧的下横板上，位于竖直板右侧的液体槽组件搁置在竖直板右侧的下横板上，两个液体槽组件的相邻端部通过平法兰连接并连通，液体槽组件的高度小于竖直板的高度。本发明安装使用后，降低了再分布器的总高度，由于穿梁体的上横板、下横板的宽度设计较狭窄，完全不会影响布液点的设置，从而可减少无液区和少液区的存在。

2. 多管式液体收集再分布器（专利申请号：ZL201020140320.4）

目前，在液液分离精馏填料塔内一般安装有槽式分布器或者管式分布器作为液体收集后进行液体再分布的装置。槽式分布器使用时存在液体分布不均匀现象，甚至出现无液区或者少液区。原有的管式分布器由于只设直形分布管，使得其气体通道不够均匀，液体分布不均匀，使用时存在无液区或者少液区现象。

本发明的目的是克服现有技术的不足，提供一种可以补充竖管无法供液的部位并进行液体分布，使整个塔截面供液密度一致，液体分布均匀，消除无液区和少液区。

3.SW网孔波纹填料（专利号：ZL92221678.9）

该填料是我国精馏行业中第一个获得专利权的具有自主产权的创新产品。到目前已是在液液分离及气液分离中广泛使用，特别在带有腐蚀性的介质中使用，该填料可以用各种防腐蚀的金属薄带冲制而成。该填料性能与金属丝网填料相仿，具有理论塔板高、处理通量大的优点，并且它的强度高于丝网，用材少于丝网。选用的材质完全能满足各种防腐要求。由于它具有高效的分离能力，故在精细化工的精馏塔中应用较广，效果很好。经十多年来的推广应用，产生了巨大的经济效益和社会效益。

4. 分块托盘式液体再分布器（专利号：ZL200610088161.6）

托盘式液体收集再分布器（专利号：ZL99228794.4）自研发成功至今，已逐步开发成功托盘式一系列产品，针对塔径大小不同，形式分为托盘式再分布器、分块托盘式液体再分布器、大型托盘式液体再分布器。现重点介绍分块托盘式液体再分布器，该再分布器的特点是安装高度低，部件从人孔中进入塔器组装成一体。由于各分布槽是互通的，所以它能保持在一个液面下进行液体均匀分布，完全不同于多级槽式分布器。该再分布器具有均匀的液体分布点，均匀的气体通道，外周一圈具有相应的液体分布点与塔体相匹配。克服了槽式分布器的直线形分布而在圆周处产生无液区，能防止气体产生短路。与槽盘式相比，扩大了气体通道，增加了液体分布点，激活靠塔壁一圈填料层的气液交换，且结构简单，与塔壁无须密封焊接固定，与塔器受高温后金属材料膨胀系数无关，不会产生撕裂漏液现象。由于该再分布器的气体通道是均匀分布，对填料不产生局部大面积遮盖，所以对整个塔的气液交换起关键作用，对气体上升是完全起到导向作用。所以该分布器既是一个液体分布器，又是一个气体分布器。

液体分布点可按设计要求任意设置，液点密度可在280点/m^2左右，并可获得较大的操作弹性。气体通道大，可占塔体截面的60%以上，完全能与高效规整填料相匹配。

5. 管线式液体收集再分布器

该再分布器适用于大塔，它采用梁槽为一体的收集槽，起到储液和大梁的作用。液体分布管用法兰、螺栓连接在梁槽的底部位置，便于大梁、分布管和一切连接件从塔的人孔中输入。总高度低，安装方便，分布管的进液口在安装后高于梁槽底部，完全起到防堵作用，操作弹性高于普通的管式再分布器，可用梁槽的高度设计而定。

朱夏霖表示，根据实际应用，采用上述填料、再分布器得到良好的效果，该系列再分布器也大量成功应用在同分异构体的分离上，产品纯度大大提高。如丹阳中超邻/对氯甲苯，淮河化工厂、福斯特对邻间硝基甲苯，扬州农药厂、泰兴新浦对邻硝基氯苯，产量都在万吨以上。

殷志强：太阳能热利用研究与产业的领头人

清华大学电子工程系教授殷志强发明的全玻璃真空太阳能集热器，1平方米集热器寿命期内可产出与3吨煤同样多的热量。这项新技术至今在世界上保持着领先地位。

35年前的殷志强，在处境十分困难的情况下，劳动之余，在图书馆兴奋地注视着世界上薄膜科学技术的进展，为日后他选择投身太阳能利用研究，走出一条新的人生道路准备好了条件。

殷志强1979年在我国率先开展太阳能热利用研究工作，1984年发明铝—氮／铝太阳选择性吸收涂层（专利号：ZL85100142.4）；后参与研制了三代制备该涂层的磁控溅射镀膜机等关键生产设备，并通过国家“产学研”项目使该成果实现产业化；其后殷志强等又发明了紧凑式太阳热水器（专利号：ZL87212970.5）；集热管直接插入水箱式太阳热水器（约占我国太阳热水器市场85%份额）；发明真空集热管东—西向排列的太阳热水系统（现国内中、大面积工程广泛采用此结构）；2004年研发并投产新一代全玻璃真空太阳集热管的吸收涂层；研制成功抗冻、耐垢的全玻璃热管真空集热管（发明专利申请）；2007年研制了新式五腔自动磁控溅射镀膜机（专利号：ZL200710118524.0）；研制成功新型平板太阳集热器吸收涂层（专利号：ZL200710079705.7）。2010年7月殷志强指导与参与的清华大学—力诺集团合作的“中温全玻璃真空集热管”与“中温全玻璃真空管集热器”项目，经中国工程院副院长杜祥琬院士任主任，及黄其励院士、倪维斗院士、王如竹教授等组成的鉴定委员会鉴定认为，两项科技成果具有多项创新，填补了全玻璃真空太阳集热管、全玻璃真空管太阳能集热器在150摄氏度温区的技术空白，达到了国际领先水平。为开拓应用面广、能耗量大的工业用热，以及太阳能集热器全年提供热水、空调与采暖等创造了条件。

“七五”以来殷志强主持国家及北京市科技攻关，开发太阳热水系统在农业大棚、海水淡化与采暖领域的新应用，作为第一编写人先后制定五个太阳能热利用国家标准。2006～2010年先后参与中国工程院的“2020年可再生能源战略研究”与“中国能源中长期（2030、2050）发展战略研究”，任“太阳能”子题组组长。

作为第一发明人获发明专利8项，获实用新型专利21项（作为第一设计人10项）；发表太阳能光—热转换与应用论文130余篇。

目前，殷志强最新的专利有如下几项：

1. 光选择性吸收层及其制备方法
（专利号：ZL200780006506.1）

本发明涉及光选择性吸收层及其制备方法，该光选择性吸收层由在真空镀膜技术下铁铬合金与非金属气体反应沉积形成的复合材料薄膜构成，所述非金属气体优选为包含氮和氧元素的气体。本发明还涉及包含所述光选择性吸收层的太阳能集热元件或太阳能选择性吸收涂层体系及其制备方法，以及所述复合材料薄膜作为太阳能集热元件或太阳能选择性吸收涂层体系的光选择性吸收层的用途。

2. 太阳能集热管连续自动溅射镀膜方法及装置
（专利号：ZL200710118524.0）

一种太阳能集热管连续自动溅射镀膜方法，包括设置预真空室和末端真空室，并在所述预真空室和末端真空室之间设置可以相对封闭不接触大气的溅射真空室，通过可变轨迹的传送轨道将各真空室相连接；当装载有太阳能集热管的工件车进入预真空室后，对预真空室进行抽真空，使该预真空室的真空度达到与溅射真空室的真空度相同；在相同的真空度下，所述工件车由预真空室进入溅射真空室，工件车沿设置在溅射真空室内的环形轨道进行旋转运动，同时装载在所述工件车上的太阳能集热内管相对于工件车进行自转运动，通过设置在溅射真空室内的溅射靶对所述太阳能集热管的表面进行太阳能选择性吸收涂层的溅射沉积；完成全部溅射作业后，所述工件车进入与溅射室具有相近真空度的末端真空室；关闭所述溅射真空室后，使所述末端真空室达到常压状态，所述工件车移至末端真空室外部。本发明大大减少了因溅射室暴露大气污染溅射环境，提高了生产效率，提高了作业效率及镀膜质量与确保太阳选择性吸收涂层的均匀一致性。

3. 镍铬铝钇氮氧材料薄膜
（专利号：ZL200710079705.7）

本发明涉及镍铬铝钇氮氧复合材料薄膜NiCrAlY-N-O及其制备方法。本发明还涉及太阳能集热元件或太阳能选择性吸收涂层体系及其制备方法，其包含镍铬铝钇氮氧复合材料NiCrAlY-N-O用作为光选择性吸收层，以及所述复合材料薄膜作为太阳能集热元件或太阳能选择性吸收涂层体系的光选择性吸收层的用途。本发明的目的是提供一种光选择性吸收层及其制备方法，该吸收层在制备工艺方面易于调控，优选适用于在真空或空气中高温工作，并且由其构成的光选择性吸收层的太阳吸收比 α 大于0.92，而热发射比小于0.10（80℃）。

30多年来，殷志强通过系统、深入研究太阳光谱选择性吸收涂层、全玻璃真空太阳集热管、集热器及热水系统。实现了从核心技术的发明到和大家解决重大关键技术和成果的产业化，探索出了一条适合我国国情的太阳能热利用的发展道路。2010年，全玻璃真空管型热水器销售约4600万平方米，寿命期节约7000万吨标煤，大量减排二氧化碳温室气体。中国已成为世界上最大的太阳能热利用生产与使用国，并与我国太阳能热利用产业同志们一道向太阳能热利用强国迈进。

殷志强为我国的太阳能热利用事业不断创新、学风严谨、任劳任怨、团结同志、以身作则，被国内外同行公认为中国太阳能热利用研究与产业的领头人。

陈远宪：历经风雨沧桑 执著发明路

从曾经的百万富翁到如今的“倾家荡产”，陈远宪的发明之路走得着实艰难，即便如此，他也没有放弃，而是以钢铁般的毅力继续向前，他坚信自己的发明终将走上产业化的道路，为中国的节能环保事业做出贡献。

陈远宪，祖籍重庆，对发明创造一片痴心，早在1989年，他就为了解除千万矿工生产安全隐患，花费7年心血研制成功第一代“詹天佑通用车辆矿车自动连接器”，并获得了100多万元的专利使用费，这让他一举成为百万富翁，也为他日后继续走科创之路奠定了坚实的基础。1991年，陈远宪被团中央推荐参加保加利亚普罗迪夫科技博览会，并被授予十大世界青年发明家荣誉称号，获中国发明家金牌奖章和证书。他以节能为主题研制了一系列的发明，全快速顺逆转动异径呆扳手、快速顺逆转动自动换向定矩套筒扳手等，都具有很高的科技含量和节能优势。

陈远宪有着科技创新的天赋与智慧，他敢于尝试新事物，身为钳工机械技师的他把目光放在了机械扣件上，他想要发明出新型节能环保扣件。

建筑在国民经济发展中占有主导地位，建筑施工更离不开脚手架扣件。而 ф48A 型第一代扣件使用至今已长达半个多世纪，其性能已经跟不上时代发展的需要了。陈远宪从1993年开始投入机械扣件的发明研究，历经13年，经历数千次试验，他终于获得成功，发明了一种安全快捷轻便扣件（专利号：ZL200610023784.5），这一极具代表性的科技成果先后经过国家质检局多次质检合格认定后，2005年11月5日被首次正式命名为 ф48/B 型低能耗改朝换代产品（国质认证第 BET2005-67 国家标准），解决了长达半个世纪A型第一代老扣件安全性能差、耗能严重的问题。

B型扣件结构抱钢管宽，深度接触受力面比A型扣件增大40%，各连接部位既牢固又节省材料，该专利结构极大改变并提高了安全力学性能，其抗滑、抗扭转刚度、抗破坏三项机械性能倍增，远远超过 GB15831-2006 国家标准，B型扣件安全实用又节能增值，质优价廉，使用方法与传统A型扣件相同，刚一问世就受到一大批用户的宠爱。先后经三个厂大批量产销（都旗开得胜）数百万个，成功销售到浙江、上海、大连、山西、安徽和俄罗斯、越南等20多个省市、国家和地区，替代A型老扣件已经成为事实，但它的推广与发展受到私有经济炒作的阻碍，耽误了至少5年的节能减排推广。

为了推进专利扣件产业化，陈远宪吃尽了苦头。前期积累的100多万投进去不说，还把母亲留下的两处房产都卖了，妻子也和他离婚了，陈远宪孤身一人仍然在坚持。为了筹集资金，他给中央电视台焦点访谈打过电话写过信，去年5～8月往返四川8趟，被投资公司欺骗6万元……一切的困难都没能把陈远宪打倒，他仍在积极地寻求合作伙伴和投资商，希望自己的节能环保产品尽早走向市场。

陈远宪，这位经历过无数坎坷的中年人依旧自信满满，精力充沛，他还在为让自己的发明——节能环保扣件走上产业化道路而奔波，无论遇到多大的困难，他总是用蒙牛集团牛根生的三句话鼓励自己：“一个人要成功须具备三个条件：常人吃不了的苦你能吃；常人忍受不了的事你能忍；常人做不到的事你能做。你就能成功……”

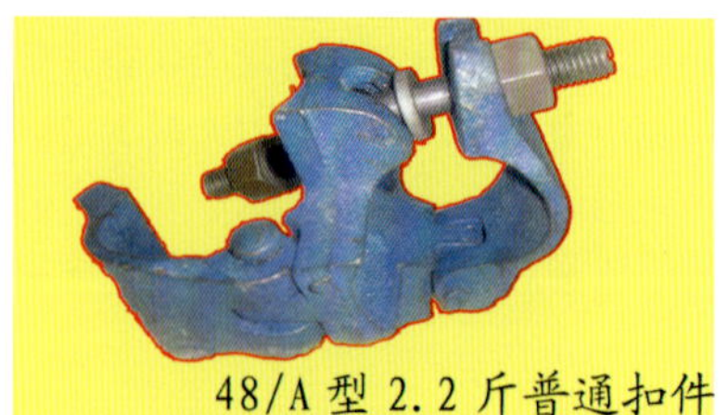

48/A型 2.2斤普通扣件

48/B型 1.6斤节能环保扣件

尹凤金：全液压转向器达国际先进水平

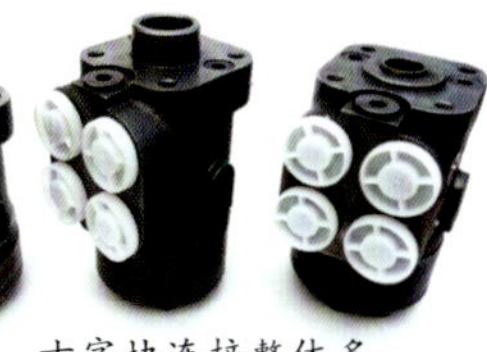
十字块连接整体多功能全液压转向器

人物风采：尹凤金，1955 年出生于一个农民家庭，1974 年从益都县张孟中学毕业后，到村办企业大尹农修厂干车工、技术员，1977 年任厂长。1983 年受聘到青岛农业机械制造厂。1987 年回青州受聘创办青州市气刹车装置厂任技术生产厂长。1988 ~ 1991 年在山东科技大学机械系设计制造专业学习（函授）。1992 年受聘任中日合资企业益和电器有限公司副总经理。1998 年，结束了自己的打工生涯走上创业之路，自己创办了青州中诺转向器厂，自主生产 BZZ 系列全液压转向器。通过刻苦学习和认真钻研，使全液压转向器技术取得重大突破，如采用 20CrMnTi 合金渗碳钢制作定转子副，充分满足定转子副高硬度、高强度、高耐磨性的要求，大大提高了转向器的使用可靠性，延长了使用寿命，该技术达到国际先进水平；近几年又自主研发了 BZZ1F 整体式多功能全液压转向器，该产品列入 2010 年山东省第四批技术创新项目。由于产品质量的不断改进和提高，公司被国家商贸部列为“中国进出口优质产品供应商”，产品被列入“中国出口商品大全”，企业迅速成长为行业的佼佼者。2009 年，在青州中诺转向器厂的基础上，成立了山东三力美泰液压科技有限公司，任董事长、总经理，基于青州中诺转向器厂和山东三力美泰公司的卓越发展和对社会的贡献，近几年来，尹凤金先生多次作为特邀嘉宾出席“信用中国——国庆座谈会”和中国民营经济高峰论坛等会议，多次受到党和国家领导人的接见。

企业名片：2007 年 12 月在“第三届全国商品售后服务评价活动”中，青州中诺转向器厂被授予“全国服务行业十佳单位”；2008 年 9 月尹凤金作为特邀嘉宾出席“信用中国——国庆座谈会”，被评为改革创新人物，获得“金鼎奖”；12 月特邀出席“第五届中国民营经济高峰会”，2009 年 11 月应邀出席“联合国第二十一届国际科学与和平高峰会”；2011 年 1 月应邀出席“第四届全球华人企业家论坛联合国第二十二届国际科学与和平高峰会”、4 月特邀出席“第七届世界杰出华商大会暨第十届外交官之春会”，山东三力美泰公司被授予“世界杰出华商协会理事长单位”、“最具增长潜力企业”称号。

发明简况：

1. 十字块连接整体式多功能全液压转向器（专利申请号：201010596923.X）。本发明涉及一种整体式多功能十字块连接全液压转向器，包括阀体，阀体上制有进油口、回油口、左油口与右油口、安全阀孔和两个双向缓冲阀孔，所述进油口内安装单向阀，安全阀孔内安装安全阀，安全阀与进油口连通，双向缓冲阀孔内安装双向缓冲阀及补油阀的合体，该合体与回油口连通，两个双向缓冲阀分别与左油口和右油口连通。由于本发明具有特殊的组合设计：安全阀、双向缓冲阀、补油阀、单向阀都集成于转向器的壳体内（该组合设计特点是产品可依据用户使用不同的功能要求，结构可任意组合），不再需要连接阀块，与现有技术通过阀块连接相比，具有不易漏油的优点，而且结构紧凑、体积小、安装方便、使用寿命长。

2. 一种整体式多功能全液压转向器（专利申请号：201010584823.5）。本发明涉及一种整体式多功能内花键连接全液压转向器，包括阀体，阀体上制有进油口、回油口、左油口和右油口，所述阀体上制有安全阀孔、两个补油阀孔和两个双向过载阀孔，进油口内安装单向阀，安全阀孔内安装安全阀，安全阀与进油口连通，补油阀孔内安装补油阀和双向缓冲阀的合体，补油阀和双向缓冲阀的合体与回油口连通，双向过载阀孔内安装双向过载阀，两个双向过载阀分别与左油口和右油口连通。由于本发明具有特殊的组合设计：单向阀、安全阀、补油阀和双向缓冲阀的合体以及双向过载阀都集成于转向器的阀体内（该组合设计特点是产品可依据用户使用功能要求，结构可任意组合），与现有技术通过阀块连接相比，具有不易漏油的优点，而且结构紧凑、体积小、使用寿命长。

3. 全液压转向器定转子副（专利申请号：201010584821.6）。

4. 整体式多功能全液压转向器（专利申请号：201010223582.1）。

朱世楣：
汇通中藏医精华 创拟藏药香莲祛痛霜

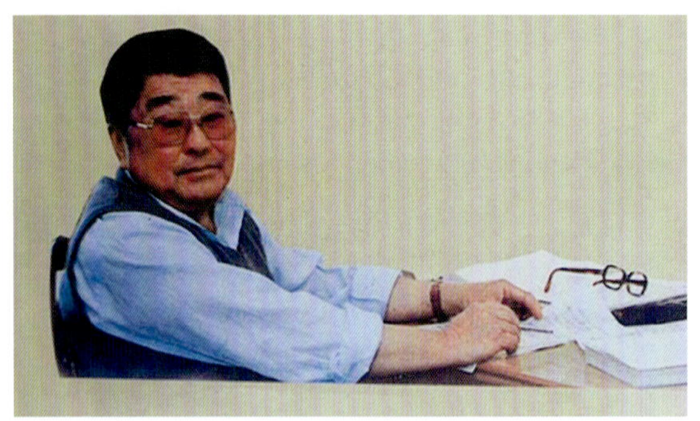
西藏自治区人民医院院长朱世楣

跌打损伤、扭挫伤和风湿疼痛、颈肩腰腿疼痛等病痛非常普遍，使许多患者较长时期地忍受着折磨和困扰，在西藏缺医少药的牧区尤为突出。

20世纪60年代，在中西汇通思想和中医异病同治原则的启发下，朱世楣萌发了汇通中藏医精华的想法，也就是在藏医和中医理论的指导下，依据藏医和中医的组方原则，进行恰当地配伍，选择既是藏药又是中药，且都具有活血化瘀、消肿止痛功效的药物，创拟一个藏中医结合的外用药方，用来改善血液流变学特性和微循环障碍、扩张及增加局部组织的血流量，达到镇痛抗炎消肿的效果，使病损加速愈合、病痛减轻痊愈。

结合多年运用藏医和中医治疗的经验，参阅有关的文献资料，朱世楣遴选出15味藏中药，谨慎地确定其君臣佐使，再依法进行炮制，创拟了外敷药——藏药香莲祛痛霜，希望其具有活血化瘀、消肿止痛的效果，主要用于跌打损伤、扭挫伤、急性痛风样关节肿痛、风湿疼痛、颈肩腰腿疼痛、硬结性淋巴结炎等的治疗。经过40余年应用的实践证明，该藏药适应症越来越广，完全符合一药治多病的原则。

医疗实践告诉大家市场需要有效快捷的良方，经过10多年的努力，朱世楣带领研究员研发的“藏药香莲祛痛霜”，这是一种能够改善微循环、活血化瘀、无菌抗炎、多病一药治疗的外用药。

藏药香莲祛痛霜是一种包括乳香（藏药名为贝格尔）、没药（藏药名为格格勒曼巴）、西红花（藏药名为卡奇库孔）、雪莲花（藏药名为恰果苏巴）等15味藏中药的组成。组方、功效和适应症符合藏医药理论和用药规范。方中以治疗“黄水病、隆病”的贝格尔（乳香）和治疗“培根和隆的合并症”的当更（当归）、消肿止痛的君姆扎（大黄）及恰果苏巴（雪莲花）、卡奇库孔（西红花）等15味藏药，可以调节病理的隆、赤巴和培根三邪，使其各具常量，平稀协调，恢复正常。

用中医药理论来分析，藏药香莲祛痛霜以乳香、没药为君药；雪莲花、当归、大黄三药为臣药；血竭、土鳖虫、雪上一枝蒿、川乌、栀子为佐药；川芎、西红花、白芥子、樟脑、松节油五味为使药。全方君二、臣三、佐使各五，共奏活血化瘀、消肿祛痛的效果。

藏药香莲祛痛霜创拟后的30年间，先后在林芝、拉萨和内地一些医院临床推广运用，活血化瘀、消肿止痛的效果明显，使数以千计的患者减轻了痛苦、缩短了病程，深受西藏牧民和基层医生的认可和欢迎。

1997年西藏自治区人民医院成立了藏药香莲祛痛霜基础与临床研究课题小组，西藏自治区人民医院、成都市第五人民医院对藏药香莲祛痛霜的临床效验进行了观察和总结。1999年西藏自治区科委把香莲祛痛霜列为区重点科研项目。

在西藏自治区科委的指导、资助下，课题组依托陕西省有关高校和科研部门，结合翔实的临床反馈资料，得到有关医药研究部门的专家和科研人员的指导帮助，用现代科学方法重新设计了藏药香莲祛痛霜的生产工艺流程。就是以药材中所含有效成分的理化性质研究为基础，按照其有效成分构成和性质来确定生产工艺路线。对处方中的组成进行渗透滤提取，经过正交实验研究，确定出最优渗滤工艺；也进行了正交实验研究；樟脑、松节油因为是纯品，直接进入制剂；西红花、血竭属于贵细药，则应用倍力微粉技术制备微粉进入制剂。在前处理及提取工艺优化条件确定后，再对制剂的成型工艺进行了研究。经正交实验，最终确定了“藏药香莲祛痛霜”完整的生产工艺，保证了产品的质量稳定、安全有效。

金来兴：奥勃龙高楼火灾逃生装置　健身安防两不误

发明人：金来兴，现任上海奥勃龙实业发展有限公司总经理，奥勃龙公司已实施投产项目。

科学原理技术设计

1. 奥勃龙（专利申请号：201020248719.4）在消防安全防护逃生器行业独家应用了著名杠杆科学原理，偏心轮摩擦原理，配合齿轮控制原理，结构精密科学合理，技术成熟，坚固可靠，并结合秋千健身，加配安全带、保险链，更安全，更保险，更舒适，使秋千、单杠、健身与消防安全防护相结合，开创了现代高层幸福生活安防新概念。

2. 本项目选用钢管、不锈钢、45# 圆钢、合金钢齿轮、起重钢索、汽车摩擦材料，加强汽车安全带，不锈钢链条，坐杆，基本与汽车配件同质化，坚固耐用，可往复使用千次无故障。配加长安全胸带并可携带学龄前儿童1名，ABL500-32型，50层以下，设计：单人，安全使用重量120千克，设计安全系数5X，即600千克。并有多种规格，适应2～100层以上不同层次高楼使用。

3. 居家有奥勃龙高楼火灾逃生器，解决了安防心理压力，使高层幸福生活更舒心、更幸福，平时可用于秋千、单杠、娱乐、健身，杠杆链放长是秋千，收短是单杠，万一火灾发生，即可从固定钩上摘下主机，钢索安全钩原装就钩着吸顶环，把杠杆链收放到中段原长度环上，系上安全胸带、安全腰带，并挂上安全座篮上的保险链，坐上安全座杆，即可从阳台或窗口逃生。

本逃生器及吸顶盘，可机动安装在阳台、健身房或客厅顶上；休闲健身、安防装置体现高层幸福生活新概念。

4. 本公司免费安装，免费检查维护，百分之百保安全。使用方法很简便，一看就会；可手拉握手杆，作引体向上动作，减轻坐杆压力，牵引摩擦系统，手拉越紧，降得越快，反之手拉越轻，降得越慢或停止。也可旋转手控盘下降，二者可同时操作，也可单独操作。双重操控装置，多重安全装置更保险、更安全、更舒适。

六大功能

1. 住户火灾逃生使用：带有双挂钩的吸顶盘，各安装在阳台或客厅或健身房顶上，逃生器可机动挂在各处吸顶盘的挂钩上，火灾时摘下主机坐进安全座篮扎紧安全带就可从阳台或窗口下降逃生，并可携带儿童或贵重物品。还有高楼火灾安全逃生仓，供全家或集体数十人使用。安全可靠。

2. 消防官兵救援装备：保证消防官兵的人身安全，火灾救援到高层撤退时，如遇大火封路可用连着钢索的安全钩环扣在栏杆柱子或牢固的家具上，即可从阳台或窗口降落而且可用双手或单手抱被救人员或贵重物资，可自动降落也可手控降落，而且大规格的逃生器可从世界最高的建筑或山顶安全降落。

3. 户外运动高山迷路悬崖遇险救援必备。

4. 蜘蛛人工作装备：安全舒适、机动性好，可单人自己操作，无须他人配合。

5. 住户休闲秋千、单杠、健身器具。放长杠杆链即秋千，缩短链条即单杠。

6. 利用摇动安装壁上的转轮横向拉起两根秋千链条就是晾衣架，可升降，且可防风吹落。

E－mail：ablhl369@163.com　QQ：138518778
电　　话：4006628998
通信地址：浙江省杭州市文三西路111号沁雅花园9幢二单元302室

煤炭在我国能源领域占有举足轻重的位置。随着经济发展的加快和煤炭需求量的增强，可供发电的优质煤日趋减少，而储量丰富的褐煤因存在含水量多、热值低等“缺陷”，不被业界看好。为了提高褐煤的“含金量”，让褐煤从角落走到聚光灯下，许多有心人进行了艰苦卓绝的努力。在褐煤价值的开掘上，王远大以商家的视野和发明家的睿智，推出了3项荣获国家发明专利的高效褐煤提质技术。褐煤由此实现历史性的蜕变。

王远大：创新技术让褐煤脱胎换骨

打开电脑检索，可以找到褐煤的定义。褐煤，又名柴煤，是煤化程度最低的矿产煤。一种介于泥炭与沥青煤之间的棕黑色、无光泽的低级煤。化学反应性强，在空气中容易风化，不易储存和远运。

很容易看出，褐煤自身存在不少“问题”。然而，王远大使这些“问题”变得不是“问题”。这一切缘于王远大历经数载艰苦攻关，发明出了世界领先的高效褐煤提质技术，在创新工艺下，褐煤已不再是过去的“丑小鸭”，而脱胎换骨成广受热捧的好能源。同时，这给我国能源事业的创新与发展注入了强劲的新生力量。

王远大执掌的内蒙古霍林郭勒市大福通煤炭加工有限公司，位于通辽市霍林郭勒区境内北侧101省道怪山道口铁路东侧。据了解，在我国目前已探明的褐煤保有储量中，以内蒙古东北部地区最多，约占全国褐煤保有储量的3/4。通辽市是褐煤储量大区，资源得天独厚。大福通煤炭加工有限公司秉承“做事精益求精，做人诚实可靠”的立企宗旨，以先进的运营理念、科学的管理模式、良好的战略合作关系，在煤炭加工领域趟出一条宽阔道路。上为国家能源事业尽心竭力，下为社会需求和服务民生着想，王远大用自己的执著、创新与实干，诠释着一个企业家和发明人的社会责任感。

填补国内外褐煤提质技术空白

搞科研和办企业都是很有挑战性的事，但王远大目标明确，行动果敢，在市场的风头浪尖靠实力赢得一席之地。王远大于2005年春在黑龙江省萝北县建厂，后转入霍林郭勒市，七载攻关不辍，研发褐煤提质项目。他也因此成为世界上建厂生产、研发褐煤提质的领头人。

王远大向记者介绍，企业目前拥有自行设计制造的两条第一代单机日产能500吨5500～6000大卡的小型生产线，已服役五年之久。另有一条2010年最新设计改造的第四代日产4000吨小型生产线，企业已实现年产能百万吨加工优质褐煤规模。目前在新技术作用下，已将3000大卡褐原煤加工转化成4000～6000大卡优质工业动力洁净煤。产品通过汽车、铁路、水运遍销数千公里之外电厂、水泥厂，经济效益极为可观。

王远大3次获得国家知识产权局颁发的发明证书（专利号：ZL200720116913.5、200810136962.4、ZL200920244271.6）。在2009、2010年两届国家煤工委举办的“全国褐煤干燥提质技术与产品发展研讨会议”上，王远大做了技术成果重点经验介绍，企业被推荐为最佳技术成果。在2010年国家商务部、科技部、发改委等10个部门举办的“中国国际高新技术成果交易会”上，王远大所在企业的褐煤提质技术经国家专家评审委员会评审，获得“创新中国杰出贡献奖”，以及“中国十佳新能源产业创新奖”、“2011节能中国优秀示范单位奖”等诸多国家级荣誉证书、奖牌。新型的褐煤科技成果填补了国内外褐煤提质技术的空白，为褐煤产业的做大做强打造出一条腾飞之路。

创新工艺独树一帜

褐煤形成年代时间比较短，自身水分高，一般含水量在30%～50%，作为工业动力用煤入炉后降低炉内原有热量，影响效益；原煤密度低、易风化、易自燃、怕雨淋；热值低、平均热值在3000大卡左右；挥发份高达46%以上，入炉后易加大炉膛负荷等诸多弊端。

对此，王远大精心探索，汇集各方专家、学者智慧，投入巨资，边生产、边改造，不断完善了“褐煤提质”技术。企业拥有的第四代滚筒式无氧褐煤提质技术步入成熟阶段，开始投入市场。

谈到该项技术的应用原理，王远大介绍说，主机外形系头高尾低卧式滚筒形状，齿轮转动，头部进料，尾部出产品，体内配有耐高温供热管道及高温原材料百余吨。通过内、外循环供热、回收多种有机易燃体助热、自行设计风水雾过滤、排潮等五大系统相辅匹配动转，形成逆向三段高、中、低温提热，将破碎后的褐原煤输入主机滚筒内受热，采用强热风选脱水、脱灰离心原理。

通过风配比、热配比等五个配比手段，调整褐煤加温过程中的转化。实现褐原煤加温过程中，分离出水分中的氢、氧等易燃成分，回收助燃，循环利用提高炉温。褐原煤加工过程中脱掉大量水分提高热值同时，把加温过程中所产生的煤气、煤粉尘等回收助热，循环利用，降低燃烧成本。褐原煤加工过程中，还能脱去自身外部及夹层中的灰土，降低产品灰分，提高热值大卡。把加温过程中产生的煤焦油、蜡，合理提取，涂于产品表面，形成保护层，实现产品不吸潮、不返水、不怕雨淋和水浸的目的。

该项技术与近两年相继面世的几种褐煤干燥提质技术相比较，有极大的竞争力。王远大曾在2010年底“全国褐煤干燥技术研讨论坛”会议上，满怀信心地向各方专家、学者宣布：大福通褐煤干燥提质技术已步入极成熟阶段。

七大优势凸显核心竞争力

王远大的大福通煤炭加工有限公司，因技术特色与雄厚实力，品牌影响力和核心竞争力与日俱增。最新面世的第四代滚筒式无氧褐煤干燥提质技术，在实践中凸显出七大优势。

王远大表示，2010年落户企业的第四代小型生产线单机投资成本仅1100万元，日产能力5000～6000大卡的优质动力洁净煤2100余吨，日产能力4500大卡的动力煤4000余吨。吨煤生产成本不足20元，利润极其可观，是目前褐煤提质技术投资回收最快的设备。如果选择中型生产线，日产能力将超出一倍以上产量，吨煤生产成本还会大大降低，经济效益也会更好。这是第一大优势。

其他优势主要表现为：褐煤加工粒度最大可加工到80mm，可按客户要求调整粒度，无须用成型设备；产品从主机加热罐内输出无粉尘、无火点，表面由原煤的褐色转化为黑亮体，适合跨江过海长途运输，卸车无扬尘，这是其他褐煤干燥产品无法卸车的“烟炮煤”所不能比拟的；在每小时加工进料近百吨原煤的生产过程中，可将含水量50%以上的褐原煤（也就是一吨煤中含0.5吨水）一次脱到含水量0.1%以下，产品全水分接近于0，实现脱去内水不再反弹；一次性提质的颗粒煤产品不吸潮、不返水、不怕雨淋、不怕水浸，产品适合港口露天长时间存放，热值只增不减；在脱去褐原煤中的全部水分，最高可提高热值3000大卡的同时，还可脱去褐煤表面及自身夹层的部分灰分，产品比原煤降低灰分5个百分点左右，又提高热值300大卡。另外，在提热脱水、脱灰提高热值的过程中，还可脱硫，降低挥发份，提高固定碳指标，实现煤转性贴近长焰煤标准，因此，产品深受电力、水泥等用优质动力煤行业的欢迎。还有一个优势是，低耗节能减排，低碳，符合国家环保排放要求。除了脱水、脱灰，减少运输成本，节省运输能源外，将褐原煤水分中存在的氢、氧以及原煤加温过程中分离出的硫、碳、煤气、煤粉尘等易燃物体回收用于助燃、助热循环利用。通过自行设计的风水除尘系统过滤，实现低碳排放，环保标准。

七大优势，七年经验，走滚筒式无氧褐煤技术，为褐煤提质开辟了全新的改革转型之路。当今市场竞争激烈，但实用价值是永恒的“试金石”，王远大的创新技术在能源发展潮流中所展示出的核心竞争力，必然会成为企业发展壮大的强大支撑。

2010 年，全国道路交通事故 3906164 起，其中，涉及人员伤亡的道路交通事故 219521 起，造成 65225 人死亡、254075 人受伤，直接财产损失 9.3 亿元。从高速公路发生的亡人事故情况看，40.3% 因尾随相撞导致，阴雨雪雾天气高速公路事故上升，其中很关键的一点是缺少一种快捷有效的警示装置……

李政文：电动隐藏警示牌能有效减少汽车追尾

专利权人李政文

纵观大量追尾事故，其原因多种多样，而发生事故后，目前的警示手段过于简单，普遍使用的只是一个简单的三角警示牌，它需人手摆放，操作过程耗时长，耽误示警时间，经常造成不必要的二次伤害及更严重的连环追尾……

李政文认为这种普通三角警示牌在使用中存在以下缺点：体积小，放在地上不明显；司乘人员必须下车到尾箱拿三角牌，安装好后还需走到车后一定距离去摆放和收回，其过程耗时长，不能及时向后方示警；没有灯光，光线暗，无法清晰向后示警；更严重的是，发生事故，司机受伤被困车内时，它无法自动打开，极易发生二次事故，引发连环追尾，对受伤人员造成二次伤害，如发生在雨天、雾天或晚上，情况更加危险。

李政文的电动隐藏式警示牌（专利号：ZL200810066972.5）非常巧妙地解决上述难题，它拥有很多优点，正好解决了普通警示牌的上述缺陷：

1. 它的警示面积大，是普通三脚警示牌的三倍以上，警示效果非常好；

2. 它是电动的，只须按下按钮，5 秒内它就能打开或关闭，无须到车外摆放和回收，全天候使用，雨雪天更加方便快捷；

3. 它装有 LED 闪光灯，光线暗时 1000 米外也能清晰看到；

4. 它安装在后保险杠上，摆放位置高，警示效果更好；

5. 关闭时，它巧妙地隐藏于车尾的“后保险杠”内，不影响车身外观，也不占用车内空间；

6. 更重要的是，以往发生事故时，司乘人员因为受伤被困，无法下车摆放示警装置，这时极易发生二次事故！安装了这个装置，它能像安全气囊一样，在最短时间内自动展开，向后示警，避免受伤人员二次受伤。

本发明是一个人性化的、安全快捷的安全装置，它的出现为汽车增加了一个全新的安全装置，更为广大车主增加了一个新的安全保障！

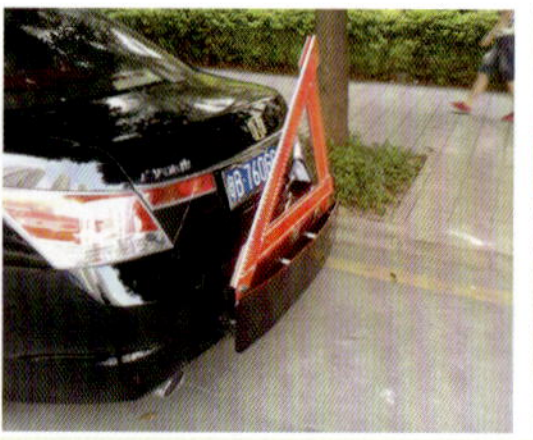

开启状态

关闭状态

郭春未：创新防水理念为建筑造“皮肤”

搞科研的人都有着一双善于发现的眼睛和敏锐的思维，他们从所熟悉的现象中发现问题，不断创新，探寻解决之道。郭春未亦如此，从事建筑防水领域研究的他发现用性能优越价格昂贵的防水材料施工的防水工程仍然会发生渗漏，而且维修起来相当烦琐，科研工作者的敏锐促使他一头扎进建筑防水新工艺的研究中，经过十几年的艰难探索和创新，发明了“一种皮肤式防水涂层及施工方法”，为建筑防水业提供了新的思路。

生于1943年的郭春未为河北省栾城县人，是中国北方地区新型建筑材料科研基地——石家庄市建筑材料工业设计研究所无机防水课题组负责人，在研究室期间共完成科研成果9项。其中，在省内同类产品中具有先进水平的1项、填补省内空白的2项、达到国内先进水平的3项。郭春未也因突出的科技成果于1985年获得石家庄市科学技术进步奖1项；1988年获河北省优秀新产品奖1项；1994年获得2项国家专利，这期间还完成了4部企业标准的起草、修订、审定工作。

郭春未于1996年创办“石家庄市金华防水中心”并出任法人代表，1997年申请注册“金骅”商标授权，他决心将金骅品牌打造成高效无机的典范！2004年金华防水中心转制为个人独资企业——石家庄市高新建材防水研究中心。

郭春未想到要创新一种新的防水工艺源于他在做工程过程中发现的现象。他说：“有一种现象我十分关注：用三元乙丙橡胶施工的车库库顶和上人屋面漏水了！修好一个漏点又一个漏点出现、修好一批漏点又一批漏点诞生！使用如此性能优越价格昂贵的防水材料施工的防水工程为什么会发生渗漏？而且维修起来又是如此繁琐呢？这是建筑主体砼结构的‘祸害部位’（我习惯将容易渗漏的部位称作祸害部位）在漏水！就此引发了‘一种皮肤式防水涂层及施工方法’专利技术的发明创造。”

哪里有问题哪里就有解决的办法。郭春未在以后的研究和实践工程中不断总结经验，摸索解决上述问题的办法，他大胆创新，提出：做建筑主体砼结构防水施工时、不抹水泥砂浆找平层，将完全真正可以湿作业的克渗漏防水层直接做在砼现浇基面上，防水层和砼结构基面犹如肌体上皮肤与血肉之结合！杜绝了“两张皮”、彻底克服了“层间串水”现象。这就是皮肤式防水工艺的雏形，另外这样施工的防水工程即便是在防水层上开了槽凿了洞也只是哪里漏就修哪里，使原本烦琐复杂无从下手的渗漏维修工程变得简单容易。

在“做防水不漏水才是硬道理”的思想指导下，经过深入研究、探索创新，郭春未终于成功研制出“一种皮肤式防水涂层及施工方法”，并申请了国家专利。郭春未说：“‘皮肤式防水工艺’的灵魂是将防水层做成建筑主体砼结构的皮肤、即给建筑造皮肤而不是给建筑穿雨衣！其防水工程造价仅为聚氨酯防水层的40%，而施工周期不足聚氨酯的1/3。”

郭春未的探索并没有终止于此，他认为应该将这项技术转化为应用，希望能够与科研院所、业界同人联手，共同深入进行“皮肤式防水工艺”施工技术应用研究，共同为民造福，为构建和谐社会作出更大的贡献！

柏启怀：焙烧瓦和焙烧砖瓦的隧道窑项目

人物风采：柏启怀，男，山东省邹平县临池镇人，是山东省缸瓦对外援建技术人员，现为邹平县三业砖瓦研究所项目负责人，专业从事砖瓦行业的生产管理与技术开发，经他指导生产出的产品投放市场后深受用户的信赖，至目前产品仍供不应求。数年来他曾先后在很多地区进行指导工作和技术传播，培养了大批技术人才和企业管理干部，并建立了砖瓦生产基地，因有长期的实践，而且是流动性的实践创新活动，所以在分析原料的多种复杂性、工艺设计的适应性、各地疑难杂症的诊断处理等方面都积累了丰富的经验，并通过大胆探索和逐步完善，用研制开发出的多项创新技术，生产出的科技型产品，使许多缸瓦厂取得了企业效益和社会效益的同步增长，并且促进了各地区的经济发展。

项目介绍

焙烧瓦和焙烧砖瓦的隧道窑项目包括两项专利，其一是一种焙烧瓦的隧道窑及其焙烧方法（专利号：ZL200910017726.5），专利权人为邹平县三业砖瓦工程科学研究所，其二是一种焙烧砖瓦隧道窑（专利申请号：200720159493.9），专利权人是柏启怀。

1. 一种焙烧瓦的隧道窑及其焙烧方法
（专利号：ZL200910017726.5）

该项发明属于炉窑及焙烧技术领域，是解决窑炉环保技术问题的突破口。它实现了烧瓦的大批量机械化和连续性，利于集约化大规模生产，工人的劳动强度降低；通过隧道窑及热风道和烟囱，使得烟雾、粉尘的排放降低，节约了土地资源，解决了由于小土窑或轮窑窑炉零散分布、占地较多造成土地资源浪费的问题；解决了由于小土窑或轮窑窑壁外散，散热空间大，窑炉的保温性能差，热能宜散失而造成能源浪费的问题；炉窑外的操作空间变大，使得装窑、出窑可在窑外的敞棚下进行，避开了窑室内高温、降温风扇乱吹的恶劣环境，而且多个车辆得同时操作，劳动强度变小，装卸量大，瓦坯及架砖的温度趋于自然温差，成品瓦不再出现烫手而失手摔砸烂的现象，突破了生产流水线的瓶颈，节约了生产时间，加快了生产进度，减少了生产成本；瓦的生产合格率提高，瓦的合格率可达到90%。

2. 一种焙烧砖瓦隧道窑
（专利申请号：200720159493.9）

本实用新型提供了一种焙烧砖瓦隧道窑，包括底座、窑体和窑顶，窑体分别设有预热段、高温焙烧段和冷却段，从预热段至冷却段的窑体腔内底部安装导轨基座，导轨基座上安装导轨，窑体腔上端设置弧状耐火砖层，弧状耐火砖层上表面设置弧状纤维毡层，弧状纤维毡层上表面设置弧状轻质保温砖层，弧状轻质保温砖层上表面设置弧状炉灰质保温层，弧装炉灰质保温层上表面是窑顶。本实用新型的优点在于：它能够在施工建造中大幅降低材料，在生产砖瓦时降低煤耗，从而可大幅度降低生产成本。本实用新型整体结构合理，易于建造，在生产时，易于控制各段温度，使用本实用新型的隧道窑生产的产品质量高，生产效率高，价格低。

隧道窑烧瓦的特点：比轮窑占用土地少；工人的出装窑工序在窑操作，脱离了窑室高温恶劣环境；改变了小青瓦土窑、轮窑的直接烧煤，气体排放污染环境，而隧道窑则具备燃烧天然气与煤气的功能，符合环保要求；隧道窑烧瓦的窑炉，仍然具备烧砖及马路砖的功能；把烧煤改为烧气后，隧道窑不仅烧制红砖红瓦，也为烧制青砖青瓦奠定了基础，轮窑是火区移动，隧道窑是火区固定，产品移动。所安装在不同部位的气阀、空气阀、水阀可分别调控出烧制青色砖瓦的还原气氛与水阀降温冷却相配套，取代小青窑烧结工艺，以达到大规模生产青色古建筑材料的目的。既解决环境保护，又满足古建筑的需求问题。

目前全国仍处于小土窑烧青砖青瓦，轮窑烧红瓦的状态，用隧道窑取而代之，是大势所趋。研究所欢迎更多的协作伙伴，在此专利基础上深入开发隧道窑烧青砖青瓦的技术开发，以稳定古建筑材料市场平稳的基础上，推进环保举措的顺利实施。

朱孟领：新一代环保真空防火复合装饰板填补国际空白

从参加工作至今28年一直从事经济管理工作的朱孟领以自己惊人的专业能力及对科学技术的不断追求的态度成功研发的新一代环保真空防火复合装饰板填补了国际的空白。为社会主义经济建设和企业生存发展贡献了自己的力量。

朱孟领祖籍浙江温州，为中国共产党员，1987年创办乐清仪表厂任厂长一职，那时的他就认识到企业必须依靠科技求发展。在任职期间始终尊重知识，尊重人才，充分调动科技人员的积极性；依靠科技求发展，先后从国外引进科技资料，投入资金购置相关检测设备，改变以往“短、平、快”的思路，而确立“高、精、尖”的发展策略。开发研制成功一批替代进口的热电阻、热电偶产品，符合IEC国际标准，为国家节约外汇500万美元左右，拥有9大类171种型号规格的产品，成为全国同类行业中的佼佼者，朱孟领也因此荣获温州市、乐清市两级劳模称号。

之后，从实践工作中掌握了经济理论知识，具有一定的经济管理专业水平和管理企业的工作能力的他又主持从事对复合材料及设备的研发，与浙江大学华东理工学院合作，于1994年推出HLB系列华铝板，其阻燃性能达到美国消防协会NFPA101生命安全规范最高等级A级水平，可以满足建筑装饰任何部位的防火性能要求，并获得2项实用新型专利。1996年5月国家科委专门发文推广此华铝板系列产品为国家级新产品，7月针对第一代产品的不足，他经过大量资料查询和反复试验组成新配方，采用新工艺用优选法确定了温度、压力、时间三者之间的关系，节约开支600多万元，提高效益1000万元。之后他又为了降低成本先后对生产流水线进行技改，使每张华铝板节电1.2度，减少原辅材料损失500万元，因此华铝板“卖相”好了，每张华铝板平均售价高了10元，平均销售成本比上年降低了15元，上交税收31.5万元，增加效益91.8万元，并于1999年荣获国家知名品牌称号。

在此基础上他一路探索，于2010年研发成功“复合装饰板”（专利号：ZL201020609136.X）。本实用新型公开了一种复合装饰板，包括基板，基板的一侧设置有面板，基板的另一侧设置有底板；基板与面板之间以及基板与底板之间均设有高压热熔胶膜，且基板、面板和底板通过热压复合连为一体；基板内部设有若干真空孔，且基板具体可以为真空防腐防火聚乙烯板；面板外表涂布有阻燃防火装饰层。具有耐酸碱、防磁、防电波干扰、防火、隔音、节能、防潮等性能优点。该复合装饰板生产工艺简单，产品结构牢固，高雅美观，可制作各种不同的色彩、花纹及图案，光泽艳丽，30年内不退色、不生锈、不渗水、不脱落、经久耐用，防腐性能高；并且材质优良，质量高，质轻价廉，比大理石、花岗岩等装饰材料重量减轻85%左右，提高楼房基础负荷力，而价格比花岗岩减少50%左右。具有耐酸碱、防磁、防电波干扰、防火、隔音、节能、防潮等性能优点。

真空、防火、隔音新型复合板采用的无卤阻燃高分子芯层材料为黑白色固体颗粒，具有无卤、无烟、阻燃、无毒、挤出成型、加工性能优良等特性，其化学性能和物理性能满足GB8624-2006国家标准要求，但新型复合板暂无国家标准，采用企业标准。其性能指标达到或超于国内同类产品的水平，但目前国际市场空白。

随着我国商品经济和产业不断发展，新型装饰材料以其美观、高雅、实用、牢固等特点而受到了越来越多商家的青睐。目前新型装饰材料的生产和推广已受到我国政府的重视。我国是全球最大的铝塑复合板的生产、消费和出口国，目前世界各国对该产品在公共场所建筑使用的安全性、环保性的要求愈益严格，他的发明产品既是技术升级换代的基础，也是真空防火复合装饰板生产加工的关键，近期，他又研发出了复合装饰板二代（专利号：201120057361.1），它为环保、节能的新世纪发展与和谐社会的市场需求，开辟了广阔的应用前景。

于江波：情系公路 满载发明不断向前

创造是进步的前奏，热爱是创造的动力。源于对公路的热爱，于江波把青春奉献给了公路；源于对机械的热爱，于江波获得了10项专利成果。是这份热爱和情感一直在推动着于江波不断向前。

于江波现为阿勒泰公路局北屯分局局长，自2006年以来，他带领职工先后研发了12项技术革新成果，其中10项革新成果获得国家专利。在于江波的带领下，北屯公路分局先后荣获全国交通行业“巾帼文明岗”、自治区“模范职工小家”、“行风建设示范窗口”、“五一女职工文明示范岗”先进集体等多项殊荣。2009年，他本人分别被中国管理科学研究院人文科学研究所授予“中国优秀创新人物”称号，自治区交通工会“节能减排技术创新成果”，2011年又获得阿勒泰地区“先进工作者”称号、自治区“优秀专利技术开发者”荣誉称号。

1982年，毕业于米泉技校筑路机械专业的于江波被分配到总分局的公路工程队，开始和机械打上了交道。通过不断的摸索，不断的研究，他渐渐开始在机械修理、保养及管理方面崭露头角。

于江波所在的阿勒泰属高寒地区，冬季降雪量大，除雪难度大，公路养护困难更多。善于思考的于江波一直在琢磨：如何提高除雪效率？如何减轻工人的负担？如何更好地养护公路？带着这些思考，他相继发明了公路路肩养护专用车、两轮小型平板拖车、便携式两用推雪板、321公路钢桥简易鼻架、便携式破冰器、钢桥桥面板抬杠、道路路面清扫机、改进的车载推雪板、装载机推雪铲、一种推雪铲刀10项专利成果，以及装载机分雪器和路面自动割草机2项技术革新成果。

其中，便携式两用推雪板（专利号：ZL200820103744.6），将两块高度为60厘米的弧形钢板，焊接成倒V形除雪铲，利用50CX装载机的原动力，将推雪板安装在装载机铲斗下，利用斗齿、销轴等进行固定，研制出便携式两用推雪板。便携式两用推雪板由推雪板、U型螺栓、销轴、合页四部分组成。首先制成带角度的推雪板，然后将一侧推雪板用U型螺栓固定于斗齿，与铲斗形成45度角，另一侧推雪板用销轴固定，两个推雪板形成90度角，以保证行车安全。制作完成后将两个推雪板用合页进行连接。在做这些工作时，于江波大量采用废旧机械部件，变废为宝。

公路路肩养护专用车（专利号：ZL200820103602.X）提高了公路养护工作效率，减轻了养护职工劳动强度。于江波介绍到，以1米的公路路肩宽度为例，过去养路工采用人工作业，每公里需要投入13个工作日，综合单价为780元，工作时间为7～8个小时；同样的条件，采用公路路肩专用养护车作业，每公里只需要5个工作日，综合单价为460元，工作时间为3～4个小时，大大地提高了工作效率，减轻职工的工作强度。

经过路试，公路路肩养护专用车实现了机械对路肩自动上料、整修、刮平的机械化养护作业方式，完全符合技术要求，这不仅是一项公路养护机械技术上的突破，更属于国内首创，填补了我国国道、省道公路路肩无机械化养护的空白。

路漫漫其修远兮，吾将上下而求索。于江波载着对祖国公路的满腔热爱，又站在了新起点上，他将继续发挥自己的智慧，为祖国边疆公路发展贡献力量。

陈南海：轮履复合式越野车开创机动车技术新领域

人物风采

陈南海，男，55岁，大专学历，机械工程师。陈南海原是广东省珠海市国企单位的职员，1992年担任厂长职务。1994年参与“海上钻探平台”研发，并全面组织生产“喷码机”设备、生产出口产品和零配件加工，并获得“ISO9001:2000”和“9001:2008国际质量认证书”。每年的生产订单基本保持稳定、饱满、利润增长；现已经拥有约100万元的固定资产。

现经营已改变过去由于缺乏生产、计划性管理的局面，逐渐形成“以科学发展为主题、追随时代发展要求、寻找项目”为企业发展战略的指导方针，经过几年的调查、筛选、研发后，于2010年5月18日发明了“一种轮履复合式越野车”（专利申请号：201010196456.1）从而开创了机动车技术的新领域。

发明简况

本发明涉及机动车技术，特别是一种轮履复合式越野车（专利申请号：201010196456.1）。其主要结构是，由发动机、传动系统、转向系统、行驶系统等等部分组成。其中，在行驶系统中既有轮子又有皮带性履带。

其轮子可在平地路面上行驶，其皮带性履带使车可在阶梯式的路面上行驶，从而克服了机动车只能单一地在较为平整的路面上行驶而较难在阶梯式路面上行驶的缺陷，因此可以使车辆的车轮和履带共同与地面增大附着面、摩擦力而达到抗下陷、抗打滑和上阶梯，还可以跨越横断路面。它可在普通公路、泥泞路面、小沟渠拦阻的路况、阶梯、沙滩、沙漠、冰、雪地等行业服务基础设备上使用，适用于交通、运输、游乐、山区或山地旅游客运，符合现代人对生活、工作的要求，其特点不仅具备了普通轮式机动车与履带式机动车的优势，而且传动、差速、行驶系具有很独特现时代新型实用的功能，与现有机动车类的结构和部分功能完全不同——传动系统与轮式行驶、履带式行驶合为一体。

初步调查结果显示，本项目当前属空白产品、空白市场，没有竞争者，市场前景非常广阔，并具有独家生产经营的特权，将会出现供不应求的局面。因此，投资后的经济效益将非常显著而且有保障，预计生产总值可达亿元，利润率可达到20%～100%。

转让及合作意向：仅作合资、融资、入股、股份合作，本专利可考虑转让。

通信地址：广东省珠海市唐家湾镇第一工业区唐淇路1038号6栋
电　　话：0756-6122178
E－Mail：zhhenyi@126.com

刘邦贵：一种能永久防水与绿化的屋面

人物风采

刘邦贵，汉族，1955 年生，临澧县人，研究员。1978 年毕业于常德师范，分配到临澧县教育局工作。现任长沙刘邦科技有限公司经理。1984 年起先后兼任常德市地理学会理事、地理教学研究会理事和发明协会理事、中国管理科学研究院研究员等。主要研究成果：一是绿色房屋建筑与生态城市建设的研究，获发明专利 2 个，主要论文：《屋顶创新在绿色房屋建筑中的重大作用》《建绿色屋顶是生态城市规划设计关键技术的研究》《从规划与设计构想绿色城市》等，其中获奖论文 2 篇；二是人性与社会管理创新的研究，《社会管理应以人性为本的思考》获中国当代思想成就奖、共和国重大前沿理论成果创新特等奖和世界重大学术创新成果特等奖等。

企业名片

刘邦科技有限公司以人与自然、人与人的和谐为宗旨，以节能环保，协调人、建筑、自然环境三者之间的和谐关系为公司主攻方向，主推核心项目为具有节能环保的永久防水与绿化的屋面。

发明简况

一种能永久防水与绿化的屋面，专利号：ZL200610136797.3，包括终身防水隔热保温的绿化屋面和终身防水隔热保温的非绿化屋面。该绿化屋面从下至上构造层是：动静结构防水层、隔离层、储排水层、过滤层、基质层和植被层，非绿化屋面构造层是：动静结构防水层、简易隔热层或高效保温隔热层。其中，动静结构防水层是由动态大网、静态小网、高聚物混凝土和动态型材等材料所制造的，以实现刚柔结合即动静结构的终身防水。该屋面与现行国内外屋面比较，一是屋面可终身防水，屋面和建房所占土地可循环利用；二是节约大量建筑材料，不仅屋面节约大量刚柔防水材料，而且屋面绿化后可免建或少建高层节材；三是屋面高效节能和绿化环保，使城市除道路和广场外基本可实现绿化，消除或缓解城市热岛效应与大气污染，减少人居能源消耗和最大限度恢复自然环境，协调人、房屋与自然环境三者的和谐关系；四是绿化屋面可储大量天然降水，减轻排泄压力，调节湿度与温度；五是人居生活腐殖质垃圾可化害为宝，变屋面植被有机肥料；六是可创蔬、果、药农作物收入，有利城市生产绿色食品；七是可美化人居环境，给城市人提供休闲与劳作养生园地；八是有利城市规划，有利解决为节地密集建高层与城市人口过度集中所带来的环境与交通压力等问题。总之，该项目为建绿色房屋和生态城市提供了关键技术支撑。

通信地址：湖南省临澧县城朝阳东三区 20 号
电　　话：13907368270
E－Mail：liubangkeji@163.com

王文远：平衡针灸创新学科的创始人

王文远教授为北京军区赴利比里亚维和医疗分队授课

经过40余年的潜心研究，数万次的针感体验，60余万门诊病人实践……北京军区总医院全军平衡针灸中心主任王文远教授成功发明了一门现代针灸学，其涉及大脑中枢靶轴调控下的38个平衡穴位，经过了全国3000多家医院的临床验证，3万人次的技术推广，治疗临床涉及800余种疾病。被列为国家级重点针灸专科，国家973项目，卫生部、国家中医药管理局农村与社区适宜技术推广项目。

王文远提出的平衡针灸创新理论包括多个学说：(1)靶点靶轴靶位学说。人体是一个整体，具有自身的调节功能。平衡针灸主要通过针刺外周神经靶点(靶穴)，在大脑中枢靶轴调控下，达到病变靶位新的平衡。(2)中枢神经调控学说。中枢是生命的主宰，是生命的灵魂，中枢按照基因程序通过周围神经实施对各个部位的功能管理。疾病的启动与形成均体现了中枢指挥系统的功能紊乱或破坏。平衡针灸的核心原理通过针刺周围神经产生的良性信息加速中枢指挥系统应激性整合效应恢复大脑中枢新的平衡。(3)遗传基因修复学说。人类亿万年的进化、优化过程，已经形成了生命本身生老病死的自然规律，这个规律就是遗传基因程序。一旦程序被破坏，生命就会按照被破坏的遗传程序来发展。平衡针灸就是利用针刺调节大脑中枢启动了增强生命本身的自我保护修复程序，达到调节治疗疾病的目的。(4)心理失衡致病学说。心理定位在大脑，遗传基因程序的最高定位在大脑。心理的平衡才能保证生理的平衡。一旦心理失衡就会造成生理失衡。甚至启动各种疾病的发展。一般重大疾病的启动程序可分为5个阶段：第一阶段心理失衡心理过敏阶段，第二阶段生理失衡生理过敏阶段，第三阶段亚健康阶段，第四阶段病理形成阶段，第五阶段疾病形成阶段。量变到质变的过程一般为10～30年。

据介绍，平衡针灸的特点在于：突出人体自我平衡系统：大脑中枢是生命活动的最高平衡修复系统，按照遗传基因程序，对内脏肢体实施科学的管理。平衡针就是利用人体的自我平衡系统给予患者一个良性信息，通过中枢系统的自我整合应激效应达到机体新的平衡。突出人体信息传递系统：平衡针的定位是外周神经针刺产生的生物电信息通过传入神经到达中枢神经，在中枢靶轴的整合效应下，再通过传出神经达到病变部位，起到应激性调整作用。

平衡针灸的优势在于：(1)绿色安全：安全部位，平衡穴位主要分布于四肢安全部位，不会刺伤脏器，避免发生医疗事故；安全技术，平衡针不治疗病人有病的地方，而是治疗大脑中枢管理病变部位的地方；安全针具，要求平衡针学员必须采用一次性无菌针灸针。(2)即时见效：3秒钟90%以上病人即可见效。对发病时间短、症状轻、年龄小、体质好的病人可一针治愈。(3)操作简便：不选择病人病种，即可治疗；不选择场地环境，即可治疗。(4)价格低廉：一个人治疗成本投入就是一根针，加一个棉球。

在平衡针灸创新理论的指引下，从平衡针灸引申出平衡火罐、平衡推拿、平衡心理、平衡药物、平衡运动、平衡膳食等十余个创新医学系列，同时为了更好地将平衡理论与技术应用于临床实践，王文远教授亲自设计发明了平衡保健箱（专利申请号：201110005340.X)、平衡针（专利申请号：201010599835.5)、平衡针灸学仿真仪（专利申请号：201110005367.9)、一种现代平衡灸疗器（专利申请号：201010599843.X)、一种现代无烟平衡灸疗器（专利申请号：201110005368.3)、一种现代针灸盒等平衡设备（专利申请号：201110005369.8)，并已成功申请专利，受知识产权保护。

金元生：在金属摩擦与磨损表面生成保护层的制剂及其制备方法

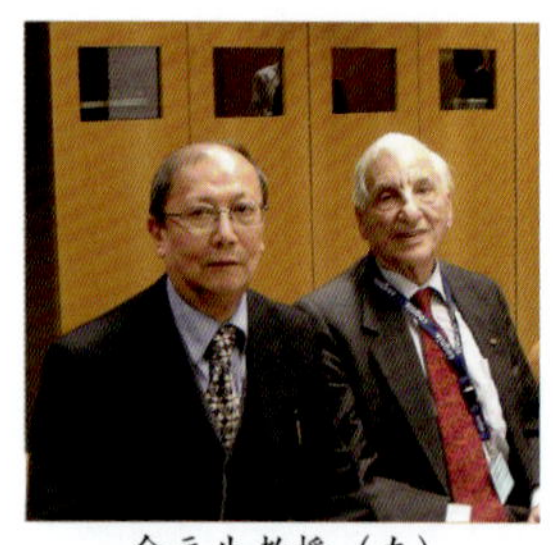
金元生教授（左）

金元生长期从事机械学摩擦学的教学和科研工作，主要研究方向为涂层摩擦学、发动机摩擦学、摩擦化学与高温润滑、润滑油光谱与铁谱分析等。已发表学术论文150篇以上，出版专著2部，译著1部。成果“陶瓷涂层及与金属配对的高温摩擦磨损与润滑的研究”获国家教委1995年科学技术进步（甲类）二等奖；“FTP-1型分析式铁谱仪”获北京市1984年科学技术进步二等奖。1990年被国家计委、中国科学院和国家教委联合授予“在国家重点实验室建设中做出突出贡献的先进工作者”称号，获金牛奖；2001年被俄罗斯自然科学院主席团授予“科学发明家”银质奖章。

近年来，金元生一直致力于开展力化学金属磨损自修复原理与应用技术的研究，并建立了“金属磨损自修复技术”（Auto-Reconditioning Technology for Worn Metals，简称ART）的科学概念和理论体系，得到了包括俄罗斯在内的国际学术界的一致认同并被广泛采用。鉴于此项研究成果，金元生教授分别应邀在2005年9月12～16日在华盛顿召开的第三届世界摩擦学大会和2006年10月16～19日在日本召开的第三届亚洲摩擦学大会上，作特邀发言，受到高度评价。应邀与世界各国多位著名科学家共同撰写的英文专著《SUPERLUBRICITY》已由Elsevier（爱思唯尔）出版社于2007年出版发行。

在掌握科学原理的基础上，金元生教授开发出独特的金属磨损自修复专利产品（专利号：ZL200610075832.5），已由北京金飒新材料科技有限责任公司投入生产，并已在多种工业领域成功应用。

发明简况

在金属摩擦与磨损表面生成保护层的制剂及其制备方法（ZL 2006 1 0075832.5）

本发明涉及一种在金属摩擦与磨损表面生成保护层的制剂及其制备方法。制剂的组分含层状羟基硅酸盐粉、表面改性剂和碳化石墨化催化剂。本制剂可在金属摩擦与磨损表面原位生成减摩耐磨的纳米晶保护层，同时具备金属陶瓷的高硬度和优质合金钢的弹性模量。

技术特点

1. 通过润滑剂载体使专利制剂与摩擦副表面发生摩擦化学反应，原位生成自修复保护层；

2. 自修复保护层为层状结构：底层是Fe_3O_4纳米晶粒弥散分布在形变细化的Fe晶体上的承载层，顶层为含大量纳米微孔的Fe_3O_4纳米晶系润滑保护层，表层是含富碳物质的超薄润滑层；

3. 自修复保护层的纳米晶系具有的特性，可有效地抑制塑性犁沟和表面黏着诱发的高摩擦和磨损。

独特功能

1. 是表面工程领域的一项创新性技术，原位实现表面强化与修复，恢复原型尺寸，优化表面间隙；

2. 高硬超滑的自修复保护层能降低摩擦、减小磨损，节约能源，特别是能改善动力机械的密封性能，具有显著的减排功效，具有显著的节能环保效应。制备专利制剂的所有原材料均无毒无味，属于绿色技术体系。

价值范围

在金属摩擦与磨损表面生成保护层的制剂及其制备方法对实现能源节约和环境保护具有重大的意义和实用价值。本专利产品潜在市场巨大，服务对象涵盖机械制造、汽车、船舶、冶金、矿山、石油、化工、电力、交通等大型企业以及军事装备制造和使用部门，也可用于食品、塑料、纺织、玻璃、制药、污水处理等各个行业和各类个体终端用户（出租汽车、私家车、农用车辆等）。

向高峰：让吸烟也变得"绿色"

犹如他的名字一样，向高峰在不断地攀登着发明创造的一个又一个高峰，他关注吸烟者的身体健康，心系生态环保，致力于创新水烟木炭的替代模式。

向高峰，1959年生于湖南，曾先后担任过湖南洞口外贸总公司进出口部经理，公司副总经理，并兼职美国湖南双龙公司副总，现任湖南洞口壬源有限公司董事长。向高峰在发明的道路上一路前行，获得"水烟电子炭"、"定位式磁热红外线理疗器"等4项发明专利、2项实用新型专利。曾获得过湖南洞口县政府先进个人证书奖章，分别获得过省、市、县科技进步一等奖 。

从绿色、健康出发，向高峰积极探索、不断创新，发明了低炭低磷、绿色环保的水烟电子炭，改变了原有的吸烟用木炭模式，真正实现了木炭的替代。

阿拉伯水烟（Shisha、Hookah）起源于13世纪的印度，500年前经波斯流行到阿拉伯整个中东地区，是一种采用专用工具"水烟壶",通过水（或其他液体）过滤后吸食烟草制品的一种方式，特别是近30年来，逐渐风靡欧美发达国家。传统水烟木炭吸烟过程中燃烧分解的一氧化碳，大量灰粉，有烟火，对吸烟场所空气污染，吸入后对人体有害。水烟木炭生产过程中，炭化燃烧放出的油脂浓浓烟雾，给周围的植物和人们生活带来很大危害，其运输成本也很高。

向高峰发明的水烟电子炭（专利号：ZL200810143604.6）解决了传统水烟木炭所存在的严重污染问题，采用高科技陶瓷发热技术，使用环保材料，整体高密度陶瓷结构，直流电源，绿色环保。此外，它也是一项高效节能产品，其发热体消耗功率小，单向导热、表面温度均匀，且热响应时间短，热惯性小，使用寿命大于10万小时。特别值得一提的是，电子水烟炭具有无烟、无火、无毒、无异味、无灰粉、无噪声，确保人身安全等诸多优点，解决了过去抽水烟木炭点火一氧化炭对人身体的危害。

谈及水烟电子炭的发展前景，向高峰自信满满。他介绍，目前全世界有800多个厂家生产传统水烟木炭，年总销售额在8亿美元左右，而现在水烟电子炭每年生产销售总额还只是传统水烟木炭产业产值的1%，远远不能满足客户需求，水烟电子炭的产业化之路将是一片光明。

好的创意和产品需要拿到市场上去检验。向高峰发明的水烟电子炭于2009年6月投产，通过了CE、SASO国际认证，以自主品牌"壬源"商标及"中国壬源创造"标志进入世界市场，销往北美、南美、中东、欧盟区域及南非等国。截至今年8月，出口达到600万美元以上，并先后与美国、巴西、委内瑞拉、沙特、以色列、阿联酋、科威特、比利时、荷兰、德国、法国、英国、粤地利、波兰、俄罗斯等国签订了销售总代理，深受用户的好评。目前，向高峰带领湖南洞口壬源有限责任公司致力于打造水烟电子炭更完整的产业链，为社会带去更大的效益。

"以人为本、精益求精"，这是向高峰坚持的管理理念和做事态度；"创新、进取、诚信、服务"，这是湖南洞口壬源有限任公司的经营之道。在向高峰的带领之下，一支优秀的队伍正携手创造健康、美好的明天。

李贺清：喷流推进器节能显著

发明人李贺清

发明原理：

喷流推进器（专利号：ZL201020526572.0），是以喷射流体（水、气混合体）方式推动船体前进，该项目包括推进装置及与之配套的新种船型两个主体，适用于大型宽体船舶。

喷流推进器设在船头底部，由多台并列横向布置。高压水泵、空压机设在艄部的机仓内。推进器正前方，在船头的左右各开一个进水洞口，船头前面的航道水经短距的水道与推进器直线相通。推进时，以吸取船头的阻力水来做功。各推进器喷射的尾流汇合成一个矩形（基本与船体同宽）的推进作用水体，作用水体在船底及两侧栏板三面封闭的控制下，沿船底直线向后喷射。喷射的做功流体，当失去推进做功的作用后，随即转化成为反作用的逆阻水体。逆阻水体，沿原直线流向向后疏散、失效，直到船尾。

推进器采用射吸原理做功，以高压水体、高压气体（空气，少量）为动力源，以强势的射流替代叶轮推水做功。射流推进做功之后还能附带产生大量气泡。

推进做功的尾流中含有大量气泡，气泡是减小船底粘阻力的最佳介质。气泡不溶于水，并有自动向上升浮的本性。气泡升浮到船底时，由于受到船底两侧竖向栏板的拦截，只能在船底积聚，并沿船底向后蔓延，当气泡的充量足够时，可在船底形成一个近全面积的气泡层。

关键技术：

1. 推进器本体。推进器本体的结构曲线的合理性及水、气射流状态与缸腔匹配的击触效果，是决定推进器做功品性根本因素。需做较多的反复实验，方可求得最佳工况。

2. 特型水泵配套。推进器做功，必须由排量大、泵压高的特型泵机来实现。该类泵机因市场调查暂无货源，拟采用蜗旋式轴流泵（专利申请号：201120366794.5），该型泵机具有相应的性能。水泵为电动，每个推进器各配一台，可实现联动或单调，以实现差异做功的要求。

3. 配套功能构造优化。船体的配套功能构造部件，均属推进器总体的分支部件，是功能产生的必要机械条件。所以，推进器之前的进水口、腔式水道及之后的阻溜板、围栏板、坡面平板船底，均决定着推效及减阻的效果，需多次实验改进，方能达到最佳理想程度。

项目优势：

1. 节能性显著。因减少了船头、船底及船尾负压等阻力，并增进了推进做功的效果性，致使对船机做功的动力要求，及无效做功现象均有大幅减小。因此，使船机做功的耗油量相应减少。之外，该推进器做功机理与喷水推进器相比，其做功时不需耗用船机动力（7%）来吸水；该船型产生气泡的方法与日本的气泡邮轮相比，无须专门耗用船机动力来充气。

2. 综合品性优化。驾驶楼设在船首，船底设有大截面反推导流板，及艉部设有动力舵，并有船机推进做功的力度不受上限等机能条件，致使在安全瞭望、紧急制动、转向效速及增快航速等方面均得到优化性提升。

3. 浅吃水。该型船推进器为多台横向布置的方式，推进做功机理不受横向型宽的限制，这就可以采取以宽换深（既削减型深的容积量，用展宽的扩容来抵偿）的转换而实现浅型深。再有取水口朝前而不是朝下，这就彻底避免了因船底过低，而将浅海床（河床）的沙石吸入机内的可能。因此可适度减小对航道水深的限制要求，以使大型船舶扩展通达的范围。

4. 主机故障率低。该推进器无叶轮，为空腔畅通结构形式，进入机内的杂物可顺流而过，与喷水推进器相比，航道水只需适度过滤拦截就不易发生机内被卡堵故障。由于水下没有转动件、易损件，这就根本消除了相应的故障源。

发明人李贺清表示，该型船的综合优势品性，应远超一些现役船型，或可成为大型船舶换代的产品，所以在早期应有获得高额利润空间，并拥有供不应求的市场前景。

人物风采：何克忠，清华大学计算机科学与技术系教授。早在20世纪80年代就参与了智能移动机器人的相关研究，并于本世纪初取得巨大成功。何克忠1962年毕业于清华大学自动控制系，留校后，在清华大学自动控制系、计算机系任教，从事教学和科研工作。1986年，清华大学智能技术与系统国家重点实验室成立“THMR(Tsing Hua Mobile Robot)课题组”，何克忠作为负责人、研发的主要组织者和参加者，先后承担了与智能移动机器人有关的“智能交通”“七五”至“十一五”国家科技重点预研项目6项、国家863高技术项目8项。由国内外企业支持，参与移动机器人技术有关的研发课题6项。先后设计和研制成室内智能移动机器人THMR–Ⅰ、THMR–Ⅱ、THMR–ⅡA和室外智能移动机器人THMR–Ⅲ、THMR–Ⅴ。

何克忠：清华智能车驶出全球极速

实验室简介

自1986年以来，清华大学智能技术与系统国家重点实验室THMR课题组先后承担了与无人车技术有关的“七五”至“十一五”国家科技重点项目6项，国家“863”计划、“智能交通”等科技研究项目8项，同时还承担了由国家邮政研究所、徐工集团、Omron公司等国内外研究机构和企业支持的，与无人车技术有关的研发课题6项。先后设计和研制成室内智能移动机器人THMR–I、THMR–II、THMR–IIA和室外智能移动机器人THMR–III、THMR–V，并于2000年与徐工集团协作，成功地开发了LTU125A自动摊铺机。THMR课题组还成功开发了多项总线式工业控制计算机系统。

THMR课题组先后获得国家科技进步三等奖1项、省部级科技进步一等奖3项、二等奖2项，获得国家专利2项。

发明简况

清华智能车THMR–V能够实现结构化环境下的车道线自动跟踪，准结构化环境下的道路跟踪，复杂环境下的道路避障、道路停障以及视觉临场感遥控驾驶等功能。在车道线自动跟踪研究中，THMR课题组提出了基于扩充转移网络的道路理解技术和基于混合模糊逻辑的控制方法，实现了车道线的自动跟踪，平均时速为每小时100千米，最高时速达到每小时150千米。

鉴定专家委员会认为该智能车在车道线自动跟踪技术方面处于国内领先水平，并且把临场感技术应用于智能车遥控方面。清华大学成功研制智能车THMR–V，驶出了全球极速，并被评选为2003年公众最关注的中国十件科技大事之一。

它采用分层递阶的体系结构。系统分为智能级、协调级和执行级，它们都选用工业控制计算机。

对于车体控制系统，何克忠带领课题组开发了IPC总线式模板TH–IPC–7462和TH–IPC–7601，实现模拟量的输入、输出和开关量的输入，这些模板通过工业过程控制IPC总线与工业控制计算机实现数据交互。

车速每小时150千米相当于1秒钟智能车开出了40米，因此对车道线识别技术、车体的控制技术以及方向盘转角的检测技术提出了快速、精确、灵敏的极高要求。

针对车道线的识别技术，课题组进行了大量的实验研究，提出了基于扩充转移网络的道路理解技术。这种方法对于车道检测的贡献，在于大幅度降低了道路图像处理和车道线识别的计算量，提高了整个车道检测过程的速度，保证了车道检测和道路环境理解的实时性，而且能够有效避免路面上其他车道标志的干扰。实验结果表明，在车道线跟踪阶段全部计算过程的周期缩短到不足20毫秒，完全可以满足高速移动机器人自主行驶的实时性需求。

对于车体控制技术提出了基于混合模糊逻辑的控制方法。该方法是把传统的PID控制与模糊逻辑控制的优点结合起来，提出了一种混合模糊逻辑控制算法，经过大量的实验研究表明，该算法具有很高的实时性、控制精度和鲁棒性，满足了智能车高速自主导航的需要。

对于方向盘转角的检测，课题组选择了精密的绝对光码盘，设计了合适的传动比以及配置了精密的传动机构。

发明人邓寿长

邓寿长：为人们工作生活求便利

在日常生活工作中，经常会出现工作劳累了，想休息而没有场所的情况，如部队野外拉练都在山顶上的时候，训练一天劳累了，想休息而没有场所，或战争爆发的时候，或自然灾害发生的时候，没有轻便的野外安全工具，这个难题一直促使邓寿长冥思苦想，他因此发明了折叠组合床箱和露天杆件用隐形安全爬梯，为广大群众带来了工作和生活便利。

可折叠的组合床箱

可折叠的组合床箱（专利号：ZL200820229213.1），由福建省宁德市古田县邓寿长先生潜心研制而出，像蒙古包家具套，是主体的转换机构。内有箱子、写字垫板、床铺、椅子、桌子、担架床、靠背椅、茶几桌，箱子底部有四个旋转轮，在平地上能推拉。该组合床箱可在背上背。有多个功能，在室内和野外都能用得上。箱子是用来存储行李和物品的，数量、重量由使用者本人自己设定。

可折叠的组合床箱对于旅游人士、救灾人员、医疗机构、部队、公安系统、住房紧张的家庭、学生、驾驶员、店铺等都有作用。

主要功能：

1. 背着床箱出游疲劳时，可把床箱打开一半成为椅子和写字垫板，供旅途中疲劳坐下休息和写字描景画画等用。

2. 一个床箱全部打开了成为床铺，设计为单人使用，也可双人一起睡觉。

3. 床箱可转换成桌椅联体，供休息时间四人在联体桌椅上打扑克牌、写字、吃饭及进行其他娱乐活动等用。

4. 床箱可转换成担架床，供旅途中有突发事件时使用，比如在抗灾、救灾中必备担架床。

5. 床箱可转换成靠背椅和茶几桌，供正常人使用，病人也可使用。

6. 可折叠的组合床箱加附件，架起床帐包篷在野外露天时能防雨和防晒遮阳，可用于旅游、抗灾、救灾、军事训练等活动。

该组合床箱结构合理简单，成本较低，易于生产。

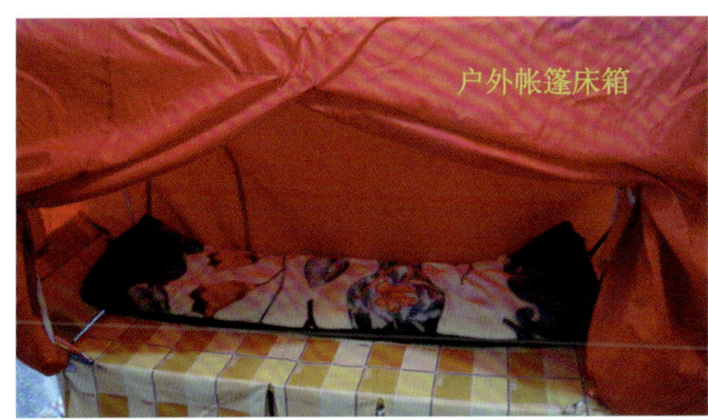

露天杆件用隐形安全爬梯

露天杆件用隐形安全爬梯（专利号：201120045505.1），包括露天杆件，其特征在于：所述露天杆件上设置有伸缩梯子，所述伸缩梯子至少由两段能相互收拢套接的梯子组成，其中上段梯子位于外层且固定在露天杆件上，下段梯子位于上段梯子内侧并可相对上段梯子伸缩滑移，所述伸缩梯子外围设置有用于遮住伸缩梯子表面的箱体，位于上段梯子外侧的箱体外板能向外翻转，该装置可以在风雨雪天气中有效地防滑、抗水泥杆上的结冰雨雪，方便了工人对电力线路的维修或维护。

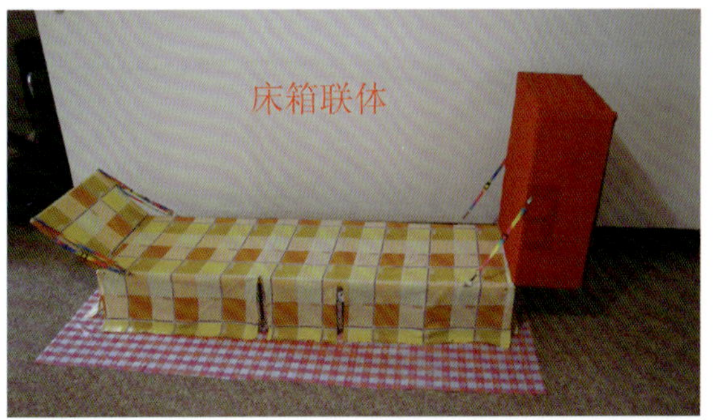

通信地址：福建省宁德市古田县解放二支路七号四幢二单元 103 号
邮政编码：352200
电　　话：13950541095

林健：
发明一种食疗粉 关注亚健康人群

随着人们生活水平的提高，糖尿病、高血脂人群数量也随之增多，据统计，我国糖尿病患者已达到6400万人，高血脂患者3000万人，亚健康人数占全国人口的70%。林健长期关注糖尿病、高血脂患者，针对亚健康人群发明了“一种降糖降脂抗衰老食疗粉及其制备方法”，该食疗粉具有巨大的市场开发潜力和经济前景。

林健介绍，这种降糖降脂抗衰老食疗粉以大豆蛋白粉、膳食纤维食品、抗氧化食品、食用中药为原料经过精心筛选、科学组方配制而成，是绿色保健品，且具有独立自主的知识产权和独立的品牌，适用于中老年人群、糖尿病、高血脂和亚健康人群。

“一种降糖降脂抗衰老食疗粉及其制备方法”（专利号：ZL00100167.1），其技术特点在于：（1）配方组成和各种成分用量的科学性，所含的营养成分比例适当、数量充足，并具有明显的有效成分。含有人体必需蛋白质，20种氨基酸，维生素C、B，其中维生素E、钙含量高，含有微量元素铁、锌、磷、硒，以及膳食纤维、抗氧化酶等降糖降脂有效成分，膳食营养全面均衡。（2）其确实具有明显和稳定的保健作用，用于食疗可降糖、降脂、抗衰老、调节增强免疫力，保护心血管系统，延年益寿，是具有多种功效的保健品，优于市场上功效单一的保健品。（3）所用的原料和产品符合食品卫生标准，选料精良，选用国家生态示范县标准绿色基地生产的无污染、无公害优良品种做原料，属于绿色保健食疗粉。（4）该食疗粉采用塑料袋封装，饮用方便、快捷，一冲即可。（5）投资少，成本较低，生产工艺简单，市场前景广阔。

该食疗粉的功效在于：可作为糖尿病患者饮食食疗产品，营养全面，经常食用可调节人体内分泌，有利于胰岛功能的恢复，降低尿糖、血糖，可辅助治疗二型糖尿病，使机体获得足够的能量和营养，增强免疫力，同时可预防糖尿病。高血脂患者食用可降胆固醇、甘油三酯，防止动脉硬化斑块形成，预防心脑血管疾病。食疗粉还具有抗衰老的作用，增强抗氧化酶能力，控制自由基对机体细胞的损伤，可保护细胞膜，延缓细胞的衰老，增强免疫力，延年益寿。该食疗粉也适用于亚健康人群，可预防疾病的发生，其选用了碱性食品，可调理体液的酸碱平衡，调理身体营养平衡。

该食疗粉的竞争优势在于：具有多种功效。目前市场上的保健品多作用单一，也有补品，但营养不全面，调节免疫力的不多见。能够预防疾病。适用人群较广，不仅适用于中国人，也适用于外国人。市场需求量大，经济效益可观。

林健分析了食疗粉潜在的市场需求和经济价值，他说：“我国糖尿病人群数量大，现在还在增长。中老年人群的70%都有高血脂、动脉硬化、肌体衰老等症状。亚健康人群队伍庞大。用食疗粉配方也可生产降糖专用食疗饼干，产品的市场需求量很可观，有广阔的市场前景和良好的经济效益。”

林健希望自己的专利能够转让或合作投产，为更多的人带去健康，专利转让价格初定为500万～600万元人民币。

李宝军：
提高太阳能的利用率，发展生态环保农业

人物风采：李宝军，男，1965年生，一直从事所学专业蔬菜学的研究和日光温室周年生产供应工作。多年来通过在各地的生产实践，积极参与科研项目的研究，从事高性能单跨、连跨日光温室等的系列研究与开发，及其在高寒地区的周年生产利用。用提高光能利用率使农作物产量、质量大幅度提高的模式化栽培管理技术，已在各地试验成功并在生产上推广应用。

发明简况

1. 全日光温室专利技术
（专利号：ZL200920268867.X）

完全利用太阳能，通过特殊的采光角和墙体结构，保证了吸热、放热的性能，到了寒冷的冬季零下30℃～40℃时不需任何加温取暖设施，茄果类蔬菜正常生长，安全越冬。是节能型温室（冬季不烧一块炭，棚内最高温度可达40℃以上），无传统温室燃烧物排放。

2. 全太阳能连跨温室专利技术
（专利号：ZL200820182423.X）

本温室是经多年研究和生产实践改进而设计成的、近似国外同类产品的大型温室结构，是超国外温室温度和生产性能的中国式温室。因特殊角度和墙体结构的设计，冬季无须任何加温取暖设施，保证了高温植物所需要的温度要求，使其可正常生长越冬。节省土地，降低建造成本，节约能源，保护生态环境。

3. 农牧结合日光温棚专利技术（专利号：ZL201020537493.X）

结合温棚是将种养结合在一起的全日光温棚，这种温棚南面为种植业温棚，北面为养殖业温棚，共用一垛墙体，在冬季它不需任何加温取暖设施，即可使茄果类蔬菜正常生长。并根据我国北方自然气候特点及羊的生长发育需要，创造出一种小气候环境来抵御恶劣气候，提高羊的生产能力。如饲养绒山羊，一年可长两茬绒，增加绒产量50%以上。还可饲养牛、猪、鸡、兔等。植物在生长过程中需要的CO_2可由动物在呼吸过程中释放出来供植物充分吸收利用，增加产量。

4. 全营养生物秸秆肥生产专利技术（专利申请号：201010169354.0）

全营养生物秸秆肥是采用各种秸秆粉碎加以配方发酵而成的生物肥，对土壤保湿保肥、透气疏松有效果，是可作为土壤改良剂、营养剂、生态平衡剂的环保全效的生物秸秆有机菌肥，可增强农作物的抗病性、抗逆性，具有加强土壤肥力、改善土壤团粒结构的作用，使作物根系生长旺盛，叶片宽厚、叶色浓绿，果实饱满、质地坚实，产品品质纯正、存放长久。

5. 全营养有机食品种植专利技术（专利号：ZL201010169152.6）

种植方法是采用果蔬套种技术，一座温室里又种果树，又种西红柿、青椒、绿叶菜等蔬菜品种，改变了传统的单种田模式，使单种田变成多种田，是一种作物相互不影响生长、产量成倍增长的新种植模式。它利用通风、透光措施，提高了太阳能和土地利用率，使作物的光合作用增强。

6. 林农园各种立体套种专利技术（专利号：ZL201010169166.8）

林农园三结合的种植技术，使1公顷单种田变成了1公顷的多种田，树、玉米、马铃薯等套种在一块1公顷的田地里，互不影响生长，解决了通风、透光问题，使作物的养料（CO_2）源源不断地输送给农作物，满足其生长需要，提高了土地利用率和太阳能利用率，起到了帮助农民增产增收的作用。

7. 超高产玉米、水稻、小麦、大豆专利技术（专利申请号：201010285583.9）

超高产玉米、水稻、小麦、大豆等栽培技术，经多年研究、试种及各地的生产实践现已取得良好结果，技术成熟。依据各地不同的品种特性、气候环境特点、水肥条件、种植方式及田间管理等，研究设计出适合当地管理的栽培技术模式，从而提高太阳能利用率，使作物通风、透光，光合作用增强，以这种新技术模式种植可降低种植成本，减少农作物病虫害的发生，使产量成倍增长、质量达到优质的效果。

赵晓江：研发最贴近百姓生活的实用专利

三枕合一腰颈椎、失眠病人保健卧具（专利号：ZL200610146073.7）

三枕合一腰颈椎、失眠病人保健卧具的特点在于将“三枕合一”的腰颈椎、失眠病人被动保健理念，通过独特颈枕、腰枕、脚枕的应用，合理、有效地诠释在板式卧具上。其典型构成包含了可折叠板床及颈枕、腰枕、脚枕，通过对颈枕、腰枕的特殊设计和运用，能维护颈椎、腰椎正常生理曲线，保持颈腰肌肉的松弛，改善颈、腰部血液循环，利于颈腰椎疾患及肌肉劳损的修复。通过可调节式脚枕的特殊设计和运用，可增加血液循环，使失眠的人更易入睡。该专利项目设计简约、成本低，折叠式设计，便于包装和运输。本项目属于发明专利，项目含金量高，专利保护时间长，有很强的实用性和可推广性。

创新点：

1. 本发明专利项目有助于解决大多数腰颈椎、失眠病人大量吃药、大量花钱却得不到康复这一普遍存在的现实问题，使用物理被动式保健康复方式，效果明显。

2. 本发明人在国内外首先提出“三枕合一”的腰颈椎、失眠病人被动式保健理念，通过保健卧具来相对规范患者的卧床及睡眠行为，有效缓解腰颈椎及肌肉劳损病人症状且能帮助患者入睡，对腰颈椎患者、失眠患者有很好的被动式保健作用，从而给人们的生活、学习和工作带来很大的方便。

一种家用中水处理装置（专利申请号：ZL200920161117.2）

该项目将家庭中水分为不可回收中水和可回收中水。采用家庭可回收中水冲厕（含冲拖把），充分利用家庭中水资源，节约大量家庭日常用水。该专利项目设计简约，家装配套安装成本低，设计安装方便，具有很强的实用性和推广性。

创新点：

1. 本专利项目有助于解决家庭中水未被有效利用的问题，将家庭中水分为不可回收和可回收两类，可回收中水又分为三个收集源，即可回收主卫中水、可回收客卫中水、可回收厨房中水，分别加以处理利用。

2. 可回收主卫中水处理部分由可回收水槽和蓄水罐通过中水管相连接，中间设置一个过滤器，在蓄水罐和马桶中间设置一个单向阀门和加压泵；可回收客卫中水处理部分由可回收水槽和蓄水罐通过中水管相连接，中间设置一个过滤器，中水管连接蓄水罐和蹲式便池，蓄水罐和蹲式便池中间设置一个加压泵、单向阀门和放水阀门，放水阀门出的中水可冲拖把；可回收中水厨房处理部分由可回收水槽通过带单向阀的中水管道接至客卫蓄水罐；所述主、客卫蓄水罐均由内、外两层构成，外层高于内层；内、外两层的其中一点相切或一边重合，其相切或重合处的最下边安装一个出水口与软管相连接，水被储存在内层中，当内层中水储满时，水便溢出到外层通过管道排除，解决了自动处理多余的水的问题。

3. 该系统设计采用树形结构，可拓展，安装简单方便，成本低，系统装置极具兼容性。

人物风采

赵晓江，男，50岁，本科学历，工程师，现任职于绵阳师范学院创新学院，他所进行的一切科研工作都是贴近老百姓生活的最实际的应用产品。

居室、办公室电热地暖智能管理系统（专利号：ZL201120047586.9）

本设计由居室、办公室，电热地暖单元，主控单元，辅助控制单元构成。所述居室、办公室还包括户门和外窗，户门触碰开关和外窗触碰开关。所述电热地暖单元由结构材料层、保护膜、电热膜、保温层和地面组成；结构材料层为实木地板或复合地板或硬质薄砖，设在最上层，保护膜用于保护电热膜，设在第二层，即在结构材料层下面；电热膜包括电热膜载流条、电热膜发热体，设在第三层，即在保护膜下面；保温层包括热反射膜和苯板或挤塑板，设在第四层，即在电热膜下面；保温层下面为地面。

所述主控单元由电热温控模块和单片机构成。电热温控模块包含数码多路温控器、电源进线、负载火线、负载零线、温度传感器、胶泥封头、接头卡罩。单片机采用 AT89CXX 系列；单片机采集来自于红外监控模块、时间控制模块的数据信号，通过单片机控制电热温控模块的运行。数码多路温控器外部设有一组交流电源进线端，两组以上负载火线、负载零线出线端，两组以上温度传感器连接端。所述电源进线端的火线上设有电子开关，当单片机发出接通指令时，电子开关接通，数码多路温控器开始工作；当单片机发出断开指令时，电子开关断开，数码多路温控器停止工作。将温度传感器附着在电热膜发热体胶片的黑色部分，胶泥封头是在不接线的电热膜载流条一端用绝缘胶泥封闭，进行防水、放电处理，接头卡罩是每组电热膜的负载火线、负载零线分别与电热膜载流条端口按并联方式相接时的封闭端体。

所述辅助控制单元由红外监控模块、时间控制模块、湿度控制模块、负氧离子发生器组成。红外监控模块包括红外探测器一、红外探测器二、信号线和所述红外探测器的电源；湿度控制模块包括湿度检测传感器、信号线、湿度控制器；选用 Honeywell 公司的 H69 型，可依照空间相对湿度的改变来控制抽湿器或加湿器；负氧离子发生器选用负氧离子发生仪或负氧离子灯。

本设计克服了南方地区冬季使用空调制热效果差、耗电、不环保，且没有智能管理的缺陷，使用环保节能免维护的电热材料，利用单片机对整个室内的温湿度、有无人状态检测、地暖开断时间和室内空气质量处理均进行了有效的检测和控制，市场应用前景很好。

创新点：

1. 当居室、办公室的室温达到设定值时，数码多路温控器处于恒温检测控制状态，当居室、办公室的室温低于设定值时，数码多路温控器处于加温检测控制状态。

2. 当所述红外探测器监测到室内有人时，给单片机和时间控制模块发出信号，开启电热温控模块、湿度控制模块、负氧离子发生器；当所述红外探测器监测到室内没有人的时间达到设定值时，给单片机和时间控制模块发出信号，关断电热温控模块、湿度控制模块、负氧离子发生器。

3. 本实用新型设有对户门和外窗状态检测的门禁触碰开关，即户门触碰开关和外窗触碰开关，当检测到户门触碰开关断开时间超过设定值或外窗触碰开关断开时间超过设定值时，单片机、时间控制模块控制电热温控模块、湿度控制模块、负氧离子发生器停止工作。

4. 所述电热温控模块、单片机和时间控制模块设在进户门的门后方墙上离地面 1.4 米处的控制箱内；湿度控制模块、负氧离子发生器设在同一面墙的墙角处；红外探测器一设在进户门的右上方墙角上，红外探测器二设在进户门对面的左上方墙角上。

可调式座椅音乐保健颈枕

本发明由颈枕部分和枕背部分组成；颈枕部分由左、右两个相向对称的面频托、颈枕，两个相向对称的面频托侧面腮托、颈枕底部连接面和面频托播放单元构成；枕背部分由枕梯和枕垫构成。面频托是两个半葫芦状相向对称的弧形凸起物。颈枕相对于颈枕底部连接平面而言呈凸弧形，相对于两个相向对称的面频托而言呈凹弧形。面频托侧面腮托为在左、右两个面频托上靠近人腮部的弧形凸起物。颈枕底部连接面的上面是弧形凹凸条，呈横排状结构，底部为平面，颈枕底部连接面的底部靠椅面四个角上的水平方向各装有挂钩片，四个挂钩片的间距与枕背部分的枕梯相匹配。面频托播放单元设置在两个面频托稍微靠外的边缘区，由面频托播放装置、耳机和耳机收放装置组成；面频托播放装置设置在左边面频托内，播放面板置于面频托表面，耳机收放装置的上部是一个像照相机光圈与快门的组合一样的收放耳机时的卡线结构，即环形叶片状线卡，下部是存放耳机线的地方；环形叶片状线卡设计为能自行关闭的弹性卡紧结构，其旁设有耳机线回收开关，右耳机的音频信号线经过颈枕和面频托连接到面频托播放装置上。枕梯分设在枕垫上的左、右两端，枕梯上设有许多平行挂槽，枕梯和枕垫均为可弯折材料制成。面频托播放装置的音频部件是 MP3、收音机、手机或与周边环境的其他播放装置相连。颈枕、面频托、面频托侧面腮托与颈枕底部连接面依据各自形态连为一个整体；颈枕部分采用弹性复合材料整体开模一次成型或采用模块组合的结构方式进行连接。

本设计能有效缓解人们由于较长时间坐着乘车、乘机、学习、办公、看电视和电影等而引起的头部不适及颈、肩、背肌肉劳损现象，对于防止颈椎变形也具有积极的保健作用，给人以舒适感，有催眠、保健的作用。由于其能够与座椅拆分，故便于携带。本产品具有良好的市场推广价值。

创新点：

1. 本设计可与座椅靠背分离或与座椅靠背连在一起；

2. 颈枕部分主体采用软性复合塑料、高泡、海绵、竹绒、丝棉之一做填充材料；

3. 枕背部分的枕梯采用复合塑料、合金、竹、牛仔布、牛皮之一制作。

林世光 罗国维：
金婚夫妇举案齐眉 携手并进环保事业

人物风采

自古以来，夫妻间举案齐眉、相濡以沫、琴瑟相合是人们的向往。长期从事环境科学的教学和科研及技术开发工作的林世光教授与罗国维教授，是大家心目中的楷模夫妻，他们用共同的志趣和对社会负责的态度，为我国环保事业做出了贡献。

林世光教授与罗国维教授

林世光，男，1936 年 8 月生，福建莆田人，现为广州市世维环保技术开发公司法人代表、董事长，中山大学环境治理工程公司荣誉董事长。罗国维，女，教授，1936 年 11 月出生，汉族，广东和平县人，现任广州市世维环保技术开发公司总经理兼总工程师，中山大学环境治理工程公司技术总监。

两位教授早在 20 世纪 80 年代初就开始研究“优势菌处理工业废水技术”，从自然菌中选育、驯化出各种高效的降解污染物的细菌（优势菌），根据不同废（污）水的水质，选择一组优势菌，并用生物工程的技术将之固定在多孔填料中，放入处理池内，污水通过处理池，微生物分解污染物，以达到净化污水的作用。该项技术广泛应用到各类有机废（污）水（如洗水、食品饮料、餐厅、酿造、养猪场、屠宰场、制革、制药、农药、医院等行业的污水等）及城镇生活污水的处理中。

多年获奖和得到鉴定的研究成果包括“生物接触氧化法塔式装置处理生活和饮食业污水的研究”、“餐厅污水处理新技术”、“靛兰染纱废水处理技术”、“丝绸染整和砂洗废水处理技术研究及应用”等。他们的“优势菌处理工业废水技术”1995 年被列入“九·五”国家级科技成果重点推广计划。1997 年获联合国科技信息促进系统“发明创新科技之星”奖，该信息由罗马总部向 160 个国家和地区发布。

发明简况

餐厅污水处理技术是一种污水处理领域特殊的生物技术，获国家发明专利（专利号：ZL87102257）。其核心技术就是用优势菌群处理有机废（污）水技术，主要是从自然菌中选育、驯化出各种高效的降解污染物的细菌（优势菌），根据不同废（污）水的水质，选择一组优势菌，并用生物工程的技术（包埋及吸附法）将之固定在多孔填料中，放入处理池内，污水通过处理池，微生物分解污染物，以达到净化污水的作用。此种生物技术与传统的生物法不同，传统的生物处理法都利用自然微生物，直接在处理池中加入生活污水、粪便等（较好的情况是加入同类废水的活性污泥）培养细菌。

根据上述理念，此项技术除了处理餐厅污水外，已推广到各类有机废（污）水（如印染、食品饮料、餐厅、酿造、养猪场、屠宰场、制革、制药、农药、化工、医院污水等行业）及城镇生活污水的处理中。

该技术各项性能指标、处理效果等均明显优于国内传统技术，此项技术具有处理效果好且稳定、投资较省、运行费用低、管理方便等特点，其优良的性价比、高度的稳定性、便捷的管理方式尤为适合中国国情。近年来，优势菌群技术得到了进一步发展，技术日臻成熟，处理效果更趋完美。目前，以优势菌群技术处理有机废水，在全国各地已有近 200 多项工程案例支持，其中印染、纺织废水处理有近百例，处理规模从 1500 吨 /d、6000 吨 /d 到 90000 吨 /d 不等，包括各类印染、纺织厂及印染、纺织集控区废水处理等。根据不完全统计，每天处理印染废水总量已达 30 余万吨，不少单位如福建省石狮市伍堡集控区污水处理厂、福建省石狮市鸿达水洗厂等已经连续运行了该处理系统 10 多年，一直保持稳定达标排放。此外还按照业主要求，均分别实现了达标排放或中水回用。

由于 10 多年来不断研究发展，此项工艺技术始终处于国内外先进水平。目前此项技术还应用于治理被污染的内河及湖泊。应用此项技术的污水处理工程不少是国家、省、市的优秀工程或典型示范工程。

人物风采：陈爱红，笔名艾红，男，汉族，1971年11月出生于江苏，植物病理学博士、法学博士。现任权益瞭望（北京）法律咨询有限公司董事长、总裁，中国绿神保科技集团董事长总裁，北京绿神保科技有限公司董事长、总裁，北京绿神保农药有限公司董事长、总裁，中国高效无毒农药研究会会长。

陈爱红自20世纪90年代起从事生物化学以及中医研究工作，至今已达20余年。他通过刻苦勤奋钻研、16年来花费8500万元，终于在2010年5月发明出命名为“绿神保”的高效无毒农药杀虫剂及其制备方法，高效无毒农药广普型杀虫杀菌剂及其制备方法和使用方法分别获得国家专利。

高效无毒农药专利技术产品，16年来通过在全国20个省60多个地区的百万亩农作物、蔬菜、水果的种植中进行广泛试验试用，都取得了药肥合一、增产增收、农药零残留的特别效果，深受广大农户的青睐。该技术荣获（葫芦岛）第二届农业科技新产品新技术推广普及成果博览会金奖。

陈爱红：
高效无毒农药广普型杀虫杀菌剂效果佳

这些年中国农药产量逐年增加，整个农药行业发展步伐加快，特别是近年来全球农药产业逐渐在向中国转移，这也促进了中国农药产业的高速增长。

2005年中国农药行业共实现销售收入625亿元，同比增长了约30%；利润总额为33亿元，同比增长了约73%。但中国农药技术水平与发达国家相比还存在很大差距，有技术含量低、产值少等问题。

陈爱红发明的高效无毒农药广普型杀虫杀菌剂强有力地解决了劳力少、次蚊少、长有效的问题，此药剂也是世界上唯一注射农药药剂，按重量比例配比而成。

100千克水，雷公藤、定碱、扔碱、晋碱、春碱、增碱、生物碱共23～15千克，雷公甲素、雷丸5～10千克，狼毒3～8千克，青霉素钠1～3千克，烟碱8～20千克，辣素4～8千克，椒素1～2千克。

100千克水，雷公藤、定碱、扔碱、晋碱、春碱、增碱、生物碱15千克，甲素、狼毒3千克，青霉素钠1千克，烟碱20千克，辣素4千克，椒素1千克。

100千克水，狼毒8千克，青霉素钠3千克，烟碱20千克，雷丸10千克，辣素8千克，椒素2千克。

此药剂既是植物杀虫杀菌剂也是植物营养剂，又是增产的稳定剂。对于白菜、菠菜、包心菜、生菜能起到促进根系发达、增加叶绿素及叶片厚度、增值增产的明显效果，可防止各种斑病的发生和抑制蚜虫。对于茄子、马铃薯、豆角、黄瓜、四季豆、西红柿、辣椒、萝卜可明显抑制双霉病、斑病、落叶病等发生，达到防治病虫害的侵入、增产增效的效果。对于苹果、梨等各种树木及植物的落叶病、雾病、果实碳素病、白粉病、斑病均有特效，可提高果实光泽强度，提高果品质量，达到叶壮、果鲜的效果。对于高粱、玉米、水稻、大豆等粮食作物，能使根系发达，根深叶茂，对于防治黄体病有明显效果。可使籽粒饱满无瘪状，抗倒伏，防治病虫害侵入。

此药剂既能喷洒又能注射，全球首创。在植物树木pH值4～7的情况下注射保值，用特殊的一种注射工具。此药剂对星毛虫、蚜虫等效果最佳。

此高效无毒农药广普型杀虫杀菌剂2009～2010年在辽宁省葫芦岛市连山区寺儿堡镇农业技术推广站做高效无毒广普杀虫杀菌剂试验。试验结果如下：

用1:300倍的药剂配比打0.2公顷玉米，结果打药的玉米就没有纹枯病与虫子，没打药的就有很多的病虫。直到有关人员去看根部叶子还是绿的，籽穗大，无虫害，没打的全部枯干。

用1:300倍的药剂对甜瓜根节线虫和蚜虫做试验，两天观察一次，观察结果是虫害脱落减少，五天全部消失。两个大棚对比，一个打高效无毒农药杀虫杀菌剂一个不打此药剂的，打药的棚同比增收2893元，不打药的在7月中旬全部枯干。

此药剂2009～2010年在安徽省国营皖河农场一分厂用1:300倍做小麦试验结果如下：

0.8公顷小麦用高效无毒农药广普型杀虫杀菌剂喷洒6次，亩产2090千克（净重）无虫害；未用此药剂的亩产1575千克，两个同比增产335千克，亩增量27.92千克。

1:300倍喷洒4次0.67公顷无虫害，2030千克，没打此药剂的4次0.67公顷1760千克。两个同比增产275千克，亩增产27.5千克。

夏爱国：让煤矿通信更安全

近年煤矿事故频发，国家加大了对煤矿生产企业安全治理管理工作，对应用于煤矿的产品提出了更高的安全技术要求。煤矿通信作为井上井下连接的信息通道，其安全性至关重要。有着20余年通信工作经验的夏爱国在自己的岗位上不断创新，研发出专利产品“煤矿用阻燃通信光缆”，让煤矿通信变得更安全。

夏爱国，毕业于哈尔滨理工大学，1984年参加工作以来，长期从事光缆、电缆产品的生产制造和技术研发工作，现任天津市立孚光电线缆开发有限公司副总经理。他积极推动企业实行ISO9001国际质量管理体系，组织制定企业的管理方针和目标，实现现代科学管理，为公司取得了ISO9001、ISO14001、PHSAS18001国际质量体系认证及国家电信、电力、广电、国防、煤矿等行业的产品认证，极大地增强了企业的市场竞争能力。

天津市立孚光电线缆开发有限公司副总经理夏爱国

夏爱国始终把技术创新贯穿于工作的全过程，始终把新产品的开发作为工作的出发点，先后开发研制出了煤矿用阻燃通信光缆、防雷击层绞式光缆、带远端供电功能室内光缆等20多项国际先进、国内领先的新产品。申报国家专利16项，其中8项已获得国家专利证书。夏爱国勤恳踏实、勇于创新的工作精神得到了各领导部门的肯定，他于2009年被西青区总工会授予“职工技术创新能手”称号，2006年获得“中国自主创新与品牌建设年度新闻人物”奖。

夏爱国的发明“煤矿用阻燃通信光缆”已获得国家知识产权局授权的实用新型专利证书（专利号：ZL200920096552.1）。该发明的关键技术在于：在光缆护套外侧由里至外依次包覆加强层及阻燃层，所述加强层为芳纶纤维加强层；所述阻燃层为低烟无卤阻燃聚烯烃护层；芳纶纤维加强层的厚度大于0.3mm，低烟无卤阻燃聚烯烃护层的厚度大于1.8mm，使光缆具有阻燃性能。该技术的创新点为：光缆单根垂直和成束燃烧试验均满足和领先于国家煤炭通信安全技术要求，在所敷设光缆的矿井内发生火灾时，不产生卤素，烟量小，无毒性，保证了人身安全；结构中由于增设了具有超高强度、高模量非金属芳纶纤维加强层，保证了光缆使用中的柔软性和抗拉力，实现了在平巷、斜井、竖井等多种特殊环境下的应用，实现了产品技术创新。

经检测表明，上述技术产品的阻燃性和抗拉强度，及光纤光学传输特性、机械特性、环境特性等均满足国家煤炭行业、国家安监总局的标准和规范要求。产品已通过国家安监局、国家矿用产品安全标志认证中心的安标认证。

关于煤矿用阻燃通信光缆的应用前景，夏爱国说：“产品被广泛应用于煤矿与外界、煤矿与煤矿、煤矿内部地面与井下的信号传输和安全监控，在实际应用中该产品技术不仅用于层绞式光缆，还可用于中心束管式、蜂窝式、传感式等多种光缆，推广至地下建筑、隧道等场所，实用性强。随着各地的煤矿企业按照《国家安监总局国家煤矿安监局关于建设完善煤矿井下安全避险‘六大系统’的通知》的工作部署，加快煤矿‘六大系统’建设步伐，提升煤矿安全保障能力，有效防范和减少煤矿伤亡事故，促进全国煤矿安全生产形势持续稳定好转工作的推进，煤矿用阻燃通信光缆产品市场前景十分广阔。”

黄太清：专注创新 不断发明

创新是一个民族发展不竭的动力，也是科技工作者永远追求的境界。在工作中，黄太清不断创新，把自己的智慧融入到专利发明中，为社会的经济发展做出应有的贡献。

黄太清现为中国中化集团部门总监和高工，先后从事投资开发、项目管理、兼并收购、行业研究、产业规划、项目融资等工作。在中国石油大学读博士和工作期间曾获省部级科研奖。他在工作中不断创新，研发了多项专利，特别值得一提的是"一体化保热和余热回收及自然排烟的节能型燃烧器式灶具"和"扩径引流型流体聚流集能装置和方法"两项专利。

"一体化保热和余热回收及自然排烟的节能型燃烧器式灶具"，实用新型专利号：ZL201020550678.4，发明专利申请号：201010298447.3。本专利巧妙地利用热烟气自身升力（烟囱效应）实现灶具自然排烟和回收烟气能量以预热空气和燃料。

本专利采用开创性研发、创造性技术、突破性方法，简约的一体化整体结构，节能显著，使用方便，应用广泛，具有成熟广泛的工业基础，市场潜力和空间广阔。有较大经济效益价值潜力和节能减排社会意义。

创造性地利用热气体自身升力作用（烟囱效应），发明了同时具有能量回收、保温、自然排烟功能的一体化结构模式和节能减排功能的全新节能灶具。

开创性地解决常规灶具开放式工作状态下存在的多方面的能量损失问题，并且开创性地利用热烟气自身的升力作用（烟囱效应）实现自然排烟和回收烟气能量预热助燃空气，多方面提高灶具能效和节能减排效果。

本专利是全新的节能灶具，是灶具研发历史中的重大突破，是建立在流体力学、传热、燃烧、保温等多方面理论基础上，创新性地进行设计和研究的成果。

本专利技术是对常规灶具巧妙的提升和改进，结构简约。既使常规灶具全面升级，又可全面与常规灶具的设计、制造、材料等各方面对接，具有广泛而又成熟的工业基础。以多学科成熟、严密理论为依据，在常规灶具基础上设置一体化保热的气体运动体系、封闭式的燃烧与加热系统、间壁式传热的能量回收模式，既实现了显著节能减排效果，又使全新节能灶具结构简约，便于使用。虽然是全新节能灶具，但使用方式与常规灶具相近，实用性强，市场潜力很大。

"扩径引流型流体聚流集能装置和方法"，发明专利申请号：201110073204.4，实用新型专利号：ZL201120082150.3。突破性地利用流动流体自身的动能，发明了既可用于风中，又可用于水流等各种流体中的规模化聚集流体能量的高效、简约的结构和技术，获得大功率的流体能源。依据流体力学、流体机械等多学科成熟和严密理论，创造性地设计多腔形体的多维扩径引流和导流结构模式，形成扩径引流、通道导流、聚流集能的一体化多功能结构和工作机制。为二维或多维的固定静置式全方位的聚流集能模式，并可构成多聚流集能装置集成一体化的能量场系统，将分散低品位流体能聚集成高品位大功率能源。不需要建设水坝，可在江河或海洋水流全流程范围内获水力能，也可在全球任何有风地区获风能。是全新绿色能源技术，成熟和广泛的工业基础，实用性强，应用广泛，可用于发电、加工、供水、灌溉、供风等领域，市场潜力和空间广阔。有较大的能源经济效益价值潜力和低碳减排的社会意义。

黄太清表示，愿意与有识之士或有能力的企业探索各种方式的转让或合作方式，让发明尽快转化成产品。

通信地址：北京市复内大街28号凯晨世贸中心中座506中化投发部　邮政编码：100031
电　　话：18911998974/13331153798

刘爱生：精致发明

电动修改字画擦除笔
（专利号：ZL201120073729.3）

一种电动修改字画擦除笔，包括空心笔杆和擦头，其特征在于：所述的空心笔杆内前后分别设置电机、电池，所述的电机动力输出轴与空心笔杆的前端壳体活动配合，电机动力输出轴通过连接副与擦头固接、插接或螺接；所述的空心笔杆由前空心笔杆与后空心笔杆螺接或插接构成；所述的后空心笔杆后部固定电池弹簧固定片，电池弹簧固定片通过弹性开关片与活动触点固接，活动触点与电机的正极连接板上下对应并与前空心笔杆活动配合；电机的负极与电池负极连接。它能够高效地修改擦除画面上或文章上的错误，它不含任何毒性元素，在用时避免了对周围环境的污染，有利人身的健康。在擦拭错误字符和图形时，非常方便快捷，而且，擦拭后不会在画面上或文章上留下明显的涂改液痕迹。

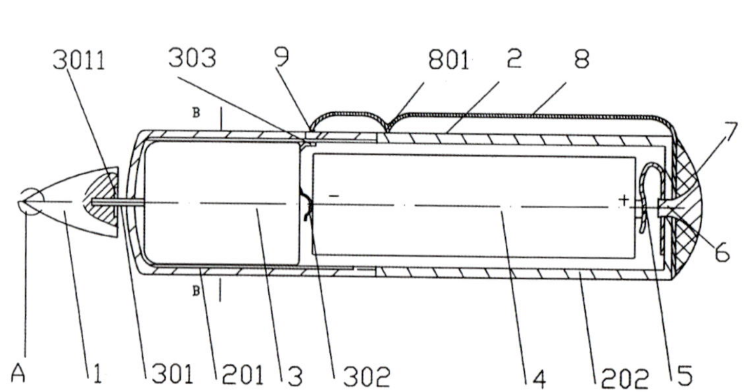

通信地址：北京市朝阳区芍药居20号院3号楼2008室　邮政编码：100029
电　话：010-84623668　传　真：010-84623998　手　机：13901292382
E－mail：LIUAISHENG2012@163.com　QQ：1962770988

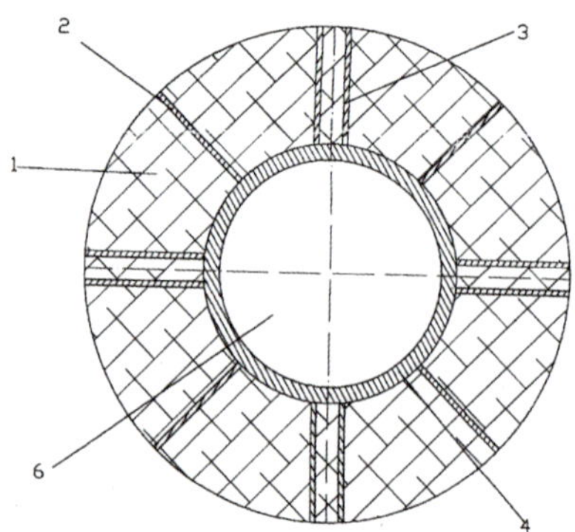

建筑结构开孔洞后增强度装置
（专利号：ZL201120048760.1）

本实用新型提供一种建筑结构开孔洞后增强度装置，包括建筑结构、孔洞，其特征在于：在孔洞的外周处设置一个与孔洞形状相同的金属加强环，所述的金属加强环分别与建筑结构内的金属结构固接。它可以用于新建的建筑物，如桥梁、厂房、住宅等，也可以用于旧建筑物的结构改造上，它能够保证建筑结构的整体性，不降低该建筑结构的强度、刚度及防震性能。同时它具有结构简单、造价低廉、使用方便的优点。

韩允杞：

家庭采暖立式节能热水器和真空保温玻璃

人物风采：

韩允杞，1943年2月出生于吉林省怀德县秦家屯农民家庭；1949年7月～1958年8月在秦家屯小学、农中读书；1958年9月～1961年7月在中国科学院吉林分院化学研究所，边学徒，边读中专夜校；1961年8月～1968年8月在沈阳军区3219部队当兵；1968年9月～1970年8月在吉林省长春市拖拉机附件厂当机械工人；1970年9月～1973年8月在吉林工业大学农机系拖拉机专业学习；1973年9月～1984年6月在吉林省长春市拖拉机附件厂、印刷机械厂担任技术员、助理工程师、生产准备调度、两科一室（技术科、质量检查科、液压研究室）的党支部书记，曾与工人师傅共同研制液压油缸的浮动镗刀和滚压光刀具等用于生产线上；1984年7月～2002年8月在吉林省监狱系统任机械加工教师；2002年9月至今，退休后研发真空保温节能项目。

家庭采暖立式节能热水器

家庭采暖立式节能热水器（ZL200320104104.4）有两种热水器，分别为烧蜂窝煤热水器和烧燃气热水器。

烧蜂窝煤热水器在传统热水器的基础上加入了两个水套筒的设计，烟道设在其中，增大了受热面积，提高了能源利用率；同时，在内水套中设有真空保温胆，用来缩小排外散热面，减少热量损失。

烧燃气热水器的发明特征是设有多个水套筒，保温烟道设在其中，其优点是受热面积大，能源利用率高；其次，燃具设有二次燃烧结构，彻底提高能量。

该热水器可供散热片或地热管，因某种原因本专利转让，若有需方可重新申请专利。

真空保温玻璃

真空保温玻璃（专利号：ZL200620028172.0）是房屋类门窗透明的玻璃，其发明设计特征有：

（1）根据不同环境的需要，采用平面或凹凸面玻璃，可提高抗压性，同时选择最佳间隙提高保温效果。

（2）采用异性中空骨架装饰密封胶条，使制作工艺简单，不走样，不变形，增加美感，让人心情舒畅。

（3）利用真空处理技术，处理玻璃空间为真空或相对真空，来提高密封性和保温效果。在环境温度和大气压变化大的情况下，玻璃空间的气压自动调控，保持内外平衡，确保玻璃的安全性，适应各种环境。

电话：0431-87977583/13039138497

地址：吉林省长春市绿园区延寿街616栋（八联）一楼西二门

真空保温抗破坏节能玻璃

◀ 家庭采暖节能环保热水器

张忠深 王久英：清洁的能源 无限的动力

水和碳是自然界十分丰富的资源，人们也在探索如何更好地应用水和碳，但是目前却没有一种可利用水和碳来生产低成本、高安全性、清洁、可再生燃料，并且能够代替多种常规能源的新型燃料制造设备。经过一番努力和探索之后，张忠深和王久英共同研发了“一种大型真空自耗式制造氢碳单氧动力燃料的设备”，为发展新能源作出了贡献。

张忠深，高级工程师，长期从事技术、工艺及管理工作，1993 年以来共拥有九项国家专利，其中三项为发明专利。1993 年曾获省级科技进步三等奖，2008 年获得“中国国际专利技术与产品交易会”金奖，2010 年获第五届北京发明创新大赛金奖，2011 年获第八届中国科学界论坛优秀论文一等奖。

张忠深和王久英共同研发了“一种大型真空自耗式制造氢碳单氧动力燃料的设备”，专利申请号：200710011900.6。本发明涉及一种大型真空制造氢碳单氧燃气的设备。其特征是该设备主要包括反应锥、真空泵、电极输送系统、高压缩机、冷干机、水浓缩室、高压储罐、低压储罐；交流电源箱通过整流稳压器输出稳定的直流电连接到反应锥内的两个电极上，反应锥通过管路与真空泵、高压缩机连接，高压缩机通过管路与水浓缩室、冷干机、高压储罐、低压储罐连接，低压储罐通过管路和阀门输出氢碳单氧动力燃料。

本发明是利用雷电摩擦原理在生物质碳电极之间分离水分子，在该设备接通电源后，碳电极在水下产生电弧，弧光温度高达 2760 ~ 3871℃。弧光的热能使水分子分离成氢和氧、碳电极的固体碳消耗在弧光等离子区域内，氢、碳和氧在等离子区域内重组，通过压缩分流、水浓缩回收，获得具有驱动力的燃料。此燃料是介于氢能和生物质能之间的低碳新能源。

本发明已经完成了技术转化成设备及产品的过程，实现了发明效果和目的，生产出理想的工业气流。初试结束，即将进行中试和批量生产的前期准备工作。张忠深表示，希望有实力雄厚的战略投资者来投资和合作，使其有重组的资金和人力资源，完成产品的系列化，加快由技术向产业化转变的过程，实现产品的使用价值和企业的丰厚利润。

李国坤：为专利转化不遗余力

“加快科技成果向现实生产力转化”，这已经成为科技界的共识，也是国家政策所倡导。作为一名发明家，李国坤倾其一生从事科研工作，同时，他致力于将专利技术转化成现实生产力，为企业赢得社会效益和经济利益做出了重要贡献。

李国坤，我国著名发明家、物理学家。1935年3月出生于四川省西充县，1954年从四川省西充中学毕业，1958年从天津南开大学物理系毕业后，三次要求到条件艰苦的地区工作，被分配到中科院兰州近代物理所，1962年调入航天部510所（兰州），1988年自行创办科技型企业，至今已在科研第一线从事科技创新和促进产业化工作达53年。李国坤在53年的科研创新过程中，对永磁磁路的基础理论、应用理论、应用技术、器件研究及产业化进行了系统性的研究，取得了较大成功，获得过国家发明奖等多项奖项，1984年荣立航天部一等功。获得包括美国发明专利在内的47项专利，而且，将专利成果转让给27个企业成功实现产业化，取得很大的社会效益与经济利益。1991年初，李国坤以“官、产、学、研、用”结合的方法协助创建深圳科捷磁力机械有限公司，在磁路技术方面超过世界磁力泵王牌公司德国克劳斯公司。1991年下半年至1999年9年时间，他分别将“拉、推磁路”转让给丹东克隆集团、杭州大路实业有限公司等9家企业，使这些企业转型升级为国际领先的拉推磁路磁力泵公司。丹东克隆集团现有职工1020人，2009年利税总额达8562万元，获得了快速发展。2005年5月应谢丹平等科技人员的邀请，他从技术与实业都为零的“两个零”开始创新创业，与中科恒源人一起创建“中科恒源”。2006年获全球可再生能源领域的奖项——蓝天奖。2010年7月该公司入选“世界低碳环境推动力百强企业”，同年12月入选中国十佳绿色责任企业。

经李国坤转让技术促进产业化的27家企业总就业人数近一万人，加上上游、下游的总就业人数达几万人，总产值几百亿元，总效益几十亿元。而李国坤把几千万元转让费全投入科研工作中，至今仍过着平民的生活，从事他的科研工作。他在磁机电理论、技术、专利、产品及产业化上做出了系统性的贡献。他在他曾经工作的几个单位和曾经转让技术的27个企业中培养出100多个优秀的科技人才，现在他还带领着老中青几十人的科研团队，从事科技创新和转让技术促进产业化的工作。

李国坤经常以立功、立德、立言要求自己，许多对他实际调查过的人认为他实际的情况更感人。基于他的贡献，李国坤被誉为“我国转让专利技术实现产业化成功企业之多的第一人”和“发明家典范”。

董达：着眼能源转换 创新发电装置

“塔式风力机”、“框式垂直轴风力机”和“水能转换装置”这三项能源技术是为了更有效地利用自然资源而设计的能量转换动力机械，它的应用将对目前全世界正在倡导的低碳社会起着积极的推动作用。

在风力发电的行业现状中，广泛应用的三浆叶水平轴风力发电机，为了扩大其装机容量，以加长、增宽桨叶作为主要途径，但这种放大是有限的，拓展余地不大。

人物风采：董达，高级工程师，江苏海门籍人，1962年毕业于江苏师范学院化学系（现苏州大学），后分配至上海工作。现居上海，退休在家后进行发明创造，不断地创新，解决生活和实践中的问题。

1. 形似宝塔的“塔式风力机”(ZL200420114535.3)

其采用了大平面、多翼片和横轴的杠杆作用原理，构成输出能量大的垂直轴风力动力机。适用于风力发电，具有风电装机容量较大、无风向性、造价较低、便于维修保养等多方面的优点。

2. 框式垂直轴风力机（ZL201020577849.2)

是塔式风力机的必然升级，也适用于风力发电，能够实现超大风力发电装机容量，为此采用了框架大面积受风结合杠杆原理，在中心垂直轴上产生了强大的扭力传至发电机，实现单机发电量的最大化，框架下方设置以中心旋转轴为圆心的高架轨道，使滚轮在轨道上做圆周运动，轨道还起着稳固风力机与承担重力的作用。采用这种结构可制造出巨大的框式垂直轴风力机。它的应用还具有如下优点，可以把水平轴风力发电机且包括发电机在内所有大吨位的构件从高处移至地面，同样具有安装、维修、保养等方面的优势，能够将当前由于重复制造无限增加风力发电机数量而造成资源的大量消耗，风电成本居高不下的状况加以改善，可以把地域风力资源相对有效地充分利用。

垂直轴风力发电机是水平轴风力发电机升级换代的产品，也是风电产业发展的方向。

3. 水能转换装置（ZL200820060035.4)

本发明可用于无落差和无须流动的水中，把水能转换成可利用的动能（非永动机），其实际上就是劈和斜面的作用在水中的运用。此技术的应用优势在于两个方面：一是发电，二是船舶航行。用作发电，可用于水库、湖泊和近岸海上，也可营造一个设定的水系，进行地面或地下的运行发电。用作船舶航行，对单体船，将装置安装在船体前下方，对双体船，将装置安装在两体的中空部位，均可成为船舶的一个组成部分。在水力发电的行业现状中，用水流做动力，利用潮汐、海浪的作用，最普遍的就是筑坝截流增大水位落差进行水力发电，它们的共同之点是水处于动态，水能转换设备处于静态（固定位置）。而本技术“水能转换装置”恰恰相反。前者，水能为主动，装置为被动，能量转换受水文状况影响；而后者，装置主动，水能处于被动，能量转换不受水文状况限制。动则动，静则静，动静不二。动能（能量）传递与转化在动静之间，宏观如此，微观如是。

三项能源技术的推广应用：

在风力资源丰富地区，采用“框式垂直轴风力机”进行大能量的风力发电。

在风力资源不十分丰富的地区采用多台“塔式风力机”组合进行风力发电。

在有一定流速的江河水域采用类“塔式风力机”构件的水力动力机进行水力发电，如在我国中西部地区以及东南省份。

在无上述条件地区，可以建造一环状水系，采用“水能转换装置”进行水力发电。

对双体船或单体船，采用“水能转换装置”为船舶航行提供动力，也可将“塔式风力机”装于甲板上，也能为船舶提供动力。

“塔式风力机”可置于高楼顶部进行风力发电，为该楼提供电能。

小型“塔式风力机”还可以用于提水灌溉，微型“塔式风力机”风力发电能可为路灯提供电照明等等。

总之，在实施过程中，必须因地制宜，科学布局，合理选项，用较低的成本获取较大的能量转换和利用效果，满足人类社会对能源的需求。

天津市象业环保科技有限公司董事长黄陆军

乔希海：锲而不舍的发明家

1985年发明“预埋件与钢模板成震粘接固定法”；

1995年发明“干燥法处理碱渣制工程土的方法”；并发明了“一种粉煤灰碱渣制工程土的方法”等。

1999年11月发明“碱渣、钾长石制氯化钾的工艺方法”，该发明利用碱渣改造环境，变碱渣废物为化学工业的初级原料，是一重大的突破，填补了人类利用不溶性含钾岩提取可溶性钾的工业生产氯化钾的技术空白，有利于改变我国所需钾肥90%长期依赖进口、氯化钾生产仅占世界0.34%的状况。利用碱渣为转化剂生产氯化钾，在全国乃至世界范围内消除碱渣地区污染，发展化学化肥工业，对于推动我国农业可持续发展，具有重大意义。

碱渣、钾长石制氯化钾技术获得成功并取得专利，被收录入《环境保护科学》第34卷第2期。该技术能有效实现钾长石中的不溶钾转化为氯化钾，转化率达90%，具有良好的经济与社会效益。

2000年3月“碱渣钾长石制氯化钾的工艺方法”通过了科技成果鉴定。获得科技成果证书，并被确认为国内外首创，具有国际先进水平。

1995年发明“碱渣制工程土的方法”，专利申请号：95106293.X。该技术于1996年通过天津市科委、建委成果技术鉴定，确认为国内外首创、具有国际先进水平。并发明了“QZ型碱渣制工程土行走式取样拌和机”，专利号：ZL9725026.X；“干燥法处理碱渣制工程土的方法”，专利号：ZL95108024.5；“堆积碱渣制工程用土的操作方法”，专利号：ZL97104635.2；“膏状体与粉状体的搅拌设备”，专利号：ZL201020580215.2。上述发明是以碱渣为原料生产碱渣工程土、高强碱渣工程土、超强碱渣工程土。实施大规模连续工业化治理碱渣，可广泛应用于大面积低洼地的回填，以及代替常用的公路基层土和底基层土、软基处理时使用的工程土，其强度可达到0.8～2.4兆帕。

另外，1996年发明了“碱渣、钾长石制氯化钾的工艺方法”，专利号：ZL99123761.7；“含钾岩石制氧化铁的方法”，专利号：ZL02131255.9；“碱渣、钾长石制氯化钾工艺副产水泥的方法”，专利号：ZL200410071572.5；“碱渣、钾长石制氯化钾的蒸发设备”，专利号：ZL201020582312.5。并在2000年通过了由中科院黎乐民院士及中国工程院金涌院士参加的天津市科委科技成果鉴定会，确认利用碱渣、钾长石生产我国短缺的氯化钾，是一项重大的技术成果，属于国内外首创，具有国际先进水平。这个项目的推广将变废碱渣为初级化工原料，有利于“氨碱法”生产纯碱企业进行产品结构重组，产生了巨大影响，并可消除碱渣对环境的污染。

现天津市象业环保科技有限公司董事长黄陆军先生，对公司进行资本重组。公司致力于上述专利技术的全面应用与开发，并在全国各地开始对碱渣制工程土及碱渣、钾长石制氯化钾项目寻求战略合作伙伴，共同进行市场开发。

人物风采：乔希海，男，1945年9月生，工程师。毕业于天津海洋化工学校有机化工专业，曾在中国人民解放军防化兵学院服役，先后工作于天津第五建筑工程公司、天津市塘沽区政府工交办公室、天津市滨海新技术产业集团、天津市顺鸿碱渣地产开发有限公司等单位，现任天津市象业环保科技有限公司总工程师，2000年入选《世界科技专家》（中国卷），长时间致力于“氨碱法”生产纯碱时排放工业废渣——“碱渣”的综合利用的工业化生产技术研究。

胡华梁：架起易货交易的技术桥梁

凭借着睿智的头脑和创新的的精神，胡华梁积极为地方经济发展服务，进而投身到金融事业中，他发明的“易货交易与结算系统”实现了完整的现代易货交易流程，为G2G的现代网上易货交易提供了先进的解决方案。

胡华梁，男，1944年11月出生。现任华贸国际易货交易所副董事长兼CEO、上海现代服务业联合会副会长、上海科技联合会副会长、浙江省对外经济合作联合会副会长。早在20世纪90年代初，他带领团队在上海、浙江、江苏建设起7座液化气储配站，为两省一市的液化气市场开辟了十分美好的市场前景。1996年与美孚石油公司合作经营，为中外合资搞好搞活燃气行业做出了很好的示范作用。这一年，胡华梁还率先在上海研发“液化气汽车”项目，取得圆满成功。

胡华梁对国家经济建设发展作出的贡献得到了社会和媒体的认可与称赞，1997年，他荣膺第二期《上海画报》封面人物。

智慧与创新同行，胡华梁研发了“易货交易与结算系统” 。这是一个企业级的云计算服务系统，全球各地的易货公司和客户都可以通过浏览器来接入云系统获取易货交易服务。

该系统的特点在于：(1) 集成性。该系统包含了交易所、易货公司（一级会员）、客户公司（二级会员）三级体系管理模式，对易货交易与结算进行了全面的管理，系统包含会员管理、商品管理、交易管理、权限管理、结算管理等多个模块，实现了完整的现代易货交易流程，为G2G的现代网上易货交易提供了先进的解决方案。(2) 先进性。系统软硬件的设计与开发充分采用当今先进成熟的技术与设备，保证整个系统的先进性。(3) 可靠性。系统采用大型的企业级软件与工具设计与开发应用服务系统；网络硬件平台中，数据库服务器采用双机Cluster、磁盘阵列数据备份机制，存储架构采用先进的SAN架构，配备核心存储设备和备份存储设备，保证了系统可靠性；在设计开发过程中采用周密的性能测试与攻击测试，保证系统在高负载与复杂网络环境中提供可靠的服务。(4) 易用性。系统对一、二级会员间不同委托形式提供了灵活的在线合同定制方案，使用户可以根据需要在系统内修订出各种内容的合同，并结合电子签章技术实现电子合同功能；采用的EXTJS和JQUERY技术提供了完美的页面动态展现效果，增强用户体验的同时，还提供快速高效的动态数据浏览；系统独特的匹配算法对每一个易货需求提供高质量、高符合度的匹配推荐，使易货交易轻而易举。(5) 安全性。使用备份软件自带的虚拟带库技术，采用D2D备份，保障备份设备的安全性，对备份数据实现安全存储，保障数据安全；瑞星网络杀毒软件网络版应用在企业内网与Internet或其他非安全网络的唯一出入口，建立一个立体的防毒安全解决方案；在中心机房配置千兆四端口防火墙，用于保护信息中心的网络安全；系统交易平台及结算系统分开于不同网络系统保障了交易及账户的安全；系统使用基于PKI/CA的身份认证体系，用来对用户登录和关键操作时进行身份认证，保证了操作的安全性；系统使用CA先进的电子签章技术，用来保证各类交易合同的不可抵赖性；系统采用银行商户专线直连的方式来在线支付保证资金流的安全性；系统设计了完善的权限管理体系和多级授权、审核机制，交易所及易货公司都设立了多个级别的管理员，并逐级授权、逐级审核，以保证用户操作的合法性。

詹朝润：总线式油雾探测器检测精度高

人物风采：詹朝润，男，62 岁，大学本科学历，电子工程师，2009 年申报专利 7 项，已领取专利证书 5 个。

2010 年申报专利 12 项，已授权登记 10 项，发明专利申请 1 项、外观设计专利申请 1 项等待授权。

詹朝润（左三）参加学术会议

发明简况

油雾探测器分为总线式、总管式和分管式三种系列产品，詹朝润先生已经申报并获得发明专利、实用新型专利和外观设计专利多项，已获专利的专利号：ZL201030556476.6、ZL201030556477.0、ZL201020562233.8、ZL201020562235.7、ZL201030556475.1、ZL201030559326.0、ZL201020562232.3、ZL201030556479.X、ZL201030556474.7、ZL200930160882.8、ZL200930160881.3、ZL200930160880.9、ZL200920127400.3、ZL200920127399.4、ZL201020562231.9 ZL200910103911.6、ZL200910103914.X、ZL201010507853.6、ZL201030556478.5，共 19 项，对结构、印刷电路原理、油雾浓度传感器、油雾分离器等技术进行专利保护。

总线式油雾探测器属于油雾探测器系列的一种。油雾探测器用于大型柴油机。作为舰船、机车发电机组，大型柴油机在使用过程中难免会出现故障，主要故障来源于柴油机内部运动件的磨损、零件损伤及曲轴箱内的油雾浓度过高，如不及时发现修复，可能会造成重大的安全事故及经济损失，甚至会导致整台柴油机报废。油雾探测器是国际公约和中国船级社 CCS 认证强制性安装的产品，本专利已转化投入生产，填补了国内该项目的空白。

本发明只需分别在各缸上安装一组油雾浓度传感器，每组的油雾浓度传感器用信号电缆线相互连接，其中的油雾浓度传感器通过线缆与主控制器连接，线缆的布置安装方便、简捷，就可分别对 1 ~ 20 缸范围或更多缸的柴油机进行检测，通过液晶显示 1000 米范围内，监视柴油机油雾浓度，明显增大了检测范围。出现故障时，由于每个缸安装有油雾浓度传感器，可检测到故障发生的部位，直接按照显示部位进行检修，省时、省力。各缸单独检测，互不干扰，检测精度高。体积小，重量轻，减少了机构转动磨损，延长了使用寿命。

总线式油雾探测器

李礼然：创新科技产业化 服务发明专利事业

人物风采

李礼然，1992年毕业于香港中文大学，获社会科学学士学位，主修社会学。2000年毕业于建道神学院（香港），获基督教研究硕士学位。2009年，毕业于东南亚神学研究院（香港中文大学崇基神学院），获神学硕士学位。自1992年起，致力于本体哲学、哲学科学的研究；其后筹组科研公司，并于2008年成立恩科研发暨顾问公司。2011年被中国中小企业促进会、中华民营企业家协会授予“中国优秀民营企业家”称号，被中国民营企业家研究会授予“中国当代最具影响力优秀创新民营企业家”荣誉称号，经中国国际经济合作学会、中国市场学会、中国科技财富杂志社联合举办的“第三届中国经济高层论坛”组委会确认当选为“中国杰出创新型企业家”，被中国企业合作促进会、中国国际贸易学会授予“中国企业转型优秀企业家”荣誉称号。

公司介绍

香港恩科研发暨顾问公司始创于1995年，于2008年正式成立，公司主席为李礼然，首席研究员为郭有祥。公司致力于建立品牌，把多个“知识资产”转化成为“实质市场经济资产”，并就有关科研、专利事务及推广提供顾问服务。迄今，恩科公司已开发了五个创新技术，其中三个正进行专利申请。恩科持开放态度，摒除对事物认知的绝对、相对之局限理解，以类似“三位一体本体论”的科哲模式，来探索新的可能性。公司于2009年被有关协会确认为科研行业调研示范基地，获第三届中国自主创新评选委员会颁赠“自主创新科技企业”奖。

成果简况

1. 陀螺轮转式引擎（ZL200610172833.1）：由于在轮盘中倾斜设置一陀螺装置，使活塞绕轮盘的轴线做旋转运动，从而克服了往复式引擎的活塞需要频繁改变方向的技术缺点，降低了活塞的动能损耗，提高了引擎的工作效率。

2. 无级变速器（ZL200710152960.X）：通过调校导线改变环轮与动轮的轴距，因此调节变速中速度变化的大小上没有任何限制，且转速比变化范围大，动力输入又可同步进行，并具有结构简单，操控灵活、宁静，磨损低，能量流失少和变速效果好的优点。

3. 偏传式离合器（ZL200810084693.1）：采用全密封工作油，依靠液压力传递动力，没有组件间的摩擦损耗，能很好地改进现存离合器的性能，能提高离合器的使用寿命和制动的准确性。

4. 可用手驱动的自行车（专利申请号：201110232753.1）：这项发明是让骑车者同时可以运用双手来驱动自行车的前轮前进，从而突破传统自行车单靠骑车者运用脚踏促使后轮驱动自行车前进的唯一动力的缺陷。

张群刚：
依靠科技抢占化工产品前沿

人物风采

张群刚，生于1953年，1977年毕业于武汉大学生物化学系。现任三门峡恒生科技研发有限公司董事长，兼职任三门峡职业技术学院生物化学系教授，曾任三门峡市科技局总工程师兼化工研究院院长、三门峡市科技局副局长等职。

张群刚擅长化工设计和有机化学，他研发的氨基酸口服液生产工艺、中老年氨基酸保健口服液均申请了专利，其进行的柠檬酸金钾生产研究也申请了专利。1993年，张群刚研发的"利用生产胱氨酸后的母液生产氨基酸营养液"获河南乡镇企业管理局科技成果一等奖；2000年，所做的"三门峡市科技发展状况及发展对策研究"获河南省科技情报成果二等奖；2002年，"数字科技情报研究机构"理论的创立及研究获河南省科学技术厅二等奖。

企业名片

三门峡恒生科技研发有限公司主要研究生产贵金属化工产品、生物技术产品和开发生化贵金属提取技术。公司针对传统的氰化亚金钾、氰化银钾及铂、铑、钯、钌等贵金属化工产品的生产技术进行升级，对沿用多年的落后技术进行了改造和提升，引进瑞士先进技术生产的氰化亚金钾，其杂质含量是传统工艺的0.6%，产品质量达到了国际先进标准，可满足高端电子产品镀金的需求，提高了镀金元器件的品质。

公司主要产品为清洁镀金新材料一水合柠檬酸一钾二[丙二腈合金（I）]，简称丙尔金。该项清洁镀金技术已被有关部门作为鼓励发展的环保实用技术予以推广。

目前，公司产品已被摩托罗拉、三星、诺基亚等知名品牌电子企业采用，同时已应用于国防工业及航空、航天电子元器件的镀金领域。

成果展示

一水合柠檬酸一钾二[丙二腈合金（I）]，简称丙尔金，是三门峡恒生科技研发有限公司自主研发的无氰镀金产品，属原始创新，拥有自主知识产权，公司也是目前国内外唯一生产该产品的厂家。新产品从2003年开始研究，2005年小批量试产，2011年2月16日，"镀金用柠檬酸金钾及其制备方法"获得国家知识产权局颁发的发明专利证书（专利号：ZL200710193015.4）。

该项新技术是将黄金溶于王水中，在络合剂的作用下与柠檬酸盐发生络合反应生成的一种有机金化合物，其分子式为 $KAu_2N_4C_{12}H_{11}O_8$。使用丙尔金产品镀金时，原料经电离还原后金离子被镀在镀件上，镀层不再产生氰溶蚀过程，因此镀层附着力强，表面光洁度高，色泽呈24K纯正金黄色，其可焊性、抗氧化性、耐盐雾等理化性能都十分优良，完全克服了氰化物镀金经常出现的发红、发黑、发白等不良镀层现象。与老产品相比，同等面积镀层的金用量可减少8%，降低了生产成本。丙尔金镀液分散能力、深镀能力均优于氰化亚金钾，沉金速率比老产品快20%，节省了工时和能源。

一种治疗消化道出血的中成药及其制备方法

发明创新是为了造福人类，陈益为了治疗母亲的慢性胃炎、胃下垂，自己试验了很多中药，最终研发了“一种治疗消化道出血的中成药及其制备方法”。

发明的背景技术：消化道是指从食管到肛门的管道，包括胃、十二指肠、空肠、回肠、盲肠、结肠及直肠。消化道出血是临床常见的严重症候，依出血部位的不同，分为上消化道出血和下消化道出血。上消化道出血部位指屈氏韧带以上的食管、胃、十二指肠、上段空肠以及胰管和胆管的出血。屈氏韧带以下的肠道出血称为下消化道出血，均有黑便，呈柏油样，黏稠发亮，如出血量大，血液在肠内推动较快，粪便呈暗红色至鲜红色。呕血多为棕褐色，呈咖啡渣样，但大量出血时，则为鲜红色兼有血块。小消化道出血主要表现为便血。临床上治疗消化道出血常用的方法有补充血容量，服用止血药，注入加压素或手术切除病变组织等方法，但这些方法都有局限，疗效不显著，治愈率低，复发率高。

从医学的角度，大便后下血不止，是由于在大便时挤压了痔疮或直肠肿瘤使其出血不止，并不说明它包括食道、胃、十二指肠、小肠等整个消化道的炎症、溃疡、糜烂、创伤等症状的大出血和慢性渗血。为了治疗消化道出血症状，陈益研发了“一种治疗消化道出血的中成药及其制备方法”，专利号：ZL200810218995.3。他的研究思路是：木炭粉可治痢疾和止血，乌梅消炎解渴，所以，有把乌梅焙焦的想法。冰片与珍珠末的组合是他自己用来治疗刀伤和疮科溃烂的药品。醋是消炎的，用它代替开水冲服，经试验，效果很好。

该发明的特征在于：该中成药为烧存性的乌梅粉、冰片、珍珠末与食用白醋和成的丸。所述消化道出血的中成药的制备方法，其特征在于：乌梅粉的备制方法：采摘成熟的乌梅绿色果实，温度保持在 35 ~ 45℃，炕焙 1 ~ 2 昼夜，焙至六成干时，上下翻动，使其干燥均匀，至果肉呈黄褐色皱皮为度，焙后再焖 1 ~ 2 天，待变成黑色，去核，烧存性，淹没成细粉即可。一种治疗消化道出血的中成药，该中成药为有烧存性的乌梅粉与食用白醋和成的丸，所述乌梅粉 3 ~ 10 克，冰片 0.3 ~ 0.6 克，珍珠末 0.3 ~ 0.6 克，与食用白醋混合制成一丸。

刘春林：从文学之秋走向药物研发的春天

刘春林是一位文学爱好者，他著有诗集、小说集，他是湖南省作家协会会员，谁也不会想到这样一个人会走上医药研究的道路，发明了“跌打损伤外用药”（专利申请号：200810143827.2）。他治愈了很多患者，他曾感慨道：文学改善人类的精神生活确实很难，而科技改善人类的物质生活却容易得多。

一次偶然的机会，刘春林在一处闲置的宅基地石头下面发现一条六七寸长粗壮的蜈蚣，这让他产生想法：蜈蚣在这样寒冷阴湿恶劣的环境下存活，其体内所含物质一定对人体有益。刘春林经过深思熟虑后，将蜈蚣定量、配置、封装泡制。经过半年多的时间，刘春林用泡制的药酒治愈了妹妹身上发的“老皮风”、弟弟的脚踝扭伤，甚至自己的手指骨质增生、腰间盘突出，邻居小孩头上生的疖子，外地木工的香港脚，宾馆女老板的狐臭……

随后，刘春林研制了“跌打损伤外用药”，并申请了国家专利。该发明由蜈蚣、樟脑、桉油、黑蚂蚁与浓度为 50% d 的酒精配置而成，按一定配方将蜈蚣、樟脑、桉油、黑蚂蚁置于酒精内密闭浸泡，存放于阴凉处，一个月后即可启封灌装。该外用药具有止痛、消瘀、促进血液循环等功效，对跌打损伤、骨质增生、风湿疾病等疗效好、见效快，使用后创面恢复平整，不留疤痕。该发明原料易得，制作成本低，用途广，外敷使用方便，无副作用，适于患者使用。

“跌打损伤外用药”的原理是以毒攻毒。以毒攻毒，古已有之，更是近代医学界所倡导的，把毒蛇毒腺中的毒素用来制作抗毒血清就是以毒治毒的方法。基于这样一种原理，“跌打损伤外用药”的发明，其主要原材料选用了五毒之一的活蜈蚣，并佐以其他几种有毒药材尽辅助之力攻毒，疗效极佳。

刘春林研制的外用药早在 18 年前就在当地广泛传用了。面对一药多用的诸多质疑，刘春林翻阅资料，找出了权威的理论依据。《中华药典》载：蜈蚣，辛、温、有毒。归肝经。功能主治：息风镇痉、攻毒散结、通络止痛。用于小儿惊风、抽搐痉挛、中风口歪、半身不遂、破伤风、风湿顽痹、疮疡、瘰病、毒蛇咬伤。《中华本草》载：蚂蚁补肾益精、通经活络、解毒消肿。主治：肾虚头昏耳鸣、失眠多梦、阳痿遗精、风湿痹痛、中风偏瘫、手足麻木、红斑性狼疮、硬皮病、皮肌炎、痈肿疔疮、毒蛇咬伤。樟脑，《本草纲目》载：樟脑，通关窍，利滞气，治邪气、霍乱、心腹痛、寒湿脚气、疥癣、风湿，杀虫，去脚气……

刘春林研制的药物成药成本低，原材料易得，制作工艺简便、环保，其药用效果优于其他外用药同类产品。该药若在全国范围内占领市场，年利润不低于 1000 万元。如今，刘春林在拥有发明的基础上，已创立湖南省双牌县丹斯液态研究开发中心，其产品已在一定范围内流通。因资金有限，刘春林希望融资扩大规模，为更多的患者带去福音。

人物风采：发明人沃建中为北京环度智慧智能技术研究所首席专家，北京脑潜能研发中心主任，北京师范大学心理学博士、教授、博士生导师，国际行为发展研究协会会员，曾任北京师范大学发展心理研究所副所长，书记，认知发展研究室主任。

他曾主持国家自然科学基金项目和教育部“九五”、“十五”、“十一五”重点项目 20 余项。发表论文 120 多篇。获全国首届百名优秀博士学位论文奖、教育部科技进步二等奖、教育部“全国高等学校优秀骨干教师”等奖项 15 项。

沃建中：刺激信息认知能力值测试系统及其方法

机构简介

北京环度智慧智能技术研究所是集研究、应用、服务于一体的研究、教育训练机构（简称环度教育）。一方面承担国家、省部级以及横向合作的科研项目，还有国际的合作项目，另一方面把研究的成果及时应用于教育、企业等领域。主要研究领域是脑功能与认知发展、潜能优势测评、生涯发展规划、青少年的心理健康教育及异常问题行为的矫正等。

发明简况

刺激信息认知能力值测试系统及其方法（专利号：ZL201010113875.4）

部分中学生迷茫、困惑，讨厌高考，被动学习，不知道自己将来能干什么，缺乏学习动力。很多大学毕业生更加迷茫，找不到适合自己的工作，找不准定位，不断地改行、换方向。而企业同样迷茫，无法快速、准确地找到合适的人才。还有的人一辈子苦苦挣扎，为了生存而努力奋斗，身心憔悴，幸福感指数低，不但影响了自己，还影响了他人。社会的发展，最重要的就是人，人不稳定，迷茫，必然会给个人、家庭、企业、社会、国家发展带来困扰。这是为什么？是否有更好的办法解决这些问题？

由此，沃建中发明了“刺激信息认知能力值测试系统及其方法”（以下简称脑 AT 技术）。

针对这一专利，沃建中解释说：“我们试想一想，是否所有的人都能做管理？都适合做教师？都适合做销售？答案是否定的。为什么？因为人的个体差异永远存在。一个人只有去做自己最喜欢、最擅长的事才能让自己的潜能得到最大的发挥，才能在工作中以愉悦的心情去做，从而减少工作中的差错，大大提高工作效率。”

发明者沃建中认为：本发明基于大脑个体差异优势这一思想，帮助人们快速找到自己的潜能优势，再进行最佳组合。比如，金刚石和石墨都是碳元素，为何软硬差异如此大？因结构不同。人的潜能优势也有最佳组合，因此，我们相信人人都有一颗“金刚石”！脑 AT 技术发明就是帮助你用一天的时间快速找到属于你自己的那颗“金刚石”！

而脑AT技术一旦进入应用层面，其应用领域可谓宽泛，其中包括：青少年潜能测评、学业规划；企业人才招聘；大学生职业定位、生涯规划；成年人职业定位、生涯规划；家庭婚姻规划；驾驶员安全预警等。

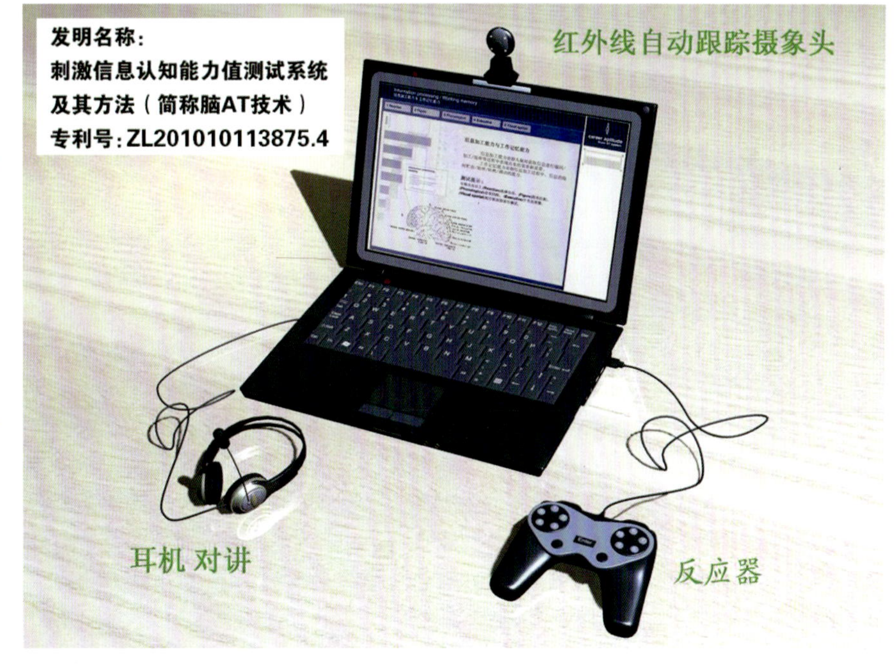

脑AT技术适用于以下领域：

青少年潜能测评、学业规划：很多青少年学习被动，没有动力，不够自信，懒惰，马虎，无序，坚持性差，学习能力低，不擅交往，迷茫……脑AT技术可帮助青少年准确找到自身潜能优势及问题所在，进行专业定位，并在规划师的帮助下确立符合自己优势的核心目标，做好生涯规划，让青少年学习从被动变主动，增强自信，找到学习中的盲点，完善自己的人格，以阳光的心态去学习，从而历练自己，使成功水到渠成！同时也能让青少年更好地适应社会，身心健康，一辈子幸福、快乐！

企业人才招聘：目前，传统的选拔方法无法让企业在短时间内获得最适合岗位的人，这极大地增加了企业的成本，更制约了企业的发展速度。本发明为HR主管提供准确、高效的人才选拔方法，整个招聘流程实施标准化操作，解决了各企业因HR水平不同所造成的人才选用不当、人岗不匹配等难题。

大学生职业定位、生涯规划：大学生毕业面临一个最大的问题是职业的选择。目前存在一个社会问题是大学生就业困难，找不到工作。而企业难道真的是不需要人才吗？不是的，企业很需要有特长、有责任、有事业心的人才。最最关键的是大学生不知道将来干什么适合自己，处于盲目找工作的状态。本发明能为大学生快速找到自己的擅长，规划师再根据个人的优势帮助大学生确立核心目标，进行职业生涯规划，找到适合自身的岗位。

家庭婚姻规划：当前，离婚率居高不下。夫妻双方的不和睦导致家庭破碎，孩子苦恼，社会的不和谐。而要使夫妻和睦，关键在于双方信念一致，价值观基本相同，性格吻合。本发明能为夫妻双方找到共同点，在规划师的帮助下学会如何去面对差异，真正做到求同存异，让家庭一辈子幸福。

驾驶员安全预警：因交通肇事引起的死亡比例每年呈不断上升的趋势，传统的驾驶培训只能培训驾驶技巧，但绝大部分的肇事行为并非技巧问题，而是源于个体在反应速度、应变能力、注意分配能力等方面的心理素质上的差异，这种能力会随着年龄的增长逐渐降低。如果让驾驶员在驾驶前就知道自己开车的速度极限，那么，就能大大减少交通事故，保证人车安全，大大减少财产损失。本发明能为驾驶员提供帮助，了解自身加速极限。

另外，本发明同样适用于成年人参加工作后的职业重新定位、选择和广告等领域。

本发明应用机构：北京环度智慧智能技术研究所
电　　话：010-58803891/3892/3893
通信地址：北京师范大学国际学术交流中心9805室
网　　址：www.huandujiaoyu.com

周志壮：归国立业 创新发明

意大利籍发明人周志壮于1950年7月在浙江杭州出生。现如今，花甲之年的周志壮因在国内投资，在杭州取得三年延期的居留证。

1966年，周志壮初中毕业于杭州市第七中学。“文革”后于1969年去浙江省萧山新湾公社插队落户，1971年被招聘进杭州齿轮箱厂工作，初期为铸造车间造型工，一年后抽调到木模车间从事木模制作五年。

1977年，周志壮被工厂选中成为全厂技术攻关九人小组成员，主持自动化的多项工作。尽管小组中其他八人均为20世纪60年代初哈军工等名牌大学毕业生，但周志壮在其中表现出色。

由于个人的爱好广泛，动手能力强，及为他人做好事的心态，20世纪80年代初周志壮开始无偿为他人设计家具和修理各种当时新兴的家电。也正因此，周志壮看到了国外技术的优越，他毅然决定去国外闯一闯，希望运用个人的才智和能力带来合理的回报和名誉。

周志壮于1983年底来到意大利，1985年开始与国内开展贸易，帮助中国的企业引进欧洲的技术和设备，所涉及的行业广泛。1992年初开始在杭州设立办事处，为国内的产品出口做了贡献。

1998年，周志壮在杭州投资135万美元建成第一个工厂——壮大高分科技（杭州）有限公司，主要生产聚氨酯弹性轮（体育用品用）；后又于2003年在杭州萧山经济技术开发区投资500万美元成立壮大材料科技（杭州）有限公司，购置土地建了总2万多平方米的厂房和2千多平方米的办公楼，该公司采用英国TEER公司磁控溅射的技术，处理金属表面硬度和润滑度。

2007年，周志壮与意大利Profilglass公司合资投资280万美元建成普罗菲尔铝业（杭州）有限公司，生产节能环保的中空铝条，其高频焊接铝条的速度是国内最领先的。目前为南玻集团、信义玻璃等大型玻璃生产商供应中空间隔条。

2007年底，周志壮又迅速在江苏吴江投资1000万美元建成特意科汽车部件有限公司及壮大汽车部件有限公司，主要为上海通用汽车和韩国通用汽车供应动力转向管（OEM）。

现如今，周志壮作为法定代表人的外商独资企业壮大材料科技（杭州）有限公司已经发展成为注册资金为500万美元的高新企业。公司地处浙江萧山经济技术开发区鸿达路267号，自建厂房20000多平方米，办公大楼2600平方米。从2009年开始，公司逐步投入开发、生产取暖炉，目前已有完善的设备和技术。

在公司的运作和管理过程中，周志壮发现取暖炉存在很多传统缺陷（比如干燥等），而且在节能、环保、低碳等方面有着很大潜力可挖，周志壮带领公司研发团队，利用中国人的智慧，设计了一系列新产品、新技术。尤其是一种全新的带加湿功能的取暖炉，在提高室内温度的同时，又能增加室内湿度，从而让人体倍感舒适。

如今，周志壮研究出的九项专利，均已申请专利。两项发明专利申请已进入实质性审查阶段。其中包括：

201019146005.4 带加湿功能的取暖炉（发明） 已授权

201010214982.6 一种燃烧取暖设备的热交换装置（发明） 已进入实质性审查阶段

201029180017.4 带加湿功能的取暖炉（实用新型） 已授权

201020244129.4 一种燃烧取暖设备的燃烧室（实用新型） 已授权

201020244141.5 一种燃烧取暖设备的热交换装置（实用新型） 已授权

201020270214.8 一种取暖炉的出风罩（实用新型） 已授权

201030501285.X 取暖炉（外观设计） 已授权

201020641198.9 一种取暖炉断失电续控装置（实用新型） 已授权

201020658562.2 一种烟道热量回收装置（实用新型） 已授权

多年的努力为周志壮带来了业内极高的影响力。先后有多家媒体，包括《中国信息报》《中国社会科学报》《中国社会科学报科学技术专刊》《中国企业报》均用整版或半版对此产品作了翔实的报道，并将本产品作为重点推广的项目。人民日报出版社的《时政专辑》和求是杂志社研究所的《学习实践论坛》文集均对《中国信息报》刊载的《创造属于中国人自己的技术》一文进行收录和转载。

双霉降解生物基高分子环保材料聚酶酯

作为“双霉降解生物基高分子环保材料‘聚酶酯’”成套技术的执著开拓者，董平摄生于1959年，青海湟中县人，1982年毕业于南京化工学院高分子材料系，1982年至2010年间从事尿素合成、聚酯合成、加氢聚乙烯合成以及酶学工程研究及催化剂研究、成套催化合成聚酶酯工艺技术和装置的开发研究。

20世纪90年代，董平第一个大胆进行全部采用土豆原料酶催化温和液相聚合的方法合成“聚酶酯”双霉降解液体脱气膜的研发，成功开发两个催化剂和四项创新工艺技术，申请六项国家发明专利，其中双霉降解液态酶专用催化剂、甲醇合成93号车用汽油、复合专用催化剂填补国内外空白。

相关专利/专利申请主要包括：液态酶专用催化剂，专利申请号：200910149936.X；甲醇合成专用汽油复合专用催化剂，专利申请号：201110024889.3；聚酶酯合成及装置，专利申请号：200910136776.5；双釜五泵一步法液聚装置，专利申请号：201010004833.7；双霉降解液体脱气膜装饰工艺控制体系，专利申请号：200910131833.0。

其中，双霉降解环保石粉纸制备新工艺是董平长期执著追求、开拓创新，经过从基础研究到应用研究和工程化研究取得的“成套技术处于世界领先水平”的重大科技成果。将对国家生物基高分子环保材料产业产生积极影响，具有重大的科学意义和突出的技术创新性。

该成套技术可生产聚酶酯、环保石粉纸、双霉降解液体脱气膜、包装膜、中空制品等多种制品，特别是可真正实现“替代石油基”的战略目标，为国家形成一个巨大的新型产业群，并创造良好的社会经济效益和环保效益，是使我国生物基高分子环保材料领先于世界水平的重大创新核心专利技术。

现如今，在陕西杨凌集美科技的合作下，已经完成300吨/年规模中试。并建成世界首创、全球第一套万吨级“双釜五泵一步法”合成液态酶催化装置生产线两条（该装置已迁青海湟中经济开发区），各项技术指标都达到设计要求，成果即将进行鉴定。双霉降解高分子环保新材料聚酶酯年产30万吨规模，于2012年底建成投产。

本项目可合作、融资、转让、许可。

联 系 人：董 平　　电　话：15109276896
通信地址：青海省西宁市城北区柴达木路18号健康小区28号楼二单元302室

冯锦满：建设和谐社会从我做起

华夏文明五千年，源远流长；中华文化博大精深，蕴藏丰富。作为华夏之子，我们有责任继承中华民族的精髓，有义务弘扬华夏文明之智慧。

冯锦满自20世纪70年代开始研读中国传统中医药学、针灸学，曾获中医外科及针灸学证书。几十年来潜心钻研中医药、骨伤跌打治疗，为患者提供义诊，解决了众多患者的疼痛症及顽症，从而也在实践中积累了大量的临床经验。为了更好地掌握理疗方面的知识与技术，他于2000年继续深造，深入研究用理疗方法医治疾病，并取得香港城市大学中国理疗专业文凭，这为他日后的发明创造打下了坚实的理论基础。

冯锦满看到很多患者由于疼痛，长期服用各类止痛药及类固醇类药，由此产生诸多副作用，大大降低了患者的身体素质。俗语说："是药三分毒。"化学药品在提炼、制作、合成过程中已造成对环境的一次污染，进入人体内，其药物的副作用造成二次污染，这种发展态势不利于人类社会与自然界的和谐。他希望以他的微薄之力能改善这种状况，希望营造一个健康和谐的社会，人们以预防、保健、运动、食疗为主，尽可能减少服用化学药品，用最环保的医疗方法医病。

现代医学理疗仪器多设置在医院，机器庞大，作用慢，且疗效也不是很理想。冯锦满经过反复研究，多次实验，于2002年发明了第一代"聚能理疗保健仪"（专利号：ZL200520054939）。

该实用新型包括两端分别设有进风口和出风口的壳体，在所述壳体内安装风机和发热组件，一端设在所述出风口处，另一端紧贴患者皮肤的中空导风套，以及在所述导风套上设置聚能组件；所述导风套上设有排风口。利用加热组件加热风机抽入的空气，再从出风口通过导风套到达患者的皮肤表面，并由排风口排除热风，从而可以逐渐加热患者的皮肤，具有不会烫伤患者、安全可靠的优点；并且可以通过热风加热在导风套内设置的聚能组件，使得聚能组件能够产生远红外线、磁能及热能等各种能量聚合或聚焦，集中各种能量同时发出能量射线，加快新陈代谢，使血液循环及各种循环系统运行畅顺，平衡免疫功能，达到保健效果。

几年来，聚能理疗保健仪在治疗骨质增生关节炎、滑膜炎、类风湿性关节炎、糖尿病等领域有明显疗效；对治疗中风后遗症、老年痴呆症、帕金森症、肿瘤等积累了一定经验，可使病情得到控制和缓解。

冯锦满的发明创造得到了诸多方面的支持和认可。冯锦满说："发明创造源于我对中国传统医学的赤诚之心，我要继续工作在创新技术的第一线，为人类和社会创造更多的科技财富。让我手中的仪器为更多人造福，构建和谐社会从我做起。"

申请人／专利权人：冯锦满

通信地址：香港新界大埔富亨屯亨盛楼905室9/F

黄大卫：实力彰显年轻魅力

而立之年的他已经驰骋在地产、传媒和酒店等行业多年，他前瞻性的国际视野、严谨科学的处事风格、精湛的企业管理技能、优秀的品德魅力，彰显于各管理细节之处。这位年轻人就是黄大卫，英文名 David Huang，留学回国后进入大中华国际集团，经历了从基层员工到集团执行董事的蜕变。

大中华国际集团是一家集金融、地产、商业、酒店、能源、港口等多元化经营于一体的外商投资企业，总投资超过 200 亿元。经过 20 多年的发展，其项目遍及香港、澳门、北京、天津、上海、广州、四川、贵州、内蒙古、辽宁等地。集团立足深圳、面向国际，以“敢为天下先”的精神大胆引入国外智库，凝聚高层次、高素质的人才队伍，打造无国界航母企业。“大中华”这一独特的品牌内涵，不仅源于“世界大中华”的民族情感，更承载了一个民族经济崛起的梦想。集团正以无国界的宽广视野，通过“共同发展、共同富裕”的经营理念和自身努力，为建设和谐、富裕的大中华做出更大贡献。

黄大卫在担任大中华国际集团执行董事的同时，还创办了传媒广告公司、运动俱乐部、商务客栈等，为集团的综合发展探索道路，同时，这些项目又受益于大中华国际集团强势的集团背景和雄厚的资金资源支持。特别是其创办的矜诚传媒，既充分借助和利用集团现有平台，又有利于集团的宣传，提升品牌价值，还能向产业化方向发展。

黄大卫不仅是一名优秀的企业管理者，他还担任众多的社会职务，如深圳市青年联合会委员、深圳市青年企业家联合会常务理事、深圳市商业联合会常务副会长、深圳市中级人民法院调解员等，他以满腔的热情和充沛的精力积极投身于社会事务中。

年轻的魅力在于无限的活力和创造力，他用实力展现着年轻人的魅力。2009 年，他发明的数码音频播放器（两种）荣获国家知识产权局颁发的实用新型专利。2010 年，其发明的数码鸣香器再次荣获实用新型专利；同年，其发明的一种装饰型领角片荣获实用新型专利，目前该专利产品正在进入美国专利申请阶段。2011 年，其发明的空气净化播放器第三次荣获实用新型专利。

特别要说到的是“数码音频播放器”，专利号：ZL200820095700.3。该实用新型涉及一种多功能数码播放器，其包括相互电连接的主机播放器构件和副机播放器构件；所述主机播放器构件包括主机壳体；在所述主机壳体内设置有数码音频播放装置；所述副机播放器构件包括副机壳体，在所述副机壳体内设置有臭氧发生装置和／或负离子发生装置。通过设置与主机播放器构件电连接的副机播放器构件，在该副机播放器构件内设置臭氧发生装置和／或负离子发生装置，从而可一边播放音乐，为使用者带来轻松愉快的享受，另一方面，又可通过臭氧发生器和负离子发生器释放出来的臭氧和负离子净化空气，给使用者营造一个健康的使用环境。

黄大卫的人生和经历是新世纪年轻人的榜样。

田克恭：
“高致病性猪蓝耳病”的克星

2006年以来，我国南方暴发了一种以高热、高发病率和高死亡率为特征的猪“高热病”，该病迅速蔓延至我国多个省份以及越南、老挝等邻近国家，使我国畜牧业面临极大威胁。奋斗在农业科技战线上的科学家们集中智慧攻克了这一威胁。

现任中国动物疫病预防控制中心兽医诊断室主任的田克恭研究员多年来一直致力于动物疫病诊断检测与防治技术研究工作，经过一系列研究，他明确提出猪“高热病”的原发病原是此前尚未发现的猪繁殖与呼吸综合征病毒（Porcine reproductive and respiratory syndrome virus，PRRSV）超强变异株。我国政府据此将该病命名为“高致病性猪蓝耳病”（Highly pathogenic porcine reproductive and respiratory syndrome，HP-PRRS）。

疫苗免疫是防治该病的最佳手段，利用新发现的病毒变异株研制疫苗成为防控该病的关键。在之前的研究基础之上，田克恭发明了“猪繁殖与呼吸综合征疫苗、制备方法及应用”，并申请获得了国家专利，专利号：ZL200710086549.7。该技术利用分离到的病毒变异株成功研制出灭活疫苗和活疫苗，解决了高致病性猪蓝耳病防治的核心问题。国家对于该病毒疫苗的研制给予了极大的支持，农业部将这两种疫苗纳入国家动物疫病强制免疫计划，作为本病防控的主要技术手段。

田克恭研制成功的预防高致病性猪蓝耳病的疫苗迅速在全国范围内普及，其专利技术也迅速得到转让。截至2010年12月底，该专利2项技术共实施了28项转让。其中，“高致病性猪繁殖与呼吸综合征灭活疫苗（NVDC-JXA1）”技术共计转让给19家企业，获得转让费用3800万元；“高致病性猪繁殖与呼吸综合征活疫苗（JXA1-R株）”技术共计转让给9家企业，获得转让费用9000万元。专利权人田克恭因此获得技术转让费用1.28亿元人民币。实施企业累计销售专利产品38亿余头份，新增销售额44亿元，新增利润25亿元。此外，产品还出口至越南、老挝等国家，广泛应用于高致病性猪蓝耳病的防控，在为我国新增出口额1175万元的同时，对迅速控制越南、老挝等东南亚国家高致病性猪蓝耳病疫情、稳定亚洲地区生猪养殖业起到了决定性作用，有力提升了我国在全球动物疫病防控工作上的地位和话语权。

此外，“猪繁殖与呼吸综合征疫苗、制备方法及应用”专利也于2010年获得第二届北京市发明专利奖一等奖，并成功入选“十一五”国家重大科技成就展，充分体现了其在动物疫病防控领域、畜牧业生产乃至保障国民经济健康发展、维护社会稳定、提升国际地位等方面所发挥的重要作用。

人物风采

田克恭，男，博士，研究员，现任中国动物疫病预防控制中心兽医诊断室主任。先后主持/参加国家级各类科研课题20余项；主编/参编《人与动物共患病》等著作20余部，发表论文160余篇；获科技成果奖7项；获国家发明专利5项，农业部新兽药注册证书8个。被评为农业部直属机关2006～2007、2008～2009年度优秀共产党员，获得“农业部有突出贡献的中青年专家（2005）”、“新中国60年畜牧兽医科技贡献奖（杰出人物）（2009）”等荣誉称号。确诊了高致病性猪蓝耳病，研制成功灭活疫苗和活疫苗，为我国高致病性猪蓝耳病的防控做出了贡献。

刘国忠：把生活装饰得更美丽

人物风采

刘国忠，男，四川苍溪县人，生于1943年，中国行业科学研究会著名专家委员；中国国际经济发展研究中心高级研究员；世界杰出华人；中国英模促进会理事。

刘国忠于1965年参加丹巴云母矿工作，曾任技术员、工程师、副厂长、厂长等职，曾研究开发“丹川牌”MPM3粉云母绝缘纸，耐高温粉云母绝缘管、绝缘垫，HP5耐高温粉云母绝缘板，获美国UL认证为进出口免检产品。1985～1987年曾在伊拉克工作三年。20世纪90年代初开发出500吨级高档湿磨云母粉生产线，并与成都化工研究设计院建成了云母珠光颜料生产线，《中国专家人才库》第三卷曾收录其业绩。2003年组建成都众缘鑫珠光科技有限公司，任法人代表、总经理、总工，研发出“氟金云母珠光颜料及其制作”发明专利。

企业名片

彭山众缘鑫珠光科技有限公司，承接于成都众缘鑫珠光科技有限公司。原公司成立于2003年1月，2010年4月重组，注册资金1800万元。公司占地面积计划6万平方米，是以研发生产销售专利产品“氟金云母珠光颜料”为主的高科技企业。公司以从事云母制品40余年的老专家为核心，长期与四川大学人工晶体研究所技术人员协作，有雄厚的技术支撑和研发实力，有管理大型企业的丰富经验。

公司以自有发明专利为基础，将云母合成、云母粉、珠光颜料三套各具特点的工艺技术组合成系列生产线。公司管理人性化、技术优先化、装备现代化、产品高端化，以研发生产高附加值精品为企业生存发展之主要目标。

专利介绍

发明专利“氟金云母珠光颜料及其制作”（ZL2005100205680）是属于彭山众缘鑫珠光科技有限公司的一项技术，发明人为刘国忠等。该发明产品是以人工合成云母为基材，用一种特殊工艺加工成10～100μm的透明薄片在特殊环境下外覆以多种非金属纳米氧化物后，经高温烧结而成的颜料。是一种环保型装饰性极强的表面涂层装饰粉末颜料，该颜料具有多色普变色闪光效应，鲜艳亮丽，呈珍珠光泽或金属光泽，拆光指数2.6～2.96，用它装饰物体表面，会使被装饰物发生质的变化。富于立体感，其珍珠光泽和闪光效应使物体光彩悦目、富丽堂皇。在室内永不褪色，在室外经久鲜艳。

该产品化学性能稳定，无毒，无味，阻燃耐光，耐候，耐酸、碱、硫，抗紫外线，抗辐射，耐高温达1350℃，不导电，不脱落，不龟裂，不褪色，比重小，易分散在任何载体中，不受应用领域的限制。广泛应用于化妆品、汽车、航空、航海、国防军事、工艺品表面涂装，建筑文物保护表面涂装，塑料珠光包装膜、瓶，油墨印刷，皮革涂装，陶瓷、搪瓷釉料等各个装饰领域。能替代金、银珠宝装饰。氟金云母珠光颜料除性能优于天然云母珠光颜料外，而且是可再生资源材料。

该发明技术含量高、经济效益好、使用范围广、市场潜力大，具有广阔的发展前景。该产品的投资利税率86.8%，投资利润率56.7%，投资回收期24个月。

俞善锋：反光纽扣生产工艺及其方法

人物风采

俞善锋，男，浙江嘉善人，民建会员，中国发明协会会员，中国日用杂品工业协会纽扣专业委员会理事，《不饱和聚酯树脂纽扣》国家标准主要起草人之一，浙江省科普作家协会会员，浙江省民建企业家协会理事，浙江省浙商研究会理事，从事制造业16年。部分作品发表在《大众科技报》《科学24小时》《精英》《中华名人格言》《科普作家报》等知名报刊上。已申请发明专利13件（1件已授权），实用新型专利9件（3件已授权），外观设计专利12件（已全部授权），并已着手产业化。现投资开办企业有：嘉善天路达工贸有限公司、嘉善天路聚脂纽扣有限公司、嘉善县天达纽扣厂等。

公司简介

嘉善天路达工贸有限公司创建于2005年7月6日，地处江、浙、沪交界的中国纽扣之乡——嘉善大舜服装辅料创业园。公司现有土地 6900平方米，有厂房9000平方米，公司专业制造纽扣、服装辅料、箱包配件、工艺品等。公司以其各有特色的九大车间和七个职能部门和一个研发中心相互协调、相互保障。办公和生产流程使用ERP管理软件系统，人力资源上采用计分考评制绩效管理模式系统，质量管理已通过ISO9001-2008质量管理体系认证。公司注重科技研发和新产品开发，已和国内一些大专院校签订合作协议，建立人才培养、科技开发、信息交流和技术服务等方面全方位的合作关系，是国内同行业中唯一一家被浙江省科技厅认定为科技型企业的公司，是嘉善县专利示范企业，所研发的发明专利产品在2010年上海世博会上展出销售，并获得好评。

公司已申请有发明专利13件（1件已授权），实用新型专利9件（3件已授权），外观设计专利12件（已全部授权），并着手产业化。主要注册商标有：天达及图形，天路达，TLD，天露石。产品主要提供给服装厂、箱包厂、外贸公司，还远销日本、韩国、欧美、东南亚等国家和地区，深受客户青睐，久享盛誉，并有幸成为很多客户的指定供应商。公司能生产符合国际标准的无镍、无偶氮、无毒、无铅、无邻苯二甲酸脂、抗撞击、过检针的环保产品。

发明简况

反光纽扣及其生产工艺（专利申请号：201010276184.6）

反光纽扣及其生产工艺，旨在提供一种价格低廉，生产方便，可进行大批量生产，能长期反光的纽扣及其生产工艺。反光纽扣的材料中含有反光粉。反光纽扣的生产工艺依次包括有：纽扣坯的制造、纽扣的成型、纽扣的抛光。在夜间经光线照射后纽扣会有反光，可以避免事故的发生，减少人员伤亡，降低经济损失，尤其是老人、儿童、道路工作人员十分需要，相比现有的发光纽扣，它具有结构简单、生产方便、使用寿命长、外形美观、制造成本低、工艺简单的优点。

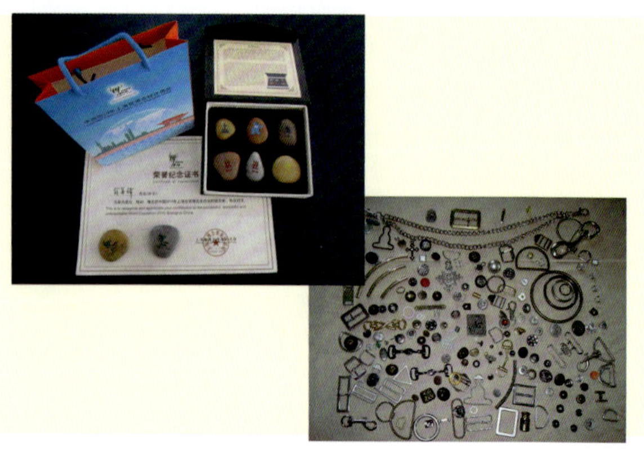

电　　话：0573-84562222
通信地址：浙江省嘉善县西塘镇纽扣工业园区23号
嘉善天路达工贸有限公司

杨建敏：家庭工业节约水资源减少排污方法

人物风采：杨建敏，女，1957年出生，大专学历，1974～1982年在内蒙古建材非金属地质队实验室，从事化学分析工作。1982～1994年，在山东枣庄企业从事标准化质量管理工作。1994～1996年进入外企从事物理实验工作。1996年至今从事自己专利产品的研发、申请专利、转让及自己专利产品的生产、销售、推广工作。

杨建敏通过多年的科研实践设计了理化实验室用水制备器，使用一年后申请专利，该专利产品改变了我国在此之前试验用水使用蒸馏水器制水的方式。至今在全国每一个省都有不少于10家的企业还在生产、销售该专利产品，解决了旧式蒸馏器制水耗电量高，易结垢、爆管，设备难清理的难题。

2000年后杨建敏又设计并申请了多项专利：(1)实验室用多功能仪，该产品已生产、销售一年。(2)家用废弃物制饲料肥料机（已授权）。(3)防水、气泄露装置。(4)家庭用水综合水处理方法（已授权）。其中，让杨建敏最重视也最满意的要属家庭用水综合水处理方法的各种应用。

家庭用水综合利用方法（专利号：ZL200810015453.6）

技术原理

本发明的核心是：两支并联的过滤器（滤材可任意选用），当过滤器正常工作时两支过滤器同时过滤自来水，同时过滤出净水，过滤后残留的污物留在滤材的下部或四周，反冲时用一支过滤器滤出的净水反冲另一只过滤器中残留的污物，相互反冲两次，即可将两支过滤器中残留的污物全部冲出。

实用价值及意义

家庭用水综合水处理方法由杨建敏和儿子吴晓从研发到产品推广共同完成，此专利可用于十多项产品（洗衣机、实验室制水设备、热水器、纯水机、饮水机、净水器等产品）及多种行业（食品、化工、高层二次供水、污水处理、洗染等行业）。它的最大优点是以最低的生产成本、最简单的方式利用自来水的压力，不需外加压力设备和动力就可以达到最好的效果，大大降低了以上设备、行业的设备使用成本和运行费用，按照此专利生产出来的系列产品的使用还有助于在发生火灾的时候，保证人们的生命安全。

市场前景

1. 用于洗衣机。现在市售洗衣机，因为缺少去除悬浮物铁锈、泥沙（也就是我们大家看到家用净水器过滤出来的污物）的设计，造成我们在频繁洗衣服的同时这些污物也在不断地附着在我们的衣物上。用该专利方法的主要零部件设计的洗衣机，因为有效去除了水中的污物，一遍便可以将衣物上附着的尘土洗干净。使用了家庭用水综合处理方法核心技术的洗衣机，只需要现在市售洗衣机1/6的水，少量香皂一搓，就可以将衣服洗干净，因为不需要加入洗衣粉，不需要二遍的清洗设计。

2. 用于实验室制水设备中。该专利的优点是：现在市售的实验室制水设备中，反冲是通过自来水从出处进入，从进入的地方再出去。也就是过滤器两面用，两面同时被污染，将污染物冲到了下一单元的过滤设施中，造成堵塞和频繁更换过滤零部件。而本专利生产的该设备反冲时用的是去除水中污物的净水反冲，消除了反冲的二次污染。

3. 用于热水器上。该专利用在热水器上，可以使水中污物不能进入热水器中，既保证淋浴用水的洁净，又能使水中的污物不沉淀在热水器中影响热效率。尤其是在即热式热水器上使用，可以延长加热元件的寿命。

4. 用于软水器中。可消除水中污物对树脂的污染，防止因树脂污染而中毒造成树脂失效，延长了树脂的使用寿命。

5. 该专利用在高层二次供水上，可以提高送水质量，同时延长泵的使用寿命。

6. 该专利在纯水机、净水器、饮水机、全屋净水中的应用，延长了净水器、饮水机，RO膜中空纤维、纳滤、陶瓷等精密过滤滤材的使用寿命，降低使用成本。

7. 该专利在污水处理中应用，可以有效降低污水处理的费用。一个家庭一个月只用几角钱，可以节约80%的生活用水，洗衣服不用洗衣粉（液），洗头不用洗发水，洗澡不用浴液，效果比用的还好。样机已经使用五年，随时可以验证。用在食品、化工、洗染等行业，可以使厂方提高生产用水水质，有效降低水中的悬浮物、铁锈、泥沙含量。

林宗全：中医预防治疗老年性痴呆的创新成果

人物风采

林宗全，董事长，高级中医师，原吉林省军区医院第四分院中医疑难病专科主任医师，现任中国成都肽蕾生物科技有限公司董事长，解放军总后勤部第二医院主任医师（客座）。1955 年应征入伍，考入陆军卫校，毕业后再次学习西医、中医大学本科，深造两年、出国三年。坚持科研与实践相结合，主攻老年性痴呆、癌症、尿毒症等的防治。

2009 年 7 月应邀出席人民大会堂“庆祝建国六十周年中医药名家高层论坛”，获荣誉证书、奖杯。

2010 年 5 月应邀出席全国人大会议中心“第二届中医药名家高层论坛”，荣获“林宗全纪念勋章”等荣誉。2011 年 1 月受聘为“国家国医网健康顾问委员会主任委员”。2011 年 4 月应邀出席在北京政协礼堂召开的《中国中医名医名科名院品牌博览》大型史册首发仪式，获得“中国中医名医入选纪念奖牌”。2011 年 10 月获得中国国家人才网专业人才库入库证书。

成果介绍

成果之一：中药治癌

以中医药治愈癌肿和各种疑难病等。比如脑肿瘤、脊髓肿瘤、脑胶质细胞瘤、脑血管瘤、乳腺癌、口腔癌、胃癌、肺癌、三叉神经痛、脑萎缩、老年性痴呆、尿毒症等。

成果之二：申请专利

991 心肾康——治疗老年性痴呆制剂，申请国家发明专利。

关于老年性痴呆，中国传统医学早在 2000 年前就有论述和记载：病位在脑。这与现代医学的认识是一致的。关于此病，国内外医学界长期研究不断提出许多新说法，但是，迄今为此发病原因仍未弄清楚。目前临床上治疗老年性痴呆，没有疗效理想的药物，老年性痴呆仍属于国内外医学界的难题。

创业心态 报专利西部行

飞天涯

医疗生涯肆零余　快报专利速投产
南北边疆足迹留　五种项目选一项
邻邦三载草原伍　申报专利三年前
西二中一两深研　项目成熟又领先
优为草原获锻炼　超美超德超日韩
各科疑难写新篇　药名神秘又象征
比如内科与外科　中药命名久久一
儿科牙科神经科　后面再加心肾康
综合沉疴老年科　西名命名N·M醇
永驻草原难治完　前面再加竞肽蕾
离开草原心惦念　注册商标肽蕾牌
医术暴炼硕果莲　商标图案内涵宽
勤政主任治疑难　创新未离传统篇
世界动态激发我　产品简介肖像先
日韩连年吐狂言　外观独特报专利
中药称霸冲在前　品牌咏诗风景鲜
六十三十东方三　欣赏歌颂五千年
古人童话今天演　咏诗防病肽蕾茶
中药发源在中国　健康长寿必饮她
二末繁荣流日韩　肽蕾生物总公司
含怒沉幕志未完　火箭心态志向全
投豪进京瑞心愿　中央决策百姓赞
空中地面连续三　西部开发人才先
三进三归久未眠　入世中药贡献大
信电指导莫迟延　瑰宝长翅飞天涯

博览经典 赛仙丹　中国韵阴阳五行 非神话

五千年文明　神舟古人贡献大
象征我中华　中医理论悠天下
自然界寻药　药食同源杰创新
人类第一家　肽蕾公司韵精华
理论神秘疗效怪　生物归经免疫强
长寿秘诀经典藏　红蓝青绿天然声
四大发明源东方　山川野生无激素
辉煌悠悠流西洋　益菌解毒驱邪气
创新成果报专利　润心舒肾久玫畅
重演侵权法不饶　阴阳平衡百病消
中药天然无污染　养心补肾肽蕾茶
养心长寿赛仙丹　梦超佰伍非神话

成都肽蕾生物科技有限公司

董事長：林宗全 作品選

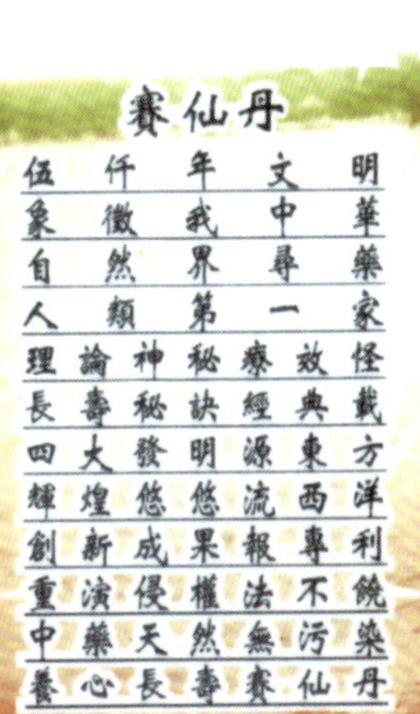

991心肾康——治疗老年性痴呆制剂（专利申请号：99100223.7）。991心肾康是一种抗衰老，预防、治疗老年性痴呆的纯中药制剂。其药理是扶正祛邪，平衡阴阳，逐瘀经络，治标治本，抗衰防老。服药一至三周，逐渐见疗效，连续服药半年以上，无毒副作用，无蓄积等不良反应，停服药后，疗效稳定。

成果之三：创建公司

为发挥中医药更大的效益，创建成都肽蕾生物科技有限公司，研制、开发、生产、销售生物制品。以纯绿色的天然优势，形成了"肽蕾"品牌独特的内涵和外观，弘扬中华民族医药的优秀文化传统。

成都肽蕾生物科技有限公司2003年3月20日成立，研发出肽蕾生物茶a、n系列：

a系列：肽蕾养心补脑茶；肽蕾补肾壮骨茶；肽蕾养心清肺茶；肽蕾疏肝利胆茶。

n系列：肽蕾养心降压茶；肽蕾补肾转阳茶；肽蕾养心补肾茶；肽蕾宽胸舒泄茶。

张进发：海南—DF380 一次成型式开沟机的研制是逼出来的

每年海南省的反季节青皮冬瓜的种植面积达6600多公顷，按常规的做法是拖拉机犁沟，然后用人工挖整，而人工挖整每米价格是1元，每亩沟总长180～200米，需用开支180～200元（人工费）。三个劳力第一天能挖一亩，第二天第三天以后由于劳累，三个劳力挖不了一亩（每人每天能挖50～60米，而人工挖沟的深度、质量是不达标的）。所以需要大量的劳力。而这时是农忙之时，谁都想赶季节，抢农时，争劳力。你争我抢，必然引起你加价、我提码的局面，为争劳力引起打架的例子时有发生，对成本的投入和种植面积的扩大及社会的和谐都有不好的影响。

海南省6600多公顷冬瓜沟需要30多万个劳动力和1800万～2000万元的投入，从全国的角度来看是以亿元为单位了。

青皮冬瓜沟的规格按农艺要求：深度为35～38cm，下底平、宽度为22～24cm，上底宽为35～38cm，国内外农机市场均无此规格型号的开沟机。2002～2003年我们多次向全国一家比较知名的旋耕机厂提出要求订货生产，厂家不肯接受。

经过6年研制，海南—DF380一次成型式开沟机研制成功了，其结构简单，造型美观大方，坚固耐用，高效，节能，必须尽快批量生产，供应市场造福百姓。

一次成型式开沟机（专利号：ZL200820179856.X），本实用新型公开了一种一次成型式开沟机，包括轮式拖拉机，其特征是在轮式拖拉机的后部设置支架，在支架上设置刀盘，刀盘通过动力传动装置、传动轴与轮式拖拉机的变速箱连接；在刀盘上固联旋耕刀片，旋耕刀片的弯曲方向从刀盘圆面的中间分别朝向刀盘两侧。本实用新型结构简单，使用方便，在利用现有农用机械的前提下加装挖掘支架，成本低，效率高，其能一次性将田地里所需要的沟挖掘出来，能更好地满足农业生产的需求。

该产品成功问世以来，求购的农户很多，他们迫切要求尽快购到此机，他们算了一笔账，假如1万元／台，只不过是3～5天的时间就可以收回成本。实施批量生产后，成本可大幅度降低，零售价估计在7000元／台左右。如果国家购机政策不变，国家补贴30%，大概农户用5000元就可购得一台，所以工作2天就完全收回成本，何乐而不为呢？因为一台机子每小时可开沟4～6亩，一天开沟30～50亩，每亩开沟价按70元计算（用该机子开沟2011年的实际价格是80～90元／亩），每天可收入2000～3500元。深受农民群众的欢迎，是一台不可缺少的致富机具，是冬瓜种植专业户的福音。用DF380型开沟机每亩可降低成本100～130元，就海南省来说，单冬季反季节青皮冬瓜种植的项目，一季就可节省30多万个劳动力和1300多万元的投入成本。

该产品不仅在青皮冬瓜开沟中独唱主角，在农业生产中也大有用途，如在粮食生产中，在瓜果菜、香蕉、花卉栽培等的园林地的排、灌水沟中都大有作为。芒果、橡胶林等园地的压青、施肥的人工挖沟都将全面实现机械化。经实践证明。它带水作业的效果更令人满意。在农业机械这个大家族中，它是值得信赖的一员。生产系列产品可满足各种不同项目的需求。每年我国北方地区出现几百万亩甚至几千万亩麦地（庄稼地）因连续阴雨天气出现大面积湿地，无法下种的情况，如果用本开沟机开沟吊水（沉水）2～3天或3～5天就可以下种，无误农时。这是我们8年来的实践经验，用本开沟机开沟在抗旱、排涝中具有不可替代的实用价值。

例如：2008年，同是红皮南瓜地各33.3公顷，郑向荣老板在备耕好的瓜地四周和瓜行中间开好沟。结果在此后连续下起四天雨（台风），由于有沟排水保护，瓜苗没受损失，稳产高产，这季瓜赚了139万元。而李贤马老板瓜地不开沟排水，台风过后10天左右，大面积瓜苗出现烂根死苗，造成亏损，血本无归……本开沟机的确是我们农民致富的好帮手，抗旱排涝保丰收。

与机型604、654、704、754、804、904拖拉机都能配套作业，是一台安全高效、低耗节能、适应性能广的好机子，使用它一个月可纯收入4～5万元左右。它的研制成功，填补了国内外农机市场的一个空白。

张福全：研制新型节能减排产品

人物风采：张福全，山西忻州人，一级建造师，一直在建筑行业工作，任工程师已有 18 年。1993 年毕业于太原理工大学，就业于上海冶金建设公司。在工作生活中富于幻想喜欢新奇，当过技术总工、总监代表、混凝土实验室主任，曾就职于膜结构公司，任项目经理。

任职实验室主任期间，为湿式法沙子含水测定仪的研究申请了专利，并在实践中加以应用。

公司简介：上海（本祥）遮阳科技制品有限公司，公司顺应着时代的潮流，在太阳膜制品的设计、施工过程中，积累了大量的设计技术、施工技术与施工管理经验，更注入了新鲜的理念和社会责任感，参与到社会环境建设中来。

目前全球变暖的状况已是不争的事实，为了“后天”的紧迫使命，我们建立注册了新型的公司，精诚为社会大众服务。目前主要加工制作防震减灾棚、百叶窗、折叠式遮阳罩等产品。

案例 1：一种可调节式遮阳百叶窗（CN201020541408.7）

一种可调节式百叶窗，叶片两端受拉，并环绕中轴转动，调节角度 0 ~ 180 度，可有效减低热胀冷缩影响及以往叶片的不稳定，同时实现了遮阳隔热、调节风向、采光、保温、减低噪声、隔断视线的效果。并在全闭合状态下不需要照明，仍能保持室内光亮，起到节约用电、降低能耗的作用。

产品选用先进的材料，高强、自洁、耐久，为实现节能减排目标，同时为各类建筑外遮阳的强制性标准实现提供了技术支持和物质保障。

该产品是目前国内唯一满足通风、隔热、采光、隔断视野、防护外物冲击的高自洁的产品，用 PTFE 材料制作（A 级防火材料）。

使用伺服电机驱动。叶片根据环境可以选择 48 或 96 叶片系统，可以安装在室内或室外，屋面也可以安装。链杆驱动方式可以满足三角形和圆形的屋面要求。叶片可以调整进入室内的光线。控制方式：手动控制、无线遥控，户外采用阳光、雨水、风的感应智能控制。该产品能有效抵御冰雹的冲击，使物体免受伤害。

案例 2：折叠式遮阳罩

用 PVC 及 PTFE 材料作为遮阳面料，具有耐久性、自洁性特点，设计寿命为 10 年及 25 年以上。在夏天可以打开遮阳，冬季折叠后摄取阳光，增加透明度及取暖面积。开起与折叠达到双收的经济效果。而且晾衣服时可以避免上边落物的污染。面料全部采用法国及进口材料制作。

案例 3：防震减灾棚的开发利用

材料使用目前新型的 PTFE 材料（A 级不燃材料），具有 25 年以上的设计寿命。为您提供休闲娱乐或躲避灾害时居住的高性能产品。具有完整的安全结构，有漂浮装置，有减震机构，满足地震、水灾时的自救需要。密闭的存储空间，使您高枕无忧，防患于未然。

案例 4：充气式气囊可以作为投影仪屏幕

案例 5：内遮阳装饰产品

内遮阳装饰产品

李荣标：发明爬楼轮椅

第二人生 立志创业

“退休是第二人生的开始！”李荣标很赞成这句话。他说：“我不愿意闲着，尽管我的退休金允许我闲着。”退休后的李荣标，本来想再写两本书，一本记录两个在美国工作的女儿（她们生在中国、学在日本、工作在美国，经历颇曲折奇特），一本是自己的回忆录。“但我觉得我自己太年轻，第二人生刚刚开始嘛，写回忆录为时太早，女儿的书也可以推一推。”李荣标笑着说。

结果是退下来后的三个调查使李荣标下定决心“投笔从工”。第一个调查是中国有残疾人 8296 万人；第二个调查是中国有老年人 1.32 亿，中国已成为老年型国家，而且中国老龄化高峰今后将持续 20 年；第三个调查是全国大中小城市的普通居民楼绝大多数为五六层，没有电梯，这就使得残疾人和老年人上下楼成了极大难题，也成了子女的心病！由此李荣标得出了结论：“残疾人需要爬楼轮椅，老年人需要爬楼轮椅，子女们为了孝敬父母需要爬楼轮椅！”

2005 年，李荣标开始研究爬楼轮椅。为了研究和试制，他放弃了城里舒适优越的生活，为了省房租来到农村。为了搞实验，他卖掉了在北京市内的一处两层的复式楼，用卖房钱和退休金在农村租了厂房，买了各种机床，雇了工人，买了各种原材料开始发明和生产。“夏天要和苍蝇斗，秋天要和蚊子斗，冬天要和煤灰斗，春天要和寒风斗”，这是李荣标退休后创业的真实写照。经过两年的研究和试制，终于在 2007 年 9 月使产品定型。

为了使产品能够上市和销售，在关心他的朋友的建议下，李荣标又跑发改委、商务局、工商局、外汇局、国税局、地税局、银行、保险公司等单位和部门，用了半年多的时间终于在 2007 年 12 月 29 日拿到了营业执照、税务登记证。

成果可喜 福泽于民

李荣标发明生产的“手扶电动多功能爬楼轮椅”产品是星轮系结构，由四大部分组成：第一部分是可折叠座椅部；第二部分是驱动部；第三部分是控制部；第四部分是星轮系部。

其中第一部分可折叠座椅部由椅座架、可拆卸椅背架、可折叠椅扶手、反向弯头、上下楼用扶手、平地扶手、可折叠脚踏支架、可折叠安全支架、安全支架用托架、安全带组成。可折叠椅背架用可拆卸穿钉固定，从而实现拆卸整椅装入轿车的目的。

第二部分驱动部分由电动机、减速机、蓄电池、齿轮盘、齿轮、链条组成。链条连接电机和减速机的小齿轮，从而起到传输动力使五星轮运转的目的。

第三部分是控制部，由手柄控制电机开关、安全支架控制开关、安全支架电磁铁控制器、安全支架显示灯、靠近开关、上下楼开关、电源总开关组成。由于本发明是由人手扶该电动爬楼轮椅的，为确保安全和万无一失，特别设计了可折叠安全支架以及定向轮刹车系统。

第四部分是星轮系部，由固定在轮轴上的五星轮支架板以及五星轮、固定在安全支架上的定轮和万向轮组成。五星轮和支架板是根据城市居民楼楼梯的实际尺寸设计的，从而达到容易爬楼的目的。定向轮在爬楼时起辅助作用兼刹车作用，万向轮是平地行走时使用的，爬楼时处于闲置状态。

本发明通过以下动作达到爬楼目的：打开手柄电机控制开关，接通电源，蓄电池开始供电，电动机运转，通过链条带动齿轮运转，轮轴同步运转，因为五星轮是固定在轮轴上的，因而也同步运转，达到爬升楼梯或下降楼梯的目的。由于是以机械动力提升或下降爬楼轮椅，因而大大节省了爬楼的人力。在本发明的安全支架系统中，当握住或松开安全支架控制开关时，即可控制安全支架电磁铁控制器，可以使可折叠安全支架的挡销松开或锁紧，从而保证可以停止在任何一层楼阶上，使电动爬楼椅自动停止，不会出现任何危险，进而保证人的生命安全。当安全支架锁紧时指示灯通过靠近开关会亮，这样可以使陪伴推椅人明了安全支架已支稳。

为进一步保证人的安全，爬楼椅还在定向轮处设置了定向轮刹车系统，当安全支架支在任何一层楼阶时，定向轮可牢固地刹住，不致滚翻。此外，本发明爬楼轮椅还设置有安全带，使乘坐者更安全。

该发明的特征，首先是可折叠安全支架的设计，使乘坐者更安全，同时可爬楼和平地行走。由于万向轮的设计，可以使爬楼椅在平地就地旋转360度，极其方便和灵活。由于反向弯头的设计，使陪伴推椅人更轻松和省力。由于可折叠脚踏支架的设计，使乘坐者更舒适。由于是可拆卸的，椅背架可以自由取下拆开，脚踏支架可以向上折叠，安全支架可以从下往后折叠，椅扶手也可以自由折叠，从而极大地方便使用者和缩小了包装体积，可放在小轿车内运输旅游。

手扶电动多功能爬楼轮椅的使用范围广泛，既可以是上下楼困难的残疾人、老年人，也可以是儿童，或是一切爬楼困难的人。本发明除可在居民楼使用外，还可以在医院、养老院、干休所、急救中心、公共设施等处使用。本发明的五星轮还可以更换为根据居民楼的楼梯尺寸设计的四星轮或三星轮，座椅可以更换为行李箱或简易货物车，更换为行李箱时可以当做旅行运输工具，更换为简易货物车时可以轻易地使大型彩电、冰箱、洗衣机、煤气罐、啤酒箱以及工厂运送零配件等笨重物体爬楼，从而极大地节省人力资源和劳动力。

嘉奖攸归 实业报国

李荣标注册成立的北京金运世纪高新技术有限公司由北京市工商行政管理局批准，成立于2007年12月29日，公司经营年限50年。

作为一家生产手扶电动多功能爬楼轮椅及其系列产品及高新技术产品并销售自产产品的新型企业，北京金运世纪高新技术有限公司于2009年6月10日由全国高科技质量监督促进工作委员会将gfc牌手扶电动多功能爬楼轮椅列入“国家质量监督检测合格—全国质量信得过产品”（重点宣传单位）并颁发证书和奖牌。

2009年12月26日，全国高技术产业化协作组织、全国高技术产业化协作组织战略研究室专家委员会、中国自主创新产业发展年会组织委员会授予北京金运世纪高新技术有限公司“中国自主创新产业最具商业品牌价值企业”称号并颁发奖牌。

2009年12月30日，通过ISO9001国际质量管理体系认证并获得证书。

2010年3月28日，获国家商标局颁发gfc商标注册证，证书号第6589448号。

2010年4月13日，CHC全国高科技质量监督促进工作委员会将北京金运世纪高新技术有限公司生产的手扶电动多功能爬楼轮椅列入“中国优秀科技创新产品”并颁发证书和奖牌；同日，中国中轻产品质量保证中心为北京金运世纪高新技术有限公司颁发证书和奖牌：“经审核，你单位生产的手扶电动多功能爬楼轮椅，在本次活动中为：中国消费者满意名特优品牌（重点推广单位）。”

2010年5月，中华爱国英才报效祖国活动组织委员会授予北京金运世纪高新技术有限公司“中华爱国先进示范单位”荣誉称号。

2010年7月，中国市场品牌战略管理联合会、中国质量管理中心“根据行业权威信息比对、对入围企业（品牌）的‘质量、服务、信誉、社会形象、知名度（美誉度、忠诚度）、对企业效益的拉动、对行业的影响、对百姓生活的影响、对我国经济的影响及其他影响力’等进行评价，综合评定”，北京金运世纪高新技术有限公司生产的手扶电动多功能爬楼轮椅荣获“中国爬楼轮椅行业首选第一品牌”称号，并颁发荣誉证书和荣誉证牌。

2010年11月1日，中国管理科学研究院、中国社会经济文化交流协会、中国中小商业企业协会、中国行业领先品牌企业推介活动组委会给北京金运世纪高新技术有限公司颁发“中国AAA级重质量守信用企业”、“中国十大诚信品牌”荣誉证书和证牌。

2011年3月22日，爬楼轮椅荣获由全国26个省市参加、1037项发明项目参赛的“北京发明创新大赛”金奖。

2011年5月，荣获中国管理科学研究院、中国社会经济文化交流协会、中国中小商业企业协会、中国行业领先品牌企业推介活动组委会、中国企业战略联盟联合颁发的“全国质量服务信誉AAA级优秀示范企业”荣誉称号。

2011年5月，荣获中国管理科学研究院、中国社会经济文化交流协会、中国中小商业企业协会、中国行业领先品牌企业推介活动组委会、中国企业战略联盟联合颁发的“中国轮椅十大领先品牌”荣誉称号。

王巧玲："巧式疗法"

全世界每七秒钟就有一人死于心脑血管疾病，而消除三高症，即高血脂、高胆固醇、高血压稳定易损斑块是目前医学界预防心脑血管急性事件发生的重要目标。

北京安泰御康中医医学研究院王巧玲院长在多年研究的基础上独创了"巧式疗法"治疗心脑血管疾病。"巧式疗法"是在传统中医五行学说的基础上，结合中西医施治，同时根据五行相生相克、阴阳平衡、内调外治、整体调理的理论，采取双向血压的反差、左右脉象的比对、血色与血压的对比等独到的诊疗方式。"巧式疗法"在运用中西医结合治疗的基础上，采用秘传"五行妙灵丸"取得了显著的疗效，使当今人类第一大健康杀手——心脑血管疾病遇到了克星。

专利简况：

一种治疗心脑血管疾病的中成药
专利申请号：201010222202.2
预防及治疗心脑血管疾病的组合物
专利申请号：201010222185.2

本发明具有以下优点：醒脑开窍、活血化瘀、通经活络、扶弱益强、升清降浊、调节五脏。在服用该药物的同时，给予适当液体静脉输入、吸氧，并配合针刺相应穴位的治疗。

一、"巧式疗法"最大的亮点在于对心脑血管病的三大突破，三大发现

第一大突破：解决了目前心脑血管病发病率高的问题。

"巧式疗法"可以在没有常规检查设备的条件下对心脑血管病做到早发现，只有早发现才能早治疗，可做到把心脑血管病消灭在萌芽状态之中。这一重大突破可以为社区诊所及个体诊所医师服务民众带来方便，同时，可降低患者的整体治疗费用。

第二大突破：解决了目前心脑血管病致残率高的问题。

"巧式疗法"对于新患脑血栓患者可以基本上做到能阻断目前临床上的一周发展期。由于"巧式疗法"能在1～3小时内阻断发展，使病情迅速好转，减少了脑细胞的损伤，保护了脑功能的恢复，所以，新患脑血栓患者经过"巧式疗法"的治疗可以做到不留后遗症。

第三大突破：解决了心脑血管病复发率高的问题。

用"巧式疗法"，已患有脑血栓后遗症的患者可以经过几个疗程治疗后达到康复指标，而不再发病。

第一大发现：运用"巧式疗法"，在10多年的临床实践中发现了一个共同的特点，那就是血压的反差，其反差根据病情的轻重都有其一定的规律性。根据观察、检测、治疗上千名患者得出了一套新的诊断方法，这也是组成"巧式疗法"的一大亮点诊断技术。

第二大发现：左右体温的温差及偏低体温。

第三大发现：慢性心脑血管疾病患者特有的"僵猪脸"现象。

"巧式疗法"对新患脑血栓患者的治疗可达到阻断发展期，不留后遗症的效果。经过大量的临床施治验证，采用"巧式疗法"对患者进行诊治，可达到惊人的疗效。一般1～3小时有明显好转，不再向严重期方向发展，起到阻断发展期的作用。轻者一周基本康复，重者1～3个月亦可康复。经过"巧式疗法"治疗的新患脑血栓患者，不留后遗症，有效率和治愈率高。

经过10年的跟踪、回访，凡是遵照既定疗程和康复调理规定的患者，没有发现再复发。

二、"巧式疗法"对慢性心脑疾病诊断的新发现

慢性心脑疾病大多存在着确诊困难的问题，甚至误诊现象时有发生，根据多年的临床经验王巧玲发现：

慢性心脑疾病患者因长期的脑部缺血缺氧造成后脑枕部出现特有的"僵猪脸"现象：凹凸不平，富有皱折。经验告诉我们此种病人系慢性心脑疾病患者或是脑血管病后遗症患者。这对确诊慢性心脑疾病起到了积极有效的作用。

人物风采

王巧玲：北京安泰御康中医医学研究院院长，主治医师、主管医师。中华医学国际发展联合会资深首席专家，中国文化科技专家顾问团心脑血管病专家，中国医促会中老年保健专业委员会心脑血管病专家，中国特效医术专业委员会心脑血管病诊疗培训中心主任，中国女医生协会会员，"巧式疗法"创始人，心脑血管病特效中成药"五行妙灵丸（汤）"的研发人。

李义德：攻破棉、蕉枯萎病的第一人

棉枯萎病是严重危害棉花的一种病害，病原菌是蚀脉镰孢菌。棉从苗期到成株都可能患病，但以真叶期和蕾铃期比较重。真叶期时受害，真叶枯死脱落，茎秆上常有一层由大型分生孢子组成的淡红色粉状物。蕾铃期株形矮小，叶片严重萎缩，枝叶半边枯黄，半边绿色，茎秆变脆易折，茎中导管呈黑褐色。病菌菌丝在种子、土壤和枯死的棉茎内越冬。此病菌于1874年在澳大利亚香蕉田发现。

而香蕉枯萎病则是由一种半知菌侵害香蕉引起的，在带病的土壤上种植带病蕉苗，病菌可以从根部侵入，并通过寄主维管束向茎上发展。土壤病菌通过受伤或无伤的幼根、根茎，进而向假茎及叶部蔓延，导致株苗枯死，株苗死后，病原菌还能在土壤中营腐生生活。此病菌于1889年在美国棉田发现。

这两种病菌发现至今已有1个多世纪，由于缺乏有效化学制剂，长期无法防治。据调查，如今该病已对遍及地球南北纬30度内120多个香蕉主产国和南北46度内10多个棉花主产国构成严重威胁。

李义德1963年从山西农大土化系本科毕业后，一直在运城农业技术学校从事土壤农化研究与农业微生物教学等工作。1998年退休后，才开始接触棉花枯、黄萎病田间试验工作。并于近十年间在棉花枯、黄萎病与香蕉枯萎病、黑叶斑病防治上取得了突破性科研成果，攻破了棉、蕉枯萎病防治的世界难题。

谦虚的李教授自认为不是专家，低调地自称仅仅是一个业余爱好者，带着一定的微生物学基础对农业有害的微生物进行了植护学的研究。

他在探索科研的道路上绝非一帆风顺。刚刚接触棉、蕉枯萎病时的李教授对该项目也是茫然不解，起初更是深受舆论质疑，但这些都没有阻碍李教授探寻真理的步伐。

功夫不负有心人，2002年5月李教授在室内做真菌微生物抗药性试验时发现，一对系列组合里在其脱氢乙酸钠盐等的浓度100～300ppm马铃薯葡萄糖培养基中，所接入的3株真菌的菌种块，微丝不动，僵持45天之久，项目找到了突破口。

2002～2008年，李教授先后对山西运城棉花枯、黄萎病和海南省澄迈县香蕉枯萎病与黑叶斑病，采用他研制的20%新型化学杀菌剂，经过长期的田间试验与研究，在2008年对棉花枯、黄萎病与2009年对香蕉枯萎病、黑叶斑病防治取得了重大科研成果。

该项目的科研成功，在获得国家专利的同时更获得了世人瞩目的成绩，造福了被棉、蕉枯萎病困扰的世界各地的农民。李教授研究出的杀菌剂被行业人士称为孤品，对棉花枯黄萎病防治具有不可替代的效果，受到了国内外行内人士的一致好评！

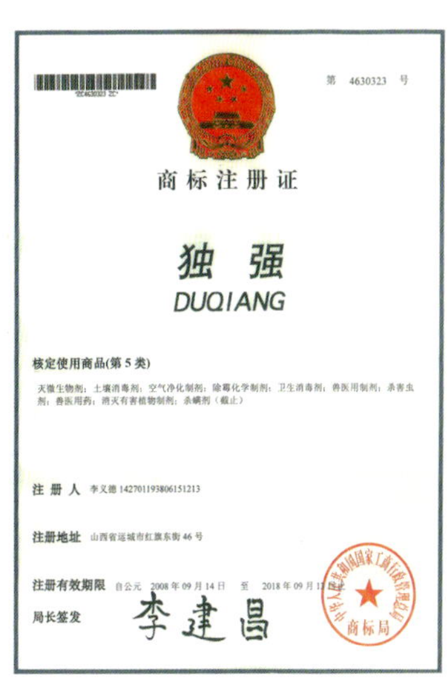

第 4630323 号

商标注册证

独强

DUQIANG

核定使用商品(第5类)

灭微生物剂；土壤消毒剂；空气净化制剂；除霉化学制剂；卫生消毒剂；兽医用制剂；杀害虫剂；兽医用药；消灭有害植物制剂；杀螨剂（截止）

注册人　李义德 142701193806151213

注册地址　山西省运城市红旗东街46号

注册有效期限　自公元 2008年09月14日 至 2018年09月13日止

局长签发　李建昌

中华人民共和国国家工商行政管理总局 商标局

近年来，我国高度重视“三农”工作，2012 年中央一号文件聚焦农业科技，更是给农业的繁荣发展指明了方向。有关农业科技的每一项创新成果，都值得尊重与期待……

徐贵阁：用智慧照亮农业科技新天地

徐贵阁，女，五项专利发明人，技术总监，中共党员，先后毕业于安阳财校财会专业，北京经济函授大学经济管理专业，中国政法大学法学专业，法硕研究生。中国管理科学研究院绿色经济发展研究所高级研究员。河南滑县九间房村人，新型农民。

她自 1997 年至今，通过 14 年的刻苦研究，先后发明了绿色生物活性饲料，专利申请号：201010872826.7；绿色畜禽生态养殖方法，专利申请号：201010572827.1；绿色生物活性有机肥，专利申请号：201019097012.X；绿色生物冲施肥，专利申请号：201010572803.6；绿色生物育苗基质，专利申请号：201010572829.0。

机遇青睐有准备的头脑。徐贵阁 1983 年在滑县九间房化工厂工作期间，通过刻苦钻研，发明创新了醇酸树脂生产技术，提高了产品质量，减少了大量人力、物力、财力的投入，企业节支增收，产品深受用户好评。1985 年任厂统计员期间，化工厂炼油生产线建成投产后，她运用所学企管专业知识，提出合理化建议、营销方法和参与决策等，使汽油产品畅销全国各地，供不应求，企业效益倍增。1987 年任供销科长期间，走访、解决了油漆厂以前各地的业务遗留问题，疏通了业务关系，建立、奠定了炼油厂与全国各地石油公司的友好往来关系。

为了进行科研，她求教于河南、河北、安微、江苏、浙江、山东、陕西等多家科研单位，得到了许多专家、教授的指导，先后研究发明了绿色生物活性饲料、绿色畜禽生态养殖方法；绿色生物活性有机肥、绿色生物冲施肥、绿色生物育苗基质、绿色生物活性饲料、畜禽绿色生态养殖方法等 。

10 多年来，该同志研制的绿色生物活性饲料技术已扶持山东、河南、河北等地近百个大型肉鸡、蛋鸡、猪、牛、羊养殖厂渡过难关，扭亏为盈。她研制发明的绿色生物活性有机肥技术，已扶持河南 200 亩以上蔬菜大棚基地 6 家、700 亩以上蔬菜基地 3 家、2000 亩以上蔬菜基地 3 家、200 亩以上苹果园 3 家、200 亩以上桃园 2 家、千亩以上梨园 3 家、万亩葡萄园 1 家，用生物技术扶持河南 4 家农民脱贫，发放技术资料近 20 万份。该生物技术深受山东莘县蔬菜基地，河北大名花生基地，河南中牟大蒜基地，河南开封西瓜、花生基地，滑县、濮阳、内黄蔬菜基地，长垣万亩葡萄园等用户的欢迎与好评。

因突出贡献，她荣获 1999 年全国青年文学作品大赛纪念奖。2001 年荣获“中原杯”文学作品大赛优秀奖。2004 年被评为滑县四间房乡优秀计划生育管理员。2010 年研究发明的绿色生物活性有机肥荣获第十九届全国发明展览会铜奖。2010 年获得河南省优秀科技工作者荣誉称号。2011 年获得市职工优秀经济技术创新成果三等奖。2011 年 4 月荣获时代楷模共和国经济建设发明创新奖。2011 年 6 月荣获滑县首届巾帼科技发明大赛三等奖。2011 年 8 月发明的绿色生物活性饲料荣获第二十届全国发明展览会铜奖。2011 年 9 月五项专利技术荣获中国最佳低碳技术创新奖。2011 年 9 月被评为中国管理科学研究院绿色经济发展研究所高级研究员。2011 年 9 月获评推动社会进步十佳杰出贡献人物。2011 年 12 月发明的“绿色生物活性饲料及其制作方法”获得市节能减排职工行动创新成果一等奖，被授予安阳市技术能手荣誉称号，荣获安阳市“五一”劳动奖章。2011 年 12 月河南滑县龙泰生物科技有限公司的“绿色生物活性有机肥”获得“中国时代最具投资价值自主创新科研项目”荣誉称号，她被授予“中国时代改革创新行业十大杰出女性”荣誉称号，和“时代楷模共和国经济建设杰出贡献人物”荣誉称号。

随着经济全球化和国际贸易发展步伐的加快，世界船舶业得到了蓬勃发展，强大的新增需求吸引各国争相进入，我国的造船业也处在飞速发展的道路上，制造远洋轮船和高附加值轮船的能力进一步增强。

万吨巨轮要想正式下水远航，需要一个必经的环节，就是从船坞到下水，船舶几千吨到几万吨都有，超宽、超重船舶的下水过程尤其考验造船厂的设备能力和技术水平。青山船厂副总工程师邹大恒的“用于超宽船舶下水的活动梳齿”发明项目，顺利解决了超宽、超重船舶下水过程中的难题，即使是万吨巨轮，也能轻松下水。

邹大恒：让巨轮下水变得很简单

邹大恒，湖北随州人，专业特长是机械、液压自动化设计工程，现代船厂项目建设总体规划，船舶建造、升移与下水工艺设计等。经过40余年的潜心研究，邹大恒先后发明了用于超宽船舶下水的活动梳齿、船舶分段中组横移轨道装置和用于运输船舶或船舶部件的船台小车等实用型设施装置。在解析装置原理之前，我们先来了解一下船舶是如何下水的。

改造升级滑道设备，实现船舶下水九步走

船舶下水方式多种多样。据邹大恒介绍，船舶下水方式通常有漂浮式、重力式和机械式三种。邹大恒介绍，机械式适合中小型船舶，而青山船厂原有的12套卷扬机和斜船架，最大能力也只是满足长133m、宽15.6m、自重2450t的船舶下水。从1981年往后，青山船厂所承接的在建船舶逐渐向超长、超宽、超重的方向发展，原设备设施的缺陷和不足也日益凸显，这种缺陷将严重影响船舶下水的安全。为了适应大吨位巨轮安全下水的需要，邹大恒在围绕船舶相应设备设施超长、超宽、超重方面，因地制宜，主持对机械化梳式滑道的升级改进，从1981年至今，实现超宽船舶下水九步走。邹大恒说，这是运用“用于超宽船舶下水的活动梳齿”专利技术的初始。

活动梳齿，让超宽船舶轻松下水

邹大恒的“用于超宽船舶下水的活动梳齿”的发明项目，属于机械式梳式滑道系统上的一种设施，更具体地说是一种用于超宽船舶下水的活动梳齿。

原有的机械式梳式滑道系统包括水平横移轨道（也称固定梳齿）和有坡度比的滑道两种。由于固定梳齿与有坡度比的滑道有相交重叠的梳齿长度，船舶在有坡度比的滑道下降的过程中，必须使船舶的下端边沿在离开固定梳齿端部时与固定梳齿之间有高度差，这就限制了船舶下水的宽度。青山船厂原有的这种梳式滑道只满足宽15.6m的船舶下水，超宽船舶在下水时则会与固定梳齿产生碰撞，导致船舶损坏。

邹大恒“用于超宽船舶下水的活动梳齿”的发明项目克服了现有设备的不足，该发明结束了过去只能让15.6m宽的船舶下水的历史，不仅满足了各类型船舶安全下水的需要，同时能保证宽45m的天兴洲大桥钢围堰的安全下水，对船舶下水宽度提升2.89倍，同时还为更宽船舶的下水预留了空间。

除此之外，在配套设施上他还设计制造安装了800吨载荷斜船架支撑装置，该设备运行平稳，避免了船舶上台与下水中的各种风险，提高船舶下水的质量，大幅提高了生产效率。

经济效益与社会效益并重，发明项目很实用

随着以“用于超宽船舶下水的活动梳齿”为首的诸多实用型发明项目投入使用，青山船厂实现船舶建造吨位等级提升20倍，下水船舶的宽度提升2.89倍，设备能力提升6.7倍，从20世纪70年代中期的二三百万元的企业年产值，过渡至2003年3亿元年产值，到如今的40亿元年产值，相对2003年提升13.3倍。特别是“用于超宽船舶下水的活动梳齿”技术的应用，企业的综合经济效益相对原设计提升43倍。

目前，这些发明项目已经在重庆东风船厂、南京金陵船厂、湖北宜昌船厂、广州四航工程船厂等企业运用，对提升企业造船吨位等级，提高经济效益和社会效益都起到了至关重要的作用。

马月俊：创新，永远的追求

马月俊和她的自主创新产品

马月俊，女，高级工程师、一级酿酒师，毕业于东北大学，毕业后从事生物技术的研究与开发，发明开发了多项专利技术，20世纪80年代末获得过地区级五一劳动奖，开发的热带水果酒于2004年获汕头市科技进步一等奖，开发的桑椹酒“南国红”荣获2011年中国轻工精品展金奖。

1992年马月俊与李远志先生开始对热带水果及食品添加剂进行研发，其中蔗糖脂肪酸酯工业化生产及应用推广，填补了我国食品添加剂工业化生产的一项空白。该产品无毒、无味、高效、应用广泛，在乳制品、饮料及烟草行业中起到了很大的作用，并于1992年11月份通过江苏科委取得了科学技术成果鉴定证书，1993年被列入国家“苏锡常火炬带”项目，同时获得科技博览会银奖和科技进步奖的二等奖。

在此期间，她根据蔗糖酯在烟草中的实际应用，可降低焦油的实际效果，而撰写了相关论文，被《全国食品添加剂通讯》刊载。

她参与酪元酸钠的工业化生产及应用推广，填补了我国利用粗奶酪生产酪元酸钠工业化的空白，也被列入国家火炬计划，产品已经国家轻工总会科学技术成果鉴定，取得了良好的经济效益与社会效益，并取代了一部分进口产品。

1996～2009年她对热带水果资源及海洋（生物、动物）资源进行了考察、研究及开发，其开发的项目有：热带水果饮料；仙人掌果红色素的提取；动物脑磷脂胶囊；热带水果浓缩汁；热带水果系列果酒；热带水果白兰地；72度清香型米白酒；热带水果白酒；米香威士忌等。

其近几年主要申请的专利有：72度清香型米白酒；热带水果白酒；米香威士忌。均已进入实审阶段。

马月俊主要的业绩成果

马月俊开发的“动物脑磷脂胶囊”项目于2002年获得国家发明专利证书，专利号：ZL021430543。该项目是以海洋动物与陆地动物的脑为原料，其功能是修复脑细胞，提高记忆力与免疫力。我国有丰富的原料资源，北方宰杀的羊头，南方的鱼头，都是副产品。此项目的工业化生产符合国家的产业政策，可提高农牧渔业的经济收入，是高附加值的项目。

热带水果资源的开发成效显著，其中热带水果系列果酒（红毛丹酒、荔枝酒、杨桃酒、芒果酒、凤梨酒、番石榴酒、混合酒、酌酒）的中试生产，分别于2000年1月及2003年7月进行了国家级和广东省科技厅组织的科技成果或新产品技术鉴定。

对这些创新成果，专家给予了高度肯定，其主要评语为：产品质量好，属国内首创，工艺技术属领先水平，利用热带与亚热带水果资源优势，发展水果深加工，增加农民收入，符合我国酿酒行业的产业政策。

酒色泽为淡黄色至金黄色，澄清透明，具有各自水果果香及酒香，口感柔和、圆醇、协调，酒体完整，具有热带水果酒特有的风格。专利申请号：99102011.1。她主要承担组织生产、工艺技术、设备配置与选型。本项目2004年获得汕头市科学技术一等奖。本项目已在广东省实现工业化生产并得到政府的高度重视。

她在1999年就独自起草了该项目的企业标准Q/HNCL01—1999，撰写了大部分的技术鉴定材料，包括《亚热带果酒技术研制报告》及《热带与亚热带水果酒工艺技术汇编》。

其研发的“热带水果白兰地”，已于2007年获得国家发明专利证书，专利号：ZL200410000839.1。本项目的产业化发展，将推动亚热带水果酿酒产业化的发展，符合国家酒业发展的产业政策（水果酒向粮食酒转变）。

她于2009年承担了广东一家酿酒企业年产5000吨酒类新项目的方案设计与规划，项目已于2011年底竣工投产。该项目的自动化前处理工艺、自动控温发酵工艺、液态发酵工艺、废水废渣低碳排放工艺技术等在同行业具有领先水平。

蓝著碧：让“神草”与寻常百姓相会鹊桥

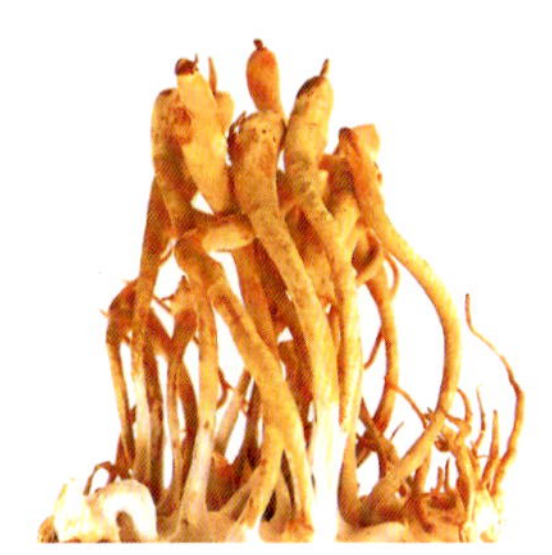

冬虫夏草在中国是一种名贵中药材，与人参、鹿茸一起列为中国三大补药。大连蓝氏北虫草科技有限公司自主研发的“北虫草”，其虫草素含量比一般的冬虫夏草高 50 倍以上，其药用价值更胜于冬虫夏草。然而从市场价格看，却只有中等冬虫夏草的 1/10。

蓝著碧，微生物学家，从事微生物学教学科研 40 余年，曾任教于沈阳农学院，任辽宁省出口食用菌研究所所长。通过长期的微生物学研究，取得了多项科研成果，是第一位培育灵芝、滑菇的学者，是第一位开展植物 DNA“克隆”技术研究、叶面固氮研究的中国学者，在食用菌技术研究领域贡献卓著，打破了日本在此领域的技术垄断地位，让世界对中国的微生物技术刮目相看。

野生虫草营养丰富，但资源稀少，经过长时间的努力科学家们找到了冬虫夏草理想的替代品，这就是微生物学家蓝著碧自主研发的“北虫草”。

目前，蓝著碧培育的北虫草，成果已获得国内专利（专利号：ZL200510046800.8），获香港第七届国际专利发明博览会金奖，在国内已注册“蓝氏蛹虫草”商标。作为获得国家发明专利、海关出口编号，虫草素成分含量最高的“蓝氏”北冬虫夏草，其药物治疗价值和营养成分是野生冬虫夏草的几十倍以上，“蓝氏”白虫草更是世界唯一（专利号：ZL200710157557.6），获得第八届香港国际专利发明博览会金奖。

蓝氏北虫草以科学手段对虫草菌种加以提纯、复壮，并提供最理想的生长环境，适时采收，进行专有技术种植与加工。北虫草不但最大限度地保持了虫草的原色原味，其中虫草素含量也比野生冬虫夏草高几十倍以上，硒的含量比抗癌中药黄芪高三倍以上，抗衰老、抗疲劳的超氧化物歧化酶（SOD）含量比芦荟高两倍，蛋白质含量比野生冬虫夏草高 15.25%。

北虫草不仅在虫草素和多种微量元素的含量上大大优于野生冬虫夏草，其价格也只是市面上中等野生冬虫夏草的 1/10。对滋肺补肾、护肝养颜、调理内分泌、增强免疫力效果显著，对舒缓神经、防治肿瘤心脑血管疾病都有良好的效果，胜于野生虫草。

为了让更多的人受益，蓝著碧于 2002 年创立了大连铁山虫草园，一直坚持不懈地对北虫草进行工厂化周年高产栽培模式及人体保健应用研究，并已获得成功。目前已经开发出具有自主知识产权的一整套关于稳定优良菌种的选育、繁殖及周年产业化人工生产北虫草子实体干品吨级以上的先进生物科学技术，其成果获得国内外专利。

自 2004 年开始，工业园生产的产品已经批量投放辽宁、黑龙江、吉林、福建、青海、北京、台湾、香港等地，以及美国、澳大利亚等海外市场，被国外普遍誉为“中国神草”。

为将虫草这一具有中华民族特色的名贵真菌药材发扬光大，造福人类，目前蓝氏北虫草工业化生产规模正在逐步增大，已建成大连、海南顺天生物科技有限公司南北两大基地，使得平日只为富有者所享的“中国神草”走进了寻常百姓家，必将为提高人民健康素质做出积极贡献。

杨培瀛：走出一条高效节能之路

科技，是兴国之根本；创新，是民族发展之手段；科技创新是强大国力之基础。我们皆为自然人，生活在大自然中。随着社会的进步，人类生活水平的不断提升，二氧化碳的无限量排放、污水无处理排放等，让我们与大自然的和谐相处变成一件遥不可及的事情。因此节能环保，还大自然一个健康的环境，成了各界人士和政府机构急需解决的问题。

杨培瀛出生在1951年7月2日，1971年在河北省景县塑料厂参加工作，1984年调往景县工业促进局。虽已年过六旬，却依然站在科技创新的第一线，谈及科研创新更是神采奕奕。多年的科研之路，也使得他为科技创新尽了自己的微薄之力。“当代烧油、烧天燃气、烧煤锅炉等，浪费能源多，二氧化碳排放量大、散，且不利于集中收集二氧化碳，城镇空气污染严重，让大自然每天都处在一个污染的环境中。”杨培瀛说。

正是这份责任心，让杨培瀛走出了一条属于自己的节能环保创新之路。他将所有的精力投入到创新生产当中。自工作以来，他曾多次主持完成重要的科学技术发明。在其多年科研生涯中，最让他引以为豪的是他的发明——高效节能全自动电锅炉（专利申请号：201010558357.3）。

杨培瀛发明的高效节能全自动电锅炉，采用整体聚氨酯泡沫保温技术，确保体表保温、隔热，在电热管前加按节电器，最高节能45%，用电热水供蒸汽、供循环水暖或同时双重作用；能根据工作需要自动进水，自动控制恒温，自动控制恒压，自动工作定时，缺水自动断电，防止电热管干烧，确保安全；拥有进水过滤净化器和水垢污物排出孔，外加更人性化的语音提示。这一新型发明，对节能减排清洁生产可发挥重要作用。

高效节能全自动电锅炉有体积小，占地面积小，节约钢材，制造成本很低（按热能有效利用率计算，使用本发明，与烧燃料锅炉相比，运行成本低很多）的优势，受到越来越多企事业单位的追捧，是理想的锅炉更新换代产品。本发明具有无污染、无噪声、不用人烧锅炉的优势，受到越来越多家庭的青睐。

有人说杨培瀛是一个十足的“傻子”，曾主持完成多项科学技术发明，却从未接受理应得到的荣誉；也有人说他是一个“怪人”，经常有一些常人所不能理解的想法。可正是这样的一个“傻子”和“怪人”，为科技创新默默地奉献着，让我们为之震撼和深深地感动。

创新是一条无形的荆棘之路，杨培瀛凭着自己的韧劲儿，和本着为社会做出贡献的念头，在科研创新的道路上走了半个世纪，而这条创新之路，也因他的脚踏实地越来越宽广。

编者按：地震预测，海洋勘探，火车、汽车动态计量等领域，一直是当今科技的难点。如何更科学、快捷、准确地解决上述问题，一直是众多学者、专家追求的目标。

陈峰，一个在电子智能化测试仪器设计与制造领域有着30多年工作经验的“攀登者”，依靠自己严谨、务实的科学态度，发明了一系列国际领先的专利。

陈峰：电子智能化测试仪器领域的“攀登者”

人物风采：陈峰，51岁，大专学历，从事无线电非标准测试仪器设计与制造专业。30多年来从事各类非标准测试仪器、仪表、设备检测鉴定及编制检定规程工作。1983年曾获广西“青年能手”称号，2008年以“1秒级 ±90°”高精度智能水准象限测角仪获得200720012640.X号国家实用新型专利证书，2008年10月创立了柳州市佳峰科技仪器有限责任公司。发明专利申请：高精度智能象限地震测试仪，专利申请号：200810110044.4，已编入《中国专利发明人年鉴》第十二卷中。

发明成果

1. 高精度磁场力平衡电容式单方向、双方向被动声纳传感器

专利申请号：200910145278.7。本发明涉及声纳测试仪器的接收传感系统。主要用于对鱼群、水文、海洋石油、船舶导航、海底地质地貌等高精确度勘测；可自动平衡控制潜艇，在潜艇反潜艇超净状态下监测，鱼雷制导，海防雷达等。

主要性能指标：

(1) 直流分辨率：｜±1｜$\times 10^{-6}$（V）；(2) 最大动态范围：240dB；(3) 传感幅值：≥ ±15V；(4) 使用环境温度在 −40℃ ~ 55℃之间变化时、传感准确度：≤｜±0.01｜%；(5) 最大传感频率范围：0.00001Hz ~ 2500Hz；(6) 工作范围：立体空间360°全方位。

2. 高精度单点式六维地震计

专利申请号：200910258305.1。本发明涉及新型微振动传感器，主要应用于对天然地震发生全过程进行预测、预警、预报、震级测试、震源方位角度测量、科学研究与分析和地质勘探人工制造地震的六个方向面高精度传感。

主要性能指标：

(1) 最大动态范围：±120 dB（240 dB）；(2) 传感振幅：≥ ±15g；(3) 使用环境温度在 −40℃ ~ 55℃之间变化时，传感精确度为：≤｜±0.01｜%（g），传感精确度是目前地震计传感器的1000倍；(4) 最宽频响范围：0.00001Hz ~ 2500Hz，传感的最大信息量是目前地震计传感器的1050倍。

3. 发明专利名称：高精度深井六维地震计

专利申请号：200910265239.0。本发明涉及微振动传感器，主要应用于城市闹区噪声较大的区域，对天然地震的发生进行预测、预警、预报、震级测试等科学研究与分析的传感。

主要性能指标：

与高精度单点式六维地震计类似。

4. 火车动态智能测重系统

专利申请号：200910129792.1。本发明涉及火车动态衡器计量测试仪器，主要用于对火车在动态状态下每节车箱载重量进行测试。

主要性能指标：

(1) 测重方式：无断轨动态单向测试；(2) 测重范围：＞100吨／箱；(3) 测试精确度：±1千克；(4) 传感器使用环境温度范围：−40℃ ~ 50℃；(5) 称重车速：5 ~ 60千米／小时（车速不限）。

5. 汽车动态载重量高精度智能测试系统

专利申请号：200910138212.5。本发明涉及各种汽车动态衡测试仪器，主要用于对各种汽车实际载重量进行测试。

主要性能指标：

(1) 传感器使用环境温度范围：−40℃ ~ 50℃；(2) 称重方式：动态单向全自动称重；(3) 称重对象：两轴或多轴汽车；(4) 称重范围：0.001 ~ 150.000吨；(5) 安全过载：100%；(6) 称重车速：5 ~ 60千克／小时（车速不限）；(7) 称重精确度：±1千克。

陈凤仪：先进的环保和资源综合利用技术

人物风采

陈凤仪，男，1939年生，广西玉林市人，汉族。1948～1955年7月就读于玉林竹美小学，1955～1957年读高中，1958年在玉林附城公社工作，1959～1967年在玉林附城公社从事企业管理，1968～1981年在公社工程队搞管理与设计施工，1982～2000年在玉林市南江桥五金厂任厂长职务，2001年至今在绿科公司搞设计、制造，拥有发明专利10多项。

个人业绩：

1. 卧式连续处理垃圾焚烧炉
   专利号：ZL02229115.6
2. 垃圾焚烧废气净化过滤处理装置
   专利号：ZL01240015.7
3. 新颖垃圾焚烧烧炉
   专利号：ZL200520007742.3
4. 通风自燃焚烧炉
   专利号：ZL200520017452.7
5. 斜置式焚烧炉
   专利号：ZL200520017451.2
6. 连续处理垃圾卧式焚烧炉
   专利号：ZL20062005025.1
7. 新颖筛选垃圾装置
   专利号：ZL200620115980.0
8. 斜置式带烘干装置的垃圾处理炉
   专利号 ZL200720149804.3
9. 使用垃圾变成燃料的连续自燃垃圾焚烧炉
   专利号：ZL200510059333.2，第一完成人

荣获第十届中国专利新技术新产品博览会金奖；获中国专利新技术新产品博览会金、银奖；获十多项专利发明创造奖；2005年获玉林市科技成果二等奖；2008年获中国发明创业大辞典奖；获中国发明协会会员奖；2009年4月获北京协会发明创业奖；2009年11月获中国十大杰出企业家奖等荣誉。

专利简介：

项目名称：卧式连续处理垃圾焚烧炉（专利号：ZL02229115．6）

该项目是玉林市科技局下达的科研项目，2005年3月16日，由玉林市政府组织，玉林市科技局、知识产权局以及冶金部自动化研究院、北京军医学院、国家知识产权局、广西科学院、广西环保协会、玉林市环保局、玉林市环保科学研究所、玉林市经委、玉林市建筑设计院等九个单位的专家参与，对其进行鉴定，鉴定结果为：该项目成果达到国内同类技术的领先水平，攻克了垃圾焚烧的世界难题。

该项目的卧式垃圾焚烧炉，具有独一无二的创新性：

1．处理范围广泛性：主要应用于城镇生活垃圾的处理，凡城镇的生活垃圾及其低热值为000～20000kj／kg、温度不大于40℃、可燃物大于20%的固体有机废弃物都能在该炉焚烧，不用添加任何燃料，自行稳定燃烧。它燃烧效果好，排放的废气和残渣率经国家认定的质量检测机构检测，废气达到国家有关标准，残渣率符合国家有关要求，无二次污染，无污水排出，不留任何污染物，无须投资进行废气治理。

2．运行稳定性：采用取轨行车垃圾抓斗进料，使入炉垃圾和焚烧均匀，便于垃圾充分焚烧，且保持较高的炉温，炉膛温度可达800～1200℃以上。采用特制的垃圾燃烧车箱，通过液压推动，使垃圾燃烧箱在固定的轨道上缓慢移动，保证垃圾能燃烧彻底。同时，处理过程操作机械化，工人完全脱离与垃圾的接触。

3．高效节能性：小型厂设计处理量为每日不少于100吨，中型以上可达200～300吨，垃圾经过预热区高温预热后，有利于垃圾的解热和气化，使得热解气化后的垃圾在熔融状态下燃烧止烬，效能指标为减量比大于98%，灰渣热灼减量小于2%，耗电少，节能效果显著。

李小岛：
关注前沿领域 创新研究不辍

发明人李小岛曾从事过多年建筑设计工作。现如今，她借助长达十年的设计工作经验，开始尝试搞发明创新。在短短不到六个月的时间内，先后申请了“河道清污装置”、“一种弹性发电装置”等八项专利。

李小岛发明的河道清污装置（专利申请号：201110165563.2）包括置于河道中的清污网，清污网上分布有清污因子。清污因子为半球体，清污因子外套有网罩并通过绑扎将清污因子固定在清污网上。清污网顶端固定在一横杆上，横杆的两端活动连接在支撑座上，并且在横杆两端设有转动横杆的手轮，清污网的底部悬挂有重锤。本发明清污效果好，而且可以在河道内移动使用，清污网可回收清洗后再次利用。该结构合理，简单，造价低，不仅有效解决了河道清污的问题，还方便在河道内批量使用。它还有一个突出的优点：可以重复使用。

李小岛发明的一种弹性发电装置（ZL201120249617.9）包括钢板，钢板的底面设有支撑弹簧，支撑弹簧的底端支撑在支撑柱上，钢板的侧边设有钢板弹簧；钢板的底面固定有动力转换装置，该动力转换装置包括相互滑动连接的上部分、下部分，上部分包括固定在钢板底面的顶板，顶板的中间设有带有内滑槽的柱形管，柱形管的底端连接有关键钢管，该关键钢管内设有关键零件；下部分设有连接在关键零件上的扁铁螺杆，其底端固定在涡轮上，涡轮底部设有连接轴，该连接轴轴接并支撑在底座上，该涡轮通过皮带与发电机相连接。本实用新型有效利用外界的力，使其带动发电机转动，从而转化成电能储存，环保无污染。

此外，李小岛发明的一种新型劳保服（ZL201120263471.3）包括衣服，衣服包括衣服面料、衣服里料，衣服面料、衣服里料之间设有安装电风扇的突起，该突起的内侧设有支撑钢丝，突起的底部贯通，其中电风扇通过透气的底座固定在突起的底部，该电风扇通过电线串联有电池、开关。本实用新型结构新颖、简单，成本低，衣服内设有电风扇，使其内部形成微风环境，能让人体全面并均匀地降温，在高温环境下更加凉爽。该劳保工作服在保护劳动者身体的同时，还可使劳动者在高温环境下较为舒适地工作。

另外，兴趣广泛的李小岛在学术方面也有一定收获，如在《宇宙揭秘：星球自转奥秘》中，李小岛提出了星球自转奥秘实验模型。这是一项极有创意的设想：取一块面上有较大磁性的磁铁，将一个周边带有较大磁性的圆柱体装置放在面磁铁上面。因其上下面带磁性，该磁性便与面磁铁的磁性相作用，使该物体悬在空中。后启动圆柱体装置的开关，使其高速旋转，圆柱体高速旋转产生向心力，使物体离开圆柱体，沿圆柱体周边转动，该运动犹如星球公转；如果该物体做圆周运动时，同时自转，其自转犹如星球自转。如果根据实验模型，该物体真的能自转，那么我们可以确定星球自转是星球公转时所具有的运动方式。

关于NP=P?这个难题，至今还未有定论。李小岛从不同的角度，以不同的思考方式来论证NP=P，提出了自己的见解和看法。

李小岛还原创了非零实数集的定义，根据群的定义，令e=1，运算式＊为“乘”或“除”，任意元素数a的逆元素为1/a的所有非零实数构成“非零实数集”。我们期待她的研究能够进一步被证实，并有新的发现。

她还对哥德巴赫猜想进行了研究，并提出了自己对这一问题的想法，提出了“哥德巴赫猜想的统计认证”这一看法。

在进行创新发明的同时，李小岛还先后完成《要科学治理沙漠》《浅谈纳米污染控制》《金融体系建设要注意安全防范》等文章。

谢佩林：棘棵为茶，得天独厚益健康

在琳琅满目的保健茶市场，选择一款经得起时间与实践考验，且能给自身健康带来切实益处的茶品，当属大快人心之事。

棘棵为茶，许多人或许还不知其中的奥秒，但其品质却堪称一枝独秀。

谢佩林经过多年的潜心探索，终于作出“棘棵作为保健茶的应用及该棘棵保健茶的制备方法”发明专利，使得天独厚的棘棵能够为人类健康与高品质生活尽到一份力量。

谢佩林所在的乐陵市气候宜人，地处黄河冲积平原，土地肥沃，土层深厚，土质属微酸性土壤和碱壤，雨量充沛，光照充足，日夜温差明显，农特资源丰富。全年平均气温12.4℃左右，冬无严寒，夏无酷暑。1995年被国家命名为唯一的“中国金丝小枣之乡”。

在乐陵打拼事业，在乐陵缔造发明成果，谢佩林的目光在更广阔的天地。谢佩林出生于1964年8月，1983年毕业于辽宁农校。1983～1985年在辽宁省盘锦地区国营唐家农场任林果队技术员、技术队组长、技术队队长。因工作努力，善于思考，他解决了工作与生产中的许多难题，在此期间被评为国营唐家农场优秀青年标兵、盘锦地区科技模范青年和青年科技突击队等。1985年12月返乡山东乐陵。1986年率先在自家责任田承包地第一个搞果树栽培。1987年他因示范作用明显，被乐陵县委、县政府评为农民致富带头人、农民科技致富标兵等。

谢佩林于1996年开始对枣树、枣蕀棵进行研究，2009年被乐陵市选拔推荐到山东省农业厅进修，被称为“农民科学家”。十多年来已成功研发出棘棵保健茶，枣树错季节栽培，生态化防治病虫害技术等，后两项正准备申报国家专利。

他的“棘棵作为保健茶的应用及该棘棵保健茶的制备方法”（专利申请号：201110072103），是以当地独有的珍稀植物（枣蕀棵）嫩芽为原料，以中医理论和现代科学为导向，用科学技术和先进设备代替传统工艺研发制成“纯天然、全绿色”适应各类人群应用的（棘棵寨牌）棘棵保健茶。谢佩林牢记多年来古老的传说和民谣：枣树皮、枣蕀棵根，芽和叶能疗疾补体，救死扶伤，为此以棘棵作为研发起点。

据资料显示，棘梨，已有3000多年的历史，周武王移民开垦前，发现黄河入海口以北、渤海湾西岸（现今乐陵）纯属退海之地、淤积平原，大水涌集来各种木质、根系、枝干交融在一起，衍变发芽长出带刺针植物，取名棘棵。开垦之后，留有稀少成树结出青红奇果，将罕见此果呈武王，将棘棵的“棘”字左右结构改为上下结构称为“枣”而得名。

棘棵经加工可以制成保健茶，具体是采用棘棵的芽、杩或叶作为原料进行制备。同时，谢佩林还公开了该保健茶的制备方法。棘棵中含有丰富的营养元素和对人体有益的成分，尤其是，所含硒和黄酮丰富，长期饮用能够增强体质，预防疾病，提高生育能力。

该茶冲泡时颜色深绿，色泽清亮，口感浓香，口味易于接受。此发明工艺简单，易于操作，通过不同的工艺手段可以将棘棵制成绿茶和红茶，满足人们的不同需求。

“希望国家与政府扶持投资扩大生产，或者通过招商引资，投资扩大生产，来把棘棵保健茶推向广阔的市场，让更多的人品味到这种口感与品质俱佳，切实能给人体带来益处的上等饮料。”谢佩林这样希冀。

赵立萍：身轻体健，世界才更精彩

随着社会发展进步，人们在畅享美好生活的同时，也面临着这样那样的竞争压力。于是，不经意间，疾病竟然找上门来，给正常生活带来无尽羁绊。可以说，重视与运用正确的养生保健方法，在当今许多人的头脑中概念清晰，但落实到行动上却差强人意。

事实上，念好“防”字诀，扼疾病于未萌，不仅是对自身健康负责，而且还是对工作岗位、对社会负责。

如果能在边品尝口感不错的茶饮料的同时，边体验到身体补气降脂方面悄然发生的变化，使肥胖不再是生命不可承受之重，那该是多惬意的事啊。

“一种男用减肥补气降脂黑红混合茶饮料”的诞生，使这种设想变成了可能。

赵立萍对男性养生保健，进行了深入的探索与研究。她在经过反复论证，并反复试验后，终于发明成功一种男用减肥补气降脂黑红混合茶饮料（专利号：ZL200910162782.8)，给许多处于亚健康状态或患有疾病的男性带来了新的欣喜。

国内外大量的社会调查与统计显示，现代文明带来的巨大的工作压力导致患病的男性增多，身体的疲惫和心理的疲惫交相出现。肥胖男性易患高血压、冠心病、糖尿病等慢性疾病。医学统计表明，肥胖男性患冠心病者比正常人多出5倍，患高血压者比正常人多8倍，患糖尿病者比正常人多7倍。统计显示，男性腰围增粗者脑出血的发生率是正常者的3.6倍，心绞痛和猝死的发生率较腰围正常者增高4倍。在现有饮料中，尚欠缺一种专门为男性消费者保健养生服务，具有减肥补气降脂功能，采取多种自然植物与黑茶、红茶混合制备，容器应用自热技术的茶饮料。赵立萍用自己的智慧填补了这项空白。

她的“一种男用减肥补气降脂黑红混合茶饮料”专利，针对男性消费者饮用的保健饮品技术领域，具体涉及多种自然植物与黑茶、红茶混合制备，具有减肥补气降脂功能，容器应用自热技术的茶饮料。采取的技术方案为：该茶饮料由以下12种原料按照重量百分比混合而成：黑茶35%、红茶15%、大枣5%、姜5%、山楂5%、枸杞子5%、淫羊藿5%、川芎5%、当归5%、黄芪5%、制何首乌5%、蜂蜜5%。“本发明饮料有助于男性保健与养生。”她表示。

很多男性是当代的精英，他们为社会创造着巨大价值，展示着男性迷人的内涵与魅力。然而，他们中一些人在打拼事业的同时，却对健康重视不够，以致有的人处在三四十岁风华正茂的年龄，就遭受肥胖症等疾病的困扰。甚至有的在事业刚刚兴旺起来时就英年早逝，令人扼腕叹息。

事业重要，但生命更可贵。正如一句话说的那样：健康是“1”，其他附属之后的是“0”，一旦这个“1”不复存在，所有的“0”都将毫无意义。因此，选择恰当的方式进行养生与保健，既是对自己负责，也是对家人、对社会负责。

身轻体健，男人世界才更精彩。赵立萍关注男性健康，她把自己的创造成果奉献给社会，显示了人生价值的高度和一位实干家的风范。

金明：在环保领域绽放创新才能

发明创造，改变世界，改写人生。金明先生是一个在创新与实干中彰显人生智慧的人，同时也是关注社会、紧跟时代潮流的有识人士。

金明现为上海圣济国际贸易有限公司总经理，曾任上海市科委实业总公司经营部经理、加拿大杰汉森集团新技术开发部主任兼经营部主任、美国 RAJEN 集团亚太总代理。多年来矢志探索，在国内外共有 59 项发明，其中 49 项在国内外已生产或转化上市，8 项已申请专利，待明后年授权，2 项待字闺中。金明的发明、专利涉及的领域包括医药（寒疼乐热敷袋、消渴病茶等）、福利产品（折叠式盲杖、防护型导盲杖等）、能源类（风力的转化与利用等）、机械类（一种新型的交通工具使用的椅床）、沙漠治理（方法、理论、使用的模块等）、卫生防疫（自动呼吸器等）、保健品（YARROW 祛烟饮等）、饮料（RJ 五脏宝等）、新材料（一种新型多用途环保原材料）、系列生物循环卫生方便器具，可谓涵盖面广泛。

他运用新型环保材料和专有技术生产的生物循环系列多用途卫生方便器具，以创新亮点引起业界关注。已获授权的专利有：环保生物循环方便箱（ZL201120016741.0）、便携式通用方便器（ZL200920075848.5）、便携式专用方便器（ZL200920075849.X）。已获受理专利申请有：200910055908.1、200910055907.7、201110021829.6、201110214512.4、201110214511.X，构成系列多用途环保生物循环卫生方便器具阵营。

这些系列创新产品，主要用途：保护环境卫生，用于处理各种一时寻找不到厕所、垃圾筒时大小便、丢垃圾、呕吐、吐痰等造成的脏、废物的环保器具。

他发明了一种合成碳酸钙的环保材料，其原料包括作为主料的碳酸钙、变性剂、黏合剂、催化剂、防水剂。将上述原料经过混合、变性处理后得到。所述环保材料成品形状为板材、块材、条型材、圆柱体型材、球形型材或者形成为容器的形状。本发明的新型合成碳酸钙的环保材料，其在增强、增韧、防水抗潮、耐酸碱、耐高温低寒性能上都有很大提高，而且其原料来源简单，成本低廉，也不会对环境产生污染并且利于回收再利用。

他发明了一种环保材料及其他材料制成的生物循环拆卸／折叠型方便器具，其中，所述方便器具上设有分隔缝用以将器具分离或折叠，所述方便器具由环保材料制成。本发明提供了一种能够拆卸和折叠的，便于收存和放置，同时又能方便使用和利于多样化地回收再利用的便携式方便器。

他发明了一种系列环保生物循环方便器具及其制作和使用方法，采用废弃农作物的混合物、黏合物作为材料，形成一具有中空结构且其上端开口的柱状方便箱或各式器具，在所述方便箱的中空结构底部铺设采用废弃农作物的混合物、菌种作为材料的有机填料，所述方便箱还具有一端盖与开口相匹配；在废弃农作物中加入玉米浆，并通过高温处理可形成软性袋状方便箱，将其结合端盖形成一半软性箱体。该方便箱不仅能够作为便溺箱使用，而且能够作为艺术品、垃圾箱、储物箱、简易厕所等用具使用。该方便箱具有循环环保、可多次多样性使用等特点，不会对环境产生污染，且有益环境，同时整体结构简单，便于携带。

“因此，本系列多用途环保生物循环卫生方便器具，是一整条新型产业链，将创造出无数财富与就业机会，是响应国家号召的典型佳作。”金明这样认为，他致力于将他的成果推向更加广阔的天地。

王绪征：创业共求生存 发展铸就未来

做生活的有心人，生活便会演绎出万紫千红的颜色，人生历程也便会充满精彩生动的内容。而对经营企业来讲，做“有心人”不仅是科学管理与良性循环的保证，并且是能否赢得市场青睐，树立品牌影响力与核心竞争力的关键所在。

王绪征，无疑是个干事业的“有心人”。他和他所执掌的企业秉持的“爱国、创业、求实、奉献”理念，并不是一句挂在墙上、写在纸上的空话，而是融入到了企业经营的现实当中。这使他率领的企业不断发展壮大，在行业领域形成了自身的独特内涵。

王绪征 1961 年应征入伍，在部队多次立功授奖。1976 年转业，历任厂长兼书记、汽车运输队长兼书记、济南太得肥总厂厂长、济南教育学院科技处处长等职。现任济南大得禧新农业发展有限公司董事长兼总经理。因工作能力突出，表率作用明显，被评为济南市模范共产党员、济南慈善事业先进个人等。

他是山东省星火计划项目“植物营养素”研究与应用第一负责人。荣获全国科技发明奖一项、全国星火科技精品金奖一项，拥有国家发明专利一项、外观设计专利五项等。

“果蔬防冻灵外观设计（标签）”，是王绪征的智慧结晶。四周外形像果树树叶代表农业，内部图案有四种：(1) 近处有瓜、果菜图案，标识产品用途。(2) 瓜、果蔬的后面为绿色田野，充满生机。(3) 远处为雪山，表明该产品抗寒防冻。(4) 上部有红、绿、黄彩带，朝霞满天，喻意农业丰收，五谷丰登。2008 年南方遭受严重的冰雪灾害，湖南常宁市农业局将该产品用于果树，防治冻害。目前已在山东、新疆、湖南等省区推广应用。

据了解，济南大得禧新农业发展有限公司，坐落于济南市农业高新技术开发区，是致力于生物技术的研究、生产、经营、集科工贸于一体的高科技企业。研发范围：多种新型高活性水溶性肥料。生产新型叶面肥、冲施肥、复合肥、生物活性有机肥、杀虫剂、生物活性杀菌剂、植物生长调节剂、原料型产品、生化腐植酸、生化黄腐酸、生化氨基酸、增稠剂、增黏剂、新型棉花脱叶剂系列产品。

公司自成立以来，始终秉承“爱国、创业、求实、奉献”企业理念，遵循“诚实守信、微利经营”的经营宗旨，多年来融入了大家的汗水、理想、智慧和信念，以优质的产品及良好的信誉赢得了广大用户的信任。

人才是企业发展的根本，公司始终遵循“诚实做人，诚信做事，要做事，先做人”的原则，非常重视人才的培养，要求公司的员工必须踏踏实实做人，兢兢业业做事，始终保持饱满的工作热情及极高的工作积极性，提高了工作效率，从而使企业保持了旺盛的生命力。为了在公司形成物质文明建设、政治文明建设和精神文明建设协调发展的良好局面，他们搞教育、抓管理、正风气，团队凝聚力不断增强。最终实现一个转变，即实现由传统的国有企业体制向现代企业制度的转变；两个建立，即建立健全责权统一、运转协调、有效制衡的公司法人治理结构，建立起有效的监督约束和激励机制；五项标准，即工作规范化，结果数据化，人力资源配置最佳化，分配责任效益化，科学管理严格化。

“面对市场的激烈竞争，我们将与时俱进，努力开拓，勇于创新，把‘追求卓越、永无止境’作为我们的发展理念，我们坚信在各界的信任、帮助和支持下、一定会生产出更多、更好、更优质的产品！”谈到愿景，王绪征这样表示。

武万亮：珠坛创新进取者 教具优秀发明家

“春蚕到死丝方尽，蜡炬成灰泪始干。”燃烧自己，照亮别人。这就是教师的风骨。

每个人的成长进步，都离不开教师的辛勤哺育，拥有良师，堪称人生一大幸事。武万亮讲课生动幽默，深入浅出，寓知识于趣味之中。作为全国优秀教师，他以自己精湛的学科水平、爱岗敬业的精神和新颖独特的思维，不仅培育了一大批优秀人才，而且以发明创新，给学生提供了一条获得知识和减轻负担的“快捷通道”，引起社会各界的关注。不管是在岗还是退休，武万亮为我国教学事业贡献力量的脚步从未停歇。

武万亮1968年毕业于北京大学数学专业，1995年晋升为教授。2004年退休，被聘为马来西亚UCMAS世界中国珠心算学院客座教授。他研究珠算已62年，创新多多，由《试论古算的定量剖析与编序今用》可略见一斑，《梯乘开高次方与解一元高次方程实根通法》大大压减了增乘法的步骤和运算量。出席中国珠算协会成立大会并发言，内容是珠算开立方。出席两次珠算国际会议。迄今，获以下国家专利：发明电演示算盘（961108991），新型设计命题器等（952057654、962200778、972174400、952052512），外观设计数学教具和图3的本个方（2009301254310、2009301254325、2009301254306、2009301254293）。

每一项成果的背后，都凝聚着他的心血和追求卓越的理念。

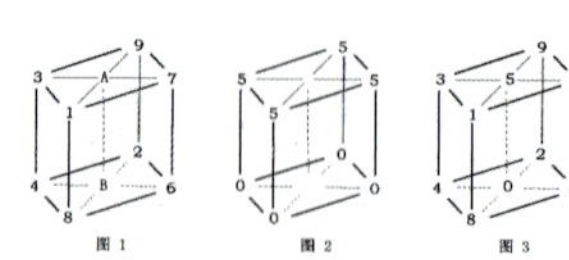

数学教具是由原理如图3的教具（963038729）升级而成。武万亮本人将$0,1,2,\cdots,9$可重复地赋于两个正方体顶点，如图1、图2。为省篇幅将图2压缩为中轴，即图1、图2套装成图3（又称本个方）。两个一位数乘积个位（下称本个）的规律叫个律，图1、2叫个律体。如，在图1上底无限右旋序列$\cdots1,7,9,3,1,7,9,\cdots$里任取一项，则其前项、后项、隔项分别为其×3、×7、×9的本个，而其正下、左下、右下、隔下分别为其×8、×4、×6、×2的本个等。

“算千数始尝乐中乐，通百题方晓天外天”是他的座右铭。他研究看算开方已21年。为夯实基础，曾在全国27地次走访请教，最长一次达8100公里。花甲之年在马来西亚表演看算“可开尽2次至10次方根中，快速准确，成绩优异，堪称一绝，……”目前，能看算可开尽2次至21次方根[注]。擅长表演即兴命题求可开尽4位或5位立方根。例如，看算$\sqrt[3]{770'590'789'632}=9168$。在看算开方持续练习中悟出根与幂的内在规律，并在2009年将个律体升级为幂律体：将…01到…99之间个位非5的奇数（百位及其以左记为“…”）可重复地赋予12个正方体的各顶点，各正方体的8个顶点（任意编序为$D_0,D_1,\cdots,D_7$）赋值后满足或视同满足 $D_j=D_i^{C_{ij}}$（$C_{ii}=1$），并且$\{C_{ij}\mid 0\le j\le 7\}=\{1,3,7,9,11,13,17,19\}$ $(0\le i\le 7)$。将12个正方体按每处赋双值套装，即得数学教具1，2。

功能：（1）教具1、2是A^m（A、m均个位非5的奇数）末两位规律的麇集凝聚，用于研究幂积末两位的规律，反之用于心算可开尽方根。如教具能给出$\cdots27^{19}=\cdots63$，反之，$\sqrt[19]{\cdots63}=\cdots27$（开尽）等。

（2）含许多趣味加减题、乘除题、疑似等差、等比题和从低位做起的除法，又在[0，7]任取$i_0,i_1,\cdots,i_k$，则$C_{i_0i_1}C_{i_1i_2}\cdots C_{i_{k-1}i_k}\equiv C_{i_0i_k}\pmod{20}$，可得甚多连乘题。

（3）理论上可拓广到旋对空间，并且升华为“幻体”。

对于数学教具和本个方，武万亮希望寻求几家纸盒印刷厂尽早生产，以便尽快转化为教学实力。

他与苑玉敏教授发明的电演示算盘，已有第四代产品的样机，曾获河北电视台“发明空间”栏目最佳奇思妙想奖。通过用6个红灯组合充当一个算珠，或闪或亮或灭，逼真演示6位内加减、固定数连加、连减，连续数连加、连减。包含慢、中、快、默认（含自定义）等速度。利用即动珠闪烁，大大增强刺激视觉效果，促进想象和记忆，使大脑尽快浮现盘面图象，故适用珠心算启蒙教学和成人教学。

对于电演示算盘和电子教鞭，武万亮希望寻求几家电子产品工厂生产，以便尽快转化为教学实力。

为了更好教学方法的涌现，为了我国教育事业的振兴，武万亮老当益壮，倾情付出，托起了意蕴深远的人生价值。

注：能看算4位平方根、4位或5位立方根，3位开5，7，9，…，21次根，2位开4，6，8，…，20次根。

康尧：
创新让生命历程更精彩

中华民族是从来不缺乏想象力的。正因瑰丽多姿的想象，我们拥有了四大发明，掌握了各种信息工具，开启了人类探月工程……5000年的中华文明史因创造的力量而不断梦想成真。每个人的人生历程中，如果有创新历程的点缀，不仅能够充盈所走过的道路，而且能够升华人生价值，为社会创造更多的价值。

今年67岁的高级实验师康尧，无疑是极具想象力的，他潜心观察周围的事物发展变化，寻找最佳的突破点，终于以超常之举带给人意想不到的思路与成果。

“利用高空大气降低地面温度的方法”，单看这个名字，就令人瞠目结舌。这是多么浩大的一项工程，这项工程究竟有多大的可行性？其实际意义与价值何在？康尧是这个方法的缔造者，并申请了国家专利（专利申请号：200910052534.8）。

据康尧介绍，该发明是利用高空大气降低地面温度的方法，是利用大气物理原理，每上升100米，气温降低0.65度，通过可拆卸的充气橡塑管道，或固定管道，或人造高山，将高空低温大气引入平原，或引入山谷，或引入沙漠地面，引入地面的建筑物内，降低地表气温，改善居住环境。

的确匪夷所思，然而其科学原理明晓，实际价值不可估量。特别是当前我国对生态环境建设格外重视，这个“利用高空大气降低地面温度的方法”，对节能、环保、居住等诸方面大有裨益。

康尧希望与有关机构联手，共同进一步探索研究，让创新成果早日造福生态，服务人民。

在科研领域探索与研究，让康尧感受到乐趣与成就感。他曾从事过麦类赤霉病研究，对赤霉病流行生态环境有兴趣。据了解，麦类赤霉病是小麦的主要病害之一，全国麦区都有发生，但以长江中下游冬麦区流行频率高、损失大。近年来，在华北麦区有明显发展趋势。大流行年份病穗率达50%～100%，减产10%～40%。由禾本科镰孢菌引起，有性阶段为玉米赤霉菌引起。寄主范围广，除为害小麦外，还侵染大麦、水稻、玉米、燕麦、鹅冠草等禾本科植物，以及棉花、红麻、甘薯等作物，可谓罪大恶极。康尧参加的脂蛋白分离纯化，留兰香病毒，麦类赤霉病抗病鉴定课题，曾获得上海测试行业、市政府及国家科技进步奖。目前他在癌症表观遗传治疗新领域进行探索，并开始将成果进行实际应用。

“创新是一个民族进步的灵魂，是国家兴旺发达的不竭动力。”历史的经验告诉我们，一个国家、一个民族，如果不善于抓住机遇发展自己，就必然要成为落伍者。物竞天择，适者生存。中华民族是一个有创新能力的伟大民族。古代中国曾以“四大发明”闻名于世。改革开放30多年来，在党的领导下，我们创造了世界少有的经济发展速度，经济、科技发展水平大幅度提高，综合国力大大增强。

创新的最终落脚点，在于个体的主观努力与创造，以及良好的合作与竞争氛围，在于每一个有责任心、有能力、勇于担当的科研工作者的奋发图强。

康尧的发明创新成果，凝聚了他无数心血与汗水，让价值超越了想象，认知并充分推动创新成果的实践应用，是对劳动与知识的尊重，同时也是造福社会的重要支点。康尧老骥伏枥，志在千里，思想之树常青，显示了一个思想者的行动姿态和实干者的立世风范。

城内线

城际线

城内线与城际线连接

杨南征：
开创“从门到门”个体轨道交通新时代

21世纪以来，我国面临人口流动与城市化的双重挑战，城市交通正处于质变的关键时期，划时代的交通技术发明呼之欲出。

“水平电梯个体交通运输系统及其调度方法”（专利号：ZL200510056657.0）就是其中的杰出代表。该发明的新颖性、创造性和实用性都非常突出，是一套独立于传统交通工具之外的完整系统，并与现有交通系统互为补充：用一种管道网络把建筑物相互连接，整个路网统一部署规划，管道内自动有序运行一种低耗电动单体舒适轿厢，构成像电梯那样安全有序、快捷方便、经济合理、清洁舒适、节约能源、保护环境的新型个体轨道交通运输方式。它因此又称作“个人管轨”。目前，这项发明已获得中国、中国台湾、日本、韩国、新加坡、美国、加拿大、墨西哥、澳大利亚等国家和地区的专利授权。

“中国兵棋首席专家”、“中国原创电子游戏第一人”、“军事科学研究员”、“工商管理博士”、“南征兵推（北京）信息技术研究院院长”，这些荣誉头衔属于同一人，他就是“个人管轨”这项国际专利的发明人杨南征。

据杨院长介绍，这项专利发明是一种可以实现全球建筑物相互连通，“从门到门”的一体化个体轨道交通运输系统及其调度方法。“个人管轨”采用与现有城市街区吻合、并利用计算机实现线路动态预约自动调度的全封闭管道网络；城市内的常压低速管道与城际间的低压高速管道通过变压管闸平滑无缝连接；管道内运行1～3座超轻型电动个体轿厢，动力由管道自备的太阳能电池提供，实现人员和货物在两地建筑

当今与现有街道互补的管网全景

未来与野生环境和谐的管网全景

物之间门到门的个性化快速水平移动。整个系统建造、维护费用低廉，可快速敷设、拆卸和重复利用，从而可以补充和超越现有的汽车、铁路、飞机、轮船等运输方式。

从技术实施的角度看，它的可行性极高。由于“个人管轨”使用普通材料，每延米耗材仅相当铁路桥梁的1/100，不但可全部采用现有技术实现，而且沿现有道路两侧和建筑物外静音敷设，不影响现有交通和居民生活。用铁路工程专业人员的话说，“做这个（个人管轨）就像做玩具，只用修造游乐场的技术就够了”。

从经济效益和环保角度看，它的价值更加巨大。“个人管轨”不但建造和维护费用低于地铁的1/10，而且综合能力远超现有各种交通体系的总和，可为上班族节省宝贵的时间，带来更可靠安全的全天候出行保障。这样一来，大部分人会放弃传统出行方式，为“个人管轨”投资运营商创造巨大的经济收益，同时从根本上减少现有交通工具的尾气排放量，有力推进国家节能减排政策的落实。

与现有建筑连接的单体站库

发明人杨南征毕业于中国人民解放军南京陆军指挥学院。他服役24年，从大军区作战参谋成长为军事科学研究员，先后研制了“全军战略预备队运输仿真程序”、“步兵团快速指挥系统”、“集团军战役决心评估军事专家系统”、“参谋机器人系统”等数十个信息化项目，多次荣获军队各级科技进步奖和军功章，为日后的科研人生打下了坚实基础。

1993～1998年，杨南征创立了清华大学光盘国家工程中心游戏部，设计出版了《波黑战争》《成吉思汗》《鸦片战争》《八一战鹰》等10余款游戏软件。1994年，他推出的中国第一款游戏软件《神鹰突击队》被LG公司收购在韩版权；1996年，《成吉思汗》荣获全国家用软件设计大奖赛娱乐类一等奖。

2000～2003年，杨南征攻读美国SCUPS大学工商管理专业并获博士学位，因毕业论文《现代城市交通的战略管理》获A+成绩，且总评成绩全班第一名，被评为美国SCUPS大学优秀学员。

2006～2011年，杨南征院长主持研发了多款专业级兵棋系统，担任多所军队院校和科研单位的兵棋顾问，奠定了兵棋推演在我国国防领域的基础，因此被誉为“中国兵棋之父”。

2002～2004年，他运用兵棋推演的人机互补思想发明了“个人管轨”。2005～2011年，在合作伙伴帮助下他完成了该项发明的计算机仿真，完善了技术和商业实施方案。

“个人管轨”的发明，为当今社会面临的人口流动和城市化双重挑战提供了更理性的选择。它的出现，将为人们提供更加便利、高效、安全、节约的交通，直接缓解人们的生活压力，促进人类生活方式的升级，带动城市规划、房地产、能源、物流、零售、餐饮、治安、环保等100多个行业的更新换代，成为国家未来经济增长的火车头。随着“个人管轨”的普及应用，势必大幅缩小人类对土地、能源等自然资源的刚性需求，真正实现还地为野，与自然种群和谐相处，从根源上改善不可持续发展和资源冲突的生存环境。

城内线、站库与建筑物连接

林富雄：勤劳与探索积累人生财富

2010 年于人民大会堂前

每一个财富人生的故事背后，都有着一段艰难的创业历程。每一段艰难的创业历程背后，都有一个饱经风雨却依然执著追求的勤劳主人公。林富雄，香港合益配件有限公司创始人，董事长。他就是一个典型走过艰难风雨创业路的知名企业家，还是儿女眼中的崇拜对象，妻子眼中的敬业狂。

林富雄，他的少年路充满荆棘又伴着风雨。1948年他在香港出生，然而五岁那一年便从香港市区搬迁到新界元朗偏远的贫民区。母亲靠在街边摆摊供养着一家人。虽然林富雄家里姐妹多，但父母依然供养儿女们读书学习。林富雄6岁那一年，父母把他送到了山厦村农村祠堂华封小学读书。12岁小学毕业的那一年，不幸的事情发生了，林富雄家里的顶梁柱父亲去世了。年仅12岁的林富雄便因为家庭条件的原因而辍学，到大哥在市区开设的小型塑胶作坊当学徒，学习工模机械技术。不甘心命运对自己的阻挠，不甘心苦难对自己的频频眷顾，小小年纪的林富雄虽然离开了学校，但却把这个小型塑胶作坊当成了自己学习的课堂。从特厚层电镀开始学习，到研究高层次自动化、非传统、革命性的另类加工技术。在厂子里学习的这几年期间，林富雄还重返过课堂，最终因为家里条件不允许，林富雄多次辍学。几经辍学的经历在少年林富雄心中刻下深深的阴影。他发誓一定要靠自己的努力积累人生的财富，不再让贫穷带给他任何的苦难。

林富雄17岁那一年，离开了家，到外面追求财富梦想。踏上追梦之路的那一刻，他的处境十分艰难，甚至到了流浪街头的地步。然而上天总是在人们走投无路的时候伸出一只手拉我们一把。林富雄经朋友介

约摄于23年前

绍来到了上环禧利街的一家国民海鲜酒家开始了他的厨房小工之路。回想起在海鲜酒家工作的那段日子，林富雄说："这段日对我后来的路有很大的影响。"原来，海鲜酒家附近的摩罗街有一个很大的卖陈旧物品的市场，林富雄闲暇之时便到陈旧市场买洋人废弃的物品和电器零件等等，他用买来的废弃电器零件物品进行自修机电的学习。就是从那时候起，林富雄开始走上了科研探索之路。

两年后，林富雄利用所攒的薄弱积蓄，在三哥的支持下，办起了以自制机器（小型继电器式自动化电动注塑机和彷形铣床）为主的一个塑胶小作坊，有了人生中的第一个厂子，但

2010 年毕业礼

2010 年出席会议

这个厂子却因种种原因夭折了。第一个厂子夭折的一年后，林富雄依然没有放弃心中的那个目标，在旺角烟厂街重振旗鼓办起了塑胶公模小作坊。不幸之神又一次降临，第二个塑胶公模小作坊倒闭了，创业的第二次打击让林富雄患上了深度神经衰弱症。与其说这是一次创业坎坷，不如说是"天降大任于斯人"，因为接下来……

23 岁的林富雄来到了大角咀一家叫永佳的小形工模厂打工，工作之余除了研究放电加工外还研究电铸加工。这一段光阴并不是人们口中的打工岁月，而是林富雄探索科研的岁月，因为他成功研究出了在非导体上电镀特厚层（10mm 以上）镍金属的成果，对于一个没有专业知识的人来说，依靠的除了勤奋与智慧，就是他百折不挠的探索精神！

25 岁的他在三哥介绍下到西贡白沙湾旺记船厂做游艇机电技工，并且考获香港船主和大偈执照。而且独立一人为当年香港制造最大木质游艇，从此名声大振！少年与青年时期饱受人生风雨摧残，林富雄用勤劳与百折不挠的精神与命运对抗着。

30 岁而立之年，风雨过后天空终于肯为他绽放一道彩虹！那一年林富雄自制 NCEDM 开办模具加工小作坊，这个小作坊一直发展至今，林富雄成为了知名的企业家。

1978 年成立三泰电机公司，林富雄凭借他所研制出的火花机（放电加工机），正式开业为客户加工各式各样高精度和高难度的模具和塑胶齿轮模具。1995 年成立合益配件有限公司，专门从事各种塑胶齿轮的设计与制造及塑胶配件制造。1998 年成立合益塑胶五金制品厂。为了寻求业务发展，适应市场竞争及市场需求，在国内东莞市投资建立现在的工厂。先后引入 ISO9001 及 QC080000 体系系统，提高服务品质和供应更优质的塑胶齿轮及其他塑胶配件。从 2006 年 7 月 1 日起，欧盟强制性实行 RoHS 指令，公司再引入 IECQ QC080000:2005 系统，并在同年的 11 月通过认证，为企业的发展及扩展奠定了良好基础。产品远销国内外。

公司的发展是他大半生打拼的成果，公司的良好发展使他满心欣慰。2012 年，林富雄 64 岁了，但在他的脸上看不出岁月走过的痕迹。他依然坚持与年轻人一起奋战在企业里。作为企业的核心灵魂人物，他前半生带有传奇色彩的经历，值得当代每一个热血青年人学习与敬佩。他的财富是与勤奋分不开的，命运的几次玩笑都没有将林富雄心中的信念打倒。林富雄反而用勤劳与刻苦钻研的精神探索出了一条财富成功之路，缔造了一段真实感人的励志故事！

王龙：新玉米制糁机助力玉米深加工

玉米是世界上分布最广泛的粮食作物之一。中国自改革开放以来，随着畜牧业的发展，人民生活水平的提高，玉米工业得到极大发展，中国年产玉米居世界第二位，玉米已成为我国作为粮食、饲料、工业原料和出口商品的多用途作物。玉米可加工成的工业产品达3000多种。近年来我国玉米工业加工迅速发展，消费的玉米大幅度增加，对我国乃至世界的玉米供求平衡和流通格局都产生了重大的影响。

随着人们生活水平的提高，人们饮食越来越注重营养和口感，这就要求将玉米等粮食作物粗粮细作，并且为了充分发挥玉米作为多用途作物的潜力，也需要对玉米进行深加工。然而玉米深加工主要依靠企业和工厂，农民朋友要想自己从事玉米深加工依然存在着一定的困难。

山东省是玉米种植大省，当地农民对于玉米有着很深的一种情结。要想将玉米加工成细粮，就要脱皮制糁。菏泽曹县的王龙经过多年研究与摸索，成功研制出了一种先进的玉米脱皮制糁机，并申请了国家发明专利。

据王龙介绍，他自幼就跟随父亲从事玉米深加工行业，他的父亲为了给农民朋友制造一种新型机器，整日冥思苦想。王龙内心就产生了一种替父亲解决忧愁的信念。从那时开始，王龙就开始对父亲使用的机器进行细微的观察和研究，对机器的工作原理、内部结构、外形等都进行了全方位的了解。他发现，老旧型的玉米加工机器确实存在严重不足，不但耗电量大，而且产品效果远远达不到农民朋友的要求。

这时王龙决心要自己发明一种新的更先进的设备，取代传统的工艺和流程。

据王龙介绍，开始做的时候，确实是束手无策，不知从何处进入这个研究领域。一次偶然的机会，王龙在《粮油市场报》上看到一篇文章，说能把玉米粗粮细用，并且对人体有着很高的营养价值，写稿人是河南理工大学的一位教授。他找到那个教授，进行了多次沟通，初步找到了一种能解决类似问题的方案。于是王龙准备好材料，就开始了实验。在实验过程中，王龙经过反复摸索，终于摸索出了一条路子。他说，玉米粒经过剪切、挤压、揉搓，能把玉米粒去皮、去根、去胚、去脐，把不好吃、不好看的东西去掉，剩下的部分制成颗粒即糁，同时也能制成细度较高的面粉，甚至可以做玉米水饺、玉米窝窝头、玉米面条和黄金米，从而实现玉米粗粮细作的目的。

这个发现让王龙很高兴，他加大了实验的力度，围绕着省工省料、美观高效、安全可靠的原则，同时又根据现代人们个性化的需求，进行内部原理、结构、外形的整体构想和合理布局。随后，王龙又进行了多达1300百多次的实验，并最终研制出了玉米脱皮制糁机，并申请了国家专利。

据悉，他发明的这种机器由机座、脱皮系统、制糁系统、风网系统、分级系统组成，脱皮系统包括带有进料口和出料口的工作室，脱皮系统的工作室由依次相连的推进室、主工作室、副工作室组成，进料口位于推进室，出料口位于副工作室；推进室是一封闭筒，内有螺旋形推进器；主工作室是由六块条形筛板围成的筒，内设带有直线型筋的辊筒；副工作室是由一张筛板围成的筒，内有带打板的辊筒。

王龙研制的这款玉米脱皮制糁机，根据自己所学的物理知识多次改变着力点，达到了省力省电的目的。脱皮系统的工作室可进行分工合作，使脱皮迅速干净，一遍成功，显著提高了工作效率，分级系统和制糁系统使大糁、小糁和粉末分级效果好，风网系统除杂效果好。

古菊云经历了地质科学和环保科学两个不同科技领域的实践和研究，都获得了重大的突破，被人们称为“袁隆平式的科学家”。73岁高龄、功成名就的他，至今仍在不屈不挠地为祖国的环保事业奋力拼搏，完美地谱就了辉煌壮丽的科技人生。

古菊云：青山碧水蓝天我的梦

斐然成就——天然矿物水处理剂系列产品

1.NMSTA 天然矿物污水治理剂

是以复合天然矿物为固体原料、工业废水为液体原料而制成的浆态或粉状产品。该药剂具备吸附性、离子交换性、催化性、化学转化性、生理助育性等性能。目前主要用于处理电镀、线路板、皮革行业废水及其他有毒的、难治理的工业废水。其工程装置简单、易操作，成本低、投资小。现已获中国发明专利，并获“中国优秀专利产品”称号，及首届香港中华专利技术博览会金奖、“中华专利技术发展成果奖”等奖项。

2.NMDA 天然矿物除油剂

是应用天然矿物原料、经专门的物化处理而制成的轻质材料。主要用于清除水体油污，但对地面油污亦同样有特效；既可用于日常含油污水的净化，更可用于处理大规模的突发油污事故。目前，生产有散装和板状两个产品类型。

3.NMAWP 天然矿物水质净化剂

是以其吸附性、吸附交换截留性、催化性、化学转化性等性能的综合效应而达到净化水质的目的。主要用于给水（供水）净化，包括生活、工业、渔业、畜牧业和农业用水的净化，但重点是制作高纯优质生活饮用水。同时还可用于污水处理的中水回用，即污水的深度处理。

4.NMADSW 天然矿物静水防腐清污剂

为复合天然矿物经独特的物化处理而制成的微粉状产品。它的性能与污水治理剂基本相似。应用对象是相对静止的水体，如湖泊、水库、养鱼场、池塘等。它具有消除水中的污染物、臭味或异味，提高水体透明度，调节水体的酸碱度、盐度、硬度和温度，增加水中的溶解氧，改变水体养生环境等特性。

人物风采

古菊云，1936年生，广东省五华县人，中国著名地质学家。1992年获国务院政府特殊津贴。

在40多年的地质生涯中，古菊云无论是在地质找矿还是在矿产理论研究上，都取得了卓越的成就。他先后提出了多种成矿自然规律学术观点和理论概念，并在指导找矿实践上取得了显著效果，尤其是在钨矿地质学上，古菊云教授堪称“当代钨矿第一人”。在从事地质工作期间，他发表论文40多篇；合著了《华南钨矿》，参与创作了《中国矿床》，主编了《中国银矿床》。其中《中国矿床》获得了国家图书奖。

为了再现“青山碧水蓝天”的地球美貌，古菊云年近60岁时，赤忱赤手开始第二次创业。1994年，他牵头组建了以教授、专家为主体的研究—制造—销售一条龙的民营机构广州巍峰矿产应用研究所，选定环境保护为主攻方向，克服多方面的困难和挫折，执著创新，开创性地以复合非金属矿物为主原料研制成了天然矿物水处理剂系列产品，并创立了独具一格的新型水处理方法——矿物法，为中国环保事业的发展再立新功。

通信地址：广东省广州市白云区太和镇太营路181号3楼
邮政编码：510540　传　真：020-87437032
电　　话：020-87438530/13602816634
E－mail：wfkcs@126.com
网　　址：www.nmsta.com.cn

张东海：当好骨伤患者的“主心骨”

无论时空变幻，沧海桑田，历经数千年的传统中医药文化，始终扮演着维护民众健康的重要角色。这里有中医的源远流长和博大精深，这里融入无数贤医悲天悯人的情怀，更有在弘扬和传承中医药事业中有实力、有责任心的人的不懈努力。

张东海是一位民族骨伤科医师。从医历程中，他倾力弘扬中医文化和运用独特疗法服务患者，彰显出医者的仁心仁术。他发明的“一种接骨散剂”，获得国家专利，给无数骨伤患者带来了福音。

“一种接骨散剂”是张氏祖传三代传承下来，后经专利发明人张东海反复研究、对比、实验，发明的一种治疗骨伤的中草药。它具有加速骨连接、促进骨生长，使病人早日康复的功效。经龙山县红十字会民族骨伤科医院反复临床运用，深得百姓信赖。

世上无难事，只要肯攀登。在救死扶伤这条道路上，张东海是一个矢志探索者。他生于1953年4月，苗族，大专学历。15岁随父当中医学徒。1995年起任龙山县红十字会民族骨伤科医院（原湘西民族骨伤科医院）院长。40余年间，他治疗各种骨伤患者达5万多例，治疗效果好，治愈率高，价格便宜，在湘、鄂、渝边区享有极高声誉。

他总结并完善了“苗医正骨”手法复位术和“柏林接骨散”苗药，主编了《苗医正骨》一书（2007年已出版发行）。他的研究成果，2000年获湖南省中医药科学技术进步三等奖，2000年、2007年两年获湘西州科技进步二等奖。其研制的一种“柏林接骨散剂”，2009年成功获国家发明专利，专利号为ZL03118231.3。2006年获湘西自治州“劳动模范”荣誉称号。2009年，被湘西州人民政府授予“科教兴州”先进个人称号，被湖南省总工会授予“五一先锋”称号。2010年，湘西州授予其为苗医苗药（苗医正骨术）非物质文化遗产代表性传承人，他被湖南省人民政府授予“劳动模范”荣誉称号。

据张东海介绍，骨伤科病是多发病、常见病，尤以青少年及农村发病率较高，患者较多。“一种接骨散剂”为纯中草药组成，使用安全方便，且中草药资源丰富，价格便宜，适合农村基层医疗推广应用，前景十分看好。

“同时还可引领带动区域服务业、农业、商业和工业的发展，对于推动区域经济发展将起到极为重要的作用。”张东海表示。

谈到如何合作问题，张东海表达了自己的看法：专利经专利权人授权后允许被授权人进行规模生产、销售。被授权人根据专利权人要求在不改变此专利核心技术的情况下，可以进行技术改造升级。专利权人负责专利产品的核心配方和生产技术工艺。专利权人有权派代表进行该专利产品的财务审计。专利权人拥有以该核心技术升级所生产的产品，销售所带来的利润分成。

被授权人负责该专利产品的生产、市场开发、销售所需的所有资金。被授权人有权在任何区域进行产品销售。被授权人可以根据专利权人建议制定产品价格。被授权人有宣传推广本专利产品的义务，有对专利技术侵权行为进行举报和追究的责任。被授权人不得将此专利技术以任何方式同第三方合作使用或生产销售。被授权人如隐瞒以此技术生产的产品所获得的利润，专利权人有权单方面终止合作，被授权人所缴纳的保证金不予退还，被授权人还须加倍赔偿违约金。专利权人按30%～40%销售净利润分成。结算按月累计月结算方式进行。

把自己苦心钻研出的治病良方，施惠于那些骨伤病痛患者，张东海的探索精神与奉献精神，树立起一位具有开拓精神的医者的形象。

黄凯奇：突破智能视频实时监控瓶颈

随着海量视频数据爆炸式的增长，常规监控系统依赖人来报警已经无法满足实时报警的需求。而一项专利成果的诞生——“一种基于规则的全天候智能视频分析监控方法”，使实时监控的瓶颈得以突破。

该项成果由中科院自动化研究所黄凯奇副研究员等人研创，获国家发明专利，并荣获第二届北京市发明专利奖二等奖。

“一种基于规则的全天候智能视频分析监控方法”是计算机视频分析技术在安全监控中的一大创新，它已成为新一代安全视频监控技术的发展趋势。据了解，该专利技术重点解决了全天候海量视频数据智能分析及快速实时处理问题。与现有的智能视频监控技术相比，在核心关键技术上，通过检测并处理最相关的运动信息，实现了海量视频数据中的目标检测，解决了智能视频监控系统实时性的问题；通过引入生物视觉机制，实现了全天候的运动目标检测，解决了智能视频监控系统稳定性的问题；通过和具体需求的应用相结合，实现了不同规则需求下的报警，解决了智能视频监控系统准确性的问题。总的来说，本专利解决了现有智能视频监控系统实时监控的瓶颈问题，实现了“看得宽、容得多、报得准”的目标。

该专利公开基于规则的全天候智能视频分析监控方法，能够用于室内、户外道路与野外的全天候的基于规则的智能视频分析监控方法，步骤包括：对摄像头采集到的图像序列进行背景分割以得到正确的前景，接着对得到的前景进行目标检测以得到要监控的对象，接着对检测到的对象进行跟踪以得到对象的轨迹，然后对得到的轨迹进行轨迹分析，同时对检测得到的对象进行目标识别以得到对象的类别，然后根据预先制定的由目标类别、目标行为、时间和地点构成的报警规则以及由简单规则复合的复合规则对得到的轨迹分析结果和对象类别进行判断，从而得到是否报警以及以何种方式报警的结果。

该专利突破了一系列关键技术，研制成功具有自主知识产权的智能视频监控系统，并且已在城市交通、政府机要、奥运安保等重要领域广泛应用。

专利的实施打破了国外核心技术垄断，促进了传统安防系统向智能监控系统的转变，有效地带动了国内安防市场的产业升级。

在 2008 年北京奥运会及残奥会期间，本成果被奥林匹克公共区指挥中心采用，对安全隐患最多的奥林匹克公园公共区进行全天候监控和智能分析，为实现“平安奥运”的理念，确保北京奥运会的成功主办发挥了十分重要的作用。其中在北京城铁 13 号线应用以来，通过该项目提供的智能视频监控技术准确自动地报警，帮助抓获盗割电缆嫌犯，应用效果十分显著，有力地保障了交通安全。

人物风采

黄凯奇，副研究员，博士生导师，美国电气电子工程师学会(Institute of Electrical and Electronic Engineers)高级会员，计算机学会高级会员，IEEE 北京分会副秘书长，入选 2008 年度北京科技新星计划。获南京理工大学学士和硕士学位、东南大学通信与信息处理博士学位。博士毕业后在中科院自动化研究所模式识别国家重点实验室从事博士后研究工作。出站后在模式识别国家重点实验室工作。主要研究方向为计算机视觉、智能视觉监控、模式识别、人的视觉认知特性的研究，申请国家发明专利 15 项，是 IJCV、T-PAMI、T-IP 等多个杂志和会议的审稿专家。获得中国发明专利优秀奖和北京市发明专利二等奖。作为负责人完成 NSFC、863、中科院知识创新工程重点项目等，作为主要参与人员在研多项国家项目(国家自然科学基金重点项目、科技部重点项目、973 项目等)。

赖奇志：让输入法不再烦琐

中华民族上下五千年，所造就的汉字文化也是源远流长，随着计算机应用的不断普及，汉字输入法也成了一个不大不小的难题，汉字输入法很多，哪一个最容易？爱好钻研的赖奇志以“易”为核心，研发了“糊涂输入法”（专利号：ZL201010196849.2），让电脑打字不再烦琐。

赖奇志，男，1945年3月生，籍贯江西省赣州市，高级工程师。1962年入读南京航空学院无线电系，毕业后分配到广州军区空军，任无线电技师。转业后在航天部某厂任技术科长、全质办主任等职。退休后从事成人电脑普及推广，著有《轻轻松松学电脑》一书（广东经济出版社），该书开创了全新的教学方法，能在很短的时间内让学员灵活应用电脑，深受各界人士好评。

赖奇志认为，虽然历经几十年努力，出现了众多的汉字输入法，可是，中文打字难的问题并没有真正解决，根本原因在于以往输入法的设计者主导思想并没有以“易”为核心。各种拼音输入法虽然易学，可是码长不固定（最长的要六个键），不常用的字要翻页查找，更由于许多人拼音学得并不好，用拼音打字还是有难处。至于各种形码输入法，由于不直观，学习时要死记硬背，不易掌握。

赖奇志发明的“糊涂输入法”遵循以“易”为主的原则，十分钟就能学会中文打字，稍加练习速度就能加快。其特点是：(1) 绝大多数汉字可两键出字（第一键打拼音首字母，第二键按写字笔顺打笔画的首两笔），不常用汉字也只需三键，而且不须翻页查找。(2) 会写就会打：不认识的字可先打一个“I”键，然后打笔画（不必翻字典）。(3) 对于笔画不清楚但能认识的疑难字，可先打拼音首字母，然后按“U”键。(4) 可用现有的英文键盘打出各种希腊字母和数学符号。比如：α β π Ω ∥ ∩ ④ ≈ § ∠☆等等。(5) 固定码长：最多四键即可打出词组或短句，所有词组不需翻页查找。(6) 打单字也能出词组：对于三个字以上的词组，一时不清楚是否可以按词组打，此时可以先按单字的打法一个字一个字地打，词组就自动出来了。(7) 自造词的导入导出功能：用户造词后可导出到外存中，重装系统后又可导入，不必重新造词。(8) 便于嵌入平板电脑及手机中。

董传义和他的发明

科技进步一方面是人类自身发展的产物，另一方面又对人的发展产生着影响，二者之间是一个互动的过程。

科学是人类探索客观世界的本质和规律的活动以及由此而形成的关于客观世界本质和规律的知识体系；技术是人类根据自身需要利用客观世界的规律对客观世界进行改造的活动及所形成的方法和手段。

由于科学和技术的密切联系，二者已成为一个有机的整体。尽管科学和技术各有特点，但它们作为人类对客观世界的认识和改造活动及其成果，都是人类自身能力的体现。科学技术一旦产生又反过来对人类发展产生影响。科技进步与人的发展具有内在关联，并且随着科技进步对人类社会生活及人类自身发展的影响越来越广泛和深远，科技进步与人及人类命运的联系日益紧密。

科学技术的进步离不开人类能力和智慧的增长，人的发展也需要科技进步提供力量。但科学技术在促进人类发展的同时，也带来一些制约人类发展的异化因素。考察科技进步与人类发展的内在联系，探究科技进步给人类发展造成异化的原因，寻求科技进步与人类发展良性互动的机制，对于推动科学技术进步、发挥科学技术对人的发展的促进作用具有重要意义。

董传义发明的列车制动排风的分流器及列车制动系统，有一定的实用性。其实用新型公开了一种列车制动排风的分流器及列车制动系统。分流器包括一密闭缸体，缸体内设有均衡勾贝；所述均衡勾贝包括一与缸体内壁吻合的活塞，活塞上设有倒锥形进风阀孔，活塞上位于下风室一侧设有一支架，支架上设有一与进风阀孔配合的进风阀，进风阀与支架之间设有进风阀回位弹簧，进风阀与进风阀孔构成单向进风阀；支架的下面设有排风阀与设在缸体底部的锥形排风阀孔相配合而构成单向排风阀；在缸体上风室的内壁上设有导气槽，缸体上位于上风室的缸壁上设有风支管。采用该分流器的列车制动系统在制动时可以保证各节车厢上的单元列车管同步快速排风，使各制动装置同步快速制动，提高制动效果。

孟庆云：创新疗法降服哮喘顽症

近几年来，哮喘病在全球范围内的发病率逐年上升，据统计，全球有2亿多人患有哮喘。我国哮喘发病率也在逐年上升，有数据显示，我国儿童哮喘发病率约为1.5%，成年人哮喘发病率约为1%，全国约有2000万名哮喘患者，并且发病率还在逐年上升。

哮喘是一种常见病，也是呼吸系统疾病中的常见病。哮喘会极大地影响人们的身心健康，如果得不到及时有效的治疗，哮喘甚至能使人丧命。俗话说"内不治喘，外不治癣"。多年来，慢性支气管炎和支气管哮喘一直是令医学界十分棘手的顽症，无论注射还是口服西药，都只能暂时控制病情发展，却不能从根本上治愈哮喘疾病。

然而自然规律告诉我们，一物降一物，任何事物都有它的"克星"。在各种医疗手段医治哮喘无效的情况下，北京孟庆云哮喘病医学研究院院长孟庆云创造性地研制出了"一套结合治疗支气管哮喘"的特色疗法，成功地攻克了哮喘久治不愈的医学难题。

孟庆云是河北香河县人，共产党员，早年学医。原河北省香河县气管炎哮喘医院创始人，现任北京孟庆云哮喘病医学研究院院长和湖北省咸宁市中医医院名誉院长，拥有五项国家发明专利，曾荣获"全国十大创新先锋人物"、"第三届河北省十大优秀发明者"等称号。他主持研究的支气管哮喘项目，在国内处于领先水平，获得了省部级证书，还被列入中国中医药科技开发交流中心推广项目。

据孟庆云介绍，哮喘病的发病因素主要包括遗传因素和环境因素，绝大多数的哮喘病患者的亲属中，都可以找到哮喘病史。哮喘对日常生活和工作都会产生极大的影响，误工误学，运动受限，还会引发肺心病和呼吸衰竭等并发症。哮喘患者出现急性发作时，救治不及还会致命。

孟庆云告诉笔者，哮喘病极其难治，无论是采用注射还是口服药物，都很难根治哮喘，即使是人们最熟悉的抗生素，对哮喘病也毫无治疗作用，反复使用还会产生耐药性。

孟庆云利用自己毕生所学和多年从医经验，在我国传统中医的辨证施治方法的基础上，结合现代诊疗方式，制定一套标本兼治的治疗方案。苍天不负有心人，孟庆云历经500多次试验后，终于成功地研制出一种中西合璧的治疗方法，能够配合穴位注射，口服中药彻底治愈慢性支气管炎、支气管哮喘的方法。孟庆云说，他研制的治疗方法对于长期依赖激素和抗生素的患者效果更为显著，并且使用这种特色疗法治愈率高，复发率低，治愈后大部分不会有复发情况。他的五项发明专利也是紧紧围绕着哮喘病展开，为彻底治愈哮喘打出一套"组合拳"。

孟庆云取得如此重大的成果却没有自己独享名利，为了给更多的哮喘患者带去健康的福音，他曾先后在国际、国家级刊物上发表多篇论文。孟庆云的患者不仅来自30多个省市，更有美国、日本、韩国、法国等世界各国和地区的患者慕名而来，在这些人当中，绝大多数人都曾辗转全国多家医院，耗费大量金钱也未能治愈疾病。在接受孟庆云的治疗后，现已治愈的慢性支气管炎、支气管哮喘等患者多达几万例。孟庆云运用他的研究成果治疗慢性支气管炎和支气管哮喘有效率达到98%，治愈率达到93%，孟庆云也因此被誉为我国治疗气管炎哮喘病的专家。

孟庆云的研究成果不仅是挽救生命的伟大壮举，也产生了巨大的社会效益和经济效益。那些康复的患者重又回到了家庭的怀抱，重新开始自信的生活。在孟庆云的医院接受治疗医药费仅需万元，几年来为国家和个人节约医药费上亿元，为香河县哮喘医院创造了8000多万元的经济效益。

花开终得果，在第二届中国经济人物评选活动中，孟庆云被授予"中国经济百名杰出人物"荣誉称号。还多次获得"科学技术创新标兵"、"科技进步奖"、"科技十佳和优秀知识分子"等荣誉。

时代在发展，科技在进步。哮喘顽疾已经被孟庆云战胜，他的创新成果仍有待推广，让更多的人重获健康。

温冰冰：健康领域的执著追求者

她用一颗钉的执著，诠释着生命的价值；她用一滴水的深情，滋润着科研之路；她勤勤恳恳发明了多项专利，为社会创造了诸多财富。她就是温冰冰，笔名温岚雅，女，1966年出生，生物高级工程师。曾任中国保健协会会员、中国医疗保健行业研究员、中国医疗保健行业著名专家、中国医疗保健国际交流促进委员会、中老年保健委员会治未病工作站办公室主任、中国治未病健康指导手册副主编、世界自然养生协会专家委员会委员。现任蓬莱松鹤生物科技有限公司董事长兼总经理。

从事实用磁疗的推广与应用近20年，多年来始终致力于自然环境与健康的课题研究工作，每年在全国巡回讲座百余场，拥有专业著作3部、注册商标2个。已申请专利14项，获批4项，12项已经成功转化为生产力。其中，专利技术床垫（专利号：ZL200830013010.4）、一种保健鞋专利（专利号：ZL200720159762.1）双双荣获第八届香港国际发明博览会金奖。一种仿生地磁发生器专利（专利号：ZL200920281750.5）。该发生器可以成功模拟地球磁场环境，50年内保持磁性能基本稳定，磁通量仅为1高斯（Gs）左右，有效磁场高达1米左右，是一种低磁场、高穿透的磁场发生器。她是目前国际唯一掌握该技术的人，此项发明不仅填补了世界在该技术领域的空白，更使中国在磁医学领域再一次走到了世界的前列。2012年因该项发明被《世界名人录》收录。

"一种仿生磁场发生器"和专利技术"一种大地磁B型保健枕"（专利号：ZL200920297804.7）配合使用，这种技术成果彻底攻克了人工模拟地磁场的技术难关，打破了住高楼无法接地气的技术壁垒，在居家卧室中成功模拟地球磁场的自然生态环境，实现了住高楼也可以接地气的梦想。减少和避免因缺磁导致的现代城市富贵病等各种疾病的发生，市场前景十分广阔。

这种大地磁B型保健枕技术先进，利用人们三分之一的睡眠时间给人们治病防病，成功模拟地球磁场的自然状态，可以达到微磁场，磁场仅为1Gs左右，磁场极其微弱，吸不住一根针，却可以穿透整个人体，穿透力高达60cm以上。其B型枕峰峰高设计，符合人体工程学原理，是具有科学性的枕头，能够起到托肩、牵引颈椎的作用，双峰高度各为5cm和4cm，与波浪棉、枕头底架高度相加后的尺寸，与人体侧身时平均肩宽相同，不论使用者平躺还是侧卧，均起到托肩、牵引颈椎的作用，有无与伦比的舒适度。与磁场配合，可以起到镇静安眠、预防和治疗颈椎疾病、增加脑部血液供应、减少耳聋耳鸣、预防小脑萎缩、老年痴呆和脑血管疾病发生等作用。使用舒适度强、安全无毒副作用、疗效显著。

温冰冰为人类的健康事业做出了突出贡献。2009年10月获得了中国医疗保健行业十大模范人才勋章行业最高殊荣，她用一块砖的无私，书写着自己生命的诗篇。

赵瑛：一种用途广泛的台徽

人物风采：赵瑛，毕业于国家“211工程”学校西南交通大学，荣获大学优秀毕业生证书。2007年在中国综合性人文社科核心期刊上发表了有关企业信用方面的学术论文。2008年以来，陆续申请并获得六项中华人民共和国国家专利。2009年参加“中国优秀外观设计专利展示”，并获得荣誉证书。

通信地址：四川省成都市金牛区马鞍南路110号太升园6单元63号
邮政编码：610081
电　　话：028-83319189

一种用途广泛的台徽（专利号：ZL200830073262.6），外观设计新颖独特。其结构由上下两部分组成，上半部分是一个直径为6cm，厚度为1cm的水晶圆盘，以圆盘任一段厚度面为接触点直立固定于基座的中心位置。下半部分基座是一个长6cm宽2cm高1cm的水晶长方体，将基座上方的4条边线及4个角均进行倾斜加工打磨，使上边线形成4个梯形面。整个台徽由圆弧形线条与直线条共同组成，宛若地平线上喷薄而出的一轮红日，充满了生机与活力。

在工艺制作上，将水晶圆盘的两面进行打磨抛光处理，选择其中一面采用内凹雕刻方式进行图案文字色彩的造型。首先，在圆盘半径的1/3～2/3处，雕刻上代表中国文化遗产标志的镂空圆环形“太阳神鸟”图，并绘染上富贵吉祥的金色。其次，在太阳神鸟图下半环外侧，从左向右和从右向左分别雕刻上一支弧形交叉的橄榄枝，并着以绿色相映衬。在两支橄榄枝交叉的下方，圆盘下弧线的上方，水平刻录上使用者所要记录的重要历史时刻及地点，染成金色。在太阳神鸟图上半环外侧与水晶圆盘上半圆内侧间的空白环形区域，雕刻上台徽使用者欲集中表达的文字，同样着上金色，使字体清晰可见。最后，在环形太阳神鸟图的中心空白位置，采用篆体汉字从左向右从上往下，将使用者的立徽意图、美好愿景，以精炼的语言如“友谊长存”等字样刻录于上，并着上金色或其他鲜亮醒目的色彩，以突出使用者的核心理念。

台徽造型精美，寓意深邃；既穿越历史文化，又紧连现实社会；既动静相宜，又和谐统一，实为一件难得的艺术珍品。可广泛适用于各种会议、纪念活动及馈赠等场合，亦可摆放于案头、书柜、陈列展示架之上，极具收藏价值。其材质可任意选用天然水晶、人造水晶、名贵石材、金属材料、有机玻璃及高科技新型材料。它可按用途成比例的缩放尺寸，经机械加工可成批量地生产制作与销售。

转让及合作意向：本专利转让，形式不限，具体事宜可商议。

孙宝树：走在能量科技前沿的开拓者

曾经的地方政府公务员，如今的商界成功企业家和走在能量科技前沿的开拓者，孙宝树实属有胆识和主见。创新发明之路艰辛而又曲折，可即便如此，他也毅然选择，坚信自己的发明专利能成功走向产业化，为中国的生命能量科技研发事业做出贡献，最终惠及百姓，造福于民。

孙宝树，大学本科学历，中共党员。下海经商十几年来，一直在生物健康领域中进行大量的探索和实践，尤其是围绕着阳光、空气和水生命三大要素，在生命能量科技的研发上有自己独到的见解和理论上的创新。

孙宝树有着创新科研的天赋，前瞻性的眼光和独具特色的客观选择性，让他走向了创新科技的前沿。“一种能量激发装置”和“一种多维复合能量活性材料及其制备方法”是其独立发明并由国家知识产权局授权的科研成果（以下简称能量源），以其独特性、前沿性和功能性，均已转化成现实生产力。

“阳光、空气、水和运动是生命健康的源泉”是世界医学之父——希波克拉底的名言，能量源项目的研发以此为理论依据，开发出的能量光波系列、能量净气系列和能量整水系列三大类上百种绿色健康产品，在低碳、节能、环保、生态、健康等新兴产业中和旺盛的民生需求中，显示出强大的生命力。

正如孙宝树所说，只有将科研成果转化成老百姓切身需要的产品时，才能体现它的价值。能量源光波机的核心部件能量盘，含有人体中的各种元素，电热激发出的能量波，可有效地进入人体，并积极疏通气血瘀阻，调补机体内能，对常见的慢性病、疑难症有独特的疗效。能量源净气机将新一代的过滤、吸附、杀菌、净化材料优化，经过专利技术的整合提高，对空气中的细菌、霉菌、病毒、甲醛、异味等科学处理，改善了环境，提高了空气质量，同时，能量激发，还可以释放大量的负氧离子，创造清新、纯净的健康生活空间。

能量源整水机以城市自来水为原水，应用两项发明专利技术，经过净化、活化和整化三大系统十级十二道程序的科学处理，生产出来的水不仅干净、有活性、有营养、有能量，而且还能清除细胞障碍，水质达到健康水的七项国际标准，是完全符合人体生理活动需要的、功能完整的健康水，回归天然的生命水。

能量源的两项发明专利技术均已转为产业化，他却仍然没有放弃人类受益于能量科技科研成果的事业。为让更多人了解和受益于能量科技的研发成果，孙宝树将研究心得编写成《能量整水与人体健康》及与同济大学陈浩宏教授合著、由同济大学出版社出版的《健康“心”境界》两本科普读物，系统论述了“能量整水”的科学原理、保健效果和能量医学防治慢性病的前景。

正是由于孙宝树的坚持和不懈努力，使他及其所带领的团队先后获得了“中国健康产业十大影响力人物”、“2006中国最具影响力的创新人物”、“长三角创新精英人物三十强”、“中国科技创新单位”、“能量源—中国健康产业自主知识产权最具影响力品牌”、“2011年创业十佳品牌”等荣誉和称号。

现在，孙宝树在现有发明专利技术的基础上，围绕生命三大要素研发出一款市场上独一无二的，集阳光、空气和水于一体，具有低碳、节能、环保、生态和健康多项功能的高科技绿色民生产品，旨在把温暖阳光照进室内、把森林氧吧搬回家里、把长寿村水引到身旁，让全家人充满生命能量，实现他执著追求的“能量科技进万家，滋养众生惠天下”的夙愿。

一个原始创新理论的出现，往往会引起一场产业革命。能量源发明专利技术，源于前卫的理念、前瞻的理论、前沿的技术，因而有前景广阔的市场。相信孙宝树的能量源技术与产品，在国家重点扶持的节能、环保新兴产业中，必将产生极大的生态效益、经济效益和社会效益，也必将引领能量科技产业的方向并向纵深发展。

司徒植及其发明介绍

司徒植，原籍广东省开平，医学博士。1955年大学毕业，1975年回港创办了自港开埠以来第一所传授中医传统针灸和手力治疗知识的专科院校。历时30多年潜心研究人体十四经脉的循行路向和规律，配合针疗学“三点联按”特效疗法，以及中西医结合“五线合璧”临床试验，发明了有助于人类健康成长和保健养生，用于整脊理疗的“飞经走穴磁行整脊健康护垫”。已获得多项发明和实用新型专利。

磁性整脊护垫（专利申请号：200810142113.X），又被称为飞磁宝垫，是一种用于日常自我保健养生和整脊理疗及促进健康之创新保健用品，集经济环保、简便实用等优点于一体。宝垫是以生命动力学和脉动磁场原理，配合中医针疗学“三点联按”特效疗法，将标准磁体按照中医传统的人体十四经脉的循行路向布阵，人们可舒适地平躺于宝垫上，以自身体重按压身体重要的经脉和穴位，在自体牵引下，以磁能推动全身经脉气血循行，“虚则补之，实则泻之”，自我调节脏腑阴阳平衡，舒通经络，符合“通则不痛”的机理。

本发明是根据老中青少各个不同的生长发育阶段设计，有利于疾病防治，健康人群、亚健康人群，以及一些慢性病患者，可用其作为日常防范病变和养生保健。

本产品目前正处于把发明转化为生产力的阶段，欢迎各方投资合作。

通信地址：香港仔洛克道66号世球大厦10–11
电　　话：00852–25282320

梁方雄及其专利介绍

人物风采：梁方雄，男，1942年生。长期从事模具创新与设计工作，2002年退休。2007年开始申请专利，至今获三项专利，因专利“插裁式薄板冲裁模具”获得“建国六十周年百名优秀发明家”荣誉称号。

专利介绍

一、插裁式薄板冲裁模具（ZL200820303800.0）

本专利是一种对板厚 $T \leqslant 3mm$ 的金属薄板进行冲裁的插裁式薄板冲裁模具。其特点是与上凸模相对应的板料支承有漏料垫板，凸模与漏料垫板的间隙C按公式 $100T > C \geqslant 0.25nT$ 确定，其中T为薄板厚度，n为大于1的系数。其优点是：只需做凸模和漏料垫板，不需凹模就能完成冲裁作业；凸模与漏料垫板之间的间隙变大不会影响使用，所以模具不容易损坏，结构简单，成本低，易于维护；可以在同一副模具中冲裁不同厚度的金属薄板；漏料垫板的材质可以使用普通材料，只起支承作用，没有刃口，简单耐用，易维护，易满足大规模生产的需要。

二、可刨皮菠萝刀（ZL200820301490.9）

本专利是一种可刨皮菠萝刀，其特点是包括刀身部分和刀柄部分，其刀身部分呈槽形结构，该槽体的前端为刃口，该刃口以槽底为尖端向后倾斜，所述槽形刀身部分的横截面呈“U”字形，在所述的槽底开设有刨削孔，该刨削孔的至少一个长边为刃口。其优点是由于在呈槽体结构的刀身部分的槽底处开设刨削孔，并且该刨削孔的至少一个长边为刃口，利用这个刃口可以给果类、薯类、瓜类进行刨皮，而刀身前端的刃口又可以用于挖削去除果蔬的坑眼皮和根眼，削皮功能齐全，使用范围更加广泛。

合作方式：转让、合作等均可。

通信地址：广西壮族自治区柳州市三中路跃进村138–1号
邮政编码：545001　　电话：13768874595

王忠智及其专利介绍

王忠智，男，1950年生，临床执业医师，诊所所长，治未病调理师，中国特效医术专业委员会主任委员，《中国医学创新发展》编委，中医药特色疗法专家。2009年1月6日被全国道德模范大会组委会授予“全国敬业奉献模范”称号。2010年10月论文《糖尿病及其并发症治疗新途径的论述》因有前瞻性和学术性，被《中外名医风采》杂志，录用并被评为优秀论文。2010年，被香港国际中医人才研究会、世界名医人才网、国际中医药联合学会、香港现代医院管理协会授予亚太五星级杰出名医功勋奖。

王忠智用自创方，治愈了成百上千例眼底出血、烧烫伤、贝尔氏面瘫（面部神经麻痹）患者，其发明的“治疗糖尿病眼并发症的中药制剂”已获国家专利权（专利号：ZL200610050969.5）。

本专利能使糖尿病逆转恢复健康的主要原理是平衡血糖而不是单一地降血糖。使血糖升高的诸多因素的平衡与否至关重要，如对肾上腺素、胰高血糖素、肾上腺糖皮质激素、生长素等的平衡和抑制作用，使其都能得到较好的调控和恢复其正常生理功能的状态。对纠正肾衰竭，平衡钾、钠、氯，提高二氧化碳结合力，降低尿素氮，清除肌酐效力高。所以，恢复肾功能速度快，对于已经发生病变的肾小球细胞超微结构产生逆转性变化，使病变的细胞可逆转为正常细胞的生理功能状态。

该专利技术的系列药剂是采用纯中药配伍。它不仅可治愈糖尿病眼并发症，还可以治疗、控制由糖尿病引起的诸多并发症。同时具有双向调控血糖的作用。疗效迅速，安全，稳定。作用持久，是治疗糖尿病及其诸多并发症的创新型的发明。

曾腾辉及其专利介绍

曾腾辉，男，35岁，医学博士，国家高级营养师。毕业于中山大学医学院，一直从事骨科临床工作。参与多项省部市级科研课题工作，多次获得患者赠送锦旗和表彰。已获得国家发明专利2项、实用新型专利9项。被评选为腾飞中国2009年度最具影响力人物、2010年人民英模、2011年时代杰出人物，入选《建国60周年和谐之光——人物篇》，入选《中国高级专业技术人才大辞典》，入选《中华姓氏名人》等。

专利介绍：一种手术工具定位手柄：大量的病人需要穿刺治疗、取活检、穿刺引流，脊柱骨科的椎弓根螺钉需要方向很精确，传统方法是医生根据影像学检查然后凭着个人的手感和经验操作，因为穿刺方向不正确带来大量并发症，病人痛苦，每年为此直接的医疗费用开支达数亿元，患者本人和亲属耽误工作造成的间接损失达数十亿元。该发明简单有效，经济适用，可以避免穿刺方向角度不对带来的并发症，减轻病人痛苦，减少医疗纠纷，并带来每年数十亿元的经济社会效益，是造福国民的重大发明。

获得的部分其他专利：一种仿真人工脊柱：在世界上率先提出并发明仿真人工脊柱；带钢板的椎间融合器：有效防止融合器松脱，减少广大患者痛苦；透析引流管1～3型：应用在伤口的灌洗引流上，减少伤口积液和感染率；一种止痛敷料：伤口要覆盖敷料，同时止痛，实现敷料和止痛二合一，达到持续止痛效果，减少患者痛苦，减少止痛药物的使用；一种防松脱螺钉：有效预防内固定螺钉松脱，减少并发症；一种电子液晶阅片装置：电子化的阅片装置，打破传统的模式；一种阅片装置：实现全国影像学检查的联网、阅读，病人不用带着重重的片子四处求医，改变传统的就医模式。

转让及合作意向：可以转让和合作，有意者直接联系本人。

通信地址：广东省深圳市罗湖区水贝二路贝丽花园23栋505　邮政编码：518000

E-mail：zth0307@sohu.com

张坤树及其发明介绍

人物风采：张坤树，男，1933 年生。台湾交通大学电子所工学硕士，台湾清华大学物理所理学博士。曾任逢甲大学、中国医药学院教授，中山研究院教授级研究员，已退休。现在为三誉研究所开发有限公司执行董事。已获发明专利权累计 26 件，曾获国家发明金奖、国际发明金奖 9 项，银奖 5 项和铜奖 5 项。

发明介绍：利用非燃性硫酸铵以抑制燃烧炉发生戴奥辛类物的方法（专利申请号：201010139456.8）

从燃烧炉中所释放戴奥辛类物包括：氯化苯、多氯联苯、多氯二联苯呋喃及多氯二联苯戴奥辛等，均具有高度毒性，可致癌、导致畸胎、导致生殖机能障碍、降低免疫机能等。目前处理燃烧炉所发生戴奥辛类物的方法主要是利用活性炭、活性焦炭等吸收剂处理，但是这种方法并不彻底。张坤树经过潜心研究，发明了一种利用非燃性硫酸铵以抑制燃烧炉发生戴奥辛类物的方法，解决已有处理燃烧炉所发生戴奥辛类物的方法成本过高的问题，属于化工类技术。

其特征在于：向燃烧炉中投放适量硫酸铵，其与燃烧物的重量比例为 1∶3000，当炉温达到 513℃时，使硫酸铵分解，并与炉中所发生的氯化苯、多氯联苯、多氯二联苯呋喃及氯二联苯戴奥辛等高毒性物起反应，生成低毒性的苯、联苯和联苯氧化合物，同时释放氧、氧化胺和三氧化硫；其中苯、联苯和联苯氧化合物在高温下会与氧继续起反应，变成二氧化碳和水。

本发明愿无偿让与中国政府。

通信地址：台湾省高雄市三民区建德路 30 号 4F
电　　话：88673860558

朱一夫及其专利介绍

朱一夫，广东省梅州市人，毕业于广东省佛山教育学院，现在佛山市南海区大沥镇黄岐中心小学工作。为了让中国文化走向世界，为了把中国文字发扬光大，朱一夫曾对汉字的笔画、偏旁、结构、造字、读音、字义等各个方面进行了广泛深入的研究，先后排除了 30 多种不同思路编码方案，终于发明了“天盘形声汉字输入方法”，专利号：ZL97108962.0，简称神奇天字码。

天盘形声汉字输入方法，把所有汉字的字形，按照一分为二的原则，并根据其结构特点：直笔画、勾笔画、相交、不相交、笔画数目、特殊字根整齐而有序地分布在通用电脑的键盘上，先输入字形，或再输入声母就可得到所需要的字，不用记忆字根。

神奇天字码把组成合体字的偏旁部首或独体字称为字块，不是把偏旁部首拆成字根。其拆法是，偏旁部首不用拆，相交相连不用拆，完整成块不用拆，简称不用拆。因此比较完整直观地体现了方块字的特色。其抓住了汉字形、数、声、义的本质特征，将汉字、键盘、手指三者有机结合，抓住了汉字不变的特征（笔画的关系、方向、数目不变），抓住键盘小平面的特点（坐标定位），体现手指左右两手对称的功能(盲打布局)。符合语言文字学、心理学、生理学原理，体现了数学的简捷和哲学的概括，满足了编码的科学性。简单易学，不易忘记。

通信地址：广东省佛山市南海区大沥镇黄岐中心小学
邮政编码：528248
电　　话：0757-85915752/13431664288
E-mail：zyfctt@126.com

李瑶松及其专利介绍

人物风采：李瑶松，河南省原阳县人，出生于1956年，初中学历。从小酷爱钻研发明，经过多次反复实验于2010年先后获得实用新型自行车和新型空调两项专利。

发明介绍

一、一种自行车（专利申请号：201020111519.4）

本实用新型包括脚拐，脚拐的下部为向上弯的折弯，在此折弯的端头设有与脚蹬轴相配的孔，具有制造成本低和车加速时省力且脚蹬轴幅度不改变的优点。

本技术的革新处集中表现在对自行车脚蹬的改变。其特征是：⑴在加长脚拐的力臂时，在力臂的末端通过小于45度的弯曲来实现增力不增加幅度的目的。⑵同时将右脚拐的力臂与花盘的边沿处连接为一体，来达到增力的目的。⑶在后轮的齿数不增加的条件下，增加主导的齿数（一般为后轮齿数的5倍），使其与特征⑵相互作用达到省力的目的。

合作方式：一次性转让或技术合作。

二、一种太阳能热水器（专利申请号：201120128893.X）

本实用新型特征在于：在循环水管排上面的斜面支架上密封安装有一层透光保温板，在斜面支架后壁上向着循环水管排密封安装有一层反光材料层或深色的吸热材料层。经过上述改进，能使循环水管排接受到更充分的阳光照射，发出更多的热能给水管内的水加热，得到较高温度的热水。

三、一种太阳能电池（专利申请号：201120128945.3）

本实用新型包括光伏组件，可有效地增强光伏组件的光照强度，提高发电量1/3～1/2。

通信地址：河南省原阳县齐街镇北黑石村　　邮政编码：453509
E－mail：Liguangbin1984@163.com　　电　话：13598646495

李朝阳及其专利介绍

李朝阳，男，58岁，大专学历，主治医师。

发明名称：中草药烧烫伤药

专利号：ZL200810046142.6

发明简况：本发明人研制的中草药烧烫伤液，疗效独特，具有优于现有治疗烧烫伤药物的四大特点：愈后不留疤痕；疗效快捷；治法简便，无痛苦；无论轻重烧烫伤，治疗过程中不会感染，不需人工手术植皮可使伤口痊愈。

转让及合作意向：转让、专利许可、参股合作三种形式都可以商谈。

通信地址：四川省武胜县疾控中心
邮政编码：638400
电　话：13982609311
E－mail：172968614@qq.com

王岸娜及其发明介绍

人物风采：王岸娜，1972年3月出生，2004年江南大学博士研究生毕业，获食品科学专业博士学位。1994年以来一直从事生物技术、农副产品加工和食品体系中生物分子之间相互作用的研究。她主持完成的“白乳鸽精的研制”课题，研究成果获得国家发明专利，为第一发明人，专利号：ZL99121272.X；“全天然速溶绿茶的制备方法”（ZL200610017625.4）获得国家发明专利，为第一发明人；“精制红薯淀粉新技术的研究及示范推广”项目获河南省科技进步三等奖；“山药蜜奶的研制”获河南省农业科学系统科技成果二等奖；“全天然速溶绿茶的制备方法”获河南省教育系统科研奖励二等奖。2010年以第一发明人申请国家发明专利36项。

成果展示

1．“一种全天然牛肉制品嫩化剂的制备方法”（专利申请号：201010546800.5）。本发明采用全天然无毒副作用的材料达到嫩化牛肉制品的目的。以此发明方法制备的牛肉制品嫩化剂用于牛肉制品的嫩化时，使牛肉的嫩度达到最佳使用状态，而且牛肉柔嫩多汁富有较好的弹性，提高牛肉制品持水率达到21%。

2．“一种全天然猪肉制品嫩化剂的制备方法”（专利申请号：201010547972.4）。本发明采用全天然无毒副作用的材料达到嫩化猪肉制品的目的。以此发明方法制备的猪肉制品嫩化剂用于猪肉制品的嫩化时，猪肉剪切力降低了49.1%，加工失水率降低了31.2%，同时肉颜色良好，柔嫩多汁。

通信地址：河南省郑州市高新区莲花街河南工业大学粮油食品学院
邮政编码：450001
电　　话：15670600530

白蓬江及其成果介绍

人物风采：白蓬江，男，1960年生，大学学历，把脊椎运动力学原理引入中医学的推拿领域，治疗腰椎病，调整腰椎。

成果展示：虚、实、寒、热、躁、湿的一套中医理论，流传至今。因为找不到准确的表达方式，试图用“因果关系学说”来解析，结果不理想。徘徊在“阴阳学说”中，使中医对内分泌紊乱、神经紊乱的研究。相对落后，面对许多疾病时束手无策。

中国人依靠自己对自然界的认识，总结出一套表达式——数序规律。白蓬江尝试将“数序学说”运用到中医、西医之中，认识到了内分泌紊乱、神经紊乱、失衡、失和的数序表达原理。

白蓬江运用独特的数序疗法治疗腰椎间盘突出症，不同于西医，有别于中医，效果好，简单易学，治疗后不易复发。疗法分五步：第一步，经络疗法：物理作用＋化学作用；第二步，运用脊椎运动力学原理疗法；第三步，中医推拿治疗；第四步，自然医学疗法（瑜珈＋少林易筋经）；第五步，食疗——扶正汤（牛筋、牛尾、猪尾汤）。

通信地址：广东省广州市天河区东莞庄一横路132#508
邮政编码：510610
电　　话：13710614409
E－mail：807380642@qq.com

林世昌：绿色生态环保墙

人物风采：林世昌，男，53 岁，大专学历，公司董事，发明家，先后获三项国家发明专利。2008 年获第六届中国国际发明节铜奖；2009 年入选《中国专利发明人年鉴》第十一卷，及“建国六十周年百名优秀发明家”称号；2010 年受国家多家机构邀请出席会议并获得嘉奖；2011 年获得“年度优秀发明家”称号。

专利介绍：墙面绿化板及墙面绿化装置（ZL200710030011.4）

本发明的目的是针对全球暖化，温室效应的生态问题，提供一种大厦垂直绿化的可行方案，有助于解决温室效应等问题，还可减低大厦室内温度，从而减少冷气电费消耗的支出，同时大面积的绿化植物，还可吸附空气中的悬浮粒子，改善空气质量。最近香港环保部门一份顾问报告指出，若全港的某种悬浮粒子 (PM2.5) 减少每立方米 1 微克，全港每年的额外医疗开支便减少 21 亿港元。可见此发明不但环保，亦是一项甚具经济效益的专利产品。

本发明令城市绿化和大厦绿化工程从园艺化和农业化模式变为工业化运作模式，令项目可行性、经济效益、工程效率均可大幅提升。安装时间估计只需 1 ～ 5 分钟 (安装相应的固定支架工程除外)。

预计产品重量和一般墙砖接近，小于 20 ～ 30 千克 / 平方米，并可配合施工场合或工程及大厦的特点，设计成各种形状，令工程项目的可行性大增，甚至成为建筑师的指定外墙配件，又或成为 21 世纪划时代的生态建筑材料，并由此带出一个生态建筑的投资市场。

本发明具定量控制灌溉功能，同时可兼顾除虫、施肥等功能，可最有效地控制吸水后绿色生态砖块的重量，减少大厦的承重负荷，同时湿度控制系统有助保证绿色生态砖块的成活率，令投资者的风险减至最低，具有成熟产品和系统的特性，故推出市场的被认受性相应增加。

转让及合作意向：转让、专利许可、参股合作三种形式都可以商谈。

通信地址：香港骆克道三号 22 楼　　电话：85227856528　　E － mail：sclam18@gmail.com

李滋星：战略创新　国际领先

发明人李滋星，男，1951 年 9 月生，大学文化，生物医学专业，博士研究员，现任北京灵丹有毒生物工程研究院院长。

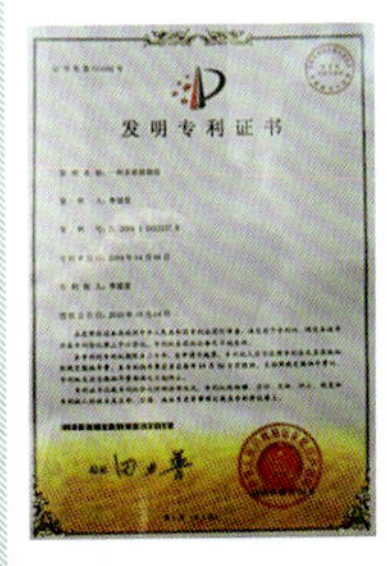

从事生物工程的特色工程有毒生物工程研究 33 年，完成科研课题 51 项，其中活性物质类 32 项，基因工程类 12 项，细胞工程类 7 项。已申报和获得发明专利权的 13 项，开发上市的 6 项。蛇精口服液、富硒多维植物粉专利产品已通过国家专家认证，审定为国家中医药管理局重点推广项目——“中医既食又药肿瘤辅助疗法”专用产品，先后荣获有关部门优秀成果奖、特别贡献奖、并获得“建国六十周年百名优秀发明家”称号。产品出口日本、韩国、美国、加拿大及北欧、中东、东南亚地区。

通过分子生物原理，激活人体内已失活的 DNA 聚合酶，修复因 DNA 聚合酶失活而受损的 DNA 基因，挽救了成千上万的肿瘤及各种疑难病患者，创造了良好的社会效益和经济效益。现正在向规模化、产业化方向发展，逐步形成独具特色的国际有毒生物工程集团，欢迎社会各界支持加盟共同开发，为人类的健康事业做出贡献。

电话：13936666916
E － mail：lizixing888@126.com

杨解定及其专利介绍

人物风采：杨解定，1955 年 6 月生，中国共产党党员，工程师，现任渭南白杨科工贸集团董事长，是渭南市人大代表、临渭区人大常务委员。长期从事企业管理、产品研发工作，致力于研究推广新技术。先后获得"全国青年星火带头人标兵"、"陕西省农村百名杰出人才"、"陕西省十大杰出能工巧匠"、"陕西省劳动模范"等荣誉称号。为社会企业做出了重大的贡献。

他在工作中勇于开拓创新，刻苦钻研。他带动公司骨干技术人员 18 名，申报国家发明、实用新型、外观设计专利 38 项，已获得各项专利 26 项，均在产品生产中应用，在生产成本中降低了 5% ~ 10% 的直接成本，取得了巨大的经济效益。

专利介绍："一种混合脂肪酸及其制备方法与应用"　　专利号：ZL200610003104.3

本发明结束了传统工艺中植物油脚废弃的历史，将其变废为宝，加长了农产品生产的工业链。对植物油脚——油泥等进行无触媒加压水解法生产脂肪酸系列产品，既可解决植物油生产企业的环境污染问题，同时又为饮食服务行业生产的植物油废油的加工寻找了新的出路，符合国家循环经济的发展思路。本项目属于环保与资源综合利用技术领域，生产工艺为专利技术，从生产成本上每吨降低 900 元，产品替代了工业上用的植物油原料，使购买方每吨降低成本 1200 元。

合作方式：本专利转让及合作。

通信地址：陕西省渭南市高新区委北产业园　　电话：0913—8188828　　E–mail：wnbyjt@126.com

郑定悦：一生心血凝成字

郑定悦，男，高级政工师，1938 年 9 月生，汉族，中共党员，大专学历，结业于湖北省委党校新闻进修班和中国逻辑与语言函授大学，原任湖北荆沙合纤股份有限公司纪委副书记，已退休；现任北京国艺粹宝书画院终身名誉院长，世界民间文艺家协会荣誉副主席，中国战略储备人才库高级研究员。

进入新世纪后，郑定悦在研究中国古人类的基础上，结合当今世界实际，进而研究宇宙学，特别是针对当今世界存在的能源短缺和温室效应两大难题，首次提出了"第二次能源大革命"的主张。

他通过研究中国的古代科技发现自然界存在一种物质，不仅能开发为新能源，还能用于综合治理温室效应。为此撰写有《论宇宙万物的统一场》《论第二次能源大革命》《再论第二次能源大革命》和《应对当今世界两大难题的研究报告》等文章，并自费出版论文集《宇宙蛋探秘》《宇宙的自然常数》《第二次能源大革命》以及《第二次能源大革命的新思维》等，其中《论第二次能源大革命》一文已获得多项奖励，在国内有近百家学术单位采用。2010 年《第二次能源大革命的新思维》获奖。郑定悦获得"环球时代杰出人物特殊贡献奖，其业绩已入编《中国知名专家学者辞典》《世界优秀专家人才名典》《世界重大学术思想获奖宝库》等辞书。

张立新及其专利介绍

人物风采：张立新，男，1962年生，主要致力于节能炉具设计研发试验，目前申报节能减排产品专利20余项。2008年加入国际节能环保协会。2010年"多功能汤包炉"荣获阜阳市人民政府"优秀专利奖"称号。2010年获国家火炬计划立项。同年企业荣获安徽省环保骨干企业称号。

专利介绍：多功能餐车炉（ZL200620135281.2）

本发明的目的是克服已有的技术缺陷，提供一种高效节能的炉具。该发明是一种一炉多用，具备四项功能和六种功效（餐饮、取暖、煲汤、烧烤、洗浴、移动）的炉具。餐车炉工作原理：主炉燃烧产生火焰供炒菜，加工各类饮食；余火通过集热器连通的过火烟道进入集热器，集热器上部连接副炉口，副炉喷出的火焰可做饭、煲汤、加温；集热器产生的高温，由集热器外部冷水吸收，使水沸腾，产生蒸汽，蒸汽由台面出汽口涌出，可蒸饭、蒸包、保温；集热器向下产生的余热，由烤箱的均热器过热孔喷出使烤箱产生高温，用于烤制食品。

本专利的优点是：由单一炉具到多功能炉具转变，利用一个热源连续给四个单位功能供热，热效利用率高；煤炭燃烧排放的可燃气体和有害气体进入集热器，由增氧管供氧二次燃烧，减少有害气体排放。本炉设置湿式收尘器，减少灰尘排放；本炉设置超导体预留口，可供室内取暖；炉体内的热水可供洗浴。设计紧凑，结构合理，占地面积小，设计新颖，移动方便，热值利用率高，环保卫生，成本低，具备规模化生产条件，适合长期使用。

合作方式：转让或合资

通信地址：安徽省阜阳市颍东区阜涡南路东方红建材城工业园
电　话：0558-2319588

尹凤琴：为大众健康研制保健酒

尹凤琴，女，60岁，药剂师，大学文化。中国药膳专业委员会委员，中国社会调查所十大突出贡献人物。先后获得中华专利技术发展成就奖、第二届亚洲管理创新优秀人物奖、2005年黑龙江省改革百名优秀人物奖。

尹凤琴发明的两种利于大众健康的保健酒分别为降糖降脂利尿保健酒和活血化淤舒筋通络祛风湿酒。

其中降糖降脂利尿保健酒主要成分为姜蚕、核桃仁、山药、葛根、黄芪、黑豆、绿豆、五味子、三七、川芎、天麻和白酒的浸取液。本发明的产品具有益气养阴、生津止渴、清热降火、滋阴助阳、理气活血、祛风通络的作用。该发明解决了糖尿病患者不能饮酒的困扰，不强刺激胰岛素分泌，而是通过修复胰岛功能来解决糖尿病患者的痛苦，同时还可以缓解糖尿病患者消瘦无力、手脚麻木等症状。

另一项活血化淤舒筋通络祛风湿酒发明提供了一种活血化淤舒筋通络祛风湿酒。发明人在治疗风湿类疾病的配方研制中，秉承治标与治本同步、治疗与滋养为一体的中医辨证思想。该发明是由甘草、全当归、鸡血藤、续断、木瓜、杜仲、骨碎补、狗脊、桃仁、独活、寄生、满山红、白僵蚕、防己、白花蛇和葛根制成。本发明对腰膝疼痛、风湿关节酸痛、肝肾不和、气血不畅、腹胀足软、无力、手足寒冷、坐骨神经痛等病症有显著治疗，具有见效快、止痛迅速、纯天然、无毒副作用等优点。

通信地址：黑龙江省哈尔滨市阿城区河东街兴学路99号
电　话：0451-53961555

刘小江：金属蜂窝式换热器

高效无气堵蜂窝孔式换热器，专利号：ZL201120130897.1。本系列专利打破了板式换热器100多年来在高效性能换热器领域的传统地位，不仅在高效性上有了很大突破，可为人类节能减排做出巨大贡献，而且比传统的管壳式换热器更耐压，加上它体积小又高效，是一种模块化了的高效换热器。

本专利技术是21世纪节能环保最具有发展潜力的技术之一。由于该换热器结构强度好，换热效率高，可用来回收低势能热，同时它的结构紧凑，重量轻，成本低，可实现微型化和大型化，也适用贵金属制造的换热器，能够广泛应用于石油化工、精细化工、医药卫生、电力能源、航空航天、宾馆酒店及日常生活等各领域，对当今世界推广低碳经济，节能减排意义重大。

本实用新型专利不仅有现实的高效，而且由此开拓出换热学领域一个全新理论天地，这就是所谓“共肋效应”。传统各类换热器在这一点上都无法比及金属蜂窝式换热器，它打破了传统换热器领域坚固者不高效、高效者不坚固的历史久远的弊端。蜂窝状最为显著的优势特征是其耐压结构力强，它们相互毗邻的蜂窝孔洞彼此构成了拱状耐压力学结构形式，无须增大壁厚来加强其耐压，用于高危险领域尤为适宜，而且可大大节约金属材料，降低成本费用。不仅如此，它结构紧凑，减少空间占用。由于它的孔洞直径较小，大大缩短了两侧流体各自对流换热时间，另一方面，流体的动能无须用来克服换热器流道内折弯所带来的阻力，并在较低雷诺数情况下产生较强的紊流，从而大大提高了其换热性能。

通信地址：湖南省长沙市三一大道500号湖南高速公路管理局机关服务中心
电　　话：13808419287

庄汉忠的多项专利发明

庄汉忠，男，73岁，教授，深圳汉邦多糖生物科技有限公司。

发明简况：

1. 简便分离血清高密度脂蛋白及其亚组分试剂盒的制备方法（专利号：ZL00107298.6）。

2. 异麦芽低聚糖硫酸酯（IMOS）的制备方法（专利号：ZL200510002141.8）。上海肝癌研究所应用本专利产品所进行的动物实验证明，该产品具有明显的抑制和杀灭癌细胞的作用，其相关论文已在英国著名的《BMC Cancer》刊物上发表。

3. 一种含异麦芽低聚糖和果糖的糖浆及其制备方法（专利号：ZL03100280.3）。

4. 异麦芽低聚糖铁及其制备方法（专利号：ZL200710000147.0）。本专利产品已被世界许多大药物公司认可，拜耳、MTC等均有大批订单。

转让及合作意向：转让、专利许可、参股合作三种形式都可以商谈。

通信地址：广东省深圳市南澳街道同富工业区10栋
邮政编码：518121
电　　话：0755-84401737
E- mail：herbon@china-dextran.com

范朝来及其成果介绍

“范氏快速螺纹”与近代战场上用的全自动步枪的枪机芯相类似，都属世界难题。范朝来从1985年开始致力于“范氏快速螺纹”的研究，历经几十载，终于取得重大突破。目前应用“范氏快速螺纹”核心专利技术已经成功开发出十多种系列专利新产品，包括汽车千斤顶、台虎钳、多功能台钳、机床平口钳、拉马、建筑手架用千斤顶等。

柔性自动啮合快速调距螺杆机构（ZL95194620.X）。其核心专利技术是“快速螺纹”，它把传统的慢速螺纹的旋转运动变成可快速瞬间推拉式直线运动，使较长时间的螺纹旋转运动的空行程的推进时间变成可瞬间到位。它具有4个突出特点，即安全可靠、操作省力、安装方便、可作为单独的标准化零部件供用户选用，与慢速螺纹具有互换性。可机械化大批量生产，制造成本低（性价比好）。本发明属机械基础元件，应用范围很广，将促进一系列传统工具的更新换代。涉及“范氏快速螺纹”应用领域的工具，其世界年销售总额可高达上百亿美元，具有广泛的市场开发价值。

一种节材节能型多功能快速台钳，它是由3个原创性发明（专利申请号分别为：200710166135.5；200610099070.2；95194620.X）合成研发成功的专利新产品。其特点是：(1) 多功能：在构造上具有两个以上的多功能工作头，可实现一机多用，如可夹持平面式长方体外形工件，也可夹持圆柱外形的管子或圆棒工件，或夹持其他不规则零件；(2) 快速：因采用了“范氏快速螺纹”专利技术，故具有快速功能，如夹紧或松开工件的时间仅需一秒钟，可提高工效10多倍；(3) 节材节能：当规格和尺寸、功能相同时，平均每台可节省原材料重量的25%～30%。

吴向东：塔式公墓新技术

塔式公墓新技术是向空中发展的多层次的两种新型的公墓模式。其共同点是：节省土地资源，利于环境保护同时能驱瘴气、湿气，净化空气，美化环境。

塔式公墓具有七大优越性：(1) 占地小，容量大。(2) 造型多样化，景观优美。(3) 讲究地理环境，风水品质高。(4) 实用性强，含金量高。(5) 葬法文明，科学规范。(6) 经济效益显著。(7) 永久性。

新技术塔式公墓，扩大了空间和保存方法，外墙内宝，5～9层为宜。一层为碑位祭拜厅，二至九层为纳骨室。墓葬模式庄重肃穆，规范有序。左右上下楼梯、通道，顶部后面半片佛殿，前面左右一对装饰亭。产品可分大中小三种类型。现已自行开发示范工程（中型）：占地面积2000m^2，设置五层，共35000个墓穴（小部分为单人墓穴）。

该技术的主要创新点在于结构性的改革。

极大地提高了容量和经济指标，而且楼梯通道宽敞，解决了祭祀拥挤和安全隐患难题。外观设计以塔为门面装饰，古典简朴，引人注目。

该项目产品设计，造型新颖，科学实用，社会效益和经济效益显著，市场前景好。合乎国情民意，使逝者安息，生者安慰。该产品有助于解决大中城市的墓葬问题。

林忠平及其成果介绍

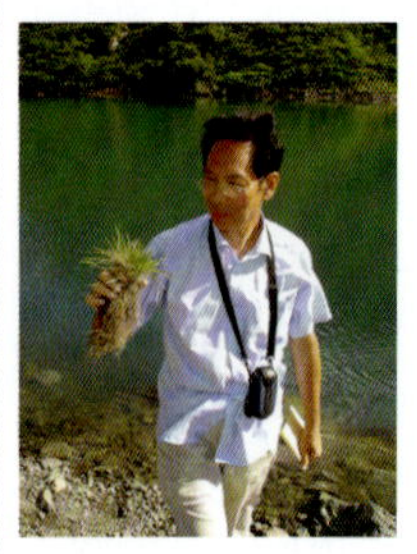

林忠平，北京大学教授、博士生导师，早年在植物生物化学和细胞生物学领域有不少研究，曾多次承担国家级科研课题，屡获省部级科技进步奖项，现在集中精力领导 AgMoBiol 实验室，该实验室长期从事基因工程研究，有重要的技术积累。目前主要在以下 3 个方面开展工作：

1. 植物抗逆性研究。从极端环境下生长的植物、微生物中分离基因，研究其功能，用于提高植物抗旱、抗寒、抗盐碱的能力。其技术核心是获得自主知识产权的抗逆性基因及其应用方法。

2. 生物反应器的研究。利用基因操作使一些高价值的药物可以在植物、真菌中高效率地生成。其中包括胰岛素原、表皮修复因子，也包括一些植物的次生代谢产物，如白藜芦醇。可促进中草药有效成分的增加等。

3. 生物安全性评估。参加国家生物安全的相关研究。不断更新已建立的过敏原评估的数据库以及各种毒蛋白的数据库。通过生物信息学的分析以及实验验证，对蛋白类的产品是否具有潜在的致敏性提出评估。

在上述研究领域中已申请中国专利 27 项，其中 10 项已经授权。并有一项关于利用 VHb 基因提高鱼类耐受低氧能力的发明是同中科院武汉水生所合作的，已申请美国专利。其中有的专利，如利用纤维素合酶基因促进木材形成的两个基因，已经在林业公司加以应用。在实施国家“863”计划和国家转基因专项中拥有自主知识产权的基因，为这些前沿的研究走向开发、应用提供了必要的前提条件。

刘长林：太阳能燃气壁挂炉供暖系统

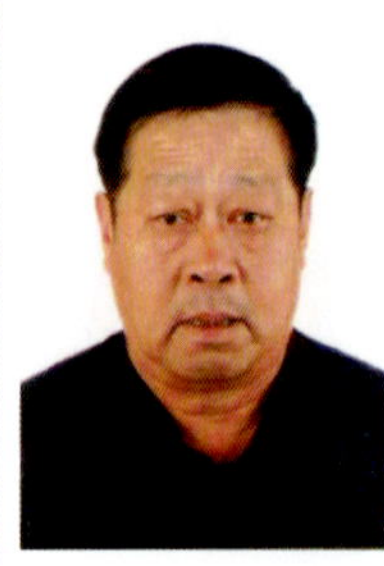

刘长林从事电工工作 20 多年，从事供暖工作 20 多年，经过多年实践，完成“太阳能燃气壁挂炉供暖系统”(ZL201020234522.5) 的研究工作，并实际投入运行，取得了良好的经济效益和社会效益。

本实用新型的目的是提供一种节约能源，运行费用低，可回收燃烧产生的有害气体，减少对环境的污染，供暖效果好的太阳能燃气壁挂炉供暖系统。

本系统增加了天然气泄漏无线控制系统，可及时有效地防止天然气泄漏所带来的爆炸危险和使人们窒息的危险，还配备了一氧化碳有毒气体检测装置，及时有效地防止煤气中毒。泄漏报警和一氧化碳检测超标每一项报警都能及时关掉壁挂炉，提高了用户安全性，大大减少了供暖中出现气体泄漏带来的人身和财产安全事故的发生。

经过一个冬季的试验，每平方米只用 7.8 ~ 8.7 立方米天然气便解决了供暖问题。而且保证室内温度高于国家规定的供暖温度。节约用户燃气费用，2 ~ 3 年内收回改造成本，如果增加太阳能供暖系统，燃料费用再降 20%。

烟气通过烟气回收系统，烟气中的二氧化碳和一氧化碳进入回水箱，回水箱的水经过化学处理，达到或超过国家工业水排放标准。经过改造后的供暖系统，能有效防止壁挂炉高温结垢，减少维修率，延长壁挂炉使用寿命。

刘长林表示，以上系统是在完全不改动燃烧器本身的基础上完成的。

通信地址：北京市朝阳区新源街 1 楼 2 单元 253 号
电　　话：010-64632202/13910672380

邹立基及其专利介绍

邹立基，总工程师，毕业于北京大学植物生理专业，先后在中科院植生所攻读氮代谢研究生、杭州大学攻读组织培养研究生。他首次发现青霉素具有植物生长调节剂作用，比国外类似报道早10多年；20世纪60年代首次发现棉花红叶茎枯病的早期症状（极不明显）和发病过程，为棉花红叶茎枯病的进一步研究和防治奠定了基础；20世纪90年代研究出克服微生物间相互抑制的方法，并生产出作用超过EM的恩普尔群体有益微生物产品[农业部生产许可证：饲添（2010）1797]；目前正在研究群体有益微生物的应用技术和新产品。

专利介绍

1. 城市生活污水自然处理方法（ZL201010201082.8）

本发明模仿湿地的基本原理并加以多方面改进，使污水净化比湿地更快更好。能够显著降低污水治理成本；利用城市绿化带和农村河堤，不单独占地；除可高效降解污水中的有机物外，还可解决污水的富营养化问题和重金属残留问题；应用面广，可用来处理城市和农村生活污水、养殖场污水和垃圾渗出液。

合作方式：希望转让给各省市环卫局。

2. 把化肥包在土壤团粒中间的方法及用该方法制备的复合肥（ZL201010200522.8）

本专利原理与滚汤圆相似，化肥“滚”在黄土颗粒周围，有机肥“滚”在化肥周围，土壤“滚”在有机肥周围。生产设备简单，生产成本低廉；显著降低化肥流失和化肥残留；可让生物有机肥效接近或超过化肥。

合作方式：希望转让给投资公司。

通信地址：四川省成都市人民南路三段24号D−29−6
邮政编码：610041
电　　话：15883602235

卢保健及其专利介绍

卢保健，吉林省梅河口市人，现担任中国抗癌协会会员、中华特色医疗专科联合会副会长等职，几年来先后被授予“中华成功人士”、“二十世纪中华英才”、“中华爱国之星”、“世界杰出人士”称号，并荣获“全国五一劳动英模”、“世界自然医学功勋奖”、“21世纪自然医学优秀成果奖”等多种荣誉。

卢保健精益求精搞科研，以治病救人为根本，通过多年的刻苦钻研和临床实践，总结研究出来治疗各种晚期癌症的纯中药“卢氏化癌系列药剂”，其中“辨证分型治疗癌症的内服、外敷、药膳系列药剂及制备方法”（专利号：ZL97122147.2）2001年获国家发明专利证书。

该发明是运用中医药“同病异治、异病同治”的理论，根据各种中晚期癌症患者所出现的不同症状进行辩证分型，施行各型化的对病对症治疗方法，从而进行全面治疗，达到病症同治目的。

该项专利治疗肿瘤的特点是创造性地采用辨病与辨症相结合、全方位多靶点、整体用药的治疗原则，在破坏癌细胞和癌组织生存生长环境的同时，提高人体的免疫力，增强人体的抵抗力，使肿瘤快速凋亡、坏死、液化、缩小、消失。在临床治疗的观察中，大多数患者用药1～2周，病情就明显好转，用药1～2个月，经过CT等检查对比，多数患者的肿瘤明显缩小，受到患者和家属的好评。

该发明愿与有实力的中药企业、慈善家共同合作开发生产，为人类健康作出贡献。

通信地址：吉林省梅河口市建国路426号
电　　话：0435−4355988

朱艳及其发明介绍

人物风采

朱艳，1963年生，西安工程大学教授，兰州大学毕业的学士和硕士，西北工业大学毕业的博士，西安交通大学出站的博士后，德国高校高级访问学者，现为国家自然科学基金评委，美国纳米学会免费会员，中国化学会会员，陕西省复合材料学会会员，陕西省化学会会员，西安工程大学学报编委。主持国家自然科学基金项目1项，主持省部级项目17项，发表论文61篇，其中SCI、EI收录29篇，申请酸性大红/ZnO核壳结构纳米复合材料及制备方法及酸性嫩黄/ZnO核壳结构纳米复合材料及制备方法等专利5项，获陕西省自然科学优秀论文一等奖、陕西高等学校科学技术一等奖等省部级奖励6项，获教学、科研各种奖17项，校先进科研工作者。

发明介绍

酸性嫩黄/ZnO核壳结构纳米复合材料及制备方法（专利申请号：200910022061.7）

本发明是在酸性嫩黄颜料外包裹一层ZnO，该纳米复合材料表现出原有酸性嫩黄染料所不具备的防紫外线、抗菌除臭和无毒无污染等优良性质，可将纺织行业的染、整两道工序合成一道工序，减少染料的毒性和污染，有助于解决染整行业的环保、绿色和节能的问题。

本发明的目的是提供一种酸性嫩黄/ZnO核壳结构纳米复合材料，解决了现有酸性嫩黄颜料释放毒性，污染环境，并不具有防紫外线和抗菌除臭性能的问题。

合作意向：转让，独家许可，普通许可，合作生产，技术入股或其他。

万特尔公司及其发明介绍

北京万特尔生物制药有限公司位于京北怀柔雁栖经济开发区，成立于2002年8月，是一家致力于生产、研发微生物菌毛制剂的生物制药企业，已取得药品生产许可证及药品GMP证书。公司的万特普安“铜绿假单胞菌注射液”是具有自主知识产权的生物药品，已产生较好的经济效益和社会效益。

公司拥有一支实力雄厚的科研队伍，拥有多项发明。其中“白假丝酵母（甘露糖蛋白质复合体）菌毛株”（专利申请号：201010108660.3），是由牟希亚、郭雁群、牟心赤、朱洁共同发明的。该发明的白假丝酵母甘露糖蛋白质复合体菌毛株的特征在于下列的一个或多个：a. 在菌体周围有许多纤细而刚直的菌毛状的甘露糖蛋白质复合体；b. 甘露糖敏感血凝试验呈现强阳性；c. 平板菌落黏附红细胞试验强阳性。本发明的白假丝酵母甘露糖蛋白质复合体菌毛株毒性低，免疫作用强，而且具有广谱作用的特性。

另外，“普通变形菌（甘露糖敏感血凝）菌毛株”（专利申请号：201010108738.1），该发明的普通变形菌甘露糖敏感血凝菌毛株的特征在于下列的一个或多个：a. 在菌体周围有许多纤细而刚直的菌毛；b. 甘露糖敏感血凝试验呈现强阳性；c. 平板菌落黏附红细胞试验强阳性；d. 酵母菌的直接凝集试验呈MS血凝；e. 具有非甘露糖敏感血凝菌毛；f. 具有有性菌毛。该发明的发明人注意到了菌毛在细菌和宿主作用中的重要性，注意到甘露糖敏感血凝菌毛在细菌和宿主作用中的普遍性。

赵友三、林建筑及其发明介绍

林建筑

赵友三

人物风采

赵友三，从20世纪80年代中末期起一直从事沥青路面结构及新材料与生产工艺及设施机具改进的探索与研究。参与研究的"改性沥青动态生产工艺"项目，获泉州市科技进步奖。

林建筑，1996年调泉州市公路局工作，现为泉州市交通局处级调研员、公路局局长，教授级高级工程师，福州大学客座教授，享受国务院特殊津贴。他长期从事道路、桥隧研究、管理工作，成绩卓越，曾被评为公路系统百名优秀工程师，主持过多项省部级科研项目，其中"后渚大桥防撞岛模型试验与大型空间有限元仿真分析"等六项科技成果获福建省科技进步奖，在国内外刊物发表了论文20余篇。

发明简况

改性沥青动态投料生产工艺（ZL200710053602.3）

本专利特征在于：(1) 测定原料沥青的性能，得出沥青改性需要加入的人造橡胶SBS的重量比；(2) 将180℃～190℃的混有添加剂的沥青放入成品融解罐；(3) 沥青在成品融解罐、泵机和管道、投料混合罐、磨机和泵、管道依次连接后再接成品融解罐构成的循环设备中循环流动，人造橡胶SBS从循环设备中的投料混合罐中加入，与沥青一起经过磨机循环，在泵机中流过50%～80%重量沥青的过程中逐步将人造橡胶SBS全部加入；(4) 保持成品融解罐的搅拌器工作，直至人造橡胶SBS全部融解，沥青改性合格为止。具有流量较大、产量较高、能耗少、操作简单、产品不易老化的优点。

转让及合作意向：可以转让合作。

通信地址：福建省泉州市丰泽区宝洲路中段532号
电　　话：22567785

王鸽、左美俊及其发明介绍

人物风采

王鸽，男，51岁，大学本科学历，副研究员。现为武汉交通能源新技术研究所所长。长期从事沥青贮存、加热、乳化、改性新技术、新工艺的研究、推广、应用及相关设备的制造工作。持有国家授权的发明专利3项，实用新型专利5项。

左美俊，1991年7月毕业于福州大学土木建筑工程系公路与城市道路专业，2006年4月获福州大学建筑与土木工程专业工程硕士学位，现任福州市交通运输委员会主任。长期从事公路桥梁建设、养护、质量监督和路桥科技研究等技术工作，积极推进"科教兴路"工作，技术攻关成果显著。主持完成7项关于公路建设与养护的科研课题研究，均通过省交通厅成果鉴定，其中6项达到国内领先水平，1项达到国内先进水平，3项获得福州市人民政府科技进步奖。

发明简况

彩色胶结料乳液的制备方法（ZL200710168734.0）

本发明涉及一种彩色胶结料乳液的制备方法，它分为乳液A和乳液B，其特征在于：乳液A主要由浅色石油馏分油25～42份、石油树脂30～68份、油溶性有机颜料3～8份三者的均匀混合液乳化而成；乳液B为丁苯热塑弹性体胶乳；乳液A与乳液B按80～95:5～20份数比例混合均匀，成为彩色胶结料乳液。不需再行乳化而可直接冷施工，具有稳定、节能、省料与环保的特点。

转让及合作意向：转让或合作均可。

通信地址：湖北省武汉市武昌付家坡梅苑二期
20栋102号、103号
邮政编码：430064
电　　话：13385280112

胡泽林及其专利介绍

人物风采

胡泽林，生于1942年8月，广东省东莞市人。自幼从事饲养、种植、孵化三鸟工作。从1978年起从事园林盆景、艺术创作与研究工作，并结合自己20多年的经验，撰写有八仙下凡故事新编文章，荣获《发现》杂志2005年管理、调研、实践、创新优秀学术成果一等奖。2005年1月作为荣誉嘉宾被邀请参加盛世同心社会各界与海外华人共庆中华民族大团结新年座谈会，同时获中华百业杰出人物突出贡献奖。

成果展示

河道水源日益污染严重，其原因是工厂与城市的污水进入河道里，没有足量的水生植物进行吸收，分解水中的有机物质，造成河水污染恶性循环。如何又好又快又省地治理污水呢？

胡泽林建议用水葫芦种植架治理河道污染，发明了“一种用于治理河道污染的水葫芦种植架”，专利号：ZL200720058659.8。

该专利发明包括一浮于水面的框架，框架内装设有一种植底网，所述种植底网平行于水面，且其距离水面的深度在2～20cm之间，所述框架向上伸出至少3根栏杆柱，栏杆柱之间装设有防止水葫芦蔓延的拦网；采用深度在2～20cm之间的平行于水面的种植底网，可以让水葫芦牢牢扎根于种植底网上，防止风浪将其刮出框架外造成水葫芦泄漏；在框架侧面上端设有拦网，进一步防止了水葫芦泄漏；固定凸耳上的通孔可以随时将水葫芦移动到重污染的地方，进行针对性的治理，提高治理效果；所述框架由塑料、竹子或木头制成，降低了制作成本。

陈耀华及其成果介绍

陈耀华，香港中文大学教授，著名爱国学者。现为香港中文大学荣休物理讲座教授及名誉高级研究员。陈耀华教授长期从事激光物理学理论与实验研究。实验方面，主要从事放射性原子束磁共振、激光与物质作用、激光与生物体作用研究；在理论方面，主要从事激光与带电粒子作用、自由电子激光的散射理论、惯性变换、事物发展与文化关系等方面的研究。

陈耀华对于科技在中国的发展有着自己独到的见解。科学是对事物世界的了解，是一种客观被动性的思想系统，其探索的目标是“发现”。技术是事物世界的应用，是一种主观主动性的行动系统，其运作的目标是“发明”。科技就是把科学与技术结合起来，利用科学知识来改进技术的发展，目标是“创新”。

中国文化是基于黄河河谷的大农业社会，以“人本”的家族文化为主，“物本”的宗教文化为次。以整体为主和以大局为重的家族文化，形成一个有中国独特形式、实事求是的社会状态。

中国科学未来发展的最重要新方向，还是传统文化现代化，亦即是人本文化科学化。五千年的历史，中国人本文化对人性辩证特性的了解（人理学），积累了不少的宝贵经验和辩证性智慧。能够把人本文化发展成为人理科学，比西方物本文化所发展的物理科学有更充分的因素来了解和解决与人性有关的人类活动问题。

要发展人理科学，必须先要解决如何把人性量化和如何发展一套能够处理辩证特性的数学工具（辩证数学）的问题。这可能也是未来中国科学发展的自然路向。

戴明义及其专利介绍

人物风采

戴明义，1933年生于山西省祁县一个农民家庭，1954年进入中国人民解放军军事电信工程学院（现西安电子科技大学）学习。1959年大学毕业后，进入国防科委的军工研究单位工作。1993年在信息产业部第二十二研究所的高级工程师岗位上退休，退休后钻研发明了数控电磁织机。

成果展示

数控电磁织机（专利号：ZL200410099710.0）。实现了织机在设计思想上的重大突破：变现在纯机械式织机的结构模式和运行模式为数控伺服模式；采用了发明人自主研发的数控电磁引纬方式。

数控电磁织机的优点如下：第一，整台织机的机械结构非常简单，大大减少了生产织机的机械加工量，免去了加工精度要求甚高的零部件的生产，大大降低了整台织机的生产成本。第二，消除了原有机构运动所耗的能量以及所产生的噪声，改善了劳动环境。第三，在数控电磁织机的织造循环中，各功能部分之间的工作时间分配，完全可以实现按需分配，可以最大限度地充分发挥引纬率在提高织造效率中的关键作用。第四，在数控电磁引纬方式中，引纬器在起、停以及行进过程中，都被引纬驱动机构无形地却又牢牢地控制着，引纬过程中，梭口内空空如也畅行无阻，但引纬却十分安全。第五，在数控电磁织机上，要织造什么布纹的织物，只需要在做好织造前的准备工作后，改变输入给数控电磁织机的控制器中的制造程序就可以了。

转让及合作意向：与资金投资方合作开发或者直接转让。

通信地址：河南省新乡市荣校路195号二十二所
电　　话：0373-3712294/13569884199

陈瑞文及其成果介绍

陈瑞文在业界的经历有些传奇。1972年，他在庙宇建筑工地当学徒，1975年自行创业，1990年成立品岱股份有限公司，先后从事责任施工、建材销售、进出口贸易行业，直至转型成一家国际知识产权营销公司，专门从事研发和专利授权管理及顾问工作。目前，他拥有数十项优秀专利，在国际上获得许多发明大奖。他所研发出来的产品无奇不有，尤其是JW生态工法相关技术，更可谓“独步全球”的发明。

结构性水资源回收工法：

专利号：ZL200510025348.7

一种结构性水资源回收工法，乃挖掘地底土壤层预埋大型储水箱涵，储水箱涵上方设有取水管连通至地面，级配层下方选择性设有深沟式排水沟渠，沟渠的侧壁设有入水孔可借由排水带以导入地下土壤中下渗雨水，于地面上沟渠覆盖有沟盖板，而储水箱涵可通过天然能源发电利用抽水机以抽水管将储水抽取至地面再利用，于大型储水箱涵上方覆盖土壤与级配层，级配层的上部铺设由碎石、卵石或沙土组成的快速透水层，最后于快速透水层的上部设混凝土铺面并加以钻通而建构完成结构性透水铺面，能有效回收雨水再充分加以利用。

蒋立科及其专利介绍

人物风采

蒋立科，生于1942年，教授，研究生导师，从事生物技术研究多年。有省部级科研成果八项，荣获国家科技发明奖一项，获省部级科技进步奖三次，拥有11项发明专利，另外1项待审查。发表学术论文120余篇，出版论著或主编教材13部。其事迹于1996年被编入《中国专家大辞典》《共和国的功勋》等典籍。

成果展示

一种蛋壳蛋清破花粉壁的方法（专利号：ZL86106482)。该项专利技术是利用收集餐饮业食用蛋的废弃物蛋壳，经挥发性酸适当处理后，取得相关提取物，加入经润湿的花粉。

中草药抗霉剂（专利号：ZL93105059.6）及由前引发的抗黄曲霉复合香精油及其制剂（专利号：ZL03131553.4)。该两项专利是在研究国家档案保护及粮油驱虫防霉时产生的，发明人发现天然香精油不仅能对档案、中草药驱虫防霉，而且对粮油也具有防霉脱毒作用。被列为重大农业成果转化项目，曾获安徽省高校科技进步二等奖，发表SCI和国内论文13篇。

百蕊草素生物合成方法（专利号：ZL01108107.4)。该项专利是针对我国所需大宗中草药百蕊草资源少而分散的状态，利用组织培养与深层发酵提取百蕊草素，被国家有关部门列为“十·五”重大医药项目，投资4000万元，解决我国百蕊草素供应短缺问题。

一种抗灰霉病的生物杀虫剂及其制备方法（专利号:ZL200510039128.X)。该项专利被列为“863”项目，经大量农田实验已在小麦、水稻、玉米、蔬菜种植领域进行广泛应用，取得较好推广效益。

另外几项申请了专利但目前未授权的：一种提高油茶种子萌发率及幼苗移植成活率的方法（专利申请号：200910144700.7）和一种提高油茶座果率的方法（专利申请号：200910144701.1)；一种植物源药渣机制炭及其加工方法（专利申请号：200910116334.4)；一种豆腐柴叶豆腐的加工方法（专利申请号：200910116017.2)。

刘新壮及其发明介绍

人物风采

刘新壮于1969年入伍以来，从一名普通战士发展成为一名大校，2001年退休后在北京中关村园区创办某高新技术企业，任董事长，专门从事中药研究开发工作，拥有核心发明专利22个，2009年10月获“建国六十周年百名优秀发明家”荣誉称号。

成果展示

1.“一种治疗糖尿病眼病的中药”(ZL200910238353.4)。本专利属治疗五官科疾病的中药领域，采用麦冬、生地、当归、密蒙花、三七、灵芝、谷精草等原料制成，具体比例如下：麦冬4～30份，生地4～30份，当归4～30份，密蒙花4～30份，三七3～20份，灵芝2～12份，谷精草4～30份。具有扶正培本、益气养血、活血化瘀、清肝明目的作用，效果显著，药效确切，见效较快。

2.“一种治疗糖尿病性肾病的中药”(专利申请号：201010612108.8)。本发明采用石韦、三七、当归、地黄、灵芝、枸杞子、芡实等原料制成，比例如下：石韦6～18份，三七3～9份，当归6～18份，地黄6～18份，灵芝6～18份，枸杞子6～18份，芡实6～18份。它具有扶正培本、益气养血、养阴清热、利水渗湿、活血化淤的作用。

3.“一种治疗糖尿病肢端坏死的中药”（专利申请号:201010612065.3)。本发明采用知母、当归、丹参、灵芝、三七、菝葜等原料制成。它具有扶正培本、益气养血、活血化瘀、清热利湿的作用。

通信地址：北京市石景山区首特科技孵化器大楼1202室
电　　话：68666452

牟水元及其发明介绍

牟水元，男，汉族，大学专科学历，1968年9月出生，甘肃武威人。独创了“一种粮食字画的制作方法”，现任武威市牟氏粮食字画艺术品有限公司执行董事兼总经理。

“一种粮食字画的制作方法”，专利申请号：201110064025.4。该发明公开了一种粮食字画的制作方法，它采用粮食作为原料，通过选粒浸泡、晾晒风干、作字构图、封面防腐、装框而成。用这种方法制作成的粮食字画能防虫蛀、防腐蚀、不霉变、不褪色，可长久保存，具有成本低、工艺简单、立体感强、灵动飘逸、自然质朴的优点，是一种极具市场前景的书画艺术品。

该发明项目制作生产的作（产）品，适用于行政机关、事业单位、厂矿企业等办公室、会议厅，特别适用于装饰酒楼酒店、宾馆饭店、茶屋饭馆、农家饭庄等，适用于家庭堂屋客厅、书房居室等的装饰。单就饮食行业而言，初期只要得到5%的市场份额，就

能够实现700万元/年的纯利。预计3年以后，能够占领餐饮企业装饰市场至少20%的市场份额，年实现纯利2800万元人民币。

本发明寻求转让或实施许可开发。详细如下：产权转让：参考价1800万元。许可生产：独家许可1000万元；省市许可，省500万元，市180万元。

通信地址：甘肃省武威市凉州区西大街胜利新村南5-1061号　　邮政编码：733000
E－mail：lszhok@126.com
电　　话：15309353481/0935-2219156

张玉增：机械蓄能动力装置适用范围广

张玉增，男，48岁，初中文化，农民，自从走入社会，几十年来一直从事机械的维修与加工工作，把全部的精力和财力都投入到了机械研制领域。虽然现在张玉增一无所有，但他表示会用毕生的心血继续从事他喜爱的事业，为中华的复兴尽微薄之力。

为促进我国的科技进步和国家的富强，他愿把本专利技术贡献给国家。

他发明的机械蓄能动力装置（ZL201020610010.4），是一种实用新型，将机械能储存再利用机械蓄能自动装置。具有结构简单、方便实施、操作方便、性能可靠、储能释能效率高、性价比高、适用领域范围广的优点。

通信地址：河北省大城县臧屯乡任前庄　　邮政编码：065902
电　　话：15933060875

欧阳江南及其专利介绍

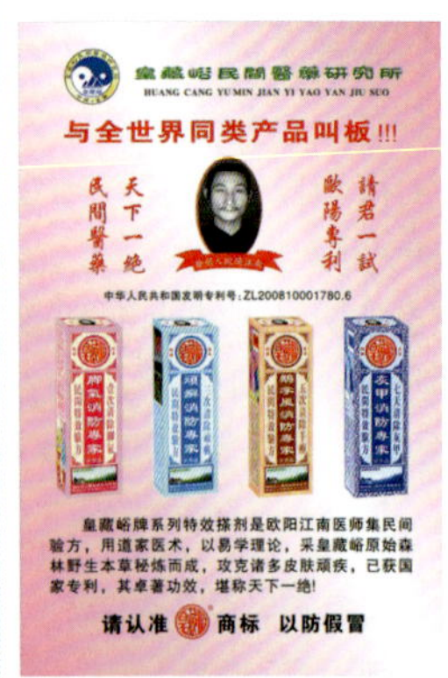

欧阳江南，男，1967年生于安徽萧县圣泉寺下岱河岸边一个古老的山村，自幼对易医道有着浓厚的兴趣，1990年开始对祖国的传统瑰宝中医中药学、易学进行了系统的学习和探索。对萧县皇藏峪原始森林中的野生本草进行了深入研究和临床试用之后，整理成《久病成良医——老病号治病绝招100项》，深受群众欢迎。1995年与同道一起共同筹建“萧县周易学会”，担任副会长，主持学会工作。1997年在江西龙虎山皈依道教，协助师父谢先铭道长搜集整理和编著500多万字的《中国民间验方集》。

在挖掘道家医药、民间验方的基础上，在易医道思想的指导下，欧阳江南以自己多年的临床实践经验，攻下了许多皮肤病顽疾，为传承祖国中医药学作出了贡献，作为萧县籍杰出人才被录入《萧县志》，2010年被编入中国行业创新示范企业数据库。

欧阳江南所发明了一种治疗手足癣、灰指甲的搽剂（专利号：ZL200810001780.6）。本发明是以皇藏峪森林公园盛产的民间中草药王二嫂子等为主提取的消炎抗菌搽剂及生产方法。其主要成分为：王二嫂子、猫眼草、桃树叶、楝树枣、七叶一枝花、火盐、樟脑、PCPNa、癸基甲基亚砜。将所有原料粉碎成粗粉混合，用苦酒、乙醇的混合液浸泡2.5个月至半年，密封，用时过滤备用，直接涂搽患处。止痒、除臭、抑菌、排毒、燥湿、收敛、生肌、消炎、预防有特效，对于各种较顽固的复发性脚气、手癣、灰指甲治愈率很高。寻求有识之士共同开发。

电话：15955717001

甘从远及其成果介绍

地震是全人类共同面对的重大灾难问题，千万年来，人类面对地震所带来的严重灾难性后果还没有比较有效的防护方法和手段。为了尽量减少地震对人们生命财产安全所造成的影响，汶川大地震发生以来，发明家甘从远和儿子甘俊杰共同研发了多项抗震产品。

多功能抗震组合柜（ZL200820104257.1）

其特点是：柜板为双层或多层结构，外壳为加厚的金属板，内壳为抗压柔韧性好的材料，内部有三角形分布的支撑杆，柜子周边设有透气孔和逃生门，底部有排泄物预留口，柜子内部有若干个贮藏生活物品的小柜，并安置有应急工具箱。

多功能抗震组合床（ZL200820104427.6）

本发明包括床体和靠背，其特点是：床体由若干个采用高强度金属型材框架制成的柜子组合而成，这些柜子安装有门，柜子之间可分拆为各自独立的部分，并可自由组合成沙发、壁柜或组合柜。

抗震桌子（ZL200820104288.7）

本实用新型的特点是：支撑架采用高强度的金属材料制成，支架上有面板，面板下面安装抽屉。支撑架的外形可以采用三角形，圆拱形或矩形结构，一旦发生各种意外，人可以进入抗压的桌子底下以避免受到伤害。

抗震家具（ZL200920141379.2）

其特点是：框架上面安装有一块活动面板，框架底部安装有活动轮，框架结构使用高强度的金属材料制成，在框架内部利用对角线或三角形结构进行加强支撑，以达到抗压目的。一旦发生意外，人们可以躲进抗震家具内部以避免伤亡。

万之江及其专利介绍

万之江，生于1953年，浙江上虞人，无锡轻工业学院毕业，高级工程师，江西综合系列高评委委员。从事技术工作36年，在江西省轻工设计院主持过大型设计项目数个，在轻工业厅负责全省造纸、陶瓷行业的基建、技改项目技术审查工作，在塑料制品试验厂主管技术工作，现在江西省工艺美术总公司工作。在国家级、省级杂志上发表七篇论文，申请专利六项，三项在审，三项已得到授权，分别为“油压链动组合式推拉车机构”、“一种转送窑车带推拉车机构的台车”、“一种可调节输送距离的托辊输送机”。

发明专利“油压链动组合式推拉车机构”，专利号：ZL200910186464.5。本发明油压链动组合式推拉车机构涉及一种安装在转送并列轨道中窑车的台车上的推、拉窑车的推拉车装置。装置中前后两组动滑轮机构安装在一刚性构件上，由油缸驱动。链条围绕前后滑轮后与可调节链条松紧的支座联结，固定在台车机架上，用于推拉窑车的推拉小车两端与链条铰联，随链条前后水平方向运动，控制推拉小车推、拉车的凸板安装在连接前后两组动滑轮机构的刚性构件上。反倾到装置一端及反力平衡装置安装在台车机架上。本发明具有推力大，推、拉车行程长，推、拉车时动作平稳的特点。在台车上安装此装置后，能将窑车拉入台车上，从台车上推出窑车后能继续推动整列窑车组，且设备面积和自重减少一半以上。本发明也适用于在水平方向有大推力、长行程、运动稳定、动作正确及双向工作要求的设备上。

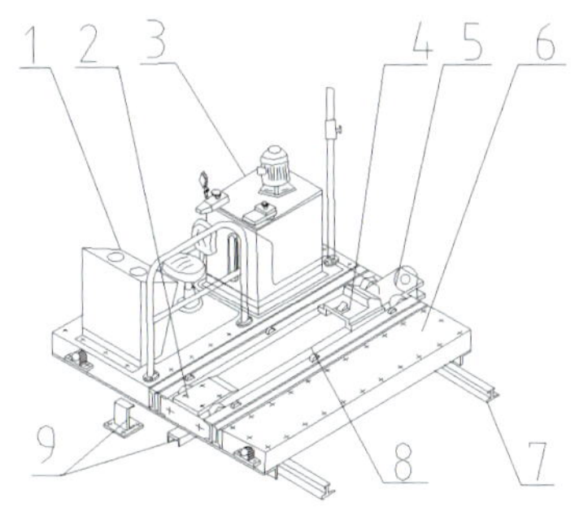

唐清波：羽毛挤干脱水机效益可观

唐清波从事羽毛粉、血粉、油脂等的加工已有16年，对我国的羽毛粉、血粉、油脂等动物源性蛋白饲料加工行业的状况非常了解、熟悉。他发明的一种螺旋主轴与带水羽毛挤干脱水机（专利号：ZL201020282285.X）欲寻求合作伙伴，股份制共同发展，共同研究、制造屠宰动物下角废弃物的加工设备，如羽毛粉设备，血粉设备，动物油脂提炼设备，处理病死家畜、家禽设备等，使其节能、环保，填补我国空白。

肉鸡屠宰所产生的带水羽毛（含水75%）经本专利产品（羽毛挤干脱水机）脱水后，含水率能降至35%～40%。加工羽毛粉时，在高温高压水解过程中，因水分含量降低一半，水解罐内提温升压时间缩短40～50分钟（原提温升压时间2小时），因此节约能源，提高功效，特别是水解完后的羽毛粉烘干过程中，由于含水率低，大大缩短了烘干时间，节煤、节电40%～50%。

2010年5月，在大成集团沧州食品公司的羽毛粉加工厂用该机做节能试验，综合加工生产费用由原来的1300元／吨，降至700元／吨，节能46.15%，经济效益非常可观。

邮政编码：265202
E-mail：lyfhmyt@163.com

俞沅：滚动式水面油膜采样装置

俞沅，男，交通运输部水运科学研究院研究员，在海上溢油污染应急处理技术方面，特别是在溢油监视监测领域，在水面油膜传感器研制，在溢油跟踪和报警浮标整机的研究设计上有丰富的经验和扎实的基础知识，为此方面的资深专家。获多项专利或是专利的主要发明人，发表过多篇相关论文。

滚动式水面油膜采样装置

专利申请号：200910250072.0；发明人：刘敏燕、王志霞、孙安森。

本发明是俞沅在其所承担的科技部科技支撑项目“水上溢油应急事故处理技术”中，为配合水上溢油源的快速鉴别技术和溢油事故污染损害评估技术专题，开发出的能在海上进行快速油膜取样的技术，同时进一步解决溢油指纹鉴别人员对水面油膜采样的规范化和提高采样效率的实际问题，特别是在一定的波浪条件下，从船上对水面薄油膜的快速取样难题。该装置结构设计合理、成本低、使用方便、安全可靠，在雨雾等不良气象条件下和夜间均可应用。该技术为国内外首创，填补了国内外海上溢油快速取样器具的空白。

多浮子碟片式溢油跟踪浮标

专利申请号：201010191931.6；发明人：俞晓红、俞博凡。

本发明由俞沅牵头，是采用一较大的碟片作为柔性连接件，碟片中心设置一密封壳体，壳体内置定位、通信、电源等电子设备，碟片上连接有若干浮子。此独特的多浮子设计构成了一个表面积大、随波性好、对油膜黏附力强的新的溢油跟踪浮标装置。该浮标体结构与现有技术比较，能够与水面油膜有更好的黏着性和随水表面风、流迁移运动的特性。本技术在国内外尚属首创，具有很强的应用推广价值。两项发明属于交通运输部水运科学研究院。

龙绪明：电子整机SMT生产线虚拟制造系统

人物风采

龙绪明，男，50岁，西南交通大学教授，从事表面组装技术SMT、机电一体化和计算机视觉与控制系统研究开发工作20年。

发明简况

电子整机SMT生产线虚拟制造系统（专利申请号：201010552693.7），本发明涉及一种电子整机SMT生产线虚拟制造系统及其实现方法，根据组装方式和自动化程度，设计SMT生产线工艺流程和参数，并且3D动画显示SMT生产线工艺流程；再读入EDA设计文件，进行市场上主流机型的关键设备的模拟编程，并将数据输入组装数据库中；再在VC++6.0环境下采用面向对象技术和OpenGL技术，自动进行SMT关键设备机构工作过程3D仿真；并可自动进行制造性分析。本发明能在最短时间内为SMT生产线和关键设备程序设计的数据修改提供直观依据，以达到开发周期短、成本低、生产效率高的目的。

通信地址：江苏省常州市钟楼经济开发区玉龙南路213号创新大厦4楼

邮政编码：213023

黄启祥：小型精密蜗杆专用机床

黄启祥曾在石岐自行车零件厂、威力洗衣机厂任车间主任、办公室主任，后调入威力电热炊具厂任厂长，多年来工作在一线，有丰富的机械配制和操作经验，经过多年研究，完成小型精密蜗杆专用机床（专利号：ZL200920059554.3）的发明。2000年到现在任中山市业隆机电有限公司总经理。该项目经本公司制造了四台设备，试应用于生产，产品质量和效率都大大提高。一人可同时操作两台，大幅度节省人力。

小型精密蜗杆专用机床涉及一种自动化程度高、进给方式新颖的精密蜗杆专用加工机床。该机床采用主轴（带工件）作螺旋线走心式进给，通过内飞刀盘进行定点定位（不进给）切削而加工出高精度蜗杆来，无须经蜗杆磨床加工即可达到高精度的要求（表面光洁度可达0.6、中径尺寸误差≤0.03mm、齿圈跳动≤0.005mm）。在提高切削刚性和精密度的同时，任意调整主轴的转速及蜗杆的导程（模数），而不需要

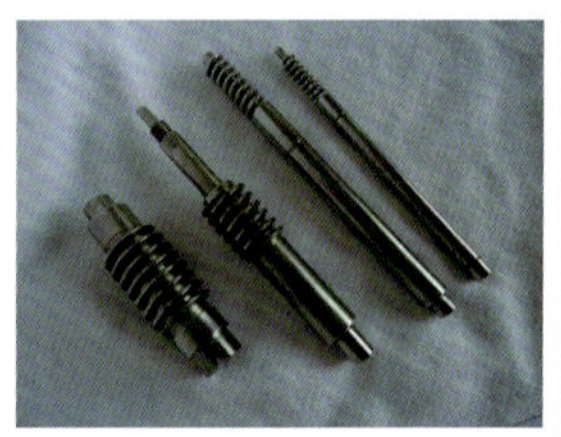

更换任何传动件，实现调整的即时性和高精确性（导程调整精确到0.001mm），架上全部的辅助动作——工件夹紧、扶架扶正、飞刀盘让刀等均连贯化和自动化，无须人手操作，实现机、电（含液压）一体化，既提高了效率又提高了安全性和可靠性，比用传统方法(车、磨、普通飞刀等）加工提高效率3～20倍。适应批量和连续生产的需求。本项目在国内尚未发现同类的专利产品。

通信地址：广东省中山市东区长江北路白沙湾工业园
电　　话：13702786251/0760-88897120

尹钢：优化汽车核心技术

尹钢，男，42岁，大学本科学历，高级工程师。从事专业技术、高管工作已有20余年。其间利用仿真与动态模拟、流体分析技术开发的产品有汽车空调系统（包括空调执行器、逻辑线路，共有200多个零配件）、燃油系统等。

发明简况

具有载荷差分环的轴承：该专利由外圈（或轴承座）、内圈（或转轴）、载荷差分环、滚动体、内枕垫及枕垫等关键件组成。与现有技术相比，本专利特点在于：载荷差分环将内外圈相对转速几乎折减一半，同时载荷差分环还起弹性载体的作用，所以具有更高极限转速、抗冲击、更高载荷，却噪声更低的特点。该发明专利既适用于滚动轴承也适于滑动轴承，属“超高转速、超大负荷、低噪声”轴承类产品的创新换代产品，故适用于航空、风动、高铁等特殊领域。该专利属原理性、原创性保护。

单控式车辆制动装置：该专利将离合器与制动器的控制通过组合缸，以及离合器强迫结合装置、离合器强迫分离装置、脚感器、组合踏板等，实现单只脚单一控制离合器与制动器，提高了安全操作性与快速反应能力，为运输行业提速提供了人体控制的保障环节。该专利属原理性、原创性保护。相比目前汽车两踏板所应用的液力变扭器，本专利估算成本不高于它的1/3，并且相对于三踏板汽车可以较好地进行改装。更多需要人为控制的，如赛车等（即要求人为的快速起动、提速等），可直接运用该项技术。

应用离合器强迫结合装置、离合器强迫分离装置，若按照制动方式为：离合器分离、空挂车、带刹、脱刹车。不仅制动经济性最好，而且制动最为平稳，对于缓速或降速时可采用离合器分离、空挂车前两位就可实现（功能类似于缓速器），对制动器保护，防止制动器过热有非常好的作用。目前汽车ABS、CEU等防抱死系统，对制动器过分依赖，反而可能导致对制动器保护不利和制动失效。

近年来，我国逐年加大对基础设施建设的投入，这其中，交通基础设施建设也在不断加强，传统的半刚性基层沥青路已不能适应形势发展的需要，半刚性材料的收缩开裂一直不能得到有效的防治，为了满足交通运输的需要，急需研究和发展柔性基层沥青路面。

杨栎：新工艺让柔性沥青路面更“坚强”

有心人可能会注意到，车来车往的马路路面，基本上就是水泥路面和沥青路面两种，其中沥青路面更广泛地用在遍布城市各个街道的马路上。那么水泥路面和沥青路面各有哪些优缺点呢？据了解，沥青路面相对于水泥路面来说，具有行车舒适和噪声小的特点，但缺点就是硬度和强度均不如水泥路面，这也是为什么城区内禁止渣土车上路的原因了，因为城区内多采用沥青路面。而水泥路面虽然够“强硬”，但是噪声大也是人们所不能忍受的。既然如此，就要考虑加强沥青路面的强度和硬度，提高使用寿命。那如何才能让柔性沥青路面变得更“坚硬”呢？

目前，有一项新的发明能够增强柔性沥青路面的强度和抗变形能力，即ATB沥青碎石基层施工工艺。发明者叫杨栎，现任广东省华盟路桥工程有限公司副总工程师、技术委员会副主任，多次获得先进科技工作者称号。

据杨栎介绍，他发明的这个项目是一种全新的沥青碎石基层施工工艺。ATB沥青碎石基层为柔性结构层，本身具有较强的柔性和抗变形能力。在面层和半刚性基层之间增加一层ATB沥青碎石柔性基层结构，这样就增加了柔性沥青路面的总厚度，能够很好地预防或延缓半刚性基层反射裂缝，提高结构层的抗车辙能力，让柔性沥青路面变得更加“坚强”。

杨栎表示，他的这种新工艺具有工艺简单、施工方便、成本低廉、性能优良和适用范围广的优点。一旦得到推广应用，对于延长道路使用寿命、保障道路行驶安全和降低维护费用等具有重要意义。

近年来，随着人民生活水平的提高，国内旅游业日趋火暴，游山玩水已经成了久居都市的人们最惬意的一种消遣。三千里大好河山，四季都有美不胜收之景，许多人在游玩时都愿意带摄影架和手杖，但是这两样东西不仅会加重负担，而且不方便携带。不过谁说鱼和熊掌不能兼得？绍兴市的陈雄文就发明了一款手杖式摄影单架。

陈雄文：特制手杖“变身”

陈雄文设计的这款手杖式摄影单架属于摄影器材，其特点是既可以在登山时当手杖使用，又可以通过部件的组装搭配转换成摄影架用来拍照。

这项发明是以能伸缩、可拆卸的特制手杖为基础，配以具有摄影架功能的万向相机座（环控云台）、三棱剑和小三足架构成。其中，手杖可分解成手柄、能伸缩的柱杆和柱脚三部分。那么如何能将相貌平平的手杖变成摄影单架呢？首先，手杖卸下手柄，装上万向相机座，然后拉出能伸缩的柱杆，锁紧之后便可当做独脚架，最后一步就是卸下柱脚换上三棱剑或小三足架，这样，一根手杖就轻松转换成一支结构简单、容易操作、携带方便、适应范围广、实用性强的摄影架了。

这项发明的关键在于把手杖设计成能伸缩、可拆卸，能够分解成手柄、柱杆和柱脚三部分，同时设计出能配套安装的万向相机座、三棱剑和三足架，随时能够转换成摄影架。

这项发明平时可以当手杖使用，只换上环控云台可以当独脚架使用；换上三足架可以在硬地面使用，换上三棱剑甚至可以在野外、田园、湿地、沙滩等软土地上插地独立拍摄。真可谓一物两用，的确是人们游玩、摄影时的如意伴侣。

人们的生活水平日渐提高，数码相机几乎成了家庭必备之物，加上我国旅游产业迅速发展，将性情寄予山水之间的人也越来越多。因此，多功能手杖式摄影架的问世，为广大喜欢轻装旅行、遨游天地间的人们提供了最佳的选择。

唐瑞：创新科研，一路向前

科技创新，是社会进步的重要因素，走在创新科技前沿的科研人员，让大家敬仰。他们的发明及其专利来自步步的艰辛和日日夜夜的奋战，他们引领我们走向更为美好的明天。

现年55岁的唐瑞，毕业后即投入科技创新事业中，在广西南宁市古城开始自己的科研工作。多年来的刻苦钻研，使他对科技前沿具有很高的敏感性和前瞻性。一项创新发明并非易事，研发的过程中，一次次地实验，一次次的碰壁和跌倒，让他一次又一次地继续奋战在第一线，最终其发明的“便携式清宿便水疗器”以傲人的姿态展现在世人面前。

此专利是一种与家用热水器或灌肠药水配套使用的简易便携式清宿便水疗器，包括清洗器和注药器。其特点是：本实用新型由清洗器和注药器配套组成，所述的清洗器包括清洗插管和连接柄，清洗插管分为直通清洗插管和花头清洗插管两种；本实用新型外形轻巧，操作简单，不需他人帮助个人自己即可用其进行治疗，私密性好，便于探亲、旅游、差旅外出携带，随时随地方便使用，且价格低廉，既可作为保健用品，又可作为医疗配套工具使用，并且可作为女性美容医疗、保健器械。

唐瑞虽已过不惑之年，却依然为了科技创新不遗余力，至今仍然活跃在科研创新的前沿。枯燥、单一而又崎岖的科研路，并未让他退缩。虽然前方铺满荆棘，但他信念坚定不移，一路向前……

张诗文：利用地热控温为人类节能

近年来，国际油价持续上涨，石油危机愈演愈烈，世界各国的科学家都致力于新能源的开发。目前已知的新能源有太阳能、风能、波浪能和地热能等，这其中，地热能是人类使用最久、开发难度最低的新能源。

地热能是由地壳抽取的天然热能。人类很早以前就开始利用地热能，用于温泉沐浴、农作物温室、水产养殖等，这是利用地热和水相融合的特点。不过家住重庆的张诗文发现，地热还有第二个特点，就是和空气融合产生地气。张诗文就是利用这一特点，经过40余年的潜心研究，设计出了一种能够利用地热能进行室内控温的装置。

据张诗文介绍，该装置的设计理念就是将地热能源与空气相融合，应用于工程室内控温，是一种能够替代空调和暖气的节能设计，是以能节能。该装置的原理是利用地热在地下不同深度地段内有一较恒定的区间温度，能与空气相融合的特点，形成地气，这时地气温度既不是地热的温度，又不是外界空气的温度。这时的地气具有区间温度和有流动性的特点。因此，利用地气温度与室内温度之间的温差，使其在密封的循环管道内产生对流，从而进入室内平衡室温。

张诗文设计的这款用于室内控温的装置要想推广到日常生活中，还需要完成关键的两个步骤。首先要解决的是如何把地热和空气合二为一。众所周知，地热藏于地下，如何能让地热与外界空气相融合是利用地热能最关键的一步。张诗文为此设计了一体融合系统，包括竖道、横道、岔道，融合系统的布置方式根据房屋功能和人流数量而定。第二步就是地气的储存，地热和空气融合产生的地气既有地热的能量又有空气流动性强的特点。张诗文认为，设计密封的区域温度控制库能够将地气储存起来供人们日常生活使用。

由此可见，张诗文设计的这种室内控温装置在技术上完全可行，并且地热能相比其他能源还有诸多优势。地热储量大，可以说是取之不尽用之不竭，并且地热和空气融合成的地气无色无味，对人体无毒，在安全问题上有保证。再有，地热在地下不同层段温度也不尽相同，例如地下8米左右地热温度在14～20摄氏度之间，这个温度是最适宜人类的温度。

目前，利用地热与水开发的项目众多，利用地气控制室内温度的项目尚属首例。张诗文表示，只要将地气控制在严格密封的循环道中工作，就能达到以能节能的目的，既节约能源，又能替代空调和暖气，使室内冬暖夏凉，四季如春。

叶苏祥：用平生所学保黎民健康

叶苏祥研究员多年来研究发明出超越计算机的工资坐标计算表尺，在医学上更潜心研究，也硕果累累。叶苏祥研究员对肺癌的防治研究较为深入，在《关于肺癌的防治》一书中进行了非常详细的论述。其观点精辟，具有很强的指导性和实用性。

而在艾滋病方面，叶苏祥研究员在《根治艾滋病》一书中指出，对于既经济又具有良好疗效的药品要大力推广。据叶苏祥介绍，甘草是中草药之王，排在草目类之首，可以增强人体细胞的免疫力，加强人体抵抗和杀灭艾滋病毒的能力。甘草可以抑制艾滋病毒，提高人体细胞抗病毒的素质，而且还可以使感染了艾滋病毒的细胞逐渐恢复正常。甘草是叶绿素的结晶，对防治艾滋病具有奇效。将甘草与灵芝对半成药制成胶囊是抗艾滋病的良药。

在"非典"期间，对于令人恐慌的SARS病毒，叶苏祥研究员始终用积极的态度来面对，并不断写文章鼓励大家树立信心，号召大家积极预防。通过对SARS病毒的研究分析和科学的判断，叶苏祥研究员指出"非典"疫情是可以战胜的。经过努力攻关，他研究出简便易行、十分有效的提高人体抗病毒能力的方法就是用大蒜刺激淋巴细胞产生抗体。为国家节约资金八万七千五百亿，他还先后完成了《非典不可怕，抗病有揸拿》《论非典完全可以控制》等多篇论文。上述发明成果在多届发明展览会展出，抗"非典"和禽流感项目得到相关部门金牌奖，抗流行病一项并被列为国家重点推广科目，对流行病可百发百中。在杨振宁主办的诺贝尔奖论坛也应邀参加。

叶苏祥坚持科学研究，为人类健康事业做出了重要贡献，他的研究成果也已申请专利。他的这种创新精神值得人们歌颂和学习。

通信地址：北京香山北营新三号
邮政编码：100093
电　　话：13683000354　13650861396

赵杨：秀包　能防盗的挂包

专利发明人
赵杨

夏季降临，人们日常出行已普遍换上夏装。夏装不方便装东西，许多爱美的女孩子既要求穿着时尚，又苦于很多日常用品不能随身携带。虽然有背包和手袋，但是许多人认为拿包不方便，并且背包容易被盗和丢失。

北京市市民赵杨认为，现代人追求时尚，许多背包设计商都把挂包设计得华而不实，仅有鲜亮的外表，但是实用性不强。于是他想到，能不能自己研制一种既能防盗又时尚靓丽的挂包呢？赵杨在观察了街上行人的挂包款式和背包出行的方式后，下定决心自己设计一款挂包，他首先着眼于挂包的防盗和实用性上，因为这才是挂包的真正价值所在。

在解决了挂包的防盗和实用性的问题以后，他又开始设计挂包的外形，毕竟还要迎合群众的喜好。他想到了中国传统的民族文化，将民族风格的东西融入挂包外形的设计中，给挂包加上了许多装饰。

赵杨设计的挂包叫秀包，除了能装一些日常用品如手机、钥匙、化妆品以外，还兼具防盗功能。秀包是挂包细分市场上的一个新产品，赵杨相信他设计的秀包能够吸引广大消费者。

目前，赵杨已向国家申请专利。他表示，可以免费出让商标和品牌使用权，还可以采用入门费和技术入股等多种合作方式推广开发秀包。

刘霞及其成果介绍

刘霞，女，47 岁，武汉大学理学硕士，发明家，发明的专利技术有民众泡澡洗剂，另外，还发明了很多非专利技术产品。

专利技术 民众泡澡洗剂，其特点是：纯天然、年轻态、健康品，人体可以吸收，其原料是海南岛特有的南药资源，无任何毒副作用，安全有效，可用于按摩全身，有治疗、刮痧、祛斑美容的作用，不但镇静安神，同时也让神经放松，对劳累的工薪阶层尤为适用。该新发明属于化学领域，日化专业。其作用是保护人类健康与安全，可用于日常的泡澡、泡脚，是居家常年必备品，宾馆医院都可使用，可以大规模生产，产品国内销售，也可以出口。

专利转让及合作意向：转让费 200 万元。

非专利技术

(1) 居室消毒剂；(2) 家具消毒剂；(3) 钱票消毒剂；(4) 栏圈消毒剂；(5) 垃圾消毒剂；(6) 性用消毒剂；(7) 拖把洗消剂；(8) 橱具消毒剂；(9) 水房消毒剂；(10) 袖珍灭火剂；(11)衣被洗消素；(12)刘氏洗碗剂；(13) 鱼肉洗消剂；(14)茶垢清除素；(15)刘氏洗洁粉；(16) 天然催眠香；(17)牙具清洁剂；(18)厨房消毒剂；(19) 民众漱口剂；(20) 刘氏洗澡粉。

健康新药方组

(1) 精神病新药；(2) 基底节钙化新药；(3) 老年痴呆症新药。

发明人的化学技术“除垢剂”在武汉获科技成果一等奖。化学技术“化油器清洗剂”在海南列入星火计划，通过专家鉴定。发明人著有《化学英语》和《基础医学》。技术转让费 1 亿元。

通信地址：海南省海口市美兰区振兴南路 18 号 2—502
邮政编码：570204　　QQ：1204709620
电　　话：0898–65360391/13337590391
E – mail：liuxialucy@yahoo.cn

吴铭鑫及其成果介绍

人物介绍

吴铭鑫，男，75 岁，中专学历，在 2010 年国际交流评选活动中被评为最具有影响力的学术华人，并获得环球时代杰出人物特殊贡献奖。2010 年其不锈钢学术论文在国际交流评选活动中获得“世界重大学术思想”特等奖。他的发明专利不锈钢清洗剂，获第八届香港国际专利发明博览会专利金奖，2010 年获中国时代改革创新科技发明奖。

成果展示

金属材料生产制品，在加工中的压制、锻压、拉拔、焊接、加热浇铸等过程中，每道工序间某些零部件都需要进行清洗处理，国内外历来都是直接使用无机强酸、强碱对金属材料表面进行清洗处理，危害工人在生产操作过程中的安全卫生及身体健康，并污染周围环境。而不锈钢清洗剂的发明，克服了这些危害，该专利产品是针对无机强酸、强碱使用时对人体及环境潜在的危害而研制的，该产品多功能、高性能，集除油污、除锈、除黑色氧化皮、钝化功能于一体，多道工序一次完成。对人体无害，对周围环境无任何影响。克服了直接使用无机强酸、强碱清洗金属表面带来环保问题的缺陷。该新产品用于常温清洗，时间短，效率高，效果好，节能降耗。该清洗剂溶液不燃不爆，无有害气体排出，人体直接接触无危害。该新技术填补了国内外不锈钢清洗领域的空白。

通信地址：江苏省丹阳市蒋墅镇青龙张家村 11 号
邮政编码：212364
电　　话：13358181367

王福山：祖传“新药”为肝病患者带来福音

近年来，我国肝病患者人数有所增加。仅就乙肝而言，据统计，截止到2010年，我国内地有慢性乙肝病毒感染者约9300万人，其中乙肝患者人数约为2000万。鉴于目前我国肝病患者人数的现状，肝病防治工作仍然任重道远。

家住浙江省乐清市的王福山，急百姓之所急，在祖传医治肝病药方的基础上，利用现代科学技术，研发了三种能够治疗多种肝病的新品种中药，并已申请国家专利。

据王福山介绍，20年来，他在学习西医的基础上，对中医很感兴趣，采取从师方式，跟着在学术上有所成就的医学家林菊芳先生学习中医，认识到了中医辨证论治的“天人合一”思想，探索到了肝病与脾胃脏腑之间的密切关系，明确了“久病入络”、“久病必淤”的特点。通过临床实践，研制了治疗肝病的中药新品种。

此药祖传已有200多年，历史悠久，主治各种肝炎病毒所引起的急性黄疸型肝炎、慢性乙肝、病毒性肝炎、传染性肝炎和肝硬化腹水等多项肝病。据了解，急性黄疸型肝炎、乙肝和肝硬化腹水都是常见肝病，对人体危害非常巨大，是肝病治疗中的“疑难杂症”。不过王福山不畏艰难困苦，勇于探索、创新，研制的中药已经完成了相应的临床试验，药理、药效等都已得到验证。

目前王福山研发的治疗肝病药物已经申请专利，已经准备寻找合作企业。一旦该药品得到推广，必将为广大肝病患者带来福音。

王钧及其成果介绍

王钧，男，1940年生，1963年毕业于四川大学，四川安岳人，工程师。

全面综合回收和基本无三废、零排放的湿法冶金方法，专利申请号：201110159730.2。本发明属湿法冶金和环保领域。前人在湿法冶金综合回收副产品方面已经做了大量的工作，但利用现有的湿法冶金工艺技术只能回收部分有价值的元素为商品，存在大量废水、废渣和废气，不仅浪费资源，而且对环境造成严重污染，目前还没有人提出全面、有效的湿法冶金综合回收的理念和方法。针对现有技术的不足，为解决资源浪费、环境污染等问题，本发明特提出一种新的湿法冶金方法。本方法采用高强度的浸出剂，如高酸氧化、络合浸出剂，高碱氧化、络合浸出剂，以及高强度物理化学条件如高温、高压浸出，使得稀土和贵金属等其他有价组分都可以达到最佳的浸出率而进入溶液中。高强度浸出还使得浸出渣经过滤、洗涤后可达到建筑材料的原料的标准，或成为炼铁、铝等及其化工产品原料的标准。为达到全面、有效、经济的分离提纯和不浪费辅料如浸出剂等目标，采用浸出液循环和废水循环使用，从而基本达到全面综合回收和基本无三废、零排放的目的。

本发明有以下优点：(1) 全面实现综合回收，有效充分地利用资源，达到物尽其用的目的；(2) 基本实现湿法冶金无三废、零排放的目的，较彻底地解决了环境污染问题；(3) 回收率高，最高可达99%，回收的产品种类最多，基本无浪费，可应用于各行各业作为原料或产品，是现有闭路回收方法中回收率最高的一种方法；(4) 与传统方法相比，本方法成本低、利润大。因此，本发明能产生极大的经济效益和社会效益。

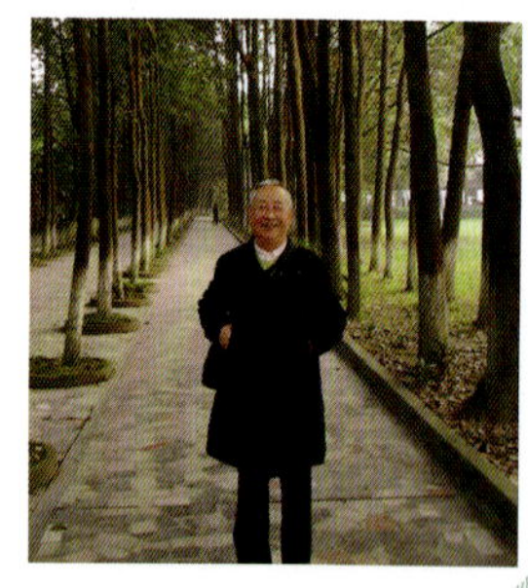

黄泉忠：高楼“救命草”——自发电型缓降器

现代化的都市高楼林立，高楼大厦在为人们提供便捷与舒适的同时，也存在着巨大的安全隐患。上海“11 · 15”高楼大火再次警示世人，一旦发生火灾，人们需要从高楼逃生时，专业的高楼逃生装置就显得至关重要。

在福建省泉州市惠安中学任教的黄泉忠老师，看到高楼发生火灾、人员无法逃生的惨剧时，总会为遇难者无法自救而痛心疾首。他深知高楼逃生需要专业的逃生工具，为此，黄老师利用课余时间研究发明了一款高层逃生装置——自发电型缓降器。

据了解，现今的逃生设备有很多种，其中比较适合人们自救逃生的就是缓降器了。传统的缓降器多是一种往复式逃生自救机械，主要由绳索、安全带或防护套组成，通过制动机构控制绳索的下降速度，使用者依靠自重保持一定速度降落至地面。但是这种缓降器也存在着诸多技术缺陷，例如，只能限速，不能调速，不适合在高层楼房使用；运送量小，多数缓降器只能一机一次一人逃生，如果同时使用多个缓降器，则容易发生绳索缠绕危险；现有技术多以摩擦力为阻力，摩擦块在使用若干次后需及时进行更换，机械零部件容易磨损，维护成本和使用成本高，也满足不了高楼逃生人数众多的需求。

而黄老师研制的自发电型缓降器基本上解决了这些技术难题。据黄老师介绍，自发电型缓降器只需要逃生者系好安全绳，顺势而下，逃生者的速度受电路自动控制，初期以较快速度下降，后期接近地面时，逃生速度自动改变，以较慢速度安全着陆。该发明针对的是从10层楼以上逃生，从100多米高处下降至地面，只需几十秒。

黄老师说，这种自发电型缓降器采用电磁阻力技术，逃生过程中快速与安全同时兼顾，无须人工干预，全过程电子电路智能自动控制，装备使用损耗小，安全性高，除用于高楼逃生外，还可用于日常高楼逃生训练。

周名扬及其专利介绍

在人口众多且干旱肆虐的发展中国家，供应充足淡水成了一项特别艰巨的任务，因为这些地区的用水需求量高而供给量低。尼罗河、约旦河、黄河、恒河等河流超负荷供水，近年来甚至出现了经常性长期断流现象。在新德里、北京和其他许多蓬勃发展的大都市，地下水位都明显下降。

即使在发达国家，淡水资源短缺问题也越来越普遍。以美国为例，最近发生的严重干旱，让佐治亚州北部和美国西南大片地区的许多城镇陷入了用水恐慌。米德湖（Mead）和鲍威尔湖（Powell）两个湖的水位都在持续下降，当年的高水位如今已经高悬在峡谷山壁之上了。

2007年，国际水资源管理研究所发表了一份名为“粮食用水，生命之水”的研究报告，预言在“维持现状”的情况下，未来增长的用水需求将会给淡水供给带来极大的压力。

开发新的水源，开发新的“造水”技术，显得越来越紧迫。

有感于淡水资源紧缺的严峻形势，周名扬潜心科研多年，推出了一款新型空气造水机。

空气造水机（ZL200920003903.X）发明简况：本实用新型公开了一种空气造水机，为解决淡水匮乏的问题而发明。至少包括：引风单元，用于将空气引入至低温凝水单元；低温凝水单元，由制冷模块和凝水媒质模块组成，其中，所述的制冷模块用于至少将凝水媒质模块表面的温度降低至预定温度，凝水媒质单元作为载体和凝结物将空气中的水蒸气凝结。采用上述结构，通过引风单元将空气引至凝水媒质模块上，而由于凝水媒质模块上的温度已被制冷模块降低至凝结温度以下，因此，“热”空气中的水蒸气在遇到“低温”的凝水媒质模块时会在凝水媒质模块上产生凝结，从而产生凝结水。

周健勇：新型尿素干法脱蜡工艺

我国出产的原油多为含蜡石油，为了保证基础油具有良好的低温流动性，必须对其进行脱蜡处理。目前常用的脱蜡方法主要有：加氢脱蜡法和酮苯脱蜡法。这些方法虽然能使600SN基础油的倾点降低，但生产过程需要耗费大量能源以及一些宝贵的资源。

周健勇，上海理工大学工学硕士，现在职博士，自1992年起在上海理工大学工作至今，从未停下科研创新之路。2006年承接上海市科委的《石油精炼尿素脱蜡技术研究》中作为课题第一责任人，成功研制了尿素脱蜡小型生产装置、编织完成低温变压器油和低温润滑油的技术路线，填补国内该项技术的空白，达到国内领先国际先进水平，并成功获得国家专利。

这种新型尿素干法脱蜡工艺，为尿素深度脱蜡方法，利用尿素干脱及深度低凝技术，使低凝矿物油倾点下降100%（温差绝对值在−20℃以上）。可使600SN基础油倾点达到−36℃～42℃，在常温常压下生产，消耗的能源极低，仅需尿素等常规化工原料，不存在有害排放，重要生产原料能实现循环利用，成功攻克了世界级的难题，生产出凝固点在−50℃以下、低温流动性好的油品。该技术及延伸工艺已在实际生产中得到广泛应用。

赵建波：续筋接骨膏药送健康

经常会在医院里看到骨折的病人，轻者打上夹板回家休养，重者裹上厚厚的石膏躺在病床上动弹不得。虽然我国医学技术有了很大程度的发展，但对于骨折病人的治疗一般仍采用手术或石膏外固定治疗，再辅以口服药物。传统治疗方法不仅在救治时给病人造成的痛苦大，而且疗效也不好，病者身体功能恢复慢。

俗话说：“伤筋动骨一百天。”骨折病人就算得到及时医治，仍要休养很长一段时间，既要忍受痛苦，还花费大量时间和金钱。国家执业医师赵建波看在眼里，急在心里，他在中医辨证的基础上，借鉴中医“气血瘀滞，不通则痛，血不活则骨不能接”的理论，经过筛选研究，并结合先人的方剂，研制出了一种能快速有效地治疗骨折的外用药物——续筋接骨膏药。

这种膏药的优点是制作简单，对皮肤无污染，皮肤吸收快，膏药塑形好，能快速消肿止痛，并能有效促进伤骨的愈合。该膏药对X射线无阻光作用，便于骨折病人复查。对于不稳定的骨折，在膏药外敷的基础上，可用石膏或板外固定。骨折病人外敷这种膏药可以活血化瘀，改善微循环，加大骨折局部供血量，促进血肿吸收，使成骨细胞增生，减轻局部创伤炎症，促进骨折愈合。

陈邦儒：实现“电脑键盘中文化”

汉字输入法及汉字输入平台

专利申请号：200910261207.3

本发明将26个常用笔画和26个常用部件分别与键盘上的26个字母一一对应，在输入汉字时，以所述笔画和部件作为汉字编码的码元单位，不定码长，按照汉字的规范书写笔顺规则取码。不用拼音、不背字根、易学易用、一看就会。“会写字就会打字”。本发明还可实现汉字的普通话发音、字典解释、笔顺演示和同音字查阅等功能；也可实现“笔画输入”、“笔画+部件”、“大键盘五笔画”、“小键盘数字五笔画”和“拼音输入”等五种输入模式，以满足用户的不同需要；本发明能打简体和繁体字7万多个，还能做到打简出繁、简对照；还可输出24个行业的专业词汇约100万条。大陆、港、澳、台地区和世界各地的华人都能通用，实现了“电脑键盘中国化”，为电脑在我国的大普及，为汉字走向世界，铺平道路。

人物风采

陈邦儒，男，汉族，1934年生，浙江台州（天台）人。哈尔滨工业大学1958年机械制造系本科毕业，高级工程师，九三学社成员。现任杭州毕升科技有限公司董事长；中国管理科学研究院研究员；中国行业发展研究中心高级研究员、著名专家；中国国际经济发展研究中心高级研究员；中国高科技产业化研究会高级研究员；世界杰出华商协会理事；《中文规范输入法》V8.0（华夏版）计算机软件著作权人；荣获专利技术成果金奖。

通信地址：浙江省杭州市江干区观音塘小区11-4-501

电　　话：0571-86095794/13957191956

网　　址：www.hzbskj.com　　www.cnbskj.cn

王红星及其成果介绍

王红星，男，1962年生于河南商丘，教授，博士生导师，1982年于成都电讯工程学院获工学学士学位，1990年于海军航空工程学院获工学硕士学位，2007年于北京航空航天大学获工学博士学位。先后发表科技论文80余篇，其中被SCI、EI、ISTP收录24篇，在国防工业出版社等出版专著和教材3部。为“新世纪百千万人才工程”国家级人选，享受国务院政府特殊津贴，为山东省特聘“泰山学者”。

王红星发明的一种正弦时域正交调制方法，是基于正交脉冲传输信息的非正弦波调制。通过将待传信号调制到时域正交脉冲组上，并调整脉冲参数实现已调信号的频谱搬移与频谱控制。已调信号为频谱特性可控的带限信号，可适用于任意通信频段，既能实现大相对带宽或宽带通信，又能实现小相对带宽或窄带通信，在频谱管理上能够与现有其他小相对带宽通信体制分频段分信道通信模式兼容，且系统的频带利用率随着正交脉冲个数的增加可以无限接近奈奎斯特速率。

段方泉及其专利介绍

段方泉，具有机电维修制造、自动化设计制造能力，长期致力于农村经济发展和机械现代化技术实践活动，热爱自然科学知识。

绝热内冷循环润滑型双旋转活塞式双轴内燃机

专利申请号：201110233980.6

本发明是内燃机的突破性换代技术，是在全世界几十年研究的双旋转活塞式内燃机基础上走向应用的实质性突破！双旋转活塞式内燃机虽然早已被证实具有效率高、功率大、质量轻、体积小、转速范围广、适用燃料广等特性，但是由于关键技术没有突破，导致低效率的传统内燃机还在使用。本发明是在段方泉的专利ZL201020283018.4解决了双旋转活塞的控制准确、强度保证等问题的前提下，发明了更进一步的正常工作所必需的内冷和循环润滑等技术，使世界范围内几十年攻关未果的高效双旋转活塞结构式内燃机构想成为现实！其还具有传统内燃机无可比拟的振动小、磨损少、故障低、寿命长等特性。其具有革命式的进步性。

李书印及其专利介绍

李书印，西安交通大学博士学历，主攻立体视觉及屈光不正的防治。已有10余项发明专利，发表学术论文20篇左右，其发明的产品在视力保健行业具有较高的知名度，对青少年的近视防控做出了贡献。

专利一：棱镜式眼镜（ZL200920245542.X）

本棱镜式眼镜提供了一种在球镜成分中加入棱镜成分的镜片，通过两镜片向内侧对称放置的方式配装而成特殊眼镜，来解决因为看近或眼位问题而发生的视疲劳问题。

专利二：增视镜（ZL200920245544.9）

本增视镜提供一种类似望远镜结构的具有放大和增视效果的产品。本实用新型采用伽利略望远镜原理，利用其放大物象的同时增加亮度和明暗对比度的特性，加入了雾视成分，因此比传统的近视雾视疗法具有更突出的疗效。

刘旭及其专利介绍

刘旭，男，1956年生，北京市人，中共党员。

他研发的生活垃圾处理技术，通过理论测算与主体设备个体分别中试，完全可以提高目前生活垃圾的主体分类水平，相对减少生活垃圾在处理上的深度交叉转性污染，提高可再生物分类率，避免移地二次污染，同时可以减轻工人的劳动强度，有机地开发再生能源。在设备运转上多处采用了一机联动，做到环保节能从自身做起。工艺设计为：固体处理、污水处理、浑浊气体回收，对应机械设备有破袋机、磁选机等。系列专利：水分选罐ZL200720173702.5、ZL200720173701.0、ZL200720173703.X、ZL200720173712.9、ZL200720173722.2等相关系列10项，可用于工农商多领域。

王兴安及其成果介绍

王兴安，1942年生，贵州财经学院计算机研究所研究员，主要从事人工智能、生命及智能生命相关创新理论的研究。主要论文有《模式识别判决理论及其实现探讨》《智能故障自动寻找仪研究与设计》《人类筋肌神经柔性微型驱动的活动微量子动力学》《人工生命活性微量子活维动力学模式定理》等60余篇。

王兴安的论文《智能生命起死回生之回天创造力论》，主要从丰富多彩的生命及智能生命及活动运动现象和规律研究探索新的理论基础。在推导出相关智能生命的活性微量子活维活动学方程与微量子活维活力学方程的基础上，寻找出一种能使生命起死回生的回天创造力。

通信地址：贵州省贵阳市瑞金南路121号贵州财经学院

电　　话：13639070376

范秉法及其成果介绍

范秉法采用民间疗法，用草医草药对多种医院难治疾病的治疗，用药少、疗程短、副作用少、治愈后稳定期长，如心肌缺血、早搏、心绞痛、心衰、高血压、痛风、肝胆肾结石、支扩咳血、胃病、糖尿病烂足、痔疮等。草药降糖茶经多年时间反复验证，久治不愈的患者加服降糖茶，未服西药降糖药物者，已在短期内治疗多人，效果良好，血糖稳定在正常范围，停药数年，有效率七成以上，加服降糖茶一片，降血糖0−13不等。

范式草药专治多种经医院久治而不愈之顽症，有效治愈率高。

邮政编码：226121

电　　话：0513−82740947

李妙友及其成果介绍

李妙友为一名普通退休教师，他研制出一系列外治新药，其称之为“李氏神液”系列，对常见的慢性病实施外治根治，主药选自广东野生药。

“李氏神液”系列外治新药包括：广东野生草药提取液，主治前列腺增生、急慢性尿潴留；滴鼻液，主治慢性鼻炎、鼻窦炎、过敏性鼻炎；痔疮药水，主治痔疮含出血症状；妇科推灌液，主治妇科炎、赤白带、生殖部良性瘤；皮炎癣药水，主治一切皮炎、癣症；肿毒药水，主治皮下深肌乳腺增生、皮下出血、肿毒等；风湿风痹药水，主治风湿性关节炎、神经炎痹痛等；骨关节药水，主治腰间盘突出、坐骨神经痛等。

合作方式：愿与药企合作开发，可面议。

通信地址：广东省梅州市五华县水寨镇华兴南路
李氏草药堂
电　　话：0753-8113378/13450742102

吴淑文及其专利介绍

吴淑文生于 1967 年，广东东莞人，先后从事汽车驾驶、汽车驾驶教学、发明研究工作，2008 年申请的专利项目“万向供油器”于 2009 年荣获第九届香港国际专利发明博览会金奖，该专利项目同时受到众多研究院、传媒、政府机构的高度重视。

“万向供油器”（ZL200810027221.2）主要用于军用飞机、民航飞机上，还可以应用于船舰、陆上交通运输工具上，它的作用是可以避免在多种情况下产生的供油故障以及由此产生的事故、灾难的发生。万向供油器的技术方案主要是利用铅球冠在重力作用下产生的稳定性而排除供油故障。

该专利技术的知识产权价值接近 13 亿美元，参照此价格，该专利愿一般转让或独家转让。

通信地址：广东省东莞市万江区坝头社区翔苑 F 座 305 号
电　　话：18926839812

侯希彦及其专利介绍

古代许多名医都是出自民间，而且取得了伟大的成就。侯希彦就是来自民间的一位医生，他在治疗疑难杂症方面取得了一定成就。

侯希彦在继承祖传秘方的基础上，通过 20 多年的临床实践和研究，研制出了“腰肌消痛散”，并申请了专利，专利号为 ZL97110408.8。用该药治疗具有不牵引、不按摩、不复发的特点，为广大患者解除了难以治愈的痛苦。其另一项发明“一种治疗股骨头坏死的药”，专利申请号为 201110058566.6。主要治疗手法为祛寒除湿、消肿止痛、补肝肾、强筋骨、调血脉、生肌肉、走经络、通痹起痿，直至达到股骨头病得到治愈的目的。

通信地址：内蒙古自治区通辽市科左后旗国家税务局
电　　话：0475-5213375

曾昭湘及其专利介绍

科技发展到今天，人们凭借科技成果，可上天揽月，可下海捉鳖，可换心改颜，延年益寿，但对危重伤、病人员的抢救，以及检查、护理、换衣、换床单与移位，还不得不采取几千来的老传统方法——手抱肩负。虽有志士仁人用布与平板实施救护，但都不能解决两个根本问题：（1）浪费医护人员的劳动力；（2）可能给伤病人员造成第二次伤害。曾昭湘发明的卧床病人转移车（ZL200920049909.0），具有结构简单、使用方便的优点，移动病人时稳定，病人的痛苦小，它可以将医护人员从繁重的体力劳动中解放出来。

该技术方案的要点包括底部装有万向轮的底座，在底座上设有立柱，立柱设有升降装置，在立柱上部设有悬臂，悬臂前部设有横梁，其中所述的横梁下部安装有抓斗状对开的两块曲面板，两块曲面板合拢后能容纳人体，所述的两块曲面板设有开合装置。该项目的设备，是综合人体仿生学、医学生物工程学、物理学、机电学、新技术新材料、微电子技术及 IT 技术的精华而制成！

颜可根及其专利介绍

颜可根，生于1933年，大学毕业后分配到中科院新疆分院化学研究所，后调环境科学院工作。曾荣获省级科技进步三等奖、部级科技进步二等奖、自治区优秀发明家奖。

发明成果：薄膜式制冷压缩机，专利号：ZL200620008879.5。该专利制冷压缩机的压缩腔室没有摩擦力，不用润滑油，全部功率用于压缩气体，用于空调比现有能效比1:3.4的空调节能70%左右，用于冰箱可以不用市电，用于热水器比现有2000W家用电热水器节能90%左右。

本专利独家买断第一次付5000万元，样机开发成功即再付5000万元。合作方式面议。

通信地址：新疆维吾尔自治区乌鲁木齐市科学南路428号11-2-102
电　　话：0991-3839683

莫晓东及其发明介绍

莫晓东，生于1967年。1990年毕业于北京印刷学院，现于北京经纶全讯科技有限公司负责销售。其发明的专利项目“改进的笔记本电脑键盘”在德国、匈牙利、法国三个国际发明大展上均获得金奖，还在北京市发明创新大赛上获得一次银奖、两次优秀奖，在第七届中国国际专利与名牌博览会上获特别金奖。

“改进的笔记本电脑键盘”（专利申请号：201010166170.9），针对目前台式、笔记本式电脑键盘的缺陷加以改进和完善，改进后的布局方案更加符合人机工学原理，广泛适用于台式机键盘、笔记本电脑键盘、便携键盘、工控键盘、屏幕虚拟键盘。

本专利项目目前已经与几家厂商在开发产品，同意转让及合作。

通信地址：北京市朝阳区高家园4区5楼83号
电　　话：13311184626

马斌其及其发明介绍

马斌其，生于1943年，河北正定人。1963年考入原北京航空学院（现北京航空航天大学）无线电系；1968年毕业，分配到中国科学院半导体研究所工作。2003～2008年，用5年时间，独立研究“局域定位系统及其定位方法”，并申请专利。

专利成果：局域定位系统及其定位方法（专利申请号：200810132736.9）。本发明属于无线电领域的无线电定位技术，相对于GPS，是在地面上解决地面目标定位的技术。具有精度高、设备易于制造和成本较低的特点。利用本发明可弥补GPS的不足之处，并能够实现机场飞机起降的全天候导航，实现海港港区内船舶的全天候、全天时定位导航，可制作精确的城市电子地图。

刘春河和他的专利产品

刘春河，男，48岁，大学毕业，工程师，枣庄市首席技师，高级化验师，曾获枣庄市科学技术进步一等奖、山东省发明创业奖二等奖。多年来一直从事企业的科技创新研究和管理工作，所领导服务的企业被国家命名为国家星火计划科技单位、农业综合开发先进单位。曾先后发表论文17篇、重要技术报告22篇，拥有发明专利9项，曾获得市级科技致富带头人、先进工作者等荣誉称号。

发明专利：熏箱　　专利号：ZL200810015592.9

本发明运用先进的数控操作模式，前后开门，节能环保，省力省时，效率高，成本低，外观优美。使用此设备生产出来的产品香酥可口，人们较喜欢，用其熏制出的五香猪蹄、熏鸡以及各种肉食品已经成为山东枣庄当地的知名特产，产品销往全国各地。此设备可连续工作，可大批量生产食品。该项技术优于德国制造的数控单开门熏箱，处于国际领先水平。

廖煌及其专利介绍

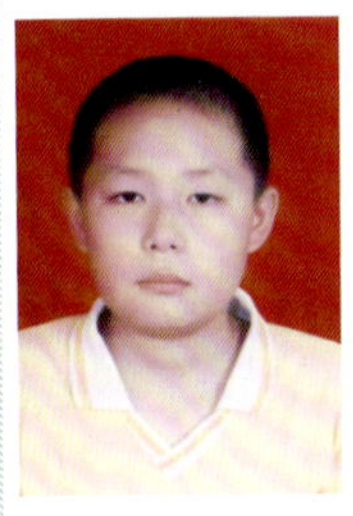

廖煌，福建省人，现年13岁，是一名小学生，他的专利"悬挂式筷子筒"，是在其父亲廖志坚的帮助下完成的。

悬挂式筷子筒，专利号：ZL201020235486.4 。本实用新型是在筒体下部开设笼屉窗口，底板设计成上宽下窄的斜槽，斜槽底板制造成笼屉结构，并设排水沟、出水口、通气孔，这样与筷子对筒壁和相邻槽内的筷子保持一定距离，筷子顶端不会触及槽底，由此而形成了良好的通风系统，清洗时从笼屉里抽出底板即可，解决了现行使用筷子筒的缺陷。

本专利愿与有筷子筒销售渠道的企业合作，把专利转换为专利产品。共同为专利产品设计外观，外观设计专利权归开发企业独占。

通信地址：福建省龙岩市味精厂7号楼301房

电　　话：130156024689

杜双生及其专利介绍

杜双生出生于1961年，是一位农民，因开翻斗车外出忘记料斗回位，造成严重后果，从此便产生了在翻斗车上安装回位报警的想法。

带有回位报警的翻斗车，专利号：ZL201020565231.4。本实用新型解决了现有翻斗车无法进行料斗回位报警的问题。带有回位报警的翻斗车包括车头、大梁以及其后端与大梁铰接的料斗；还包括料斗回位报警电路；所述料斗回位报警电路包括电源、蜂鸣器以及碰头开关；其中，碰头开关的底座与大梁固定，碰头开关的压柱位于大梁与料斗之间，由碰头开关的触点和蜂鸣器串接而成的串联支路两端分别与电源两端相连。本实用新型结构简单、设计合理，适用于工程施工等。

通信地址：山西省河曲县文笔镇科村

电　　话：15333505556

刘极上及其专利介绍

刘极上，1985年8月出生于江苏省徐州市，2008年6月毕业于中国矿业大学，现在就职于上海儒竞电子公司。

专利成果：台历（七彩）（专利号：ZL200730039273.8）。本台历（七彩）为平面产品，后视图无图案，省略后视图。星期一到星期日每天一种色彩图案，即从周日至周六每天的台历页分别用自然光谱中的七种颜色表示，依次为：红，橙，黄，绿，青，蓝，紫。一年中的各个星期一到星期日分别相同，周而复始。其主要特点是日历页用彩色替代了黑白色，从而使人们的生活变得更加绚丽多彩。

本专利可洽谈合作或转让事宜。

通信地址：江苏省徐州市祥和路苏电公寓5-5-202室

电　　话：0516-87532902

刘公保的新型减速电机

新型减速电机（ZL200820238966.9），本实用新型公开了一种新型减速电机，包括机壳，机壳内设有齿轮传动机构，齿轮传动机构与设置在机壳外部的电机传动连接，所述机壳内设有支撑板，齿轮传动机构的输入轴内端通过轴承与支撑板转动连接。

本实用新型设计合理、结构简单，可在现有减速电机的基础上进行结构改进，提高了极易损坏的第一级传动的主动小齿轮的使用寿命，降低了成本和噪声，保证整个减速电机的传动精度和质量，市场潜力大，易于推广应用。

转让及合作意向：转让、专利许可、参股合作三种形式都可以商谈。

通信地址：河南省郑州市南阳新村小区27号楼一单元九号

邮政编码：450000

电　　话：0371-63761151

徐吉民及其专利介绍

徐吉民，1922 年生，1985 年创建江西其雄医药保健研究所，任所长至今；2006 年创建江西延春龄药业，任新产品开发总设计师。获得 2011 年度优秀发明家称号。

徐吉民申请了 5 项发明专利：一种含有核酸甲壳素壳糖胺保健品（专利号：ZL200410100892.9）；一种治疗肩周炎、痹证、阳痿、亚健康的黄羊杞参提取物（专利申请号：20061005944.1）；一种护肝排毒的黄乌三国草提取物（专利申请号：200710100501.7）；提取收膏制粒设备（专利号：ZL99118257.X）；双溶剂快速制备药酒新工艺设备（专利申请号：200710305345.8）。上述 5 项发明专利产品归纳成“亚健康保健食品系列扩产及新中药上市研发”项目参加了 2011 年科技创业计划大赛，获企业组四等奖。

许桂莲及其成果介绍

许桂莲，女，1951 年 7 月出生，广东曲江人，毕业于韶关市卫校，现任中药师。

自卫校毕业分配到韶西医院后，许桂莲从事中药工作 33 年，在中药工作的实践与探索中积累了较丰富的中药房、中药库专业技术管理运作的实践经验。她利用业余时间，16 年撰写专业论文 10 余篇，出版辞典、论著、著述大型文献等 30 余部，业绩被载入大型文献、辞典中。多篇论文被市、省、全国、国际级论文学术交流会录用，多篇论文获得优秀论文奖、成果奖、贡献奖。论文《中药 401 洗剂的临床应用疗效与展望》入选《回顾与展望，面向新世纪》续卷，并被中国研究发展理论丛书编纂委员会授予优秀社科论文“优秀奖”。

柯亨方及其成果介绍

柯亨方，男，1943 年 7 月出生，陕西省商洛市商州区人，西安市未央区谭家街道团结村卫生所副所长，研究员。1959 年毕业于商县中学，考入西安地质学院，学生时代在专业课程学习中，即对宇宙成因论产生质疑并开始新宇宙成因论的研究探索之旅。1966 年毕业后供职于甘肃省地质局系统，长期从事野外科学考察工作，曾全程参加过 1975 年实施的西藏多学科综合科学考察，因科考患高山病而于 1985 年办理病退（组织决定）。积半个世纪的学术研究成果，以东方经典宇宙成因论为基础，广泛猎取现代科学之精华，创立东方现代宇宙成因论“新宇宙成因论·宇宙水成学说”体系，形成新理念、新思路、新视野的全新宇宙观。

陈火明及其专利介绍

陈火明生于 1943 年，大专学历，是一位中学高级教师。在中学和政府为教育、科技事业服务 40 年，副高职称退休。

本专利沙雕作品的永久保存方法愿与国内外企事业精诚合作。

通信地址：福建省厦门市盈翠里 10 号 902 室
电　　话：13959214261

丁睿旖及其成果介绍

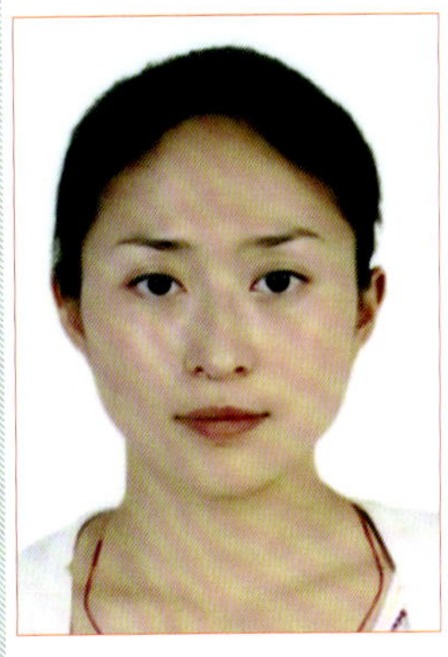

丁睿旖，女，2002年毕业于贵州大学艺术学院音乐系，获得学士学位，2010年在职就读民族音乐专业硕士研究生，现在贵州民族学院音乐舞蹈学院任教。

丁睿旖对中国古代文化中的五行与五音之关系进行了较为深入的研究，已发表的主要论文有：《浅论五音与五行之关系》《浅论五音、五行与五色》《浅论五音与五茶的关系》《浅论五音与五脏之关系》《尊重民族经济战略加快西部大开发》《论五行、听五音、行五脏、品五茶、观五色》《浅谈电影音乐之功效》《浅谈幼儿音乐与奥尔夫音乐教育的结合》《全面质量管理论组织全面改进的战略》等，论文已经获得了多项奖项与专家认同。

刘志飞及其专利介绍

刘志飞发明的轴上端安装管式削骨器（专利号：ZL201120200387.7），削骨器出口与垃圾桶投料管相通，轴中段是粉碎机，轴上装有多层长方形钢锤（刀），该项目动力机传动垃圾处理机轴运行4000转/分左右，轴下部终端安装十字刀。

外置倒桶式筛孔管循环器（专利号：ZL201020108900.5），是主要针对家庭开发的小型垃圾处理装置，也适用于酒店、餐厅、食堂和菜场。运动中的十字刀不断将水和垃圾从循环器下端口吸进切割捣烂再从筛孔喷出，流回桶底，垃圾循环切割捣烂成流动泥浆。外置倒桶式筛孔管循环器的特点是小功率，分层次刀削、粉碎和反复切割搅捣，造价低，适合大批量生产。

刘志飞经过多年观察和研究，针对家庭还开发了一种垃圾处理机（专利号：ZL201120200387.7），这是一种可将菜梗叶片和骨头研碎如泥的像普通塑料水桶大的家用垃圾处理机，可实现垃圾治理变革。

王连君及其发明介绍

王连君历经10多年的时间钻研醇基液体材料，注册了天津市益环化工有限公司。在反复试验、实践的基础上，王连君成功研发了环保、高效的醇基液体燃料，得到了国家有关部门的好评。

"醇基液体燃料及其制备方法"，专利申请号：200810152501.6。每吨醇基液体燃料价格比液化气和柴油低廉20%～30%，适用于各种灶具，不需加压，不需预热，燃烧稳定，火焰大小随意可调，使用方便。原材料无毒副作用、无污染、无烟尘，燃烧后不产生有害废气；原材料能够再生。醇基液体燃料被选为第十届中国北京国际科技产业博览会推广项目。该环保燃料在天津已形成生产能力，并在京津地区建立起较为完善的供应体系。

袁坚及其发明介绍

袁坚，男，高级工程师，长期从事仪器、仪表设计制造工作，主要从事的行业为继电器及汽车电子行业。1984年获上海市科技进步三等奖，2001年获上海市质量技术监督局颁发的三等奖，拥有多项发明专利。

汽车继电器抗电强度测试模块，专利申请号201010189588.1。本发明提供一种汽车继电器抗电强度测试模块，包括一抗电强度测试仪，其特征在于，还包括一高压控制模块，所述高压控制模块包括可编程控制电路、高压端开关和低压端开关，其中，所述抗电强度测试仪输出高压通过高压端开关、汽车继电器、低压端开关回到该抗电强度测试仪输出低压端；可编程控制电路对高压端开关、汽车继电器、低压端开关及该抗电强度测试仪进行控制，以实现对汽车继电器抗电强度进行测试的目的。

通信地址：上海市嘉定区谢春路1288号
电　　话：021-69592728

张旻及其成果介绍

张旻，男，1979 年 2 月生于河北省廊坊市。毕业于中山大学水生生物学专业，博士学位。现在中国检验检疫科学研究院动物检疫研究所进行水生动物疫病研究，助理研究员。

曾获质检总局 2011 年科技兴检二等奖(排名第 3)，主持完成质检总局科技计划项目 1 项，参加省部级科研专项 3 项，参加制定行业标准 6 项。作为第 1 发明人获得国家发明专利 1 项，发表 SCI 文章 2 篇、中文期刊论文 6 篇。

由其发明的传染性脾肾坏死病毒 Nest-PCR 检测试剂盒，方法特异性强，与水生动物疱疹病毒、弹状病毒等无交叉反应；灵敏度高，检测限达到 102 个拷贝数，比普通 PCR 方法高 10 ~ 100 倍；同时所需仪器设备较为常见，操作较为方便、简单，成本更低，适用于各实验室对 ISKNV 的快速检测。

黄有银及其专利介绍

黄有银，男，生于 1936 年 8 月 15 日，壮族，广西横县人。1985 年 5 月入党，教授级高级工程师。1965 年毕业于中国科技大学无线电电子学系。同年分配到广西人民广播电台一分台（现 101 台）工作，历任该台副台长、台长，广播电视厅技术部副主任，广西广播电视科学研究所所长兼党支部书记，广西广播电视学会技术研究委员会主任，中国电子学会高级会员，广西广播电视科技委员会特邀委员，享受国务院特殊津贴。

“三相电子节电器”、“一种智能三相电子节电装置”、“一种单相电子节电装置”是专门为节电而设计成功的三项专利技术，专利号分别为：ZL200720080005.5、ZL200820113625.9 和 ZL201120454287.7。前两项专为工矿企业、事业单位、学校、宾馆、写字楼、大型商场等的节电而设计，后一种是为家庭和单相用电而设计。在已做成功的约 100 家企业节电工程改造过程中，都取得了良好的节电效果，节省电费率在 10% ~ 50% 之间。

陈德来及其成果介绍

陈德来，男，1957 年 8 月出生，高级研究员。自小随父学习中西医，成年后考入南京中医针灸推拿大专班，长期从事医疗、保健、科研工作，有丰富的理论知识和实践经验。

专利：健身按摩棒（ZL200520004014.7）。根据人体背、腰凹凸的自然生理结构和华佗夹脊穴、膀胱经的位置而设计的棒体内装有多个特制永磁和特定磁场的医疗磁铁，结合棒体的凸起轮状体而综合性刺激华佗夹脊穴和足太阳膀胱经等经络及周围组织。健身棒滚压人体经络及软组织，能使处于休眠状态的组织细胞活跃后进入血液循环，形成网状细胞，借以增强机体的免疫功能，加强新陈代谢，促进微循环，祛瘀血，并能清除体内致癌和致器官、皮肤老化的自由基以及致疲劳、关节酸痛的尿酸等各种有害物质，以达到消除疲劳和健身及预防癌症之目的。

吴永华及其成果介绍

吴永华经过精心探索，作出了一项国家发明专利——“钟表式定时器”（发明专利号：ZL200510028551.X）。

据了解，该专利的“时间”被外来的电信号调制成独立的可度量的时间单位，使“时间”成为可操作的控制工具。

该专利的特性表现为：将时钟的原理、特性、结构、功能融合在电子线路中，使原电子线路中四个相互矛盾的特性，双双化解达到顶级水平。无任何电磁干扰，常年运行安全平稳无故障，能满足不同时间跨度和时间精确度的组合，秒、毫秒、微秒常年工作不产生累计误差不产生漂移。产品结构简单，外形体积小，生产成本低。

“钟表式定时器”有计时、延时、定时功能，内触发、外触发功能，直流电交流电都能导通，可控制各类家用电器、传感器、监控器、报警器……现已进入第二阶段，将“钟表式定时器”再开发，开发“微秒”级功能产品。

2011年度优秀专利展示（黑白页）

目录

艾忠实……1
安桂一……1
安文德……1
巴雅斯胡良……2
白秉哲……2
柏启怀……2
包海燕……3
才　桁……3
蔡昌社……3
操　缨……4
曹秉衡……4
曹士元……4
岑寿敏……5
查济瑞……5
常　昕……5
陈向东……6
陈　忠……6
陈德来……6
陈　刚……7
陈茂高……7
陈远宪……7
陈　维……8
陈基生……8
陈有孝……8
陈晓鹏……9
陈光烈……9
陈金玉……9
陈　革……10
陈雄文……10
陈纪文……10
陈显敏……11
陈平凡……11
陈前进……11
陈国来……12
陈火明……12
陈凤仪……12
陈本建……13
陈磊然……13
陈荣昭……13
陈应交……14
陈瑞文……14
陈福全……14
陈南海……15
陈禹潼……15
陈　伟……15
陈爱红……16
陈　益……16
陈绍捷……16
陈昭璞……17
陈起孟……17
陈贺章……18
陈良鉴……18
成仕孝……18
成再君……19
程义强……19
程　山……19
迟永斌……20
褚桂明……20
褚洪良……20
戴星明……21
戴耀良……21
戴明义……21

戴澄本……22
邓忠元……22
邓大贤……22
邓寿长……23
邓朝明……23
丁永鑫……23
丁樟富……24
丁新侃……24
董　平……24
董　达……25
董银谈……25
董瑞明……25
董传义……26
杜永平……26
杜建舟……26
杜双生……27
段方泉……27
樊运策……27
樊家富……28
范朝来……28
范文安……28
方保林……29
方永贵……29
冯锦满……29
冯天宝……30
冯海赓……30
冯子政……30
冯配明……31
傅正明……31
甘俊杰……31
甘从远……32
高国风……32
高金铎……32
高　新……33
高文标……33
高　尚……33
高远峰……34
戈建清……34
龚晓岚……34
龚泉福……35
龚　晓……35
顾建华……35
关恒祝……36
关德智……36
管玉霞……36
郭　帆……37
郭燕本……37
郭正忠……37
郭完祥……38
郭春未……38
郭俊杰……38
郭亚林……39
韩　杨……39
韩晓明……39
韩秀峰……40
韩允杞……40
韩殿富……40
韩天祥……41
何申戌……41
何　斌……41
何　春……42
洪选民……42
侯荣华……43
侯莲俊……43
侯希彦……43
胡长君……44
胡泽林……44
胡礼元……44
胡怀忠……45
胡揖泰……45
胡华梁……45
胡延节……46
黄凯奇……46
黄永定……46
黄桂根……47
黄逸林……47
黄志清……47
黄铨明……48

黄启祥……48
黄德盛……48
黄　平……49
黄云伯……49
黄淦生……49
黄太清……50
黄力子……50
黄大卫……51
黄有银……51
黄圣俭……51
黄泉忠……52
黄　平……52
回曙光……52
吉同伟……53
季安成……53
贾正跃……53
贾永全……54
江　宁……54
姜道友……54
姜春声……55
蒋德俊……55
蒋　颂……55
蒋立科……56
金来兴……56
金元生……56
金道收……57
金建平……57
靳学励……57
荆效民……58
瞿群威……58
康敬乐……58
康　尧……59
柯依坤……59
孔春花……59
孔令波……60
蒯苏苏……60
况保宗……60
赖奇志……61
赖鉴辅……61
兰著碧……61
雷金明……62
雷明长……62
雷建闽……62
雷加良……63
李保安……63
李秋韫……63
李政文……64
李忠平……64
李剑华……64
李滋星……65
李月起……65
李国健……65
李远辉……66
李书印……66
李朝阳……66
李树学……67
李吉友……67
李　宏……67
李　钊……68
李汉臣……68
李继昌……68
李瑶松……69
李运乃……69
李素阁……69
李　军……70
李　卫……70
李仲秋……70
李小岛……71
李宝军……71
李志远……71
李汝策……72
李加渊……72
李明忠……72
李贺清……73
李世林……73
李朝昱……74
李潇潇……74
李　林……74

李礼然……75
李振华……75
李文泽……75
李荣标……76
李义德……76
李运龙……76
李代桂……77
李勇林……77
李国庆……77
李庭和……78
厉黎明……78
梁方雄……78
梁学俭……79
梁佳钧……79
梁振兴……79
梁志业……80
廖卫松……80
廖　煌……80
廖宣盛……81
林世光　罗国雄……81
林宗全……81
林嘉曦……82
林其略……82
林秀椿……82
林世昌……83
林　健……83
凌国元……83
刘　霞……84
刘春河……84
刘元田……84
刘凤山……85
刘茂盛……85
刘松林……85
刘建福……86
刘存明……86
刘长林……86
刘公保……87
刘永德……87
刘致国……87
刘华映……88
刘权上……88
刘　旭……88
刘小江……89
刘金华……89
刘国初……89
刘邦贵……90
刘镇翰……90
刘云旭……90
刘新壮……91
刘爱生……91
刘　国……91
刘玉恩……92
刘明户……92
刘明伟……92
刘益励……93
刘国忠……93
刘福春……93
刘立甫……94
刘志飞……94
刘曙阳……94
刘远胜……95
刘桂英……95
卢辉林……95
卢志书……96
卢致斌……96
卢金河……96
卢保健……97
陆庆年……97
陆　强……97
陆炎培……98
鹿瑞麟……98
路学方……98
吕逢彬……99
吕建军……99
伦慧东……99
罗三定……100
罗　源……100
罗雪玲……100

罗孝华……101
罗伯特·艾伯纳……101
罗　清……101
马　银……102
马月俊……102
马斌其……102
马思仲……103
马兆瑞……103
毛根兴……103
梅坤生……104
孟忠伟……104
孟庆波……104
秘金钟……105
苗丰凯……105
苗成玺……105
莫晓东……106
莫胜林……106
莫如章……106
年希亚……107
年秀元……107
年水元……107
年敦学……108
木合塔尔．马木提……108
倪正祥……108
聂　锋……109
聂春波……109
聂贤慧……109
宁文礼……110
欧阳江南……110
宁存德……110
潘坚敏……111
潘明伟……111
潘志明……111
潘玉林……112
庞春华……112
彭罗民……112
彭建家……113
彭　琴……113
戚万忠……113
齐　军……114
杞开甲……114
乔希海……114
秦国廷……115
秦兴荣……115
邱焕池……115
邱南海……116
屈济道……116
屈曜锋……116
渠仁书……117
冉昭杰……117
冉　永……117
任怀瑞……118
任　义……118
任寿年……118
阮植庭……119
阮绪尧……119
阮绪兵……119
尚英俊……120
尚久林……120
尚宜智……120
沈德铭……121
沈汉贤……121
沈　珞……121
沈红来……122
沈绍成……122
沈高云……122
施祥燊……123
施俊阳……123
施希明……123
施振邦……124
沙　丽……124
史家云……125
史珉全……125
史田元……125
舒孔亮……126
舒永兴……126
帅德君……127
司佑智……127

司徒桢……127
宋士贤……128
宋安宁……128
宋守民……128
苏国强……129
苏世同……129
苏玉俊……129
苏 超 苏 权……130
孙德康……130
孙元光……130
孙多圣……131
孙荣林……131
孙训西……131
谭 悦……132
汤国型……132
唐鑫臻……132
唐发志……133
唐清波……133
唐 尧……133
陶维君……134
陶凤源……134
田家良……134
田志新……135
田 欢……135
田继红……135
田克恭……136
佟 旭……136
佟永昌……136
完颜学明……137
童银才……137
万隆平……137
万之江……138
汪修茂……138
汪纪峰……138
汪小琦……139
王魁汉……139
王修身……139
王 峰……140
王存银……140
王 钧……140
王志峰……141
王绪征……141
王连君……141
王恩龙……142
王人杰……142
王增荣……142
王忠智……143
王子麟……143
王 培……143
王双进……144
王明华……144
王金龙……144
王建波……145
王忠强……145
王基坜……145
王永清……146
王化选……146
王 力……146
王爱祥……147
王惠清……147
王德振……147
王开明……148
王克山……148
王立儒……148
王书方……149
王泽蓉……149
王学贵……149
王岸娜……150
王海波……150
王海鹏……150
王合中……151
王文远……151
王石麟……151
王泽新……152
王之桐……152
王少云……152
王猛章……153
王甲峰……153

王厚德……153
王定丽……154
王　龙……154
王双全……154
王立军……155
王福山……155
王长青……155
韦光金……156
韦成旺……156
韦兆军……156
卫丕昌……157
温简金……157
温冰冰……157
魏开能……158
魏　强……158
文　慧……158
翁志强……159
沃建中……159
吴伟文……159
吴淑文……160
吴兆利……160
吴谦信……160
吴　健……161
吴雪年……161
吴桂芳……161
吴三川……162
吴宝球……162
吴金权……162
吴在全……163
吴铭鑫……163
吴永华……163
吴顺泰……164
吴跃宗……164
吴继平……164
武万亮……165
夏爱国……165
夏君铁……165
向凌云……166
向雄典……166
向高峰……166
项义考……167
萧思镇……167
萧河龙……167
肖嘉惠……168
肖　平……168
肖官禄……168
谢锦华……169
谢家儒……169
谢国排……169
谢昭明……170
谢慰冰……170
谢振文……170
谢　锄……171
谢佩林……171
谢来芬……171
徐求见……172
徐天东……172
徐福金……172
徐云忠……173
徐海中……173
徐福燎……173
徐德才……174
徐吉民……174
徐根保……174
徐金陵……175
徐贵阁……175
徐敬超……175
许承华……176
许　龙……176
许开天……176
许　进……177
许　志……177
宣长生……177
薛宏理……178
薛立新……178
薛荣玉……178
杨洪勇……179
杨　征……179

杨玉广……179
杨天博……180
杨伦华……180
杨帮训……181
杨和平……180
杨解定……181
杨世祥……181
杨官运……182
杨松然……182
杨　栎……182
杨邦群……183
杨　楠……183
杨教连……183
杨建敏……184
杨洪恩……184
杨广群……184
杨成志……185
杨培瀛……185
杨有钊……185
杨立新……186
杨元东……186
杨兴富……186
姚章明……187
姚新岐……187
叶云德……187
叶　吉……188
叶再钟……188
易洪斌……188
殷志强……189
尹建国……189
尹秉安……189
尹凤琴……190
尹俊钢……190
尹宏开……190
尹凤金……191
尹　刚……191
应关雄……191
于江波……192
于少杰……192
于宝锋……192
于飞……193
余庆发……193
余银满……193
余　烈……194
余本立……194
於岳亮……194
俞　沅……195
俞善锋……195
俞正良……195
袁　诚……196
袁　琦……196
袁　坚……196
袁家祯……197
臧玉华……197
曾继明……197
曾　妍……198
曾昭湘……198
曾聪南……198
曾克云……199
曾玉华……199
曾腾辉……199
翟雁萍……200
詹朝润……200
占财兴……200
张振文……201
张东海……201
张俊卿……201
张国桦……202
张景元……202
张继成……202
张龙翔……203
张景玉……203
张　雷……203
张洪沙……204
张文起……204
张正儒……204
张慧书……205
张立新……205

张坤树……205
张继盛……206
张师祝……206
张领然……206
张德士……207
张亚玉……207
张国法……207
张西英……208
张春阳……208
张玉增……208
张会明……209
张　磊……209
张勇华……209
张群刚……210
张晓鹤……210
张福全……210
张冀晋……211
张克勤……211
张仲生……211
张　旻……212
张进发……212
张福工……212
张　宁……213
张诗文……213
章　洪……214
赵　杨……214
赵晓江……214
赵存瑞……215
赵一弘……215
赵锡鹏……215
赵鸿书……216
赵建波……216
甄维廉……216
甄泽炳……217
钟　伟……217
钟琼香……217
周拓韬……218
周健勇……218
周　汉……219
周光伟……219
周福泉……219
周巳培……220
周士良……220
周树荣……220
周廷华……221
周帮所……221
周志涛……221
周永生……222
周世英……222
周定雄……222
周志壮……223
周家荣……223
周名扬……223
周利庆……224
周　勇……224
周程康……224
朱世楣……225
朱元林……225
朱卫民……225
朱立新……226
朱先保……226
朱骋东……226
朱夏霖……227
朱　艳……227
朱一夫……227
朱孟领……228
朱淑怡……228
祝辛卯……228
庄汉忠……229
邹兰月……229
邹大恒……229
邹东洋……230
邹立基……230
邹国忠……230
邹本清……231
邹汉培……231
邹学满……231

艾忠实

男，58岁

发明名称：一种活血接骨膏药及其制备方法

专利（申请）号：CN200910044311.7

发明简况：本发明公开了一种活血接骨膏药及其制备方法，发明人根据祖方创解药力制成膏药，于1983年开始临床试用，经卫生局备案。其中主药由如下药材组成：生地。栀子。川芎。青皮。文术。川柏。苦参。山莳菇。白芨。大黄。地骨皮。薄荷。当归。甘草。川羌。连翘。陈皮。香附。广木香。麻油。桐油；所述辅药为：松香。黄蜡。白蜡。元胡。广丹；所述配药为：蜈蚣。冰片。当门子。具有接骨，活血祛瘀，消肿，消炎，通筋活络，止痛，外防破伤风及损伤引起的气血失常，受风热湿产生转变骨质增生、椎间盘突出、腰脊塞压榨，人体各部位生毒初起红肿等功效。该专利技术的创新点：对断骨、折骨无须打石膏、钉板，用药简便，疗效好且无毒副作用。

通信地址：湖南省永州市冷水滩区牛角坝镇石溪江村文学堂组

邮政编码：425100

电　　话：13874602918

安桂一

男，大学学历

发明名称：一种拼车系统

专利（申请）号：ZL201120082581.X

发明简况：本实用新型公开了一种拼车系统，包括：手机终端；信息管理智能交换系统，包括短信收发模块、信息处理器和信息存储器，所述短信收发模块通过无线通信网络与手机终端进行短信信息交互；所述信息处理器与短信收发模块信息交互，并对接收到的短信信息进行匹配处理，所述信息存储器用于存储短信信息；网络数据服务器，与信息处理器信息交互，并分类共享信息;计算机终端，用于访问网络数据服务器。本实用新型的有益效果是：本系统实现上行触动下发，自动匹配功能，能在30秒内回复空车信息，能够使客人无须等车，随时找到合适的搭车。

转让及合作意向：转让、专利许可、参股合作三种形式均可商谈。

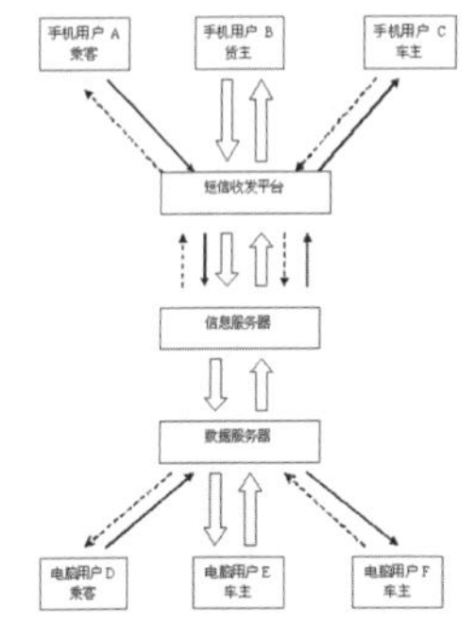

通信地址：山东省德州市宁津县安业路南段祥悦电脑科技

邮政编码：253400

电　　话：15066638925

E－mail：82386234@qq.com

安文德

男，63岁，中专学历，工程师

发明名称：水暖控制阀

专利（申请）号：CN200610144953.0

发明简况：本发明是针对我国冬季集中供暖系统末端缺乏调控装置造成高耗能的浪费弊端，并由于散热器普遍采取单管式的串联连接，无法实现分户供暖的计量管理而考虑在散热器上应用水暖控制阀，以简单有效解决上述难题。本发明突破了一般阀门一个进口一个出口的简单控制模式，采取一进二出的控制方式，利用阀芯旋转控制阀的进口与出口不同位置组合，完成流体的流向转换与流量转变，控制水暖散热器的正常供暖、关闭供暖、调节供暖的三种应用状态。水暖控制阀配合计量装置组合应用，可以实施供暖的分户计量管理（计量热水流量的形式）。本发明采取圆锥型密封面并利用轴向约束力加强密封效果，消除泄漏隐患，延长使用寿命。任何住户同时间调节和关闭供暖均不影响其他住户正常供暖状态。

转让及合作意向：转让、专利许可、参股合作三种形式均可商谈。

通信地址：北京市门头沟永定冯村信园小区8－4－402　**邮政编码**：102308

电　　话：010－69805222　E－mail：anwen.d@163.com

巴雅斯胡良

男，48岁，本科学历

发明名称：一种绵羊羔羊的饲养方法

专利（申请）号：ZL200810173436.5

发明简况：以现有的蒙古羊、低生产性能细毛羊为母本导入小尾寒羊血缘提高其杂交后代的多胎性能、性早成熟性能、四季发情性的“三性优势”，利用这种杂交后代为母本，导入纯种肉羊（道赛特、萨福克、特克塞尔、乌珠穆沁羊等）血缘进行杂交生产育肥羔羊，提高后代的产肉性能和肉的品质及饲料报酬率，加以短期育肥出栏。这项新型肉羊羔羊生产模式的研究，打破了传统的肉羊冬春产羔，一年一胎一羔，每年出栏一次的固定程序，大大地缩短母畜空怀期，提高多羔率、繁殖率，加快出栏周转，实现了四季出栏。推广项目区实现了应用草原生态植被的同时，保护了草原生态，同时改善了肉的品质，提高了羔羊出栏量和牧户的收入。在保护生态环境的前提下，合理地利用了草原。

通信地址：内蒙古自治区鄂尔多斯市鄂托克前旗农牧业局

邮政编码：016200

电　　话：13904776517

发明名称：高强抗震钢筋及其制造方法

专利（申请）号：CN201010555472.5

发明简况：目前国内开发的抗震钢筋屈服强度为500MPa级，强度级别较低，合金成本高，工艺复杂。清华大学贝氏体钢研究及推广中心发明的Mn系贝氏体钢属于国家科技部重点推广项目，该中心所研制的高强和超高强钢筋不采用贵重元素，利用常规的冶炼轧制工艺，得到高强和超高强性能，屈服强度最高可达到1200MPa。尤其突出的是Mn系贝氏体钢筋的强屈比稳定大于1.25．符合抗震钢筋的要求。Mn系贝氏体钢筋的特点在于：高性能、成本低、公益性好。

转让及合作意向：合作。

通信地址：北京市海淀区清华大学材料系

邮政编码：100084

电　　话：010-62782361

E－mail：bzbai@tsinghua.edu.cn

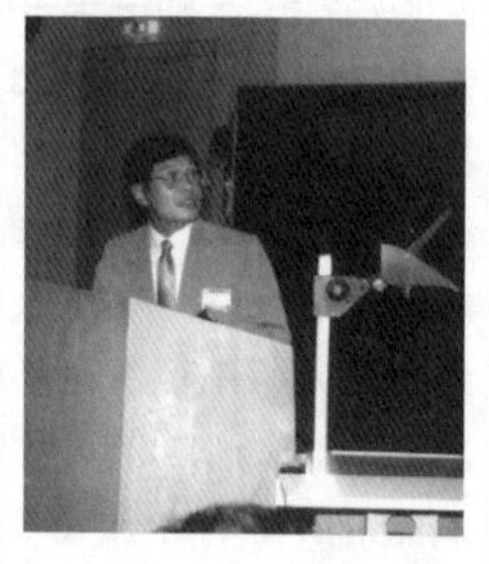

白秉哲

男，65岁，硕士研究生学历，教授

柏启怀

男，62岁，高中学历

发明名称：一种焙烧砖瓦的隧道窑及其焙烧方法

专利（申请）号：CN200720159493.9

发明简况：一种焙烧砖瓦的隧道窑及其焙烧方法，属窑炉及焙烧技术领域，包括底座、窑体和窑顶，窑体分别设有预热段、高温焙烧段和冷却段，从预热段至冷却段的窑体腔内底部安装导轨基座，导轨基座上安装导轨，在窑体的预热段和高温焙烧段内壁上加一层硅酸铝纤维毡；在预热段的两侧壁下部设置有进风口使热风道与窑体腔内相通，在预热段接近高温焙烧段的部位顶端开有冷风进口，冷风进口外接带有插板和风机的通风管道可直接将冷风引入预热段的窑体腔内；冷却段前部的顶端设置有排风口，排风口后接带有插板和风机的通风管道可直接将冷却段前部的热风引入烘干室的风道中去。本发明的优点在于加快了生产进度，减少了生产成本；瓦的生产合格率高，可达到90%。

转让及合作意向：转让、专利许可、参股合作三种形式均可商谈。

通信地址：山东省邹平县临池镇柏家村　　邮政编码：256220

电　　话：0533-6681656/13964328476

包海燕

女，35 岁，本科学历，主管护师

发明名称：多功能中药煎熬器。

专利（申请）号：ZL201020147231.2

发明简况：本实用新型公开了一种多功能中药煎熬器，集中药加热、粉碎、煎熬、药液过滤分装为一体，用 PC 塑料、紫砂、不锈钢制成，小巧美观，经济实用，30 分钟可煎熬好 3 日的中药，是中药保健、治疗的常用产品。熬药时间只是常规煎药法的 1/4，药物有效成份提高 25% ~ 30%。在不熬中药时，可作为豆浆机、果汁机、热水器等。

转让及合作意向：转让、专利许可、参股合作三种形式均可商谈。

通信地址：重庆市涪陵区清溪沟 38 号

邮政编码：408000

联 系 人：张后宙

电　　话：15803610593　　传真 023—85686744

E － mail：zhanghouzhou@163.com

才 桁

男，13 岁，初中学历

发明名称：乒乓球快速捡球器

专利（申请）号：ZL201020580423.2

发明简况：本实用新型专利解决技术问题采用的技术方案是：乒乓球快速捡球器包括手柄，其特点是乒乓球快速捡球器的盛球仓的下沿上方设有数个等距对称弹性网绳穿孔，盛球仓的顶部中心固定设有一个万向节，万向节上插装一个连接杆，用连接螺栓螺母固定，连接杆上的上断套装一个锁紧套，锁紧套上端插装一个伸缩杆，伸缩杆上端设有一个手柄，弹性网绳穿孔中装弹性网绳，弹性网绳等距平行，并且在一个平面内，弹性网绳行距小于乒乓球直径。

本实用新型的有益效果是：乒乓球快速捡球器结构简单，方便使用，省时省力，特别适用于青少年业余乒乓球运动员训练。

转让及合作意向：转让、专利许可、参股合作三种形式均可商谈。

通信地址：辽宁省阜新市试验中学一年一班　　邮政编码：123000

电　　话：13464899889

E － mail:Fxliubinghan@163.com

蔡昌社

男，82 岁

发明名称：硬齿面全密封行星节能减速机

专利（申请）号：CN200920197504.1

发明简况：该产品是一种结构新颖合理、性能优异的减速机，其最大特点是安全可靠，减速机的润滑采用全密封一次性润滑技术，可以保证减速机在 5000 小时工作时间内不必加注或更换润滑剂，日常维护保养工作简单易行，同时有效防止润滑剂的渗漏。

该机有立式、卧式两大系列，功率为 0.37 ~ 15kW，立式适用于制药、食品、化工颜料等行业。卧式适用于烟草、流水线、输送带、传动机械等行业。

转让及合作意向：合作。

通信地址：浙江省平阳县鳌江镇鳌江大厦 24—D 室

邮政编码：325401

电　　话：0577—63035666

操缨

男，64 岁，大专学历，高级工程师

发明名称：LED 节能型吸灯顶灯

专利（申请）号：ZL201020186868.2

发明简况：本专利是由 LED 面光源和恒流源以及吸顶灯底盘和灯罩组成的节能型吸顶灯，在相同照度的情况下，节电效果是荧光型吸顶灯的 50%，寿命长达 50000 小时，是荧光型吸顶灯的几十倍。无污染，无噪声，无频闪，显色指数高。本专利适合原照明灯具厂更新换代产品，也适合乡镇企业或家庭生产。为市场提供高效环保节能新型绿色灯具。

转让及合作意向：在一定的区域内授权独家生产。其他合作方式面议。

操缨曾获得航天部科技进步二等奖，2010 年被东北石油大学华瑞学院聘为客座教授。

通信地址：北京市房山区良乡东关伟业嘉园 14－1－102
邮政编码：102401
电　话：13701312470
E － mail：caoying@163.com

曹秉衡

男，75 岁，本科学历，高级工程师

发明名称：一种找平井盖

专利（申请）号：ZL200920166935.1

发明简况：目前城市道路上有部分井盖不能和路面形成平面，造成一块小凹地。解决的方法是在原井盖上加一个找平井盖，可依现场实际情况，选择不同厚度的找平井盖，填补道路上的凹地，使路面平整。

找平井盖材料：塑料（与塑料井盖材料相同），直径：740mm，厚度：10mm、20mm、30mm 多种，用金属螺栓连接。

转让及合作意向：将专利转让给企业，投入生产，服务于城市市政改造工程。

曹秉衡从事工程设计、工程施工管理、动力设备运行管理等技术工作。被聘为工程师、高级工程师等。

通信地址：广东省深圳市福田区长城大厦 2A－206　邮政编码：518028
电　话：13902936605　E － mail：cbh215@sina.com

曹士元

男，60 岁，大专学历，高级技师

发明名称：螺旋式起动机

专利（申请）号：ZL200810033878.X

发明简况：本发明专利采用螺旋原理的启动方式，利用电机的动力，使驱动轴齿轮通过螺旋机构的作用，在啮合时具备调整功能，然后以柔性、平稳的特性对飞轮进行啮合启动，当发动机被启动之后，齿轮可以在不受机构干扰的状态下自行脱离飞轮。这项技术简化了产品的结构，提高了机构合理性，大幅加速了装配效率，降低了生产成本，更主要的是杜绝了产品“铣齿”和“剃齿”的故障概率，使开关启动电流过载的关键技术问题得到合理解决，有利于产品的性能趋向稳定可靠。除此之外，它还可以使直流开关输出的功率有所减少，起到节能降耗和延长产品使用寿命的良好效果。

转让及合作意向：面洽。

通信地址：上海市浦东新区牟平路 304 弄 8 号 402 室
邮政编码：200129
电　话：021－68953380

岑寿敏

男，61 岁，初中学历，经济师

发明名称：一种保健内衣

专利（申请）号：ZL201020145292.5

发明简况：本实用新型公开了一种保健内衣，在普通的棉质内衣的前片内侧和后片内侧设置前、后袋，在前、后袋内装有含有牡丹花、白菊花、三七花、月季花、红花和熏衣草的具有保健功能的前、后棉布垫，所述前袋设置在相应于人体经穴：建里、水分、气海、太乙、天枢、中注的位置；所述后袋设置在相应于人体经穴：大椎、身柱、神道、至阳、中枢、肩中俞、肺俞、心俞、膈俞、肝俞、胆俞、大杼的部位。本实用新型保健内衣无烟、无残渣、无污染，制作简便，装拆容易，作用持久，止痛效果明显而无副作用，且价格低廉，具有良好的社会效益和经济效益。

转让及合作意向：转让或合作开发推广。

通信地址：云南省富宁县新华镇金药路 69 号
邮政编码：663400
电　　话：13887698337/0876-6122760

查济瑞

男，76 岁，本科学历，高级工程师

发明名称：电火花线切割加工直尺锥齿轮的方法

专利（申请）号：CN201010201744.1

发明简况：用传统的金属切割方法加工直齿锥齿轮，特别是针对较大模数规格的齿轮，必须配备昂贵的较难获得的专用机床和刀具，操作也不容易。用一些简易方法替代虽能实现，但达不到足够的齿形精度。本专利涉及将业已获得成功的电火花线切割技术，在上述齿轮加工领域中进行移植应用，以便取得较好结果。

转让及合作意向：专利权转让，技术入股，授权许可或其他，有待商定。达到的标的也可具体商定。

发明人退休前从事于齿轮传动方面的研制工作和技术管理工作。现为退休的研究员及高级工程师，按月享受国务院政府津贴。

通信地址：北京市石景山区八角中里 25-1902 号　　**邮政编码**：100043
电　　话：010-68842416　　E-mail：zhajirui2010@hotmail.com

常　昕

男，24 岁，硕士学历

专利名称：单头多通道水洗槽排水装置

专利（申请）号：ZL201120083200.X

发明简况：本实用新型的单头多通道水洗槽排水装置属于排水设备，是由连接头和污水排放管构成；所述连接头上端有圆盘形卡堰，在卡堰盘底有至少两个排水口，并对应连通污水排放管、盘底空白处为排水关闭位，卡堰中间隙配合嵌入阀板，阀板上设有与排水口和关闭位均可旋转对位的通孔，阀板上平面中心位有阀板扳把。

本专利单独开发应用，可将生活下水直接进行分类排放或收集，即排污或节水再用；能替代目前市场通用的单头单通道水洗槽排水装置，与“生活污水回收利用的水洗槽装置”（专利号：201120083199.0）共同开发应用，可直接提高生活用水回收利用率 60%；产品均可采用注塑成型生产；适用洗漱柜配套生产或家庭自己组合式安装连接。

转让及合作意向：专利实施许可或协商转让均可。

通信地址：黑龙江省大庆市开发区祥阁花园 B1 号楼 5 门 501 室　**邮政编码**：163316
电　　话：13504670770

陈向东

男，56岁，大专学历，工程师

发明名称：聚光屏式太阳能真空集热管

专利（申请）号：ZL03244132.0

发明简况：聚光屏式太阳能真空集热管主要由吸热管、聚光屏管、金属支架和消气剂组成。吸热管为圆管形玻璃管，其表面镀有一层太阳光谱选择性吸收膜，底部为圆滑的密封状，外面套一个上下两端各5～10cm的圆管，中间主体部分为椭圆管形，底部为圆滑的密封状的高透明高强度的聚光屏玻璃管，在这个管中间主体部分沿椭圆长轴一侧的内壁上镀有一层反光材料（如银等），便形成了聚光屏。当太阳光线从不同角度照射在聚光屏上时，经过弧面反射在吸热管的表面上，便达到了聚光吸热的目的。

转让及合作意向：独家转让，价格面议。

通信地址：内蒙古自治区宁城县人力资源和社会保障局
邮政编码：024200
电　　话：13947639986

陈　忠

男，44岁

发明名称：一种机动车

专利（申请）号：ZL201020522090.8

发明简况：本实用新型为我们提供了一种新型的动力能源、动力发动机、电力引擎。这是续汽油引擎之后的电力引擎，它可以使用在轮船和飞机上。因为这种引擎可以自己发电，所以不用充电，也不用充电站和充电桩，更不用长时间地充电和缴纳充电费用。它达到了真正的绿色环保、节能减排和零排放，是纯净的动力资源，绿色动力。

推广这种电力引擎，能为国家节省大量的资金，节约大量的石油资源，同时可减少二氧化碳废气的排放，缓解温室效应。

转让及合作意向：项目对接、技术转让。

通信地址：福建省福州市晋安区塔头路366号岳峰新村2座305
邮政编码：350009
电　　话：13358202186

陈德来

男，55岁，高级研究员

发明名称：健身按摩棒

专利（申请）号：ZL200520004014.7

发明简况：本实用新型涉及一种按摩棒，特别是一种集磁疗、按摩于一体的健身按摩棒。其特征在于套管上套有若干个可各自绕套管滚动并按一定间隔排列的按摩轮。其目的是设计一种制造方便、成本低的健身按摩棒。与现有技术相比，它具有保健效果好、使用舒服、用料省等优点。

通信地址：浙江省洞头县北岙镇上街32号
邮政编码：325700
电　　话：15605875778

陈 刚

男，中医诊所所长，38岁，大学学历

发明名称：烧烫伤液

专利（申请）号：CN01128829.9

发明简况：一种烧烫伤液，其特征是其有效成份由中药生药黄柏15～25份、地榆炭15～25份、芦荟20～30份、虎杖15～25份、海藻15～20份、紫草15～25份、黄连15～20份、毛莨15～20份、儿茶15～25份、白芷10～20份、黄芪15～20份、别甲15～25份、半边莲10～15份、银花10～15份、野菊花10～15份、细辛10～15份、生地10～15份、藏红花10～15份、人参10～15份、乳香10～15份、没药15～20份、硼砂15～20份、冰片5～10份（均为重量份）构成。本发明的烧烫伤液具有如下特点：a. 止痛快；b. 在烧烫后2小时之内，深度在Ⅱ度之内，面积在10%以内，用本药液施治后的患者创面在愈合后无明显疤痕；c. 对烧烫伤的治愈率高达80%以上。

转让及合作意向：转让、专利许可、参股合作三种形式均可商谈。

通信地址：四川省攀枝花市西区苏铁中路427号　　**邮政编码**：617068

电　　话：13094554818

陈茂高

男，58岁，博士学历

发明名称：甲醇汽油核心剂母液及其制备方法以及将该母液配制成为甲醇汽油的方法

专利（申请）号：ZL200810000485.9

发明简况：本发明涉及一种甲醇汽油核心剂母液，包括如下组份：六甲基磷酰三胺，异丙醚，甲苯或二甲苯，六氢苯酚，硝酸亚铈；环烷酸铁，硅磷酸铝或磷酸二氢钠，甲基丙烯酸甲酯，乙醚，叔丁基甲醚;叔丁醇，清净剂，二甲基酮，引发剂C，异丁醇;碳五,二茂铁；甲醇，抗氧剂和正辛烷。将甲醇汽油核心剂母液与甲醇混合均匀得核心剂；将该核心剂与甲醇混合均匀得添加剂；将该添加剂与国标汽油或组份油或石脑油混合均匀，即得甲醇汽油。本发明所述甲醇汽油核心剂母液配制的甲醇汽油具有特好的经济性、环保性和安全性，其贮存时间长、制作工艺简单、常温常压、操作方便，核心剂母液与甲醇反应充分，可按要求配制各种高标号的甲醇汽油产品。

转让及合作意向：有意合作面谈。

通信地址：江苏省无锡市惠山经济开发区惠际路179号-2-2

邮政编码：214174

电　　话：0510-83763381

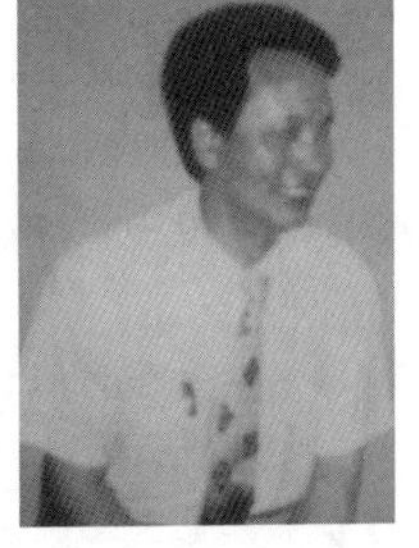

陈远宪

男，中专学历

发明名称：安全快速轻便扣件

专利（申请）号：ZL200610023784.5

发明简况：本发明涉及一种建筑工程使用的安全快速轻便扣件，其特征包括一基座上制有的通孔，所述基座上制有向一端伸出的凸台轴头与基座成一体，并穿过呈圆弧形所述的压盖上的一端孔，被轴销与所述的压盖铆合连接，所述的压盖上另一端制有的U形开口上制有的凸形球面，被T形螺钉依次穿过基座上另一下端凹形孔，向上至所述压盖上另一端的凸形球面上与配装的凹形球面螺母上组合连接。既减轻了重量，又增大了抗滑、抗破坏、抗扭转刚度机械性能，并保护了U形开口不易损坏。结构简单紧凑，外观和使用方法与传统扣件相同，成本低、使用轻便、易制造普及。

通信地址：河北省献县城内西街建行旁老武装部院内

邮政编码：062250

电　　话：13931771978/13932774778

陈 维

男，81 岁，中医师

发明名称：一种复肾丹药物及其制备方法

专利（申请）号：ZL200610045850.9

发明简况：本专利用饮片经煎煮方法投入，另一种配置好的饮片经煎煮、药液经75℃温度浓缩粉碎成粉末状投入临床。两种方法经考察具有同等效果。主治：肾小球肾炎、肾盂肾炎、肾病综合症。经过门诊数千例验证，有效率达 98.18%。

本专利的组方及重量份数如下：干姜 18 ～ 22、黄芪 28 ～ 32、党参 13 ～ 17、土茯苓 28 ～ 32、生内金 18 ～ 22、生山药 28 ～ 32、白茅根 28 ～ 32、桂枝 13 ～ 17、白芍 13 ～ 17、茜草 18 ～ 22、炙半夏 18 ～ 22、五味子 8 ～ 12、小茴香 18 ～ 22、三七粉 3 ～ 7、炙附子 18 ～ 22、丹参 18 ～ 22、怀牛膝 18 ～ 22、川断 8 ～ 12、陈皮 13 ～ 17。加水煎煮后所得的药液即是。

转让及合作意向：本专利转让。

通信地址：辽宁省沈阳市沈河区凌云街 80－7－1－1　　邮政编码：110042

电　　话：024－24601195/13644063297

陈基生

男，70 岁，无线电高级工程师

发明名称：声郾类音柱；一种适用于各式电子整流滤波器的保护节能限流电路。

专利（申请）号：ZL02239187；ZL99103216.0

发明简况：一种声郾类音柱。这是声郾类声郾基础构件的一个系统载体，它由全音倒相左右主体、全低倒相双箱声郾、双号加载两中声郾、有限障板超高四射、双号加载四高声郾（声柱含 19 只喇叭时才有、15 只喇叭装载时则无），后置中高反射声郾分立的五（六）套音箱，通过声郾一体化连接而构成。

一种适用于各式电子整流滤波器的保护节能限流电路。这是根据长距离传输需要，在声柱内添加无电源变压器功放的、对电路起保护作用的附加电路。它采用瞬峰压顶、二次整流、定额启动、稳态直通电子技术的创新设计；将控制信号形成、瞬峰压顶限流，伺服导通监控、随机调节执行电路巧妙合理地连接构成。应用时选用电子元件，安装、测试合格后，接入电路备用。

转让及合作意向：转让、专利许可、参股合作三种形式均可面议商谈。

通信地址：广西壮族自治区博白县县委办公大楼收发室转　　邮政编码：537600

电　　话：15078042066/0775－8228676

陈有孝

男，57 岁，研究员，高级工程师

发明名称：一种新型节能电散热器

专利（申请）号：CN201010204381.7

发明简况：本专利提出节能电散热器的热效率经过上海同济大学检测达到 230%。应用两项新技术生产的对流散热节能散热器，经过上海同济大学检测热效率达到 337%，是一个重大突破和创新。

在三步节能建筑，气温 −10℃条件下，室温平均达到 22℃，用电量每平方米仅为 10.5W，一个取暖季的费用是 14.8176 元人民币，比北京市集中供暖低 50.6%，用专利技术生产的产品 2010 年 5 月 18 日通过了天津市科委组织的专家鉴定。2011 年天津市盛大统领科技有限公司投入 20000 万元人民币，建成年生产 330 万台节能散热器的生产线，完成投资可实现销售收入 20 亿元人民币，创利税 9.86 亿元人民币。

转让及合作意向：转让、专利许可、参股合作三种形式均可面议商谈。

通信地址：天津市华苑产业区榕苑路 15 号 4－B－901－02　　邮政编码：300384

电　　话：13820768878　　　E － mail：sdtl2011@126.com

陈晓鹏

男，49 岁，硕士研究生

发明名称：一种异味吸附盒；超低甲醛释放胶合板；消除有害气体养护皮革的湿巾及其制备方法和使用方法；一种净化空气的方法和产品；消除甲醛污染和异味的皮革护理液及其制备方法；除甲醛的环保型水性漆及其制备方法；一种消除室内空气污染的纤维垫及其制造方法

专利（申请）号：ZL200620118653.0；ZL2006201186526；ZL2006101655237；ZL200610165524.1；CN2007100798384；ZL2007100872931；CN200810116102.4

发明简况：以上专利属于资源与环境—大气污染治理—局部环境空气质量安全保护与污染防治技术系列专利。

发明人为北京中兴天瑞科贸有限公司总经理。

通信地址：北京市朝阳区双桥水郡长安西区 1004 号　　邮政编码：100024
电　　话：010-85913248

陈光烈

男，74 岁，教师

发明名称：椎缝投影光学实验仪；一种生态田自控栽培与观光系统。

专利（申请）号：ZL200820079748.5；ZL200820123518.8

发明简况：椎缝投影光学实验仪，是一种中学物理教学仪器。我国中小学现行光学教仪还是用“光具盘”，用“光具盘”做光学实验平行低压电源、平行光源、光具盒与光具盘临时组合才能做实验，不仅设备重达 16 公斤难搬，而且组合操作十分困难，很难获得实验现象和实验结果，本专利很大程度上能弥补“光具盘”的不足。

一种生态田自控栽培与观光系统，包括生态田、定位自动供水器、三用器、多用节能变压泵、排水管、供水管和输肥管。生态田设置在建筑物顶部，三用器设置在生态田一侧，自动供水栽培器设置在建筑物的外阳台上，定位自动供水器与自动供水栽培器相连，多用节能变压泵一端分别与建筑物的肥水池和下水道相连，排水管和输肥管一端与生态田相连，另一端与多用节能变压泵的另一端相连。

转让及合作意向：商谈面议。

通信地址：北京市怀柔区杨宋镇杨宋庄 604 号　　邮政编码：101400
电　　话：13439569414

陈金玉

男，62 岁

发明名称：热水器全系统全自动内部清洗装置

专利（申请）号：ZL200820301999.3

发明简况：本实用新型专利是一种热水器全系统全自动内部清洗装置。它的出现，将彻底解决热水器内部结垢后无法清除的难题。热水器内部一旦结垢，能源浪费是巨大的。热水器全系统全自动内部清洗装置将使热水器的寿命成倍延长，节能减排、环保安全。

转让及合作意向：转让、专利许可、参股合作三种形式均可商谈。

通信地址：北京海淀区紫竹院南路 12 号 7 门 101 室
邮政编码：100000
电　　话：010-68413051

陈 革

男，45 岁，本科学历，经济师

发明名称：高效风能发电装置；自蓄能式无外动力物料翻转机

专利（申请）号：ZL200820010311.6；ZL200620090262.2

发明简况：高效风能发电装置运用空气动力学低速风洞原理，由支架、大平台、偏航系统、集风装置、发电机组等组成。可根据输出功率和电量，设计发电装置的大小尺寸，可合理配置转盘、大平台和支架，减少设备投资。

自蓄能式无外动力物料翻转机颠覆了传统设计理念，不配置电动机、液压泵、油箱等液压站设备，巧妙地利用特殊结构，实现钢卷的倾翻和卷架的复位。整体设备为钢结构，仅配置液压缸、蓄能器和控制阀，维护简单、维修成本低。

转让及合作意向：高效风能发电装置发明专利愿联合开发。

通信地址：辽宁省鞍山市铁东区科技路 29 号菁华家园 15 栋一单元 8 号
邮政编码：114004
电　　话：13214125151　13304122006

陈雄文

男，76 岁，高中学历

发明名称：手杖式摄影单架

专利（申请）号：ZL2010201757061.9

发明简况：本手杖式摄影单架既可以当手杖使用，又可以当摄影架拍照。其特征在于：手杖可分解为手柄、能伸缩柱杆和柱脚三部分。卸下手柄换上万向相机座；拉出能伸缩柱杆做单架；卸下柱脚换上三棱剑或三足架（微型）即成摄影单架。其中，万向相机座，专利（申请）号为 ZL201020175717.7，也为该发明人所发明，设计了调节环、球罩、滑动芯等具有独创特征的零部件。

本发明专利可在室内外地坪和花坛、田野、山坡、湿地等软土地上使用，是旅游摄影爱好者的如意伴侣。

转让及合作意向：转让。

发明人为浙江义乌福田人，青年投笔从戎，转业到商业部门行政工作，业余爱好摄影、版画。

通信地址：浙江省绍兴市罗门西村 6 幢 602 室　　　邮政编码：312000
电　　话：13185555179

陈纪文

男，70 岁

发明名称：一种松墨天牛定位型引诱剂及其产卵型引诱剂

专利（申请）号：CN201010240666.6

发明简况：本发明公开了一种松墨天牛定位型引诱剂和松墨天牛产卵型引诱剂。定位型引诱剂的组份及其容量比是：从纯天然松针中用有机溶剂提取法提取的含氧萜烯 0.3%～25%，无水乙醇含量为 75%～99.7%。产卵型引诱剂的组份及其配比为从纯天然松针中用有机溶剂提取法提取的含氧萜烯 0.3%～5%，松节油松脂饱和溶液 10%～30%，无水乙醇松脂饱和溶液 65%～89.7%。使用本发明所提供的松墨天牛定位型引诱剂以及产卵型引诱剂，可以降低林间天牛成虫种群密度 95%以上，从而使得松材线虫病枯死木下降 80%以上。

通信地址：广东省惠州市惠城区天角巷 26 号
邮政编码：516001
电　　话：13502290570

陈显敏

男，50 岁，高中学历

发明名称：热水直供防冻防堵塞太阳能热水器

专利（申请）号：ZL200920088231.7

发明简况：本实用新型涉及一种热水直供防冻防堵塞太阳能热水器，由机械、电子、智能单片机组成控制系统，与原太阳能热水器主机相配套，从而实现用热水的同时将输水管内的存水用完或自动排空，确保每次用水后空管待机，实现即开即出热水。为了方便操纵，除手动外，另特设机外远程遥控器。

采用本专利技术制作的产品具有结构简单，控制方便、显示齐全，使用快捷，安全可靠，输水管道不冻结，不堵塞，省水、省时、节能等优点。

发明人 1993 年前曾在广东五星太阳能公司从事太阳能产品的开发工作，后返乡经商，在业余时间全身心投入太阳能的研究开发试验。

转让及合作意向：本人愿与有实力的企业合作及技术转让。

通信地址：河南省淅川县丹阳路丹阳装饰商行　　邮政编码：474450

电　　话：13271385000

陈平凡

男，62 岁，大学学历，高级工程师

发明名称：一种生态型感光复合有机肥料

专利（申请）号：ZL200510118964.7

发明简况：本产品系国家专利重点推广应用的高科技新产品，产品是以有益农作物菌群为活性肥源核心，以风化煤、泥碳土中的任何一种及磷矿、钾矿、白云石粉无机（矿物质）为主要原材料，并加入淀粉（有机物）和菌粉等三大类组合而成。

本发明具有无毒无害、无污染、广普、优质、早熟、抗旱、防倒伏、防治病虫害等特点，具有提高和增加土壤肥力、稳产、增产、高效、长效，能够提高农产品品质、改善环境、节约能源。它是一种多功能新型农用肥，适用农村多种作物。经试验证明，增产效果显著，与常规化肥等价对比，粮食作物增产 14%，经济作物增产 15% ～ 30%。肥效与经济效益均优于生物菌肥和氮、磷、钾化学复合肥料。

转让及合作意向：转让、专利许可、参股合作三种形式均可以商谈。

通信地址：湖南省长沙市开福区文星桥 2 号　　邮政编码：410005

电　　话：13637480596　　E － mail：mlh.1016@163.com

陈前进

男，55 岁，助理经济师

发明名称：一种预防、治疗肿瘤药物及其制备方法

专利（申请）号：CN200910174341X

发明简况：本专利药物选择了中草药合理的配方，将其在酒中浸泡一定时间，将药性全部溶于酒中，化为一种药剂。酒自古以来素有“百药之长”之称，将中草药与酒“溶”于一体，药性稳定、安全有效。

此药能有效地抑制过氧化脂质的产生，防血凝块，清除胆固醇，增强人体免疫力功能，防大骨节病、关节炎，周身疼痛，骨痛。对人体无副作用，具有防止器官老化与病变，延缓衰老，抵御疾病，减轻放化疗副作用，清除体内自由基，排出体内毒素的功效。

发明人一生善于对中药与人类健康的研究，下岗后专门研究中医疗法，探讨研发了多项有关中医药治疗人类疾病的专利药物。

通信地址：山西省晋城市开发区兰花路 797 号农村信用社家属楼 2 单元 301 室

邮政编码：048000

电　　话：13835682037

陈火明

男，69 岁

发明名称：沙雕作品的永久保存方法

专利（申请）号：CN200910300382.9

发明简况：本发明涉及艺术品的保存方法，具体地说是指一种沙雕作品的永久保存方法，其关键在于：(1) 用环保的合成树脂在沙雕作品表面制作一与其贴身的壳体；(2) 在该壳体未干的树脂表面喷沙，使其外表与原沙雕作品无异。本发明的方法对沙雕作品外貌内质不产生任何影响。通过本发明的方法，不仅可以就地永久保存，而且可以方便地移动沙雕作品，进行异地保存。由于突破了沙雕作品受制作材料、存放地点的限制，从而改写了“沙雕作品不能永久地保存、成为‘速朽艺术’”的历史结论。沙雕的永久保存，提升了沙雕的艺术价值；沙雕的可“移动”，直接提高了这门艺术的运用与经济价值。

通信地址：福建省厦门市思明区盈翠里 10 号 902 室

邮政编码：361009

电　　话：0592-5566118/13959214261

陈凤仪

男，73 岁

发明名称：卧式连续处理垃圾焚烧炉

专利（申请）号：ZL02229115.6

发明简况：本实用新型公开了一种卧式垃圾焚烧炉，具有独一无二的创新性：

(1) 处理范围广泛性：主要应用于城镇生活垃圾的处理，凡城镇的生活垃圾及其低热值为 000 ～ 20000kj / kg、温度不大于 40℃、可燃物大于 20%的固体有机废弃物都能在该炉焚烧，不用添加任何燃料，自行稳定燃烧；(2) 运行稳定性：采用取轨行车垃圾抓斗进料，使入炉垃圾和焚烧均匀，便于垃圾充分焚烧，且保持较高的炉温，炉膛温度在 800 ～ 1200℃以上；采用特制的垃圾燃烧车箱，通过液压推动，使垃圾燃烧箱在固定的轨道上缓慢移动，保证垃圾能燃烧彻底。同时，处理过程操作机械化，工人完全脱离与垃圾接触；(3) 高效节能性：小型厂设计处理量为每日不少于 100 吨，中型以上可达 200 ～ 300 吨，效能指标为减量比大于 98%以上，灰渣热灼减量于 2%，耗电少，高效节能效果显著。

通信地址：广西省玉林市玉州区南江街道南江社区 152-17 信箱　　邮政编码：537000

电　　话：15578586328/0775-3836328

陈国来

男，47 岁，大专学历，医师

发明名称：鹿茸蒜素酒

专利（申请）号：CN200910000839.4

发明简况：本发明涉及一种治疗心脑血管病的鹿茸蒜素酒，它是由鹿茸、生地、杜仲、山楂、葛根等多味天然中药配置而成并加入大蒜、蜂蜜和米醋，利用传统药酒制备方法炮制而成。其口感舒适绵醇，无大蒜之异臭、存蒜之清香，同时又具有中药食补之功效，并可长期饮用。本产品成本低廉，用量少，见效快，复发率低，无毒副作用。鹿茸蒜素酒活血通络以促进血液循环，祛瘀不伤正气。改善微循环、改善血液流变、改善血液动力等药理作用，具有良好的免疫调节和增强作用，能有效地延续免疫功能的老化，延缓衰老，从而达到未病先防。

陈国来 1978 年从师青海省中医世家，授于岐黄，习四大经典及家传中医秘笈，后在从医的临床过程中发表过国家级、国际级论文 20 余篇。

通信地址：北京市丰台区方庄芳星园三区甲 20 号 1 层 08 室　　邮政编码：100078

电　　话：13552588120

陈本建

男，43岁，高中学历

发明名称：可溶性氢氟酸盐农药制剂

专利（申请）号：CN201010270393.X

发明简况：本发明属于农药制剂，具体为可溶性氢氟酸盐制剂，其特征为将可溶性氢氟酸盐和清水混合溶解，溶液中氟离子、摩尔浓度为0.0093～0.0156mol/L及0.071～0.119mol/L。其中0.0093～0.0156mol/L氟离子摩尔浓度为叶面喷放浓度，其中0.071～0.119mol/L氟离子摩尔浓度为伤口涂抹浓度。本发明对植物病毒无抗性，可多次使用，用量少，复配性强，竞争前景大，成本低，利润空间大。

转让及合作意向：全国独占转让。

陈本建从1990年至今一直在农技的最基层工作，并从事农贸的销售、农业技术的推广和研究。

通信地址：四川省成都市郫县镇西街223号

邮政编码：611733

电　　话：13980757081

陈磊然

男，47岁，初中学历

发明名称：一种无毒气体燃料及气罐

专利（申请）号：CN200810060527.8

发明简况：本发明涉及一种无毒气体燃料及气罐，它是在一个高压气罐内同时储存氢气和氧气，其中氢气的体积小于3.5%或大于75%，其余的为氧气；在储存所述的安全型氢氧混合燃料的高压气罐上设有灌气单向阀和出气单向阀。其有益效果是：氢燃料是绿色环保型燃料，辅以氧气助燃可达到上千度的高温，用于切割或焊接金属；本发明在一个高压气罐内，避开氢气在空气或其他可助燃的气体中的体积达到总体积的4%～74.2%的爆炸极限范围，同时储存氢气和氧气，确保安全，并比传统一个氢气罐加一个氧气罐的存放、移动和运输更方便，更节约。

陈磊然先后用业余时间发明了高度可调式锯弓、双层高压气罐、一种车辆防撞装置等，多次受到上级有关部门领导的表彰和奖励。

通信地址：江西省南昌市迎宾北大道1588号　　**邮政编码**：330043

电　　话：18942213696

陈荣昭

男，83岁，本科学历，高级工程师

发明名称：陆运交通系统化运输方案

专利（申请）号：CN200810092931.3

发明简况：本发明两栖车和换路站的配合取代了火车站；客货只上下装卸一次即达终点。两栖车与运营站的组合，使新陆运的铁轨在无形中延伸到无轨城镇和广大农村。新列车以调度站区为一个运行区。各大城市周边城镇和农村客货可就近在营运站购票。新列车可连续365天24小时不停地等速运行1～2年；新列车顶替了许多辆长途汽车，铁运吨公里油耗仅为长途汽运公里油耗的1/20～1/30。

转让及合作意向：无偿献给国家。

陈荣昭于1948年毕业于重庆大学电力系，后在甘肃玉门油矿水电厂工作，1954年调至新疆石油局，1988年退休。

通信地址：新疆维吾尔自治区克拉玛依石油社区退休站

邮政编码：834000

电　　话：099-6860992

陈应交

男，75 岁，大学本科学历，研究员

发明名称：葆春丸

专利（申请）号：201110104239.X

发明简况：本专利是集一种医疗保健于一体的最新保健品，是由抗氧化因子、硒 EC 和各种维生素、氨基酸、矿物质、大蒜素、益生菌等 42 种成分配制而成。该产品除了提供人体所需要的各种营养成分之外，还能防治很多种疾病，如冠心病、糖尿病孤僻症、肠胃病、老年痴呆等，能够抗衰老、葆青春，使人长寿。

转让及合作意向：本项目可以转让，转让费全国独占 1000 万元，省区独占 100 万元；合作办厂，投资方股权占 65%，技术方股权占 25%；推介方股权占 10%；技术方可全程提供配制好的产品各种原料，成本价另议。

陈应交曾从事商业工作多年，从 1989 年开始申请国家发明专利，2010 年申请国家发明专利 132 项。

通信地址：安徽省铜陵市狮子山青霞路网点一号　　**邮政编码**：244031
电　　话：13135485383

陈瑞文

男，大学学历

发明名称：结构性水资源回收工法

专利（申请）号：ZL200510025348.7

发明简况：一种结构性水资源回收工法，乃挖掘地底土壤层预埋大型储水箱涵，储水箱涵上方设有取水管连通至地面，级配层下方选择性设有深沟式排水沟渠，沟渠的侧壁设有入水孔可借由排水带以导入地下土壤中下渗雨水，于地面上沟渠覆盖有沟盖板，而储水箱涵可透过天然能源发电利用抽水机以抽水管将储水抽取至地面再利用，于大型储水箱涵上方覆盖土壤与级配层，级配层的上部铺设由碎石、卵石或沙土组成的快速透水层，最后于快速透水层的上部设混凝土铺面并加以钻通而建构完成结构性透水铺面，能有效回收雨水再充分加以利用。

陈瑞文现为台湾省新北市台北县的品岱股份有限公司董事长。

通信地址：台湾省台北县树林市中正路 415 号 10 楼 B 室　　**邮政编码**：23806
电　　话：2-6884738

陈福全

男，48 岁，高中学历，自由职业者

发明名称：刻度密码转盘门锁

专利（申请）号：CN200910192962.0

发明简况：一种新型的刻度密码转盘门锁，它在锁的背面增加了一个与前面刻度数码相等、数码排列方向相反的同步转动刻度密码转盘。在锁里面的开口转盘中，前两个各增加了一个辅助副部件，它协助主部件在前面转盘主件转动传动推动到本级转动时，前面转盘主部件正转一周再反转一周本级的主部件都是回到原始点上。这样在开解锁时，无论从锁的前面、背面、先从顺时针或逆时针旋转解锁都是同一的三个数码组。锁里面的主动开口转盘相对前两级被动的开口转盘要大些，并设有部分浅开口槽，这样防止了对密码锁的破解。锁外面的刻度转盘下部分的 3/5 刻度数码用固定块遮蔽，上部分的 2/5 用活动块遮蔽，这样增加保密度。

转让及合作意向：转让、专利许可、参股合作三种形式均可商谈。

通信地址：广东省广州市白云区金沙洲路沙贝东就街 36 号 4 楼　**邮政编码**：510168
电　　话：13674078308　　　E－mail：chenchenglong036@126.com

陈南海

男，55 岁，大专学历，机械工程师

发明名称：一种轮履复合式越野车

专利（申请）号：CN201010196456.1

发明简况：本发明涉及机动车技术，特别是一种轮履复合式越野车。其主要结构是，由发动机、传动系统、转向系统、行驶系统等部分组成。其中，在行驶系统中既有轮子又有皮带性履带。轮子可在平地路面上行驶，皮带性履带又可使车在阶梯式的路面上行驶。从而克服了机动车只能在较为平整的路面上行驶而不能在阶梯式路面上行驶的缺陷。适用于交通、运输、游乐、山区或山地旅游的客运。

转让及合作意向：转让、专利许可、参股合作三种形式均可商谈。

通信地址：广东省珠海市唐家湾镇第一工业区唐淇路 1038 号 6 栋

邮政编码：519080

电　　话：0756–6122178

E–Mail：zhhenyi@126.com

发明名称：合页

专利（申请）号：ZL201020680304.4

发明简况：本实用新型提供一种合页，包括相互枢转连接的定页片和动页片，该合页还包括用于固定该动页片枢转角度位置的固定机构，所述固定机构为啮合机构，该啮合机构包括不可相对该动页片转动地设置在该动页片上的第一啮合件、不可相对该定页片转动地设置的第二啮合件以及操纵该第一啮合件和该第二啮合件分离或啮合的离合操纵机构，其中第一啮合件和第二啮合件中的至少一个可通过该离合操纵机构在啮合位置和分离位置之间移动。使用本合页能方便地固定页片之间的枢转角度位置，无须另行在被连接部件上安装固定机构，并且性能可靠、操作方便、节省空间、美观大方。

转让及合作意向：以 3 ～ 5 年独占实施许可为主，其他合作方式均可。

通信地址：内蒙古自治区满洲里市北区二道街西楼 1 单元 202 室

邮政编码：021400

电　　话：13804705087

陈禹潼

男，34 岁，本科学历

陈　伟

男，38 岁，博士研究生学历，高级工程师

发明名称：HRB500E 钒氮高强度抗震钢筋及其生产方法

专利（申请）号：ZL200910218248.4

发明简况：本发明由下列质量比的化学成分组成：C：0.21 ～ 0.25wt％、Si 0.45 ～ 0.65wt％、Mn：1.35 ～ 1.55 wt％、V：0.055 ～ 0.070 wt％、N：0.0145 ～ 0.0165 wt％、S ≤ 0.045wt％、P ≤ 0.045wt％，其余为 Fe 及不可避免的不纯物。本发明炼钢过程加入适量钒氮合金和少量氮化增强剂，通过降钒增氮工艺，并控制合适的加热、开轧、终轧温度，使钒的沉淀析出强化效果得到充分发挥，钢筋强度显著提高，同时保持较好的塑韧性，抗震合格率大于 99.0％。本工艺成本低，有利于钒氮合金矿产资源的保护和合理作用，有利于促进中国高强度抗震钢筋的大批量生产和应用推广。

通信地址：云南省安宁市昆钢技术中心

邮政编码：650302

陈爱红

男，植物病理学博士、法学博士

发明名称：高效无毒农药杀虫剂及其制备方法

专利（申请）号：CN201010178118.5

发明简况：一种高效无毒农药杀虫剂及其制备方法。以重量份计，配比中含有以下成分，水100份；狼毒素2～30份，所述狼毒素是瑞香狼毒植物的提取物；花椒素5～50份，所述花椒素是花椒果实的提取物；烟梗素15～40份，所述烟梗素是烟草枝叶的提取物。该农药杀虫剂对人、畜无毒无害，不污染环境及农作物，无毒性残留。本发明具有防治农作物、果树、蔬菜病虫害的作用，对蚜虫和菜青虫等多种病虫害有预防和治疗作用。成本低，防治效果好，药力持续时间长，使用后可减少用药次数，节约劳动力。能够促进农作物健全生长，提高产品质量，使农作物早熟并增加产量。

转让及合作意向：转让、专利许可、参股合作三种形式均可商谈。

通信地址：北京市朝阳区双花园南里一区1号楼1403室
邮政编码：100022
电　　话：010-6599548/18901378999

陈　益

男，大学学历

发明名称：一种治疗消化道出血的中成药及其制备方法

专利（申请）号：CN200810218995.3

发明简况：本发明是一种治疗消化道出血的中成药。是烧存性的乌梅粉与食用白醋和成的丸，其主要成份为烧存性的乌梅粉。乌梅粉的备制方法：采摘成熟的乌梅绿色果实，温度保持在35℃～45℃，炕焙1～2昼夜，焙至六成干时，上下翻动，使其干燥均匀，至果肉呈黄褐色皱皮为度，焙后再焖1～2天，待变成黑色，去核，烧存性，研磨成细粉即可。制备方法：所述乌梅粉3～10克，冰片0.3～0.6克，珍珠末0.3～0.6克与食用白醋混合制成一丸。

通信地址：广东省东莞市寮步镇上底村连锋公司
邮政编码：523422
电　　话：13925867019

陈绍捷

男，35岁，高中学历

发明名称：银行账目的密码防盗取方法

专利（申请）号：CN201010544997.9

发明简况：本发明涉及一种银行账目的密码防盗取方法。它在银行支取执行系统中储存有客户与账目分别对应的密码信息、已成功完成的交易次数及能根据密码信息和成功交易次数计算获取当前交易使用码的使用密码计算程序。只有当客户输入的当前交易使用密码与银行支取系统计算获得当前的使用码一致时，客户才能对其账目进行操作。

本发明能解决现有银行客户账目密码被盗而账户资金被窃的严峻事实问题，既保护客户账目资金安全，又避免银行与客户发生纠纷的诉讼以及承担无辜经济赔偿的损失。

转让及合作意向：转让或合作均可。

通信地址：福建省福州市晋安区远洋路58号融侨东区B区11栋204单元
邮政编码：350014
电　　话：13615055117

陈昭璞

男，73岁，大专学历，中教高级

发明名称：用于农田、水塘排水管的塞子

专利（申请）号：ZL201020119704.8

发明简况：水塘或稻田为了放水、蓄水，下埂设置了涵洞或田缺，蓄水时堵起来，放水时扒开。如果在水塘、稻田的下埂埋上塑料排水管，再配上专用的塞子，蓄水时塞上塞子，放水时拔掉塞子即可。这样将几千年来水塘、稻田的放水、蓄水的操作模式由“扒开、堵上”变成了“拔掉、塞上”。

塞子用塑料制成，不怕水的浸泡，经久耐用。塞体为空心圆台，壁厚与管壁厚相同，小的一端稍小于管子的内径，大的一端直径稍大于管子的外径，塞上塞子，塞体露出管口稍许。以110mm排水管的塞子为例，塞体的高度约55mm，大端的直径约112mm，为了便于操作，大端有一凸台柄，柄的高度约5mm。从外形看，专用塞子与化学试剂瓶塞子相似。

转让及合作意向：转让、专利许可、参股合作三种形式均可商谈。

通信地址：安徽省六安市金安区第五中学9栋50号　　**邮政编码：**237010

电　　话：05643326427

陈起孟

男，高级工程师

发明名称：匙圈匙扣式西裤背带；可拆换拖把

专利（申请）号：ZL200920140545.7；ZL200920140542.3

发明简况：本实用新型提供了一种匙圈匙扣式西裤背带，包括上大下小长条状牛皮连接件、其上端呈“Y”形固定连接的两根松紧带。结构特征是：两根松紧带分别穿套一“目”字型防滑扣，外活动端穿入扣连1～2个钥匙扣的钥匙圈；连接件小头下端穿套一扣连1～2个钥匙扣的钥匙圈。本西裤背带的优点是：目字型防滑扣，选用合理，调整带长及松紧，方便有效，不打滑；不锈钢钥匙圈巧妙地将背带与匙扣连接起来，既美观实用又方便穿带穿扣。不锈钢匙扣有两种类型都可使用：一种为挂裤耳用匙扣；一种为挂皮带用匙扣，都能很方便地挂上裤耳或皮带，也能单手操作很方便快捷地从裤耳或皮带上取下来，不存在滑脱和失效的问题。大大延长了西裤背带的使用寿命。

一种可拆换拖把，是在拖把柄一端的拖把头上钻孔，穿入U形双头螺栓并用蝶形螺母夹紧。拖把头与拖把布之间压入一木垫或垫子。拖把柄、U型双头螺栓、蝶形螺母、拖把头采用不锈钢制作。本实用新型结构简单，方便实用。拆换拖把布，可不使用任何工具，随时用手拆换，省时省事，男女皆宜；除专用的拖把棉纱外，过时的旧衣裤、用旧的手巾、床单、窗帘等布料都可作为拖把布料很方便地使用，撕成布条更佳。可废物利用，变废为宝。

转让及合作意向：转让、专利许可、参股合作三种形式均可商谈。

通信地址：广西壮族自治区百色工业园区广西宏锐科技有限公司

邮政编码：533000

电　　话：13471631788

E－mail:mgyxs8@sina.com

陈贺章

男，47 岁，大专学历，汽车工程师

发明名称：轮胎防爆装置

专利（申请）号：ZL200710030196.9

发明简况：本发明提供轮胎防爆装置，包括壳体和控制阀，壳体固定在轮毂上，其特征在于它还包括动力源装置，并由压缩单元、管路、压力瓶和控制阀组成。轮胎防爆装置是针对汽车轮胎气压变化，进行充气放气的自动调压装置，其特点是让轮胎气压始终保持在标准的使用压力状态，从而达到预防爆胎的目的，同时，延长轮胎使用寿命并节省燃油。

转让及合作意向：有意者面谈。

陈贺章从事汽车安全研究 20 余年，有多项发明专利授权，曾获得第十五届中国发明博览会金奖。

通信地址：广东省东莞市东城区新世界花园灏景台三座 6C
邮政编码：523000
电　　话：13929241439/13902642792

陈良鉴

男，65 岁，中专学历，主治医师

发明名称：一种治疗慢性咽炎的中药

专利（申请）号：ZL200910272627.1

发明简况：本发明涉及一种治疗慢性咽炎的中药，纯中药配制，按国家中药炮制理论精心炮制，符合国家中药药典规范的中药。

本专利所配制的中药，经 20 余年临床使用疗效显著，无任何毒副作用，无禁忌症。从千余临床病例总结分析，其总有效率达 95% 以上。

但对因肺结核咽部恶性肿瘤而引起的类似慢性咽喉炎只能起到暂时的局部缓解症状的作用，无治疗作用。

转让及合作意向：独家转让。

通信地址：湖北省武汉市武昌区书城路 62 号中医糖尿病专科门诊部
邮政编码：430072
电　　话：13872182965
E－mail：2530908245@qq.com

成仕孝

男，69 岁，本科学历，主治医生

发明名称：胃溃疡胶囊中药制剂及其制备方法

专利（申请）号：CN200910203341.8

发明简况：本发明公开了一种胃溃疡胶囊药的中药制剂，由以下原料药制成：乌贼骨、白芨、三七、黄连、元胡素、厚朴、五灵脂、浙贝母、甘草、枳实、鸡内蒸、陈皮、木香、白芍、鱼腥草。本发明还包括所述中药制剂的制备方法，发明之中药制剂无毒副作用，疗效好，治疗胃，十二指肠溃疡病，浅表性胃炎，糜烂型，瘀阻型及并发症穿孔，有显著疗效，可免除手术治疗，有效率 100%。

药源易采购，价钱便宜，最适合厂家生产。

转让及合作意向：有意转让及愿意与他人合作，详情面谈

通信地址：湖南省永州市冷水滩区珍珠路 1405 号
邮政编码：425000
电　　话：07468229273
E－mail：yzwsh@126.com

成再君

男，64 岁，大学学历，高级工程师

发明名称：行星轮驱动的圆满的蠕动泵；虫泵

专利（申请）号：CN200410008362.1；ZL200510081505.6

发明简介：一种机械泵，可用于被输送的流体需要与管道以外的物体完全隔离以保证其纯洁或其周围环境的安全的场合，如分析仪器、医疗、制药、饮食、化工、核能、航天、环保和自动控制等领域。同时本发明特别能满足低噪声、低功耗、少维护的要求。本发明是将硅胶管在泵体的环形槽中绕行 360° 以上再穿出，配以独特的可自动加载和释放的驱动轮机构，让对称排列的三个压辊以行星轮的方式在胶管上连续滚压而工作。

一种全新的机械泵，是蠕动泵领域中又一革命性的设计，特别满足低噪声、低成本的要求。本发明从仿生的思维出发，极力模仿蠕动的毛毛虫，使用螺旋轴加叶片串的结构来完成“旋转—直线”运动变换，从而得到泵的功能。

转让及合作意向：转让、专利许可、参股合作三种形式均可商谈。

通信地址：广东省深圳市福田区梅林一村 84 栋 6A　　邮政编码：518049
电　　话：13682361723　　E – mail：oczjun@163.com

发明名称：索道机车

专利（申请）号：ZL201029251005.6

发明简况：本实用新型专利是一种独具特色的新型交通工具，是用螺旋桨发动机驱动机车在架空钢索索道上行驶的车辆。其特征是架设高架钢索索道用于承载机车车体、机车车厢上部两侧装有凹形槽的随动导向轮和驱动轮与索道形成限制关系。车厢顶部装有螺旋桨发动机或电机作为驱动机车运行的动力，驾驶员通过操控装置驾驶机车在高架索道上行驶。

在正常行驶时，螺旋桨做为主驱动力，驱动轮处于随动状态。驱动轮可以启动做为主驱动力或作为螺旋桨的辅助驱动力。正是由于采用螺旋桨作为驱动力，才使机车在有一定挠度的索道上行驶得以实现。

转让及合作意向：转让、专利许可、参股合作三种形式均可商谈。

通信地址：北京市朝阳区华严北里 39 号院 5 单元 1101 室　　邮政编码：100029
电　　话：15321990583　　E – mail：Chengyiqiang0305@163.com

程义强

男，62 岁，大专学历，高级工程师

程　山

男，49 岁，大专学历，工程师

发明名称：电动轴可抽动的外转子无刷电机

专利（申请）号：ZL200820227852.4

发明简况：本实用新型专利涉及一种外转子无刷电机，是一种电机轴可抽动的外转子无刷电机，它适用于把电机作为轮胎使用，可应用于玩具类的运动电机、遥控机器具类运动电机、机器人运动的电机等

转让及合作意向：愿意转让，现已登过招商公告，正在拍卖商洽中。

通信地址：河北省邯郸市复兴区箭岭路 85 号中谋 49 处
邮政编码：056003
电　　话：0310–4019725
E – mail：cs2004aa@sina.com

迟永斌

男，46岁，高中学历

发明名称：集束器太阳能灶

专利（申请）号：ZL201020015334.3

发明简况：本专利结构简单稳固，制造较易，成本适中，口径可大可小，便于标准化、系列化生产；抗风载，耐候性好，使用寿命长。它可将分散式阳光高效聚焦，形成高能量密度光束，热效率极高，可用于日常烹饪，高聚光太阳电池光伏发电，太阳能空调，太用能光热发电及其他相关工业领域。总之，集束器可同时集低温、中温、高温、超高温于一身，温度品位、能量品位理想，零碳排放，绝对环保且取之不尽，用之不竭，未来应用广泛。

转让及合作意向：独家许可。

通信地址：山东省莱州市三山岛街道诸冯村
邮政编码：261400
电　　话：15866357864

褚桂明

男，中专学历

发明名称：汽车方向盘无损伤拆解方法

专利（申请）号：CN201010162404.2

发明简况：本发明涉及一种汽车方向盘无损伤拆解方法，将中、高档汽车方向盘生产企业在生产流程中产生的不合格汽车方向盘，用科学的方法拆除其不合格的塑料制品部分，使方向盘中间的金属骨架能完好无损地再进入生产流程，从而节约能源，为企业降低生产成本。

其特征在于：将包含硬塑料的不合格汽车方向盘放入烘箱内，按照塑料的烤软温度及时间设定烤箱温度和烘烤时间，将烘烤后的包含塑料及皮木饰品的不合格汽车方向盘取出，用刀片将烤软的塑料从汽车方向盘的金属骨架上割下，获得完整的汽车方向盘的金属骨架。

转让及合作意向：本项目适合地区独家转让或合作开发。

通信地址：上海市奉贤区金汇镇百曲村405号　　邮政编码：201403
电　　话：13681669148　　E－mail:chu.guiming@163.com

褚洪良

男，31岁，硕士研究生学历

发明名称：笔记本电脑的电源转接器

专利（申请）号：CN200910020601.8

发明简况：本实用新型公开了一种笔记本电脑的电源转接器，包括电源转接器本体，所述电源转接器本体上设有至少一个市电插座。技术背景：笔记本数量越来越多，笔记本较集中的会议场合供电问题严重，通过本专利，解决笔记本电脑集中场合下的供电问题，也使得笔记本电源在工作状态下展现出多种功能。

技术特征：在电源转接器本体上增设市电插座，通过标准插座（或特定插座）可向其他笔记本电脑或电器（如手机充电器、台灯等）供电，有效地解决了供电凌乱的局面，使得笔记本电源本体多功能，让消费者不再感觉笨拙。

转让及合作意向：合作生产或授权生产。

通信地址：山东省潍坊市寒亭区公共行政审批服务中心　　邮政编码：261100
电　　话：13562633311　　E－mail：726581@qq.com

戴星明

男，52 岁，本科学历，工程师

发明名称：气相色谱仪流量压力自动调节装置

专利（申请）号：CN200910047923.1

发明简况：本发明公开了一种色相气谱仪流量压力自动调节装置，包括至少一个稳压阀和针形阀，还包括至少一个比例阀、流量传感器和检测控制电路，所述稳压阀和针形阀、比例阀连接，所述色相气谱仪的气源经过所述稳压阀、针形阀和比例阀，被所述流量传感器检测后进入传感器，所述检测控制电路根据所述流量传感器提供的数据和预设值，调节所述比例阀控制流量。本发明采用流量压力自动调节装置替代机械调节阀和机械压力表，达到机械阀流量控制精度，满足了色相气谱仪自动操作的基本要求。

转让及合作意向：转让、专利许可、参股合作三种形式均可商谈。

通信地址：上海市控江路 18 弄 14 号 1809 室　**邮政编码**：200093

电　　话：13601635250　E-mail:daixmk@126.com

发明名称：射频肿瘤治疗仪

专利（申请）号：ZL2007 1 0108336.X

发明简况：射频肿瘤治疗仪由射频源、冷循环电极及蠕动泵组成。射频源能输出高达 180 瓦射频功率，能持续监测肿瘤组织的电阻，射频电流以及射频功率的大小，并将它们显示在面板上；冷循环电极将高频能量传送给肿瘤组织，使其温度升高直至达到热消融；蠕动泵将冷却水不断的流经冷循环电极，使电极不至于过热而影响疗效。

专利产品特点：射频治疗仪由射频源、蠕动泵、冷循环电极包三部分组成。针对射频源，天马公司投入巨资进行了专门的研发改良，其特点为：操作简便，治疗时间短（约 30 分钟／人／次），无须住院，体质不明显下降，病人痛苦小，治疗费用大大下降。根据美国等发达国家的经验，在门诊可以进行肿瘤治疗。

通信地址：江苏省南京市匡卢新村八号五层 501 室

邮政编码：210024

电　　话：025-83702062

戴耀良

男，60 岁

戴明义

男，78 岁，本科学历，高级工程师

发明名称：数控电磁织机

专利（申请）号：ZL200410099710.0

发明简况：本发明实现了两大突破，一是突破了现有织机曲柄轴每转一周，开口、引纬、打纬各动作一次，并只能是在给定的时间内工作的限制；二是突破了现有各种织机，对引纬长度的限制。数控电磁织机的实现，砍掉了现有织机都具有的主电动机和由主电动机到五大功能部分必不可少的机械传动机构和机械转换机构，消除了这些机械运动所耗费的能量，降低了噪声，简化了织机的机械结构。织机数控化后，改变织机的控制软件，就可以改变织物的组织。以数控电磁织机更新换代老式织机，对提高劳动生产率和改善劳动环境都会产生良好的效果。

转让及合作意向：与资金投资方合作开发或者直接转让。

通信地址：河南省新乡市荣校路 195 号二十二所

邮政编码：453003

电　　话：0373-3712294

戴澄本

男，63岁，大专学历

发明名称：一次性全自然降解生物淀粉餐具及其制作工艺

专利（申请）号：CN200710069526.5

发明简况：本发明涉及一种环保餐具，是一种全降解和回收利用的生物大米以及陈化粮淀粉餐具，其制作工艺是将含量为55%～60%重量份的大米粉和重量为35%～40%重量份生物食用辅助混合材料，不添加其他任何化学材料，经过160℃～180℃高温红外线消毒，无毒、无异味、无污染、安全、卫生。完全达到（BG18006.1—1999）和（BG18006.2—1999）国家检测标准。

本餐具可以在全暴露的环境中，一个月降解、水中72小时降解；密封条件下，6个月不降解便于保存。餐具食用后可以回收利用做饲料，也可以作肥料，节约国家资源和资金。

转让及合作意向：融资、合作均可。

通信地址：江西省南昌市井冈山大道705号（现1109号） 邮政编码：330002
电话：13177838705 E－mail：tqstone@hotmail.com

邓忠元

男，75岁，大专学历，高级工程师

发明名称：治疗各型病毒性肝炎的中草药组方制剂

专利（申请）号：CN201010257857.3

发明简况：该发明专利是以“肝普乐片”（吉林靖宇华阳药业有限公司生产）为基础制剂，数年进一步深化研究的新成果。经吉林抚松县医院、北京铁路局承德铁路医院等数家医院、医学院对323例病人进行临床考察，突破甲、乙型病毒性肝炎总有效率高达89.7%，显著有效率达65.5%；血清谷丙转氨酶降低的效果最为明显。

发明人先后在多家机构工作，曾任职所长（法人）、厂长、副所长总工程师等职务。现任承德颈复康药业集团高级工程师，北京国际医药科学研究院副院长、香港海国国际控股有限公司终身董事长。

转让及合作意向：合作，入门费10万元20股。

通信地址：河北省承德市世纪城二区21—2—104 邮编：067000
电 话：0314—2155319/15097804669
E－mail：bjys698@yahoo.com.cn

邓大贤

男，74岁，初中学历

发明名称：绞盘式波浪发电装置

专利（申请）号：CN201110195541.0

发明简况：绞盘式波浪发电装置是将发电机安装在具有一定截波能量面的漂浮物即截波船上，并通过轴、单向轴承与截波船上的动能绞盘和势能绞盘相连接；动能绞盘上的绞绳的外端与势能绞盘上绞绳的外端分别与截波船下方海底固定点和上方的支架天线固定点相固定连接，动能绞盘和势能绞盘均设置有回位绞盘和绞绳，不论截波船怎么做上下运动，都会相应地轮流地牵动两个绞盘作同一方向的旋转运动从而带动发电机发电，而回位绞盘通过回位绞绳坠砣和在单向轴承的单向滑动下，可将动能绞盘和势能绞盘自动回位，使之能重复使用。

转让及合作意向：转让、专利许可、参股合作三种形式均可商谈。

通信地址：云南省曲靖市文化路99号唯美之道美容养生会所
邮政编码：655000
电 话：13114115723/13114115159

邓寿长

男，55岁

发明名称：可折叠的组合床箱

专利（申请）号：ZL200820229213.1

发明简况：本实用新型涉及一种可折叠的组合床箱，包括床体，其特征在于：所述的床体包括中部正面板、铰接于中部正面板前后侧的前、后正面板，铰接于前、后正面板两旁侧下方并可折合的支撑板和铰接于前正面板前端的靠背枕板，所述床体的后正面板末端两侧与一开口朝向床体的箱体的下部两前侧相铰接，所述箱体两旁侧与床体之间设有工作时使其保持站立的定位机构，所述的前、后正面板度和箱体高度相同，前、后正面板及中部正面板的宽度和箱体宽度相同，以使床体能够包覆折合在箱体的外表面呈箱状整体。它不仅具有行李箱功用，而且可以作为床铺供人休息。

转让及合作意向：转让、专利许可、参股合作三种形式均可商谈。

通信地址：福建省宁德市古田县解放二支路七号四幢二单元103号
邮政编码：352200
电　　话：13950541095

邓朝明

男，59岁，大专学历

发明名称：防滑防松动插头

专利（申请）号：CN201010042038.7

发明简况：本实用新型涉及一种防滑防松动插头，插头与电源触合将电器与电源接通，电器则开始工作，而电器不启动、不工作的情况时有发生，插头滑落或松动是造成这个情况的主要原因，对电源电器形成危害。解决滑落与松动问题的技术方案要点是：将插头每片插片内侧面加工出两个 φ1mm 圆球面。插头退出时，插片内侧面的各圆弧面与插座弧形弹片有效咬合，在触片弹力和拔力的共同作用下，才能顺利拔出。因此插头能防滑防松动，并且对电器、电源有保护作用。本实用新型插头可以在各类标准插座上使用。

转让及合作意向：转让、专利许可、参股合作三种形式均可商谈。

通信地址：重庆市渝中区厚池街48号1-3　　邮政编码：400012
电　　话：023-13883239519
E－mail:dengchaoming1@sina.com

丁永鑫

男，62岁，大专学历，机械专业高级工程师

发明名称：潜能回收（水）风源热泵机

专利（申请）号：CN200910170039.7

发明简况：该项目提供了一种节能型风源热泵机，进一步解决了热泵热效率低、浪费水资源等问题。它采用制冷循环尾部的内焓回收利用（水）风源，利用三级冷凝器的功效替代传统的水源井，降低了排放到室外风源蒸发器的能量，可谓一举两得。

该潜能回收（水）风源热泵空调机创新了制冷循环结构，突破了高温禁区做出水，温度高达70℃；低温在零下24℃时，主机运行良好。实现了投资省、开支省、能耗低且节能的目标。与指定的水源泵相比，实现了无须水资源，但各项指标依旧优于水源热泵的创新。

转让及合作意向：转让、专利许可、参股合作三种形式均可面议商谈。

通信地址：北京市西城区百万庄子—14—2
邮政编码：100037
电　　话：010—68309937

丁樟富

男，74岁，大专学历，高级工程师

发明名称：太阳能风能互补发电家用移动小电源

专利（申请）号：ZL201020257793.2

发明简况：一种太阳能风能互补发电家用移动小电源。在移动的太阳能电池板的固定架上，固定太阳能电池板连接蓄电池、逆变器，小型风力发电机安装好平面轴承，使发电机能灵活转动，发电机发出的电，通过插头、插座，用风力电压调节器调节电压，这样不管风力的快慢变化，能稳定地给蓄电池充电。这种太阳能风能发电互补的家用小电源，一体化设计，可任意移动，随时跟踪太阳，可作为非常时应急电源和无电地区家用电源。

转让及合作意向：转让、专利许可、参股合作三种形式均可商谈。

通信地址：浙江省嵊州市崇仁镇乌石弄村78号
邮政编码：312473
电　　话：0575-83092337

丁新侃

男，55岁，本科学历，主管药师

发明名称：汞化物在制备抗蛇毒药物中的应用

专利（申请）号：CN200810110910.X

发明简况：本发明公开了一种汞化物在制备抗蛇毒药物中的应用。为解决现有技术治疗效果不明显、死亡率高等问题而发明。其中，所述的汞化物主要是硫化汞（即朱砂）。其他汞化物，如氧化汞、硫酸汞、氯化汞等只为防止侵权而列入。本发明人是世界上第一个发现硫化汞对蛇毒有灭活作用的人。因为蛇毒是由十几种或几十种有毒的蛋白质混合而成的。而硫化汞对一切蛋白质均有灭活作用，因此，应用硫化汞制剂，可以将侵入人体血液的蛇毒中的有毒蛋白质迅速灭活，使其失去毒性，从而达到抗蛇毒的目的，以挽救病人生命。

发明人现供职于中国南车集团石家庄车辆厂医院。是中华医学会等协会会员，拥有五项新药发明，曾获“百名优秀发明家”荣誉称号。

通信地址：中国南车集团石家庄车辆厂医院　　邮政编码：050000
电　　话：13582323771　　E-mail:dingxinkan@sina.com

董　平

男，大学学历

发明名称：双霉降解液体脱气膜修饰工艺控制体系

专利（申请）号：CN200910131833.0

发明简况：本发明涉及一种双霉降解液体脱气膜修饰工艺控制体系，在聚合催化反应中，酯类、醇类、脂肪类、微生物、酶类物质，在设定的聚合工艺体系中，通过液聚反应，产生大量的各类衍生物分子，在复杂的液聚反应中，设计合理的修饰工艺，改变衍生物的大分子量。实践证明，在45℃～50℃时适当滴加修饰剂，在55℃～65℃时再加大分子醇类、酯类修饰剂，以有效地增加大分子酶的转化率，当反应釜搅拌转速降至8～12转/分钟时，在设定的反应时间内生成的大分子酶包裹微生物小分子和其他衍生物小分子，形成了网络结构的生物高分子液聚物。该发明技术特征是：实现了酶分子间超分子作用力的强度，完善了多酶分子作用微区网络结构，使小分子通过高分凝胶的网络扩散，实现了生物大分子酶液聚的能量转换。

转让及合作意向：转让、专利许可、参股合作三种形式均可商谈。

通信地址：青海省西宁市城北区柴达木路18号健康小区28号楼二单元302室。
电　　话：15109276896

董达

男，77岁，本科学历，高级工程师

发明名称：离心除尘器

专利（申请）号：ZL201020257699.7

发明简况：本离心除尘器由壳体、离心分离装置和集尘器三部分构成，顶部设有蜗壳形鼓风机连接。对照产品为产期被广泛使用的“旋风分离器”，这种分离器的分离器圆形体不能做得过大，而离心除尘分离器的分离室内呈负压，送入气流无须高压高速，能耗小，分离效率高，分离能力大，且除尘器圆形体的大小随需要而定，小至实验室用，大到为工程配套除尘，可开发成系列产品，使用范围很广。

转让及合作意向：转让、专利许可、参股合作三种形式均可商谈。

通信地址：上海市闵行区吴中路511弄90号101室

邮政编码：201103

电　　话：021-54771204/13636565685

董银谈

男，总工程师

发明名称：氢混合动力电动汽车

专利（申请）号：ZL200510011068.0，美国Patent No:US7,650,953 B2

发明简况：发明人立足于昆明新能源发展有限公司，组织了一班技术攻关团队，历时25年之久，以可再生能源——含水65°乙醇或含水65°甲醇随车制氢、廉价制氢，代替汽油，节能又环保。

它的核心技术是利用65°含水醇（乙醇或甲醇）随车制氢、供氢（可免加氢站），使氢发动机和电机组合，实现氢电合一作为汽车的全新动力，从而使人类彻底摆脱对石油资源的依赖，达到彻底消除尾气排放污染及对城市环境的危害。

转让及合作意向：商谈面议。

通信地址：云南省昆明市人民东路483号　　邮政编码：650216

联 系 人：董银谈（13629679058）　　徐泽涛（13629621188）

电　　话：（0871）3325433/3328992/3328828　　传真：0871-3325433

公司网址：昆明新能源发展有限公司　　http://www.kmxny.com

E - mail：kmxny112@163.com

董瑞明

男，56岁，高中学历

发明名称：楼宇供水系统

专利（申请）号：ZL201020138767.8

发明简况：本实用新型公开了一种楼宇供水系统，本系统包括设置于楼底的水泵和输水管以及设置于楼顶的RO膜制水机、纯净矿化水储存罐、浓缩水处理装置和自来水储存罐，以现代最先进的RO膜制水设备做基础，将自来水一泵一管压到楼顶15平方米至20平方米的制水车间，而后分离出纯净矿化水和自来水进入两个储存罐，储存罐大小根据用水量大小而设计，靠罐内自压向楼内各户通过智能卡水表供水。本系统是简单、易管理、节能、节电、节水、投资少效益高的项目，针对新开发的办公楼、居民住宅楼，楼内实现自来水与直饮水两条管道（简称双向水）而设计的。

通信地址：河北省石家庄市桥西区长丰路16号

邮政编码：050051

电　　话：18931633121

董传义

男，大学学历

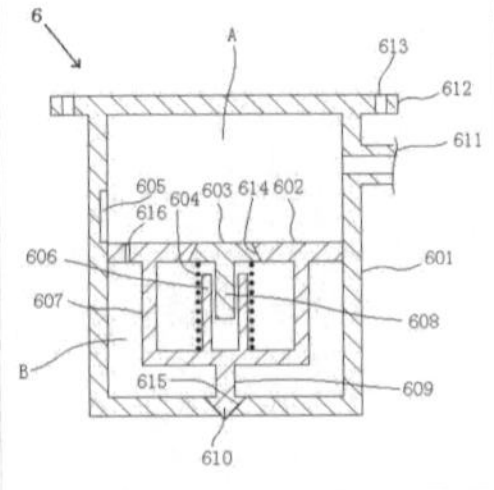

发明名称：一种列车制动排风的分流器及列车制动系统

专利（申请）号：ZL201120115087.9

发明简况：本实用新型公开了一种列车制动排风的分流器及列车制动系统。分流器包括一密闭缸体，缸体内设有均衡勾贝；所述均衡勾贝包括与缸体内壁吻合的活塞，活塞上设有倒锥形进风阀孔，活塞上位于下风室一侧设有一支架，支架上设有一与进风阀孔配合的进风阀，进风阀与支架之间设有进风阀回位弹簧，进风阀与进风阀孔构成单向进风阀；支架的下面设有排风阀与设在缸体底部的锥形排风阀孔相配合而构成单向排风阀；在缸体上风室的内壁上设有导气槽，缸体上位于上风室的缸壁上设有风支管。采用该分流器的列车制动系统在制动时可以保证各节车厢上的单元列车管同步快速排风，使各制动装置同步快速制动，提高制动效果。

通信地址：湖南省长沙市雨花区东二环中江置业 4205 号

邮政编码：410000

电　　话：0731—82631208

杜永平

男，48 岁，研究生学历，高级工程师

发明名称：线路压变防铁磁谐振装置

专利（申请）号：CN200910144513.9

发明简况：本发明涉及线路压变防铁磁谐振装置，该装置包括 CPU、模拟量采集模块、消谐模块、时钟模块、存储模块、液晶显示模块、故障录波模块，来自压变辅助二次绕组的信号输入模拟量采集模块，模拟量采集模块的输出连接 CPU，CPU 的谐振数据输出连接存储模块，CPU 通过故障录波模块连接局域网并上传故障数据，CPU 的消谐控制信号输出连接消谐模块。本发明可以实时监测 CVT 的实时数据，对需要投入消谐电阻以帮助消谐的线路压变，在系统判断为铁磁谐振后，系统可自行投入即定阻值的消谐电阻，适用于 110kV、220kV 两个电压等级的线路压变，具有双重事件记录，发生铁磁谐振时，线路压变防铁磁谐振装置记录事件，同时向后台监控机上传铁磁谐振数据。

转让及合作意向：转让、专利许可、参股合作三种形式均可商谈。

通信地址：安徽省宿州市淮海路 118 号宿州供电公司　　邮政编码：234000

电　　话：0557—3072141　　E-mail：Bdgq_dyp@163.com

杜建舟

男，48 岁，本科学历

发明名称：力学综合试验仪

专利（申请）号：ZL201020199744.8

发明简况：本发明可以完成研究自由落体运动、精确测量重力加速度的实验。该仪器还可以用来完成下面的实验：验证牛顿第二定律的实验；验证机械能守恒定律的实验；验证动能定理的实验；测量匀变速运动加速度和瞬时速度的实验等。且实验操作过程方便快捷、精确高效。

使用本仪器完成自由落体运动的实验具有独特、创新的实验效果：可以完成定量研究自由落体运动的实验，填补了该实验领域的一项空白，且测量误差很小（误差一般在 2% 以内）、效果好，具有重大的教学意义。

转让及合作意向：专利权转让。

通信地址：陕西省宝鸡市岐山县岐山高级中学

邮政编码：722400

电　　话：13891709355

E － mail：dujnzu@126.com/qsdjz@sina.com

杜双生

男，50 岁，初中学历

发明名称：带有回位报警的翻斗车

专利（申请）号：ZL201020565231.4

发明简况：本实用新型涉及翻斗车，具体是一种带有回位报警的翻斗车。解决了现有翻斗车无法进行料斗回位报警的问题。带有回位报警的翻斗车包括车头、大梁、以及其后端与大梁铰接的料斗；还包括料斗回位报警电路；所述料斗回位报警电路包括电源、蜂鸣器、以及碰头开关；其中，碰头开关的底座与大梁固定，碰头开关的压柱位于大梁与料斗之间，由碰头开关的触点和蜂鸣器串接而成的串联支路两端分别与电源两端相连。本实用新型结构简单、设计合理，有效解决了现有翻斗车无法进行料斗回位报警的问题，适用于工程施工等。

转让及合作意向：专利权转让。

通信地址：山西省河曲县文笔镇科村

邮政编码：036500

电　　话：15333505556

段方泉

男，48 岁，高中学历

发明专利：绝热内冷循环润滑型双旋转活塞式双轴内燃机

专利（申请）号：CN201110233980.6

发明简况：本发明是内燃机的突破性换代技术，是在几十年世界性研究的双旋转活塞式内燃机基础上走向应用的实质性突破！双旋转活塞式内燃机虽然早已被证实具有效率高、功率大、质量轻、体积小，转速范围广、适用燃料广等特性，但是由于关键技术没有突破，至今低效率传统内燃机还在无奈中使用，本发明是在发明人的专利 ZL201020283018.4 解决了双旋转活塞的控制准确、强度保证等前提下更进一步的正常工作所必需的内冷和循环润滑等技术，使世界范围几十年攻关未果的高效双旋转活塞结构式内燃机构想等成为现实！其还具有传统内燃机等无可比拟的振动小、磨损少、故障低、寿命长等特性。其具有革命式的进步性、换代性。

转让及合作意向：该发明将进行广泛的非转让性合作、许可。

通信地址：山东省齐河县胡官屯镇邢庄村 25 号　　邮政编码：251116

电　　话：13475173940

樊运策

男，73 岁，本科学历，研究员

发明名称：一种急倾斜厚煤层采煤方法

专利（申请）号：CN201010258015.X

发明简况：本发明提供了一种水平分段走向短壁开采急倾斜厚煤层（煤层厚 5 ～ 12m）的采煤方法，称为“水平分段沿空留巷放顶煤采煤法”。在工作面内采用放顶煤液压支架支护和放煤，打眼放炮落煤，刮板输送机运煤，采用预制金属棚子或塑料筒进行沿空留巷支护，以此实现急倾斜厚煤层（5 ～ 12m）的机械化开采。仓储式采煤法已被国家命令禁止，巷柱式放顶煤采煤法因没法进行独立的负压通风和没有两个出口而无法采用；水平分段放顶煤采煤法也因煤层厚度偏薄，无法在同一水平上布置两条巷道而无法采用。本发明提供的采煤方法可以实现急倾斜厚煤层（5 ～ 12m）的机械化开采，回采工作面具备独立的通风系统，有两个安全出口，工作面的产量和效率大大提高，安全生产得到了保证。

转让及合作意向：转让、专利许可、参股合作三种形式均可商谈。

通信地址：北京市朝阳区和平街青年沟路 5 号天地科技股份有限公司开采设计事业部

邮政编码：100013　　电　　话：010–84263880

樊家富

男，64 岁

发明名称：多功能恒温保健床

专利（申请）号：ZL200920128859.5

专利简介：本专利是用电脑数字程序控制的多功能恒温保健床，用电脑控制的床内温度在 180℃～400℃之间可任意调节，电脑对设定温度、湿度能自动平衡控制，不管外界温度、湿度怎样冷热变化，床内不会变化，一年四季自动保持恒温。床内设有振动、按摩功能，当人睡在床上，打开振动按摩功能，床垫托起睡觉的人作上下、左右振动。电动按摩机器手按电脑设定程序为全身保健按摩。

本专利床内设有空气净化系统、负氧离子发生系统、电脑控制多层空气过滤网，对有害气体、异味、浮游漂浮物、灰尘、粉尘、细菌、一氧化碳进行过滤、消毒、杀菌。用于医院手术病人，对防止手术后伤口受空气中细菌感染具有一定的疗效作用。床内还设有电波屏蔽功能，保证在睡觉时不受电波侵害。床内设有多功能触摸控制显示屏，供你方便快捷简单的选用功能。床内还设有立体音响、平板电视，为你全方位提供床内娱乐。为你提供优质、健康、舒适的最佳睡眠环境。

通信地址：重庆市金刚塔电信村 12－1－2　　邮政编码：400000
电　　话：13008339076　　E－mail：fjf13008339076@sina.com

范朝来

男，大学学历

发明名称：一种节材型新式结构的台虎钳

专利（申请）号：ZL200610099070.2

发明简况：台虎钳是钳工用于装配、维修和家庭汽车库房必备常用的基本钳工工具，每年需求量很大，达几千万台。其种类、规格、外形设计风格等虽各有差异，但其构造原理则大同小异。

本实用新型属一种新型结构的较节约原材料的新型台虎钳，由固定钳体、活动钳体、螺杆运动副等主要零部件组成，其特征在于将螺母与固定钳体铸为一体，并使螺母座的设计位置安放在钳体的整体门框式结构的同一截面中，从而大大缩短内力流的传递路径，不但节省了钳体的原材料，而且减少了加工面，降低了成本。

通信地址：北京市海淀区中关村 29 楼中科第一招待所南楼 401 室
邮政编码：100080
电　　话：1591112209

范文安

男，41 岁，本科学历，工程师

发明名称：采光导热通风器以及采光导热通风系统

专利（申请）号：ZL201020256758.9

发明简况：本实用新型公开了一种采光导热通风器以及采光导热通风系统，涉及采光导热通风技术领域，为达到节能环保、低碳减排的目的而设计。所述采光导热通风器，包括数控动力支架，数控动力支架的顶部设有支架头和通风口；在所述支架头上围设有用于采集自然光的底部具有出光口的中空采光部，中空采光部的内部设有内置聚光镜，出光口处设有散光镜；数控动力支架上还设有双层导光导热通风管，其内层连接在所述出光口上，外层连接在所述通风口上。所述采光导热通风系统包括间隔设置在承载物体中的至少一个所述采光导热通风器。本实用新型可用于采光导热通风。

转让及合作意向：转让、专利许可、参股合作三种形式均可商谈。

通信地址：新疆维吾尔自治区库尔勒市文化路金露小区 8 栋一单元 501
邮政编码：841000　　电话：15352525388　　E － mail：fwakr@126.com

方保林

男，68岁，本科学历

发明名称：椭圆轨道槽变向连杆活塞式旋转发动机

专利（申请）号：ZL201020504224.3

发明简况：本专利技术是内燃机发展领域的一个新思路，构思新颖巧妙、科学合理，为多缸发动机的设计制造开辟了一条全新之路。本机型的传动机构在传动过程中，无上、下止（死）点，无加速度时段、无连杆左右摇摆，传动准确运转平稳，不会产生高速往复惯性冲击振动和扭转振动。本机构的回转中心就是其自身的几何中心和质量中心，便于实现自身的动静平衡。结构简单紧凑、部件少、重量轻、体积小、高效节能、维修方便、使用寿命长，既可制成汽油机，也可制成柴油机，适用多种燃料。

转让及合作意向：只要有利于转化开发，任何合作方式均可。

发明人近年获实用新型专利四项，曾多次荣获先进工作者和两次市级科技发明奖。

通信地址：河南省南阳市淯滨街248号

邮政编码：473009

电　　话：18937711587/15139094768

方永贵

男，高级工程师

发明名称：固体松碱合剂及其生产工艺

专利（申请）号：ZL96117310.6

发明简况：本发明提供的固体松碱合剂，是以塔尔油替代民间传统的松碱合剂生产中的松香，并按一定的工艺方案生产出易溶于水的固体松碱合剂，其皂化物大于48%，游离碱按 Na_2CO_3 计为38%～45%，使用时可兑水75～150倍，改变传统的液体松碱合剂为固体松碱合剂，在贮存、运输、使用上更为方便。同时提高了药效，降低了用药成本，便于工业化生产。

本发明涉及一种高效低毒安全环保型生物杀虫剂，优化农药产品结构，取代大量有机磷、有机氯、有机砷毒性化学农药，广泛应用于柑橘、茶叶、锥栗等果树的病虫害防治，保护果园生态环境，可为“生物防治与化学防治病虫害”提供可靠的科学依据。

通信地址：福建省建瓯市纸浆厂宿舍

邮政编码：353100

电　　话：0591-87716906

冯锦满

男，60岁

发明名称：聚能理疗保健仪

专利（申请）号：ZL200520054939.2

发明简况：该实用新型包括两端分别设有进风口和出风口的壳体，在所述壳体内安装的风机和发热组件，一端设在所述出风口处、另一端紧贴患者皮肤的中空导风套，以及在所述导风套上设置的聚能组件；所述导风套上设有排风口。利用加热组件加热风机抽入的空气，再从出风口通过导风套到达患者的皮肤表面，并由排风口排除热风，从而可以逐渐加热患者的皮肤，从而具有不会烫伤患者、安全可靠的优点；并且可以通过热风加热在导风套内设置的聚能组件，使得聚能组件产生的远红外线、磁能及热能等各种能量聚合或聚焦，集中各种能量同时发出能量射线，加快新陈代谢，使血液循环及各种循环系统运行畅顺，平衡免疫功能，构成保健效果。

转让及合作意向：转让、专利许可、参股合作三种形式均可商谈。

通信地址：香港新界大埔富亨屯亨盛楼905室9/F

冯天宝

男，49 岁，大学学历，公司经理

发明名称：一种镜头收藏装置

专利（申请）号：201020235772.0

发明简况：本实用新型公开了一种镜头收藏装置，用于收藏根部设有外螺纹的镜头，包括：锁紧螺母；所述锁紧螺母的内径与所述镜头的外径相匹配；所述锁紧螺母设有内螺纹或者卡配口，并通过所述内螺纹或者卡配口与所述根部设有外螺纹的镜头连接。本实用新型实施例的实现使镜头有效避免了刮花及灰尘、油渍、指纹等污染，并且有效节约镜头收藏空间，以方便摄影爱好者的携带。

转让及合作意向：转让、专利许可、参股合作三种形式均可商谈。

通信地址：中国香港九龙尖沙咀东科学馆道 9 号新东海中心 412 室

电　　话：852-5442216

E－mail：paul@tchtl.com

冯海赓

男，70 岁，中专学历

发明名称：旧沥青混凝土循环加热回收设备

专利（申请）号：ZL200910260547.4

发明简况：本发明涉及一种旧沥青混凝土循环加热回收设备，其包括机架，机架上设有烘房，烘房内设有加热管装置；机架上部安装第一输送装置，第一输送装置和第二输送装置的一端位于烘房外，另一端位于烘房内，第一输送装置的外端上方设有进料斗，第二输送装置的外端下方设有搅拌缸；第一输送装置与第二输送装置的运输方向相反；在烘房内的第二输送装置的下方设有集油箱，集油箱与烘房上开设的出油口相连通。本发明结构巧妙合理，处理路面废料高效，材料回用彻底，利用回收材料重新铺设的道路质量稳定。

转让及合作意向：与英国湃昂国际控股有限公司签约意向书一份。

通信地址：江苏省无锡市华庄镇怡园小区 84 号 101 室

邮政编码：214131

电　　话：13861823990

冯子政

男，医生

发明名称：治疗肾病的药物

专利（申请）号：CN200910167858.6

发明简况：一种治疗肾病的药物（水土相依胶囊），其特征是该药物由下列药物原料制成：白人参 20 ～ 50g，党参 50 ～ 200g，枣皮 50 ～ 200g，五味子 50 ～ 150g，白术 30 ～ 50g，山药 50 ～ 150g，茯苓 50 ～ 150g，熟地 50 ～ 100g，枸杞子 50 ～ 150g，扁蓄 50 ～ 100g，瞿麦 20 ～ 50g，丹参 20 ～ 50g，蒲公英 50 ～ 150g，法夏 20 ～ 50g，陈皮 15 ～ 30g。对于隐匿型肾炎、肾衰、尿毒症、长期尿蛋白及肾病综合症，上述疾患服用此药有显著疗效。

转让及合作意向：转让、专利许可、参股合作三种形式均可商谈。

通信地址：四川省绵阳市经开区绵州大道北段 13 号板桥街绵阳市冯氏肾病研究所

邮政编码：621000

电　　话：13350022623

冯配明

男，75岁，博士研究生学历

发明名称：大宇宙棋

专利（申请）号：ZL97316093.4

发明简况：本发明融合象棋、国际象棋、各棋类及孙子兵法优点，可以训练脑力，锻炼视力，健体益寿，陶冶德行，启发心智潜能，激励思考创作。

本专利于1998年全球华人发明博览会获铜奖奖牌与奖状，于2000年国际发明展览会获铜奖奖牌与奖状，2009年获中国60年来最优秀百名发明家证书及称号。

转让及合作意向：有诚意者愿意合作，具体事宜面议

本人著有《大宇宙棋金典》(中英文对照)一书详细解释大宇宙棋，本人还兼为作家，著有《黄帝黄娥始祖传》，探索中华民族的文化根源，弘扬中华文明。

通信地址：香港骆克道237号21楼 A座

电　　话：852-25072275

傅正明

男，69岁

发明名称：组合式电动机转子

专利（申请）号：ZL200920207461.0

发明简况：本专利目的在于提供一种转动力臂有效增大的组合式电动机转子，以增大转子的起动矩。技术方案如下：包括转子轴和转子轮，其关键在于所述转子轴为曲轴式结构，该转子轴由曲轴本体和曲柄体构成，在曲轴本体上设有至少3个曲柄体，并且该曲柄体在360度内均匀设置，每个曲柄体上均装有1个所述转子轮。

本专利构思巧妙，结构简单，制作容易。一方面能够有效增大转子的转动力臂，以使采用这种转子的电动机转动比较容易、省力；另一方面还可以确保电动机内通风顺畅，散热充分，进而较好地保证电动机的使用寿命。

转让及合作意向：面议。

通信地址：重庆市合川市南建街道办事处河坝村11组

邮政编码：401500

电　　话：13628332562

甘俊杰

男，25岁，本科学历，工程师

发明名称：抗震家具

专利（申请）号：ZL200920141379.2

发明简况：本抗震家具包括框架结构、面板和活动轮。其特点是：框架上面安装有一块活动面板，框架底部安装有活动轮，框架结构使用高强度的金属材料制成，在框架内部利用对角线或三角形结构进行加强支撑，以达到抗压目的。一旦发生意外，人们可以躲进抗震家具内部以避免伤亡。

本专利项目市场前景非常广阔，现全国家具市场的年产值是以数千亿来计算的，而本产品因为功能独特，综合利用率高，所以性价比高，本产品如果能投放市场会有很客观的经济效益。

转让及合作意向：面议。

通信地址：广西壮族自治区南宁市良庆区大沙田五象大道15号金盛财富广场B607室

邮政编码：530219

电　　话：13317616250

E－mail:261780138@qq.com

甘从远

男，52 岁，大专学历，工程师

发明名称：多功能抗震组合柜

专利（申请）号：ZL200820104257.1

发明简况：本实用新型是一种多功能抗震组合柜，包括柜板、柜门，其特点是：柜板为双层或多层结构，外壳为加厚的金属板，内壳为抗压柔韧性好的材料，内部有三角形分布的支撑杆，柜子周边设有透气孔和逃生门，底部有排泄物预留口，柜子内部有若干个贮藏生活物品的小柜，并安置有应急工具箱，柜子外形可以设计为电视柜、梳妆台、书柜，在地震发生时人员在进入柜子以后能够有必需的食品、饮用水、必要药品，也有锤子、钳子、螺丝刀和扳手等工具，有氧气时还可以作为防火逃生柜，方便自救。

为了尽量减少地震对人们生命财产安全造成的影响，发明人团队还相继发明了系列产品：多功能抗震组合床、抗震桌子、抗震家具等。

通信地址：广西壮族自治区南宁市良庆区大沙田五象大道 15 号金盛财富广场 B607 室
邮政编码：530219
电　　话：13317616250

高国风

男，54 岁，高中学历，工人

发明名称：电动车用太阳能电驱动系统

专利（申请）号：ZL201020229042.X

发明简况：本实用新型公开了一种电动车用太阳能电驱动系统，包括依次串联的蓄电池组、电机控制器和轮式电机，其特殊之处是：该系统还设有太阳能电池板，太阳能电池板的正、负极输出端并连有超级电容器和充电控制器，充电控制器的正、负输出端与蓄电池组的正、负极相连，超级电容器的正极与电机控制器的正输入端通过导线直连。优点是：通过太阳能电池板吸收太阳光能并转化为电能，可对超级电容器进行快速充电，并可对蓄电池组进行充电；充电后的超级电容器也能对蓄电池组实时充电，保证蓄电池组不亏电，使用寿命会大大延长；蓄电池组和超级电容器会同时为轮式电机供电，能够快速提升启动速度和行驶速度，动力强劲；同时大大延长了续航里程。

转让及合作意向：转让。

通信地址：辽宁省锦州市太和区和乐里 31–21 号
邮政编码：121000
电　　话：13804168849

高金铎

男，本科学历，高级工程师

发明名称：万能手机遥控器

专利（申请）号：ZL200820079929.8

发明简况：万能手机遥控器可以对汽车、家用电器、自动办公设备、门窗、玩具等各类遥控器的功能进行学习，并以操作者喜欢的名称或图标命名记录。需要执行遥控操作时，操作者只需用通常电脑、手机的操作方法，调出表示相应控制内容的名称或图标，即可用万能手机遥控器对各类受控设备进行遥控。操作者可以随时按照自己喜欢和便于记忆的名称或图标更改遥控动作。

万能手机遥控器可以一物多用。原有手机功能照常使用，需要实施遥控时立刻将手机变成一个可替代各种遥控器的万能设备。

转让及合作意向：转让、专利许可、参股合作三种形式均可商谈。

通信地址：广东省深圳市福田区车公庙泰然四路劲松大厦 3CD
邮政编码：518000
电　　话：18664979065

高 新

男，54岁，博士研究生学历，教授

发明名称：用于前列腺癌转移早期诊断的试剂盒

专利（申请）号：CN200910193654.X

发明简况：本发明提供一种前列腺癌转移早期诊断的方法，该方法包括：步骤一，提取前列腺癌组织的基因组DNA；步骤二，分别利用M引物对和U引物对，使用甲基化特异性聚合酶链式反应(Methylation specific PCR，MSP)进行PCR扩增；步骤三，对上述PCR扩增的产物进行电泳；步骤四，根据特异性条带的有无来判断是否发生转移。在本发明的另一个实施方式中，在步骤二之前还可使用外引物对来扩增所述基因组DNA，随后再进行步骤二，即采用巢式PCR对基因组DNA进行扩增，以增加本发明方法的灵敏度，使结果更加稳定可靠。

转让及合作意向：有意者来函咨询，共谋合作。

通信地址：中山大学附属医院

邮政编码：528300

高文标

男，本科学历，机械设计工程师

发明名称：非固化横断式的防洪水利工程建筑

专利（申请）号：CN201010271803.2

发明简况：本专利采用一个全新的非横断截流坝方案，坝形根本采用之于流道方向伸展向量，采用分开角形固化结构布局，结构消解破坏性应力，结构根本性消除并且可以消化可能垮坝的灾难危险，并利导强化坝体阻抗，使水利的工程安全性有了根本的改观。由于该型坝可以不受流域河道宽度的局限，实现并扩展了坝体的受水面积长度，是一个可以在不扩大单机容量的基础上实现扩大发电效益的方案，也是一个兹小化水高程库容的方案。该型水坝也是利导开放型水坝，可以通常实现截流通流，也可以拓展实现作为流域水利、水运的多功能平台，并且可以通过该水利工程的机动性与快速反应能力实现对于流域的应急调控功能。

通信地址：福建省福州市宁化路9号4座408

邮政编码：350000

电　　话：0591-83801259

高 尚

名明辉，男，大学学历

发明名称：一种治理水土流失的草木同根网罩

专利（申请）号：ZL201020551072.2

发明简况：本发明公开了一种治理水土流失的草木同根网罩，它是采用埋设丝网及种植草木进行综合治理的，丝网是选用直径为1～3mm的粗丝织成的粗网，及直径为0.5～1.2mm的细丝织成的细网，粗网网孔为15～30cm，细网网孔为2～5cm，丝网首选SUS300系列不锈钢材料制成的钢丝，加工织成各种不同规格的丝网，根据不同的需要分别埋设在防洪大堤、山地或荒山丘岭的土坡上，再种植树木及草种使之与大地连接紧密，形成统一的整体，防止雨水的冲刷或鼠洞蚁穴造成的管涌或坍塌。

发明人另有高速铁路安全行车信号系统及其相应的设施（CN201110278630.1），高速公路安全行车设施（ZL201120054513.2）及防火森林的育林与采伐方法及空间布局与生活区域的设施（CN201110150138.6）三项发明。

转让及合作意向：转让、专利许可、参股合作三种形式均可商谈。

通信地址：安徽省阜阳市闸东菜园169号　　邮政编码：236000

电　　话：0558-2327723/15391732099　　E－mail：SUS0558@126.com

高远峰

男，51 岁，本科学历，经济师、农艺师

发明名称：一种用于无土栽培装置的毛状基质

专利（申请）号：CN200920085975.3

发明简况：本发明涉及一种用于无土栽培装置的毛状基质，采用了浮盘与基质一体化的模式，并且基质能重复使用，其带来如下好处：提高了浮盘周转利用效率；消毒方便，减轻了病虫害发生率；应用环境条件宽阔、便于推广；应用更加广泛、方便（用一个盆加水与营养液即可）；提高空间利用率，节省了土地面积；农作物素质高，由于技术的改善，作物长势更加整齐一致，生长速度快，周期缩短；便于集约化、科学化、规范化管理和实现工厂化、机械化与专业化生产。

转让及合作意向:具有经济和科技实力的大中型企业均可与本人商洽合作转让事宜。

通信地址：湖北省宜昌市沿江大道 42 号
邮政编码：443000
电　　话：0717-6265103/13907202175

戈建清

男，56 岁，大专学历，工程师

发明名称：冰箱门板外观设计

专利（申请）号：ZL200930312163.3

发明简况：本发明涉及冰箱门板的外观设计，其特点如下：(1) 中国特色的红色充满了喜气，为广大家庭增添一抹亮色。现有的冰箱色调比较单一，突然出现了缤纷色彩的冰箱，打破了人们以往的习惯，给人一种新鲜感，所以激起了人们的购买欲望，产品的色彩能够影响人们对产品的感觉，适当的色彩能推动和促进产品的销售。(2) 整体设计简单，清新优雅。冰箱门板色彩、图案更贴近人的需求。中国特色的红色，充分体现出人性化设计。

发明人获得了无锡市知识产权（专利）先进个人称号。

通信地址：江苏省无锡市滨湖区荣巷街道钱姚路 88 号龙山工业园 10-1
邮政编码：214151

龚晓岚

女，32 岁，博士学历

发明名称：一种电子地图空间位置的发送、接收方法和装置以及一种终端

专利（申请）号：CN201010297947.5

发明简况：本专利是一种电子地图空间位置的发送、接收方法和装置以及一种终端。所述发送方法包括：获取空间位置信息；对所述空间位置信息进行加密编码处理，生成编码数据；将所述编码数据发送出去。所述接收方法包括：接收编码数据；对所述编码数据进行解码处理，还原空间位置信息；根据所述空间位置信息在电子地图上标识出相应的位置。本发明发送方通过对空间位置信息进行加密编码处理，生成编码数据发送出去；接收方对上述编码数据进行解码处理，还原出空间位置信息，然后在电子地图上标识出相应的位置，从而在电子地图上不需要以文字形式显示空间位置坐标的情况下，实现空间位置信息的共享。

通信地址：北京市海淀区东北旺西路 8 号院乙 18 号楼一层北京灵图软件技术有限公司
邮政编码：100094
电　　话：13521369099　　　　E-mail：gongxiaolan@lingtu.com

龚泉福

男，68 岁，大专学历，高级工程师

发明名称：一种金菊蜗牛营养颗粒及其制作方法

专利（申请）号：CN201010576126.5

发明简况：本发明是一种金菊蜗牛营养颗粒及其制作方法，原料组成为紫金菊、蜗牛肉、马齿苋、黄芪。所述的制作方法包括蜗牛酶提取工序、蜗牛汁提取工序、浸膏工序、制粒工序、包装工序。

本发明主要供糖尿病患者食用，采用含有丰富营养物质与独特的恢复胰岛素分泌正常的植物为原料，提取精华，制成颗粒，滋养胰脏，使胰岛细胞焕发活力，血气快速上升，增加能量，调节碳水化合物代谢，血糖恢复正常，重返健康。

发明人现任上海绿洲经济动物科技公司经理，出版 30 多本特养专著，9 篇特养论文获一等奖。

通信地址：上海市杨浦区嫩江路民星二村 40 号 1108 室　　邮政编码：200438

电　　话：021-65574532

E - mail:Gongqin1973@21cn.com

龚　晓

男，经济师

发明名称：一种内脱胆自混合容器及其应用

专利（申请）号：ZL200780001593.1

发明简况：本发明涉及一种可实现两种或两种以上的物质，尤其是液体与液体、液体与固体或固体与固体在容器内进行自混合的内脱胆自混合容器，以及所述内脱胆自混合容器的应用。即两种或两种以上不同物质同时封存在一个容器内，使用时可在不破损容器体结构的前提下实现容器内两种或两种以上物质的自混合速配。

该发明专利可广泛应用到化工、医药、饮料、农药、火箭燃料和合成新能源等产品中，解决多种物质在一个容器内达到分别储存、临时速配的难题。这一技术的应用使产品具有操作省工省时、配比迅速准确、使用健康环保、降低生产成本、优化产品效能的显著特点。

通信地址：江西省南昌市青山湖区工人新村路 2 号交设 4 栋 4 单元 401 室

邮政编码：330000

电　　话：0791-88233051

顾建华

男，60 岁

发明名称：萌劲牌钢楷笔

专利（申请）号：ZL201020191096.1

发明简况：本实用新型涉及书写工具钢笔，钢楷笔不但取代美工笔，而且用它写的大字跟毛笔字没有区别。此笔由笔杆、笔尖、专用墨囊和墨水流量自控系统组成。造型美观高雅，做工精细，书写流畅，携带方便，书写各种小字体均应用自如，是一种功能独特的书写绘画多用笔。同时具有可靠性，实用性，超强的性价比，深受广大美术工作者及书法爱好者欢迎，也是在校学生练习书法的好帮手，使用简便，一学即会。

转让及合作意向：转让、专利许可、参股合作三种形式均可商谈。

通信地址：上海市浦东新区南汇祝桥镇盐仓南极商住楼一号 602

邮政编码：201324

电　　话：021-58098550/13564396733

E - Mail：13564396733@139.com

关恒祝

男，54岁，本科学历

发明名称：节能型事故照明配电箱

专利（申请）号：ZL201020563065.4

发明简况：本实用新型属于事故照明配电箱技术领域，尤其是一种节能型事故照明配电箱，适用于当现场同时具有交流和直流两种电源，而配电馈出只有交流电的情况。本实用新型采用了电压型单相桥式逆变电路,使得配电馈出始终为交流得以实现。并辅以适当的控制方法，如SPWM调制技术，使输出电压的波形趋于正弦，并通过调控输出电压中基波电压的大小，在合理的范围内进行调压，达到节能的目的。采用事故照明配电箱的优点是：照明光源形式选择不受限制，在某一个区域内可选择同一种型式的照明灯具，使照明设计更加方便，装修布置更加美观，可同时选择气体放电等不同类型节能灯，节能效果显著，适当调压可深度节能。

通信地址：辽宁省鞍山市铁东区胜利南路35号

邮政编码：114009

关德智

男，45岁，本科学历

发明名称：一种鱼胶的生产工艺

专利（申请）号：ZL200810030115.X

发明简况：本发明一种鱼胶的生产工艺，主要利用鱼胶成型机瞬间产生强大冲击力对鱼肉物料进行拍打而令其细胞充分破裂使之渗出胶质成分的原理：首先，将新鲜的鱼肉、鱼骨、鱼头收集后进行冰鲜卫生处理；其次，鱼骨、鱼头经物理方法而非化学方法破骨、磨骨并添加少量的鱼骨汤而形成骨泥，同时，鱼肉经绞肉机搅拌成富含胶质的鱼蓉；再次，由鱼胶成型机将骨泥和鱼蓉与按一定比例的食盐、花生油、淀粉、陈皮蓉和水这些辅料不断拍打，从而令骨泥、鱼蓉细胞充分破裂并与辅料均匀混合，使之结成一个整体，从而生产出鱼胶半成品;最后，这些鱼胶半成品经压片、焙干、消毒、包装，进入成品仓库。所制成的鱼胶产品美味可口且营养丰富，具有咀嚼性强的特点。

转让及合作意向：独家生产。

通信地址：广东省江门市蓬江区江会路永康里11幢105室　　邮政编码：529000

电　　话：13923089686　　E－mail：13923089686@139.com

管玉霞

女，58岁，研究生学历，副研究员

发明名称：增加庆大霉素产量的方法

专利（申请）号：CN201010536190.0

发明简况：本发明涉及一种利用微生物发酵方法以合成化学物即庆大霉素产量的新方法。使用产庆大霉素的绛红色小单孢菌，不改变其传统生产工艺，在发酵培养基中添加O-羧甲基壳聚糖、硫酸壳聚糖、壳聚糖、十二烷基化壳聚糖、胞壁酸、乳糖、半乳糖、甘露糖，可有效增加庆大霉素产量达120%～140%（对照为原工艺的100%)。该方法的优势在于不改变原生产工艺，简便、高效、生产成本低，产速高，能有效增加庆大霉素的产量。

转让及合作意向：转让、专利许可、参股合作三种形式均可商谈。

通信地址：福建省福州市工业路523号福州大学怡园19-201

邮政编码：350002

电　　话：13338271929

E－mail:gyxia001@yahoo.com.cn

郭 帆

男，24 岁，高中学历

发明名称：可相互卡合的砖块

专利（申请）号：ZL201120096165.5

专利介绍：本实用新型提供一种可相互卡合的砖块，在砖块的块体中间设置有一个条形凹槽，与凹槽相对的背面是外突的凸条，凹槽一端留有缺口，在留有缺口的另一端设置有向外延长的凸条头，使用时，可在块体相垒时，凸条与凹槽相互卡合，并将凸条头与缺口相互对应卡合，即可垒砌为墙体，使用时不需黏泥或少用黏泥即可成为砖体，特别适用于室内、干垒隔墙，具有减少污染、降低成本和提高效率等显著特点。

转让及合作意向：一次性转让，具体情况可以详谈。

通信地址：湖北省襄阳市襄州区程河镇埠口乡三房村二组

邮政编码：441114

电　　话：15090963230

郭燕本

男，74 岁，本科学历，高级工程师

发明名称：一种在微波炉中使用白炽灯照明的方法

专利（申请）号：CN200810028394.6

发明简况：本发明属于白炽灯的照明。指出白炽灯可以避免微波的干扰而进入微波炉的炉腔里面，由寻常的电源供电直接在炉腔中进行照明，那么耗电 1 瓦的白炽灯的照明就比原来炉腔外面十几二十瓦的灯泡照明要好，其优点是省电、省材料、省工、省时、省空间还便于检修。其他微波设备同样可以用本发明的方法照明。其特征是白炽灯照明所需的能量不是利用微波的能量，而仅仅是由寻常的电源供电进行照明。

通信地址：广东省广州市越秀区华路凌霄里 10 号 401

邮政编码：510030

电　　话：020-83378302

郭正忠

男，42 岁，大专学历，高级工程师

发明名称：沙糖橘果酒的生产方法

专利（申请）号：CN201010110788.3

发明简况：本专利项目主要是以新鲜沙糖橘为原料，经分选、清洗、去皮、破碎、酶解、低温发酵、陈酿、净化处理、冷冻、过滤、包装等工序生产而成的发酵型沙糖橘果酒。该产品澄清透明，有光泽，沙糖橘果醇正，酒香优雅和谐，口感优雅、细腻、爽怡，酒体丰满，回味绵延，典型突出等特点，能够很好地保持沙糖桔特有的风味和营养物质。

转让及合作意向：转让、专利许可、参股合作三种形式均可商谈。

通信地址：广东省郁南县都城镇十二岭广东十二岭酒业有限公司

邮政编码：527100

电　　话：0766-7321818

郭完祥

男，61岁，主治医师

发明名称：一种治疗白血病的药物

专利（申请）号：ZL201010191247.8

发明简况：一种治疗白血病的药物，是由50～100重量份的黄鼬粉，30～60重量份的鸡胚蛋粉，50～100重量份的红枣粉为原料药，混合制成袋泡茶，其中的黄鼬粉是将去皮毛的黄鼬在酒中浸泡除去腥味，焙干、研细得到，鸡胚蛋粉是将鸡蛋孵化至未出现鸡毛时，以黄泥土包裹，烧熟后研细得到。本发明药物能刺激骨髓原细胞和幼稚细胞造血红细胞成熟，在临床上用于治疗白血病可收到满意的疗效，经临床疗效观察，治疗白血病总有效率可以达到90%，具有疗程短、给药方便、疗效显著、无毒副作用、治愈率高的优点。

转让及合作意向：全国普通许可。

发明人现为长治学院门诊部负责人，长期致力于医学专业的理论研究与实践，注重理论联系实际，以救死扶伤为责任。

通信地址：山西省长治市城西北路天主教堂南楼　　**邮政编码**：04611

电　　话：13994694842

郭春未

男，68岁，高中学历，助理工程师

发明名称：一种皮肤式防水涂层及施工方法

专利（申请）号：ZL201010119965.4

发明简况：将关键部位特殊处理、消灭层间杜绝串水的防水施工工艺称作“皮肤式防水工艺”。其雏形是：做建筑主体砼结构防水施工时不抹水泥砂浆找平层，将完全真正可以湿作业的克渗漏防水层直接做在砼现浇基面上，防水层和砼结构基面犹如肌体上皮肤与血肉之结合，杜绝了“两张皮”，彻底克服了“层间串水”现象。其防水工程造价仅为聚氨酯防水层的40%，而施工周期不足聚氨酯的1/3 。

转让及合作意向：衷心企盼与科研院所、业界同人联手，共同深入进行皮肤式防水工艺施工技术应用研究。

通信地址：河北省石家庄市珠峰大于218号天山水榭花都54–3–101

邮政编码：050031

电　　话：13315183231

郭俊杰

男，工程师

发明名称：全智能比例电液控制机构

专利（申请）号：ZL200520098159.8

发明简况：本实用新型涉及一种全智能比例电液控制机构。用于汽机风机导叶控制、高温蝶阀控制和滑阀控制，设备的核心部件电液控制阀为电液比例阀，输出流量正比于电液比例阀控制绕组的输入控制信号，属于线性控制系统。它以可靠、稳定、安全、操作方便和智能化的优点占领市场，是最优的替代产品，填补了国内空白。

转让及合作意向：转让、专利许可、参股合作三种形式均可商谈。

通信地址：江西省九江市庐山区生态工业城安顺路1026号

邮政编码：332008

电　　话：13807027669

E－mail：8904865@163.com

郭亚林

男，42岁，中专学历

发明名称：汽车紧急安全套

专利（申请）号：CN 201010131048.8

发明简况：汽车紧急安全套又名汽车紧急安全闸，是从汽车维修三角木和航空母舰舰载机降落时的减速装置中得到灵感，汽车紧急安全套在汽车紧急情况下，通过释放类似于维修三角木的定位器，定位器在重力和牵引索（又名定位索）的作用下到达汽车的后轮前，汽车两后轮紧密的压在定位器上，大大地增加了汽车与地面的摩擦力，大大减小了汽车在紧急情况下的制动距离，犹如在汽车两后轮前置入了一对拦马石，在汽车本身刹车和紧急安全套的作用下，大大增加了汽车的紧急安全制动性能，特别在汽车本身刹车失控的情况下，能起到很好的制动效果，汽车紧急安全套由控制器、定位器、牵引索等部件构成。

转让及合作意向：愿与汽车生产厂商合作或转让，转让1000万元，许可100万元，其他面议。

通信地址：贵州省习水地税局税源四分局　　**电话**：15086043152

E－mail：guo55666@163.com

发明名称：饱和吸氧面罩

专利（申请）号：ZL201020122738.2

发明简况：本实用新型涉及一种吸氧面罩的改进，具体地说是一种能提高吸氧浓度的饱和吸氧面罩，适用于急救中心、医院病房、高原缺氧人群及氧保健场所等。新型饱和吸氧面罩上设计有一扁嘴状排气孔，扁嘴状排气孔与透明罩体注塑成一整体，上套医用乳胶制做的薄膜阀。薄膜筒上端口沿开放，靠自身的重力自动吸合。病人吸气时薄膜筒上端口处吸合关闭状态，呼气时薄膜筒上端口开放外排二氧化碳。由于薄膜筒上端口的吸合力很小，因此即便是很微弱的呼气也能打开薄膜筒的上端口，从而发挥良好的“阀效应”。

本设计与目前使用的吸氧面罩相比，结构简单，不仅能显著提高吸氧浓度，有效避免氧气浪费，还能避免治疗场所空气中氧浓度过高，更好地防范火灾、爆炸等事故的发生，进一步保障治疗安全。

转让及合作意向：转让、专利许可、参股合作三种形式均可商谈。

通信地址：上海市中华新路619号闸北区中心医院　　**邮政编码**：200070

电　　话：021－56628584转2828　　E－mail：srhy@vip.sina.com

韩杨

男，50岁，本科学历，副主任医师

韩晓明

男，54岁，研究生学历，高级工程师

发明名称：短波收信天线至接收机的无线电短波非金属远程传输系统

专利（申请）号：ZL200520112274.6

发明简况：本实用新型是一种在短波收信天线至短波接收机之间利用光纤传输短波信号的系统，系统采用光电转换的方法，将短波天线接收的电信号转换为光信号，通过光缆远程传输至接收端再还原为电信号。达到了传输损耗小、可靠性高的目的，从而解决了短波电台和天线之间通过金属电缆连接存在信号传输损耗的问题。该系统具有噪声低、灵敏度高、动态范围大的特点。使用该系统可使短波接收天线与短波电台之间距离达到40千米以上，从而打破了天线场不能远离短波电台及机房的限制，提高了无线电通信枢纽的隐蔽性，同时，还可有效提高通信枢纽中电子设备抗新概念武器电磁脉冲炸弹攻击能力。

转让及合作意向：面谈。

通信地址：北京市海淀区复兴路20号网管中心　　**邮政编码**：100840

电　　话：010－66818831

E－mail：hxmhxma@21cn.com

韩秀峰

男，49岁，博士，高级研究员

发明名称：基于环状磁性多层膜的磁性随机存取存储器及其控制方法

专利（申请）号：ZL200610000191.7；国际发明专利申请号：PCT/CN2006/003799

发明简况：该发明涉及一种基于纳米环状或纳米椭圆环状磁性隧道结作为存储单元的磁随机存取存储器，存储单元中的磁矩分布呈闭合型。该类MRAM是通过流经存储单元中电流的大小和方向来实现读操作和写操作，或是通过对存储单元中的金属芯施加的电流来实现写操作；通过对存储单元中的环状磁性多层膜施加的隧穿电流来实现读操作。

转让及合作意向：转让、专利许可、参股合作三种形式均可商谈。

通信地址：北京市海淀区中关村南三街八号
邮政编码：100190
电　　话：010-82649268
E-mail：xfhan@iphy.ac.cn

韩允杞

男，69岁，大学学历

发明名称：真空保温玻璃

专利（申请）号：ZL200620028172.0

发明简况：该项发明能根据不同环境的需要，采用平面或凹凸面玻璃，可提高抗压性，同时选择最佳间隙提高保温效果。采用异性中空骨架装饰密封胶条，使制作工艺简单，不走样，不变形，增加美感，使人心情舒畅。利用真空处理技术，处理玻璃空间为真空或相对真空，来提高密封性和保温效果。在环境温度和大气压变化大的情况下，玻璃空间的气压自动调控，保持内外平衡，确保玻璃的安全性，适应各种环境。

转让及合作意向：转让、专利许可、参股合作三种形式均可商谈。

通信地址：吉林省长春市绿园区延寿街八联一楼西二门
电　　话：0431-87977583/15504433810

韩殿富

男，58岁，中专学历，工程师

发明名称：太阳能飞舟

专利（申请）号：CN200910170810.0

发明简况：太阳能飞舟属于浮空飞行器之技术领域。本发明为集成创新。简言之，利用氢气或氦气与空气密度之比差（氢气为：1：14；氦气为1：10）使飞舟整体浮起。浮力≈飞舟自重+载荷量+水和水箱自重。活动翼双螺旋桨对向转动驱动使之升降、飞行。新型复合材料舟身：充气、防护、驾驶室、乘员室及活动翼固定物。贴膜式太阳能板：为螺旋桨电机、仪表盘、锌、空气电池及其他小电机供电。活动翼：同型号、同功率、同转数，直流电机两台。扳动控制手柄，可完成垂直起降，平飞、俯仰角。充气气体保纯装置：确保充气气体100%之纯度。长方形体或月牙型体配重水箱：机动乘员人数或载荷量。舟体内空气软囊：调节浮升力。小型电子感应秤：起飞前调节水箱水量和空气软囊确保零公斤起飞。仪表盘、操作手柄：监视飞舟飞行现状，操控飞舟。

转让及合作意向：转让、专利许可、参股合作三种形式均可商谈。

通信地址：辽阳省朝阳县六家子镇魏营子村　　邮政编码：122000
电　　话：0421-8513388/15142168917

韩天祥

男，50 岁，本科学历

发明名称：一种无芯笔

专利（申请）号：ZL200920266870.8

发明简况：本实用新型主要解决现有油墨水文化用笔把笔杆和储存供油墨水部分分两个工艺分别制造的问题，解决不同种类的笔杆的生产工艺不统一的问题，解决医用一次性使用注射器和笔杆的生产工艺不统一的问题。采用的技术方案要点为：无芯笔包括笔盖，中间设有储存供油墨水的中空部的笔杆，使用油墨水的笔头，笔帽，共四个部分，并且它们顺次连接组装起来便可。其中，笔盖、笔杆、笔头、笔帽按照现有油墨水文化用笔的技术和工艺生产制造出来，中空笔杆和笔盖也可以使用医用一次性注射器的生产工艺程序生产制造。本产品主要用途为写字画画。

转让及合作意向：以收取入门费和技术入股合作的方式为主，也可以考虑其他合作方式。

通信地址：河南省新乡市牧野区牧野乡西黑堆村 168 号

电　　话：13598648340

E－mail：1423861254@qq.com

发明名称：高能超声体外聚焦热疗机功率超声发射器

专利（申请）号：ZL99200990.1

发明简况：本实用新型涉及一种用于高能超声体外聚焦热疗机的大功率超声发射器，属于医疗器械技术领域。它的结构是在一个球形基底上固定若干个压电片，他们之间采用并联或串接方式有序地排列在内球面的表面。该装置结构简单、使用方便、性能可靠；可将分散发射的超声束聚焦为点状的高温焦域，迅速杀死肿瘤细胞。安装在热疗机上形成一个不用开刀即可杀死癌组织的理想治疗装置。专利利用超声波静止发射期内，温升在继续转化中的特点可使患者避免严重烧伤、疼痛，依靠这两个专利使患者避免疼痛和烧伤。

何申戌于 20 世纪 60 年代末进入北医大人民医院工作，现任北京大学人民医院碎石技术研究所所长，北京贝仪医疗设备厂厂长。

通信地址：北京市丰台区旧宫六合庄 1 号

邮政编码：100076

何申戌

男，大学学历

何　斌

男，61 岁，本科学历，高级工程师

发明名称：一种太阳能、多风向风能、LED 路灯系统

专利（申请）号：CN201020268151.2

发明简况：该专利产品采用风能与太阳能相结合，太阳能光伏电池，立轴式风机，螺旋桨式风机三套不同的发电装置通过风光控制器在不同的状况下工作，相互弥补各自的不足，能够保证源源不断地向蓄电池充电，以满足大功率的用电需要。可用于有车辆行驶的各种公路（高速公路、隧道、城市街道等）路灯照明及广告警示的声光显示的用电设备，在某一时空点上把自然界产生的能源都利用起来了。

转让及合作意向：转让、专利许可、参股合作三种形式均可商谈。

通信地址：重庆市渝北区加州花园 15 号 12—1

邮政编码：401147

电　　话：13908375157

E－mail:tdhebin@126.com

何春

男，37岁，大专学历

发明名称：一种单面铝基印制电路板的耐高压测试装置及测试方法

专利（申请）号：CN201010196213.8

发明简况：印制电路板行业中现有耐高压测试装置的电压可调控范围为50～300V，与耐高压测试所需1000～6000V电压的要求相距甚远，根本无法进行耐高压测试。

有鉴于此，本发明公开了一种单面铝基印制电路板的耐高压测试装置及测试方法，首先将耐电压＆绝缘电阻测试仪的电压输出接口通过电压输出导线与测试下模具的下模具接口连接，以及将回路接口通过回路导线与测试上模具的上模具接口连接，然后利用测试上模具和测试下模具将单面铝基印制电路板固定，从而形成单面铝基印制电路板、测试上模具、测试下模以及耐电压＆绝缘电阻测试仪之间的闭合导通回路，同时在耐电压＆绝缘电阻测试仪上设定测试所需要的耐电压值、漏电电流预置值、频率、测试时间以及电压爬升时间等参数，实现对单面铝基印制电路板的耐高压测试

转让及合作意向：转让、专利许可、参股合作三种形式均可商谈。

通信地址：深圳市宝安区沙井街道锦秀南路和一新达工业区第一栋

邮政编码：518104

洪选民

男，57岁，函授大学，总经理

发明名称：一种机动车的汽缸减压机构

专利（申请）号：CN200910136144.9

发明简况：本实用新型专利是在传统气缸减压机构基础上增加的一套控制机构组成的，是为电控或高压共轨柴油车、汽油车节能减排专门设计的。

在汽车不摘挡行驶中的适当时刻，此机构及时停油（或停油断电）并打开内燃机气门，内燃机在气缸无压力情况下被汽车惯性力推动空转，需要时此机构再使内燃机恢复正常。在整个行车过程中，内燃机始终处于正常工作状态与停油、减压不工作状态的交替变换之中，能节约大量燃油。

转让及合作意向：转让、专利许可、参股合作三种形式均可商谈。

通信地址：安徽省凤阳县临淮中学门东洪湖油泵修校处

邮政编码：233122

电　　话：13956293612

E－mail：hongwuyujing@sohu.com

侯荣华

男，60 岁，中专学历，技师

发明名称：一种新型高空作业装置

专利（申请）号：ZL201120412830.7

发明简况：本实用新型公开一种新型高空作业装置，设计有热气球防护网，扩大体积，提升运载量，并且在热气球的下方设计了牵引绳，然后在牵引绳的下方设计了作业装置，安装有能清除和移动地面障碍物的排除机构来清除和移动水面和地面的各种障碍物，能直接进入爆炸区域和危险区域进行有效的探雷和准确无误震动、敲打、超声波引爆地面反坦克雷、地雷、燃烧弹和水上反舰等多种爆炸物和清除障碍物，从而排除险情，为突发事情创造安全的空间。

侯荣华，伤残军人，荣立 2 次三等功，获福建省委教工委、省团委、闽台缘博物馆联合举办的“闽台缘”全国征文大赛二等奖 1 次，现有国家发明专利 5 项。

转让及合作意向：转让或合作均可。

通信地址：福建省南安市梅山镇明新村三落 69 号

邮政编码：362321

侯莛俊

男，69 岁，大学学历

发明名称：新型电动座便器

专利（申请）号：ZL201020124989.4

发明简况：这是一种不用水冲洗粪便的新型电动座便器，以该新型座便器替代现在家庭中普遍使用的用水冲洗粪便的蹲坑、座便器，将直接帮助家庭节约生活用水 10% 以上。使用该新型座便器，粪便将被特定装置收集储存，然后集中拉去生产有机肥和沼气，变废为宝。同时，解决了人类粪便对江河湖海的污染，具有很好的环保效益。

转让及合作意向：除保留昆明开发、生产权外，专利权一次性转让，也可以分省转让。另外，可以合作开发生产。

通信地址：云南省昆明市五华区西园北路 76 号

邮政编码：650118

电　　话：13211654829

E － mail：1163578058@qq.com

侯希彦

男，大学学历

发明名称：一种治疗股骨头坏死的药

专利（申请）号：CN201110058566.6

发明简况： 本发明涉及一种药品，即一种治疗股骨头坏死的药。这种药品是由原料药石思先、玄胡、黑药、干归、独摇草、土附子、乌头、柳桂、苔芎、灵通、桃核仁、活血根、丹根、木棉子制成。其有益效果是：本药剂具有活血化瘀、消肿止痛、补肝肾、强筋骨、提高免疫力、温脉通经，祛风除寒、祛除髋关节、腹股沟一带的痹痛因子、恢复股骨头血运、促进骨小梁再生、修复坏死骨组织的作用，对于股骨头坏死具有显著疗效。经观察未发现副作用，且取材容易、制作简单、成本低廉、使用方便、适应范围广，因而具有较高的使用价值和良好的市场前景。

通信地址：内蒙古自治区通辽市科左后旗国家税务局

邮政编码：028000

电　　话：0475−5213375

胡长君

男，57岁，经济师

发明名称：一种除草机

专利（申请）号：ZL200620131154.5

发明简况：本机根据空气动力学原理采用高速气流对苗间2～3叶期杂草及土壤在控制适宜深度进行气力清除。使之达到保苗除草松土（加装犁铧可复垄）等项作业，效果非常理想。

该机匹配十八马力以上，装有动力输出轴的各种小四轮拖拉机，三点式悬挂连接，操作简单，便于维修，故障少，适用于大豆、玉米、高粮、棉花等农作物，作业成本低，效率高达5～15亩／小时。是农业中耕作业的必备机型，本机可完全取代化学灭草，起到绿色环保作用，并在中国第十七届发明展览会获铜牌奖。

转让及合作意向：诚招区域代理。

通信地址：黑龙江省伊春市伊春永红小区46单元301室　　邮政编码：153000

电　　话：13766739861，0458-3978386　　E－mail：chucaoji2009@163.com

胡泽林

男，69岁

发明名称：一种用于治理河道污染的水葫芦种植架

专利（申请）号：ZL200720058659.8

发明简况：本实用新型公开了一种用于治理河道污染的水葫芦种植架，包括一浮于水面的框架，框架内装设有一种植底网，所述种植底网平行于水面，且其距离水面的深度在2～20cm之间，所述框架向上伸出至少3根的栏杆柱，栏杆柱之间装设有防止水葫芦蔓延的拦网；种植底网可以让水葫芦牢牢扎根于种植底网上，防止风浪刮出框架外造成水葫芦泄漏；在框架侧面上端设有拦网，进一步防止了水葫芦泄漏；固定凸耳上的通孔可以随时将水葫芦移动到重污染的地方，进行针对性的治理，提高治理效果。

发明人自幼从事饲养、种植、孵化三鸟工作，从1978年起从事园林盆景、艺术创作与研究。

通信地址：广东省东莞市运河东三路80号丹桂院3座2楼03号

邮政编码：523000

电　　话：0769-23014909

胡礼元

男，57岁

发明名称：智能冲落式座便器自动冲洗装置

专利（申请）号：ZL201020228086.0

发明简况：本实用新型公开了一种在冲落式座便器上设置自动冲洗装置的智能冲落式座便器自动冲洗装置，它包括座体，其特征是所述的座体为椭圆漏斗型，座体上设有清洗装置、烘干装置，烘干装置设置在座体的上部，清洗装置设置在座体的下部，本实用新型结构简单，实用性强，大、小便后能实现自动准确冲洗、烘干，应用于病人护理床，可满足病人在床上大小便的需要，大大减轻了护理人员的负担。

转让及合作意向：转让、专利许可、参股合作三种形式均可商谈。

通信地址：湖南省益阳市奥林匹克公园

邮政编码：413000

电　　话：13507372005

胡怀忠

男，48 岁，医学博士，教授

发明名称：以 Axl 为检测指标的胎膜早破检测试剂盒及制备方法

专利（申请）号：CN201010189639.0

发明简况：一种以 Axl 为检测指标的胎膜早破检测试剂盒，包括包被有 Axl 单克隆抗体的多孔板、生物素标记的 Axl 单克隆抗体 (Biotin—AxlAb) 检测液、与生物素标记的 Axl 单克隆抗体结合的亲和素－辣根过氧化物酶、显色底物 3′，3′，5，5′－四甲基联苯胺和 Axl 蛋白标准品。上述试剂盒的制备方法有以下工艺步骤：制备包被有 Axl 单克隆抗体的多孔板；制备生物素标记的 Axl 单克隆抗体 (Biotin—AxlAb) 检测液；配备亲和素－辣根过氧化物酶、显色底物 3′，3′，5，5′－四甲基联苯胺和 Axl 蛋白标准品。

转让及合作意向：转让、专利许可、参股合作三种形式均可商谈。

通信地址：四川省成都市人民南路三段 20 号

邮政编码：610041

电　　话：028—85503604

胡揖泰

男，72 岁，大专学历，所长

发明名称：壁挂（祝福）

专利（申请）号：ZL201030560838.9

发明简况：壁挂（祝福）为民俗吉祥壁画的一种，用在各种喜庆、节日，家庭、商店、公司、媒体等张贴、悬挂、装饰用。

设计要点：壁挂（祝福）由两条大龙和一条小龙组成桃心状祝福画，现已开发了 30 多种产品。

寓意：中华民族是龙的传人，龙是中华文化的象征，后辈不忘先辈之恩情，是中华民族的传统美德。

转让及合作意向：转让、专利许可、参股合作三种形式均可商谈。

通信地址：新疆维吾尔自治区乌鲁木齐市青年路 38 号 39# 信箱

邮政编码：830002

电　　话：0991—8826628

E － mail:ZFJX68@163.com

胡华梁

男，66 岁，本科学历，高级经济师

发明名称：易货交易与结算系统

专利（申请）号：CN201010539616.8

发明简况：本发明揭示了一种易货交易与结算系统，包括：易货交易服务器，其上架设有易货交易操作数据库，保存数种货物的货物基本参数与货物附加参数；易货交易界面服务器，提供货物交易界面，设定不同等级的访问权限，不同等级的访问权限对应易货交易界面，易货交易界面服务器建立与易货交易服务器的数据连接；结算服务器，其上架设有结算数据库，保存数种货物的货物结算参数；结算操作服务器，连接到结算服务器和易货交易界面服务器，获取交易的货物的信息、货物的货物基本参数、货物附加参数和货物的货物结算参数，基于货物基本参数、货物附加参数和货物的货物结算参数进行结算，得到结算处理结果。

通信地址：上海市襄阳北路 41 弄 1 号四楼

邮政编码：200040

胡延节

男，58 岁，大专学历，总经理

发明名称：城镇居民小区沼气池

专利（申请）号：ZL201120183390.2

发明简况：城市高层建筑居民小区化粪池和生活垃圾是一种巨大的沼气和高效有机肥的再生资源，充分利用高层建筑居民小区的化粪池和居民的生活垃圾生产沼气和有机肥，是一个利国利民的大项目，是一种取之不尽用之不竭的可再生资源，还能为国家生产储存上亿吨高效有机肥。

在居民小区靠近化粪池周边设置两个沼气井，采用钢筋混凝土 c30，井的形状采用圆柱状，底部呈凹形（锅底形），振浆密闭防渗漏，岩棉保温层，在沼气井钢性封头上设置出气口和防暴装置，采用密封泵连接化粪池，出沼渣时采用振动抽泵，生活垃圾采用粉碎机粉碎后通过入料口进入沼气井，生产的沼气与天然气并网，设置一个流量表监控流量，沼气井的封头上设置防雷防火装置。

通信地址：山东省青岛市四方区四流南路 120 号　　邮政编码：266000

电　　话：13853270052

发明名称：一种基于规则的全天候智能视频分析监控方法

专利（申请）号：ZL200710064387.7

发明简况：本专利技术重点解决了全天候海量视频数据智能分析及快速实时处理问题。与现有的智能视频监控技术相比，在核心关键技术上，通过检测并处理最相关的运动信息，实现了海量视频数据中的目标检测，解决了智能视频监控系统实时性的问题；通过引入生物视觉机制，实现了全天候的运动目标检测，解决了智能视频监控系统稳定性的问题；通过和具体需求的应用相结合，实现了不同规则需求下的报警，解决了智能视频监控系统准确性的问题。

转让及合作意向：专利技术授权，专利技术入股等。

通信地址：北京市海淀区中关村东路 95 号

邮政编码：100190

电　　话：010-62551575

黄凯奇

男，博士学位

黄永定

男，汉族，50 岁，硕士研究生，硕士

发明名称：玻璃—金属封接式太阳能真空集热管

专利（申请）号：ZL201020270882.0

发明简介：玻璃—金属封接式太阳能真空集热管，涉及玻璃和金属封接式太阳能集热管的结构技术领域。玻璃管至少一端固定连接可伐合金金属连接部件，可伐合金金属连接部件上穿置并密封连接金属管，金属管的部分布置在玻璃管内，玻璃管内的金属管上固定连接涂有选择性吸收涂层的吸热板；与可伐合金金属连接部件连接的玻璃管端部外径小于中部外径。本实用新型减小了玻璃管与可伐合金金属连接部件封接环的直径和面积，缩小了封接处的金属和玻璃随着温度的变化产生膨胀或收缩的绝对差异，降低封接面的应力，使封接面的牢固性、气密性更可靠、更耐久，方便生产制造，提高生产正品率，减少了可伐合金金属连接部件的材料使用量，降低了集热管的生产成本。

通信地址：江苏省扬州市邗江区兴城西路 191 号金缘国际 626 室　邮政编码：225009

电　　话：13905274987　　　E-mail：13905274987@139.com

黄桂根

男，大学学历

发明名称：保健按摩鞋垫；一种带拖推车的电动拖把

专利（申请）号：ZL200820005522.0；CN201010109187.0

发明简况：保健按摩鞋垫属传统中医推拿和针灸疗法范畴，是经络学说及现代神经反射理论，生物全息学说基础上的一种非药物疗法。其特征是在足底部的穴位反射区设置60多个按摩头，按摩头是以永久磁性材料为主，同时起到按摩、针灸、磁疗综合疗效。

一种带推车的电动拖把，包括拖把头、拖把杆和手柄，所述的拖把头上设置有电机，电机转轴连接拖把头并能转动，拖把上设置有连接头，推车上设置有连接管孔，拖把连接头插入拖车上设置的连接管孔与推车连接，拖把与推车上设置的连接头和连接管孔活动连接，拖车下设置有推车轮和推车手柄，推车上设置有水箱和甩干桶，其甩干桶内设置有无动力甩干转盘。

转让及合作意向：转让、专利许可、参股合作三种形式均可商谈。

通信地址：广东省中山市西区长洲路长乐新村昌盛巷4号　邮政编码：528400

电　话：13226089000　13286903666　传　真：0760－88613138

发明名称：空间环境温湿度控制方法及其使用的控制装置

专利（申请）号：CN200810202495.0

发明简况：本项目用于食品、化工、医药和轻纺工业车间空间环境采用空气处理机组的除湿控制，也可用于实验室、医院和其他各种使用空气处理机组的空间环境的温湿度控制。

本专利通过将工业露点温度传感器和工业温度传感器安装于空气处理机中某几个特定的关键位置，运用计算机以一定的时间间隔扫描检测，进行控制方法判别，自动选择最佳的控制模式，以控制模式重组态的程序方法，有效避免传统空气处理机在除湿运行时出现的制冷和加热拮抗相抵作用，以求最大限度地降低能源消耗。

转让及合作意向：对于有需求的用户，本项目可以作相关技术授权许可，提供一揽子工程服务。对于有实力的投资方，可以洽谈整体转让。

通信地址：上海市浦东崮山路322弄21号401室　邮政编码：200135

电　话：021－58855887

黄逸林

男，62岁，本科学历，高级工程师

黄志清

男，53岁，广播电视台记者

发明名称：新型节能座便器

专利（申请）号：ZL201029251005.6

发明简况：本实用新型涉及一种实用新型专利产品，是对居民卫生间日常使用的传统座便器进行技术改造后，设计生产出的一种由抽清净自来水改为吸盥洗水的新型节能产品。

本产品主要由进水、蓄水、排水、循环、溢水、储水和液位显示等七个系统装置组成。它具有设计科学合理，外形美观大方，结构简洁明了，操作简单便捷，节能效率高，经久耐用等六大优点，是百姓居家生活、节能降耗、改善居住条件的理想选用产品。

转让及合作意向：专利人愿以1000万元的价格将本专利权转让或与企业合作生产、推广。

通信地址：江苏省溧阳市荷花新村三区7幢1－102室　邮政编码：213300

电　话：0519－87282323　E－mail：Hzq303@sina.com

黄铨明

男，65 岁，乡村医生

发明名称：一种治疗带状疱疹的中药

专利（申请）号：ZL200710071381.2

发明简况：本专利为一种治疗带状疱疹的中药，分内服和外用药两种。组合使用，效果好、见效快、治愈率高，能迅速解除病人的痛苦，有效率 100%。

本发明原料采购容易，都为常见的中草药，价格低廉，制作工艺简单。

转让及合作意向：一次性转让或政府收购。

通信地址：浙江省临安市三口镇炼川村 60 号

邮政编码：311301

电　　话：13750863979/0571-63767351

黄启祥

男，63 岁，高级技工

发明名称：小型精密蜗杆专用机床

专利（申请）号：ZL200920059554.3

发明简况：本实用新型涉及一种自动化程度高、进给方式新颖的精密蜗杆专用加工机床。该机床采用主轴（带工件）作螺旋线走心式进给，通过内飞刀盘进行定点位切削而加工出高精度蜗杆来（表面光洁度可达 0.6、中径尺寸误差≤ 0.03mm、齿圈跳动≤ 0.005mm）。在提高切削刚性和精密度的同时，任意调整主轴的转速及蜗杆的导程（模数），而不需要更换任何传动件，实现调整的即时性和高精确性（导程调整精确 0.001mm），架上全部的辅助动作有工件夹紧、扶架扶正、飞刀盘让刀等，均连贯化和自动化，无须人手操作，既提高了效率又提高了安全性和可靠性。

转让及合作意向：转让、专利许可、参股合作三种形式均可商谈。

通信地址：广东省中山市东区长江北路白沙湾工业园

邮政编码：528403

电　　话：13702786251/0760-88897120

黄德盛

男，70 岁，大学学历

发明名称：一种有色金属熔液的净化方法及设备

专利（申请）号：ZL200310112352.8

发明简况：一种有色金属熔液净化方法及设备，该方法包括使用以氮气为主要净化气的净化气泡由下而上穿过有色金属熔液，沿途吸附金属熔液中的氢和有害杂质，把它们带到金属熔液的顶部，其特征在于，该方法还包括如下步骤：a. 带着氢和有害杂质的净化气泡在金属熔液顶部形成上下翻滚跳跃的浪花；b. 在金属熔液顶部空间抽真空，形成 0.1 ～ 10 托的真空负压，通过浪花翻跃的金属熔液表层，对金属熔液中的氢和有害杂质进行动态的真空净化处理；c. 控制金属熔液的流向，使所有金属熔液都能在金属熔液顶部的浪花中进行动态的真空净化处理。本发明还包括实现上述方法的设备。本发明在解决传统净化处理中所存在的环保问题的同时，有效提高金属熔液的净化效率，大幅度降低生产成本，并易于操作和在工业上应用。

转让及合作意向：　欢迎对接合作，具体面议。

通信地址：广东省深圳市福田区海悦华城 A 座 2005　　邮政编码：518038

电　　话：0755-83870440

黄 平

男，78 岁，大专学历，编辑

发明名称：现代城市四 T 型立体桥梁

专利（申请）号：ZL201020510098.2

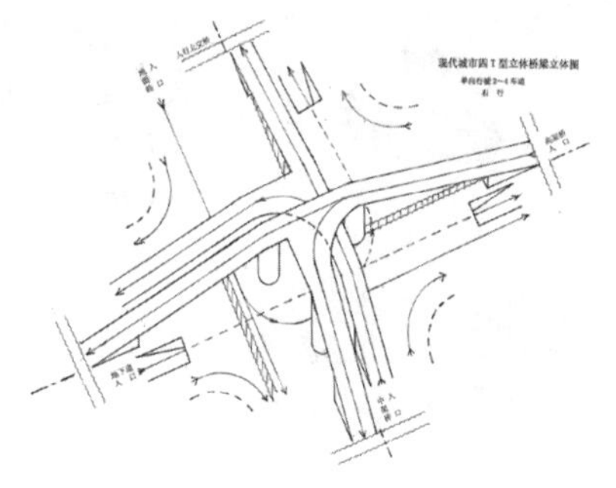

发明简况：现代城市四 T 型立体桥梁。现有的立交桥只有上下两层结构，虽然有部分是三层式结构，但也满足不了汽车的快速增长。本实用新型其组成包括：高架桥，所述的高架桥下方依次为中架桥、地面路和地下通道，共 4 层路面，所述的高架桥、中架桥、地面路和地下通道均为 T 型，4 层桥面之间相差 90 度设置直通路、左侧或者右侧转弯道。本实用新型用于建筑立交桥。

转让及合作意向：转让、专利许可、参股合作三种形式均可商谈。

通信地址：黑龙江省哈尔滨市香坊区东北农业大学老干部活动室 76 号信箱

邮政编码：150030

电　　话：0451-55190890

发明名称：自能电动车

专利（申请）号：ZL200910104636.X

发明简况：本发明采用逆变原理，能量转换、惯性运动、重力加速度等集结于一体，在将电能转换成机械能的同时又将机械能转换成电能，为自身提供充足的能量。创新点在于综合利用各种原理的运动方式，利用电能再生电能，循环利用。该发明专利技术产品完全实行零排放，对陆地环境及大气层不产生任何污染。

自能电动车发明专利技术可使未来各种电动自行车、电动摩托车、电动三轮车等经供电网络一次性充足电源后，可持续行驶。本产品可产生数万亿元人民币的经济效益，同时可创造数万个劳动就业岗位的社会效益。

转让及合作意向：专利转让、专利许可或其他合作方式。

通信地址：重庆市长寿区葛兰镇冯庄村 1 组 14 号

邮政编码：401232

电　　话：13658452303

黄云伯

男，63 岁，初中学历

黄淦生

男，63 岁，大专学历，工艺美术师

发明名称：陶塑山水浮雕工艺品的制造方法

专利（申请）号：CN200910168125.4

发明简况：本发明公开了一种陶塑浮雕工艺品的制造方法。首先以黏土为原料，将黏土与适量的水混合进行深加工形成坯料，然后使用上述步骤中制成的坯料制作出作品的形状，接着对所有作品进行干燥后，将釉料层涂在作品上。最后，对施釉后的作品进行烧制。形成陶瓷工艺作品。本发明把泥、釉、火三者有机结合起来，利用色釉在一定温度烧制下取得特殊的工艺效果。

本发明专利具有技术稳定、易于操作、一次烧成、节省能源、低碳环保等优点。

转让及合作意向：专利转让、合作均可。

黄淦生，工艺美术师，中国工艺美术学会会员，广东省工艺美术协会会员。自幼酷爱陶瓷艺术，在省级、国家级举办的展览上多次获奖。

通信地址：广东省佛山市禅城区江湾二路青柯街 10 号 305

邮政编码：528031

电　　话：13702560372

黄太清

男，48岁，博士研究生学历，高级工程师

发明名称：扩径引流型流体聚流集能装置和方法

发明专利（申请）号：CN201110073204.4

实用新型专利（申请）号：201120082150.3

发明简况：本发明依据流体力学、流体机械等多学科成熟严密理论，开创性设计多腔形体的多维扩径引流结构，设计引流、导流、聚流、集能一体化的多功能结构和工作机制，设计二维和三维固定静置式全方位聚流集能模式，设计多聚流集能装置集成一体化系统，将分散低品位流体能聚集成高品位大功率能源。巧妙地利用流动流体自身的动能实现聚流集能，该技术既可用于风中，又可用于水流等各种流体中获得规模化的流体能量。在江河或海洋水流全范围获水能，且不需要建设大坝；也可在全球任何有风地区获风能。本专利技术是一项全新的绿色能源技术，实用性强，可用于发电、加工、供水、灌溉、供风等广泛领域。有较大经济效益和节能减排的社会效益。

发明名称：一体化保热和余热回收及自然排烟的节能型燃烧器式灶具

发明专利（申请）号：CN201010298447.3

实用新型专利（申请）号：ZL201020550678.4

发明简况：本发明是全新节能型灶具，为一种一体化保热和余热回收及自然排烟的灶具。本专利巧妙地利用热烟气自身升力（烟囱效应）实现灶具自然排烟和回收烟气能量以预热空气和燃料。依据流体力学、传热、保温等多学科成熟严密理论，为灶具设置一体化保热气体运动体系、封闭式燃烧与加热系统、间壁式传热能量回收模式。本发明兼具能量回收、保温、自然排烟的一体化结构，实用性强。突破性解决开放式灶具多方面能量损失问题。本专利灶具改进和升级了常规灶具，能与常规灶具设计、制造、应用等对接。能产生较大的经济效益，具有节能减排的社会意义。

转让及合作意向：本专利转让或合作均可。

通信地址：北京市复内大街28号凯晨世贸中心中座506中化投发部

邮政编码：100031

电　　话：18911998974/13331153798

黄力子

男，79岁，本科学历，教授

发明名称：用于防治龋病的药物

专利（申请）号：CN201010220579.4

发明简况：本发明公开了一种用于防治龋病的药物，该药物为超氧化物歧化酶SOD或者该药物由SOD与不损害SOD自身活性的辅助物质制成。使用时可直接配成SOD水溶液或生理盐水溶液漱口，也可以在牙膏挤在牙刷上后沾上一小点SOD粉刷牙，以预防龋病的形成。在治疗龋病时可将配制好的SOD粉剂直接作用到龋洞中，以根治龋病。

转让及合作意向：转让、专利许可、参股合作三种形式均可商谈。

通信地址：湖南省长沙市岳麓区高鑫麓城2栋804号

邮政编码：410013

电　　话：0731-88942491

E－mail:huanglizi2046@163.com

黄大卫

男，30岁，本科学历，执行董事

发明名称：数码音频播放器

专利（申请）号：ZL200830104960.8

发明简况：本实用新型涉及一种多功能数码播放器，其包括相互电连接的主机播放器构件和副机播放器构件；所述主机播放器构件包括主机壳体；在所述主机壳体内设置有数码音频播放装置；所述副机播放器构件包括副机壳体，在所述副机壳体内设置有臭氧发生装置和／或负离子发生装置。通过设置与主机播放器构件电连接的副机播放器构件，在该副机播放器构件内设置臭氧发生装置和／或负离子发生装置，从而可在播放音乐的同时，为使用者带来轻松愉快的享受，另外，又可通过臭氧发生器和负离子发生器释放出来的臭氧和负离子净化空气，从而可以给使用者营造一个健康的使用环境。

转让及合作意向：转让、专利许可、参股合作三种形式均可商谈。

通信地址：广东省深圳市福田区金田南路大中华国际交易广场36楼

邮政编码：518048

电　　话：0755-82506999

黄有银

男，76岁，教授级高级工程师

发明名称：三相电子节电器

专利（申请）号：ZL200720080005.5

发明简况：本实用新型由补偿电容器、放电电路、指示灯电路构成。其中所述补偿电容器的电容值与所补偿的电动机功率相匹配，放电电路与补偿电容器并联，接在380VAC电路上，接在每相到中线的指示灯电路上的电阻与发光二极管串联。通过对电感性电路接入电容性器件，减少无功电流，从而减少输电线路的损耗，达到节省用电的目的。为此设计的三相电子节电器，经过投入电网试运行，其节电效果显著。

发明人长期从事广播、电视、技术维护、管理和科学研究工作，2007年12月创建“南宁市亿丰节能科技有限公司”任总经理，公司现拥有三项专利技术：“三相电子节电器”、“一种智能三相电子节电装置”、“一种单相电子节电装置”。目前正在将三个专利技术开发成十多个型号的新产品。

通信地址：广西壮族自治区南宁市七星路123号4-1栋西南101

邮政编码：530022

黄圣俭

男，58岁，中专学历

发明名称：一种蜂产品酒的制造工艺

专利（申请）号：ZL94104529.3

发明简况：该项目符合市场需求趋势，符合国家产业政策，效益高，前景好，技术持有人合作态度真诚，是一个适于规模经营的好项目。有四种投资决策可供选择：第一，依托已有较大规模的酒厂、饮料厂，作为一种新产品生产予存并充分利用原有销售渠道着力于市场开发，一旦市场开发成功，立即扩大规模，取代旧产品，形成新的名牌产品，迅速占领市场。第二，从投资一百万至数百万元起步，自我滚动发展，逐步开发市场，逐步扩大规模。第三，充分发挥股份制或股份合作制能迅速资金聚集的功能，采用发起设立的办法，筹集大量资金，通过广告媒体营造市场，迅速形成规模生产和规模经营。第四，依托外贸企业，或引进外资，着力开发国际市场，发展成为以产品出口为主的外向型企业。

转让及合作意向：技术入股。

通信地址：浙江省平阳县麻步镇渔塘中街51号

电　　话：13656518790

黄泉忠

男，本科学历，中学教师

发明名称：自发电型缓降器

专利（申请）号：CN200920174814.1

发明简况：本发明包括自发电技术、自动变速、自动稳速、智能负载补偿、逃生照明、逃生报警、逃生备份等专利技术。使用本发明技术装置逃生，逃生者只需系好安全绳，顺势而下，逃生者的速度受电路自动控制，初期以较快速度下降，后期接近地面时，逃生速度自动改变，以较慢速度安全着陆。从100多米高处下降至地面，只需几十秒。逃生过程中快速与安全同时兼顾，无须人工干预，全过程电子电路智能自动控制，适合于广泛人群。本发明采用电磁阻力技术，装置使用损耗小，安全性高，故本逃生技术除用于高楼逃生外，还可用于日常高楼逃生训练。

通信地址：福建省惠安县螺城南阳路金百花园4幢602室
邮政编码：362100
电　　话：18750608553

黄　平

男，大学学历

发明名称：水力发电量倍增装置

专利（申请）号：ZL201020541108.9

发明简况：本实用新型涉及一种利用大坝中水力发电机组流出的水进行发电的倍增装置。它主要是解决已知的大型水力发电在江河上建造拦水坝，利用水的落差作为动力使发电机组进行发电，而从发电机组排出的有一定压力和速度的水却白白浪费的问题。本实用新型包括涡轮机和发电机，在涡轮机上设有进水管和出水管，进水管沿涡轮机涡轮叶片的切向设置，出水管设在涡轮机的上端，进水管和出水管分别对称设在涡轮机的两侧。本实用新型利用经过水力发电机组排出的带有一定压力和流速的水作为动力，通过管道效应再次带动涡轮机发电机组进行发电，还可以将多个发电机组串联，从而达到倍装发电机组倍增发电量的效果。

通信地址：湖北省襄阳市襄城区文昌居委会一组南门东巷11号
邮政编码：441021
电　　话：13135867421

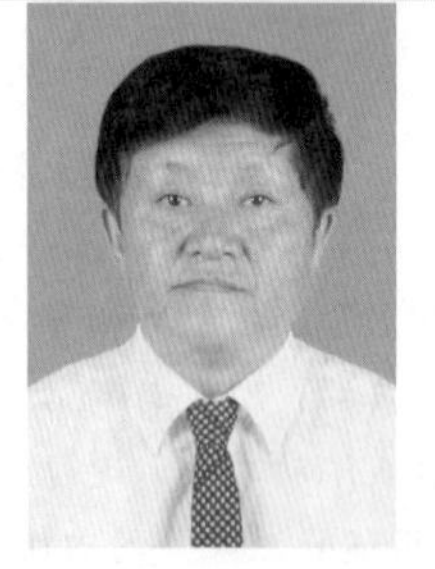

回曙光

男，57岁，大专学历，工程师

发明名称：耐高温抗磨抗氧化合金钢

专利（申请）号：ZL200610010467.X

发明简况：本发明属于一种耐高温抗磨抗氧化合金钢材，该钢种的特点是在高温（环境温度1100℃）状态下持久耐磨，并且在该状态下耐腐蚀。其机理是材料机体的韧窝中均匀分布着以钨为主的化合物，并在铬和钼镍的强化作用下形成了耐高温抗磨的特点。该材料可广泛应用在电厂及电站的循环流化床锅炉的水冷壁、高温过热器及炉内耐磨件、耐磨热电偶、热电阻，也可以应用于石化工业、军事工业及其他领域。

转让及合作意向：本专利转让、合作均可。

发明人于2002年2月组建哈尔滨市屹昂科技开发有限公司，从2003年开始投入研发此项目。

通信地址：黑龙江省哈尔滨市高开区嵩山路5号创业中心609室　邮政编码：150090
电　　话：0451-82280980　　E-mail：yiangkeji@yahoo.com.cn

吉同伟

男，72 岁，医生

发明名称：痣断根散

专利（申请）号：CN200810107097.0

发明简况：本发明涉及中药技术，特别是一种治疗痔疮的痔断根散中药。本发明中药配方是：络石藤 10 ～ 35 份、金宝根 10 ～ 35 份、肿节风 10 ～ 25 份、地榆 10 ～ 25 份。本发明中药配方所有药材价格均在 0.1 ～ 0.3 元 /10 克，费用相当便宜，无副作用，能治好痔疮，是低收入群体的“良药”。

转让及合作意向：转让、专利许可、参股合作三种形式均可商谈。

通信地址：江西省上犹县梅水乡园村下段
邮政编码：341000
电　　话：13097075373

季安成

男，62 岁，大专学历，农艺师

发明名称：一种免耕有机肥

专利（申请）号：ZL200310111609.8

发明简况：本发明由食用菌下脚料与省耕酵素菌组成，适用于水稻、玉米、油菜、小麦、棉花、花生、草莓、辣椒、豇豆、桃、李、梨、柑桔、药材等作物。它具有疏松作物根际周围土壤（免除中耕）、补充养分、促进种子萌发、解除农药化肥残留及药害、调节生长、增强杀虫杀菌剂效果、改善品质、提高产量 10% ～ 30% 等特殊功能。本专利现商标注册为“继丰”，开发有“继丰精品有机肥”、“继丰有机无机复混肥”、“继丰有机液肥”等系列产品。

转让及合作意向：本发明正在组织实验加工，进行田间大面积示范，若有愿合作投资商请直接电话联系，请先深入田间观察使用效果，对此专利技术认可后再谈“转让”或者“合作”。

通信地址：湖北省荆门市东宝区栗溪街道　　邮政编码：448151
电　　话：0724—8609441　　E-mail：lixijac@163.com

贾正跃

男，74 岁，中专学历

发明名称：直立式大叶轮和无阻力风力发电装置制造方法

专利（申请）号：ZL200910227676.3

发明简况：本发明创造的风力发电装置结构特征：(1) 大叶轮由多件槽形叶片十字对称分段组合而成，结构坚固，承受力强；(2) 大叶轮直立设置，垂直支撑，呈水平状态旋转，动、静态平衡，重心稳定；(3) 发电机在轮座中与传动齿轮组合，设置位置恰当，利于稳定，便于维修；(4) 叶轮转动扶持方法好，抵御风暴能力强。

本发明制造的风力发电装置，外形呈落地式，利用地形或建筑物高度设置，产品分大、中、小系列，中小型适合城市楼台设置，大型与特大型适合高山、高原、沿海高地，构建大型风力发电基地。发电装置简单，成本低。

转让及合作意向：转让及合作均可面谈。

通信地址：河南省郑州市中原区秦岭路金源第一城 17 号楼 2 门 1403
邮政编码：450013
电　　话：18736095632

贾永全

男，58岁，本科学历，中西医结合主治医师

发明名称：一种治疗风湿类风湿的药物组合物

专利（申请）号：CN2010241123.6

发明简况：本发明公开了一种治疗风湿类风湿的药物组合物，该药物组合是由黑蚂蚁、制川乌乳香、淫羊藿、桂枝、桑葚子、穿山龙等组成。本发明药物组合物具有舒经活血、祛风除湿的作用，对风寒、湿痹、四肢麻木、筋膜炎、筋骨疼痛、步行艰难均有疗效。对治疗风湿、类风湿、关节炎，颈椎、腰椎、肩周炎、腰腿、关节肿胀、四肢麻木、关节扭伤及跌打损伤、腰肌劳损、骨质增生、骨刺、足跟骨刺及产后风温等症状，疗效显著，无毒副作用。

可作为蜜丸剂、胶囊剂、颗粒剂、汤剂、片剂、散剂、喷雾剂、搽剂或口服液体制剂。

转让及合作意向：转让、专利许可、参股合作三种形式均可商谈。

通信地址：北京市昌平区马池口镇宏道京密引水绿化管理所　邮政编码：102200

电　话：13718607338　传　真：01060755040

发明名称：移动式燃煤多功能应急供热系统装置

专利（申请）号：ZL201020239676.3

发明简况：本实用新型公开了一种移动式燃煤多功能应急供热系统装置，它包括：自动控制室、环保设备、发电机组、循环高位水箱、燃料箱、锅炉、换热机组、循环控温水箱、控制装置。发电机组分别与自动控制室、环保设备、锅炉和换热机组连接，燃料箱通过自动上煤系统与锅炉连接，锅炉与水箱连接，水箱与换热机组和环保设备连接，环保设备通过管道与控制装置连接，换热机组通过水泵与循环控温水箱连接，循环控温水箱和换热机组均与控制装置连接。本实用新型采用集装箱装运，可移动，采用最先进的真空相变锅炉，高效、节能、安全、永不结垢、体积小、极易维修、操作简单、使用寿命长，换热具有双备份，随时切换，保障不间断供热。

转让及合作意向：专利技术转让并技术指导生产。

通信地址：北京市西城区西便门外大街7号院　邮政编码：100045

电　话：13611342938

E－mail：jiangning.jiang@sohu.com

江　宁

男，59岁，大专学历，高级工程师

姜道友

男，64岁，大专学历

发明名称：汉字数字切变模型及编码技术

专利（申请）号：ZL00126754.X

发明简况：建立一个汉字编码的理论模型，以理论模型为编码依据，度量每个汉字，这个理论模型就是应用三阶矩阵排列的数字为模型，与汉字结构部件的方位等同确认；即以三阶矩阵的数字模型映射汉字结构部件的方位关系，实现部件的方位关系切换为数量关系，以数字映射部件方位关系为汉字结构码，辅以笔画码为识别码，从而达到识别的目的。

简单直观，不需记忆字根字母，编码技术与输入法操作技术同一直观，以方位编码汉字，完全摆脱了汉字本身的束缚；软件产品具有通用性，可移植到计算机、手机、计算器等产品中去，制造成最终产品的工艺流程简单，市场风险小，是现有输入技术理想的升级换代产品。

转让及合作意向：转让、专利许可、参股合作三种形式均可商谈。

通信地址：湖南省邵东县东风路14号　邮政编码：422800

电　话：13574969125

姜春声

男，66 岁，大学学历，主任医师

发明名称：茴天通络颗粒

专利（申请）号：ZL95116705.7

发明简况：中风康是延边中风研究所姜春声所长根据姜氏祖传秘方并与有关专家、教授经过 30 年的精心研制，采用长白山天然药库名贵中草药经现代科学方法精制而成。此药的内含成份肉桂、黑芝麻、小茴香、木耳、杜仲、红景天、川牛膝等，无副作用，具有益气活血通络（改善微循环）、补益肝肾（营养脑神经细胞）的双重作用，对于脑血栓形成、脑出血、蛛网膜下腔出血、脑供血不足、短暂性脑缺血发作、脑梗塞、脑血栓、脑外伤、脑动脉硬化等脑血管疾病引起的半身不遂、语言不清、头晕、眩晕、行走不利、偏身麻木等疾病有独特的治疗和预防作用。

转让及合作意向：转让、专利许可、参股合作三种形式均可商谈。

通信地址：吉林省延吉市参花街 55 号

邮政编码：133000

电　　话：0433-2550088

蒋德俊

男，大学学历

发明名称：平板电视机数码遥控升降支架

专利（申请）号：ZL201020626623.7

发明简况：本实用新型涉及一种平板电视机数码遥控升降支架，以点动式数码发射方式遥控平板电视机上升、下降，将点动式数码发射器组合到电视机遥控器中，电视机遥控器增设电视画面上升键和下降键，在收视节目时能根据需要遥控电视画面升高或降低。

本实用新型经反复试验证明，在一个直流循环电路中连接另一个直流电源的负极，两点之间不形成电压，不构成电流（电池蓄电池可串联或并联）。依据这一直流电的固有特性设计出：两个交变直流电源，一个提供上升电流一个提供下降电流，与两个常闭开关、两个点动式数码遥控开关接收器和一个直流减速电机组成各自作用于电机时，电流方向相反的两个电路，使电流方向切换最简单化，并自动控制最高点和最低点。

通信地址：上海市普陀区清涧路 68 弄 4 号 802 室　　邮政编码：200333

电　　话：13917965311

蒋　颂

男，中学学历

发明名称：全自动刮圆机；全自动竹帘机

专利（申请）号：ZL201010144392.0；CN200910161851.3

发明简况：全自动刮圆机解决了铁炮串刮圆问题，每台机器每天可加工 8 万支，是手工加工工效的 8 倍。机器性能稳定可靠性可达 99.99%，维护操作方便，且产品质量上等，是目前质量最好的圆杆铁炮串，深受国内外客户喜爱。

全自动竹帘机主要用于编织竹胶合板的芯材竹帘，目前，竹帘主要是手工编织的，劳动强度大，效率低，长时间保持姿势不变，严重损害工人身体健康。全自动竹帘机完全解决了以上问题，工作效率是人工效率的 6 倍，工作稳定可靠。全国市场总量可达 20000 台以上。

转让及合作意向：一次性转让。

通信地址：广西壮族自治区兴安县华江乡同仁塘坊边

邮政编码：541316

电　　话：13014868568

蒋立科

男，69岁，本科学历，教授

发明名称：一种提高油茶种子萌发率及成活率的方法

专利（申请）号：CN200910144700.7

发明简况：一种提高油茶种子萌发率及成活率的方法，首先将选育的种子于0～4℃条件下冷藏10～15天，冷藏复苏后的种子在20Kev下用30d或40d剂量N+束注入处理，最后用稀释50倍的木霉发酵液室温下浸泡5～7天，将上述处理后的种子播种在通风透气的沙床上，于22℃～25℃，60%～65%湿度下育苗。直至幼苗子叶呈深绿色或墨绿色、形成层发育完成时选穗嫁接。经上述处理的油茶种子不仅出芽率提高至80%～85%，而萌发时间提前，及至选穗嫁接的时间也提前到清明前后，从而避开“三忙”季节和高温天气导致的积水烂根现象，使嫁接的成活率提高至95%以上。

通信地址：安徽省合肥市长江西路130号安徽农业大学生命科学学院10教205
邮政编码：230036
电　　话：13855192090

金来兴

男，60岁，大专学历

发明名称：一种火灾逃生装置

专利（申请）号：ZL201010218250.4

实用新型专利号：CN201020248719.4

发明简况：本实用新型提供了一种火灾逃生装置。在消防安全防护逃生器行业独家应用了著名杠杆科学原理，偏心轮摩擦原理，配合齿轮控制原理，结构精密科学合理，技术成熟，坚固可靠，并结合秋千健身，加配安全带、保险链，更安全，更保险，更舒适，使秋千、单杠、健身与消防安全防护相结合，开创了现代高层幸福生活安全新概念。

本项目选用钢管、不锈钢、45# 圆钢、合金钢齿轮、起重钢索、汽车摩擦材料，加强汽车安全带，不锈钢链条，坐杆，基本与汽车配件同质化，坚固耐用，可反复使用千次无故障。配加长安全胸带并可携带学龄前儿童一名，ABL500—32型，50层以下，设计：单人，安全使用重量120kg，设计安全系数5X，即600kg。并有多种规格，适合2～100层以上不同层次高楼使用。

通信地址：浙江省杭州市文三西路111号沁雅花园9幢二单元302室　邮政编码：310012
电　　话：13666676001/13857658778　E－mail：ablhl369@163.com

金元生

男，74岁，研究生学历，教授，博士生导师

发明名称：在金属摩擦与磨损表面生成保护层的制剂及其制备方法

专利（申请）号：ZL200610075832.5

发明简况：本发明涉及一种在金属摩擦与磨损表面生成保护层的制剂及其制备方法。制剂的成分含层状羟基硅酸盐粉、表面改性剂和碳化石墨化催化剂。本制剂可在金属摩擦与磨损表面原位生成减摩耐磨的纳米晶保护层，同时具备金属陶瓷的高硬度和优质合金钢的弹性模量。

转让及合作意向：专利一次性转让或与投资方共同建立高技术企业，专利持有人以专利技术持有相应股份。

通信地址：北京市海淀区清华大学蓝旗营小区 7—1702
邮政编码：100084
电　　话：13910276087
E－Mail：jinys@tsinghua.edu.cn

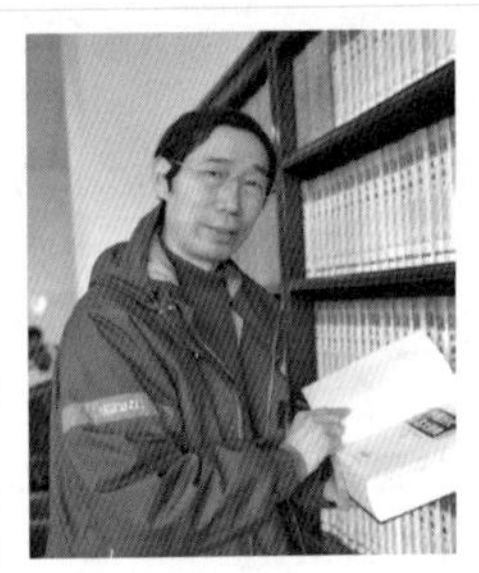

金道收

男，57岁，大专学历，工程师

发明名称：多功能指南地面砖或指南地面贴及其铺设方法

专利（申请）号：CN200710160501.6

发明简况：本发明涉及一种多功能指南地面砖，其特征是，砖体组件为“活字印刷术”式结构，据不同应用，选择组件中不同单件，单件结构由表面镂刻传递“司南”导向信息，由水箅镂空传导水分，由镂刻造型彰显装饰效果。由于采用上述“司南”导向与“活字印刷术”的转移创新与交叉创新方案，使该砖一砖多能，既可导向或装饰，又可箅水或植草；既可用于广场、停车场或雨水井箅，又可用于室内外装饰；既可用于围树，又可在人行道路缘石侧铺设花坛或植草带；由于砖结构的改变，使地面砖既保持原有特性，又创意衍生成传承中国古代文明的载体。用作装饰砖、地面贴、地毯或桌垫时，可同时承载32种文字信息。

转让及合作意向：转让、专利许可、参股合作三种形式均可商谈。

通信地址：陕西省西安市东关正街东方星苑C座803室　　**邮政编码：**201615

电　　话：13816203747　　**E－mail：**8888863@163.com

金建平

男，42岁，本科学历

发明名称：鞋用护肤喷剂

专利（申请）号：ZL200810174225.3

发明简况：本鞋用护肤喷剂采用珍珠、芦荟、丝肽、胶原蛋白等护肤原料，经过特殊专利技术制作，每只鞋只需喷洒20下，足部就能远离脚癣（脚气）、脚痒、烂脚丫、足部干燥、脚臭等不良状况，每喷洒一次就能维持数十天功效。

转让及合作意向：本发明专利寻求与投资企业合作，具体事宜面议。

金建平毕业于浙江省温州师范学院（现温州大学）中文系，结业于浙江省绍兴市政法干部培训学校民法专业，曾就读于中国政法大学法律大专班、湖南大学法学专业。曾获得实用新型专利25项、发明专利1项、公开发明专利17项。

通信地址：浙江省温州市龙霞路展宏5幢208室

邮政编码：325014

电　　话：13600661898

E－mail：wzjjp@163.com

靳学励

男，84岁，大专学历，注册税务师

发明名称：会计账证

专利（申请）号：ZL200810175370.3

发明简况：本发明涉及了一种会计账证，包括会计账簿和会计凭证，其金额栏中元、拾、百三个数字区域为右区，千、万、拾万数字区域为中区，百万、千万、亿三个数字区域为左区，右区与中区的数字间隔细线的色彩不同，一个为冷色，一个为暖色，左区的数字间隔细线为以上两种色彩的单条细线各一条，左侧金额栏左面各栏的页面设有美术图案。本发明的有益效果是金额栏的不同区的数字间隔细线采用不同颜色显示，使会计人员能更为快速落笔，准确无误记载，金额栏的左面各栏的美术图案既可防刮、擦等违规行为的发生，又可美化会计账证页面，使会计人员的工作环境得到一定的改善。

通信地址：辽宁省大连市中山区智仁街松风巷3-1号3楼2号

邮政编码：116013

电　　话：0411-82670089

荆效民

男，72 岁，本科学历，高级工程师

发明名称：一种杀菌灭藻用分子晶体电池材料的制备方法

专利（申请）号：ZL200910022634.6

发明简况：本发明制备过程为：将四氧化四银加入氢氧化氨溶液中得四氧化四银的氢氧化氨溶液；将丙烯酸类树脂、环氧树脂、聚乙烯醇或聚氨酯加热溶解在水中得凝胶；将四氧化四银的氢氧化氨溶液和凝胶混合得四氧化四银凝胶液；将四氧化四银凝胶液喷洒在载银材料表面上，烘干后即可。

本发明工艺简单，制备的四氧化四银分子晶体电池材料的抗菌能力不受环境影响，可用于景观水池以及家庭观赏鱼缸的杀菌灭藻，转化为固定床杀菌灭藻。

转让及合作意向：转让或入股。

发明人先后发表论文多篇，取得国家专利多项，获省部级科技发明奖三等奖一项，陕西省自然科学优秀论文奖一项。

通信地址：陕西省西安市电子正街紫薇城市花园 9241 室

邮政编码：710065

电　　话：18602961560

瞿群威

男，38 岁，大学学历，副主任医师

发明名称：一种治疗腰椎间盘突出症的穿刺针

专利（申请）号：ZL201020192496.4

发明简况：本实用新型外层的直针管通过目前最安全也最易操作的外侧入路穿刺法只需一次穿刺到达突出椎间盘纤维环的边缘，再用内层的弯针管就能对椎间盘内进行多通道、多个方向的注射，从而最大限度地扩大臭氧与椎间盘髓核组织的接触面积，解决了臭氧气体弥散与接触面限制的问题，有利于提高疗效。另外利用内弯针管向突出物方向弯曲的特点可以较容易达到物内进行臭氧注射，解决了运用常规穿刺针从常规穿刺部位难以达到理想位置点的难题，扩大了治疗的适应症，提高了治疗的安全性，具有更好的疗效。

瞿群威，湖北省针刀专业委员会委员，国际疼痛医学会中国分会会员，是多届中华脊柱医学论坛学术委员会委员。

通信地址：湖北省十堰市张湾区汉江北路张家港 18 号十堰市红十字医院康复科

邮政编码：442000

电　　话：13597899580

康敬乐

男，51 岁，本科学历，教授级高工

发明名称：摩托车缸头制造方法中使用的环形工艺装置

专利（申请）号：ZL200610070607.2

发明简况：本发明包括一个环形支撑台，环形支撑台的周圈均布铸造机，环形支撑台的环形中部位置安装液压泵站，液压泵站通过液压管路与铸造机相连接，在环形支撑台外侧至少设置一台保温炉，在每台保温炉与环形装置之间安装自动浇注机。由于采用环形工艺装置，可使摩托车缸头的铸造工艺过程在整个环形工艺装置上完成，从而减少了占地面积，并大大减少了操作人员，生产效率显著增加，铸件的良品率稳定在 97% 以上。

本发明的摩托车缸头环形生产线可以是 16 工位、12 工位、8 工位、4 工位四种，分别配置 4 台、3 台、2 台、1 台自动浇注机，与对应的下芯工位和取件工位及喷涂工位处在线外布置下芯机器人和取件机器人及喷涂机械手。

通信地址：山东省济南市二环南路 8060 号

邮政编码：250022

电　　话：13869120950

康 尧

男，67 岁，本科学历，高级实验师

发明名称：利用高空大气降低地面温度的方法

专利（申请）号：CN200910052534.8

发明简况：利用高空大气降低地面温度的方法，是利用大气物理原理，每上升 100 米，气温降低 0.65℃，通过可拆卸的充气橡塑管道，或固定管道，或人造高山，将高空低温大气引入平原，或引入山谷，或引入沙漠地面，或引入地面的建筑物内，降低地表气温，改善居住环境。

转让及合作意向：希望与有关机构合作探索探究。

唐尧从事过麦类赤霉病研究，对赤霉病流行生态环境有兴趣，参加的脂蛋白分离纯化、留兰香病毒、麦类赤霉病抗病鉴定课题，曾获得上海测试行业、市政府及国家科技进步奖。目前在癌症表观遗传治疗新领域进行探索，并开始实际应用。

通信地址：上海市真光路 1433 弄 13 号 202 室
邮政编码：200333
电　　话：15316737557

柯依坤

男，70 岁，中专学历，工程师，研究员

发明名称：环保节能蒸煮锅

专利（申请）号：ZL200910111345.3

发明简况：本发明公开一种环保节能蒸煮锅，包括笼体、蒸煮锅、盛露液盆、排液管和冷却盆，其特点为笼体下部套在蒸煮锅外沿上且密闭连接；在笼体上端设有冷却盆，冷却盆与笼体呈密闭连接；在笼体内冷却盆下部设有盛露液盆，在盛露液盆的底部设有通到笼外的排液管，排液管上装有阀门；冷却盆的底部设有的排热水管，排热水管装有阀门；进冷水管的一端接自来水管或蓄水桶，进冷水管上的进水端设有进水阀门，进冷水管中设有温控开关，进冷水管的另一端置于冷却盆内，达到节约能源，保留食物营养成分的目的，环保，不污染环境，且由于冷却盆的冷却、冷凝作用，因而笼体内的热度不会超过爆炸极限，具有结构简单、使用安全、方便等特点。

转让及合作意向：转让、专利许可、参股合作三种形式均可商谈。

通信地址：福建省永泰县城峰乡太原村墩尾 85 号　　邮政编码：350700
电　　话：0591—24856093

孔春花

女，硕士学历

发明名称：调压双防爆轮胎安全阀

专利（申请）号：CN201010513520.4

发明简况：一种调压双防爆轮胎的安全阀，涉及一种轮胎气门嘴的改进，其特征是：阀体与防尘帽螺纹固定配合，在防尘帽上开有通气孔，在阀体内的通气通道内通过限位槽安装有芯体，带有限位槽的芯帽通过螺纹固定在阀体内上部，在芯体内腔的中心线上固定有芯杆，芯杆穿过芯帽与并其滑动配合，在芯杆外和芯帽的限位槽内安装有限压弹簧，芯帽的顶端有横向突出的帽外沿。有益效果是：能弥补现有的气门嘴不具有防爆胎的功能，同时弥补气门嘴本身在压力的作用下爆裂的缺点。既能为轮胎充气，又能为轮胎调压泄压，保证轮胎的正常工作压力，延长轮胎的使用寿命，节省燃油，预防因爆胎引发的交通事故。

转让及合作意向：转让、专利许可、参股合作三种形式均可商谈。

通信地址：吉林省长春市新电台街 63 号吉林交通职业技术学院机械系
邮政编码：130012

孔令波

男，36 岁，大专学历，高级工程师

发明名称：民用高效低排放生物质炉具

专利（申请）号：ZL201020676773.9

发明简况：民用高效低排放生物质炉具由炉体、炉膛、炉条、烟囱、加料口、除灰盒、活动衬套等组成，特征是在炉膛内设有一个可拆装的活动衬套，烧煤时将衬套装上，减少炉膛容积，有利于节省用煤。烧柴、牛粪时将衬套去掉，使低热值的柴草有较大的燃烧空间。本实用新型设有两个除灰盒，主除灰盒与进料口同设在左侧，次除灰盒设在二次燃烧室下面，二次燃烧室与烟囱之间设有闭火板，闭火板连接闭火手柄。本实用新型相比目前的炉具，其优势在于：既符合藏民传统使用习惯，结构坚固、使用寿命长，又能炊事取暖。本实用新型性能稳定，价格便宜，结实耐用，外形美观，操作方便，是一种节能环保、热效率高、低排放的炉具。

转让及合作意向：中、外企业进行全面专利权许可转让，技术入股等，自发明人签字之日起生效。

通信地址：甘肃省积石山县大河家镇韩陕家村二社 2 号　　邮政编码：731701

电　　话：13993097673　　　E-mail：kongling.bo@163.com

蒯苏苏

女，53 岁，本科学历，高级实验师

发明名称：单自由度平面六杆开窗机构

专利（申请）号：ZL200610096742.4

发明简况：本发明涉及一种斯蒂芬森Ⅰ型六杆系，特指单自由度平面六杆开窗机构，可广泛地应用在高层建筑群。该机构包括 ABCE 双摇杆支路，其中摇杆与滑块用铰链连接，连杆延长端再经铰链与 D 处的另一滑块连接，且以滑块为主动副，铰链为转动副。2 个滑块单侧之间装有拉簧 K1、压簧 K2，滑块处装有与窗户平衡的定位销系统，形成固定支撑。2 个滑块安装在窗槛上，其形成的移动副可沿窗槛移动。定位销系统采用自动开窗操作装置时可实现智能化开闭门窗。该装置具有结构紧凑，操作省力，既能自动直开通风，又能自动横开遮阳通风，范围从 0 ～ 90° 之间开闭自如。窗的正反面均可擦洗和消毒，工作可靠，使用方便，材料采用铝合金等，造价低廉。

转让及合作意向：转让 10 万元。

通信地址：江苏省镇江市学府路 301 号江苏大学工业中心　　邮政编码：212013

电　　话：13952923877　　　E-mail：kuaisusu@126.com

况保宗

男，70 岁，本科学历，工程师

发明名称：节能涡流颗粒综合脱硫除尘器

专利（申请）号：CN200610159753.2

发明简况：节能涡流颗粒综合脱硫除尘器，是属于净化空气技术领域。其特征在于它是由除尘器、引风机、净化器、水泵、水池、热交换器组成；本发明是以引风机为动力粉尘和 SO_2 气体在引风机压力的作用下，使粉尘通过热交换器、除尘器、净化器中的涡流喷管、2 级颗粒、3 级旋风分离，排出粉尘易达标；本发明在水泵的动力下碱性水溶液进入除尘器和净化器与炉气中的 SO_2 充分反应；SO_2 与净化器中颗粒脱硫剂反应，排出 SO_2 量达标；本发明造价低，使用成本低，寿命长，不堵塞，不产生二次污染。

转让及合作意向：转让、专利许可、参股合作三种形式均可商谈。

通信地址：山东省胶州市阜安派出所袁家巷街小区 11 号楼 303 室。

邮政编码：266300

电　　话：0532—87278151/13964279792

赖奇志

男，67 岁，本科学历，高级工程师

发明名称：二笔输入法

专利（申请）号：CN201010196849.2

发明简况：本输入法简单易学，其特点是：绝大多数汉字可两键出字，不常用汉字也只需三键，且不须翻页查找；不认识的字可先打一个“I”键，然后打笔画；对于笔画不清楚但能认识的疑难字，可先打拼音首字母，然后按“U”键；可用现有的英文键盘打出各种希腊字母和数学符号；打单字也能出词组；用户造词后可导出到外存中，重装系统后又可导入，不必重新造词。

赖奇志，1962 年入读南京航空学院无线电系，毕业后分配到广州军区空军，任无线电技师。转业后在航天部某厂任技术科长，全质办主任等职。退休后专事成人电脑普及推广，著有《轻轻松松学电脑》（广东经济出版社）一书。

通信地址：广东省广州市天河区中山大道骏景花园骏怡轩 E － 302 室

邮政编码：510665

电　　话：020–38662597

赖鉴辅

男，75 岁，本科学历

发明名称：组合单元温差循环集热器；套置式柔软连接管；组合集热器上下组合接头

专利（申请）号：ZL200620066673.8；ZL200820052699.6；ZL200820207837.3

发明简况：本专利涉及一种组合单元温差循环集热器，由多根组合铁水管置于保温“黑床”上构成，可依屋面和墙面要求而设，既是屋面或地面又是保温底床，是集热器开拓性创新。具有结构简单、集热性能好、适用性强和不易泄漏的优点。

套置式柔软连接管，涉及一种套置式柔软连接管，利用其柔软特性，解决了在特殊环境承接两硬管之间不在同一中心线上的“万向”连接，具有结构简单合理、抗震性好、组合容易和使用方便的特点。

组合集热器上下组合接头，采用 PP–R 新材料制作组合温差集热器上下循环组合接头，极大地简化了温差集热器制作连接技术，有利于集热器的普及应用，具有结构简单合理、抗震性好、组合容易、使用维修方便和运行安全可靠的优点。

转让及合作意向：技术转让。

通信地址：广东省韶关市群康路姐妹岭 143 号　　邮政编码：210026

电　　话：0751–8775943

兰著碧

74 岁，女，公司董事长

发明名称：一种虫草；北冬虫夏草生产工艺

专利（申请）号：ZL200710157557.6；ZL200510046800.8

发明简况：北冬虫夏草又名蛹虫草，本发明的蛹虫草整体为白色，其成分含量与现有人工栽培的蛹虫草相似，其中虫草素含量在 0.8×104 ～ 1.2×104 毫克／克，平均含量 1.1×104 毫克／克，虫草酸 10% ～ 16%,SOD 酶 170 ～ 387 微克／克，多糖 12% ～ 16%，蛋白质 25% ～ 41%。

一种关于北冬虫夏草的生产工艺，有关主要内容包括：纯菌种的选育培养与保藏技术；培养基的合理结合；生产栽培过程中温度、湿度、光照、通风等因素的科学管理；采取期的控制；保存产品有效活性成分的烘烤技术等。

通信地址：辽宁省大连市旅顺口区铁山街道张韭路 27 号

邮政编码：116045

电　　话：0411–82496324

雷金明

男，54岁，本科学历，副研究员

发明名称：青铜器文物修复液及其修复方法

专利（申请）号：ZL200910263945.1

发明简况：本修复液中各组分的重量百分含量为：咪唑离子液体32%～35%，氧化铜粉9%～11%，钛氰绿1%～2%，磷酸15%～20%，水38%～41%。本修复液具有较强渗透能力和反应活性，在较小酸性比（10%～12%）和较低温条件下，也能清除铜锈并能将其转换为强度高的物质，明显提高了青铜器强度，增强了青铜器的抗压能力，撕裂度、耐破度、抗张强度。本发明修复液能有效地修复锈蚀矿化的青铜器文物，利于整形复原。

转让及合作意向：愿意加盟合作。

发明人现为河北省文物保护中心副研究馆员，保护修复文物万余件（套）。

通信地址：河北省石家庄市建华南大街82号　　邮政编码：05003

电　　话：13933039161　　E-mail:ljm1956@sina.com

雷明长

男，39岁，大专学历，工程师

发明名称：井道照明多地控制器

专利（申请）号：ZL201020192500.7

发明简况：本专利旨在解决电梯检验、检修时井道照明开关难以接近的问题。它无须任何半导体原件即可实现用普通按钮对电梯井道照明的多地控制，该控制器与井道照明使用同一电压。在通向井道的四根导线中，两根用于并联常开按钮，另外两根用于驳接负载（井道照明灯）。因驳接开关的两根导线仅需承载继电器线圈的起动电流（不足10mA），故与传统单刀双掷两地控制相比至少可节约48%的导线。使用时只需将若干个常开按钮直接并联在一起分别安装在检修人员容易接近的位置，则任何按钮均可对井道照明进行控制。

转让及合作意向：专利权转让给看好该产品的电器、电梯零部件生产厂商。

通信地址：湖北省十堰市汉江南路69号

邮政编码：442011

电　　话：0719-8497856

E - mail：leimingchang@yahoo.com.cn

雷建闽

男，大学学历，工程师

发明名称：智能交通信号管理系统及管理方法

专利（申请）号：CN200410014979.4

发明简况：本发明涉及一种交通信号管理系统及方法，属于交通管理设施技术领域。该系统包括感应器、控制器，感应器分车道分别埋设在交通道路的驶入端和驶出端，控制器还包括与单片机通信端连接的数据通信收发器，用于接收前一道口发送的进入本道口的车辆数，以及向下一道口发送将进入下一道口的车辆数，单片机用以计算出各车道的放行通过时间，并输出控制相应信号灯的切换。本发明可以检测驶出以及进入本道口的车辆数，实现了交通管理的网络化，总结出科学的放行时间计算公式，从而可以实现交通信号灯科学合理的智能化控制，最大限度地缩短城市平交道口车辆占道和通过时间、减小路阻、提高道路利用率。

转让及合作意向：转让、专利许可、参股合作三种形式均可商谈。

通信地址：江苏省南京市长乐路226号7楼　　邮政编码：210006

电　　话：025-86626860/52217334　　E-mail：jspwljm@163.com

雷加良

男，63岁，大专学历，工程师

发明名称：非平板式结构的太阳能电池组件

专利（申请）号：ZL200820222997.5

发明简况：本发明以特定电池组件之需要而设定的规格为单位，将单个或多个单元电池片封装成单位电池板；再用套管连杆、人字支架和连接线将若干个单位电池板组合集成，并由连接线直接固定在承载物体表面。从而减少了入射阳光的反射损失，简便了安装工艺，降低了安装成本，并将太阳能电池组件的适用范围扩大到室外各类拱凸型物体表面。

转让及合作意向：项目收购、专利转让、区域独占、实施许可、合作开发、技术入股等均可。

雷加良为提升太阳能用品性价比还申请了“非平面芯片构成的碲化太阳能电池”（专利号:ZL200610021065.X）和“热电联产太阳能锅炉”（专利号 CN200810045303.X）两项专利。

通信地址：四川省成都市崇州市正东街109号金丰2号楼　　**邮政编码**：611230

电　　话：028–82272295

李保安

男，54岁，本科学历，工程师

发明名称：船式粮仓翻粮机；双轴双动力船式粮仓翻粮机

专利（申请）号：CN2011110283713.X；ZL2011110283700.2

发明简况：粮仓翻粮机的机体采用由上锥台体、下锥台体焊接构成的船式结构，可以防止螺旋叶片向上提粮时受到粮食上行时对叶片向下的反作用力及机器本身的重力而下陷，起到托浮机器的作用；机体的周边斜面能在翻粮机行走或转向时减小粮堆的阻力，排粮槽的结构设计使得在翻动轴向上提粮时，引导粮食后行，同时受粮食后行时阻力的反作用力的推动，船体向前运行。

双轴双动力翻粮机，可打破粮仓内粮食的结露形成的屏蔽层，提高通风效率，消减积热层、疏散霉菌层，降低粮食存储霉变的风险。本发明采用双轴双动力结构，自动行走装置，可大幅度提高翻粮效率，有效缩短降温除霉变时间，同时使机器自动行走的平衡性得到提高。

通信地址：河南省商水县老城路南段　　**邮政编码**：466100

电　　话：0394–5453339　　E–mail：fuanliangji@sina.com

李秋辐

男，高中学历，多年从事耐火砖烧结、机械修造等

发明名称：新型倒烟式隧道窑

专利（申请）号：CN201010287518.X

发明简况：一种建筑材料行业烧结砖瓦、陶瓷等采用的窑型，其特征在于它用插板、比火、舌板密封，具有余热保温、废气沉淀、过滤功能，并创新出倒烟的隧道窑，和阴阳配对的炉灶，使该新型倒烟式隧道窑具有了极高的优越性和实用性，与现有市场上运行的隧道窑相比，它具有结构简单，造价低廉，节约燃料、电能和建厂投资的优点，并提高了废气排放的标准，它用一支有沉淀池、过虑网的烟囱除火源配风外便可实现全部正常运行，易于推广、普及。

通信地址：山西省阳泉市盂县孙家庄镇乌玉村

邮政编码：045100

电　　话：13935305802

李政文

男，38岁，大专学历，三维动画师

发明名称：电动隐藏式车用醒目警示牌

专利（申请）号：ZL200810066972.5

发明简况：一种电动隐藏式车用醒目警示牌，其特征在于：包括隐藏于汽车尾部大包围的条状盒，收藏在条状盒内的大型折叠三角警示牌构架，和可驱动大型折叠三角警示牌构架展开或收拢的电传动机构。本发明结构简单、合理，警示面超大的大型折叠三角警示牌构架大大提高警示醒目度，警示效果大大提高，它可满足白天黑夜不同时段的使用，亦可满足不同气候条件下使用；且定位可靠，即用即收，无须远距离来回设置和收取，大大方便了使用。收折在条状盒内的大型折叠三角警示牌构架结构紧凑，既不会占用车内有限空间，也不会影响车辆的整体外观。

转让及合作意向：转让、专利许可、参股合作三种形式均可商谈。

通信地址：广东省深圳市福田区益田路皇庭世纪9栋25C　　邮政编码：518048

电　　话：13825297116　　E－mail：21bao@163.com

发明名称：利用转基因灵芝表达人胰岛素降血糖的方法

专利（申请）号：ZL200610078845.8

发明简况：本发明人工合成了人胰岛素原类似物基因，并在编码蛋白的C端添加了KDEL的内质网滞留序列以便蛋白更多地积累在内质网中从而防止细胞中酶的降解。选用高等真菌中高效表达的GPD启动子驱动目的基因，并置于适合灵芝转化的载体中，通过电击法或农杆菌介导法或PEG介导法遗传转化灵芝。ELISA检测表明转基因灵芝中人胰岛素原类似物的含量为105.0μg/g～174.8μg/g灵芝鲜重的水平，占灵芝可溶总蛋白的4.40%～10.40%。将表达人胰岛素的灵芝口服灌喂链尿霉素诱导的糖尿病大鼠灌喂实验证明能有效降低血糖，从而提供了利用灵芝生物反应器降血糖的方法。

通信地址：北京市海滨区颐和园路5号北京大学生命科学学院

邮政编码：100871

电　　话：010－62753062

李忠平

男，教授

李剑华

男，54岁，本科学历，工程师

发明名称：汽车大型动态可变色后视告警灯

专利（申请）号：ZL99106564.6

发明简况：本发明涉及一种由大型面板式高亮度双色LED组成的汽车尾灯动态告警系统。该系统使用动态显示，使后随车司机能有明显的量化的视觉效果，特征是当刹车脚蹬踩时带动感应件插入检测传感器，这个信号经放大检波滤波后送入A/D转换器，由A/D转换器输出多路控制信号控制双色高亮度LED显示板即形成动态显示。效果是对比明显，视觉感强。本系统有可能融进未来汽车的计算机全车灯光控制系统中，特别适合高速小轿车出租车安装使用，本技术还可用于交通管制系统中。

转让及合作意向：转让、专利许可、参股合作三种形均可商谈。

通信地址：山西省阳泉市鹏华汽车电子灯具有限公司

邮政编码：045000

电　　话：13935308080

李滋星

男，60岁，博士研究生

发明名称：一种动植物组合能活化人体细胞的保健丹

专利（申请）号：ZL200610095032.X

发明简况：本发明涉及利用天然动、植物配制而成能活化人体细胞的保健组合丹。目前广泛采用乌梢蛇作为药用，但它是单一的配方，其效果有不足之处，本发明提出一种配方简单，从活蛇中提取有效成分，与富硒地区盛产的酸枣仁、百合、芡实、益知仁、决明子，配制成保健组合丹，具有改善人体脑循环、降脂、扩张血管等功效。所采用的技术方案是，按重量比配制，乌梢蛇蛋白粉为15、酸枣仁粉为17、百合粉为17、芡实粉为17、益知仁粉为17、决明子粉为17。

转让及合作意向：转让、专利许可、参股合作三种形式均可商谈。

通信地址：湖南省长沙市三一大道500号湖南高速公路管理局机关服务中心

电　　话：13936666916

发明名称：饼式发动机

专利（申请）号：ZL200820089100.6

发明简况：本实用新型涉及一种饼式发动机，它由进气管、排气管、排气孔、半月形工作室、导线、付进气管、外圆护板、密封环、传动齿轮、重轮固定板、内圆护板、频率可调活塞、固定螺栓、绝缘条、付进气孔、牛角形电极、铜质燃烧室、铁环、密封滚柱、半环起浮式混气阀、进油管构成。半月形工作室有两个，它安装在频率可调活塞的两侧，在两个半月形工作室内安有进气管、排气管、排气孔、进油管、付进气管、付进气孔、导线和牛角形电极，进气管和进油管上装有半环起浮式混气阀。该产品结构设计合理，体积重量小，废气在机内停留时间短，机体不易升温，无须复杂冷却系统维持，燃油消耗小，利用率高。

转让及合作意向：转让、专利许可、参股合作三种形式均可商谈。

通信地址：黑龙江省佳木斯市铁路第一宿舍站前路216号孙兆军转李月起

邮政编码：154002

电　　话：13512679655

李月起

男，64岁，大专学历，工程师

李国健

男，68岁

发明名称：多功能卷尺印刷机

专利（申请）号：ZL200710066701.5

发明简况：本实用新型涉及一种印刷机，专门用来印刷塑料卷尺或其他软质材料的卷尺，特别适用印刷一面公制尺码，另一面英制尺码的卷尺。其特征在于另有功能部件，增加公尺大尺码印刷滚筒和英尺大尺码滚筒后，能一次性印完公制面和英制面尺面上的大小尺码，成为一种多功能卷尺印刷机。本发明能一次完成皮卷尺所有尺码的印刷，包括尺长度线纹标记和文字尺码，并同时实现卷尺两面公英尺零位起点的对准。

本发明优势：一是改人工操作为机械操作，把工人从繁重的体力劳动中解放出来；二是大大提高了生产效率，印刷速度提高到5倍以上；三是印刷的质量有了极大提高，产品字体清晰，油墨均匀，远超过原来手工印刷的质量；四是能节约一半以上生产场地。

通信地址：浙江省余姚市梁辉开发区鸿运路18号

邮政编码：315403

电　　话：13958360477

李远辉

男，56 岁，本科学历，工程师

发明名称：一种阻火型结构的楼房

专利（申请）号：ZL200720054405.9

发明简况：本专利一改高层楼房电梯、消防楼梯封闭式的旧有结构模式，以全新的思维和理念进行了开放式的结构布局，解决了困扰全球高层楼房发生火灾时“烟囱效应”的难题。

本实用新型将商务区、居住区、公共区以及电梯区、消防楼梯区分开布局，在商务区、居住区的各住户层之间不设垂直通道，提高电梯的使用率，节省能源；公共区提供了邻里之间交流与沟通的平台以及进行绿化的空间，促进人与人之间的交流、和睦以及人们生活的质量；由于商务区、居住区各住户层之间无垂直通道，消防安全性能更高。

李远辉毕业于华南理工大学建筑工程系，近 30 年一直工作在建筑领域，从事着建筑设计、工程施工、工程监理、房地产开发以及房地产项目策划等。

通信地址：北京市丰台区丰管路 56 号院 1 号楼 806　　邮政编码：100071

电　　话：13631905326

李书印

男，43 岁，博士研究生学历

发明名称：棱镜式眼镜

专利（申请）号：ZL200920245542.X

发明简况：本发明提供了一种在球镜成分中加入棱镜成分的镜片，通过两镜片向内侧对称放置的方式配装而成特殊眼镜来解决因为看近或眼位问题而发生的视疲劳。该棱镜式眼镜针对青少年学生的读写、使用电脑、老年人的阅读，均可以让双眼由集合较强的看近状态转化为相对放松的望远状态。该镜中的透镜成分可以降低调节，棱镜成分降低集合，从而极大地缓解和消除视疲劳，有效控制近视的发生和发展。本实用新型还针对眼位隐斜问题，将棱镜的应用场所进行了扩大，不但可应用于近距离作业，还可以应用于中远距离的场合。本实用新型结构简便，实用方便，易于推广和普及。

通信地址：陕西省西安市碑林区兴庆路 9 号兴庆九号大厦 801/903

邮政编码：710048

电　　话：13572505588

李朝阳

男，58 岁，大专学历，主治医师

发明名称：中草药烧烫伤药

专利（申请）号：ZL200810046142.6

发明简况：研制中草药烧烫伤药，疗效独特，具有优于现有治疗烧烫伤的四大特点：愈后不留疤痕；疗效快捷；治法简便，无痛苦；无论烧烫伤轻重，治疗过程中不会感染，不需人工手术植皮可使伤口痊愈。

转让及合作意向：转让、专利许可、参股合作三种形式均可商谈。

通信地址：四川省武胜县疾控中心

邮政编码：638400

电　　话：13982609311

E－mail：172968614@qq.com

李树学

男，52岁，大专学历

发明名称：艺术垃圾箱；电动牙刷；自动洗拖机

专利（申请）号：CN201010272184.9；CN201010272165.6；ZL201010272189.1

发明简况：艺术垃圾箱，箱盖可以制成艺术造型，可埋放在路边，人行道边和绿化带中，使用者脚踏垃圾箱开盖踏板，将垃圾投入垃圾箱内，盖自然关闭，弥补了现在垃圾箱的不足。

电动牙刷，电动机为动力源，通过变速箱变速，正反方向转动顺齿方向刷牙，适合各类人群使用，弥补了现有牙刷的不足之处。

自动洗拖机，以电动机为动力，将拖把放在机中螺纹轴螺母升降架上，机中的清洗刷将拖把上的脏物刷下，落入阻流板下面的沉淀池中沉淀，使机器中的水可以多次多日使用，大量节约了宝贵的水资源，同时也弥补了现在拖把的不足之处。

合作意向：独占许可证，合作生产，价格面议。

通信地址：山东省蓬莱市钟楼东路37号
邮政编码：265600
电　　话：13256996999

发明名称：一种警示标志

专利（申请）号：ZL200920153930.5

发明简况：本实用新型公开了一种警示标志，其包括基材和警示标志内容，警示标志内容位于基材表面，基材的材质是玻璃钢，警示标志内容采用凹凸表现形式。该警示标志为桩或者牌，是一种凹凸玻璃钢警示标志桩／牌。本实用新型的警示标志采用热固化玻璃钢拉挤型材，强度高，重量轻，耐老化，使用年限长；警示标志内容采用凹凸字后，即使标志的油漆掉了仍然可以起到警示作用。本实用新型可广泛应用于石油、化工、天然气等管道工程；可用于供电、通信等电线、电缆工程；可用于道路标志、交通、航空等；还可用于安全标志，消防、建筑、有毒有害等区域。

李吉友现为武汉东方玻璃钢制品有限公司经理，该公司创建于1993年，主要生产玻璃钢系列产品。

通信地址：湖北省武汉市汉阳区曾家岭1号　　**邮政编码：**430050
电　　话：13908623625

李吉友

男，58岁，大专学历，高级营养师

李　宏

男，57岁，教授、博士生导师

发明名称：一种在氧气顶吹转炉中用石灰石代替石灰造渣炼钢的方法.

专利（申请）号：ZL200910082071.X

发明简况：该专利方法对发明了130多年的“托马斯碱性转炉炼钢法”采用石灰造渣的操作法、发明了近60年的“氧气转炉炼钢法”采用石灰造渣＋部分冷铁料的操作法进行了变革。采用本方法炼钢，可减少CO_2排放5万吨左右／百万吨钢；减少冶金石灰生产约5万吨／百万吨钢，无须进行煅烧石灰的粉尘治理；增加回收的煤气按CO计算可达2万吨左右／百万吨钢；减少炼钢渣和除尘灰产出量10%左右。可产生巨大的环境经济效益。该方法使石灰石在转炉中分解，产生的CO_2参与铁水中元素的氧化反应，生成的CvO可作能源回收。由石灰岩取得炼钢氧化反应所需的氧并生成能源CO，这种物质转变的模式发现属世界首次。

转让及合作意向：同意帮助转让使用权及合作推广。

通信地址：北京市学院路30号北京科技大学冶金与生态工程学院生态系
邮政编码：100083　　**电　　话：**010-62334059

李钊

男，50岁，高中学历

发明名称：电动清洗器

专利（申请）号：ZL200920007276.7

发明简况：一种轻便的电动清洗器，它是由电池合连体清水瓶、电池合塞开关、干电池、导线、气阀、电机、螺杆、瓶盖、伸长柄、弯曲喷头组成。目的是提供一种结构简单、更轻便、效能更好、更易操作的电动清洗器。

本专利产品是一种环保产品，当人们大便后用本产品清洗肛门再用小毛巾擦干，既干净又清爽。特别是爱吃辣味的人，肥胖的人、生意人、情侣、女士、各种宗教人士等。人们用上本产品心情愉快，又能节约大量纸张，减少手接触粪便的烦恼，减少细菌对自身的垂直感染。

转让及合作意向：专利技术入股占30%，加现金人民币50万元。专利使用费每个产品1元，加现金人民币100万元。专利转让价格另议。

通信地址：广东省廉江市韭菜园村一横巷19号　　邮政编码：524400

电　　话：13724799129

发明名称：一种北方代茶树覆盆子植物原料及其保健养生药果茶的生产方法

专利（申请）号：ZL200510060120.1

发明简况：本方法采用相似的手炒、机制法，并结合新研发的覆盆子新特精系列果品综合加工工艺配方，创新地制成纯叶覆盆子保健养生茶和复合功能的特种药果茶，以及药食兼用系列的高级保健养生食疗美食化产品。本发明制成的中药覆盆子药、果、茶、酱、脯、酒，具有强抗氧化、去除自由基、有效“三降”、清热解毒、消炎杀菌、壮阳补肾、滋阴补虚等保健养生功能。

转让及合作意向：公司办加工厂＋农户建中药覆盆子原料种植基地；依靠“政策引导＋科技领先＋资金保证＋市场开拓繁荣，公司＋农户”的合作模式。

通信地址：河北省张家口市建设东街36号　　邮政编码：075000

电　　话：15231334815　　E-mail：lhc-1933@163.com

李汉臣

男，78岁，大学学历，高级工程师

李继昌

男，工程师

发明名称：一种位能水跨层利用取代中水的排水系统

专利（申请）号：ZL200620001920.6

发明简况：本发明提供了一种主要用于住宅建筑的生活废水直用冲厕技术，简称“跨层排水”。其利用楼房逐层之间上楼层对下楼层所具有的位置能和废水资源，利用室内工程排水管道兼备冲厕功能，生活废水分层分流跨层式排放，同步配置直排式坐便器，可实现净水冲厕减量，大小解一人次一升水。

跨层排水比传统的排水设计更善用资源，且节水减排方法简单实效，造价低廉，无污染，无须 操作，不堵塞管道，并有技术强制性。具有一次投资长期受益的效果。

转让及合作意向：转让、专利许可、参股合作三种形式均可商谈。

通信地址：北京市丰台区东大街西里2-87

邮政编码：100071

电　　话：13522645051

E - mail：kchps@sohu.com

李瑶松

男，55 岁

发明名称：一种新型自行车

专利（申请）号：ZL201020111519.4

发明简况：本实用新型涉及一种自行车，目的是提供一种成本低且加速时既省力又不改变蹬轴幅度的自行车。技术方案包括脚拐，脚拐的下部为向上弯的折弯，在此折弯的端头设有与脚蹬轴相配的孔。

本技术的革新处集中表现在对自行车脚蹬的改变。其特征是：在加长脚拐的力臂时，在力臂的末端通过小于 45 度的弯曲来实现增力不增加幅度的效果；同时将右脚拐的力臂与花盘的边沿处连接为一体。来达到增力的目的；在后轮的齿数不增加的条件下，增加主导的齿数（一般为后轮齿数的 5 倍）使其与特征 2 相互作用达到省力的目的。这种装置可广泛使用于自行车、三轮车。

转让及合作意向：一次性转让或技术合作。

通信地址：河南省原阳县齐街镇北黑石村 9 组　　　邮政编码：453900

电　　话：13598646495　　　E － mail：Liguangbin1984@163.com

李运乃

男，58 岁，大专学历，中药调剂员

发明名称：一种治疗病毒性肝炎合并脂肪肝等疾病的煎饮茶制剂

专利（申请）号：CN200710111793.4

发明简况：本发明结合中医内科学、中医肝病学、中医药学、中医经络学论，结合现代医学的诊疗文化，进行技术创新，以清肝降脂，行气化滞，疏肝解郁，疏利三焦，健脾消积，通筋活络，活血行瘀，净肝排毒，祛腐生新，顺气醒脾，益气补虚，化脂转糖，益肝护肝之功能而组成配方，携带服用方便，专病专药，靶向力强，疗效好，无毒副作用。

李运乃为湖南耒阳市人，在从事中药专利药品的研制与临床诊疗、专利创新药品的开发与推广工作中，已申报在研专利创新药品 70 多项。

通信地址：广东省中山市张家边镇四村村尾上街二十二巷 5 号

邮政编码：528437

电　　话：13590856159

E － mail：58581028@163.com

李素阁

女，70 岁，大专学历，诊所负责人

发明名称：一种治疗气管炎的中药制剂

专利（申请）号：ZL200410024587.6

发明简况：本发明是祖传秘方和现代科学相结合，由 10 多种名贵中药精制而成，通过多年的临床应用证明对气管炎、肺气肿、支气管哮喘、咽炎、肺结核都能达到根治的目的，根治率在 90% 以上，而且疗程短，见效快。花钱少，治大病，一月为一疗程，一般在三个疗程左右治愈，愈后不复发，无任何毒副作用，是其他药物无法相比的。

转让及合作意向：转让、专利许可、参股合作三种形式均可商谈。

通信地址：山东省菏泽市康庄路北关医院东 1 00 米路北（财经学校楼下）

邮政编码：274000

电　　话：0530—5511989

传　　真：0530—5623078

李 军

男，35 岁

发明名称：语音出门提醒器

专利（申请）号：ZL201020515007.4

发明简况：随着人们生活节奏的加快，工作压力的增大，可能会一不留神忘记一些事情。比如到了单位，忘了带所需物品，造成不必要的麻烦。

本发明语音出门提醒器能很好地解决上面的问题。在您走出家门前就会用语音提醒你别忘了该做的事情，而且它所提示的语音内容可以随时更改，以满足不同的需求。

李军自幼喜爱无线电，走上工作岗位后利用业余时间搞发明创造。先后申请并获授权两项实用新型专利——防丢钥匙扣（ZL00260461.2）和防辐射保健手机（ZL00260462.0）。

通信地址：山西省大同市大同矿务局平旺物业管理公司热力监控室

邮政编码：037003

电　　话：15234239140

李 卫

男，52 岁，大专学历，厂长

发明名称：顺齿式电动牙刷

专利（申请）号：ZL201020010042.0

发明简况：本实用新型涉及一种双向 365 度的顺齿电动牙刷，是目前国际市场上首例顺齿牙刷的电动工具。从横向往反到顺齿牙刷是口腔卫生领域的一场彻底革命。本实用新型牙刷在圆柱刷体内装有电机，运用齿轮变速带动刷头顺齿旋转，为防治刷伤口腔在刷体前端装有护板。在刷体中部壁上装有正反转电源开关，可任意调整反正转。刷牙时不伤牙龈，又能把牙缝里的塞挂物和牙垢彻底清除，同时刷头的软细毛还能按摩牙龈，可促进血液循环使牙齿更坚固。刷头可随时更换。牙刷采用了全封闭式的锂心充电系统为电池充电，既安全快捷又方便耐用。

转让及合作意向：生产许可，投资入股。

通信地址：辽宁省辽阳市文圣路 234-1 号楼

邮政编码：111000

电　　话：0419-3671115

E-mail：lnlyjft@163.com

李仲秋

男，49 岁，硕士学历，高级工程师

发明名称：三阶电荷泵锁相环的稳定性分析方法

专利（申请）号：CN201110059039.7

发明简况：三阶电荷泵锁相环的稳定性分析方法涉及频率合成器中三阶电荷泵锁相环电路的稳定性设计方法，同时还给出了三阶电荷泵锁相环在设定条件下的稳定性因子的计算方法及取值表。为高阶锁相环系统的稳定性设计，提供一个直接而具体的分析方法和参数取值方案。

转让及合作意向：转让、专利许可、参股合作三种形式均可商谈。

通信地址：湖南省长沙市雨花区圭塘体院路 348 号

邮政编码：410014

李小岛

女，31 岁，本科学历，工程师

发明名称：河道清污装置

专利（申请）号：CN201110165563.2

发明简况：本发明包括置于河道中的清污网，清污网上分布有清污因子。清污因子为半球体，清污因子外套有网罩并通过绑扎将清污因子固定在清污网上。清污网顶端固定在一横杆上，横杆的两端活动连接在支撑座上，并且在横杆两端设有转动横杆的手轮，清污网的底部悬挂有重锤。本发明清污效果好，而且可以在河道内移动使用，清污网可回收清洗后再次利用，有利于广泛使用。该结构合理、简单，造价低，不仅有效解决了河道清污的问题，还方便在河道内批量使用，它还有一个突出的优点，可以重复使用。

转让及合作意向：转让或合作均可。

李小岛原从事建筑设计工作，于 2011 年 6 月转为个人创新工作，个人申请受理了"河道清污装置"、"一种弹性发电装置"等八项专利。

通信地址：浙江省丽水市金苑新村 14 栋 105 室　　**邮政编码**：323000

电　　话：138570089120

李宝军

男，大学学历

发明名称：全日光温室专利技术；太阳能连跨温室

专利（申请）号：ZL200920268867.X；ZL200820182423.X

发明简况：全日光温室专利技术，完全利用太阳能，通过特殊的采光角和墙体结构，保证了吸热、放热的性能，到了寒冷的冬季零下 30℃～40℃不需任何加温取暖设施，能保证茄果类蔬菜正常生长，是安全越冬的节能型温室（冬季不烧一块碳，棚内最高温度可达 40℃以上），无传统温室燃烧物排放。

太阳能连跨温室专利技术，本温室是经多年研究和生产实践改进而设计成现在的、近似国外的大型温室结构，超国外温室温度和生产性能的中国式温室。因特殊角度和墙体结构的设计，冬季无须任何加温取暖设施，保证了高温植物所需要的温度要求，正常生长越冬。节省土地，降低建造成本，节约能源，保护生态环境。

转让及合作意向：转让、专利许可、参股合作三种形式均可商谈。

通信地址：内蒙古自治区呼和浩特市赛罕区鄂尔多斯东街天和公寓 20072 室

邮政编码：010010　　**电　　话**：0471—5295790/13347134967

E － mail：nmynkj@163.com

李志远

男，28 岁，本科学历，硕博连读生

发明名称：一种可折叠的筷子

专利（申请）号：ZL201110002393.6

发明简况：一种可折叠的筷子，其筷体分成前半部和后半部，前半部和后半部通过铰链连　接；筷体前半部的一端面上设有一凸块，与该凸块对应的后半部端面上设有一与该凸块相吻合的凹槽；凸块的一侧面开有一小孔；对应凸块上的小孔同侧的凹槽一侧顶部设有一缺口，同侧设有一压片，该压片通过一铆钉可转动固定在筷体后半部侧面；该压片的上部设有一凸起，该凸起位于凹槽的缺口中，该压片的下部为按压部；筷子折直时，筷体前半部的凸块进入后半部的凹槽，该压片上的凸起与凸块上的小孔相咬合。本发明提供的可折叠的筷子，可以实现铰链的自动锁定，当折叠时，也只需要按下压片便可解除锁定实现折叠。

转让及合作意向：针对本专利有兴趣的单位和个人。

通信地址：北京市朝阳区北土城西路 19 号

邮政编码：100029

李汝策

男，中共党员，高级研究员，大学学历，中医师

发明名称：一种治疗牛皮癣的药

专利（申请）号：ZL01100549.1

发明简况：该新型专利是发明人根据治癣之祖传秘方，运用科技手段，潜心研制配方研制的一种通过透皮吸收的药物，不需内服外涂，将制成的药垫晚上睡觉时平铺在臀下，效果显著。该药功能清热解毒、活血化瘀、杀菌驱毒、燥湿杀虫、脱痒、止屑、提脓排毒、提高免疫力、美容养颜等。

转让及合作意向：转让、专利许可、参股合作三种形式均可商谈。

通信地址：河北省廊坊开发区金源道46号北方集团
邮政编码：065001
电　　话：0316-6079199

李加渊

男，54岁

发明名称：球形茶成形工艺及挤压成形机

专利（申请）号：CN201010185089.5

发明简况：本专利是一种球形茶成形工艺的挤压成形机，将杀青后的茶叶采用挤压成形机进行挤压，经挤压的茶叶解松后，再次进行挤压、解松，茶叶便成卷曲形或球形。本发明的工艺方法及成形设备，在加工时无须茶巾布，成形速度快，劳动强度低，每批成形的茶叶数量大，成形过程成本低，成形后茶叶品质高。

本发明的结构要点在于：包括动力装置、杀青叶成形腔，所述的杀青叶成形腔由可相对成形腔内腔移动的腔壁及固定式腔壁共同围成的封闭成形腔，动力装置与成形腔的移动壁采用传动连接，在成形腔壁上设置有进料通道。所述的动力装置为液压、气动或电动螺杆直接驱动。

通信地址：福建省泉州市安溪县龙涓乡下洋街（原乡农械厂）
邮政编码：362434
电　　话：0595-23098287

李明忠

男，61岁，大学学历，高级工程师

发明名称：铝箔空气层复合隔热板

专利（申请）号：ZL201120100917.0

发明简况：本实用新型公开了一种铝箔空气层复合隔热板，其特点是该隔热板由上基面板与下基面板中间设置的隔板组成，隔板两侧以及上基面板和下基面板内侧粘贴铝箔；隔板两侧设有封口板，上、下基面板复合在封口板上由槽形边框板封边并固定为一板体，隔板与上、下基面板形成的空腔为空气隔热层，空气隔热层可充氮气。本实用新型与现有技术相比具有结构简单、隔热效果好、使用寿命长的优点，确保铝箔对热辐射能波的反射面长期处于高效状态，可广泛使用于各项保温工程，是一种性价比高的隔热新产品。

转让及合作意向：寻求许可生产转让。

通信地址：上海市武宁路303号
邮政编码：200063
电　　话：13524903872

李贺清

男，助理工程师

发明名称：主动式汽轮机；墙式风帆

专利（申请）号：CN201110124795.3；ZL201120064577.0

发明简况：一种主动式汽轮机。也可称反冲动、自旋式汽轮机。该机与现役轴流式汽轮机相比除结构形式不同外，其作功方式与之相反——转子自身喷汽推动自己旋转。其特别的差异之处就是大幅节能，同比节能应不小于30%。其技术特征是：体积小，构造简单，作功汽体的利用率为100%，并都作用到最大作用点，且没有任何级内损失及内耗。该机耗汽量虽小但生成轴功率大。该汽轮机可大幅节能（节水），并且设备体量小、构造简单，制造又不涉及高难技术及材料，并有固障机率低、使用寿命长的特点。还可实现后继装置及设施减肥、减耗，除可获得本机高节能的效益外，还可获得可观的间接效益。以此认为：该汽轮机在早期阶段有获取高额附加值的机遇，或有引起全球换代的市场前景。

本实用新型涉及一种墙式风帆，是一种以风力助推的节能装置，适用于大型宽体船舶。墙式风帆主要包括三角形吊梁、伸缩式桅杆、减弧系绳、斜拉背绳、阻风帆布、帆布收放装置等。三角形吊梁横卧于各桅杆的顶部（贯通全长），并与各桅杆的顶端相连接固成一体，构成一个矩形板状的平面形帆体，装设在船体尾部。该型风帆，阻风面积大，阻风系数高，所产生的推力作用性强。并且构造简单、技术成熟，应用便捷（无须人工辅助）双重安全防范措施。该装置可使耗能之巨的远洋货轮，在增加经济效益、减少有害排放方面得到可观的效益价值。

转让及合作意向：转让、专利许可、参股合作三种形式均可商谈。

通信地址：河北省唐山市丰南区丰南镇于家泊北村中大街27号

邮政编码：063300

电　　话：13903157363

李世林

男，大学学历

发明名称：脚踏往复运行车

专利（申请）号：ZL201020642675.3

发明简况：本实用新型充分利用杠杆原理，在于车架加长，脚踏杆加长，脚踏杆上下反复运行，通过绳索和滑轮，脚踏杆一侧下行，另一侧上行。其特征：车架中心轴两侧设轴套。A轴套外固定链轮、棘轮和能灵活转动的脚踏杆。脚踏杆的中轴孔两端设棘爪、弹簧片，前端设固定螺丝。B轴套外固定棘轮和能灵活转动的脚踏杆，脚踏杆的中轴孔两端设棘爪、弹簧片，前端设固定螺丝。中心轴右后叉中端设链轮组架。链轮组有大链轮、小链轮装在链轮套上，套内有轴承、轴，侧面有调节螺丝、垫螺母。车座前下方、两梁之间设有滑轮支架，滑轮支架中间装有轴承的滑轮。绳索穿过滑轮顶端槽，固定在两侧脚踏杆前端螺丝上（绳索调到合适位置）。

转让及合作意向：各种方式均可。

通信地址：山东省莱阳市文化路85号莱阳师范学校学生处　**邮政编码：**265200

电　　话：13791197662

李朝昱

男，58 岁，高中学历

发明名称：一种能提高发动机功率和降低尾气排放的结构

专利（申请）号：CN201110045572.8

发明简况："极速"气流增压器是一种能提高发动机功率和降低尾气排放的结构。主要由发动机节气门、进气歧管、壳体和叶片组成。其特征在于，在发动机的进气歧管与节气门出气端之间管路上设置一个增压气流不受节气门控制，直接对进气歧管增压，直供式气流增压装置，从而为发动机提供强劲增压效果，能将从节气门进入的平行运行的气流，按照设定角度螺旋进入进气歧管，形成涡旋流，从而加大进入空气流量，提高气缸空气流比例，提高空燃比，保证在低速时发动机能够以自吸方式得到足够的压缩空气，使燃油燃烧充分，提升动力输出，从而达到节油减少积碳，降低尾气排放的作用。

转让及合作意向：转让、专利许可、参股合作三种形式均可商谈。

通信地址：河北省邢台市桥东区东牛角村 70 号
邮政编码：054000
电　　话：15933097709

李潇潇

男，28 岁，本科双学位，公司董事

发明名称：中央空调风机盘管装置

专利（申请）号：ZL201020207157.9

发明简况：本专利是一种中央空调风机盘管装置，包括盘管风口和盘管风口设有风口百叶窗，在风口百叶窗内侧的盘管风口中还设有 TiO_2 光催化网和紫外线灯，所述紫外线灯与 TiO_2 光催化网相对设置。采用上述技术方案，空气从风机盘管的回风口进入盘管，经过过滤网，在风机的作用下室内空气中的头发、皮屑、灰尘被强行吸入到过滤网中，当空气穿过 TiO_2 光催化网、紫外线灯（紫外线灯是 TiO_2 光催化网的激发源），通过紫外线灯的光源为激发源照射 TiO_2 光催化网，在紫外线灯的激发下，TiO_2 光催化网将空气中的甲醇、苯、二甲苯、氨、TVOC(总挥发性有机物)降解并杀灭空气中的细菌、病毒、霉菌，净化后的空气再经由冷热交换器通过出风口被送往室内，反复循环，最终达到净化室内空气的目的。

转让及合作意向：转让、专利许可、参股合作三种形式均可商谈。

通信地址：广东省广州市天河区广州大道中 1342 号 8–501　邮政编码：510075
E – mail：xlr668@163.com

李　林

男，49 岁，大专学历

发明名称：双向选择节水盆与蓄水箱

专利（申请）号：ZL201020294311.0

发明简况：本实用新型涉及一种双向选择节水盆与蓄水箱，在水箱的上部安装有水盆，在水盆的底部设有排水口，该排水口通过软管与安装在水箱内的转换阀入水口相连，所述转换阀一边的蓄水口与水箱内相通，所述转换阀另一边的直排口通过软管与水箱内置的溢流管下端相通，并与水箱外置的排水管相连。水箱既能做水盆的支撑，又能用作蓄水箱用，在水盆的底部出水口连接转换阀，能向外直排污水也能往水箱内灌注干净二次水，在水盆上用水时，根据水盆中的水清洁度而决定是排放还是放水箱蓄存，便于马桶用水，以达到节约用水的目的;具有结构简单、制作容易、使用方便、能有效节约用水和适用范围广的特点。

转让及合作意向：转让、专利许可、参股合作三种形式均可商谈。

通信地址：广东省韶关市五里亭前进路 3 号席前路 22 栋 302 房　邮政编码：512000
电　　话：18810055360/0751–8911958/13030130786

李礼然

男，大学学历

发明名称：偏传式离合器

专利（申请）号：ZL200810084693.1

发明简况：本发明公开了一种偏传式离合器，其包括壳体，其与主动轴一起作可旋转连接；至少一组转子，每组设有两平行排列并与所述壳体同心配置的转子，该转子与从动轴一起作可旋转连接；至少一组与转子相配合的缸环，每组中设有两平行排列并配置在所述的壳体与所述的转子之间且可在所述的壳体内作上下相对位移的缸环，所述的两缸环之间由分隔板隔开；叶片，其可移动地设置在所述的转子的槽内；以及联合控制机构，以操控所述的两缸环的上下相对位移；其中，所述的壳体内的空间注满工作油并且密封。本发明采用全密封工作油，依靠液压力传递动力，没有组件间的摩擦损耗，能很好地改进现存离合器的性能，能提高离合器的使用寿命和制动的准确性。

通信地址：中国香港新界

电　　话：00852-26090307

李振华

男，36岁，本科学历，助理工程师

发明名称：远控电源插排

专利（申请）号：ZL201020120633.3

发明简况：远程控制电源插排是针对目前很多人用完电脑后，都要钻到桌子底下去关掉电源的现实和目前用电器越来越多，电脑、电视、音箱、影碟机、机顶盒、充电器等等，频繁的插拔使得电源管理越来越不便的实际情况，而研制的一款实用的产品。

远程控制电源插排就是通过简单的方式实现对电源插排一般是放在桌子底下和隐蔽的墙角处而造成的开关不便的问题，更由于远程控制电源插排增加了远程控制盒，使得它可以更便捷有效地实现对每一路用电器的单独管理，只需将用电器一次插排，通过远程控制盒进行管理，无须频繁的插拔工作。

远程控制电源插排不仅仅是一种有效的电源管理方案，更由于它对家用电器的便捷管理，而倡导出一种新的生活方式。

转让及合作意向：转让、专利许可、参股合作三种形式均可商谈。

通信地址：山东省潍坊市青州八喜温馨苑7#-2-301　　**邮政编码**：262500

电　　话：13173112331　　E-mail:bee4fly@yahoo.cn

李文泽

男，48岁，初中学历

发明名称：移动式喷灌机

专利（申请）号：ZL201120098806.0

发明简况：本实用新型的优点是：(1) 用车轮少（压低少），可根据农民土地情况生产任意长度。(2) 在节水灌溉上可节省大量资金，一台可用于喷灌3000～4000亩左右的土地，并可以移动至其他地块，一千亩地配备一眼井即可。(3) 充分灌溉，能做到不丢地。(4) 本机在工作时走偏可自行修正。(5) 喷灌时可根据干旱轻重调整灌溉深浅。(6) 节省人力和成本。(7) 供水方法简单方便。(8) 用完后不占用耕地，可放置于其他空地。

转让及合作意向：只出让生产权以及相关技术；只准使用本人的注册商标；除本人以外不得随意转让他人生产；所出产品可自行定价销售；如本产品纳入国家补贴项目中，共同享受；生产转让年限面谈。

通信地址：内蒙古自治区赤峰市阿鲁科尔沁旗罕苏木白彦浩树噶查二组

邮政编码：025559

电　　话：15648621764/15947241933

李荣标

男，67岁，大学学历，总经理

发明名称：多功能安全电动爬楼椅

专利（申请）号：ZL200720177922.5

发明简况：本实用新型公开了一种多功能安全电动爬楼椅，设有椅座架、上架、活动扶手、星轮、电池、电机和变速传动箱，上架装在座架上方，座架背上装有活动扶手，座架下面安装电池、电机、变速传动箱和星轮，其特征在于：所述座架如座椅形状，上架与座架的座架背方便拆卸地固定连接，在座架下面设有架托，架托下面可向下折叠地装有安全架。还设有脚蹬架和安全架控制器。本实用新型适用于爬楼梯，也可以在平地推拉，能坐人，也能运物，具有使用方便，安全可靠，便于携带和室内存放，功能多样，自动性强的特点。

转让及合作意向：转让、专利许可、参股合作三种形式均可商谈。

通信地址：北京市通州区西集镇前寨府　**邮政编码**：101106

电　话：010-61570695/13718187528

E－mail:Rbl888@yahoo.cn

李义德

男，74岁，本科学历，副教授

发明名称：新型化学杀菌剂对棉蕉枯萎病防治施药技术

专利（申请）号：CN20110140945.X

发明简况：新型化学杀菌剂对棉蕉枯萎病防治施药技术，20%由新型化学杀菌剂配方组成。配方一组成：脱氢乙酸钠98克，复硝酚钠2克，水500毫升。制作：将称取的脱氢乙酸钠与复硝酚钠依次放入500毫升水中，充分溶解呈粉红色液即成备用。用途:枯萎病、黄萎病、叶斑病、根腐病、根朽病、灰霉病、蔓枯病等棉、蕉、菜、茄、瓜经济作物病害防治。配方二组成：脱氢乙酸钠80克，焦亚硫硫酸钠18克，复销酚钠2克，水500毫升。制作：将称取的脱氢乙酸钠、焦亚硫酸钠和复硝酚钠依次放入500毫升水中溶解即成备用。用途：枯萎病、黄萎病、叶斑病、根腐病、根朽病、灰霉病、蔓枯病等棉、蕉、菜、茄、瓜经济作物病害防治。两个配方任选一个应用即可。

通信地址：山西省运城市红旗东街46号　**邮政编码**：044000

电　话：0359—2080695

李运龙

男，62岁，初中学历

发明名称：食品熏香及用食品熏香熏制食品的熏柜

专利（申请）号：ZL200810047268.5

发明简况：这是一种前所未有的新型系列熏香，与生活密切相关，是一项创新的熏香，于2011年2月获国家专利证书。

本熏香适用于某些企业、宾馆、饭店以及大大小小的餐馆，城乡居民均可使用，简便、安全、高效、无污染。改变了几千年的传统原始的方法，特别是解决了城市居民在家里熏制熏腊食品的难题，杜绝城市里因居民熏制食品而发生的火灾，制作熏腊食品的厂家使用本食品熏香后可使生产过程及产品标准化、规范化，同时节约大量的木材，节省许多人力。

转让及合作意向：完全转让或合作。

通信地址：湖北省宜昌市西坝和平路49—2—201

邮政编码：443002

电　话：15327674669

E－mail：602666859@qq.com

李代桂

男，68 岁，初中学历，建筑助理

专利名称：建筑工程墙柱面水泥砂浆电动型粉磨机

专利（申请）号：CN201110144783.7

发明简况：粉抹机工作效率：假如粉抹延长米用 30 秒钟即每小时为 120 米，假如每天工作 8 小时其中粉抹和待机各为 4 小时即 480 米，假如一次粉抹宽为 1 米即 480 平方米，假如宽为 1.5 米即 720 平方米，相等于人工粉抹的十倍以上，因此，一次粉抹宽度和拼条模的备用量都是工作效率的关键。

拼条模拆除时间：一是根据不同水泥标号及不同配比规定的初凝强度表，二是凭观感和手摸以砂浆不下沉无指纹。

延长拼条模拆除时间因素：混合砂浆、砂浆王掺和、墙身湿度过大、气温过低、砂子粒径太细、水灰比过大。因此，使用本发明粉抹机人员应掌握业务知识或听从技术人员指导。

防止超长拼条模发软变形方法：在墙身上垂直固定 1 根直铁，在拼条模上增设磁铁以自行吸引力对拼条模临时加固。

转让及合作意向：转让费 300 万元人民币，或根据国家知识产权局专利局评估。

通信地址：江苏省高淳县固城镇禅林村童家墩　　**邮政编码**：211304

电　　话：18751936602

李勇林

男，43 岁

专利名称：自动水

专利（申请）号：CN200710129595.0

发明简况：本实用新型依靠大自然为动力，不用电、油、煤，解决自动输水。从河流的上游或最上游，河流内向下顺水放（安装），水管到目的地，上游水管（进水口）海拔高于（水管）出河流内的海拔时（水管从进水口向下顺水走一定的米数时）走陆地后方可走自己想走的路线，也就是水管在河流水内顺水向下走一定的长度时，上游的进水口海拔大于河流两岸的海拔时，可出河流经过陆地、山间，到达目的地（各国各地），水管在出河流到陆地时两岸海拔大于出水口海拔高度。

输水效果：可翻山越岭，不受时间、地形、用水量的限制；输水对象：所有缺水地区，需要水动力的地方（中国西北部）。

转让及合作意向：商家合作开发或低价转让。

通信地址：内蒙古自治区巴彦淖尔市临河区双河镇团结三队

邮政编码：01500

电　　话：13034789899

李国庆

男，45 岁，初中学历

发明名称：一种光能惯性发电机

专利（申请）号：CN201010284140.8

发明简况：本发明是一种光能惯性发电机。光能惯性发电机由太阳能板、弱电机、助力装置、飞轮、高压发电机组成；依次按以下连接：太阳能板→弱电机→助力装置→飞轮→高压发电机；其中助力装置的构成为：在一根中轴上依次装有被动齿轮、摩擦传递轮、盘簧、动力输出传递罩、带有棘轮机构的输出齿轮，在被动齿轮一侧有压紧弹簧及调节螺母，在被动齿轮的另一侧通过摩擦片与摩擦传递轮接触，摩擦传递轮连接盘簧，盘簧置于动力输出传递罩内，动力输出传递罩与输出齿轮连为一体；带棘轮机构的输出齿轮和一个与飞轮连动的齿轮啮合，飞轮连接高压发电机。可由低压电变为高压电输出，对环境没有任何的污染，是一种清洁的发电装置。

通信地址：云南省昆明市官渡区羊方旺 384 号　　**邮政编码**：650215

电　　话：13708474973

E－mail：liguoqingkmzt@163.com

李庭和

男，66 岁，大专学历

发明名称：自行鞋

专利（申请）号：ZL200920062854

发明简况：本实用新型的优点是：行驶起来轻便、快捷，有着轻型摩托车的速度，却不需要消耗任何能源，无噪声，无污染，可以携带和收藏；15 ～ 45 岁的群体均能使用，尤其深得在校学生和滑冰爱好者的喜爱。

自行鞋，包括底盘、双摇杆、双连杆、双曲柄、传动结构、托地轮和安全轮，其特征是：底盘的下部固定有前后安全轮，前后安全轮之间设有摇杆、连杆、曲柄和托地轮；托地轮上设有刹车和飞轮，刹车的端部连接有刹车线，底盘后部设有两根直齿条，直齿条的外侧设有传动结构，传动结构通过链条和飞轮与托地轮连接；直齿条上还设有轮子和轨道；底盘的上部固定有鞋邦和固定杆，鞋邦和底盘之间通过螺丝固定，固定杆的顶部设有刹车提环和带子。

转让及合作意向：转让、价格及其他合作方式面谈。

通信地址：湖南省澧县羊湖口纺织公司宿舍楼　　**邮政编码**：415525

电　　话：15616626883

厉黎明

男，28 岁，大专学历，木匠

发明名称：一种多功能循环床柜；免水蹲便器

专利（申请）号：ZL201020296274.7；ZL201020513691.2

发明简况：一种多功能循环床柜的专利有节能、节省空间、多功能的优点。它的上层是床，床垫的下面是柜子和浴室。其中床垫是利用冷热水（空气）来调节温度，使人睡在上面有冬暖夏凉的效果。床垫中间有解小口，再结合整体式卫生间，功能更齐全。柜子有存挂衣服和藏被子的功能，其中床头柜能藏鞋子。

免水蹲便器的专利主要有节水的优点。它能够实现不用水、不用电、不用气来解决大小便。它能 90 度折叠，使用时放平，按钮合上。使用后踩一下按钮，会弹回竖着的状态。利用这一动力把粪排到粪池连接器。它能用不锈钢、陶器、塑料等材料来制作。

转让及合作意向：转让、专利许可、参股合作三种形式均可商谈。

通信地址：浙江省东阳市横店镇官桥村 387 号　　**邮政编码**：322118

电　　话：13335977012　　E － mail：licockcrowing@tom.com

梁方雄

男，69 岁

发明名称：插裁式薄板冲裁模具

专利（申请）号：ZL200820303800.0

发明简况：本专利其特点是与上凸模相对应的板料支承有漏料垫板，凸模与漏料垫板的间隙 C 按公式：$100T > C \geqslant 0.25nT$ 确定，其中 T 为薄板厚度，n 为大于 1 的系数。其优点是：只需做凸模和漏料垫板，不需凹模就能完成冲裁作业；凸模与漏料垫板之间的间隙变大不会影响使用，所以模具不容易损坏，结构简单，成本低，易于维护；可以在同一副模具中冲裁不同厚度的金属薄板；漏料垫板的材质可以使用普通材料，只起支承作用，没有刃口，简单耐用，易维护，易保证大规模生产的需要。

转让及合作意向：转让、合作等均可。

梁方雄长期从事模具创新与设计工作，至今已获三项专利。

通信地址：广西壮族自治区柳州市三中路跃进村 138−1 号

邮政编码：545001

电　　话：13768874595

梁学俭

男，76 岁，本科学历，高级工程师

发明名称：一种可改善前列腺增生的保健食品

专利（申请）号：ZL01115078.5

发明简况：本发明的特点在于用富含锌、硒、锰元素的天然蛋白质粉和生姜粉经混合而成，其中天然蛋白质粉占 95% ~ 98%，生姜粉占 2% ~ 5%，该天然蛋白质粉和生姜粉的混合物可直接用食用胶囊盛装或加工成片剂型、颗粒型。所述的天然蛋白质粉是富含锌、硒、锰元素的家禽蛋经打蛋和喷雾干燥所得的干粉；所述的生姜粉是采用干生姜经粉碎过 100 目筛所得的干粉；所述的生姜粉也可以用茶叶粉替换。

转让及合作意向：寻求投资公司合作开发或转让。

梁学俭于 2000 年获得世界医坛首脑才华奖，其《符合蛋白锌抗氧化疗法及其临床应用》获优秀学术成果一等奖。

通信地址：山东省济南市卧龙花苑二区 17 号 2 单元 202
邮政编码：250012
电　　话：0531-82565976
E - mail:lxj@cnm21.com

发明名称：腈纶／黏胶／锦纶／氨纶多组分无缝内衣染色工艺

专利（申请）号：ZL200910098044.1

发明简况：一种腈纶／黏胶／锦纶／氨纶多组分无缝内衣染色工艺，属针织品的前处理、染色、后整理工艺技术领域，先按现有染黏胶的工艺要求染黏胶，然后加入染化料和助剂进行同浴精炼除油和染腈纶／锦纶／氨纶，最后按现有柔软处理工艺要求进行柔软处理；所述的染化料和助剂由除油剂、精炼剂、ED 型阳离子染料、弱酸性或中性染料、沉淀防止剂、螯合分散剂、匀染剂、冰醋酸、醋酸钠等组成。本发明合理选用了 ED 型阳离子染料，并添加沉淀防止剂，把精炼除油、染腈纶、染锦纶／氨纶同浴进行，将现有技术的四浴法减为二浴法染色，缩短了工艺流程，缩短了染色时间，提高了产量，减少了蒸汽和水的用量，减少了排污。

转让及合作意向：面议。

通信地址：浙江省上虞市人民西路 147 号　　邮政编码：312300
电　　话：0575-82666683

梁佳钧

男，46 岁，大专学历，高级工程师

梁振兴

男，70 岁，大专学历，中医副主任医师

发明名称：一种具有强筋壮骨、活络关节的药物组合物及其制备方法

专利（申请）号：ZL200810117558.2

发明简况：本发明是由黄芪、熟地、鸡血藤、天麻、鹿角胶、当归、枸杞、太子参、千年健等 20 余种地道纯真中药材的药物组合而成。本发明具有补肝益肾健脾，充养气血精髓；强筋壮骨、活络关节，提高机体免疫力的功能。对于治疗股骨头坏死、强直性脊柱炎、后期骨折、关节僵硬、骨不连接、老年骨关节炎、风湿、类风湿等均具有良好的疗效，亦适用于中老年保健，可强身健体，改善骨质疏松以及儿童缺钙症，童叟无忌、妇孺皆宜。经过近 20 年的临床实践，验证了它的安全性和有效性。是一种用途较广、疗效显著、安全，具有良好开发前景的药物组合物。

转让及合作意向：面议。

通信地址：山东省肥城市刘庄大街 80 号，德兴堂梁氏正骨研究所
邮政编码：271600
电　　话：0538-3222916
E - mail：DXTLSZG@163.com

梁志业

男，58 岁，本科学历

发明名称：解决电网调峰、装机、缺电煤难的方法

专利（申请）号：CN200810129066.5

发明简况：本发明的创新之处在于在现有各地水电厂上网关口处加装峰谷电表，设定地方水电厂发电上网时间和电网高峰需要负荷时间相一致，并且租用电网来销售。我国有 8.64 万座水库，有几千万至几亿 kW 地方水电装机，本发明在各地方水电厂上网关口处装分时计量电能表，用电高峰时每天以高价收购地方水电 2 至 8 小时来为电网调峰，解决了我国电网调峰、填谷每年几十至几百天，每天几千万至几亿 kW 的困难。本发明和现技术同电同价（平均 0.2 ～ 0.4 元 /kW · h）上网 20 年相比，为电网及地方水电多创收几万亿元，可水电装机几亿至几十亿 kW；每年促进电网水电多发 800 ～ 2000 利用小时。

通信地址：广西壮族自治区广西省来宾电厂石粉厂门卫
邮政编码：546138
电　　话：13211581651

廖卫松

男，42 岁，中专学历，技师

专利名称：一种温馨听诊器

专利（申请）号：ZL201120136390.7

发明简况：本实用新型公布了一种温馨听诊器，主要由听音件、U 形架、胶管、拾音腔、电源、控制开关、导线和电热元件组成，其特征在于：在普通听诊器的拾音腔内部设计有一个电热元件，电源、控制开关、导线和电热元件依次电连接。电热元件产生热量，使拾音腔变得温暖、舒适。本实用新型本着以人为本的目的，让在寒冷的冬天就诊的病人感受到“温暖”，人性化的设计，必将被广大卫生部门大力推广。

转让及合作意向：220 万元一次性转让。

通信地址：湖北省汉川市人民医院
邮政编码：431600
电　　话：13871912857

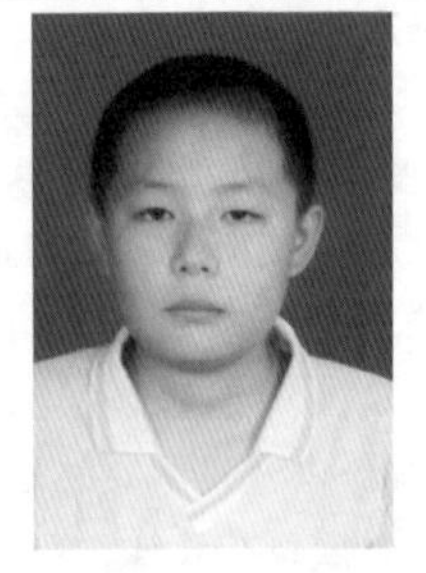

廖 煌

男，13 岁，小学在读，学生

发明名称：悬挂式筷子筒

专利（申请）号：ZL201020235486.4

专利简况：本实用新型是一种笼屉结构斜槽设计、底板与筒体组合成的自然干燥型悬挂式筷子筒，属日用品技术领域。现在使用的筷子筒，存在筷子挨得很紧，筷子之间无间隙，筷子顶端直接与筒底接触的缺陷，造成通风受阻、难干燥、易积水、难清洗，筷子易霉变发黑，有异味。本实用新型是在筒体下部开设笼屉窗口，底板设计成上宽下窄的斜槽，斜槽底板制造成笼屉结构，并设排水沟、出水口、通气孔，这样做产生的效果是：使筷子与筒壁和相邻槽内的筷子保持一定距离，筷子顶端不会触及槽底，由此而形成了良好的通风系统，清洗时从笼屉里抽出底板即可，因而解决了现行使用的筷子筒的缺陷。本专利筷子筒结构简单、易于实施。

通信地址：福建省龙岩市味精厂 7 号楼 301 房
邮政编码：364000
电　　话：130156024689

廖宣盛

男，68 岁，大专学历，副主任药师、执业中医师

发明名称：一种治疗腰腿痛病的中药

专利（申请）号：ZL200710194336.6

发明简况：本发明是一种治疗腰腿痛病的中药，原料中的药材组成和重量百分比为：当归 5% ～ 8%；川穹 2% ～ 5%；赤芍 2% ～ 4%；防风 2% ～ 4%；白术 5% ～ 8%；红花 1.5% ～ 3%；川牛膝 2% ～ 4%；白芍 9% ～ 13%；车前子 4% ～ 7%；甘草 2% ～ 5%；蒲公英 9% ～ 13%；血竭 2% ～ 4%；儿茶 2% ～ 5%；砂仁 1.5% ～ 3%；独活 2% ～ 4%；千斤拔 11% ～ 15%；僵蚕 2% ～ 5%；黑芝麻 11% ～ 15%。

此发明具有治疗效果好（其痊愈率可达 58.1%，总有效率可达 98.6%）、疗程短、费用低的特点。

转让及合作意向：一次性买断、区域独占、技术入股、合作开发，具体事宜面议。

通信地址：江西省新余市科环东路金科苑大楼

邮政编码：338000

电　　话：0790-6450698/6449395

E － mail：liylch2001@21cn.com

林世光 罗国维

夫妇，大学学历，林世光现为广州市世维环保技术开发公司董事长，罗国维为技术总监

发明名称：餐厅污水处理技术

专利（申请）号：CN87102257

发明简况：餐厅污水处理技术是一种污水处理特殊的生物技术，其核心技术就是用优势菌群处理有机废（污）水，主要是从自然菌中选育、驯化出各种高效的降解污染物的细菌（优势菌），根据不同废（污）水的水质，选择一组优势菌，并用生物工程技术（包埋及吸附法）将之固定在多孔填料中，放入处理池内，污水通过处理池，微生物分解污染物，以达到净化污水的作用。此种生物技术与传统的生物法不同，传统的生物处理法都利用自然微生物，直接在处理池中加入生活污水、粪便等（较好的情况是加入同类废水的活性污泥）培养细菌。

转让及合作意向：转让、专利许可、参股合作三种形式均可商谈。

通信地址：广东省广州市石牌华南师范大学高校教师村 A 座 1107 房

邮政编码：510631

电　　话：020-85213671/13503086819

E － mail：swhbgs@163.com

林宗全

男，77 岁，大学学历，主任医师

发明名称：一种治疗老年性痴呆制剂

专利（申请）号：CN99100223.7

发明简况："991 心肾康"是一种抗衰老、预防、治疗老年性痴呆的纯中药制剂，其药理是扶正祛邪，平衡阴阳，逐淤经络，治标治本，抗衰防老。服药一至三周，逐渐见疗效，连续服药半年以上，无毒副作用，无蓄积等不良反应，停服药后，疗效稳定。

转让及合作意向：转让、专利许可、参股合作三种形式均可商谈。

通信地址：四川省成都市高新西区国际大都会 9 幢 A 座 303 号

邮政编码：611731

电　　话：028-87841293

QQ：1758079627

林嘉曦

男，40 岁，本科学历，教师

发明名称：内扣式自锁防落衣架

专利（申请）号：ZL201020542449.8

发明简况：本实用新型公开了一种内扣式自锁防落衣架，包括衣架挂钩、衣架体及连接衣架挂钩和衣架体的上横杆，衣架还包括选择性地封闭或开启挂钩开口的开关机构，开关机构包括位于衣架挂钩末端的锁钩、设置在上横杆上相连的锁杆、转轴、复位杆、上横杆向下延伸形成的锁位杆、设在锁位杆上的磁块、套在锁位杆与复位杆上的橡皮筋、上横杆向上延伸形成凸起的拦杆及套在拦杆与锁杆之间的橡皮筋。在晾晒衣物时，只需用挂衣杆在挂衣杆支撑区撑起衣架，对着晾衣杆或晾衣绳轻推锁杆，就可将衣架挂上。而取下衣架时，只需用挂衣杆对准复位杆的弯曲处往上推，挂钩开口自动打开，即可取下。本衣架结构简单，使用方便，可靠性好。

转让及合作意向：转让、专利许可、参股合作三种形式均可商谈。

通信地址：海南省琼海市龙江镇龙江中学　　邮政编码：571446
电　　话：13876920418　　E－mail：454166483@qq.com

林其略

男，72 岁，本科学历，教授级高工

发明名称：自立式多管集束钢烟囱和包含该烟囱的组合装置

专利（申请）号：ZL200920066574.3

发明简况：本实用新型提供一种自立式多管集束钢烟囱和包含该烟囱的组合装置，所述烟囱包括设置在底面上的多管钢烟囱，所述多管钢烟囱至少包括各自独立的第一管状钢烟囱、第二管状钢烟囱和第三管状钢烟囱；所述第一管状钢烟囱、第二管状钢烟囱和第三管状钢烟囱采用流线型结构，且所述流线型结构末端的切线方向与水平线的夹角为 70°～85°。本实用新型能减少占地面积，有效节约能源、节约土地。

转让及合作意向：许可他人使用该科技成果。

林其略，现任全国管路附件标准化技术委员会委员，中国电力规划设计协会动力管道专业技术委员会顾问，中机国能电力工程有限公司专家。

通信地址：上海市中山北路 1715 号 E 座三楼　　邮政编码：200061
电　　话：021-60837777　　E-mail：linqilue@cseec.cn

林秀椿

男，44 岁，本科学历，董事长

发明名称：新型多功能切带机

发明简况：一种圆角切带机（发明专利号：ZL200910112172.7 和实用新型专利号：ZL200920139397.7）由一台 250W ～ 380W 单相 140r/min 的小电机同时带动进料机构和裁切机构同步运动，其结构简单，维修方便。该切带机可以裁切各种异型状料带，只要简单的更换不同形状的裁切刀具即可，同时可以冷热两用裁切功能。其裁切速度可以手动调整，最快裁切速度为每秒 4 片，裁切长度为 30cm 以内，适合使用于小规格材料的裁切。

一种切带机（发明专利号：CN201010222826.4 和实用新型专利号：ZL201020253589.3）在第一代新型切带机的传送、切料原理的基础上进行更新开发，研制出送料长度可达 300cm，宽度 25cm 的新型切带机，是一种切带用途更加广泛的新型多功能切带机。

转让及合作意向：有意向向国内具有大规模生产能力的企业授权转让，融资。

通信地址：福建省仙游县枫亭镇九社村五星 65 号　　邮政编码：351254
电　　话：0594-7623115　　E－mail：JQ210@qq.com

林世昌

男，53岁，大专学历，公司董事

发明名称：墙面绿化板及墙面绿化装置

专利（申请）号：ZL200710030011.4

发明简况：本发明的目的是针对全球暖化、温室效应的生态问题，提供一种大厦垂直绿化的可行方案，除可解决人类地球暖化、温室效应问题外，还可减低大厦室内温度，从而减少能源消耗，同时大面积的绿化植物，还可吸附空气中的悬浮粒子，改善空气指数。最近香港环保部门一份顾问报告指出，若全港的某种悬浮粒子(PM2.5)每立方米减少1微克，全港每年的额外医疗开支便减少21亿港元，可见此发明不但环保，还具有良好的经济效益。

转让及合作意向：转让、专利许可、参股合作三种形式均可商谈。

通信地址：中国香港湾仔骆克道三号22楼

电　　话：00852-27856528

E－mail：sclam18@gmail.com

林 健

女，70岁，大学学历

发明名称：一种降糖、降脂、抗衰老食疗粉及其制备方法

专利（申请）号：ZL00100167.1

发明简况：本发明以大豆蛋白粉、膳食纤维食品、抗氧化食品、食用中药经筛选，科学组方配制而成，是绿色保健品。本发明配方的组成和各种成分用量具有科学依据，含有人体必需的蛋白质，20种氨基酸，维生素C，维生素B，其中维生素E、钙含量高，含有微量元素铁、锌、磷、膳食纤维、抗氧化酶、降糖降脂有效成分。

应用范围：可作为糖尿病人群饮食食疗，营养全面。经常食用可调节人体内分泌，有利于胰岛功能的恢复，同时可预防糖尿病；对血脂高人群可降胆固醇、甘油三酯，防止动脉硬化斑块形成，预防心脑血管疾病；可延缓细胞的衰老，增强免疫力；用于亚健康人群，可预防疫病的发生。

转让及合作意向：具体事宜面议。

通信地址：黑龙江省齐齐哈尔市移动局干部楼

邮政编码：161005

电　　话：0452-2785153

凌国元

男，61岁，大专学历

发明名称：颈椎齿轮运动保健杉木枕

专利（申请）号：ZL201020145290.6

发明简况：本专利涉及一种纯杉木制作的能保健颈椎、预防和治疗颈椎病的颈椎齿轮运动保健杉木枕。该木枕采用纯天然优质杉木制成，结合“生命在于运动”的运动保健理念来揭示和认识用齿轮运动保健枕保护颈椎和治疗颈椎病的内在联系和外部方法。它横段中部呈浅凹形，贴合颈部左右方向弧度，前后呈微凸形，贴合颈部上下方向弧度，中段是轮、网式木齿结构。

该木枕与传统方法治疗颈椎病相比具有更简便、更安全、更科学、更特效、更节省等突出优点。

通信地址：湖北省黄冈市团风县回龙镇李四光中学

邮政编码：438820

电　　话：0713-6163398/15618057990

刘 霞

女，47 岁，硕士学历

发明名称：民众泡澡洗剂

专利（申请）号：CN200910141001.7

发明简况：民众泡澡洗剂的特点是：纯天然、年轻态、健康品、人体可以吸收。其原料是中国海南岛特有的南药资源，无任何毒副作用，安全有效，可按摩全身，有治疗、刮痧、祛斑美容的作用，不但镇静安神，同时也让神经放松，对劳累的工薪阶层尤为适用。该新发明属于化学领域，日化专业，其作用是保护人类健康与安全，可用于日常的泡澡、泡脚，居家常年必备品，宾馆医院均可使用，可以大规模生产，产品国内销售，也可以出口。

转让及合作意向：转让。

通信地址：海南省海口市美兰区振兴南路 18 号 2—502
邮政编码：570204
电　　话：0898—65360391/13337590391
E－mail：liuxialucy@yahoo.cn
QQ：1204709620

刘春河

男，48 岁，大学学历，工程师、技师、高级化验师

发明名称：熏箱

专利（申请）号：ZL200810015592.9

发明简况：本发明运用数控操作模式，前后开门，节能环保，省力省时，效率高，成本低，外观优美。使用此设备生产出来的产品香酥可口，如熏制五香猪蹄、熏鸡以及熏制各种肉食品，已经成为山东枣庄当地的知名特产，产品销往全国各地，此设备可连续工作，可大批量生产食品。该项技术优于德国制造的数控单开门熏箱，其先进性国际领先。

转让及合作意向：转让使用，也可一次转让。

通信地址：山东省枣庄市立新区永福北路东侧洪洼驻地
邮政编码：277800
电　　话：0632—8069167　15588260157
E－mail：2621305782@qq.com

刘元田

男，39 岁，硕士学历

发明名称：具有语音报读功能的心率表

专利（申请）号：ZL201120353273.6

发明简况：本专利用光电传感器进行心率信号采集，将人体心跳脉搏信号转化为微弱的电信号，并通过前置放大电路的信号放大，低通滤波器对高频信号的滤除，陷波器对 50Hz 工频信号的滤除，积分比较电路的电平转化，最后转为单片机可以读取的信号，实现了对人体心跳信号的采集。用语音芯片模块录入语音播报用的心跳次数信号，并在微处理器的控制下实现心跳次数的播放，为盲人和老年人提供了具有语音报读、报警功能的心率表。本专利使用方便、检测精确，先后在“全民健身日”、“科技活动周”、“全国科普日”、中国体育科学学会“科学健身志愿服务神州行”、“健康山东”行动等公益活动中免费服务 40 万人次，有效预防老年人和盲人运动健身活动中心脏病突发、骨折跌倒等 120 万人次，收到了极好的社会效益。

通信地址：山东省济南市经十路 20188 号山东体育科研中心　邮政编码：250002
电　　话：0531—82072218　E－mail：liuyuantian2001@sina.com

刘凤山

男，61 岁，高中学历

发明名称：烟毒解液

专利（申请）号：CN200910075683.6

发明简况：本专利为中草药制剂，无毒副作用，其主要成分为当归、甘草、薄荷等。口服本液 5 ～ 10ml，可在 1 ～ 3 分钟内解除因吸烟引起的一切不适，如脸黄、头晕、流泪、流涕、恶心呕吐等症状。本解毒液可把烟毒化解为无害物质排出体外。口服本液 50 ～ 200ml 可解救因吸烟过多、误食烟草严重中毒危及生命者。本品为保健品，不可替代药物使用。本项目生产基本上能做到无污染，对环境不会造成影响。

转让及合作意向：本专利愿以税后 900 万元专利转让权，400 万元区域独占，200 万元普通许可的方式合作。

通信地址：河北省唐海县七农场滨海村 22 号

邮政编码：063206

电　　话：13673154397

刘茂盛

男，80 岁，车间副主任

发明名称：立式多用途热水锅炉

专利（申请）号：ZL200920161740.8

发明简况：立式多用途热水锅炉，包括上炉体和下炉体。设计独特，铜铁结构，简单易加工，安全可靠，操作方便，导热快，热转换效率高，日节能 70% ～ 76%，比铁炉温度提高 7.45 倍。

该炉规格不同，农村可分户、分院、分片安装使用，可供取暖 50 ～ 22800m²，洗澡可带 2 ～ 260 个喷头，澡盆、澡池也可用。大城市郊区住宅楼、平房都能用。

消烟除尘回收采用烟筒管道内设多点循环喷水混合回收，使用过 5 年，效果良好。炉排灰渣系左右连动翻板炉条下料块均匀运渣，炉水处理是采用高强磁除垢器，已经过 17 年验证。

转让及合作意向：转让、专利许可、参股合作三种形式均可商谈。

通信地址：北京市朝阳区黄寺大广甲 3 号楼 1 门 101

邮政编码：100011

电　　话：010–64220963

刘松林

男，37 岁，本科学历，总工程师，总经理

发明名称：高流环

专利（申请）号：ZL200920350897.5

发明简况：高流环为一种填料，用于化工塔设备中。高流环具有格子状结构，是高性能的填料，但是该填料的纵横筋以及内部的十字支撑加强筋的大小及厚度不够，使得填料的强度低，在高温高压下，填料易变形，造成流道堵塞。

新型的高流环填料，包括镂空圆柱体及内部的十字支撑加强筋，将十字支撑加强筋交叉连接处的直角改为三角，四个三角行构成了十字支撑加强筋中心部分的实心正方体，由此大大增强了整体抗压强度，提高了填料在高温、高压下的应用，不仅延长了自身的使用寿命，而且填料不变形，保持了孔隙率，使气、液两相充分接触。

转让及合作意向：转让、专利许可、参股合作三种形式均可商谈。

通信地址：贵州省福泉市贵州瓮福蓝天氟化工股份有限公司

邮政编码：550501

电　　话：0854–2188540

E － mail：zuozr68@163.com

刘建福

男，76岁，大学学历，工程师

发明名称：智能型家居洗涤水回收和冲厕装置

专利（申请）号：ZL201020271202.7

发明简况：本实用新型公开了一种智能型家居洗涤水回收和冲厕装置，本新型装置改变了传统卫生间的各种洗涤水和冲马桶水直接排放到下水道的缺点，改成各种洗涤水与冲厕水分流排放。将各种洗涤水专门排放到储存罐中，并经增压泵提升到上一层装置平台的二次水储存罐中，采取高低落差来冲厕，实现全自动控制。使用者只需每日定时按一下按钮，17分钟内实现从储存罐到二次水储存罐的转移，而且每天都将两罐内的剩余污水排掉，每月仅耗电1.2度，实现水资源的重复使用。用本装置每月可为家庭节约冲厕水近4.5吨，减少了管网污水处理厂负担，利国利民。

转让及合作意向：面议。

通信地址：福建省福州市台江区六一中路450号永升城2-19B
邮政编码：350009
电　　话：0591-83766956

刘存明

男，63岁，高中学历，教师

发明名称：一种利用浮力浮起重物的发电装置

专利（申请）号：ZL200920103238.1

发明简况：本实用新型专利项目属于发电系统，利用池水浮力把重物浮起形成重力势能，从无水的空间降下形成动能，与水力发电原理大体相同。采用水池、框架结构、重物块、发电机、变速器、弹簧座、调速链等十几个环节协调运作。

重物入水状况是本专利技术的重点难点，在45米深的水池中，重物从池底进口进入水中有较大的压力，为突破压力需合力而为。

本专利不污染环境，节能环保，生产清洁能源，结构简单，成本低，投资少，回报快，符合国家提倡的生产清洁能源，发展低碳经济的要求。

转让及合作意向：本专利一次性转让，500万元。

通信地址：山西省左权县石匣乡马厩村
邮政编码：032600
电　　话：0354-8921013

刘长林

男，70岁

发明名称：太阳能燃气壁挂炉供暖系统

专利（申请）号：ZL201020234522.5

发明简况：太阳能燃气壁挂炉供暖系统，包括燃气壁挂炉和热水回路，燃气壁挂炉的顶部连接有进风管，燃气壁挂炉内设有燃烧室，燃烧室内设有燃烧器，燃烧器与燃气进气管相连。热水回路包括补水管、循环水泵和位于燃烧室内的换热盘管，热水回路上设有换热器，换热器的热输出回路串联在供暖回路上，供暖回路上连接有供暖循环泵和一个以上的暖气片，燃气壁挂炉的顶部连接有排烟管，排烟管的出烟口位于烟气回收箱内液面的下方，热水回路上连接有可自动切换的太阳能供暖装置。其目的是提供一种节约能源，运行费用低，可回收燃烧产生的有害气体，减少环境污染，供暖效果好的太阳能燃气壁挂炉供暖系统。

转让及合作意向：转让。

通信地址：北京市朝阳区新源街1号楼252号
邮政编码：100027
电　　话：13910672380

刘公保

男，大学学历

发明名称：新型减速电机

专利（申请）号：ZL200820238966.9

发明简况：本实用新型公开了一种新型减速电机，包括机壳，机壳内设有齿轮传动机构，齿轮传动机构与设置在机壳外部的电机传动连接，所述机壳内设有支撑板，齿轮传动机构的输入轴内端通过轴承与支撑板转动连接。本实用新型设计合理、结构简单，可在现有减速电机的基础上进行结构改进，提高了极易损坏的第一级传动的主动小齿轮的使用寿命，降低了成本和噪声，保证了整个减速电机的传动精度和质量，市场潜力大，易于推广应用。

转让及合作意向：转让、专利许可、参股合作三种形式均可商谈。

通信地址：河南省郑州市南阳新村小区27号楼一单元九号

邮政编码：450000

电　　话：0371-63761151

刘永德

男，大专学历，工程师

发明名称：一种工程轮胎胎胚专用固定装置

专利（申请）号：ZL201020215571.4

发明简况：本实用新型是一种工程轮胎胎胚专用固定装置，包括底座，底座固定设有立柱，立柱上固定设有横柱，横柱上设有直臂，所述直臂设有圆弧形弯臂，所述弯臂的数量为4个，每个弯臂的圆心角为90°。本实用新型通过采用上述技术方案，将弯臂设置成多个圆心角相同的弧形结构，不仅实现了与胎胚的充分接触，防止胎胚下坠变形，而且还使弯臂受力均匀，承受负荷的程度加大，不易受到损坏，保证了整个装置的使用寿命，降低了使用成本。

转让及合作意向：同意转让，欢迎合作。

刘永德现为潍坊市跃龙橡胶有限公司斜交胎公司经理。

通信地址：山东省寿光市台头镇刘家河头村　　邮政编码：262735

电　　话：13964738971　　E-mail：13964738971@163.com

刘致国

男，60岁，本科学历，副主任医师

发明名称及专利（申请）号：（五项专利长寿系列产品）一种多功能脊椎治疗牵引床（ZL200720094828.3）；一种腰腿痛治疗康复仪（ZL200720094823.0）；一种泌尿、肛肠及生殖系统治疗仪（ZL201020236615.1）；一种短裤形多功能按摩针灸理疗仪（ZL201020241649.X）；一种多头多功能按摩针灸仪（ZL201120157435.9）

发明简况：多功能脊椎治疗牵引床、腰腿痛治疗康复仪直接针灸按摩胸腰干动脉、静脉，活血化淤，效果强于中药，可有效改善全身的血液循环。泌尿、肛肠及生殖系统治疗仪、短裤形多功能按摩针灸理疗仪、多头多功能按摩针灸仪主要是从会阴穴、关元穴、足三里穴、涌泉穴施治，具有针灸和按摩功能。

转让及合作意向：五项专利可择优转让。

通信地址：吉林省长春市二道区中铁十三局一号楼

邮政编码：130033

电　　话：13504305175

E-　mail：38774191@qq.com

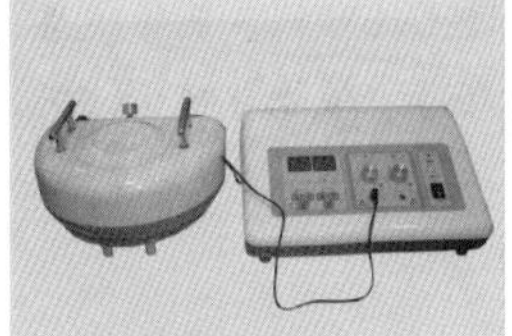

华佗穴治疗机

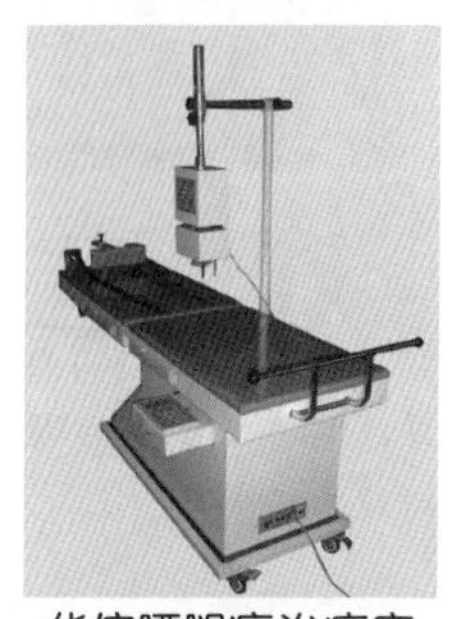

华佗腰腿病治疗床

刘华映

男，企业法人

发明名称：磁旋量释能汽车与磁环模感变压器模方磁镛管发电发动机

专利（申请）号：CN200810132802.2

发明简况：该新型发明专利是一种可循环利用的新能源项目。磁旋量释能的发电发动机组主要用于汽车及列车工业与发电业，也可应用于航天器，是很理想的环保型可循环利用的新能源。该发明的模感变压器与模方旋量磁镛管系统主要用于该发电机组的电磁旋量功率放大转换能量使用。

转让及合作意向：转让、专利许可、参股合作三种形式均可商谈。

通信地址：北京市通州区漷县镇许各庄村35号
邮政编码：101109
电　　话：010-80585019

刘极上

男，26岁，本科学历

发明名称：台历（七彩）

专利（申请）号：ZL200730039273.8

发明简况：本台历（七彩）为平面产品，后视图无图案，省略后视图。星期一到星期日每天一种色彩图案，即从周日至周六每天的台历页分别用自然光谱中的七种颜色表示，依次为：红、橙、黄、绿、青、蓝、紫。一年中的各个星期一到星期日分别相同，周而复始。其主要特点是日历页用彩色替代了黑白，从而使人们的生活变得更加绚丽多彩。

转让及合作意向：本专利转让或合作入股均可，也可进行委托生产或许可生产。

通信地址：江苏省徐州市祥和路苏电公寓5-5-202室
邮政编码：221000
电　　话：0516-87532902
E－mail：gw162009jy91@sina.com

刘　旭

男，55岁，大专学历，助理政工师

发明名称：用于垃圾处理的风动力分选罐

专利（申请）号：ZL200720173701.0

发明简况：本实用新型公开了一种用于垃圾处理的风动力分选罐，包含罐体，罐体上端设有排气孔，下端设有排污口，罐体壁上开设有供垃圾输入的进料口及供处理后的垃圾排出的清料口，罐体内下部设有筛选垃圾的隔离网，罐体壁上设有形成旋转上升动力的风力装置，重量较轻的垃圾在风力装置的作用下，从该排气口排出。为了避免旋转上升的气流阻碍物料进入罐体内，该罐体壁上设有遮挡进料口的回风板，该回风板与进料口之间形成供垃圾进入的输料空间。通过上述结构，能够使得漂浮物通过排气口飞出，溶于水的体积较小的物质，通过隔离网于排污口排出，实现垃圾的深层次分离。

通信地址：北京市东单西总部57号
邮政编码：100005
电　　话：13311502113/010-65269965

男，51 岁，大专学历

发明名称：一种孔板复叠式换热装置

专利（申请）号：ZL201010271859.8

发明简况：本专利公开了一种孔板复叠式换热装置，不仅在高效性上有了很大突破，也为节能减排做出贡献，而且比传统的管壳式换热器更耐压，它体积小，高效，是一种模块化了的高效换热器。

由于该换热器结构强度好，换热效率高，可用来回收低势能热，同时它的结构紧凑，重量轻，成本低，可实现微型化和大型化，也适用贵金属制造的换热器。能够广泛应用于石油化工、精细化工、医药卫生、电力能源、航空航天、宾馆酒店及日常生活等各行业。对当今世界推广低碳经济，废热回收利用，节能减排意义重大。

转让及合作意向：转让、专利许可、参股合作三种形式均可商谈。

通信地址：湖南省长沙市三一大道 500 号湖南高速公路管理局机关服务中心

电　　话：13808419287

刘金华

男，63 岁，高中学历，高级电工

发明名称：气化燃烧双连灶

专利（申请）号：ZL200810185077.5

发明简况：本发明气化燃烧双连灶属于一种民用炉灶，其特征在于：采用金属薄板冲压成型的零部件组合构成，能将成型的棒、块、颗粒和不规则的柴、草、秆、叶、屑、竹木头根等生物质燃料获得高温气化燃烧，热效率、气化率和燃烧率均超过 50%、90%和 95%；锅、镬深埋，不露火焰；整个灶体轻便，承受压力大，能采用小锅小镬，也能采用大锅大镬；使用时隔热保温；上、中、下三大组件易拆卸、易拼装，整体包装方正，利于大量运输；可家庭使用，旅店、摊档使用，省时、节能；也适宜野外团体炊煮，使用期可达 10 ～ 20 年。

转让及合作意向：转让、专利许可、参股合作三种形式均可商谈。

通信地址：广西壮族自治区桂平市江口镇南街 401 号

邮政编码：537229

电　　话：0775–3558455

刘国初

男，69 岁，本科学历，高级讲师

发明名称：复合弹簧

专利（申请）号：ZL201020143552.5

发明简况：将两种或两种以上具有不同的承受工作载荷能力的圆柱螺旋压缩弹簧组合在一起称为复合弹簧。传统的单一圆柱螺旋压缩弹簧工作载荷比值小于 4（$F_{max} \leqq 0.8F_s$；$F_{min} \leqq 0.2F_s$），而复合弹簧的工作载荷比值可根据需要取任意值，因此适用工作载荷变化较大且减震性能要求较高的场合。

本专利比传统的单一圆柱螺旋压缩弹簧多一个弹簧座套，复合弹簧中每一级弹簧都安装在各自的弹簧座套内，前一级弹簧座套又安装在后一级弹簧内，座套肩部支撑在弹簧端面，相邻两弹簧有 $F_{i\,max}=F_{i+1\,min}$。

转让及合作意向：转让或合作。

通信地址：江苏省靖江工业学校教工宿舍 15 号楼

邮政编码：214500

电　　话：13961026802

刘邦贵

男，56 岁，研究员，经理

发明名称：一种能永久防水与绿化的屋面

专利（申请）号：ZL200610136797.3

发明简况：一种能永久防水与绿化的屋面，包括终身防水隔热保温的绿化屋面和终身防水隔热保温的非绿化屋面。该屋面是根据刚柔材料之间、刚柔材料与自然环境各要素之间的关系与特性，采用动静、隔离、避候、利候等对立统一规律和生态系统平衡的原理，通过屋面结构与构造创新、材料制作与应用创新、化害为利和循环利用资源创新，达到终身防水与节能环保功能的目的。

转让及合作意向：转让、专利许可、参股合作三种形式均可商谈。

通信地址：湖南省临澧县城朝阳东三区 20 号

邮政编码：415200

电　　话：13907368270

E – mail：liubangkeji@163.com

刘镇翰

男，大学学历

发明名称：一种灯泡炉

专利（申请）号：CN201110080077.0

发明简况：本发明涉及一种灯泡炉，由外壳、灯泡、平面反射屏和圆筒反射屏所组成，在所述的灯泡的下方平面放有平面反射屏，在平面反射屏的上方于灯泡炉的外壳的内壁设置有圆筒反射屏，在所述的圆筒反射屏与外壳间设置有保温层。其特征在于所述的圆筒状反射屏具有双层玻璃圆筒结构，两层玻璃圆筒的上下沿之间密封连接，密封的双层玻璃圆筒内是真空的且在密封腔壁面上涂有反光材料。与现有技术相比，具有热效率高、能耗少和安全性能高等显著优点。

转让及合作意向：转让、专利许可、参股合作三种形式均可商谈。

通信地址：浙江省舟山市岱山县高亭镇蓬来新村 102 楼 106 号

邮政编码：316200

电　　话：0580–4480040

E – mail：liuzhenhan5060@yahoo.com.cn

刘云旭

男，79 岁，本科学历，教授

发明名称：一种非调质钢制件控制冷却热处理工艺

专利（申请）号：CN201010546335.5

发明简况：本发明是一种对制件采用锻造后利用锻造余热进行等温热处理的工艺。其中的工艺参数是：锻后等温前钢件的最低冷却速度（Vc—min）或最长冷却时间（tc—l）；等温前钢件的最低冷却温度（Tmin）；钢件的等温温度（tiso）；钢件的最短等温保持时间（tiso—s）。根据钢的化学成分，所制零件有效厚度（直径）和硬度要求，通过本发明提供的计算公式，确定上述四个工艺参数。

由于本发明钢件的过冷奥氏体是在恒温下转变的，其显微组织和力学性能均匀、一致、稳定，优于现实生产在变温条件件的显微组织和力学性能，而且工艺控制也比较方便。

转让及合作意向：可以与欲生产非调质钢的钢厂和使用非调质钢的机械制造厂合作。

通信地址：吉林省长春市长春工业大学材料科学与工程学院

邮政编码：130012

刘新壮

男，58岁，大学学历

发明名称：一种治疗糖尿病眼病的中药

专利（申请）号：CN200910238353.4

发明简况：一种治疗糖尿病眼病的中药，采用中药原料制备，按重量比配方为：麦冬4～30份，生地4～30份，当归4～30份，密蒙花4～30份，三七3～20份，灵芝2～12份，谷精草4～30份。这种治疗糖尿病眼病的中药是由下列方法制成的：(1)按上述重量比，将麦冬、生地、当归、密蒙花、谷精草经常规水提取工艺提取，制成浸膏细粉；(2)按上述重量比，将三七、灵芝分别研成细粉，与上述浸膏细粉混合，搅拌均匀；根据需要，制成中药冲剂、颗粒剂、散剂、胶囊剂、水丸剂、片剂剂型。该药具有扶正培本、益气养血、活血化淤、清肝明目的作用，效果显著、药效确切、见效快。

通信地址：北京市石景山区首特科技孵化器大楼1202室

邮政编码：100043

电　　话：010-68666452

刘爱生

男，大学学历

发明名称：建筑结构开孔洞后增强度装置

专利（申请）号：ZL201120048760.1

发明简况：本实用新型提供一种建筑结构开孔洞后增强度装置，包括建筑结构、孔洞，其特征在于在孔洞的外周设置一个与孔洞形状相同的金属加强环，所述的金属加强环分别与建筑结构内的金属结构固接。它可以用于新建的建筑物，如桥梁、厂房、住宅等，也可以用于旧建筑物的结构改造上，它能够保证建筑结构的整体性，不降低该建筑结构的强度、刚度及防震性能。同时它具有结构简单、造价低廉、使用方便的优点。

转让及合作意向：转让、专利许可、参股合作三种形式均可商谈。

通信地址：北京市朝阳区芍药居20号院3号楼2008室

邮政编码：100029

电　　话：13901292382

刘　国

男，48岁，本科学历，高级工程师

发明名称：振动驻波对撞有限聚变发电系统

专利（申请）号：CN200910163453.5

发明简况：一种核聚变发电系统，由汽轮发电机、热交换器、有限聚变锅炉三个部分组成，燃料为水，激发能源为电，聚变方式为驻波振动对撞诱发核聚变。在50H_z频率下，整个装置发热量可达耗用电能的20倍。本发明属常温聚变能源，不需要核保护装置，无核辐射泄漏危险。主要部分：有限核聚变锅炉，由一般锅炉和附加的一个或多个声音驻波发生器组成，各驻波发生器装在锅炉底部，通过调整振动频率，增加单位时间内核聚变发生量，从而提高锅炉功率，达到商业化应用的目的。

转让及合作意向：合作或许可。

刘国，现为龙煤集团鹤岗分公司峻德煤矿高级工程师。

通信地址：黑龙江省鹤岗市工农区群楼电业小区1号楼504室

邮政编码：154100

电　　话：15545900037

刘玉恩

男，56岁，本科学历，讲师

发明名称：室内车库位倍增系统

专利（申请）号：ZL201010181240.8

发明简况：本发明是在一个车库位上采用叠加方式存放两辆轿车的倍增系统，这种系统的突出特点是：无驱动电机，提升动力是依靠100瓦小功率水泵，改变配重水箱或调节水箱约为50～100升水的水位高度所产生的势能，形成匀加速运动，无噪声、无冲击、无振动；无制动装置，操作简单，使用安全；无液压、气压等系统，结构合理，造价低廉，节能环保；该系统有手动辅助提升系统，在停电状态下依然能够采用手动方式正常使用提取车辆；节能省电（一度电可供存取100次车）。

转让及合作意向：寻求投资方、合作方，可面谈。

通信地址：福建省厦门市湖里区高林一里23号707

邮政编码：361006

电　话：0592–8891150

刘明户

男，36岁，初中学历

发明名称：一种木工刀具压刀盖铁

专利（申请）号：ZL201020686184.9

发明简况：本专利涉及一种木工刀具附属配件，它包含乌钢刀、轴承、稳固轴承螺丝和刀柄，它还包含压刀盖铁和稳固压刀盖铁螺丝，轴承通过稳固轴承螺丝固定与乌钢刀上方，乌钢刀下端设置有刀柄，压刀盖铁通过稳固压刀盖铁螺丝固定于乌钢刀面上。它克服了逆向木纹走向易爆裂的难题，减少了木材爆裂程度，同时降低了木材爆废率，提高了操作的安全性，加工出来的木材光滑美观，并且其结构简单易于生产，方便操作者操作。

转让及合作意向：一次性转让或者技术入股合作生产。

通信地址：浙江省东阳市南马镇花园村西田小区万兴路36号

邮政编码：322121

电　话：13967499438

刘明伟

男，32岁，大专学历

发明名称：热差循环装置

专利（申请）号：ZL201020280373.6

发明简况：本专利包括双齿轮马达、双齿轮泵、散热器和吸热器及连接双齿轮马达的输出轴和双齿轮泵的输入轴的联轴器，其中双齿轮马达、双齿轮泵和连通双齿轮马达、双齿轮泵壳体内腔进出口位置、散热器和吸热器的管路，构成一个闭合的热流循环系统。利用流体在不同温度下的饱和蒸汽压不同，在相同蒸汽压下对不同截面积产生的压力不同，通过隔离大气来消除大气对流体的压强的影响，用双齿轮代替活塞，使热能转换为机械能。相对汽轮机的结构，降低了系统内部形成运转所需要的温度，循环利用了闭合系统中的流体。

转让及合作意向：转让或合作生产空调、冰箱、热泵等制冷制热设备厂，授权制造余热发电设备和主动散热设备厂。

通信地址：云南省曲靖市沾益县白水镇东源曲靖铝业公司机电车间

邮政编码：655300

电　话：15887972468

刘益励

男，76 岁

发明名称：干式地板辐射采暖装置

专利（申请）号：ZL201020182384.0

发明简况：一种干式地板辐射采暖装置，属于铺设在顶棚、墙壁、地板或踢脚板内的采暖装置。它主要由供热管路和采暖地面组成，其中的供热管路包括供水干管、回水干管、供水支管、回水支管、分水器、集水器、加热管、热计量表及温控装置；其中的采暖地面包括自下而上组成的结构层、防潮层、找平层和地面装饰层；在采暖地面的防潮层和找平层之间设置有贯穿加热管的干式采暖板。本实用新型的干式地板辐射采暖装置中所采用的干式采暖板，集成了地面结构中的绝热层和填充层，取消了混凝土填充层，不但提高了单位地板面积的有效散热量，减轻了地面结构荷载，增加了室内净高，降低了建筑初投资，且便于施工、维修和工程质量控制。本实用新型的干式地板辐射采暖装置可广泛应用于民用建筑采暖。

转让及合作意向：转让、专利许可、参股合作三种形式均可商谈。

通信地址：天津市河西区紫金山路华悦大厦 602 号　　**邮政编码：**300074

电　　话：022—23545596/13512204308

刘国忠

男，68 岁，本科学历，总工程师

发明名称：氟金云母珠光颜料及其制作

专利（申请）号：ZL200510020568.0

发明简况：本发明是以人工合成云母为基材，用一种特殊工艺加工成 10 ～ 100μm 的透明薄片在特殊环境下外覆以多种非金属纳米氧化物后，经高温烧结而成的颜料。本专利是一种环保型装饰性极强的表面涂层装饰粉末颜料。该颜料具有多色普变色闪光效应，鲜艳亮丽，呈珍珠光泽或金属光泽，折光指数 2.6 ～ 2.96，用它装饰物体表面，会使被装饰物发生质的变化，富于立体感，其珍珠光泽和闪光效应使物体光彩悦目、富丽堂皇，室内永不褪色，室外经久鲜艳。

本发明投资利税率 86.8%，投资利润率 56.7%，投资回收期 24 个月。

通信地址：四川省成都市广福桥街 30 号 6-1-12

邮政编码：610041

电　　话：028-85099175

E － mail:rai_lau@126.com

刘福春

男，大学学历

发明名称：植物保护剂

专利（申请）号：CN200810055304.2

发明简况：本专利保护剂将生物中的相克元素用于扼虫之技，以生物酵素来降解农药残留，大大增加了植物叶面肥力，达到增产增收的目的，真正解决了棉花、小麦在沿海地区中低产的难题。

本发明属于中药合剂成份与化学成份配伍，可有效降解植物中的农药残留，在达标基础上再降至 3 ～ 5 个千分点，在农产品规定的上市时间内可降到零含量。本发明的关键技术是物理技术、生物技术、化学技术并举，并结合中医理学的阴阳理论，充分发挥生物碱、多肽酶的作用，将数亿分子紧缩快亲，翕合叶片纳米孔、捕捉空气中的有效元素，广纳幽叶、肥铃番枝，有效增进淀粉、糖分的快速转化。

转让及合作意向：欢迎有志之士联合办厂。

通信地址：河北省黄骅市中捷农场 16 队

邮政编码：061108

电　　话：0317-5481386

刘立甫

男，58岁，大专学历，中医士

发明名称：一种健脑益智提高记忆力的中草药复方制剂

专利（申请）号：CN201110232007.2

发明简况：本发明公开了一种健脑益智提高记忆力的中草药复方制剂。本发明的目的是为了克服背景技术的不足而提供的一种价格低廉、食用方便、疗效显著、治疗周期短，老少皆宜的一种健脑益智提高记忆力的中草药复方制剂。该制剂为祖传秘方研制而成，其配方至今尚无报导。一种健脑益智提高记忆力的中草药复方制剂由手掌参、熟地黄、芋儿七、瓜子金、徐长卿、白果、大田基黄、列当、缬草等中草药组成。制备方法是：将熟地黄、瓜子金、大田基黄、列当、缬草等切碎，白果打碎，用水煎煮三次，合并滤液，浓缩至稠膏。将手掌参、芋儿七、徐长卿粉碎，过80目筛，灭菌。将稠膏与药粉混合均匀，用12目筛制粒，干燥，装3号胶囊，即得。

转让及合作意向：转让、专利许可、参股合作三种形式均可商谈。

通信地址：陕西省镇安县云盖寺镇前街69号

邮政编码：711511

电　　话：13098223999/0914-5683381

刘志飞

男，72岁，本科学历

发明名称：轴上端安装管式削骨器

专利（申请）号：ZL201120200387.7

发明简况：该项目动力机传动垃圾处理机轴运行4000转/分左右。轴上端安装管式削骨器，削骨器出口与垃圾桶投料管相通；轴中段是粉碎机，轴上装有多层长方形钢锤（刀）；轴下部终端安装十字刀，外置倒桶式筛孔管循环器（专利号：ZL201020108900.5），运动中的十字刀不断将水和垃圾从循环器下端口吸进切割捣烂再从筛孔喷出，流回桶底，垃圾循环切割捣烂成流动泥浆。

特点是功率小，分层次刀削、粉碎和反复切割搅捣。本专利主要是针对家庭开发的小型垃圾处理装置，也适用于酒店、餐厅、食堂和菜场。其造价低，适合大批量生产。

转让及合作意向：一、专利出售，买断或许可。二、合作生产。

通信地址：江西省南昌市北京东路339号35栋3单元306号

邮政编码：330029

电　　话：0791-88300288/13970064567

刘曙阳

男，80岁，本科学历，研究员级高级工程师

发明名称：防止高速公路追尾撞车的预警系统及其预警方法

专利（申请）号：ZL02113003.5

发明简况：本发明公开了一种防止高速公路追尾撞车的预警系统及其预警方法。该系统包括中央处理装置CP和由微波探测器、路终端和告警指示灯组成的检测线DL；检测线DL等间距地安装在高速公路全程双向车道的内侧并通过数据传输线路L1与中央处理装置CP连接，每个检测线分别与其前后检测线连接，检测线DL中的路终端分别与微波探测器和告警指示灯连接。该预警方法是：微波探测器感知通过的车辆，路终端对微波探测器接受的信号及检测线传送的信息进行处理并发出交通信号。本发明的有益效果是实现了完整意义的高速公路行车安全监控，解决了高速公路追尾撞车的问题，提高了公路的运行效率。

转让及合作意向：转让、专利许可、参股合作三种形式均可商谈。

通信地址：江苏省南京市苜蓿园大街77号紫金名门写字楼12层　**邮政编码**：210007

电　　话：025—86932483　　E-mail:C3i@NJC3i.com

刘远胜

男，67 岁，中专学历，工程师

发明名称：木酢液生产工艺

专利（申请）号：ZL200410049762.7

发明简况：本专利工艺精制过程全部采用物理方法，采集、精制、灌装所用器材都耐酸且不起化学反应，确保了木酢液纯天然特性；原料充足，价格低廉，低碳环保；错开农忙时间制作，充分利用剩余劳动力；木酢液回收烧炭过程中产生的烟雾，减少了大气污染，变废为宝，保护环境；工艺简便，可操作性强，投资百元，可获得粗制木酢液；经精制的木酢液是一种红褐色透明的液体，有独特的烟熏香味，约 280 余种成分组成，是一种多功能和相对稳定的复合生物制剂；含有 24 种微量金属元素，pH 值在 3.0 左右，属于药肥兼用的纯生物制剂，可在农、林、牧、渔、医药、环境保护等领域广泛应用。

转让及合作意向：希望与有识之士共同研究和开发此项目，将该项目推向国际市场。

通信地址：黑龙江省东宁县北河沿村金河 7 道街 11 号　　邮政编码：157200

电　　话：0453-3661428

刘桂英

女，43 岁，大专学历，医师

发明名称：治疗结石病的中药；治疗神经性面瘫的膏药及其制备方法

专利（申请）号：ZL200710090380.2；ZL200710163939.X

发明简况：本发明涉及一种治疗结石病的中药，解决了现有治疗结石病药物疗效不明显、疗效慢、费用高的问题，其具有成本低，疗效明显，疗效快，医疗费用低的优点。

本发明涉及一种治疗神经性面瘫的膏药及其制备方法，为解决现有药物显效慢，疗效差，治疗成本高，愈后易复发问题而研制，其原料药协同作用好，直接作用于病灶，具有显效快，疗效好，治疗成本低，愈后不易复发的优点。

转让及合作意向：转让或合作面议。

通信地址：河北省沧州市献县十五级乡东杨庄村 31 号

邮政编码：062250

联系电话：13754538238/15128762317

卢辉林

男，53 岁，本科学历

发明名称：功与速度关系及动能表达式探究仪

专利（申请）号：CN200910182069.X

发明简况：本专利用于高中物理探究性实验教学，是现行高中物理教材中不成功实验的创新。一、探究功与速度关系钢球分别从倾斜导轨上高为 1、2、3、4 倍处自由滚下，重力做功是 1、2、3、4 倍；同时测出各次钢球通过光电门速度 υ。再比较 W ∝ υ、W ∝ υ2、W ∝ υ3 的关系，便知 W 与 υ2 成正比的结论。二、探究动能表达式先测算出钢球从某标针处自由滚到光电门处重力做的功 W，同时测算出钢球通过光电门的速度 υ，再分别测算表达式 mυ、mυ2、mυ3 的数值，哪个数值接近于 W 的数值，此表达式就是动能表达式。

转让及合作意向：愿以 60 万元转让专利。

卢辉林，现为江苏省海安高级中学物理教师、科技辅导员，中国发明协会会员。

通信地址：江苏省海安县海安镇人民中路 12 号 501 室

邮政编码：226600

电　　话：13511574993

卢志书

男，45 岁

发明名称：一种斜面多形变换式推雪板

专利（申请）号：ZL201020150536.9

发明简况：本实用新型公开了一种斜面多形变换式推雪板，在中部设有一个重力承受支架，重力承受支架的下部分别与两侧由液压油缸控制角度的左、右推板支架连接，所述左、右推板支架与推雪橡胶板连接，在重力承受支架下端及左、右推板支架外三分之一处各装有滚动轮。本实用新型工作效率高，操作灵活方便，可根据不同要求任意变换推雪板的角度，使推雪板与公路宽度实现理想协调，并能快速使机场或公路畅通。该板（机）与中小型铲车动力配套使用，做到科学合理，节能环保。

转让及合作意向：转让、技术入股等方式进行合作。

通信地址：江西省樟树市药都路 27 号

邮政编码：331200

电　　话：15570255069

卢致斌

男，大学学历，工程师

发明名称：五味辣姜蒜

专利（申请）号：ZL201130022364.7

发明简况：五味辣姜蒜采用植物提取液除臭，蒜臭显著减少，保持大蒜的医疗保健作用，杀菌防病，防癌抗癌，健脑抗衰，增强人体免疫力和耐力。产品天然保鲜，中药配制，甘咸酸辣，香脆爽口，既可当菜又可防病，是居家、旅行佐餐的方便营养美食。中国大蒜占世界产量的 80%，而五味辣姜蒜集除臭、防病、保健于一体，创新工艺，特色腌制，风味独特，荣获中国专利创新奖，在大蒜腌制品中处领先水平，国内外市场前景广阔。在欧洲，法国、英国、意大利等国人均喜食大蒜，亚洲各国尤以韩国、日本需求较大，五味辣姜蒜是酱腌菜厂、保健食品厂更新产品及姜蒜产区农产品深加工的高新项目。

转让及合作意向：省独家，298 万元；县、市独家，88 万元。

通信地址：广东省东莞市樟木头镇东江花园东潮阁 6D

邮政编码：523622

电　　话：13532637009

卢金河

男，36 岁，中专学历，技术员

发明名称：热水器

专利（申请）号：ZL201020127603.5

发明简况：本专利完全不同于市场上的电热水器，它不需要电阻丝（膜、棒），也不必依靠电磁场间接加热，它的电阻丝是水，加热方式是直接的。本热水器具有以下优点：特别安全；电热转换效率高，环保节能，关机不消耗电能；高效快速；机体不会腐蚀，容易清除，可防止水道堵塞，安全长寿；体积小巧；多功能：具有通水通电，关水断电，超温断电，水温显示，出水温度可调整，出水量可调节，故障自检保护并报警的功能；容易安装，方便维修；采用“节水雾状喷头”后，只需用较小的功率就可以达到令人满意的沐浴效果，可以使用口径比较小的电导线；重量轻，制作材料少；成本低，档次高；应用领域广阔，如沐浴器；用于家庭、医院、工厂、机关单位、茶馆等。

发明人已经与福建省章兴电子科技有限公司协商，进行合作，成功转化。

通信地址：福建省漳州市芗城区北斗新厝路口店面楼

邮政编码：363000

电　　话：15860600092

男，大学学历

发明名称：辩证分型治疗癌症的内服、外敷、药膳系列药剂及制备方法

专利（申请）号：ZL97122147.2

发明简况：该发明是运用中医药“同病异治、异病同治”的理论，根据各种中晚期癌症患者所出现的不同症状进行辩证分型、施行各型化的对病对症治疗方法，从而进行全面治疗，达到病症同治的目的。

该项专利治疗肿瘤的特点是创造性地采用辨病与辨症相结合、全方位多靶点、整体用药的治疗原则，在破坏癌细胞和癌组织生存生长环境的同时，提高人体的免疫力，增强人体的抵抗力，使肿瘤快速凋亡、坏死、液化、缩小、消失，在临床治疗的观察中，大多数患者用药1～2周，病情明显好转，用药1～2个月，经过CT等检查对比，多数患者的肿瘤明显缩小，受到患者好评。

通信地址：吉林省梅河口市建国路426号

邮政编码：135000

电　　话：0435-4355988

陆庆年

男，51岁，本科学历，高级工程师

发明名称：圆度角度细分分划板

专利（申请）号：ZL200810020057.2

发明简况：一种圆度角度细分分划板，包括分划板本体及刻在本体上的基准线，该分划板上设有一组测量刀刃角度的分度刻线和一组测量刀刃圆弧度的弧度刻线；分度刻线是以分划板中心为圆点在圆周方向设置的角度刻线；弧度刻线是对应刀刃圆弧度的弧形刻线。本方案解决了现有分划板测量刀刃角度精度不高，且不能测量刀刃圆弧度的问题。

转让及合作意向：转让、专利许可、参股合作三种形式均可商谈。

通信地址：江苏省苏州市高新区枫桥工业园前桥路288号

邮政编码：215129

电　　话：0512-66262208/13912770583

E－mail:Lu@eassoncn.com

陆　强

男，35岁，硕士学历，讲师

专利名称：神经网络PID控温的热电偶自动检定系统

专利（申请）号：ZL200920151010.X

发明简况：本实用新型的目的是提供一种神经网络PID控温的热电偶自动检定系统。一是对热电偶检定过程和证书格式进行归纳，为软件编程提供一个理论基础；二是把神经网络PID算法应用到温度控制中，实现PID参数的自动调整。

本实用新型包括万用数字表、低电势扫描器／控制器、冰点槽、热电偶检定炉、热电偶、打印机、计算机和热电偶自动检定软件。将硬件设备安装好后，热电偶自动检定软件根据采集的数据进行运算处理后，自动生成检定报告和证书，并通过打印机输出；同时根据温度设定点，利用神经网络PID算法通过控制器输出控制信号控制热电偶检定炉的炉温。

转让及合作意向：面议。

通信地址：山东省泰安市长城路中段泰山医学院信息工程学院　　**邮政编码**：271016

电　　话：13655384658　　E－mail：luqiang271016@163.com

陆炎培

男，教授，公司经理

发明名称：生活垃圾渗滤液和高浓度有机废水混合生化处理与综合利用技术

专利（申请）号：CN201010584824.X

发明简况：本发明涉及一种生活垃圾渗滤液和高浓度有机废水混合生化处理与综合利用技术，属污水处理和资源综合利用领域。生活垃圾渗滤液和高浓度有机废水分别用过滤法去除固形物，并分别回收油脂，然后将生活垃圾渗滤液用 $Ca(OH)_2$ 调至强碱性，用蒸馏法回收氨，用热交换法回收热量，再用空气曝气进行碱氧化，然后和高浓度有机废水混合进行深度兼氧发酵，再进行厌氧发酵回收沼气，接着进行好氧发酵，最后经混凝沉降，出水可达到国家三级排放标准以上。本发明工艺流程中设若干旁路，供各种特殊情况下选用。

转让及合作意向：转让、专利许可、参股合作三种形式均可商谈。

通信地址：江苏省无锡市老轻院 14-6-301

邮政编码：214044

电　　话：0510-83195527

鹿瑞麟

男，56 岁，本科学历，研究员

发明名称：一种育肥绿色生猪的饲料药添加剂

专利（申请）号：ZL200410012111.0

发明简况：本发明是一种育肥绿色生猪的纯中药饲料添加剂，它主要由制首乌、贯众、苍耳籽、女贞子、当归等 18 味中草药按一定比例配置而成，根据肥育生猪的生长特点、生理特征、饲养环境、防疫水平、饲料配合、饲料管理等因素综合辨证、科学组方，方剂新颖。药物细度为 60 目，实际应用应该按饲料量的 2% ～ 3% 添加。配合实施常规的防疫驱虫技术，生猪在整个育肥期（90 ～ 120 天）不使用任何药物，特别是具有体内残留和毒、副作用的西药。育肥生猪体内不含有抗生素、激素、色素等有害物质的残留，可提高生猪出栏率，减少患病率，特别是提高生猪肉的品质。

转让及合作意向：合资、入股、区域性或一次性转让均可。

通信地址：河北省保定市灵雨寺街 258 号河北农业大学山区研究所

邮政编码：071001

电　　话：13803121542

路学方

男，66 岁，大专学历，农艺师

发明名称：辽东青仁黑豆选育方法及其食品的深加工方法

专利（申请）号：CN200510046948.1

发明简况：本发明涉及一种辽东青仁黑豆的选育生产方法，通过选择优良的黑豆种子，将收集的种子材料按系谱法进行筛选，然后种株行田，淘汰劣势株行，得优良株行，收获后得到优良种子，按上述方法经过 5 代系统选择后，得最后优良种子，这些种子经过绿色过程种植，最终果实即为辽东青仁黑豆。

辽东青仁黑豆可加工多种产品，辽东青仁黑豆罐头为首期项目，已制成五香豆豉型、麻辣豆豉型、香豆枸杞型等多种罐头食品。

转让及合作意向：200 万元转让育种、原料生产及八种加工技术；300 万～ 500 万元区域或部分转让；1000 万元独家转让；投资 5000 万元股份各半，6000 万元以上投方控股并可主持经营，但需首付项目方 500 万元押金。

通信地址：辽宁省本溪市本溪县高官镇偏岭村

邮政编码：117119

电　　话：0414-6883138

吕逢彬

男，46 岁，大专学历，工程师

发明名称：汽车用圆筒形车厢

专利（申请）号：ZL201020530470.6

发明简况：本实用新型公开了一种汽车用圆筒形车厢，其特点是设置一个圆柱体形空心车厢体，车厢体的两侧对称设置有车门与车窗，车厢内设置有地板，在地板上设置有座位座铺，车厢是圆筒形的，圆筒的长度可以变化，圆筒的直径也可以变化，具有车厢体强度高，安全性能好，能在遭遇车祸时避免车厢内人员受损受害的优点，适应于各种客车、轿车应用。

转让及合作意向：转让价 1200 万元，合作价技术入股 10%。

吕逢彬，山西平定东关人，中共党员，现任阳泉上社晋玉煤业有限公司总工程师。

通信地址：山西省阳泉市开发区虹桥路五建 2 号楼 601 号

邮政编码：045000

电　　话：15110870896

E － mail：lfbk99@126.com

发明名称：自动吞沫机

专利（申请）号：CN200610152773.7

发明简况：本发明公开了一种在发酵过程中使用的自动吞沫机，其特征在于，该装置主要包括机械装置和自控系统两部分；机械装置主要包括五个大小不同的喷管、后吸管、外沿、喷腔和法兰盘，自控系统安装在工作室内。该装置是依据流体力学、等速螺线、空吸作用、射流原理设计的，解决了现有技术的不足，既提高了生产效率，又保护了人类的环境。

转让及合作意向：转让、专利许可、参股合作三种形式均可商谈。

通信地址：北京市光机电基地新华联科技大厦 1－611

邮政编码：101111

电　　话：13520588549

E － mail：beijingboshuo888@163.com

吕建军

男，大学学历，高级经济师

伦慧东

男，60 岁，大专学历，工程师

发明名称：离心浇铸制造纤维树脂增强复合管的方法

专利（申请）号：ZL201019110011.4

发明简况：离心浇铸制造纤维树脂增强复合管的方法，解决了现有技术中金属类管道的耐蚀性、耐磨性差的缺点以及树脂类不能满足长距离施工等缺点。采用的技术方案是，复合浇铸基料包括纤维和／或纤维须、树脂，包括以下步骤：按照设计要求选取金属管进行内表面的粗糙化预处理；将标准化预处理的金属管进行内表面洁净化处理；将处理后的金属管定位在离心浇铸机上进行预热；将配置好的纤维、树脂基料离心浇铸形成金属管的复合内壁；对浇铸后的金属管进行加热，固化纤维树脂金属管的内壁。本发明方法实施简单，利用本发明制造的纤维树脂增强复合管耐腐蚀性、抗静电性、耐磨性，阻燃性强，易于长距离施工。

转让及合作意向：面议。

通信地址：河北省唐山市滦县阿里山大街 5 号　　**邮政编码**：063700

电　　话：0315－7160661　　**E － mail**：tsjiaji@tsjiaji.com

罗三定

男，53 岁，硕士学历，高级工程师

发明名称：数控变向吊笼

专利（申请）号：ZL200920217131.X

发明简况：该设备用 PLC 可编程控制器来控制多功能高扬程载人吊笼的系统设备。可分三种类型：有轨导向垂直升降式、有轨导向爬坡升降式和无轨自由升降式。主要由双卷筒多功能提升机构、双悬挂大车运行机构、主机小车运行机构、变频调速系统、三级安全制动装置、自动跟踪系统、自动监控显示报警系统、载人吊笼及导向装置等构成。控制方式有自动控制或手控加遥控。具有无级调整，三级制动、断绳保护、吊笼自动跟踪、运行自动监控（记数、显示）、变向等综合功能。

转让及合作意向：融资。

通信地址：湖北省赤壁市经济开发区起重工业园

邮政编码：437300

罗 源

男，55 岁，本科学历，教授

发明名称：新型汽车方向盘助力手柄

专利（申请）号：ZL201020155417.2

发明简况：本实用新型用于安装在汽车方向盘上，包括有旋转手柄、轴承套圈、轴承、连接固定扣、手柄卡加板、螺旋巢、旋转螺丝轴、主控杆，其中，轴承装在轴承套圈内，利用螺钉通过螺旋巢将手柄卡加板、连接固定扣、轴承套圈与旋转手柄连接起来，旋转手柄通过旋转螺丝轴控制主控杆。还包括金属卡环，主控杆通过金属卡环固定在汽车方向盘的辅助杆上，由于设置了金属卡环，主控杆通过金属卡环固定在汽车方向盘的辅助杆上，操控方向盘与固定本助力手柄的位置分开，形成永久固定的模式。解决了原来直接固定和操控在方向盘上，紧固螺丝因与转向一体连接，在反复转动后易出现松动的技术问题。

转让及合作意向：可转让也可合作开发。

通信地址：重庆市南岸区学府大道 19 号重庆工商大学设计艺术学院

邮政编码：400067

电　　话：13908338127

罗雪玲

女，48 岁，高中学历，从事美容美发工作

发明名称：一种养发乌发白发转黑发精华素

专利（申请）号：CN201010618311.6

发明简况：本专利技术能够从本质上改善发质，是一种纯中药制剂的养发、乌发、白发生黑发、防脱发、祛头油、祛头屑，有特殊功效的专利产品。

随着经济的发展和人们生活水平的提高，人们对于头发的美越来越重视。很多人由于体质虚弱或工作压力大、生活不规律，致使生理机能发生不良反应，血液无法润泽发根而提早出现白发、脱发、出油。

然而，目前市场上的白转黑产品多为染发剂，且多含有对人体有害的重金属铅、铬，还有的在染发剂中加入了多种苯胺类、酚类化学溶剂，容易诱发人体病变。针对以上不足，本发明提供一种纯中药秘方，能够养发、乌发，并能使白发由根部再生黑发，防脱发、祛头油、祛头屑，功效显著。天然、安全、无毒副作用。

转让及合作意向：有意转让。

通信地址：广东省珠海市九州大道 2106 号 8 栋 501　　邮政编码：519000

电　　话：13726218818

罗孝华

男，55岁，中专学历，农艺师

发明名称：一种油菜宽行免耕直播高产的种植方法

专利（申请）号：ZL200810233343.7

发明简况：本发明种植方法同常规播种期相比提早10～15天；增加行距，节省用工3个以上；省种50%；改化肥施用为有机－无机复混肥和微肥配合施用，有利于地力培肥；宽行栽培通风透光好，病虫害轻，有利于食品安全；产量高、效益高。

A.测土配方：根据各地土壤养分情况，确定合理配方的有机－无机复混肥；B.选用当地优良推广品种；C.适时免耕打窝直播（在9月15～25日）；D.宽行直播：宽行60～70cm，退窝30cm；每窝播6～10粒，保证每窝3～5苗；E.配方施肥：轻施底肥，以磷肥为主；出苗后10～15天亩施农家肥；腊肥亩施有机－无机复混肥，并混合硼砂丢施；蕾苔肥亩施尿素；F.综合防治青虫、蟋蟀等病虫害。

转让及合作意向：愿与地方政府及农业推广部门协作推广油菜种植新技术。

通信地址：重庆市南川区南城金山大道明阳天下一幢二单元15－1 **邮政编码**：408400

电　　话：13996735828　　E－mail：lqftbwxf@126.com

罗伯特·艾伯纳

男，48岁，硕士研究生学历

发明名称：立式光亮退火炉

专利（申请）号：ZL200920272469.5

发明简况：本实用新型包括入口密封，与所述的入口密封相连通的退火炉，与所述的退火炉相连通的冷却装置、导向辊装置以及连接有出口密封的回程通道，并依次构成通路，其特征在于：所述的入口密封与所述的出口密封等高，在所述的入口密封处设置有密封纠偏装置，该装置包括两个相外切装置的驱动辊和一个可调整的平衡辊，带钢从所述的驱动辊切点处经过，再经所述的平衡辊外圆周分布，所述的退火炉设置为带马弗的退火炉，所述的冷却装置设置为多段冷却区。本实用新型能有效控制带钢在整个退火过程中处于最佳位置，确保其表面的平滑度，同时，全程的氢气保护也有效防止带钢的氧化。

通信地址：江苏省苏州市太仓市艾伯纳工业炉有限公司

邮政编码：215400

E－mail：red@ebner.cc

罗　清

男，45岁，硕士学历，高级工程师

发明名称：一种电机装置

专利（申请）号：CN201010103196.9

发明简况：本发明所述的装置是一种全新的电机产品，采用独特、高效的永磁磁场—线圈结构，使得磁场的方向与线圈的电流方向一直保持垂直关系，所产生的力矩或力始终沿着所需要的轴线方向。既可用作电动机，也可用作发电机；既可用作旋转电机，也可用作直线（运动）电机，且实现电动、发电一体化。通过改变其结构尺寸，如直径、长度、线圈层数、磁块数等，可在极其宽广的范围内调整输出动力或电力的水平。

该装置主要用于直流电机的场合，结构简单而具备很高的效能，可在机械制造、电力生产、科研活动、机电控制、新能源汽车以及其他交通运输工具上发挥重要作用，具有巨大的实用价值。

转让及合作意向：授权使用、使用权转让等。

通信地址：上海市杨浦区鞍山路78弄1号401室　　**邮政编码**：200092

电　　话：13361963185　　E－mail：luye@sh163.net

马 银

男，大学学历

发明名称：强磁自旋离心分离机；交流自旋磁选机

专利（申请）号：ZL200920000480.6；ZL200920000481.1

发明简况：强磁自旋离心分离机，本专利克服现有技术的不足，发明一种高效节能的“强磁自旋离心分离机”，它磁路短，磁阻小，不漏磁，电能利用率高，分选空间大，投入的成本资金低，利用三相异步电机原理自己旋转。在国际上是前所未有的创新性设备。可分选一切弱磁性矿物和稀有金属，还可以拓展到钢厂污水处理净化和铁选厂尾矿回收等领域。

交流自旋磁选机，本专利克服现有技术不足，发明一种交流自旋磁选机，这种磁选机的磁场强度和梯度可根据矿石本身的磁化性质强弱进行调节。具有不丢漏矿物、回收分辨率高、交流自动磁翻的特点，分选出来的精矿品位高，是矿产资源高效开发利用的更新换代产品。

转让及合作意向：转让。

通信地址：河北省迁安市迁安镇杨堡村　　邮政编码：064400

电　　话：13832906762

马月俊

女，55岁，本科学历，高级酿酒师

发明名称：热带水果白兰地

专利（申请）号：ZL200410000839.1

发明简况：本发明的工艺：选果、漂洗、去皮去核、打浆（破碎）、酶化、混合发酵、压滤、蒸馏、陈储（橡木桶）、调配、冷冻、过滤、包装即为成品。酒度为40±2度，香型为热带水果的自然香味与幽雅的橡木味。热带水果白兰地酒是一种新型的酒类。随着时代的发展，人民生活水平和理性消费观念的提高，尤其在国际粮食日趋短缺的今天，热带水果白兰地酒具有很大的发展潜力，更符合国家对酒业产业的政策。中国有饮酒嗜好的人较多，越来越多的中国人更愿意把钱花在美味又健康上，热带水果白兰地酒会占据天时、地利、人和，三者皆备。

转让及合作意向：愿与具有战略眼光的企业家洽谈转让及合作事宜。

通信地址：广东省广州市珠江新城平月路南国花园C3—2307

邮政编码：510630

电　　话：15360020176

马斌其

男，58岁，本科学历，工程师

发明名称：局域定位系统及其定位方法

专利（申请）号：CN200810132736.9

发明简况：本发明属于无线电领域内的无线电定位技术，相对于GPS，是在地面上解决地面目标的定位技术，具有精度高、设备易于制造和成本较低的特点。本专利包括双天线同频同弧测角法、定距双台双频测双角定位法、缩短二次扫描时间间隔，提高系统对高速运动物体的反应能力等技术创新。

本发明可弥补GPS的不足之处，并能够实现机场飞机起降的全天候导航；实现海港港区内船舶的全天候、全天时定位导航；可制作精确的城市电子地图。

转让及合作意向：买断转让；股份制合作生产（付入门费＋股份分成）。

通信地址：北京市东城区东四十条125号

邮政编码：100007

电　　话：13911401950

E－mail：mabinqi@sina.com

马思仲

男，82 岁，本科学历

发明名称：蜜酒

专利（申请）号：CN200710198562.1

发明简况：本专利内含人体必需的16种氨基酸、22种微量元素，特别是微量元素中有相当数量的硒，硒是抗癌之王；内含成分还有促使心血管血液循环的本草精华，对冠心病有较好的保健作用。

目前上市的专利蜜酒，纯牛奶占40%，曲酒占18%～20%，氨基酸、微量元素、本草精华含量适度，它是一种高品质保健酒，保质期可达7年。

转让及合作意向：独家许可：200万元；技术入股：占总股数30%；普通许可：150万元，协商分两次付清。其他转让方式面议。

马思仲在党政机关工作几十年，曾任县辖区委书记、局长、公社书记、市（地）辖科长职务，退休后享受处级待遇。

通信地址：河南省西华县城关镇宋岗行政村2组　**邮政编码**：266600

电　　话：15518041633

马兆瑞

男，69 岁，本科学历

发明名称：太阳能电池板追日旋转平台

专利（申请）号：ZL200710111312.X

发明简况：该发明专利具有独特的旋转平台模式，与国内外跟踪日光装置相比较，在造价低、占地省、跟踪日光系统用电省、寿命长、平台下可建造房屋等10方面具有突出的特点。该发明如同巨大的水平放置的向日葵圆盘，大圆盘上面布阵太阳能电池板。向日葵圆盘旋转速度在每个随机时刻与地球自转角速度完全同步，是用一套具有100万倍数量级减速比的总体机械减速系统实现的。平台上电池板仰角控制参数源自每天日出时刻、日落时刻、正午太阳高度角，使布阵在上面的电池板始终连续同步跟踪日光垂直照射，从而使已有电池板比固定不动的电池板多获取30% 的电能。

通信地址：北京市建功北里4区2号楼5-702

邮政编码：100053

电　　话：010-83545867

毛根兴

男，72 岁，高中学历

发明名称：一种带自撑平衡装置的梯子

专利（申请）号：ZL200920040360.9

发明简况：本专利运用不锈钢材料，再加上各种型材组合，使新生代梯子仅为同类同高的2/3重。原理是运用灵活的多支撑杆（视高度而定），锁定一个支力面使梯子稳定地竖立在地面，即使地面高低不平也能稳定安全竖立。梯子及支撑杆结合是常用的塑料铜线扣紧，支撑杆扣点在两端孔处（约10cm距离），梯子紧扣位置一般在上半部。梯把手就是在不锈钢槽钢内无缝焊接两根平行的不锈钢扁管，踏脚就固定在槽钢内的扁管上。

转让及合作意向：转让或合作生产，相关事宜直接与发明人联系。

通信地址：江苏省苏州市东山镇启园路12-3号

邮政编码：215107

电　　话：0512-66283515

梅坤生

男，77 岁，初中学历，工程师

发明名称：行星凸轮、活塞摇杆发动机

专利（申请）号：ZL200820216625.1

发明简况：本实用新型涉及一种发动机，尤其是由行星凸轮活塞摇杆机构的二行程直流扫气发动机，是一种多维空间功率传输机械，可以将热机的热能高效地转化为机械能，发动机的多个分子气缸是圆周径向均布，活塞的往复运动直接推动凸轮作行星旋转运动，九个气缸共同使用一个旋转中心，发动机主轴旋转一周，连续做功 27 次。

此发明省去了笨重而复杂的零部件，减轻了发动机重量，降低了成本。

转让及合作意向：希望能与内燃机科研所合作开发，与企业进行实验性研制，取得直观效果后，再谈转让。

通信地址：江苏省无锡市北塘区新桥花园 158–302 室　邮政编码：214044
电　　话：0510–83071856

孟庆波

男，75 岁，本科学历，研究员

发明名称：一种太阳能光电管及其制造方法

专利（申请）号：CN201010559550.9

发明简况：本专利产品由一个真空玻璃管和圆筒状铝箔构成，其制造方法是将金属钠或铯放置在真空镀膜机的钨丝加热器上，将真空玻璃管口朝下放在镀膜架上进行钠或铯金属膜蒸镀，使真空玻璃管内壁上带有镀膜，然后组装塑料管座、圆筒状铝箔等。

本发明制造的光电管的工作原理是：当太阳光照射到钠金属镀膜或铯金属镀膜时，镀膜内的电子立即逸出镀膜表面，在被铝箔阳极的吸引下形成电流，对蓄电池进行充电。本发明由于带有真空玻璃管，管壁上带有钠金属镀膜或铯金属镀膜，使得光电转换带成为管状，缩小了体积和占地空间，单位面积的光电转换率提高。

通信地址：辽宁省营口市站前区少年宫昌威邮局 82 号
邮政编码：115000
电　　话：0417–2891548

孟忠伟

男，31 岁，博士研究生学历，讲师

发明名称：一种 U 型管压力计及其压力测量方法

专利（申请）号：CN201110116085.6

发明简况：本压力计结构为：U 型管的底部经加液管与加液罐连通 U 型管的右管段向水平方向延伸后伸入过压溢水保护罐内，U 型管的左管段与高压侧口管以及水平连接管连通，且三者的交接处设有三通阀，水平连接管外端与水平放空管以及活塞量气筒连通，三者的交接处设有另一三通阀；U 型管的左管段上标识有体积刻度。测量方法是：通过三通阀切断高压测口管与 U 型管的连接，将 U 型管内高压气体与活塞式量气筒连接，采用活塞式量气筒测量 U 型管内高压气体在常压状态下的体积，通过计算获得高压气体压力。本发明具有测量精度不随压力的升高而变化，测量压力越高，相对误差越小的特点。

转让及合作意向：愿意与企业进行合作开发。

通信地址：四川省成都市金牛区西华大学交通与汽车工程学院 5D211
邮政编码：610039
电　　话：15198212150

秘金钟

男，36岁，博士，研究员

发明名称：全球导航卫星系统接收机自主完备性监测的方法

专利（申请）号：CN200910088184.0

发明简况：本发明公开了一种全球导航卫星系统增强系统监测站的自主完备性监测方法，包括GNSS增强系统的各个监测站分别接收卫星星历，接收卫星原始观测数据；通过通信网络将各个监测站的原始观测数据传输到主控站；主控站根据卫星精密星历和各个监测站的原始观测数据构建单星多监测站的误差方程；根据各个监测站对卫星的不同角度计算权阵；建立多星多监测站的误差及其权阵；根据误差方程、卫星权阵构建法方程，并根据最小二乘法进行求解；根据相应的残差进行粗差检验和粗差识别，实现监测站的完备性自主监测。本发明可以剔除可能存在的有错误的监测站，提高整个GNSS增强系统的可靠性。

转让及合作意向：可应用于中国北斗系统建设以及国家与省级COSS综合服务系统。

通信地址：北京市海淀区莲花池西路28号中国测绘科学研究院　邮政编码：100830

电　话：010-63880708　E-mail：goldheal@casm.ac.cn

苗丰凯

男，61岁

发明名称：安装稳定管的船

专利（申请）号：CN200910162225.6

发明简况：本发明是在稳定管理论的指导下完成的专利申请，在船头至船尾的纵向中轴线上，在船体的吃水线以下部位，水平安装稳定管；稳定管是一根直管，中空，从船体前后穿过并镶嵌在船体中，外壁与船壳体前后密合安装，前端内壁安装有防鱼罩，管中通道与船外水前后汇合接触。

本发明的效果：(1)船抛锚停泊时可以减小起伏程度；(2)船在航行时可以帮助舵手掌握方向，增加稳定性；(3)安装稳定管的船，可以增加船体的牢固程度。

转让及合作意向：本专利申请愿无偿献给祖国。

发明人曾任物资计划员、行政秘书、引进荷兰项目组中方组长助理、驻哈办主任等职，2010年享受黑龙江农场局社会统筹退休金。

通信地址：广东省珠海市香洲区前山路318号仁德楼一栋一单元101号

邮政编码：519070　电话（传真）：0756-3911486

苗成玺

男，67岁，本科学历

发明名称：CMCX双桶双洗节水全自动洗衣机工作原理及流程

专利（申请）号：CN201010194322.6

发明简况：本专利涉及家庭工业洗涤电器技术领域。一体双桶双洗实现节水33%、减污排放45%，节水节能低碳环保。一桶为一次洗涤二次漂洗，二桶为一次洗涤三次漂洗。一桶排水为上排，端口是二桶上水口；一桶洗涤水为二桶洗涤上水，二桶洗涤一桶上水浸泡待机；二桶洗涤排水待机，一桶开始第一次漂洗；漂洗后水入二桶，是二桶第一次漂洗用水，一桶二次注水浸泡待机；二桶第一次漂洗排水待机；一桶开始第二次漂洗后水入二桶，一桶洗涤完毕报警；二桶开始第二次漂洗排水；再上水开始第三次漂洗完毕报警。

转让及合作意向：排他实施许可费6000万元/年；与洗衣机制造商合资，具体条件面议。

通信地址：北京市通州区马驹桥景盛南二街29号

邮政编码：101102

电　话：13381096716

莫晓东

男，44 岁，本科学历，经济师

发明名称：改进的笔记本电脑键盘

专利（申请）号：CN201010166170.9

发明简况：改进的笔记本电脑键盘，给出 14 吋以下笔记本电脑整合独立 3×3 数字键盘的替换方案和重新设计 C 面的方案，使 3×3 数字键盘独立于字母键盘，垂直排列；克服以往通过 Fn+NumLock 转换带来的不便，并整合手机键盘 T9 输入法和汉字笔画 输入法。替换方案不改变原有键盘的形状、尺寸，不改变手托板模具，3×3 数字键盘与 1×10 数字键等效并联，与原键盘实现互换。上述布局方案还可用于便携设备的外接键盘，屏幕虚拟键盘；对缩小台式机键盘，改进工控键盘也很有帮助。

转让及合作意向：转让或合作。

通信地址：北京市朝阳区高家园 4 区 5 楼 83 号

邮政编码：100015

电　　话：13311184626

E － mail：mo_xiaodong@hotmail.com

莫胜林

男，53 岁，大专学历，工程师

发明简况：抗干扰且能防止漏电的电视系统双向用户端口（专利号：ZL200710048479.6），用户盒产品改进了隔离和电磁屏蔽结构设计及封装工艺，可显著降低环境杂散电磁波的干扰耦合，减轻了回传信道噪声汇集的漏斗效应，并配套使用了发明专利接头。

新型的电视信号终端分支分配器（专利号：ZL200610021057.5），分支分配器磁芯为集成的整体磁芯块，产生的漏磁通又能回到一体化的磁芯上，从而加强了线路的磁通量，使分配损耗变小、节能，信号不会减弱。

一种能满足数字电视双向传输要求的接头装置（专利号：ZL200910114232.9），改进了同轴电缆接插件内导体的接触方式，有效避免了因接触不良引起的信号流失，达到节能的目的。

转让及合作意向：可授予使用权，合作或电话联系面谈。

通信地址：广西壮族自治区桂林市象山区彩虹小区 29 栋 2－3－2　邮政编码：541002

电　　话：13005955621　　E － mail：elvamobin@sina.com.cn

莫如章

男，大学学历

发明名称：小桐子的高产、早熟、矮化培育方法

专利（申请）号：ZL200910204841.3

发明简况：本发明公开了一种生物柴油原料树，特别是具有高产、早熟、矮化的小桐子的培育方法，是从众多的野生小桐子或者栽培的优良变异株中，选择具有优良的生物学、经济学性状的植株。通过择优汰劣，单株系统繁育，多年人工栽培驯化培育而成的优良树种，经过多年适应性试验，并采用多项技术，具有使小桐子在移栽当年结果，以后每年开花结果 5 次以上，小桐子种仁含油率 58.2%～64.4%，株产干籽实 2～3kg，当年亩产达 200～300kg(相当于一般野生种成年树第 3～4 年的产量)，成年后达到 600～1000kg。

转让及合作意向：转让、专利许可、参股合作三种形式均可商谈。

通信地址：广西壮族自治区南宁市科园路 48 号

邮政编码：530007

电　　话：0771－3212516

E － mail：chengyiqiang0305@163.com

牟希亚

发明人：牟希亚；郭雁群；牟心赤；朱洁

发明名称：白假丝酵母（甘露糖蛋白质复合体）菌毛株

专利（申请）号：CN201010108660.3

发明简况：该发明的白假丝酵母甘露糖蛋白质复合体菌毛株的特征在于下列的一个或多个：a. 在菌体周围有许多纤细而刚直的菌毛状的甘露糖蛋白质复合体。b. 甘露糖敏感血凝试验呈现强阳性。c. 平板菌落黏附红细胞试验强阳性。本发明的白假丝酵母甘露糖蛋白质复合体菌毛株毒性低，免疫作用强，而且具有广谱作用的特性。

将本发明的白假丝酵母复合体菌毛株在沙氏固体培养基上37℃培养24小时，收集培养物，用甲醛溶液灭活，反复洗涤纯化后用无菌生理盐水稀释，加入0.5%苯甲醇制成注射剂。

通信地址：北京市怀柔区雁栖开发区北京市万特尔生物制药公司
邮政编码：101407
电　　话：010-61668333

牟秀元

男，78岁

发明名称：污水厌氧处理循环经济工艺系统

专利（申请）号：ZL201010042026.4

发明简况：本发明涉及一种污水厌氧处理循环经济工艺系统。针对现有污水处理以好氧处理较多，曝气池、生物滤池体积庞大，动力消耗大，生成的剩余污泥量大，处理难度大，曝气设备价格昂贵等问题，本发明采用厌氧处理技术能明显降低有机污染源，大部分有机物能转化成沼气，动力消耗和生成的剩余污泥只占好氧处理的10%左右，沼气和剩余污泥可综合利用，无土栽培车间可常年生产、收获蔬菜花果等。物质被多层次地重复利用，转化循环，变废为宝，效益倍增，是一种集化学、生物、环保及循环经济可持续发展的一种污水厌氧处理循环经济工艺系统。

转让及合作意向：各种转让方式均可协商。

通信地址：重庆市万州区周家坝黑龙江路6号
邮政编码：404130
电　　话：023-58370432

牟水元

男，43岁，专科学历，执行董事兼总经理

发明名称：一种粮食字画的制作方法

专利（申请）号：CN201110064025.4

发明简况：该发明公开了一种粮食字画的制作方法，它采用粮食作为原料，通过选粒浸泡、晾晒风干、作字构图、封面防腐，装框而成。用这种方法制作成的粮食字画能防虫蛀、防腐蚀、不霉变、不褪色，可长久保存，具有成本低、工艺简单、立体感强、灵动飘逸、自然质朴的优点，是一种极具市场前景的书画艺术品。

粮食字画作为一种新兴、特殊的书画装饰艺术品，为人类文化艺术装饰行业增色添辉，同时又是一种最具有民俗书画艺术的新种类，开创、填补了国内外粮食文化和艺术史上的一大空白。粮食字画系纯手工制作，不需要投入大量资金购买机械设备，只需购置一些手工制作用的工具，购备一些色彩斑斓的粮食等材料即可制作。

转让及合作意向：产权转让：参考价1800万元；许可生产：独家许可1000万元；省市许可，省级许可500万元，市级许可180万元。

通信地址：甘肃省武威市凉州区西大街胜利新村南5-1061号　邮政编码：733000
电　　话：15309353481/0935-2219156　E-mail：lszhok@126.com

牟敦学

男，66 岁，医学博士，副总裁

发明名称：插管导入器

专利（申请）号：ZL200820056081.7

发明简况：本实用新型公开了一种插管导入器，其包括一体成型的一支杆和一尖头，该尖头呈部分锥尖状，其与该支杆之间的夹角为 75 ～ 100 度。本实用新型的插管导入器结构简单，操作灵活方便，使用效果好，并且能将插管一次插入指定部位的血管或胆管中，节省手术时间并且减轻动物的痛苦。

转让及合作意向：转让、专利许可、参股合作三种形式均可商谈。

通信地址：广东省深圳市龙岗区康乐路中海怡美山庄 3 栋 2 单元 8D

邮政编码：518115

电　　话：13816926780

E － mail：dxmu@hotmail.com

木合塔尔·马木提

男，47 岁，中学特级教师

发明名称：双用环保黑板

专利（申请）号：ZL200820228813.6

发明简况：本实用新型公开了一种双用环保黑板，包括黑板框架。实用新型结构简单、书写信息量大且不用人工清刷粉笔字，使用十分方便。

保健电热鞋垫　　专利号：ZL201120043009.2

本实用新型的目的在于提供一种保健电热鞋垫，其特点是：通过行走就能加热，安全方便，绿色环保。垫该鞋垫行走，当脚落地时，磁铁柱进入铜线圈内；当脚离地时，弹簧弹起鞋垫上层，磁铁柱离开铜线圈。如此不停地行走就通过切割磁场产生电能，电能通过导线给加热丝供电从而产生热量，鞋垫的温度由温度控制器控制。

转让及合作意向：转让。

通信地址：新疆维吾尔自治区莎车县第一中学　　邮政编码：844700

电　　话：13899189220

倪正祥

男，50 岁，高中学历

发明名称：电瓶翻新及新的电瓶制作工艺

专利（申请）号：ZL200710015325.7；ZL200920029131.7

发明简况：合成电解液电瓶是对现有电瓶技术的升级，延长新电瓶使用寿命 0.5 倍。现有电瓶用比重为 1.28 的稀硫酸制作，其存放电过程为：硫化阳极过氧化铅直到报废，而负极铅板到报废也是新的，实为单硫化过程。合成电解液电瓶存放电原理是：氧化阳极过氧化铅有硫化阴极纯铅，为真正的双氧化过程，且以硫化阴极纯铅为主。又因阴极纯铅不易脱落，硫化速度比过氧化铅慢，则比纯酸电瓶延长电瓶使用寿命 0.5 倍。可用于生产电子调压变压器，淘汰落后的手动线圈式调压变压器。

转让及合作意向：转让，150 万元。

通信地址：山东省泰安市光彩市场 3 区 5 栋 11 号隆鑫家电

邮政编码：271000

电　　话：13181830687

聂 锋

男，62 岁，大专学历，高级工程师

发明名称：无循环管路过滤水活鱼运输罐

专利（申请）号：ZL200620024522.6

发明简况：一种无循环管路过滤水活鱼运输罐，为解决运输中的水体净化问题而设计。该罐为封闭盛水容器，其特征是：罐底部设有过滤筛，罐体四角设有疏导管槽，疏导管槽内置有散气石，气泵管路通入疏导管槽并连接散气石。其工作原理是：当气泵给散气石供气时，散气石曝气产生动力，由于疏导管槽的约束作用使曝气的动力集中向上产生水流，水流从疏导管槽口涌出，使原本平静的水产生定向循环流动，当这种水流通过过滤筛时，由过滤棉吸附水中杂质使水质得以净化，从而为鱼类的生存提供了有利条件。实践证明用此罐装运活鱼，在 30 小时内，其存活率几乎是 100%。它集开放式和密封充氧式两类活鱼运输方法之所长，具有广阔的市场前景。

转让及合作意向：专利权转让或与汽车生产厂家合作。

通信地址：河北省承德市大石庙蔬菜研究所院内承德市农牧局渔牧站

邮政编码：067000

电　　话：13171602998

聂春波

男，57 岁，大专学历，主治医师

发明名称：星形多轮滚压按摩器

专利（申请）号：ZL201020156128.4

发明简况：星形多轮滚压按摩器是用“复轮式星形滚轮”以往复滚压、触击方式，主要针对人体脊柱两侧的“足太阳膀胱经”经络穴位区域进行按摩的理疗器械。

其主要性能优势在于星形按摩轮的星角顶尖部，以连续或间断的“滚压、触击、点穴”等作用力方式实施按摩，突出功能是力度大、穿透力强、“集中于一点”，专门针对颈背部的“足太阳膀胱经”经络穴位区域，有的放矢地契合人体最重要的脏腑经络区域进行按摩。

转让及合作意向：转让、专利许可、参股合作三种形式均可商谈。

通信地址：河北省石家庄市开发区珠江大道 219 号　　**邮政编码**：050035

电　　话：13131167852/0311－85323848

E － mail：weishengsuo0420@sohu.com

聂贤慧

男，32 岁，本科学历，工程师

发明名称：新型禽类养殖用网板框架

专利（申请）号：CN201110180352.6

发明简况：本发明涉及一种新型禽类养殖用网板架成型工艺，其特征在于，按如下步骤构成：a. 将截面成矩形状且上端面设有导向槽的三根边框条连接在一起构成网板架矩形体的其中三条边；b. 将与步骤 a 中的截面结构一致且不具有导向槽的边框条连接在步骤 a 形成的结构中，并最终构建一个网板架矩形体；c. 将步骤 b 中新添置的边框条和与其对应且带有导向槽的边框条之间焊接一根与步骤 a 中的截面结构一致且不具有导向槽的边框条；d. 将网板沿导向槽一一插入，实现网板架成型。本发明生产工艺简单，且成品结构强度高，便于组装，易消毒，节能环保，不产生锈蚀情况，可循环利用，从而降低生产成本。

转让及合作意向：技术转让或面议。

通信地址：福建省福清市镜洋工业开发区　　**邮政编码**：350304

电　　话：0591－85320071　　**E － mail**：atai@atai.com

宁文礼

男，59 岁，高中学历

发明名称：门框式水（风）轮机

专利（申请）号：ZL200810090257.5

发明简况：门框式水（风）轮机设计新颖，轮机的叶片设计像门一样，分多组安装在工作臂上，可关闭和开启，从而使水（风）轮机的叶片能在顺水旋转的半圈，使门叶处于关闭状态，对水（风）的利用率最大；而在逆水旋转的半圈，门叶开启，水（风）可以顺利通过，阻力最小。成功地解决了轮轴两边门叶同时受力不能旋转的矛盾，同时还提高了工作效率。对功率的设计可大可小，实用性强，可用于捕捉河流和海流的水力资源。也可用于捕捉风能资源。无论水（风）的方向如何改变，都能被机器捕捉利用。该机结构简单，重量轻,适用范围广，在能源需求量大的今天，门框式水（风）轮机前景广阔。

转让及合作意向：转让、专利许可、参股合作三种形式均可商谈。

通信地址：陕西省西乡县城南开发厂院外　　邮政编码：723500

电　　话：13484893725

宁存德

男，65 岁，大专学历，主任医师

发明名称：前牙带／戴环

专利（申请）号：ZL201120023358.8

发明简况：“前牙带／戴环”是涉及佩戴矫治牙齿的一种特制创新产品，能满足个性化矫治需求的佩戴物。针对牙列不齐不美观（尤其是前牙沿用较复杂的牙列），拥挤、错乱、重叠、扭转移位，间隙过大而设计。本专利技术对于治疗因需减数拔牙后造成的牙齿间隙过大情况，疗效突出，可迅速关闭间隙，是一种矫治扭转牙的微小器材。

转让及合作意向：转让、专利许可、参股合作三种形式均可商谈。

通信地址：天津市和平区赤峰道 33 号 B 座与吉林路交口

邮政编码：300041

电　　话：13820183574

E－mail：1272675380@qq.com

欧阳江南

男，40 岁，大专学历，研究员

发明名称：一种治疗手足癣、灰指甲的搽剂

专利（申请）号：ZL200810001780.6

发明简况：本发明涉及一种治疗手足癣、灰指甲的搽剂，是以皇藏峪森林公园盛产的民间中草药王二嫂子等为主提取的消炎抗菌搽剂及生产方法。其主要成分为：王二嫂子、猫眼草、桃树叶、棟树枣、七叶一枝花、火盐、樟脑、PCPNa、癸基甲基亚砜。将所有原料粉碎成粗粉混合，用苦酒、乙醇的混合液浸泡 75 ～ 180 天，密封，用时过滤备用，直接涂搽患处。特效止痒、除臭、抑菌、排毒、燥湿、收敛、生肌、消炎、预防，对于各种较顽固的复发性脚气、手癣、灰指甲治愈率超过 99.99%。

转让及合作意向：愿与有识之士共同开发。

通信地址：安徽省萧县淮海西路 59 号　　邮政编码：235200

电　　话：0557－5016416

E－mail：15955717001@126.com

潘坚敏

男，53岁，高中学历，工程师

发明名称：安全型轮胎

专利（申请）号：ZL201020256549.4

发明简况：本实用新型涉及一种安全型轮胎，在一对胎圈部之间装架有胎体层，在胎体层的两侧外周边形成胎侧，在胎体层的上端外周形成胎面，在胎体层的内侧对应胎面的下方形成一个环绕胎体层一圈且与胎体层一体设置的密闭的气囊，气囊上与对应胎面的另一端的端面呈弧形，气囊壁上设置有进气单向阀。通过气囊的阻隔在一个轮胎内形成了两个气室，使安全型轮胎有双保险，在车辆高速行驶中，其中一个气室泄漏后，车辆还能行驶；如果两个气室都泄漏无气的情况下，胎体层厚度加上气囊的截面厚度高度高出轮毂两边，压垫在轮毂外围，仍然能支撑着轮胎，避免重大交通事故的发生。

转让及合作意向：转让。

通信地址：浙江省温州市百里东路金德景园2幢1401室

电　　话：13806688162

潘明伟

女，50岁，营业董事

发明名称：一种岩芯储运箱

专利（申请）号：ZL201020056368.7

发明简况：本实用新型涉及一种岩芯储运箱，包括由铁皮制成的箱体、箱盖以及位于所述箱体内的岩芯存放槽，所述箱盖与所述箱体转动连接。本实用新型的岩芯存储箱的箱体、箱盖和岩芯存放槽都采用铁皮制成。与传统的木质岩芯储运箱相比，本实用新型的岩芯储运箱具有强度高、防火、防腐、防虫蚀、可循环使用等优点，非常适用于岩芯样本的存储和运输，尤其适用于岩芯的长期存放。

转让及合作意向：转让、专利许可、参股合作三种形式均可商谈。

通信地址：香港新界屯门新益里3号通明工业大厦3楼

电　　话：00852-64725898

E-mail：waiyiprokcore@yahoo.com.hk

潘志明

男，55岁，大专学历，工程师

发明名称：立式无胆双炉排锅炉

专利（申请）号：CN201110259966.3

发明简况：本发明提出了一种立式无胆双炉排锅炉，它主要由炉壳体、环状集箱管、顶置汽包和一组外层对流管、内折对流管构成，在一组内折对流管折角处筑砌反烧炉拱构成反烧炉膛并与外层对流管形成烟气上行环腔结构，反烧炉膛底部配装的上炉排与下炉排形成二次燃烧炉膛，能使煤炭充分燃烧直至烧尽，并使高温烟气能顺畅地经二次燃烧炉膛折入烟气环腔内并向上运动与水体进行充分的热交换，真正实现立式无胆锅炉能进行“反烧”作业的发明目的。本发明具有结构简捷、生产成本低、燃烧方式科学合理和安全性能高的突出优点，能进一步提高立式无胆锅炉的热效率、明显降低排烟的污染负荷，是现行立式锅炉升级换代优化设计的一种理想产品。

通信地址：四川省乐山市五通桥区牛华镇塘叶村

邮政编码：614801

电　　话：0833-3202195

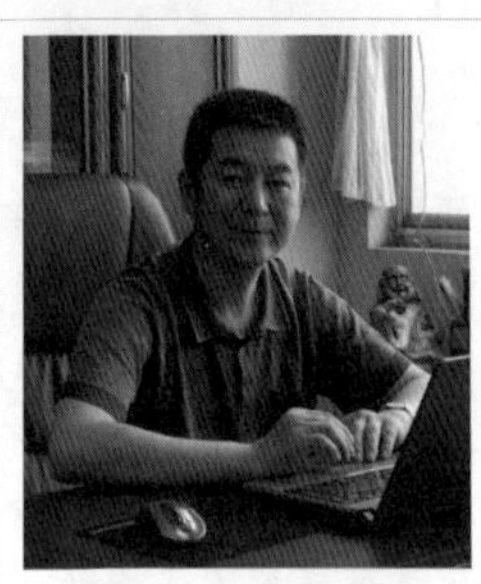

潘玉林

男，43岁

发明名称：一种半干湿畜禽微生态饲料添加剂及其制作

专利（申请）号：ZL200810138200.8

发明简况：本发明专利通过液－固结合的发酵工艺，利用小容积、多罐发酵法，有效避免杂菌侵入和结块现象。利用有效补充有益菌过胃后保持在肠道内定植、繁殖，促进动物内源性有益微生物的生长，修复肠绒毛再生长，平衡肠道菌群平衡。以达到促进动物健康、提高消化吸收率、预防疾病、改善生产性能的目的。

针对该产品对病原菌的拮抗作用和对有益菌的促生作用，提供营养素，刺激机体的免疫机能，净化肠内环境，修复肠道黏膜；针对饲料的1‰～2‰添加，实验证明：消化吸收率提高25%；针对发酵垫料与植物蛋白原料，实验证明：缩短了营养酵解时间，蛋白提高10%。

转让及合作意向：面议。

通信地址：山东省青州市科技创业园（玲珑山路与309国道路口北烟厂对面）

邮政编码：262500

电　　话：15966175299

庞春华

男，36岁，大专学历，工程师

发明名称：上带输送装置

专利（申请）号：ZL200920049243.9

发明简况：本实用新型包括固定板、平胶带以及有精铸件、压簧、滚动轴承的包装机械纸张输送力供给装置。该装置纵向调整导板，利用驱动装置能自动地对纵向调整导板进行升降，从而实现上带输送装置的升降，方便调整上带输送装置在纸张输送时所需的输送力，满足对不同厚度纸张的输送要求；利用横向调节装置对平胶带输送中心线进行微量调整，防止输送过程中盒坯在上下平胶带之间出现走偏、卡纸的现象。

发明人是包装机械行业专家，现任盐城宏景包装机械有限公司董事长、总经理。

通信地址：江苏省东台市富安镇东大街1号

邮政编码：224222

电　　话：0515－85978298

E － mail：15962038189@163.com

彭罗民

男，58岁，教授，主任医师

发明名称：血液透析机新型自动配液容量平衡超滤装置

专利（申请）号：ZL200920272123.5

发明简况：本专利是一种医用血液净化设备（简称人工肾）。本专利产品适合各级医疗机构，用于治疗各种原因导致的终末期肾病、急性肾衰、药物中毒、痛风急性发作、海洛因中毒成瘾等。本专利突破了现有技术双室腔容量平衡超滤系统的设计思想，采取科学合理的新方案，不但使人工肾机的透析液供给循环系统制造更先进，更实用，更可靠，而且降低了制造成本，使用前景广阔。

在上述专利的基础上经进一步研究，已构思设计出“节水型人工肾”并已申请了国家发明专利，专利申请号：CN201020675879.7。上述专利核心技术的基本构思均是在“多功能便移式人工肾”（专利申请号：200610067536.0）的基础上再创新构思设计而成的。

转让及合作意向：可一次性转让或合作生产。

通信地址：四川省成都市一环路南四段3号四川长城肾脏病医院　**邮政编码**：610041

电　　话：13980040227　　**E － mail**：Plm31009@yahoo.com.cn

彭建家

男，56 岁，大专学历，工程师

发明名称：高效节能型尾砂脱水机

专利（申请）号：ZL200910061135.8

发明简况：本发明涉及工业选矿设备，是一种高效节能型尾砂脱水机，它具有立式机架，其特征是：在机架的下部安装有振动装置，在振动装置的上方安装有储砂斗，储砂斗上竖立有筒形脱水筛网，脱水筛网的底部设有环形集水槽，与环形集水槽连接有排水管；脱水筛网的中心处悬装有螺旋抽砂装置，该装置的上端及其驱动电机安装在机架的顶部，下端伸进储砂斗中，并与储砂斗的底部保持一定距离；在机架的顶部装有进砂管通脱水筛网筒，并在机架的顶部装有排砂管连接螺旋抽砂装置的排放口。本发明解决了现有同类设备体积庞大、造价高、效率低的问题，可广泛用于各种金属和非金属砂质矿浆的脱水。

转让及合作意向：转让、专利许可、参股合作三种形式均可商谈。

通信地址：湖北省大冶市罗桥街办吴天铺村彭祖相湾　邮政编码：435100

电　　话：15997136512　E－mail：1062542159@qq.com

彭　琴

女，45 岁，本科学历，高级工程师

发明名称：简易快速钢筋标距尺

专利（申请）号：ZL201020226023.1

发明简介：本实用新型属于检测钢筋延伸率时，在钢筋试件上打刻标记标识的标距尺，两端具有辊轴的圆柱形标距辊，在其辊面上沿径向均布设置着与轴线平行，并且与所测钢筋型号相对应的钢筋标准标距刻度线和与轴线垂直的中心线标识，标距辊两端的辊轴与工作台面上固装的两个支撑轴架相配合，其中标距辊一侧伸出支撑轴架的辊轴上固装着旋钮，在工作台上设置着与标距辊平行的试件卡槽。本实用新型结构合理，使用范围广，检测钢筋的延伸率，在不同直径钢筋试件上打刻标记、标识时，操作方便、快速、准确，工作效率高。

转让及合作意向：愿与有经济、加工制作实力的生产商进行合作生产推广，一次性专利转让，以及其他各类可行性的合作方式。

通信地址：新疆维吾尔自治区乌鲁木齐市建设路 36 号光明大厦 17 楼

邮政编码：830002

电　　话：0991–2358296

戚万忠

男，50 岁，大专学历，小学高级教师

发明名称：太阳能热水器；节能型海洋石油钻探平台

专利（申请）号：CN200810204239.5；CN200810204292.5

发明简况：太阳能热水器，本发明所要解决的技术问题在于提供一种太阳能热水器，以解决现有太阳能热水器存在的不足之处，适用于楼房。本发明安装在室外墙壁上，降低了安装在楼顶上遭遇雷击、大风袭击的危险，减少了低楼层管道内水的浪费。

节能型海洋石油钻探平台，本发明涉及石油钻探领域，特别涉及一种模拟的节能型海洋石油钻探平台。其特点是，包括风力发电装置、太阳能电板和 4 个潮汐能发电机组。

转让及合作意向：转让、专利许可、参股合作三种形式均可商谈。

通信地址：上海市浦东新区惠南镇靖海路 185 弄 75 号　邮政编码：201300

电　　话：18918352228

E－mail：kjqiwanzhong@sina.com

齐军

男，50岁，大专学历，主治医师

发明名称：头影测量通用定位椅

专利（申请）号：ZL200910260157.7

发明简况：本发明涉及一种医疗设备，即一种头影测量通用定位椅。DR机定位摄影机拍摄头影测量片具有结构简单、操作方便、造价低廉等特点，在不破坏DR摄影机结构的前提下，通过简单的改造和引入头颅定位装置即可使其性能得到显著提高，因而具有很高的实用价值和良好的市场前景，为DR机开拓一种新的检查方法，创建一项头影测量DR新技术。

转让及合作意向：一次性转让，使用许可，也可以合作。

齐军，现任内蒙古通辽市医院病房放射线责任主治医师，曾发表省级、国家级论文30余篇，参加国内学术会10余次。

通信地址：内蒙古自治区通辽市科尔沁大街668号通辽市医院影像中心
邮政编码：028000
电　　话：0475-8186769/15904756769

杞开甲

男，69岁，高中学历，酿酒师

发明名称：家用酿酒器

专利（申请）号：ZL200920169453.1

发明简况：我国有着悠久的酿酒、饮酒文化，拥有广阔的酒类消费市场，我国广大农村是酿酒原料的主产地，特别是山区农民生产的五谷杂粮十分丰盈，是酿酒的主要原料。然而，因为没有适宜的酿酒工具，很多家庭有粮却喝不到纯粮酿制的酒。根据市场调查分析，从消费者饮酒健康角度出发，发明人研究发明了家用酿酒器。该发明结构合理，技术先进，操作简便，节能环保，经济实用。家用酿酒器适用于广大城乡居民家庭，特别适用于农村山（牧）区农牧民自己酿制纯粮酒，是一种健康酒、放心酒。同时酿酒产生的酒糟又是养殖畜禽的优质饲料。加工生产家用酿酒器，原材料易购，工艺简单，设备要求标准低，投资灵活，市场需求量大，是一项投资风险小、利润回报率高，符合国家产业政策的实用型发明。

转让及合作意向：技术性转让。

通信地址：云南省楚雄彝族自治州禄丰县金山镇惠民路社区　　邮政编码：651299
电　　话：13529703097

乔希海

男，66岁，本科学历，工程师

发明名称：膏状体与粉状体的搅拌设备

专利（申请）号：ZL201020580215.2

发明简况：本实用新型包括框架和由左至右固定在所述框架上的立式搅拌叶、斜式螺旋提升器、横向螺旋输送出料器，所述立式搅拌叶包括前排立式搅拌叶和后排立式搅拌叶，前排和后排立式搅拌叶前后交错摆放，所述斜式螺旋提升器底部设置有一个提升器进料口，顶部设置有一个提升器出料口，所述横向螺旋输送出料器一端设置有一个输送器进料口，另一端设置有一个输送器出料口，所述提升器进料口朝向所述立式搅拌叶，所述提升器出料口朝向所述输送器进料口并位于所述输送器进料口上端，所述立式搅拌叶为双螺旋搅拌叶。本实用新型的有益效果是结构简单、操作简单、能够连续生产、工作效率高。

转让及合作意向：技术转让，联合开发。

通信地址：天津市塘沽区塘汉路1-19号（滨海商贸园）2楼
邮政编码：300450

秦国廷

男，董事长

发明名称：电镀污水处理装置

专利（申请）号：ZL200820179135.9

发明简况：本实用新型涉及一种电镀污水处理装置，包括污水预处理箱以及与其相连的污水净化沉淀处理箱。污水预处理箱的顶部安装有反应药液混合预处理箱以及电控箱，所述的污水预处理箱内的污水处理管道上设置有多节射流混合芯管，污水净化沉淀处理箱箱体包括涡流反应区和沉淀净化区。由于设置有多节射流混合芯管，所以待处理的污水与反应药液能够在射流的过程中充分混合，从而使污水与药液的反应更为迅速充分；经过预处理的污水在涡流反应筒内进一步发生反应，达到最佳的处理效果，利用沉淀净化区使反应后所产生的沉淀物充分沉淀，保证最终流出的水的质量。净化后的水还可再次被用于电镀作业，达到循环使用、环保节约的目的。本实用新型结构简单、操作简便。

转让及合作意向：转让、专利许可、参股合作三种形式均可商谈。

通信地址：山东省莱西市孙寿镇驻地宏源五金电镀有限公司　邮政编码：266000

电　　话：13335030727

秦兴荣

男，76岁，大专学历，工程师

发明名称：制备稳态氧离子化水的系统

专利（申请）号：ZL200910058585.1

发明简况：本发明解决已有系统热效率低，冷凝器结垢难以清除，产品水不具有微结构，微酸性的问题。预处理水箱增氧后的水经多级活化器或/和电场到缔合换热器将水蒸发成饱和水蒸气，饱和水蒸气经冷凝器冷凝为水后多级活化器或/电场成为产品水，所说的缔合换热器的燃烧室内有反射炉拱和交叉布置的多组对流管束，燃烧室与换热室相通，换热室内有垂叠交叉布置的多组换热管与水室相通，冷凝器由上、下封头，活动筒体和活动筒体内的冷凝排管组成，上、下封头和活动筒体有固定法兰盘，活动筒体的上、下固定法兰盘的方向相反，上、下封头的密闭腔通过冷凝排管连通。

通信地址：四川省成都市金堂滨江路一段29号现代生态水城小区7幢1单元2楼6号

邮政编码：610400

电　　话：15002888767

邱焕池

男，60岁，小学学历

发明名称：奶头型腰颈椎按摩器

专利（申请）号：ZL201020150332.5

发明简况：本实用新型公开了一种奶头型腰颈椎按摩器，属于保健器具技术领域，旨在解决现有的腰颈椎按摩器具构造繁复、使用不便的问题。构造采用硬质圆顶奶头形按摩头和长条硬板的按摩座，按摩头4～8个成两排并列置于按摩座座面上。其结构简单实用，特别适用于老年人进行腰、颈椎及人体其他部位的保健，对于治疗骨质增生、骨疣等效果显著。

与现有的技术相比，该技术结构简单，实用，对腰颈椎的治疗效果好，省工、省电、省时，适用于青年、中年人群，特别是治疗老年人腰颈椎增生、突出压神经等病症具有治疗和保健作用。

通信地址：河北省沧州市沧县崔尔庄镇王大村

邮政编码：061027

电　　话：13012039213

邱南海

男，67岁，大专学历，国家公务员

发明名称：一种利用废弃工业垃圾提炼莫来砂的方法

专利（申请）号：CN201010145874.8

发明简况：本发明公开了一种利用废弃工业垃圾提炼莫来砂的方法，通过将不锈钢精铸厂废弃的壳模渣回收，将壳模渣依次经过精选壳模渣、破碎机大破碎、磁选机分流筛选、雷蒙研磨机研磨及分流精选、元素化验等步操作，最后获精莫来砂粉成品。通过此方法获得的莫来砂粉本身就含有适量比重的锆粉，因此其质量和效果比通过莫来矿直接制得的莫来砂要更好；由此可见，通过采用本发明的方法对含壳模渣的工业垃圾进行回收提炼莫来砂，既节约了材料、增添了循环利用的再生资源，产生了非常可观的经济价值，又治理了污水，保护了环境，具有极高的社会效益。

转让及合作意向：转让、专利许可、参股合作三种形式均可商谈。

通信地址：广东省深圳市平湖平荔东街9号

邮政编码：518111

电　　话：13609672986/13603068576

发明名称：水力发电船

专利（申请）号：ZL200820184657.8

发明简况：一种用于江河平缓河段的水力发电船装置。它主要由浮船以及安装在浮船上的叶轮、发电机和变速箱组成。在浮船上制有叶轮槽，叶轮安装在叶轮槽中。叶轮轴和变速箱的输入端相连接，变速箱的输出端和发电机的主轴相连接。本专利技术具有投资小、见效快、不破坏生态，且能充分利用河流平缓河段水利的特点。

转让及合作意向：全国独占许可，面议商谈。

通信地址：新疆维吾尔自治区哈密市天山北路20号天马花园30号信箱

邮政编码：839001

电　　话：0902-2315589

屈济道

男，81岁，大专学历，高级工程师

屈曜锋

男，67岁，大专学历，高级农艺师

发明名称：一种黑冬谷良种的培育方法

专利（申请）号：CN200910022571.4

发明简况：本发明提供一种黑冬谷良种的培育方法，该方法包括以下步骤：第一年采用优选法进行人工定向培育；第二年首先将中选穗行种子进行单粒播种并将单株脱粒保存；第三年对选好的单株中的株高、单株成穗数、平均穗粒数以及千粒重进行室内考种，选择30个株系种成株系圃；第四年从30个株系圃中选择符合育种目株的10个株系圃混合脱粒后进行播种；第五年将混合播种的黑冬谷在抽穗后将生长过高的植株拔除，成熟后统一收获混合脱粒，最终形成黑冬谷原种子，用于今后繁殖种子。用本方法培育出的种子解决了现有“黑冬谷”不能食用的问题，具有营养丰富、有较强的清除自由基和体外抗氧化作用等优点。

转让及合作意向：转让、专利许可、参股合作三种形式均可商谈。

通信地址：陕西省国家杨凌农业示范区创业大厦422室

邮政编码：712203

电　　话：029-87035483/13636747689

渠仁书

男，55岁，研究生学历，工程师

发明名称：一种电动鱼竿装置

专利（申请）号：CN201110349426.4

专利简介：本发明是一种电动鱼竿装置，属于娱乐设施，电动鱼竿装置包括：鱼竿转台组件、鱼竿组件、仿真杆组件、影像组件。本发明中，游客艇内手摇仿真杆，通过控制电器开关发出电信号，使艇外鱼竿转台组件通电运行，实现艇外鱼竿的旋转运动及俯仰运动，游客坐在艇内观看鱼竿动作及鱼钩周围影像。

本发明主要克服了现有技术中设备较多、携带不便，钓鱼受天气影响等一系列缺陷，提供了一种游客坐在室内即可实现远程可视化钓鱼的新型电动鱼竿装置，其在提高钓鱼的准确性、减少操作难度、提高钓鱼自动化程度方面，都有很大的技术创新。

通信地址：北京市宣武区育新街47号清芷园小区6号楼C座706室

邮政编码：100054

电　　话：13810383098

E－mail：sxyhq0308@126.com

冉昭杰

男，53岁，本科学历，高级工程师

发明名称：高效模块回程容积式换热器；高效太极模块高速换热器

专利（申请）号：CN201010195646.1；CN201010136904.9

发明简况：高效模块回程容积式换热器。本发明的目的是提供一种模块回程式结构、容积大、且能提高热效率和能源利用率、增加出水量、降低成本和缩小建筑空间、无死水区、极不容易结垢、维修清洗方便、制作工艺简便的高效模块回程容积式换热器。

高效太极模块高速换热器。本发明的目的是提供一种高速高效换热、节省占地面积、可模块式布置、安装方便、节省能源、无噪声、维修清洗方便的高效太极模块高速换热器。

转让及合作意向：面议商谈。

通信地址：陕西省西安市含光路中段55号　　邮政编码：710068

电　　话：029－85255657

E－mail：xahuaguang@126.com

冉　永

男，28岁，初中学历

发明名称：一种便携式输液架

专利（申请）号：ZL200920268469.8

发明简况：输液架属于医疗领域一项重要的必需设备，虽然简单，但应用广泛。本实用新型提供一种便携式输液架，以解决用现有输液架给婴幼儿输液时因移动难而带来的诸多不便。将输液架底端固定在一个背板上，输液架的架杆顶端向背板正面弯曲，并垂直下折形成悬杆，在悬杆上有挂钩和吊瓶夹，背板上有将输液架固定在人后背上的背带。使用时将输液架固定在成人的后背上，成人怀抱患病的患儿即可输液，移动方便，减轻患儿输液时的痛苦。

转让及合作意向：一次性转让。

通信地址：新疆维吾尔自治区哈密市前进路物业楼小桔灯幼儿园

邮政编码：839000

电　　话：131397195577

任怀瑞

男，61 岁，大学学历，高级茶艺师

发明名称：健康茶

专利（申请）号：ZL200410085311.9

发明简况：健康茶有四大特色，一是属于“全国高科技产业化药品”，对于疑难杂症的治疗有特效；二是属于“全国高科技产业化保健品”，具有防微杜渐的功能；三是属于“全国高科技产业化食品”；四是属于“全国高科技产业化综合性生命新能源”产品。

由于健康茶配比科学合理，使得该茶具有很高的营养价值和保健功能，且口感丰富醇正，具有吸收快、效果好的特点。

通信地址：内蒙古自治区呼和浩特市玉泉区大东街 1 号 5 室
邮政编码：100030
电　　话：0471-6301676

任 义

男，66 岁，高中学历，高级技师

发明名称：一种消除电气触头过热的方法

专利（申请）号：CN201010545987.7

发明简况：本发明公开了一种消除电气触头过热的方法，使电气触头的温度低于导体温度的 5% 以上的不过热电气触头，其步骤是：使电气触头的有效载流截面积为导体横截面积的 1.5 倍以上；将电气触头拧紧，拧紧力不低于 8 ～ 10MPa；除尽电气触头表面的氧化层并立即涂上电力复合脂或镀银；采用加大加厚螺栓、螺母的专用紧固件，防止铜、铝的金属性疲劳；采用独特内凹设计的专用紧固件，保持电气触头良好的动稳定和热稳定性。本发明突破了传统电气触头过热的误区，提出了全新的不过热电气触头理论，找到了电气触头过热的“主要矛盾”是铜、铝的金属性疲劳后，接触面压力降低，电气触头过热才造成接触面的氧化、腐蚀，杜绝了因电气触头过热引发的各种事故。

转让及合作意向：以国家、地区为转让单位，受转让者仅限本国或本地区使用。

通信地址：四川省成都市青白江区红阳东路 128 号　　邮政编码：610300
电　　话：13908227454　　E-mail：scrydq@yahoo.com

任寿年

男，78 岁，大专学历，教师

发明名称：采用齿轮式离合的超越离合器

专利（申请）号：ZL200910162526.9

发明简况：本发明从构造上看，包括外环、内环和中间件三部分，所不同的是，其内环上设有外齿轮，外环上设有带齿转臂，中间件为中间齿轮，它依托齿轮架与内环上外齿轮保持啮合，带齿转臂的突出部分也套装在齿轮架内，而与中间齿轮保持一定距离，两者组成一个离合单元。根据实际使用中对该超越离合器在承载能力大小和外形尺寸方面的不同要求，其所设置的离合单元最少可以设置 1 个，最多的可达到 20 个。

转让及合作意向：独家转让或合作开发。

通信地址：北京市门头沟区滨河居住区含晖苑 6-4-901　　邮政编码：102300
电　　话：010-61863077　　E－mail：renshounian@126.com

阮植庭

男，65 岁，大专学历，制药机械工程师

发明名称：用冷壁把蒸汽凝结成水排走的新型烘箱

专利（申请）号：ZL201020197769.4

发明简况：一种用冷壁把蒸汽凝结成水排走的新型烘箱，包括箱体、设于箱体内的至少一个物料烘干单元以及热源，箱体上设有门，所述热源可对物料烘干单元内的空气进行加热，其特征在于：所述箱体为单层金属箱体，所述门为单层金属门，该单层金属箱体和门由箱体外部的空气冷却形成冷壁。本实用新型节能效果显著，它的能耗都用在物料蒸发水分上。

转让及合作意向：专利权人拟选择支持本专利观点的技术和经济实力雄厚的厂商合作。

通信地址：广东省中山市沙溪镇歧江公路申明亭路段 11 号后座

邮政编码：528471

阮绪尧

男，大学学历

发明名称：一种治疗乳腺增生的中草药制剂

专利（申请）号：CN201110231774.1

发明简况：本发明公开了一种治疗乳腺增生的中草药制剂。本发明的目的是为了克服背景技术的不足，而提供的一种价格低廉、使用方便、疗效显著、治疗周期短、治后不复发的一种治疗乳腺增生的中草药制剂。一种治疗乳腺增生的中草药制剂由以下中草药组成：瓜蒌、米口袋、鹿角、山慈菇、鱼鳖金星、老鹳草、土贝母、合掌消、茜草、穿山甲等。除去非药用部分，经净选、清洗、干燥后，按配比称量，合并粉碎、过 80 目筛、灭菌、干燥，包装即得。使用方法：每次 10 克，每日 3 次，温开水送服。15 天为一疗程。经 300 例乳腺增生病人临床资料统计分析，治疗乳腺增生最短时间为 1 周，最长时间为 3 周，有效率为 100%。

通信地址：陕西省商洛市镇安县城教场路 48 号　　**邮政编码：**711500

电　　话：1519195960

阮绪兵

男，58 岁，高中学历

发明名称：一种治疗骨质增生的中草药外用复方制剂；一种促进骨折愈合的中草药外用复方制剂

专利（申请）号：ZL200910021470.5；CN201110231775.6

发明简况：一种治疗骨质增生的中草药外用复方制剂。它是以九牛造、铁箍散、箍骨散、水莴苣、水红花、白接骨丹、百鸟不落、马桑芽、过山龙等原料药材，经净选干燥后，按配比称量，合并粉碎，过 80 目筛，灭菌，包装即成。本发明配方系用特色植物药组成，制作方法及使用方法简便，具有价格低廉、疗效显著、治疗周期短、治后不复发的特点。

一种促进骨折愈合的中草药外用复方制剂。本发明的目的是为了克服背景技术的不足，而提供的一种使用方便、价格低廉、骨折愈合快、治疗周期短的中草药配方和制剂。该制剂由九牛造、鹅肠草、铁箍散、苎麻根、水接骨丹、黄接骨丹、接骨木、榆白皮等中草药组成。经 134 例病人临床资料统计分析，原始骨痂生成期为 2 ～ 4 周，骨痂改造塑形期为 5 ～ 8 周，与对照组相比呈显著性差异。

转让及合作意向：转让、专利许可、参股合作三种形式均可商谈。

通信地址：陕西省镇安县教场路 48 号　　**邮政编码：**711500

电　　话：15229984881　　E－mail：rcq8210@163.com

尚英俊

男，69 岁，大专学历

专利名称：无燃料发电机

专利（申请）号：CN98125035.1

发明简况：该发电机只要是应用稀土永磁或铝铁硼固有的强磁场特性，加之自动励磁和高效物理杠杆力矩节能转动装置相结合，它利用风光互补廉价的新能源驱动后，无须煤炭、石油、天然气等常规燃料，就可以发电，节能效率可达到 75.3%～85.6% 左右，可适合全国广大工农业、院校、家庭、军事、通信等一切用电场所。

通信地址：山西省太原市新建路柳溪街西冶金宿舍 27 栋 1 单元 6 号

电话：13503544894

E－mail：tydzjskys@163.com

尚久林

男，75 岁

发明名称：自动除雪机

专利（申请）号：CN200910127567.4

发明简况：本发明是一种大型自动除雪设备，该机前面设置除雪铲、输雪管，在两大主要部分作用下将雪自动装在车上，提高除雪效率，解放劳动力，达到自动除雪的目的。除雪铲宽 3 米，运行时平行向前行驶，将雪收集到除雪铲上，铲上设置左右旋两个绞笼，绞笼轴一段设置密封离心式绞雪轮，液压马达左右输出轴与左右绞笼轴连接带动旋转，绞雪轮将雪分别输送到左右输雪管，管内设置的绞笼将雪提升到出雪管输送，进而到车厢绞笼轴，上端焊 6 个叶片，相当于绞雪轮将雪输送到车厢，经液压装置自动卸车，每小时除雪 24 千米，实现自动除雪的目的。

专利发明人：尚久林、尚胤

通信地址：吉林省吉林市龙潭区古川路 57－14 号 E 六区 5 号楼 3 单元 32 号

邮政编码：132022

电　　话：13134326624

尚宜智

男，60 岁，大专学历

发明名称：耐震压力表开合器

专利（申请）号：ZL201020118091.6

发明简况：本实用新型涉及一种耐震压力表开合器。开合器包括固定支架，固定支架上设有丝杠和固定抱钳，丝杠上螺纹连接有移动支架，移动支架上设有移动抱钳，移动抱钳与固定抱钳分别设有舌刀，固定抱钳与移动抱钳相配合，可以用于夹紧不同口径的压力表，应用广泛。移动抱钳与丝杠螺纹连接，可以施加较大的力，拆解压力表更加方便。上固定槽与下固定槽的设置，可以配置不同宽度的舌刀，以配合不同宽度的凹槽。固定抱钳与移动抱钳可拆卸设置，可以方便地拆卸、更换，以适应不同口径的压力表。

转让及合作意向：转让、专利许可、参股合作三种形式均可商谈。

通信地址：山东省潍坊市潍城区北关北宫北街 3 号内 12 号楼 3 单元 202 号

邮政编码：261021　　　　电　　话：13583611719

E－mail：syz2735@163.com

沈德铭

男，75 岁，本科学历，主管中药师

发明名称：一种大蒜新素组合物及在其制备治疗鼻腔微生物感染中的滴剂的方法和应用

专利（申请）号：CN200910149616.4

发明简况：本发明涉及一种治疗微生物感染的药物，尤其涉及一种治疗微生物感染的大蒜新素滴剂。一种大蒜新素滴剂，它主要包括下列各组分的物质：三硫二丙烯 0.8 ～ 4ml；吐温 -80 以溶解三硫二丙烯为度；NaCl 7 ～ 9 克；蒸馏水加至 1000ml。本发明一种大蒜新素滴剂在治疗鼻腔微生物感染中的应用，治疗效果好，成本低廉。

转让及合作意向：转让、专利许可、参股合作三种形式均可商谈。

通信地址：上海市徐汇区长桥三村 140 号
邮政编码：200231
电　　话：021-64767771

沈汉贤

男，63 岁

发明名称：多色印花印金植绒联合机

专利（申请）号：ZL201020645146.9

发明简况：本专利包括进布架装置、大身和置于大身上的导带，所述导带通过导带托辊固定并由装在大身一端的伺服电机带动，其特征是：所述该多色印花印金植绒联合机还包括植绒装置、烘房、冷却装置、清洗装置、烘箱出布装置和圆网印花装置，所述植绒装置和烘房后均置有绒毛回收装置，所述冷却装置设于绒毛回收装置后方，所述圆网印花装置分布于大身上，所述圆网印花装置包括圆网头，所述清洗装置置于导带下方。其优点是：结构合理，成本低，可以在一架机器上同时进行印花、印金、印银和植绒，速度快，产量高，能够制造出色泽鲜艳、清晰的布匹。

转让及合作意向:知识产权一次性购买、设备购买、区域代理商、技术合作等均可。

通信地址：江苏省海门市大港路 1698 号
邮政编码：226114
电　　话：13912891116

沈　珞

男，63 岁

发明名称：养生下斜睡床

专利（申请）号：ZL201120032459.1

发明简况：本发明包括床面、支撑床架、自动升降装置，床面的下端与支撑床架铰接，自动升降装置设在床面的下面，装置上端与床面铰接，可以自动调整床面倾斜度；在床面上还设有防滑带，该防滑带的上端固定在床面的上端，下端为箍紧带。

养生下斜睡床首创利用地心引力和血管落差的作用反向调整睡眠，来治疗人类直立生活所产生的一系列疾病，能够治愈或者控制人类 50% 左右的疾病（例如中风、高血压等心脑血管病和颈椎、脊椎、肩周、关节炎等），而且是纯自然疗法，无任何副作用、无任何不良反应，有保健养生的作用。

转让及合作意向：可转让。

沈珞于 2009 年 11 月 23 日成立广州百岁医疗科技有限公司，研究影响老年人健康长寿的因素，为相关部门制定有关健康老龄化政策提供科学依据。

通信地址：广东省广州市白云区丛云路云山居云溪街 34 号 303 房　邮政编码：510420
电　　话：13316291775

沈红来

男，48 岁，本科学历，高级工程师

发明名称：一种组合式污泥处理方法及所应用的干馏设备

专利（申请）号：ZL200910153648.1

发明简况：本发明提供了一种组合式污泥处理方法，它把脱水污泥经过半干化、干馏裂解和燃烧处理技术结合起来，分步处理，将含水 75%的污泥经过处理，无机物高温处理转化为固体残渣，有机物转化为 CO_2、H_2O 和可回收资源的液态油。本发明还提供了一种污泥处理用的干馏设备，它包括干馏箱，干馏箱中设有一组或多组用于污泥处理的两级干馏器，两级干馏器包括第一级干馏器和第二级干馏器。

转让及合作意向：合作开发。

发明人一直从事化工生产及工业污水处理工作。

通信地址：浙江省杭州市余杭区东湖南路 129 号排水管理办公室

邮政编码：311100

电　　话：0571-86234701

E － mail:280476744@qq.com

沈绍成

男，67 岁

发明名称：移动式行星子母钻头

专利（申请）号：ZL200820053740.1

发明简况：本专利主要装在挖掘机机臂上，适用于挖掘大型隧道的机型。把一个前端是喇叭斗状，中间尾部有一个大圆筒体，外向安上齿轮作为母钻头的驱动轴，在内向安上螺旋式绞轮作为输泥管道。行星轴上的齿轮通过内齿轨环上的内齿啮合驱动行星子钻头，就会在母钻头内腔的切削面内环绕铣切岩土。这种大钻头的直径可小至几十厘米大至几米，驱动动力是普通钻头的 1/4 ～ 1/6，可切削的功率是普通钻头的数倍甚至几十倍，大大节省了能源。

发明人共拥有在江河海底免爆挖掘隧道的机械设备相关专利六项，其项目和事迹已在十多种书刊刊载。

通信地址：湖南省长沙市井奎路 67 号绿荫家园 3 栋 603 号

邮政编码：410004

电　　话：0731-82819279/15084973939

沈高云

男，60 岁

42° 纯葛根白酒

发明名称：纯葛根功能营养酒及其制备方法

专利（申请）号：ZL200510010966.4

发明简况：本专利精选云南野生葛根酿制出来的“福上福”纯葛根功能营养白酒，有效地保留了葛根原有的营养成分，完美地提纯了葛根的药用成分，是宜人的养生酒。葛根酒同时还具有防癌抗癌、解痉止痛、增强脑及冠状动脉血流量、扩张冠状动脉血管，改善缺血区的血流状况、增强心肌收缩力，防治高血脂、高血压、高血糖等作用。

本专利产品与其他酒类产品相比差异性表现在：健康环保、品质优良、特点明显。目前，福上福葛根酒业有限公司已研制出以纯葛根酒为主的葛根系列产品十余种，囊括了食品、药品、化妆品三大类。

通信地址：云南省曲靖市沾益县盘江镇花山十里铺丰华村葛根酒厂

电　　话：0874—3062699/0874—3063892/15987408939

传　　真：0874—3062599

施祥燊

男，67岁，本科学历，高级工程师

发明名称：节水节肥的高通气花盆

专利（申请）号：ZL201020145321.8

发明简况：本专利在盆体下方具有排水通气孔，在盆体中内置一个均布有水气通孔的漏斗形隔板并与盆底之间形成一个水肥气库。特点是漏斗形隔板具有贯通的大小沿口，在漏斗形隔板上方的盆体内腔形成一基质腔，基质腔内放置有泥土、海绵、吸水纤维的带有毛细功能的基质材料层，水肥能从花盆盆体上沿口渗入水肥气库区，也能从通气孔直接进入水肥气库区内。本专利花盆具有保水、保肥、通气，并大量节水、节肥、省工省成本等特点。

转让及合作意向：(1) 转让专利权：转让价60万元；(2) 独家实施许可：许可费面议。

发明人现已退休，曾任福建省环境保护部总公司技术部经理，环境影响评价高级工程师。

通信地址：福建省福州市鼓楼区屏西小区86栋505

邮政编码：350003

电　　话：0591-87861737/13358209306

施俊阳

男，41岁，高中学历

发明名称：五金冲压模具全方位共用模架

专利（申请）号：ZL201020506170.4

发明简况：本实用新型公开了一种五金冲压模具全方位共用模架，它包括上、下模架，上、下模架分别通过螺丝连接固定有标准模仁，上、下模架包含通用模板，通用模板和标准模仁上开设有相应的组装定位孔，组装定位孔内卡设有定位销，标准模仁以定位销和螺丝定位紧固于通用模板上。本新型的五金冲压模具全方位共用模架适用于工程模、连续模等多种冲压模具结构，且一个模架可同时组装多个模仁，不同的产品切换不同的标准模仁即可，达到了模架的共享性及多功能性，其利用率高、使用寿命长；新产品开发时，只要设计模仁即可，节约了成本，缩短了开发时间，且模仁的定位和安装快速、准确，有利于工作效率的提高。

通信地址：江苏省昆山市桃花江路清华园50栋-1

邮政编码：215300

施希明

男，55岁，小学学历

发明名称：新型双速液压拉床

专利（申请）号：ZL03202732.X

发明简况：一种新型双速液压拉床，涉及用于拉削内表面、具有水平设置的刀具的拉床，尤其是双速液压拉床。本实用新型由床身系统、液压系统、操作系统和冷却系统组成。床身系统包括床身、光杆、空气窗和油箱，液压系统包括油缸和压力表，操作系统包括拖板、夹头和自动定位，冷却系统包括冷却箱、冷却泵、水斗和放水管。液压系统还有节流阀、转向阀、溢流阀、回程双速阀和回程单向节流阀，操作系统还有手动把手。本专利具有结构简单、操作方便、成本较低等特点。

施希明，现任浙江玉环县关华利拉床厂厂长，自工作以来，具有较强的领导能力，赢得了上级领导和社会各界的好评。

通信地址：浙江省玉环县玉坎路前塘洋工业区玉环县城关华利拉床厂

邮政编码：317600

电　　话：0576-87225888

施振邦

男，大学学历

发明名称：浸没式热水炉

专利（申请）号：ZL200920108310.X

发明简况：本实用新型属燃油（气）供热设备，是以浸没燃烧技术“热中燃烧”的全新理念设计而成。它由炉的筒体、燃烧室、喷雾与脱水装置和外置的燃烧器、控制柜及进出水箱等各部分组成。其功能是：燃烧物和被加热的工质进行热量交换，使烟气与雾化中的冷水相容，用于直接加热而产生热能。这种炉不同于常规热水炉，主要改革掉了浪费热能的传热装置，热效率可达96%以上，排烟温度在90℃以下，节省能耗25%左右。

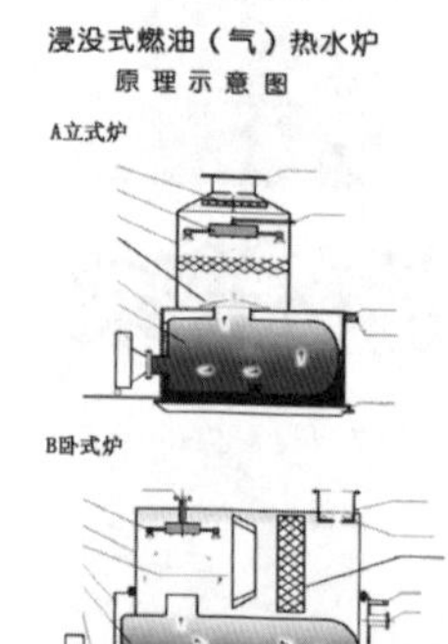

排放气体中的一氧化碳和碳氢化合物接近于零；硫氧化物和氮氧化物的含量仅为国家标准的1/3。

浸没式热水炉是在试用、改进、完善与提高的基础上发展起来的，它的鲜明效果：低碳、环保、高效、节能、安全，取暖效果好，而且具有体积小、重量轻、智能化、寿命长及产品规格齐全等优点。

转让及合作意向：(1) 转让。专利权人欢迎受让者考察已经安装运行了八个采暖季的热水设备状况，然后，再行商谈转让专利的具体事项。(2) 合作。专利权人愿意以专利技术占有股份的方式进行合作，欢迎合作方考察、了解在过去进行的产销情况后，再行协商合作事宜。(3) 捐献。专利权人抱着列为首选自愿的心情，无偿捐献给具有铺设天然气管道条件的并遭受过天灾的地区或革命老区以及较为贫困的地区应用。其目的是：不但为国家环保节能政策的实施做贡献，而且还可造福于当地群众。

通信地址：北京市海淀区双榆树北里4-3-501号
邮政编码：100086
电　　话：13681020338

沙　丽

女，51岁，本科学历，高级工程师

发明名称：（天然）彩色富含维生素米、面食的制备方法

专利（申请）号：CN200910058678.4

发明简况：该发明旨在解决传统面食单一，口感贫乏，缺乏附加营养价值、食用化学添加元素以及化学污染对身体危害等诸多技术问题。以提供一种纯天然多色彩（不含任何化学物品）的外观、品种营养多元化富含维生素米、面食的制备方法。使用纯天然植物，萃取实质性“植物元素”蔬菜瓜果，按一定调配制法制备，具有色亮可口，清香柔的特点。本发明象征意义：福、禄、寿、喜、祥、安、缘，符合中国老百姓对传统饮食文化的喜好。本制备方法上手简单，易操作，工序简化，成本低，可最大限度降低能源消耗。

专利转让及合作意向：合作与转让均可。

通信地址：四川省成都市浣花北路一号中水顾问集团成都院科研所
邮政编码：610072
电　　话：13981780325

男，66岁，高中学历

发明名称：一种零余子养颜茶（ZL201010199289.6）

零余子·小麦胚芽营养早餐及配制方法（ZL201010229965.X）

发明简况：这两项专利属于山药子的产业链，为山药子产业的进一步发展奠定了基础。一种零余子养颜茶，其特征在于，该养颜茶是由以下重量份配比的原料配比而成：零余子10～15份，枸杞子8～12份，黄精5～10份，麦冬3～7份，大枣3～7份，以上药物按传统中医药学“君臣佐使”的原理相互配伍，口味苦甘相间，性味平凉相和。按传统医学的脏腑经络学而言，入心、肝、肺、脾、胃、肾经，养心安神，健脾补肺，固肾益精、滋润血脉，益气生血之效尤为显著。本发明更适宜女性冲泡饮用，长期饮用能安五脏，美颜色，抗疲劳，抗衰老，是现代女性的绝佳饮品。

通信地址：四川省成都市君平街117号2单元1号
邮政编码：610000
电　　话：028–86139385/15520708662

史珉全

男，大学学历

发明名称：烟毒净（戒毒膏）

专利（申请）号：CN200510113989.8

发明简况：烟毒净属纯中药制剂，不含麻醉剂、兴奋剂等化学药品，戒毒患者在神智清醒状态下轻松戒毒，不影响正常工作，对人体无任何毒副作用，无依赖性和成瘾性，治愈率达98%以上。该制剂在解除毒瘾的同时，可调节肌体功能，具有清热、解毒、理气、活血、清肝、驱寒、暖心、补肾、润肺、调血、扶正固本之功效。该制剂在犯瘾时服用，用量：每次10毫升，温开水送服，一日3次，7～15天可彻底戒除毒瘾，如再复吸，将会发生腹痛呕吐、头痛等症状，个别人还会发生尿血现象。如此不良的恶性反应可抑制复吸者的复吸行为，达到彻底戒毒之目的。

转让及合作意向：面议。

通信地址：陕西省咸阳市秦都区陈杨寨办事处安谷村342号
邮政编码：712046
电　　话：18691002196/13379305336

史田元

男，73岁，本科学历，客座教授，特约研究员

发明名称：叠片式蓄电池

专利（申请）号：CN200910035070.X

发明简况：本发明的技术领域为能源领域中广泛应用的叠片式（包括管式）酸性和碱性蓄电池的改进技术。要解决的具体问题是：长期以来这些蓄电池在寿命终止后经解剖，其正极下部有20%～30%的活性物质没有被充分利用或者硫酸盐化使蓄电池寿命提前终止。解决该问题的理论是用二端网络，这种世界性难题是因为单体电池内极板上各点在充放电时，电流强度不等而造成。本发明的方案是调整单体电池正负极的位置来调整内阻分布，采用“立体对角”分布能有效解决以上问题。该技术可以用在各种大小的酸性和碱性二次电池中。

转让及合作意向：转让、专利许可、参股合作三种形式均可商谈。

通信地址：江苏省南京市江宁将军大道翠屏清华苑14–306
邮政编码：211100
电　　话：025–52145086/13814027987
E – mail：shiqing167@sohu.com

舒孔亮

男，49 岁，务农

发明名称：液体包装盒

专利（申请）号：ZL200820077723.1

发明简况：本实用新型公开了一种液体包装盒，由包装盒和输出管两部分组成。所述包装盒内设置有气包，所述输出管内设置有倒锥形球规，球规底部开口，球规的锥形槽内有一重球，靠重球自重来封堵包装盒内液体流出。本实用新型可以使包装盒内液体与空气充分隔离，从而达到长期存放的目的。

本专利可以与包装工艺和工艺包装艺术品配合投入市场，如一个鸵鸟形状的艺术品，立在餐桌上，服务员向前推一下，鸵鸟嘴里就流出鲜美的饮料。

转让及合作意向：转让、专利许可、参股合作三种形式均可商谈。

通信地址：山西省平顺县中坤乡中坤村

邮政编码：047400

电　　话：13233355309

舒永兴

男，79 岁，大专学历，副研究员

发明名称：颗粒状复合植物蛋白晶制造方法及其装置

专利（申请）号：ZL02139881.X

发明简况：本专利涉及农产品、食品加工、资源综合开发利用领域，并涉及环境保护等领域。该专利已得到保护的核心技术是：用纯天然小分子碱离子型浸提液和酸离子型凝聚液（以下简称：天然溶剂、电解碱离子水、电解酸离子水或碱离子水、酸离子水）对大米、大豆、绿豆、蚕豆、豌豆等谷、豆类食品原料，“同步连续逆流浸提”、“超微磨浆”、“等电点沉淀”、“差速分离”制成“蛋白乳液、浓乳液”，在配套的“泡沫离心喷雾干燥造粒装置”内“充氮发泡”，采用“对喷造粒、双重防粘、流化再干燥”新工艺，一步制成不含胆固醇、可速溶的“植物蛋白晶”或“颗粒状复合植物蛋白晶”。真正速溶的植物蛋白或复合蛋白颗粒，还可用于制造“速溶”、“速调”的系列植物蛋白或复合蛋白营养新产品。该发明专利的优点是：采用“天然溶剂 ”、“同步浸提”、“差速分离”植物蛋白、淀粉和膳食纤维等营养成分，合理利用了优质食用蛋白等食物资源；完全不用企业现用普遍使用的“含有毒、有害化学成分和重金属的、对环境会造成严重污染和对产品质量、安全性造成隐患的化学酸碱溶剂”；对“天然溶剂酸沉工艺”过程分离的“酸性水”进行“回收、净化、利用”，可以更有效的保护环境，防止和避免产品受到化学溶剂和重金属的污染，提高了食品的质量和安全性；采用“氨基酸互补技术”和优选配方，提高了复合植物蛋白的营养价值；“泡沫离心喷雾干燥造粒装置”上设计有可更换的“锥形连接座”，能方便地在同一塔内组装成高压、双流、离心等多功能的喷雾干燥装置，也可在中药颗粒剂、速溶茶生产中应用。

专利权人舒永兴，于 1993 年 4 月离休后，曾受聘于长沙九芝堂药业集团公司担任技术顾问，从事中药颗粒剂的研发和生产，至今仍一直“离而未休”。2004 年以后，对该专利通过有记录的 300 次以上的实验、验证和与山东万得福集团有限公司签订保密协议后合作进行的“用天然溶剂提取、分离大豆分离蛋白的中间试验”验证，已完全证明：该专利的新颖性、创造性和实用性，符合“两型社会”的“资源节约、环境友好”的发展要求，可进一步进行推广、应用和系列专利新产品的合作开发、研制、生产。

转让及合作意向：该专利及核心专利技术可进行普通实施许可转让或新产品合作开发或以专利技术入股等，详情面议。

通信地址：湖南省长沙市雨花区东塘牛角塘五栋 103 室　**邮政编码**：410007

电　　话：0731-85451661　　**传　　真**：0731-85451661

E－mail：shuyongxing7878@sina.com

帅德君

男，55 岁，初中学历

发明名称：粮食烘干机

专利（申请）号：CN200620035904.9

发明简况：本实用新型一种粮食烘干机，在机架内安装有烘箱，在机架的上端安装有进料斗，在进料斗出口处设置有下料开关，在进料斗的下方设置有输粮通道，在输粮通道外部空间上安装有发热器，在输粮通道下方安装有料斗，在料斗出口处设置有下粮开关，在料斗下方安装有鼓风机输粮道，在鼓风机输粮道上方安装有鼓风机，鼓风机侧面安装有输粮管道，输粮管道的输出口伸出机架外。本实用新型的优点是：结构简单，成本低廉，占地面积小，可连续作业，烘干速度快，经济效益高。

通信地址：四川省彭山县灵石镇石家 4 社

邮政编码：620860

电　　话：078–37649252

司佑智

男，49 岁，硕士研究生学历，教授级高级工程师

发明名称：热锯机锯切负荷综合控制方法

专利（申请）号：ZL200910009433.2

发明简况：本专利是一种热锯机锯切负荷综合控制方法，包括以下步骤：(1)根据锯切机理确定的锯切参数，给出锯切参数的目标值和变化范围；(2)根据生产实际数据对其目标值进行优化后，输入负荷综合控制系统，作为锯切参数的目标设定值；(3)将锯切参数的实测值与目标设定值进行比较，两者的偏差通过锯切负荷控制模型，产生调节信号，控制锯切负荷稳定在允许的范围之内。

转让及合作意向：愿意与有意者合作或转让此专利。

司佑智，就职于北京中冶设备研究设计总院有限公司（原冶金工业部设备研究院转制，现为央企“中国中冶”的全资子公司），任总院专家委员会常务副主任兼秘书长、电气自动化专家。

通信地址：北京 9821 信箱（中冶设备总院）

邮政编码：100029

电　　话：010–64458381

司徒植

男，博士研究生学历

发明名称：磁行整脊护垫

专利（申请）号：CN200810142113.X

发明简况：本专利又被称为飞磁宝垫，是一种日常自我保健养生和整脊理疗及促进健康之创新保健用品，集经济、环保、简便、实用于一体。宝垫运用生命动力学和脉动磁场原理，配合中医针疗学“三点联按”特效疗法，将标准磁体按照中医传统的人体十四经脉的循行路向进行布阵。当人们舒适地平躺于“宝垫”上，以自身体重按压身体重要的经脉和穴位，在自体牵引下，以磁能推动全身经脉气血循行，“虚则补之，实则泻之”，自我调节脏腑阴阳平衡，达到舒通经络，“通则不痛”的效果。

本专利是根据老、中、青、少各个不同的人生阶段而设计，有利疾病防治，可作为日常防范病变和养生保健之用。

转让及合作意向：希望各方投资合作。

通信地址：中国香港仔洛克道 66 号世球大厦 10–11

电　　话：00852–25282320

宋士贤

男，48 岁，硕士研究生学历，高级工程师

发明名称及专利（申请）号：多用活络扳手（CN200910016014.1）
耐张式高压熔断保护开关（CN200520126490.6）

发明简况：一种多用活络扳手，包括扳体，扳体的上端扳口处连接有呆扳唇、活动扳唇和涡轮，还包括活动斧头组件，活动斧头上带有齿条，活动斧头可安装在扳体上端呆扳唇的外侧。

一种耐张式高压熔断保护开关，用于高压电路中。包括：棒形复合耐张绝缘子，导流端抱箍捏式触头和电源端抱箍捏式触头，分别安装在棒形复合耐张绝缘子上。本实用新型直接安装在现有的供电产品棒形复合耐张绝缘子上，不用消弧器，使其节约成本，减轻塔杆所承受重量。采用镀银铜板和不锈钢部件制作，具有导流好、电阻小、使用时间长的优点。

宋士贤，1984 年参加工作，目前任职于山东枣庄供电公司变电检修工区主任。

通信地址：山东省枣庄市市中区光明西路 47 号变电检修工区
邮政编码：277100
电　　话：13616371696

发明名称：车用电子报警器
专利（申请）号：ZL200920026872.X
发明简况：本实用新型公开了一种车用电子报警器，它包括报警信号发射回路，所述报警信号发射回路包括用于控制所述回路的通断的开关模块和用于对外发射报警信号的信号发射模块；所述报警信号发射回路还包括用于录取声音或／和图像信息的信息采集装置以及用于存储所述信息采集装置所采集的信息并作为报警信号的信息存储装置。该车用电子报警器采用三路开关控制，这三路开关均可以单独操作，分别可以在汽车被盗、遭到抢劫和发生事故后向外界发出报警求助信号，大大提高了汽车使用的安全性。

转让及合作意向：转让、专利许可、参股合作三种形式均可商谈。

通信地址：山东省临朐县城关街道办事处衣家庄
邮政编码：262602
电　　话：15053666076
E－mail：626629024@qq.com

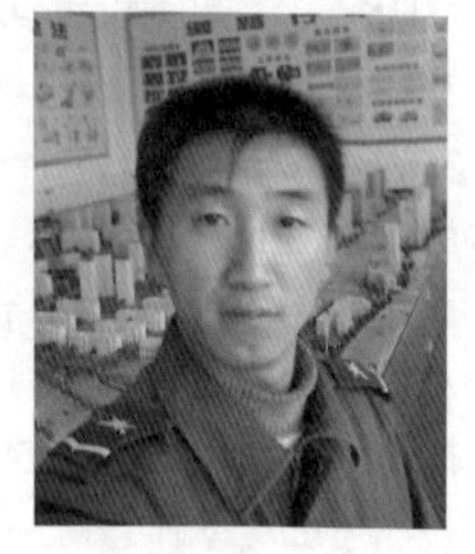

宋安宁

男，27 岁，中专学历

宋守民

男，76 岁，大专学历

发明名称：一种厚板的悬空焊接工艺
专利（申请）号：CN201010124701.8
发明简况：厚板 SAW 悬空焊接熔透工艺技术的先进性在于焊缝母材金属以不开坡口、不刨焊根、焊前不进行任何类型的焊接打底的组合形式，选择和运用 SAW 焊接专用设备的大电流高密度以及焊接速度、电弧电压、焊丝直径、焊缝间隙尺寸预留等焊接主导要素，直接从事 SAW 悬空全熔透的单丝或双丝的成功焊接，以焊接熔池热高温对母材焊缝金属实施焊接熔深度的冲击力度和对熔池冶金金属的挖掘能量，形成厚板焊缝熔深熔透性的良好效果和质量等级要求，为重型厚板建筑钢结构产品焊接制造工艺技术进行了实质性的更新。

通信地址：安徽省芜湖市镜湖区绿影新村 11－3－301
邮政编码：241000
电　　话：15005536028
E－mail：sh660817@126.com

苏国强

男，大学学历

发明名称：一种从天然水蛭中提取高抗凝活性水蛭素的方法

专利（申请）号：CN201010526681.7

发明简况：本专利是将氯化钠、一水乙酰半胱氨酸盐酸盐、赖氨酸、中性蛋白本酶、木瓜蛋白酶中的两种或多种物质进行组合，溶解于离子水中配制成刺激液，刺激液中各物质垢重量百分浓度为0.01%～5%，其中酶浓度在100U～300U/ml。将活体水蛭称重后置于容器中，按水蛭重量比刺激液体积为1：1～5倍加入所述刺激液，刺激3小时使水蛭分泌分泌液。分泌液经过16000～20000r/min离心分离得水蛭素粗品，经0.2mil不锈钢膜微滤，再经10000～3000道尔顿分子量的有机膜超滤，再进行反渗透纳滤浓缩，然后按固体比液体的重量体积比为1：6～10加入药用淀粉调配，经喷雾干燥，得水蛭素成品。

通信地址：广西壮族自治区南宁市科园大道60号生物孵化园4号楼303号

邮政编码：530007

苏世同

男，67岁，中医师

发明名称：一种治疗高脂血症的中药组合物

专利（申请）号：CN201010261295.X

发明简况：本方是一种治疗高脂血症的中药组合物，它是由：紫丹参，决明子，山楂肉，制首乌，牡丹皮，黄桅子等组成。将其分别处理后，按比例配制，粉碎细末，混合制备成胶囊剂，高脂血症患者每日服用胶囊剂3次，每次服用4～5粒，一个月为一疗程，连续服用2～3个疗程后血脂可恢复正常范围内。本方为纯中药制剂，降脂效果良好、安全无毒副作用，停药一个月后无反弹，而且有一定的减肥效果。

转让及合作意向：转让、专利许可、参股合作三种形式均可商谈。

通信地址：四川省宜宾市南岸西区山水庭院11栋0103号

邮政编码：644000

电　　话：13198842556

苏玉俊

男，59岁，大专学历，工程师

发明名称：无公害水稻专用肥

专利（申请）号：ZL200810249701.3

发明简况：该发明是根据水稻生产需肥特点和规律，以有机质为载体，加入纯度大于99.9%的高纯度水溶性纳米硅酸盐、钾细菌菌种和固氮菌菌种，氮、磷、钾、钙、镁、硫、铁、锌等适合水稻生长需要的中微量元素。

该专利产品的主要作用与特点：(1) 具有出色的防治病虫害的能力。(2) 具有良好的活化土壤，改良土壤团粒结构，中和土壤中有害物质的作用。(3) 利用纳米硅酸盐对氮素和磷酸的保存、控制原理，能够使营养供应平衡。(4) 提高稻米品质，改善大米味道。据检测，施用该专用肥的稻米蛋白质含量和直链淀粉含量均得到调节。

转让及合作意向：转让、专利许可、参股合作三种形式均可商谈。

通信地址：山东省临沂市启阳路269号东亚商务中心5A

邮政编码：276000

电　　话：0539-7168501/18953953559

E－mail：rongkun126@126.com

苏超

男，中专学历

苏权

男，本科学历

发明名称：一种部首双拼分类汉字简捷输入法

专利（申请）号：CN200910153207.1

发明简况：苏超、苏权俩人通过合作研究发明了一种部首双拼分类汉字简捷输入法。以部首拼音为基础，对于大部首汉字，取该字部首拼音首字母，复合声母取两码，再取该字的拼音首字母，复合声母取两码作为该字的编码；对于小部首汉字，取该字部首拼音首字母，复合声母取两码，再取该字的部首字的元音字母，双元音的字可取第一或第二个的元音字母作为该字的编码，再根据部首分类和取码规则得到所需汉字的编码后，依次在键盘上键入对应键即可完成汉字输入。

转让及合作意向：商谈面议。

通信地址：浙江省温州市鹿城区新田园1组团9幢102室
电　　话：0577—89852633

孙德康

男，70岁，中专学历，农艺师

发明名称：纯蜂蜜滋补保健酒

专利（申请）号：ZL200510046786.1

发明简况：本发明为一种纯蜂蜜滋补保健酒，解决了现有中药保健酒口感苦涩味较浓，人们不易接受的问题；本发明突破了只将蜂蜜作为辅料的传统观念，采用以蜂蜜为主料，按重量百分比配制：蜂蜜30～50；红曲粉10～30；水40～60；经过按上述配方制作的一种纯蜂蜜滋补保健酒，采用冷发酵，诸多的营养成分被保留，口感好，无白酒的辛辣味，具有酒的绵甜醇香味道。蕴蜂蜜之效力，既有滋补祛病之功，又有提神兴奋作用，且低度柔和，常饮不伤胃，其营养物质更易被人体吸收利用；对神经衰弱、高血压、贫血、冠状动脉硬化、便秘、体弱婴幼儿、孕产妇等均是滋补良药。

转让及合作意向：愿有识之士投资共同开发。

通信地址：辽宁省义县科研小区8号
邮政编码：121100
电　　话：0416-2762236

孙元光

男，54岁，本科学历，高级工程师

发明名称：气囊式多功能木板拼板机

专利（申请）号：ZL200910018295.4

发明简况：气囊式多功能木板拼板机有MH1125型气囊式多功能拼板机和MH1725型气囊式多功能异型拼接机两种机型。MH1125型气囊式多功能拼板机适用于实木家具薄板、表板拼板。本机不需要电源、接通气源即可工作。工作台面采用铝型材基座镶嵌特氟龙不粘胶平板，平面夹具为相同特殊材料制成，拼板主压力产生于气囊式正压机构。MH1725型气囊式多功能异型拼接机，适用于实木家具、门窗边线拼接。本机不需要电源、接通气源即可工作。工作台面根据工件宽度调整，平面夹具为相同结构制成，拼接主压力产生于气囊式正压机构。两者均可高达10kg/cm^{2}以上，整机具有结构紧凑、安装调试方便、运行安全平稳、占地面积小等特点。

转让及合作意向：转让、专利许可、参股合作三种形式均可商谈。

通信地址：山东省烟台市芝罘区楚风二街4号　邮政编码：264001
电　　话：0535-6513086/13356389828　　E-mail：zyg9797@163.com

孙多圣

男，74岁，中专学历，工程师

发明名称：阀门锁封装置

专利（申请）号：ZL200320111870.3

发明简况：本实用新型涉及一种阀门锁封装置，其特点是包含一个能够罩住阀门手柄的锁封筒套，在锁封筒套外设有锁封压条及锁鼻，锁封压条上有锁鼻孔。本实用新型结构简单，使用安装方便，是锁定控制管道阀门进行供热、供水和供气限制开启的理想锁定装置，还可有效地保护室外的管道阀门不受雨水的侵蚀，不被人为损坏。

转让及合作意向：转让为主，面议。

孙多圣，于1962年毕业于江苏省睢宁农业机械化学校，1980年荣获塔城行署科技成果个人二等奖和三等奖，1982年调沙湾县地震办主持工作。退休后的主要贡献是2003～2005年研发“阀门锁封装置”专利技术。

通信地址：新疆维吾尔自治区沙湾县城金沟河91–2号

邮政编码：832100

电　　话：13369815981

孙荣林

男，59岁，本科学历，高级工程师

发明名称：一种汽化冷却步进梁式加热炉柔性管道

专利（申请）号：CN201020122089.6

发明简况：本实用新型涉及冶金设备技术领域，特别涉及一种在钢铁轧制中汽化冷却步进梁式加热炉的运动步进梁和外部固定管道间的连接组件技术。本实用新型提出了一种汽化冷却步进梁式加热炉柔性管道，包括一个球体旋转接头、三个柱体旋转接头、连接钢管、法兰。其中一段U型连接钢管连接两个柱体旋转接头的回转轴线互相平行，另一个柱体旋转接头的回转轴线与这两个柱体旋转接头的回转轴线互相垂直。本实用新型不再需要配置减震和导向等变形约束装置，也不需要恒力弹簧吊架支撑或悬吊配重装置，从而使柔性管道结构简化，制造安装方便。本实用新型可以满足加热炉运动的步进梁相对于外部固定管道在三个坐标方向的位移要求，具有构思合理科学，结构新颖简洁，使用可靠的优点。

转让及合作意向：转让、专利许可、参股合作三种形式均可商谈。

通信地址：江苏省扬州市连运中心花园3号楼703室　　邮政编码：22500

电　　话：13852726072

孙训西

男，41岁，大专学历，助理政工师

发明名称：双密封式金属管接头系统

专利（申请）号：ZL201020626146.4

发明简况：本发明是一种应用于金属管道连接的系统，尤其是对压力要求比较高的金属管接头系统。目前，公知的金属管接头系统都是由一个密封圈或两个以上的密封圈加机械结构复杂的管接头连接，要么密封性不好，要么成本增加，安装复杂。为了克服现有的金属管接头系统密封性及结构复杂和安装不便的不足，双密封式管接头系统不仅生产工艺简单、制造成本低，而且安装方便、连接可靠性强、密封性能更是优异。

转让及合作意向：既可以作为技术入股也可以一次性转让，欢迎金属管道制造企业洽谈与合作！

孙训西，多年从事管道技术钻研及销售管理工作，多次获得过企业创新与销售奖励。

通信地址：四川省成都市金牛区人民北路一段2号天合凯旋港1–1110室

邮政编码：610081

电　　话：13999435999

谭悦

男，23 岁，初中学历，厨师

发明名称：厨具手指护套

专利（申请）号：CN201110231836.9

发明简况：本发明是一种厨具手指护套，能在切菜时保护和防止切到手指。当切菜时会容易切到食指和中指，基于这个方面的考虑，本发明只做了两个手指套，戴上时小链子从手背上拉到手腕扣在手掌下手腕，防止在工作中指套移动或者掉出，达到耐用和保护手指的目的。

谭悦从事厨师行业有 6 年之久，2009 年开始利用业余时间设计各种日常生活中的小发明，已申请了两项专利，除以上所述发明专利外，还有一项外观设计专利，专利号：ZL201030502519.2。

通信地址：广西壮族自治区来宾市东盟国际步行街 19 栋 18-36 号
邮政编码：546100
电　　话：18978209083
E - mail：625914912@qq.com

汤国型

男，75 岁，高级农艺师

发明名称：一种三控定氮仪

专利（申请）号：ZL200920243706.5

发明简况：本实用新型公开了一种三控定氮仪。该三控定氮仪主要由依次相连的蒸馏系统、冷凝系统和吸收系统构成，其特征在于它还包括控制蒸馏系统和冷凝系统同时运行或停止的综合控制器；所述综合控制器还设置有控制定氮蒸馏时间的定时装置。本实用新型结构装置合理规范，拆装方便，能控制蒸馏和冷却同时运行或停止，避免出现危险；能设定定氮时间，防止定氮时间不足或过长而影响检验结果，从而达到节水、省电、使用安全的目的，测试环境得到很大改善。

转让及合作意向：转让、专利许可、参股合作三种形式均可商谈。

通信地址：四川省成都市武侯区武侯祠大街 4 号 20 栋 1 单元 10 号
邮政编码：610041
电　　话：028-85575809

唐鑫臻

男，35 岁，本科学历

发明名称：头戴式耳鼻喉科检查光源

专利（申请）号：ZL200920001926.7

发明简况：本实用新型是一种头戴式耳鼻喉科医用检查光源，此种检查光源自身带有的发光元件装在一块有窥视孔的板式基体上，发光元件靠电池或外接电源供电，并设置了电源控制装置，整个发光部分通过机械装置与头箍连接，连接用的机械装置还设置了光源投射方向和投射位置的调节结构。

本光源采用当今最先进的发光元件，大幅度节约了能源。本光源使耳鼻喉科的检查脱离了对于外部固定光源的依赖，简化了光源调整过程，极大地方便了医生的工作，同时减少了外光源对医生的照射，减少了光照射对于医生身心健康的影响。

转让及合作意向：转让、专利许可、参股合作三种形式均可商谈。

通信地址：广东省广州市东风东路 555 号 2607 室
邮政编码：510110
电　　话：13570130417
E - mail：tangxinzhen@163.com

唐发志

男，43 岁，大专学历，工程师

发明名称：O型存水弯

专利（申请）号：ZL201020213187.0

发明简况：本专利解决了现有存水弯易堵且不易清掏的问题。O型存水弯分01和02两种，01型存水弯排水口向下，01型存水弯排水口呈水平状，分别替代现在使用的S型和P型存水弯，以满足不同的安装要求。

O型存水弯还可解决地漏的二次污染问题，地漏为收集地面水的排水管件，因其泥沙沉积量大，易于堵塞管道，为便于清理泥沙而自带水封。O型存水弯用量极大，管材多用U—PVC，原生产厂家只需投资几千元钱加工模具；建厂房、购设备的最小投资在20万元左右，且利润丰厚、市场广阔、投资回收快。

转让及合作意向：转让或合作均可。

唐发志，从事规划管理工作十余年，有着丰富的建筑设计和施工经验。

通信地址：河北省清河县城运河大街39号

邮政编码：054800

电　　话：13315928926

唐清波

男，46 岁，高中学历

发明名称：一种螺旋主轴与带水羽毛挤干脱水机

专利（申请）号：ZL201020282285.X

发明简况：肉鸡屠宰所产生的带水羽毛（含水75%）经本专利产品（羽毛挤干脱水机）脱水后，含水率能降至35%～40%。加工羽毛粉时，在高温高压水解过程中，因水分含量降低一半，水解罐内提温升压时间缩短40～50分钟（原提温升压时间2小时），节约了能源，提高了功效。特别是水解完后的羽毛粉烘干过程中，由于含水率低，大大缩短了烘干时间，节煤、节电40%～50%。

2010年5月，在大成集团沧州食品公司的羽毛粉加工厂用该机做节能试验，综合加工生产费用由原来的1300元／吨，降至700元／吨，节能46.15%，经济效益非常可观。

转让及合作意向：转让、专利许可、参股合作三种形式均可商谈。

通信地址：山东省烟台市莱阳市火车站丹崖路西首路北莱阳丰获牧业有限公司莱阳丰获机械制造有限公司　　邮政编码：265202

E－mail：lyfhmyt@163.com

唐　尧

男，67 岁，本科学历，高级实验师

发明名称：利用高空大气降低地面温度的方法

专利（申请）号：CN200910052534.8

发明简况：利用高空大气降低地面温度的方法，是利用大气物理原理，每上升100米，气温降低0.65摄氏度，通过可拆卸的充气橡塑管道，或固定管道，或人造高山，将高空低温大气引入平原，或引入山谷，或引入沙漠地面，或引入地面的建筑物内，降低地表气温，改善居住环境。

转让及合作意向：希望与有关机构合作探索探究。

唐尧，从事过麦类赤霉病研究，对赤霉病流行生态环境有兴趣，参加的脂蛋白分离纯化，留兰香病毒，麦类赤霉病抗病鉴定课题，曾获得上海测试行业，市政府及国家科技进步奖。目前在癌症表观遗传治疗新领域进行探索，并开始实际应用。

通信地址：上海市真光路1433弄13号202室

邮政编码：200333

电　　话：15316737557

陶维君

男

发明名称：便于突出增长力臂的发电机

专利（申请）号：CN201010162421.6

发明简况：本发明可以采用多个转子串联于一个驱动轮的长转子上，电线的线路可以并联（不反对串联），也可以制造超长转子，即把发电机转子变成特别细和特别长的转子。

与现有技术相比优势在于：可以不用建新水电站，取代燃料动力机，能够有效降低电价，有广阔的市场前景。

转让及合作意向：投资者生产，销售由技术人负责，其他详情面议。

地　　址：湖北省谷城县化肥厂
邮政编码：441700
电　　话：0710-7237050/13349806223
E-mail：twj6223@163.com

陶凤源

男，39岁，大学本科学历，高级工程师

发明名称：智能多功能高压兆欧表

专利（申请）号：CN201010551707.3

发明简况：本发明公开了一种智能多功能高压兆欧表，它包括高压直流电源模块、DC—DC模块、信号采集电路、单片机控制处理系统。高压直流电源模块的电压输出正端、信号采集电路、被试设备以及高压直流电源模块的电压输出负端依次连接组成测试回路，信号采集电路将信号由信号采集电路的输出端传送至用以完成计算以及显示、语音输出的单片机控制处理系统中，其特点是：高压直流电源模块的输出电压由单片机控制多路开关选择分压电阻调整高压直流电源的驱动电压，从而控制高压直流电源模块的输出电压。本发明解决了目前兆欧表功能单一，特别是因人工读数误差造成不能准确测量被试设备的吸收比和极化指数等问题。适用范围广、数据处理直观、精确度高，实现了智能化测量，有推广应用价值。

转让及合作意向：转让、专利许可、参股合作三种形式均可商谈。

通信地址：河南省漯河市黄河路713号　　邮政编码：462000
电　　话：0395-6696091　　E-mail:Taofy1972@126.com

田家良

男，58岁，中专学历

发明名称：一种采用新循环的田淡机组

专利（申请）号：CN200810147740.2

发明简况：本专利技术是根据“热功学”理论发明的。热功学与热力学不同，热功学明确了热是能够使物质体积膨胀而做功的一种特殊物质，功是以物质为载体的一种能量形式。热既然是物质，做了功性质没有变，还是热，那么，热又可以做功。这就是说，热可以往复做功。本专利技术就是采用新循环，是热量循环做功的一种动力机组或动力发电机组，简称田淡机组。其特点是机组在启动后不消耗燃料、不排出废气、不污染环境，而又能连续提供动力或电力。

转让及合作意向：转让或合作生产，具体事宜面议。

通信地址：四川省南充市高坪区畜牧局
邮政编码：637100
电　　话：13281937335

田志新

男，48岁，本科学历，副教授

发明名称：充气式汽车防爆内胎

专利（申请）号：ZL201020116083.8

发明简况：本发明是一种在普通汽车轮胎内部加装另一独立气室的内胎，使整个汽车轮胎具有两个独立气室。当外胎突然爆胎时，可由内胎来支撑，虽然造成此轮胎的震动感，但能有效防止因汽车突然爆胎带来的危险。本专利包括内胎气室和内胎气嘴，所述内胎气室是由若干个球型气室通过连通管连接而成的一个独立的整体气室。

本专利的有益效果是：当高速行驶中的汽车外胎突然爆胎时，可由内胎来支撑，以防止汽车突然倾斜过大酿成交通事故。当外胎漏气减压时，就会贴敷在内胎球型壁上，由于各自球型壁是不连续的，所以这时轮胎就会发生震动，从而提醒驾驶员以保证安全行驶。

本专利第二发明人为田雁红，现任天津建筑工程职工大学讲师。

通信地址：天津市河西区气象台路93号　邮政编码：300074

电　话：13821979198

田　欢

男，18岁，高中在读

发明名称：便携多用镜

专利（申请）号：ZL201020253551.6

发明简况：一种便携多用镜，包括长方形盒体，在盒体内设有抽屉，并在盒体的一角设有钥匙链；在盒体的上下表面分别设有凹槽一和凹槽二，并在凹槽一和凹槽二的侧边轴连接拉门；在凹槽一内固接平面镜；在凹槽二的一端固接多个钥匙挂环。使用时，盒体的抽屉内方便人们储放物品；盒体一角的钥匙链方便盒体的携带；凹槽一内的平面镜方便人们在需要时使用；凹槽二一端的钥匙挂环，方便人们挂放钥匙。本实用新型的优点是：结构简单，使用方便，集多种功能于一体，更加方便人们使用。

转让及合作意向：转让、专利许可、参股合作三种形式均可商谈。

通信地址：辽宁省大连市甘井子区文体街38-2-6-3

邮政编码：116031

电　话：13130452652

田继红

女，53岁，大专学历，副主任护师

发明名称：医用污染物品与损伤性废弃物品密闭转运车

专利（申请）号：ZL201020686450.8

专利简介：该密闭转运车的车长110cm，宽60cm，高950cm，全部采用进口不锈钢加工而成。该车分别为术后污染的器械物品以及感染性废弃物和损伤性废弃物设置了固定的容纳空间，其左厢体配有实体门及锁定装置，使污染物等隔离于密闭的空间；右厢体正面有栅栏门和锁定装置，方便超大敷料袋的取放，上方为污染敷料的投入口，配有双页翻盖，关闭实现其相对密闭，右厢体底部为不锈钢板，避免敷料负重拖地和浸湿敷料对地面的污染。

该密闭转运车的研制规避了开放式转运术后污物无遮拦、放置难于稳定和运送中重叠、移位、滑落、甚至倾倒，导致污染物泄漏等诸多弊端，成为单走廊洁净手术部感染管理之必备的医用器械。

转让及合作意向：面谈。

通信地址：北京市经济技术开发区西环南路2号　邮政编码：100176

电　话：13811761259　E-mail：Tian.jihong@163.com

田克恭

男，47岁，博士研究生学历

发明名称：猪繁殖与呼吸综合征疫苗、制备方法及应用

专利（申请）号：ZL200710086549.7

发明简况：本专利发明人经过一系列研究，明确提出猪“高热病”的原发病原是此前尚未发现的猪繁殖与呼吸综合征病毒（Porcine reproductive and respiratory syndrome virus，PRRSV）超强变异株，我国政府据此将该病命名为“高致病性猪蓝耳病”（Highly pathogenic porcine reproductive and respiratory syndrome，HP-PRRS）。疫苗免疫是防治该病的最佳手段，利用新发现的病毒变异株研制疫苗成为防控该病的关键。“猪繁殖与呼吸综合征疫苗、制备方法及应用”技术利用分离到的病毒变异株成功研制出灭活疫苗和活疫苗，解决了高致病性猪蓝耳病防治的核心问题。

转让及合作意向：转让、专利许可、参股合作三种形式均可商谈。

通信地址：北京市朝阳区麦子店街20号楼

邮政编码：100125

佟 旭

男，36岁，大学学历，农艺师

发明名称：用生物技术选育抗螟玉米自交系杂交种子的方法

专利（申请）号：ZL200610045758.2

发明简况：本发明涉及用生物技术选育抗螟玉米自交系杂交种子的方法，其特征是按照作物遗传规律，抗螟基因是受抗螟的主效基因即质量性状遗传所决定的，在抗螟优势模式下合成原始材料定向选育：(1) 选择育种，(2) 杂交育种，(3) 回交育种。上述培育出的抗螟自交系种子，选择质量性状符合螟虫不寄生性、抗生不适应性、隐蔽错期性、生态补偿性四个质量性状的，进行远缘杂交，即得到本发明抗螟玉米自交系杂交种子。本发明的优点是：从根本上解决了玉米种子的抗螟问题，使一代螟虫的发生率由原来的93%以上降到了5%左右，个别好的自交系达到了免疫程度，提高了玉米的产量，避免了农药的使用，控制了玉米的农药残留，达到了绿色农作物的标准。

转让及合作意向：转让、专利许可、参股合作三种形式均可商谈。

通信地址：辽宁省海城市农业技术推广中心

邮政编码：114200

电　　话：0412-3332981/13841281108

佟永昌

男，高级农艺师

发明名称：黄瓜一代杂交种子雌性系制方法

专利（申请）号：CN200410020525.8

发明简况：本杂交种早熟性强，第二节见雌花、节成性高。根据田间调查抗霜毒病和黑星病。植株分枝性弱，主蔓结瓜。叶片较小，担果力强。挂条长30～35cm，横径3～3.5cm，瓜柄长3.5～4cm。单瓜重200～250g。瓜色浓绿，刺瘤疏密中等，白刺。瓜型修长整齐，畸形瓜很少，商品性好，品质佳。

该品种耐低温性超过密刺系统，在杂交种中属国内少见。

佟永昌，高级农艺师，2003年被中国管理科学院聘为研究员；2004年被评为东陵区劳动模范；2007年被沈阳市科技局聘为沈阳市科技特派员。

通信地址：辽宁省沈阳市东陵区李相街道办事处

邮政编码：110174

电　　话：13940036978

完颜学明

男，61 岁，工人技师

发明名称：弧螺旋圆柱齿轮及弧齿条

专利（申请）号：ZL200710189942.9

发明简况：该专利的名称涵盖了其啮合理论，即齿面宽中点是正齿轮，离开中点变为斜齿轮，螺旋角是个变量，向两端延月牙弧螺旋线逐渐变大。法向模数是个变量，法向模数向两端延月牙弧螺旋线逐渐变小。法向齿厚和齿沟宽是个变量，由齿面宽的中点向两端渐缩。渐开线曲率是个变量，由齿面宽中点向两端渐大。形同立体月牙缠绕在圆柱体上，形成了弧螺旋线，因此为“弧螺旋圆柱齿轮”。当这种齿轮直径无限大时，螺旋线消失，自然形成弧齿条，因此命名为完颜学明齿线，或称月牙等曲弧齿线，在强度、寿命、效率、升温等性能方面优于普通圆柱齿轮。

转让及合作意向：面议。

通信地址：河南省洛阳市天津路 7 街坊 39 号楼 5 单元 401 号
邮政编码：471000
电　　话：13949218225

童银才

男，46 岁，初中学历，高级验光师、配镜师

发明名称：治疗近视的新型镜片

专利（申请）号：ZL200820141258.3

发明简况：一种治疗近视的新型镜片，包括主镜片和一个子镜片，所述主镜片为凹透镜片，所述子镜片为三棱镜，其特征在于：所述子镜片与主镜片的度数差为 $100^{DS}\sim300^{DS}$，所述三棱镜的基底向内，所述子镜片是上平下圆结构，所述子镜片和主镜片成复合式结构或成一体式结构。本实用新型适于看远，也适于看近。看近时，基底向内的三棱镜可减轻使用者双眼向内侧的聚合角度，即减轻聚合调节，使看近相当于看远，故看书学习时眼睛舒适度好。其佩戴方法与普通眼镜相同，不影响正常学习生活，也不占用额外治疗时间，较好地解决了学生长期佩戴普通近视眼镜导致镜片度数不断加深的难题。

转让及合作意向：转让、专利许可、参股合作三种形式均可商谈。

通信地址：四川省剑阁县普安镇钟鼓楼
邮政编码：628300
电　　话：0839-6664616/13881277287

万隆平

男，61 岁，大专学历，工程师

发明名称：铝散热器合装机排列冷却管装置

专利（申请）号：ZL200820097930.3

发明简况：本实用新型包括底板、挡板和梳子被，外侧气缸活塞杆连接挡板，底板上与梳子被和挡板对应设置有通槽，一边的两个气缸并联连接在固定支架上，固定支架连接在底板的底部，另一边的内侧气缸连接第二个与底板连接的固定支架，外侧气缸外侧连接一活动支架，活动支架连接一横向气缸活塞杆的端部，横向气缸连接在地板底部。本装置气缸各自升降，互不干扰，便于操作，结构紧凑，解决了齐管工位空间不足的难题。

发明人担任过工段长、重庆长江链条实业公司研究所所长，设计过沉淀塔、各种规格散热器合装机等。2011 年被评为集团公司金牌员工。

通信地址：重庆市南岸区南坪经济技术开发区（南区）大石支路 3 号
邮政编码：400060
电　　话：023-62766370

万之江

男，57 岁，本科学历，高级工程师

发明名称：油压链动组合式推拉车机构

专利（申请）号：ZL200910186464.5

发明简况：本装置中前后两组动滑轮机构安装在一刚性构件上，由油缸驱动。链条围绕前后滑轮后与可调节链条松紧的支座联结，固定在台车机架上；用于推拉窑车的推拉小车两端与链条铰联，随链条前后水平方向运动；控制推拉小车推、拉车的凸板安装在连接前后两组动滑轮机构的刚性构件上；反倾倒装置一端及反力平衡装置安装在台车机架上。本发明具有推力大，推、拉车行程长，推、拉车时动作平稳的特点。本发明也适用于在水平方向有大推力、长行程、运动稳定要求高的设备。

转让及合作意向：转让国内生产转送台车（摆渡车、托车）设备的生产厂二家。应用于其他技术邻域的，可以采用合作、转让等方式。

通信地址：江西省南昌市高新区火炬大街 188 号丰源商务花园会展中心三楼江西工艺美术总公司

邮政编码：330029

汪修茂

男，大学学历

发明名称：一种松针氨基酸口服液

专利（申请）号：ZL200610074430.3

发明简况：本专利是以松针为原料，摸索出一套最佳生产富硒松针系列产品的工艺技术。开发出具有自主知识产权的松针液等系列副产品。人服松针氨基酸口服液，主要用于人体保健，提高人体免疫力，抗辐射，延缓衰老等。饲料添加剂松针粉（浓缩液）对禽畜抗病、防疫，促进禽畜生长起到积极作用，是纯天然的绿色环保饲料添加剂。

转让及合作意向：面议。

通信地址：安徽省铜陵市安徽科技大学铜陵科技创业园

邮政编码：244000

电　　话：0562-2119653

汪纪峰

男，32 岁，中专学历，公司职员

发明名称：隐形有氧鼻塞

专利（申请）号：ZL201020518062.9

发明简况：本实用新型涉及一种隐形有氧鼻塞。包括软性的硅胶套，其特征在于：在软性的硅胶套里从外至里依此放置竹碳纤维层、杀菌消炎层、芳香层、含氧层。其特征在于：在软性的硅胶套前端有拉出凸扣。杀菌消炎层为网丝层，网丝层表面涂有银粉或铜粉。杀菌消炎层为无纺布，无纺布浸渍有消毒剂。芳香层为无纺布，无纺布浸渍有芳香剂。含氧层为无纺布，无纺布中含有氧立得粉末，在软性的硅胶套外侧有软封圈。另还有隐形有氧鼻贴（专利号：ZL201020518050.6），可以辅助隐形有氧鼻塞的使用。

转让及合作意向：转让、专利许可、参股合作三种形式均可商谈。

通信地址：上海市南汇区航头镇长达村长浜 530 号　　邮政编码：201316

电　　话：13795324523

E － mail：13795324523@139.com

汪小琦

女，12岁

发明名称：新型头饰发夹

专利（申请）号：ZL201020524631.0

发明简况：本发明包括发夹梳、发夹板，发夹花三个大部分，为了解决普通发夹不方便佩戴和容易滑落的技术难题，发明一种新型的主要带发夹倒钩齿的发夹来解决这个技术难题。制作新型头饰发夹的材料:金属、塑料、木竹材、陶瓷、玻璃、铝合金、水晶粒、布料、涤纶布、彩纸和丝带。主要用途：该新型头饰发夹主要适用于妇女和儿童的头发装饰，很受妇女和儿童的喜爱，是一种新型时尚的装饰品。

转让及合作意向：独占许可180万元，独家许可160万元，普通许可130万元，其他合作方式面谈。

汪小琦为初中一年级学生，喜欢动手动脑，曾获得过学校绘画、摄影、音乐、体育等方面的奖励。

通信地址：广东省广州市天河区半山雍景苑5栋806房

邮政编码：510640

电　　话：13719319376

王魁汉

男，大学学历

发明名称：特种WRe温度传感器

专利（申请）号：ZL200720011455.9

发明简况：本专利为一种应用于温度计量测试领域中的特种WRe温度传感器，由接线盒、夹持管、石墨外保护管、刚玉内管、刚玉绝缘管、防氧化剂、氢化物功能材料、填充剂、钨铼热电偶组成，其结构为外层为特种石墨保护管，内层为刚玉管的复合管型防氧化WRe热电偶,可以解决1600℃以下强碱熔体腐蚀及还原性气氛下的温度测量。

转让及合作意向：面议。

通信地址：辽宁省沈阳市东北大学275信箱

邮　　编：110004

电　　话：024–83787278

王修身

男，大学学历

发明名称：一种健身拍打器

专利（申请）号：ZL200420048169.6

发明简况：本实用新型是一种用于健身和锻炼的拍打器，它是由一个金属圆柱形插筒和不锈钢丝构成，其结构设计特征在于，将多根钢丝成束、紧密、牢固地插装到金属圆柱形插筒内，钢丝采用6、7或8号规格时，其长度分别为35mm、35mm和 52mm，其数量分别为30根、35根和55根。本实用新型所述的器械具有结构简单牢固、使用方便、经久耐用、成本低廉的优点。

通信地址：北京市朝阳区呼家楼北街13号楼3门

邮政编码：100026

电　　话：010–85755821

王峰

男，35岁，中专学历，自由职业者

发明名称：钢包水口

专利（申请）号：ZL200910018463.X

发明简况：本发明公开了一种钢包水口，本发明包括固定在钢包体上的水口座砖，水口座砖的水口孔内插有活塞式滑杆，滑杆中设有口部在滑杆下端的盲孔，滑杆的侧壁上设有与盲孔相通的导流孔。本发明通过驱动滑杆上下移动来控制水口的关闭和开启，操作灵活方便，钢包在线运转间断时间短，能最大限度地保证钢水包在线运转的连续性，减少和降低钢水在浇铸过程中频繁开关水口造成的窜钢事故，降低人力成本和耐材成本，改善工作作业环境，降低劳动强度，便于机械化、自动化控制。

转让及合作意向：转让、专利许可、参股合作三种形式均可商谈。

通信地址：山东省济南市济钢集团总公司炼钢厂45吨区域生产准备车间

邮政编码：250101

电　　话：13969144874

王存银

男，59岁，大专学历，工程师

发明名称：除风祛湿酒

专利（申请）号：ZL201010519404.3

发明简况：本专利除风祛湿酒是根据患者形成的病因、病理及中医理论和中药属性归经学说进行自然、客观、科学、有效、有针对性治疗因风湿引起疾病的良药。配方严谨、针对性强，用药科学合理，采用白花蛇、乌梢蛇、蜈蚣、全蝎等9种动物类药物及威灵仙、穿山龙、骨碎补、防风、补骨脂等20味植物类药物制成，对因风湿引起的关节疾病有独特的疗效。

特点：用药精准、制作简便、易保存、不变质、原料易得，社会效益和经济效益可观。服用安全无副作用，治病针对性强。

王存银先后申请六项专利，现已授权两项，2010年获得江苏省丰县人民政府“十佳专利发明人”荣誉称号。

通信地址：江苏省徐州市丰县凤城花园A8-3-601室

邮政编码：221700

电　　话：0516-89204185

王钧

男，71岁，本科学历，工程师

发明名称：全面综合回收和基本无三废、零排放的湿法冶金方法

专利（申请）号：CN201110159730.2

发明简况：全面综合回收和基本无三废、零排放的湿法冶金方法，属湿法冶金和环保领域。其特征在于采用高强度的浸出剂，如高酸氧化、络合浸出剂，高碱氧化、络合浸出剂，以及高强度物理化学条件如高温、高压浸出，使得稀散、稀有、稀土和贵金属等其他有价组分都可以达到最佳的浸出率而进入溶液中。高强度浸出还使得浸出渣经过滤、洗涤后达到建筑材料原料的标准或成为炼铁、铝等及其化工产品原料的标准。为达到全面、有效、经济的分离提纯和不浪费辅料如浸出剂等，则采用浸出液循环和废水循环使用，从而基本达到全面综合回收和基本无三废、零排放的目的。使得湿法冶金技术更经济、更有效、节能和环保。

转让及合作意向：转让、专利许可、参股合作三种形式均可商谈。

通信地址：四川省成都市盛隆街7号皓月楼D-19　邮政编码：610041

电　　话：028-85211103/13488989599　E-mail:gshiy815@163.com

王志峰

男，32 岁，本科学历，高级工程师

发明名称：一种气流床煤气化高浓度一氧化碳变换的工艺方法

专利（申请）号：CN201010528594.5

发明简况：本发明公开了一种气流床煤气化高浓度一氧化碳变换的工艺方法，解决了现有工艺操作复杂、能耗高、工艺条件难以控制，易因散热能力不足而出现局部过热现象，导致系统运行不稳定的问题。技术方案为采用分级多段式变换工艺，高浓度CO首先进入预变换反应器进行预变换，控制操作条件，并使预变换反应器中CO变换率为32.5%～41.5%，控制出预变换反应器的热点温度不超过360℃，预变换后的变换气继续进入下游工序。本发明工艺可以实现对预变换和一级变换反应器反应深度和床层热点温度的准确控制，原料不用添加额外蒸汽而直接进入预变换反应器，工艺简单、节能降耗，应用范围广。

转让及合作意向：转让、专利许可、参股合作三种形式均可商谈。

通信地址：湖北省武汉市东湖新技术开发区民族大道 1019 号中国五环工程公司

邮政编码：430223　电　话：18986282665/027-81926188

E - mail：Wangzhifeng@cwcec.com

王绪征

男，72 岁，本科学历，研究员

发明名称：标贴（果蔬防冻灵）

专利（申请）号：ZL201130256881.0

发明简况：果蔬防冻灵外观设计（标签）像果树树叶，代表农业。标贴内部图案有四种：(1) 近处有果蔬图案，标识产品用途。(2) 果蔬的后面为绿色田野，寓意充满生机。(3) 远处为雪山，表明该产品抗寒防冻。(4) 上部有红、绿、黄彩带，朝霞满天，喻意农业丰收，五谷丰登。2008 年南方遭受严重的冰雪灾害，湖南省常宁市农业局将该产品用于果树，效果显著。目前已在山东、新疆、湖南等地推广应用。

转让及合作意向：转让或合作建厂。

王绪征，曾作为第一负责人承担山东省星火计划项目"植物营养素"研究与应用。荣获全国科技发明奖一项，全国星火科技精品金奖一项，国家知识产权局发明专利一项，外观设计专利五项。

通信地址：山东省济南市二七新村南路 18-1　邮政编码：250002

电　话：0531-82777888

王连君

男，大学学历

发明名称：醇基液体燃料及其制备方法

专利（申请）号：CN200810152501.6

发明简况：本发明属于新能源技术领域。一种醇基液体燃料，其组成为：1 吨燃料中含有水和甲醇 600～800kg，碳酸钠或氯化钠 3～7kg，糠酸 1～6kg，轻油 20～40kg，蓖麻油或棉籽油 5～15kg，石油醚 10～20kg，炭七或炭八 10～20kg，杂醇 3～8kg，过氧化氢 5～15kg 或高锰酸钾 0.1～0.4kg，异丙醇 2～8kg，异丁醇 2～8Kg，吐温 2～10Kg，樟脑油 1～6Kg。其制备方法，包括工艺过程：在甲醇中分别加入水和碳酸钠或氯化钠、糠酸、轻油、蓖麻油或棉籽油、石油醚、炭七或炭八、杂醇、过氧化氢或高锰酸钾、异丙醇、异丁醇、吐温、樟脑油。本发明工艺简单、投资少、效率高，确属一种环保、节能、经济、安全的新能源。

转让及合作意向：转让。

通信地址：天津市汉沽区文化东街 17 号

邮政编码：300480

电　话：13820468448

王恩龙

男，大学学历

发明名称：汽车移动帐篷

专利（申请）号：ZL201020149914.1

发明简况：本实用新型为一种汽车移动帐篷，其特征在于：由胶管龙骨和蓬面组成立体框架帐篷，在帐篷的一侧设有帐篷门和门拉锁，另一侧设有帐篷收藏包，尾部设置充气管接口，顶端安装有帐篷收藏绳索。

本实用新型具有如下优点：(1)由胶管龙骨和蓬面组成立体框架帐篷，结构简单；(2)太阳光与整体车身隔离，降低了车内温度，减慢了车内饰品的老化速度，且使车身不易受风雨、沙尘的侵袭，延长其使用寿命；(3)立体框架的底部设置充气垫，在野外宿营时，可做帐篷使用，起到多功能作用。

通信地址：吉林省辽源市长寿街 177 号

邮政编码：136200

电　　话：15043700666

王人杰

男，62 岁，大专学历

发明名称：四味白癜病散

专利（申请）号：ZL200910161832.0

发明简况：一种“四味白癜病散”，由冰片、白蒺藜等 4 味中药按配比制备成内服散剂型。特点是：采用天然中药，按科学配比精制配备成服用方便的散剂型，减少煎中药难的问题，对人体无副作用。功能：能窜通血脉，破血积聚，散寒解表，祛风止痒，除湿止带，镇惊安神，和胃降逆，疏肝解郁，明目轻身，活化皮下组织交感系激素，促进肾上皮质释放，使皮下脂肪蛋白酶分解，兴奋延髓血管运动中枢，使血浆肾上皮质酮升高，促进血红细胞及血红蛋白新生，对皮下组织蔓延性白癜风病有独特的治疗效果。

转让及合作意向：转让参考价 30 亿元以上。

发明人已申请 5 项医学发明专利，其中“四味白癜病散”和“中药治疗癌症的组合及其制备方法”2 项，中药治疗白血病的专利 3 项。

通信地址：四川省乐山市犍为县玉津镇瑞雪村十三组　　邮政编码：614400

电　　话：13981392241

王增荣

男，53 岁，本科学历

发明名称：一种具有写实效果的多层剪纸

专利（申请）号：ZL200920103385.9

发明简况：一种具有写实效果的多层剪纸，适用于制作主题性创作剪纸作品，立体感强、表现空间广。本实用新型包括底板和远景层、中景层、辅助层、近景层四层剪贴层。底板采用优质纸张，底板正面具有所需要的画面底色。远景层、中景层、辅助层、近景层每一层正面均具有所需要的镂空结构和画面颜色。每一层的镂空结构和画面颜色均有区别。从远景层、中景层、辅助层到近景层，依次往上层叠，离底板越远，镂空处越大、越多。底板、远景层、中景层、辅助层、近景层之间通过黏结物依次粘结合成。

发明人现为广灵蕙花民间文化艺术发展公司董事长，与公司艺术总监李闽潜心研究传统的剪纸艺术，共同开发和研究出多层剪纸 10 余个系列的 300 个品种。

通信地址：山西省广灵县壶泉镇蕙花村　　邮政编码：037500

电　　话：0352-8822554

王忠智

男，61 岁，执业医师，诊所所长，治未病调理师

发明名称：治疗糖尿病眼并发症的中药制剂

专利（申请）号：ZL200610050969.5

发明简况：本专利制剂以血运网络理论入手，药剂本身具有充分调动 β 细胞的活力，渐进地正常分泌胰岛素的作用。本制剂能够从根本上阻止恶性循环的链条，逐步转归为良性循环的链条。临床验证：患者经本制剂治疗后，视力大幅度提升，手背的静脉血管由曲张状恢复如初，取得了逆转性的疗效。验证了本专利制剂具有调动 β 细胞正常分泌胰岛素的作用。

本专利技术的特点能帮助糖尿病患者维持正常血糖水平，主要原理是平衡血糖而不是单一的降血糖。

转让及合作意向：转让、专利许可、参股合作三种形式均可商谈。

通信地址：贵州省清镇市新华路 176 号　　邮政编码：551400

电　　话：13984371418

王子麟

男，64 岁，大学学历，电子工程师

发明名称及专利（申请）号：

多功能智能门控制系统（ZL200920270671.4）

智能消防喷淋系统（ZL201020229952.8）

发明简况：(1) 多功能智能门控制系统，能够用电锁集中控制每个门的锁与解锁，可随时了解门与锁处在何种状态。

转让及合作意向：产权转让：500 万元；技术入股：入门费 100 万元，所占股份 20%；独家许可：500 万元；省许可：80 万元；直辖市许可：80 万元；市许可：20 万元。

(2) 智能消防喷淋系统，可以自动进行灭火，安装形式是“天网”式。

转让及合作意向：产权转让：500 万元；技术入股：入门费 200 万元，所占股份 20%；独家许可：500 万元；省许可：100 万元；直辖市许可：100 万元；市许可：20 万元。

通信地址：河北省石家庄市裕华区东岗路 75 号东区 9 号楼 2 单元 502

邮政编码：050021

电　　话：13933106610　　E-mail:sjzxfwzl@yahoo.com.cn

王　培

男，48 岁，本科学历

发明名称：一种金属氢化物热泵用稀土系储氢合金及其制备方法

专利（申请）号：ZL200910010558.7

发明简况：本发明特征在于在 LaNi5 合金中添加 Al、Mn、Cr、Fe、Cu 等元素以及改变合金计量比等方法，设计出新合金组分的通式为 La(Ni3.8Al1.2.xMx)y，其中 M = Mn、Cr、Fe、Cu，$0.2 \leqslant x \leqslant 0.6$，$0.94 \leqslant y \leqslant 1.0$。A 侧元素过计量使合金中出现了新相。本发明的稀土系储氢合金用非自耗真空电弧炉熔炼，退火热处理的条件为将样品在真空状态下在 1323K 下退火 6h 之后快冷。该合金生产方法简单，合金容易活化、平台压力低、吸放氢滞后因子小，同时具有良好的吸放氢动力学性能和抗粉化性能，非常适用于金属氢化物热泵用储氢合金。

通信地址：甘肃省兰州市 508 信箱 1 分箱

邮政编码：732850

电　　话：13993791052

王双进

男，54岁，大专学历，助理工程师

发明名称：沙棘原浆制备工艺

专利（申请）号：CN200810145484.3

发明简况：本发明属于食用小浆果及其加工方法，特别是沙棘原浆的制备工艺。用该方法制取的沙棘原浆，不仅营养丰富且保持了沙棘特有的香气、滋味、色泽和营养成分，保存期长达12个月。

本专利加工工艺包括：(1)打浆取汁；(2)抽正空技术，其不仅增加了沙棘汁的果肉含量，提高了出汁率，还有效保存了较高的各种营养成分和维生素含量，使沙棘汁保持了原有的品质与风味。

转让及合作意向：面议。

发明人现为新疆青河县银河食品厂总经理，长期从事农副产品的研发与生产工作，除上述专利外，还申请了国家发明专利“阿魏菇饮料的制备工艺”（专利号：ZL03153626.3）。

通信地址：新疆维吾尔自治区阿勒泰青河县环城东路2号　　**邮政编码**：836200

电　　话：0906-8824498　　E-mail：qingheyinhe@163.com

王明华

男，66岁，大学文化，工程师

发明名称：一种丁二烯-1,3抽提工艺

专利（申请）号：ZL200810101812.X

发明简况：一种丁二烯-1,3抽提工艺，本发明一种丁二烯-1,3抽提工艺是在原有丁二烯抽提装置内增加一个炔烃精馏塔，且在增加炔烃精馏塔的基础上适当调整第一萃取精馏塔和第二精馏塔的工艺条件，实现提高丁二烯抽提装置收率和生产能力，同时实现乙烯基乙炔尾气的零排放。

用乙烯做燃料进行金属加热、切割及焊接的方法(CN201010104522.8)。本发明以乙烯为主要燃料，佐以燃气增效剂，在实现金属加热、切割和焊接的同时提高操作的安全性，减少污染、降低能耗，以解决乙炔气生产、运输、使用及后续处理中存在的诸多问题。

转让及合作意向：意向转让中石化、中石油。

通信地址：北京市房山区燕化星城一里35-1-301　　**邮政编码**：102425

电　　话：010-81332503

E－mail：Wang.min.ghua@163.com

王金龙

男，大学学历

发明名称：一种混凝土搅拌筒

专利（申请）号：ZL200910305560.7

发明简况：本混凝土搅拌筒在旋转时搅拌器强制搅动混凝土，使其产生回旋流动。同时，在搅拌筒内安装德国DLWG料位本应器，使筒内的混凝土在2m^{3}以上时，料体感应器通过电脑定时发出报警信号，促使司机根据信号进行操作。由于搅拌器安装角度非常严密，且搅拌器表面又经过特殊处理，所以，搅拌器上不会黏结混凝土，绿色环保。

根据德国JZC系列混凝土搅拌机（自落式、双斜板、强制型、涡流搅拌机）的工作原理，在混凝土搅拌筒内设计安装10～14个不同形式、不同部位的涡流型搅拌器，使6m^3、8m^3、10m^3、12m^{3}的筒内混凝土在任何料位情况下，都能进行均匀的再搅拌（搅拌筒旋转时），使整车混凝土的和易性、均匀性大大提高。

通信地址：浙江省杭州市滨江区江南大道588号

邮政编码：310053

电　　话：13588777323

王建波

男，32岁，大学学历

发明名称：雨伞雨披篮

专利（申请）号：ZL200820131400.6

发明简况：一种可以放湿雨伞、雨披的雨伞雨披篮，它是一个塑料篮，底部中央有一个小孔，塑料篮底部装有一个塑料盒，塑料盒像抽屉一样可以从塑料篮底部抽出。当把湿的雨伞、雨披放进塑料篮里，水就会从塑料篮底部的小孔流到塑料盒里，当塑料盒流满时，可将塑料盒抽出来把水倒掉，塑料盒中间有一个隔断，可以把雨伞、雨披分开，以防止雨伞尖刺伤雨披。塑料篮四周都有向上翘起的沿，以防止水从侧边流向地面。可以把雨伞雨披篮钉或挂在墙上。雨伞、雨披篮可以使雨伞、雨披的水不能流到地面弄脏地板，雨伞、雨披篮占空间小，使用方便。

转让及合作意向：面议。

通信地址：山西省临猗县郇阳东街井队西侧健源推拿理疗

邮政编码：044100

电　　话：13935972286

王忠强

男，60岁，大专学历，工程师

发明名称：一种电动汽车电瓶自动充电装置

专利（申请）号：ZL200920024325.8

发明简况：本实用新型公开了一种电动汽车电瓶自动充电装置，它具有电瓶，电瓶连接电动机，其特征在于电瓶和电动机之间设有保险盒、开关，电动机通过皮带连接发电机，发电机连接电瓶，发电机和电瓶之间设有开关，发电机连接电流表，电流表连接调节器，调节器连接开关，本实用新型结构简单，可自动给电瓶充电，环保节能。

转让及合作意向：转让、专利许可、参股合作三种形式均可商谈。

通信地址：山东省烟台市芝罘区面市街53–8号

邮政编码：264000

电　　话：15165710882

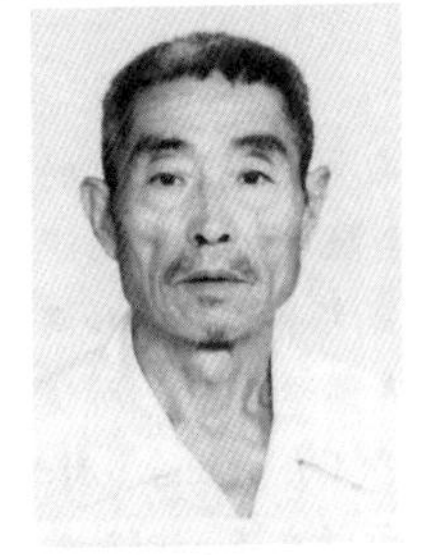

王基坜

男，85岁，大学肄业

发明名称：镶嵌式井具

专利（申请）号：CN200810097617.4

发明简况：本专利涉及一种镶嵌式井具，是一种具有以防御“烂边”为特殊功能，还具有高强度的防盗窃、防噪声、防撞击、防坠落、防逃逸、防移位、防转向等功能的新井具。

技术特点：井圈用螺栓螺母固定于井圈座，井盖用螺栓固定于井圈的台阶，井圈的台阶穿过一螺栓，螺栓的上部和井盖侧面有横孔，孔中插入销子，销子的一端焊接并磨平且与井盖的侧面平齐，螺栓尾端嵌合在井盖的浅槽中，构成一镶嵌锁固结，使井盖不易失窃。

转让及合作意向：转让、合作均可。

王基坜，1959年参加北京市朝阳区养路队市政工程工作，1968年退休后自组市政工程队，一直潜心研究解决井具“烂边”的难题。

通信地址：北京市朝阳区关东店北街12楼804号　**邮政编码**：100020

电　　话：010–65018609

王永清

男，医生

发明名称：一种刮痧理疗仪

专利（申请）号：ZL200610016693.9

发明简况：一种刮痧理疗仪，包括倍压电路和脉冲电路，所述的倍压电路连接刮板极，所述的脉冲电路中含有单片机，其输出端分别接于D/A转换器的输入端和功率放大器的输入端，且与显示控制器连接，D/A 转换器的输出端与功率放大器的输入端相接，升压保护电路的输入端与功率放大器的输出端相接，其另一端与两极片相接。在刮痧理疗时，将上述两极片放置相应对称部位，医生手持刮板极通电后对病人相关部位皮肤进行刮拭。本发明在理疗过程中不损伤皮肤、无疼感、卫生、安全、疗效好，是一种比较先进的理想的刮痧理疗装置。

转让及合作意向：转让、专利许可、参股合作三种形式均可商谈。

通信地址：吉林省吉林市船营区德胜小区11号楼5单元2楼右90号

邮政编码：132011

电　　话：0432-2057796/13689892501

发明名称：一种治疗胃癌及骨癌的中药

专利（申请）号：ZL200710017935.0

发明简况：一种治疗胃癌及骨癌的中药，该中药对中晚期胃癌和骨癌有消除瘤体、消除症状、预防复发以至痊愈的效果，对晚期胃癌、骨癌有缩小瘤体，减轻症状，延长患者的存活时间及提高患者的生存质量的效果。

转让及合作意向：可以转让，转让费为360万元。

通信地址：陕西省渭南市四马路兴达小区渭南中医研究所

邮政编码：714000

电　　话：13992338917/0913-2213183

王化选

男，63岁，中专学历，中医主治医师

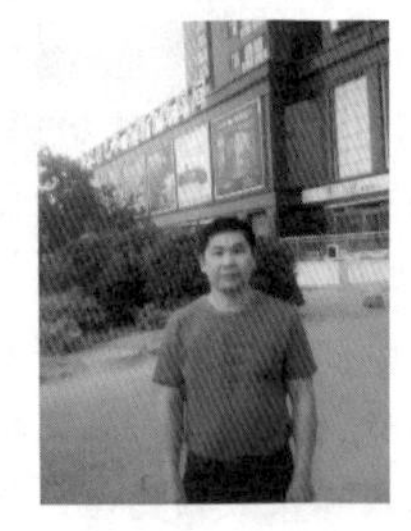

王　力

男，44岁，优秀党员

发明名称：具有防水功能且能反复使用的自捕苍蝇器

专利（申请）号：ZL201020162520.X

发明简况：一种具有防水功能且能反复使用的自捕苍蝇器，包括自捕苍蝇笼，其特征是：带挂钩的旋钮盖与外罩顶端的出口螺旋拧合，外罩与内罩与底托采用凹凸卡扣连接，诱饵放置器与底托螺旋拧合，底托上有苍蝇入口，底托的底部有凸起脚和两个排水孔，内罩顶部有苍蝇入口。所述外罩是带圆锥的圆柱体或者圆球形状，所述部件材料采用PP或PET。本实用新型具有防水功能且不易变形，部件可自由组合，加工、运输、安装及清洗方便，顶部有死蝇倾倒出口，能反复使用，降低了成本。同时外罩形状可根据特定场合的使用需求确定，如在公共绿化带制成圆形球体，使其富有美感。

转让及合作意向：转让、专利许可、参股合作三种形式均可商谈。

通信地址：湖北省英山县陶家河乡长岗村六组　　邮政编码：438712

电　　话：15972946986　　E－mail：1406496912@qq.com

王爱祥

男，58 岁，大专学历，工程师

发明名称：电动升降搬运装置

专利（申请）号：ZL200920144231.4

发明简况：本实用新型专利提供了一种电动搬运装置，它包括底部设有行走轮的架体，所述的架体包括低架台和中转台。中转台上设有中转延伸架，低价台、中转台及中转延伸架的台面上设有多根滚轴，架体的顶部设有悬臂，悬壁上设有悬臂延伸段，在架体的立柱、悬臂及悬臂延伸段上分别设有定滑轮；传动机构设置在架体底部，所述的传动机构其传动轮上固定钢丝绳的一端，钢丝绳的另一端依次绕过立柱和悬壁上的定滑轮，钢丝绳的末端设有吊钩。

该装置简单实用，成本低廉，使用灵活快捷，实现了用机械运动代替人力劳动，减少了劳动强度，提高了工作安全性，生产效率高。另外，其架体均为活动式连接，拆装方便。可广泛应用于机械、运输行业中重物的搬运和升降。

转让及合作意向：一次性转让，价格面议。

通信地址：甘肃省兰州市城关雁南路 2118—2248 号雁滩区政府家属院 12—2—402

邮政编码：730010　　　电　　话：13619395828/18919808485

王惠清

男，大学学历

发明名称：汽车智能制动控制仪

专利（申请）号：ZL200920315059.4

发明简况：本实用新型涉及一种汽车智能制动控制仪，是一种汽车用电子装置，是一种用于防止汽车驾驶者误操作的电子装置。

本实用新型通过在油门踏板上设置加速度传感器的方式，检测油门踏板踩下的速度变化率，并通过一个简单的微型处理器判断是正常的踩踏油门踏板加速车辆，还是踩踏刹车的误操作，实现防止因误操作而产生的严重事故。

转让及合作意向：转让、专利许可、参股合作三种形式均可商谈。

通信地址：吉林省白山市白山大街白山市交通运输局

邮政编码：134300

电　　话：13614499000

E－mail：jlbswhq@sohu.com

王德振

男，63 岁，初中学历

发明名称：一种治疗癌症的中药制剂

专利（申请）号：ZL200810055284.9

发明简况：本发明涉及一种治疗癌症的中药制剂，其制成活性成分为：枸杞 5 ～ 20 克、巴戟天 3 ～ 20 克、当归头 3 ～ 20 克、海马 5 ～ 20 克、天麻 3 ～ 18 克、炙黄芪 3 ～ 20 克、冬虫夏草 2 ～ 16 克、炙藏红花 2 ～ 16 克、党参 4 ～ 20 克、阿胶 4 ～ 20 克、炙鹿茸 4 ～ 20 克、灵芝 3 ～ 20 克、蜂胶 2 ～ 18 克、炙太子参 4 ～ 20 克、麦冬 3 ～ 18 克、炙蛋壳内软膜 2 ～ 16 克、高丽参 5 ～ 20 克，其制作方法是将上述各组份的药混合均匀研制成粉末后炼蜜为丸。它是一种既可治疗中老年人群出现的综合症，又能抑制和治疗癌症发展的疗效好、无毒副作用、食用方便、安全可靠的中药制剂。

通信地址：北京市石景山区西黄村雍景四季西里 10 楼 1 单元 102

邮政编码：100041

电　　话：13522518887

王开明

男，59 岁

发明名称：一种免基础的框架式建筑物施工方法

专利（申请）号：ZL200910167683.9

发明简况：一种免基础的框架式建筑物施工方法，其特征在于包括如下步骤：(1) 清理场地：将建筑场地稍加清理后辗压平整；(2) 建造框架式整体底圈梁：根据建筑物整体结构建造框架式整体底圈梁，以预设的建筑物沉降高度确定整体底圈梁的高度，其厚度与墙体厚度相适应；(3) 建造主体结构：在框架式底圈梁结构的基础上，逐层向上构筑主体结构，边修建边纠偏调平衡，向上建一层即在该楼层加一次压重物，以压实地基和纠偏，直至顶层为止。本发明不需开挖基坑，也不需加固地基，不必设桩；具有防震作用，若遇地震导致建筑物偏斜可纠偏恢复；还可降低建造成本约 10%，缩短工期半年左右。

通信地址：四川省广元市东坝文化路 18 号城建综合开发公司

邮政编码：628017

电　　话：13518330329

王克山

男，71 岁，本科学历，工程师

发明名称：新型高效节能切割液的生产方法

专利（申请）号：ZL200310107780.1

发明简况：本发明公开了一种新型高效节能切割液的生产方法，其生产方法为：制备母液：水 H_2O/500 克 + 硼砂 $NaB_4O_7 \cdot 10H_2O$(分析纯)/50 克 + 硼砂 $NaB_4O_7 \cdot 10H_2O$(试剂纯)/50 克 + 硼酸 H_3BO_3(分析纯)/0.3 克 + 硼酸 H_3BO_3H(试剂纯)/0.2 克 + 高锰酸钾 $KMnO_4$(分析纯)/0.8 克 + 高锰酸钾 $KMnO_4$(试剂纯)/0.2 克；配制切割液。与乙炔的比较，经济造价只是乙炔的 1/8;对环境无污染，对操作者无危害;切割金属线细、无渣、平整、省料；安全，生产工艺简单。本生产切割液不用电，不用机械设备，拉卸不怕撞击，安全。

转让及合作意向：全国及地方转让，具体事宜面议。

通信地址：黑龙江省哈尔滨市道外区南直路昆仑小区 3 号楼 4 单元 202 室

电　　话：0451-82411345

王立儒

女，47 岁，医学博士，中医师

发明名称：一种治疗肝脏疾病的药物

专利（申请）号：ZL200610076606.9

发明简况：本发明涉及一种治疗肝脏疾病的药物，由冬虫夏草、蜈蚣、九香虫、水蛭、白花蛇、斑蝥虫、土鳖虫、地龙、白僵蚕组成，经浸泡、粉碎、混配、灭菌而制成。该药物以毒攻毒，无副作用，易吸收、见效奇快、疗效高，是新一代治疗肝脏疾病的良药，广泛适用于治疗各种疾病，如肝肿大、肝腹水、肝癌、糖尿病、心脑血管疾病、风湿症等。

转让及合作意向：面谈。

通信地址：北京市昌平区百善镇上东廓村绿城阳光小区甲二号楼甲 2 号楼 4 单元 102 室

邮政编码：101100

电　　话：010-57500611

王书方

男，58 岁，大专学历

发明名称：一种真空热电二极管直流发电装置

专利（申请）号：ZL200920259246.5

发明简况：本专利属于物理直流发电装置，结构简单，没有机械部件，运行安静；全密封装，具有较高可靠性以及长时间免维护的性能；重量轻，体积小，便于在特定的狭小空间安装和运行。输入热源的能量形式多样，适用于太阳能、矿物或生物质能、氢能、核能等热源。基本材料为金属、陶瓷和质量比很小的发射盐，极少涉及放射性、有毒性物质，因此，产品制造和拆解造成的污染很小。适用于中小型直流供电，特别适用于移动供电领域。

转让及合作意向：愿与合作方共同开发系列产品，或者许可转让。合作方也可以提出方式和条件。一切都可以通过双方协商确定。

通信地址：湖南省长沙市韶山路 154 号中南大学铁道校区梅岭苑 2–806

邮政编码：410075

电　　话：0731–82539725/13667316493

王泽蓉

男，大学学历，高级经济师，高级供水管理师

发明名称：供水系统和多功能供水箱

专利（申请）号：ZL02800083.8

发明简况：本发明公开了一种稳压贮水饮用分质供水系统及多功能供水箱，供水箱包括含进水口和出水口的生活用水贮水室，与生活用水贮水室相通的出水口的饮水贮水室。出水口的饮水贮水室与含净化物、饮水出口的太阳能热水器相通；本发明解决了自来水压力不足和管网供水二次污染的问题，同时对供水箱壁盖及供水管壁进行加温保温处理，将生活用水太阳能热水和净化后的饮水与纯水分开计表使用。

转让及合作意向：转让、专利许可、参股合作三种形式均可商谈。

通信地址：四川省成都市盐市口梨花街 3 号

邮政编码：610016

电　　话：028–86676687/13908029893

E – mail：wzerong028@163.com

王学贵

男，66 岁

发明名称：一种用 6 个处方、56 种中草药治疗癌症的药物

专利（申请）号：CN200710127619.9

发明简况：（1）本发明的 6 个独立处方和 56 种中草药，发明人均作过临床试验并取得成功，无任何副作用。（2）56 种中草药配方能消灭癌毒，是治本之举。（3）此药物能进入血液、中枢神经系统、骨髓抑杀病毒。（4）具有美容和延年益寿的作用。

通信地址：云南省文山州文山城上沙坝沙南二路 18 号　　邮政编码：663000

电　　话：13577642396

王岸娜

女，39岁，博士研究生学历

发明名称：一种全天然牛肉制品嫩化剂的制备方法

专利（申请）号：CN201010546800.5

发明简况：本专利原料采用全天然无毒副作用的材料。以此发明专利的方法制备的牛肉制品嫩化剂用于牛肉制品的嫩化时，使牛肉的嫩度达到最佳食用状态，而且柔嫩多汁，富有较好的弹性，提高牛肉制品持水力达到21%。

王岸娜于2004年江南大学博士研究生毕业，获食品科学专业博士学位。1994年以来一直从事生物技术、农副产品加工和食品体系中生物分子之间相互作用的研究。她主持完成的“精制红薯淀粉新技术的研究及示范推广”项目获河南省科技进步三等奖一项，2010年以第一发明人申请国家发明专利36项。

通信地址：河南省郑州市高新区莲花街河南工业大学粮油食品学院

邮政编码：450001

电　　话：15670600530

王海波

男，38岁，大专学历

发明名称：循环互动发电机

专利（申请）号：ZL200920032661.7

发明简况：本实用新型公开了一种循环互动发电机，包括水平底座、通过设置在中心处的转轴安装在水平底座上的转盘、沿圆周方向布设在转盘外边缘的多个风力发电装置、通过转轴带动转盘持续转动的电动机、对电动机进行供电的电瓶和对风力发电装置所发出交流电进行整流且将所整流后的直流电同步向电瓶进行充电的整流控制器，以及将储存在电瓶中的直流电转换为交流电并回馈至电网或直接供给用户使用的逆变器；电动机的电机输出轴与转轴同轴连接。本实用新型结构简单、设计新颖合理且使用操作方便、节能环保、经济价值高，能有效解决现有能源紧缺且环境污染较大等实际问题。

转让及合作意向：面议。

通信地址：陕西省西安市搬运新村44号　　邮政编码：710000

电　　话：13389289382　　E-mail：whb_19730923@163.com

王海鹏

男，高级工程师，企业高管

发明名称：一种机动车辅助减速的方法和装置

专利（申请）号：CN201110009447.1

发明简况：本发明涉及一种机动车辅助减速的方法和装置，通过增加机动车风阻系数，利用空气阻力辅助机动车减速。其特征在于利用机动车车身钢板作为辅助减速板，在刹车踏板制动时同时打开减速板M，使高速运动的机动车快速减速，减少刹车距离。本发明不仅利用空气阻力增加了辅助减速，还对现有的车轮刹车技术有辅助作用，使刹车更稳定、更安全。

转让及合作意向：转让、专利许可、参股合作三种形式均可商谈。

通信地址：北京市朝阳区望京西园210-2101

邮政编码：100102

电　　话：18611309977

E-mail：searoc@sohu.com

王合中

男，46岁，高中学历

发明名称：冲洗棒

专利（申请）号：ZL201020210281.0

发明简况：一种洗浴时用的冲洗棒，这种冲洗棒包括一端为球冠、内部为空腔的异形棒体，在球冠处制有若干透孔，在棒体的另一端外缘制有螺纹。本实用新型冲洗棒可在公共场所、家庭卫生间洗浴时使用。既可以冲洗身体外部，也可以冲洗身体内部，特别适合女性使用，也可作为医疗器件和保健用品。该实用新型制造容易、使用方便、成本低，易于推广。

转让及合作意向：可转让，有意者面议详谈。

通信地址：河南省许昌县蒋官池镇十里铺南俎庄村6组

邮政编码：461100

电　　话：13937434065

王文远

男，大学学历

发明名称：一种现代平衡灸疗器

专利（申请）号：CN201010599843.X

发明简况：本发明属于中医针灸领域，将传统灸疗器改进成现代平衡灸疗器，利用平衡灸疗器与人体脏腑配属治疗，达到对人体保健、增强免疫、促进代谢、提高灸疗效果的目的。该种现代平衡灸疗器适合医院、专业保健馆、专业足疗店和美容店广泛使用。该发明操作简单、安全，疗效很好。

王文远，现任北京军区总医院全军平衡针灸中心主任，平衡针灸创新学科的创始人，发明的现代针灸学被列为国家级重点针灸专科，国家973项目，卫生部、国家中医药管理局农村与社区适宜技术推广项目。

通信地址：北京市朝阳区农展馆北路8号

邮政编码：100125

电　　话：010－66385874

E－mail：wwy01@sina.com

王石麟

男，67岁，高中学历，董事长

发明名称：汽车自动应急制动装置

专利（申请）号：ZL96104787.9

发明简况：汽车自动应急制动装置主要是由气泵、两位三通阀、单向阀、贮气筒和弹簧储能制动室等组成，从气泵到弹簧储能制动室的管路中连接快速起动阀，单向阀、手控驻车阀和脚控应急补偿阀各一个；从上述补偿阀到原制动气室之间连接一根平衡管；补偿阀通过拉杆与制动踏板联动；上述驻车阀通过拉线与驻车手柄连接；在后贮气干筒与上述单向阀后面的管路之间连接另一单向阀。该装置具有结构简单、成本低、工作可靠和实用性强等优点。

转让及合作意向：转让、专利许可、参股合作三种形式均可商谈。

通信地址：贵州省贵阳市世纪园伴山碧苑19栋3单元602室

邮政编码：550004

电　　话：13985432796/0851－6670424

E－mail：slinwin@163.com

王泽新

男，大学学历

发明名称：一种高粘度聚酯（PET）液相连续缩聚装置

专利（申请）号：CN03112545.X

发明简况：本发明公开了一种高黏度聚酯(PET)液相连续缩聚装置，其特点在于：该装置是由釜顶的电机驱动用轴承固定在釜底和釜顶的转动轴，并在釜内装有行星轮与螺旋体组成的自洁搅拌系统、脱挥系统和抽真空口管道，外部靠联苯蒸气加热的均化增粘釜。可单独运行也可由若干个串联或并联起来运行，物料靠计量泵进出于各釜之间使用。该装置兼容目前聚酯(PET)连续生产终缩聚釜和间歇生产缩聚釜优点于一体。熔融态低粘度聚合体连续不断送入釜内，经过脱挥从釜壁传热面上刮下，混炼剪切形成局部微观的全混合，总体宏观上呈现平推形连续生产的塞式流动，全过程聚合体不断混合揉切，增粘反应结束后以非常均匀的形式连续送出釜外。

转让及合作意向：转让、专利许可、参股合作三种形式均可商谈。

通信地址：广东省深圳市南山区学府路荟芳园 A–29B

邮政编码：518052

电　　话：0755–26454566/13692185923

王之桐

男，39 岁，博士研究生学历，副研究员

发明名称：脉冲放电冷轧辊表面造型方法

专利（申请）号：CN201010560540.7

发明简况：本发明利用脉冲放电能量在轧辊表面形成熔池，同时产生高电弧压力，在高电弧压力、电极和轧辊一定的作用距离下，轧辊表面的熔化物被吹起，熔化物经自淬火冷却后在轧辊表面形成具有凹坑和凸起的造型点，其中凸起具有高硬度。对于不能通过快速熔凝获得高硬度的冷轧辊材料，通过对轧辊表面的熔池添加合金元素进行合金化，保证凸起的高硬度。通过控制加工参数可以调整造型点的分布，使造型点相互分开，保留原始表面。该方法加工速度快，生产效率高，避免了传热管基管的变形，可以产生小尺寸的粗糙元，具有低的换热介质流动阻力和强的抗污垢能力。

转让及合作意向：希望和各界朋友洽谈此专利合作事宜。

通信地址：北京市北四环西路 15 号中国科学院力学研究所激光毛化技术中心

邮政编码：100190

电　　话：010–82544260

王少云

男，50 岁，高中学历

发明名称：多功能空气净化装置

专利（申请）号：ZL200920227204.3

发明名称：本实用新型所述多功能空气净化装置，它包括室外机、室内机。其特征是：室外机设有进气窗、空气压缩机、带有进水口和出水口的水箱，与空气压缩机相连接的出气管设于水箱底部，水箱顶部与空气净化压力管连接处设有海绵滤层；空气净化压力管的另一端与室内机相连接，室内机设有送气风扇。本实用新型的有益效果是，污浊的空气经过室外机内的水过滤，变得干净清新；用室外的风动力发电机构带动空气压缩机，用送气风扇带动微型发电机，所产生的电用于照明灯管和小功率加热机构，在冬天可享受暖风，是一种节能环保的产品。

转让及合作意向：技术合作或专利转让。

通信地址：福建省漳浦县电影公司宿舍楼 103 号

邮政编码：363000

电　　话：13960072884

王猛章

男，40 岁，本科学历，中教一级

发明名称：光栅避光镜

专利（申请）号：ZL201020554581.0

发明简况：晚间行车如何既减弱前方的光强又不影响自己的行驶？如今市场上主要有以下两种方法：一是通过有色眼镜（墨光镜）过滤光线来减弱，但其弊端在于晚上无法使用与调节，究其原因，玻璃中所添加的材料是不可改变的；二是通过光的偏振来削弱，自然光中包括各个方向的偏振光，当只设置横向的光栅时，就只有横向光通过，其他光被挡住。但这样的光振片同样不可随意调节和任其使用，实用意义不大。

光栅避光镜以上述两种解决方案作为技术基础，扬长避短，将红、橙、黄、绿、蓝、靛、紫分开，择其一二来使用。光栅避光镜阻断强烈直射光，而只利用地面较弱的反射光达到行车安全。王猛章说，通过市场调查，其所居住地区的"的士"司机听说这种光栅避光镜先进的技术，纷纷表示一经上市即购买，市场前景广阔。

转让及合作意向：发明人出技术，寻求投资商。

通信地址：湖南省慈利县第四中学　　**邮政编码：**427200

电　　话：13574427731　　E-mail：wmz13574427731@126.com

王甲峰

男，37 岁，硕士，副研究员

发明名称：循环码分组长度的一种盲识别方法

专利（申请）号：CN201010212180.1

发明简况：本发明公开了循环码分组长度的一种盲识别方法，识别消息长度为 k 的 (n,k) 循环码的分组长度为 n 时，首先确定循环码的帧长度为 fl，并在 [3，fl] 内取因数 i 作为分组长度进行分组，循环码被分组后会得到 Ni 个码字，然后在得到的 Ni 个码字中判定和统计有效码字所占的比例，有效码字是指满足判定规则的码字，其中使有效码字比例最大的 i 值即被识别为分组长度 n；本发明的识别方法具有原理简单、适用范围广等优点；不论是系统码还是非系统码、是二进制码还是多进制码，只要是循环码，满足循环特性，并且知道帧长度，就可以利用本方法识别分组长度；同时本方法识别流程简单，适于工程应用。

转让及合作意向：转让、专利许可、参股合作三种形式均可商谈。

通信地址：四川省绵阳市游仙区绵山路 64 号　　**邮政编码：**621900

电　　话：13990153710　　E-mail：wjf740729@sina.com

王厚德

男，70 岁，研究生学历，教授

发明名称：增三十豆豉维 C 制品及其制备方法

专利（申请）号：ZL200510019363.0

发明简况：本发明公开了一种具有抗衰老作用的营养品——增三十豆豉维 C 制品，其特征在于：选择淡豆豉、抗坏血酸、牛磺酸和淫羊藿提取物进行组合，各组分的重量百分比是，淡豆豉 90% ～ 95%，抗坏血酸 1.6% ～ 2.3%，牛磺酸 3% ～ 8%，淫羊藿提取物（含淫羊藿甙 5%）0.1% ～ 0.4%。它可以被制成任何一种常用内服剂型。本发明营养品具有较好的抗衰老作用。

通信地址：湖北省武汉市远荣生物工程研究所

邮政编码：430400

电　　话：13114361862/027-86920800

王定丽

女，49 岁，大专学历，主管护师

发明名称：多功能洗头车

专利（申请）号：ZL201020260304.9

发明简况：该多功能洗头车包括下车架、上车架和自动控制装置；下车架上设置有行走车轮、污水箱和驱动装置；上车架上设置有内置电加热器的热水箱和水平设置的背部支撑板；自动控制装置包括控制器和设置在热水箱内的温度传感器，控制器接收温度传感器检测信号并向电加热器发出控制信号；驱动装置的控制电路接入控制器；本多功能洗头车能自动控制上车架的升降，可适应不同高度的床位；可伸缩的颈部支撑块能适应不同颈部长度的病人；电加热器在控制器的控制下可自动调节水温；洗头架设有行走车轮，可方便地将洗头车推至病人床位；该洗头车减轻了护理人员的劳动强度，提高了护理人员的工作效率。

根据颈椎生理结构设计，洗头车能对卧床颈椎病人进行头部清洁护理，有效增加了病人舒适度和安全感，降低护理难度，提高了工作效率。

转让及合作意向：转让或者与相关厂家合作，面向市场批量生产。

通信地址：重庆市重庆医科大学附属永川医院骨科二病区　　邮政编码：402160

电　　话：13883755037

王龙

男，37 岁，本科学历，工程师

发明名称：一种玉米脱皮制糁机

专利（申请）号：ZL200710113999.0

发明简况：本发明涉及一种玉米脱皮制糁机，由机座、脱皮系统、制糁系统、风网系统、分级系统组成，脱皮系统包括带有进料口和出料口的工作室，脱皮系统的工作室由依次相连的推进室、主工作室、副工作室组成，进料口位于推进室，出料口位于副工作室；推进室是一个封闭筒，内有螺旋形推进器；主工作室是由六块条形筛板围成的筒，内设带有直线型筋的辊筒；副工作室是由一张筛板围成的筒，内有带打板的辊筒。本发明的优点是，脱皮系统的工作室可进行分工合作，使脱皮迅速干净，一遍成功，显著提高了产量，分级系统和制糁系统使大糁、小糁和粉末分级，分级效果好，风网系统除杂效果好。

转让及合作意向：专利权转让。

通信地址：山东省菏泽市曹县南关街幸福胡同 10 号　　邮政编码：274400

电　　话：13774970519

王双全

男，36 岁

发明名称：WSQ-105 煤矿井下打钻防喷孔消尘器

专利（申请）号：CN201120573020.X

发明简况：本发明解决了打钻期间煤尘大的问题，解决了传统扑尘器影响反风、易压死钻杆现象，易固定，使用方法简单。本发明将扑尘与消尘进行完美结合，使用异径套管、双层挡板、开设降压孔，旋转可伸缩固定装置，加设水喷头，并巧妙利用水力引射原理提高排尘速度。本发明实用性强，扑尘率达 90% 以上，消尘率达 100%；适用于井下巷道钻机施工穿层、顺层钻孔时的消尘工作，麻花钻杆、圆钻杆均可使用。另外本消尘器还具有防喷孔作用，当打钻过程中降压孔有大量粉尘喷出时，说明已发生喷孔现象，应立即停止钻进，关闭电源。因有固定装置卡住支架，使大小径套管平台连接处顶住钻孔周围煤体，致使喷出的煤粉与瓦斯只能大量从排尘管排出，使喷孔事故降至最小范围。

转让及合作意向：寻求专利转让、合作开发。

通信地址：河南省郑煤集团白坪煤业公司通风队（王双全）　　邮政编码：452481

电　　话：13526769935

王立军

男，44 岁，研究生学历，工程师

发明名称：短波收信天线至接收机的无线电短波非金属远程传输系统

专利（申请）号：ZL200520112274.6

发明简况：本专利是一种在短波收信天线至短波接收机之间利用光纤传输短波信号的系统，系统采用光电转换的方法，将短波天线接收的电信号转换为光信号，通过光缆远程传输至接收端再还原为电信号。达到了传输损耗小、可靠性高的目的，从而解决了短波电台和天线之间通过金属电缆连接存在信号传输损耗的问题。该系统具有噪声低、灵敏度高、动态范围大的特点。使用该系统可使短波接收天线与短波电台之间距离达到 40 千米以上，从而打破了天线场不能远离短波电台及机房的限制，提高了无线电通信枢纽的隐蔽性，同时，还可有效提高通信枢纽中电子设备抗新概念武器电磁脉冲炸弹攻击的能力。

转让及合作意向：面谈。

专利人曾荣获军队科学技术进步奖一等奖 1 项，二等奖 3 项，三等奖 2 项，荣立二等功 1 次，三等功 3 次。

通信地址：北京市海淀区复兴路 20 号网管中心

电　　话：010-66816030　　　　E － mail：811258@163.com

王福山

男，大学学历

发明名称：治疗病毒性肝炎的中药组合物

专利（申请）号：ZL200510049895.9

发明简况：此药祖传已有 200 多年，历史悠久，主治各种肝炎病毒所引起的急性黄疸型肝炎、慢性乙型肝炎、病毒性肝炎、传染性肝炎、肝硬化腹水以及其他类型肝炎疾病，是一种中药新品种。

目前三种药品已经完成了相应的临床前研究内容（包括药理、药效等研究内容）。

转让及合作意向：寻求合作企业进行复核国家食品药品监督管理局的新药临床前的研究，并逐步申请临床研究达到申请新药证书的要求，现有资料一次性转让。

通信地址：浙江省乐清市北白象镇东兴街 15 号

邮政编码：325603

电　　话：0577-62991199

王长青

男，大学学历

发明名称：高效节能纳米抗磨剂及其制备方法和应用

专利（申请）号：ZL200810079682.4

发明简况：本专利是由多种纳米金属微粒等助剂组成。该剂密度较低，纳米粒径小，添加比例极低，可溶于水基润滑剂、油、脂，所配制的润滑油、剂存放几年不发生团聚、分层、沉淀现象。添加于润滑介质时，形成纳米金属共晶离子化合物保护膜，在超重抗极压条件下具有突出的减摩抗磨性能，能够提高输出功率，延长设备寿命，节能、环保。

转让及合作意向：面议。

通信地址：河北省石家庄市晋州华北石油工业区 18 号

邮政编码：052260

电　　话：18631136566

韦光金

男，67岁，大专学历，工程师

发明名称：生物质热解燃气生产设备

专利（申请）号：ZL201020285580.0

发明简况：生物质热解燃气生产设备，由多功能热解气化炉、水冷却分离器、干燃料吸收器、网筛滤尘器、空气压缩机、燃气贮存罐，以及其配套设备：燃气专用灶、保温水箱及连接管道组成；可燃生物体经气化炉内高温缺氧热解排出混合气体，通过水冷却分离，干燃料吸收和多层网筛过滤后，将大部分水蒸气、焦油气、粉尘等杂气、杂物分离出去，余下的是高纯度的可燃气体，再经过压缩机压入贮气罐内进一步沉淀净化，通过贮存净化后的燃气是一种高燃值的、无色的纯净燃气；在多功能热解气化炉中产生的热量以热水的形式输到保温水箱中供使用。这种燃气可做炊事、发电和机械能源用，清洁、可再生。

转让及合作意向：转让或许可开发。

通信地址：云南省文山州富宁县新华镇新华社区普厅北路18–9号

邮政编码：663400

电　　话：137696321260

韦成旺

男，55岁，初中学历

发明名称及专利（申请）号：

一种鼻炎康复膏及其制备方法和使用方法（ZL200910040163.1）

一种水火烫伤修复液及其制备方法和使用方法（ZL200910041154.4）

发明简况：一种鼻炎康复膏及其制备方法和使用方法，该鼻炎康复膏为外用药，鼻炎大部分都是鼻腔内充血、红肿引起各种鼻炎，只要把该药膏涂在红肿部位，一次涂抹就会萎缩结巴，大约10天疤痕脱落，反复放药几次鼻炎即可康复。

一种水火烫伤修复液及其制备方法和使用方法，皮肤被水、火烫伤灼伤后，有感染、流水、流脓者喷上该“水火烫伤修复液”能在24小时内干爽结疤，愈后不留疤痕，费用低于医院的90%。

转让及合作意向：转让及合作均可。

通信地址：广东省河源市环城东路42号百草堂

邮政编码：517000

电　　话：0762–3325276/13690992527

韦兆军

男，76岁，中专学历，技术工人

发明简况：

导击式水轮机（专利号：ZL200920164718.9），可以取代现有的冲斗式水轮机或斜击式水轮机。

新型汽轮机（专利号：ZL200920164719.3），它消除了现代化的、热电站用的汽轮机双向轴向力，更充分发挥了热力的作用，增加了输出功率，简化了机件，易于推广应用。

导击式风轮发电机组（专利号：ZL201020516318.2）。

转让及合作意向：转让、专利许可、参股合作三种形式均可商谈。

通信地址：广西壮族自治区玉林市大西路69号

邮政编码：537000

电　　话：15878549591

卫丕昌

男，76岁，本科学历，副教授

发明名称：高能含氧燃料的应用

专利（申请）号：CN200810050243.0

发明简况：高能含氧燃料的应用属于能源技术领域，涉及高能含氧燃料的应用。利用高体积能量密度和自供氧特性及其零氧平衡条件下的化学爆炸原理，利用现有的现场混制和装药车技术，发明了高能含氧燃料的应用，供发动机作为动力燃料。所述高能含氧燃料由氧化组分和可燃组分构成。本发明的高能含氧燃料作为发动机的燃料，能替代现有发动机使用的燃油和现有的替代燃料。本发明提供了高性价比的、高体积能量密度的、自供氧的、来源广泛的、多样性的、环保的高能含氧燃料；应用高能含氧燃料必将降低温室气体 CO_2 排放量，解决能源危机问题和延缓矿物能源资源枯竭年限。

转让及合作意向：转让、专利许可、参股合作三种形式均可商谈。

通信地址：吉林省长春市长春中海春城B14栋203室4号信箱

邮政编码：130033

电　　话：0431-84678768　　E-mail：weipichang@126.com

温简金

男，75岁，本科学历，中教高级

发明名称：具有油烟气返烧装置的燃煤灶

专利（申请）号：ZL200510049583.8

发明简况：具有油烟气返烧装置的燃煤灶是在发明人发明的可燃柴、燃煤专利“节能炊具和节能炉灶”(专利号:ZL86209339.2)结构基础上研发而来。本专利技术特点:用炉前负压除尘设备替代隔墙防尘，改进原来的消烟炉板结构，增加消烟片，加强消除黑烟强度，改进除尘烟囱结构，以达到稳定0级格林曼烟浓度。

本发明充分利用油烟的可燃性，加上水蒸气、空气与燃煤层作用生成水煤气，使油烟与煤充分燃烧，达到节能、卫生的目的。

转让及合作意向：转让、专利许可、参股合作三种形式均可商谈。

通信地址：浙江省平阳县鳌江镇吉祥路328号

邮政编码：325401

电　　话：0577-63621234

温冰冰

女，47岁，本科学历，高级工程师

发明名称：一种大地磁B型保健枕

专利（申请）号：ZL200920297804.7

发明简况：本实用新型技术先进，改进了已有技术的不足，利用人们1/3的睡眠时间给人们治病防病，成功模拟地球磁场的自然状态，可以达到微磁场的效果，磁场仅为1Gs（高斯）左右，磁场极其微弱，吸不住一根针，却可以穿透整个人体，穿透力高达60厘米以上。其B型枕峰峰高设计，符合人体工程学原理，是具有科学性的枕头，能够起到托肩、牵引颈椎的作用，双峰高度各为5厘米和4厘米，与波浪棉、枕头底架高度相加后的尺寸，与人体侧身时平均肩宽相同，不论使用者平躺还是侧卧，均可起到托肩，牵引颈椎的作用，舒适度无与伦比。与磁场配合，可以起到镇静安眠，预防和治疗颈椎疾病，增加脑部血液供应，减少耳聋耳鸣，预防小脑萎缩、老年痴呆和脑血管疾病发生等作用。使用舒适度强、安全无毒副作用、疗效显著。

转让及合作意向：暂无。

通信地址：山东省蓬莱市文苑小区8号楼3单元302室

邮政编码：265600

魏开能

男，43 岁，大学学历

发明名称：一种建筑用预制钢筋混凝土单元体及其预制方法

专利（申请）号：ZL201010142883.1

发明简况：一种建筑用预制钢筋混凝土单元体及其预制方法，所述预制钢筋混凝土单元体为由楼板、墙／柱体、下部梁组成的整体单元体，所述下部梁包括外围梁和内部梁，该单元体的楼板、墙／柱体、下部梁设置拉结件进行定位并拉接钢筋。通过安装拉结件、拉接钢筋，架设模板和浇筑混凝土预制组成单元体的楼板、墙／柱体、下部梁。预制钢筋混凝土单元体技术容易掌握，有效降低作业人员人身安全风险，工程质量容易控制，可及时对不合格产品检查、更换，构筑的楼层受到双重保护，预制钢筋混凝土单元体拆迁后可重复利用，减少建筑垃圾，对保护环境意义重大。

转让及合作意向：转让、专利许可、参股合作三种形式均可商谈。

通信地址：广东省清远市新城区连江路银宇花园八幢 B201 号　邮政编码：511500
电　话：15816223836　E－mail：wkn2009@163.com

魏 强

男，66 岁，本科学历，高级工程师

发明名称：使用循环—补水双功能一体泵的补水定压系统

专利（申请）号：CN201010269083.6

发明简况：本发明涉及使用循环—补水双功能一体泵的补水定压系统。本发明涉及采暖空调水循环系统的补水定压方式。现行这一系统为使循环回水保持在一个特定的压力范围内，确保建筑物的最高处的水能“全充满”，使用由补水箱、补水泵、电控柜，电接点压力表或压力传感器、稳压罐补水系统构成。本发明使用循环补水双功能一体泵及机械自力式压控阀实现上述功能，彻底砍掉补水泵、电控箱、压力传感器、稳压罐等设备，最大限度地节约基本建设投资，降低运行电耗，减少机房占地，简化系统结构，增加系统运行安全性，方便检修及维护。本发明也可以应用在功能相类似的消防系统完成补水定压操作。

转让及合作意向：转让、专利许可、参股合作三种形式均可商谈。

通信地址：山东省济南市历下区山大路 183 号楼 401 号　邮政编码：250013
电　话：13905318227/0531－88022429
E－mail：GDYBATF@163.com

文 慧

女，20 岁，本科在读

发明名称：全封闭式重心浮正球形救生船

专利（申请）号：ZL200920245655.X

发明简况：本实用新型涉及一种全封闭式重心浮正球形救生船，属于航海救生设备技术领域。本技术解决了现有救生筏、艇及同类设备的一些技术不足，提供一种能防雨、防晒、保温，有水和食物，有定位和通信设备，抗海浪击打、抗颠覆能力强，自动浮正，不会沉没，待救时间长，外形为球形的救生船。救生船由球形壳体、重心稳定钵、排换气阀管、坐椅箱、通信器材、食物和水等构成。封闭式壳体可阻隔海水、雨水、烈日、寒风的浸入。重心稳定钵利用重力、重心原理使救生船自动浮正。换气阀管保证了全封闭状态下船内空气的交换。通信、定位器材为求援提供了信息。食物、水为救援延长了时间。救生船不会沉、不易损坏，技术性能胜任海上恶劣气象环境，能在较长时间内确保逃生人员的生命安全。

转让及合作意向：独家许可、产权转让、技术入股。

电　话：13992579988
E－mail：am16－ak47@163.com

翁志强

男，54 岁，大专学历，工程师

发明名称：低碳节能纳米燃油掺水调和剂

专利（申请）号：ZL201110270184.X

发明简况：本发明公开了一种低碳节能纳米燃油掺水调和剂，该调和剂由以下重量份的原料制成：油酸或脂肪酸 60 ～ 100 重量份、多元脂 5 ～ 20 重量份、非离子表面活性剂 2 ～ 3 重量份、氨水 1 ～ 3 重量份、乙胺 6 ～ 15 重量份、二茂铁 0.1 ～ 1 重量份、硝酸酯 0.1 ～ 0.3 重量份。利用本发明的调和剂形成的纳米燃油，其具有低碳节能，温度稳定性好等优点。

转让及合作意向：各种形式的转让与合作均可。

通信地址：广东省广州市越秀区白云路筑南正街 60 号 3 楼
邮政编码：510100
电　　话：13600030166
E－mail：13808849483@139.com

发明名称：刺激信息认知能力值测试系统及其方法

专利（申请）号：ZL201010113875.4

发明简况：本发明提供了一种刺激信息认知能力值的测试系统，包括：刺激信息提供装置，为被试者呈现视、听觉刺激信息；视线跟踪装置，跟踪记录被试者在获取并处理视觉刺激信息过程中眼睛的运动状态；反馈数据采集装置，用于采集被试者响应刺激信息输入的反馈数据；认知指标值分析装置，根据所述视线跟踪装置的记录通过视动分析法获取被试者在处理视觉刺激信息过程中的认知指标值；认知准确度分析装置，根据所述反馈数据的内容计算被试者的认知准确度；认知能力值计算装置，根据所述认知指标值和认知准确度通过统计学方法计算获得表征被试者的综合认知能力的标准分数。本装置可以更准确地记录被试者的认知过程和被试者间的认知能力差异，并可以广泛应用于人才选拔、岗位安置、学习能力诊断、广告效果、驾驶员安全训练等领域。

转让及合作意向：转让、专利许可、参股合作三种形式均可商谈。

通信地址：北京市海淀区新外大街 19 号北师大京师大厦 9805　**邮政编码：**100875
电　　话：010－58803891/3892/3893　　**网址：**www.huandujiaoyu.com

沃建中

男，研究所首席专家，研发中心主任

吴伟文

男，58 岁，大学学历

发明名称：汞污泥转化处理制成建筑材料及其制备方法

专利（申请）号：02116671.4

发明简况：本发明是一种汞污泥转化处理制成的建筑材料及其制备方法，其特点是将含汞污泥、砂、水和由氧化镁、氯化镁水溶液、滑石粉、硫酸亚铁、磷酸三钠、多聚磷酸钠、磷酸、三氯化铝、191 树脂构成的催化凝固剂充分搅匀后加压成型、养护等步骤制得所需的建筑材料。本发明将对环境产生危害很大的汞污泥制成完全符合国家环境分析测试中的浸出毒性和抗压强度测试标准的建筑材料，因此本发明的技术不仅可以获得较大的经济效益，更为重要的是具有重大的社会效益。

通信地址：香港北角继园街 54 号地下 B 座
电话：852－25617230/852－66039913

吴淑文

男，43岁，高中学历，工程师

发明名称：万向供油器

专利（申请）号：ZL200810027221.2

发明简况：万向供油器主要是用于军用战斗机、民航机，还可以应用于船舰、陆上交通运输工具。它的作用是可以避免在多种情况下产生的供油故障以及由此产生的事故、灾难的发生。比如军用战斗机在进行花式表演、飞行训练时，民航机在遇到气流时，飞机在颠簸、翻腾的状态下，油箱里的吸油管露出液面，吸入大量的空气，导致发动机在关键时刻突然熄火，从而导致事故、灾难的发生。另外，在海上航行的船艇在遇到风暴时，以及陆上交通运输工具行走在崎岖的道路如山路时，也会出现类似的故障，而万向供油器则可以排除在这种情况下产生的供油故障。万向供油器的技术方案主要是利用铅球冠在重力作用下产生的稳定性来排除供油故障。

转让及合作意向：该专利技术可一次性转让或独家转让。

通信地址：广东省东莞市万江区坝头社区坝翔苑F座305号　　邮政编码：523600
电　　话：0769-22173058

吴兆利

男，高中学历，退休工人

发明名称：一种治疗疑难杂症的中药药酒

专利（申请）号：CN200810050457.8

发明简况：此药物是纯中药药酒，是发明人历经24年上百次换方研制而成，其由寻骨风、伸筋草、灵芝粉等13味中药一起放入50度白酒中浸泡7～15天而得。

此药酒无毒副作用，可用来治疗股骨头坏死、类风湿引起的浑身筋骨痛、动脉硬化、经脉曲张、无名肿毒、疮节痛、外伤口感染、红肿、蚊虫叮咬、神经末梢炎、脚气、痔疮、皮肤病等多种顽固性疾病。特别是治疗股骨头坏死、类风湿引起的浑身筋骨痛、动脉硬化等疾病疗效显著，属于国际首创、国际领先。

转让及合作意向：转让、专利许可、参股合作三种形式均可商谈。

通信地址：吉林省白山市江源区纪委于瑞英转吴兆利
邮政编码：134702
电　　话：13179076378/0439-3743877

吴谦信

男，72岁，本科学历，高级工程师

发明名称：旋转式垃圾焚烧炉的给氧装置

专利（申请）号：ZL201010219648.X

发明简况：本给氧装置是旋转式垃圾焚烧炉吹入式的径向多级给氧装置，能够非常有效地使二噁英和重金属污染物充分氧化反应，达标排放。根据焚烧炉体的长度而确定级数，每一级绕炉体外周开设给氧窗。本发明能让垃圾在炉膛内燃烧的全过程中充分而及时得到氧化反应的供气量，即二次风，为充分燃烧、高温燃烧≥850℃创造了良好的条件。

本专利已实施转化为产品，在实践运行中经国家CMA及CAPM机构，现场采样监测结果完全优于国家排放标准。

转让及合作意向：转让、专利许可、参股合作三种形式均可商谈。

通信地址：福建省泉州市江南汽配街C-168号　　邮政编码：362000
电　　话：0595-22863029
E-mail：lin-xian-min@163.com

吴健

男，化学博士

发明名称：一种银杏叶纯化冻干粉制备工艺

专利（申请）号：ZL200710039262.9

发明简况：该专利利用超临界 CO_2 萃取技术取代传统的酒精提取，能够有效去除银杏叶中的有害成分银杏酸；采用在 35℃～40℃低温萃取比在 65℃～75℃高温萃取更容易保存银杏叶中生物活性成分的特性，使产品具备更强的功效；采用 -40℃温度的真空冷冻干燥工艺取代传统的 150℃进风温度的喷雾干燥工艺，使产品在干燥过程中的生物活性损失接近于零；生物膜法及色谱法分离纯化工艺使产品的纯度比传统产品有较大幅度的提高，使有效成分银杏黄酮和内酯的含量大于 50%，进一步降低有害成分，使银杏酸的含量小于 5ppm。

该专利的主要贡献在于对银杏叶提取物进行了减毒和增效，使产品具有更好的安全性、稳定性及功效。

通信地址：上海市闵行区浦江工业园三达路 85 号

邮政编码：201112

电　　话：021-54314987-8009

吴雪年

男，63 岁

发明名称：四通沉水弯头

专利（申请）号：ZL200720063263.2

发明简况：本实用新型涉及建筑物排水设施，特指安装在厕所大便器下的四通沉水弯头。本实用新型包括连接排水主管道的垂直接头、沉水弯头和水平接头，其特点是：沉水弯头与垂直接头之间设置有排水支管道接头和一带盖堵头，用于将非饮用洗涤水引入厕所排水主管道及用于维修管道。本实用新型采用在主管道上增加支管道和维修端的结构，可以将生活中的废水利用起来，通过厕所的排水管道排出，利用了废水，节约了建筑材料，方便了用户。用四通沉水弯头，缩短了距离，便于安装，用户可以自己设置安排厨房、卫生间等下水道布局，这样的安装不容易堵塞，即使堵塞也容易维修或者更换。

转让及合作意向：转让、专利许可、参股合作三种形式均可商谈。

通信地址：湖南省岳阳市图书城 F 栋 501 室　　邮政编码：414000

电　　话：13873059446

吴桂芳

女，62 岁，中医诊所所长

发明名称：骨增风湿药

专利（申请）号：ZL02119555.2

发明简况：本发明涉及一种治疗骨质增生及风湿病的药物，尤其是以天然植物提取的药物。药物是由下述重量配比的原料制成的药剂：草乌 60～80，八角枫 0.2～0.5，通关散 10～20，三分三 0.2～0.5，姜黄 5～15，滚山虫 5～15，木香 5～15，延胡索 5～15，铁扫帚 5～15，草血竭 5～15，刺桐 5～15，重楼 4～7，金樱子 10～20，白云花根 5～15，樟木 5～15，紫丹参 10～20。经急性及慢性毒性试验证明，本药无毒副作用。

转让及合作意向：转让、专利许可、参股合作三种形式均可商谈。

通信地址：云南省玉溪市凤皇路 6 号

邮政编码：653100

吴三川

男，49 岁

发明名称：治疗前列腺疾病的胶囊

专利（申请）号：ZL201010132523.3

发明简况：本发明公开了一种治疗前列腺疾病的内服中草药胶囊，其特点在于胶囊内灌装的药粉其原料组分和重量为冬虫夏草 1 ～ 3g、当归 250 ～ 400g、红牛膝 250 ～ 400g、滴水珠 1 ～ 5g、冰片 1 ～ 5g、当门子 1 ～ 5g、白须草 250 ～ 500g、菟丝子 40 ～ 70g、桃仁 50 ～ 100g。本发明所述的中草药胶囊能够根治前列腺疾病，治疗效果快、不易复发。

发明人爱好医学，在部队自学中医，退伍后拜师学医，现任职于桐庐县吴化中草药研究所，擅长治疗前列腺炎，前列腺增生、肥大。

通信地址：浙江省桐庐县钟山乡中一村青南山村

邮政编码：311503

电　　话：13616501827

吴宝球

男，64 岁，本科学历，高级工程师

发明名称：一种与待磨削轴的端部适配的堵头

专利（申请）号：ZL201020531862.4

发明简况：本发明的两端均设有一轴中心孔，该轴中心孔中设有内螺纹，该堵头包括一锥面，该锥面包括一前端面和一后端面，其中该前端面的直径小于该后端面的直径；一与该前端面连接且同轴设置的螺柱；以及一与该后端面连接且同轴设置的柱体，该柱体的另一端设有一堵头中心孔。本实用新型中与待磨削轴的端部适配的堵头结构，制造工时短，且体积小，结构紧凑，装卸方便。有效地消除了采用软材料制成的轴工件、较长轴工件以及精度相对较高、重量较重的轴类工件在磨削加工过程中，因时间较长易产生摩擦发热引起中心孔变形，影响外圆磨削精度的情况的发生，提高了轴加工的精确度。

通信地址：上海市奉贤区南桥镇奉金路 359 号

邮政编码：201401

电　　话：021-57157729

吴金权

男，54 岁，大专学历，工程师

发明名称：燃气手割枪

专利（申请）号：ZL 200920229249.4

发明简况：本实用新型燃气手割枪：用于工程结构切割钢铁。此燃气手割枪有如下优点：(1) 结构合理，经久耐用。(2) 能用煤气作为燃料，其产生的效果和原有效果一样好。(3) 火力大，起割燃点快，穿透力强，反面残渣少，不易回火，能割 1 ～ 200mm 的钢板。(4) 割嘴有大、中、小等多种型号，可以自由更换，不需要换大小号割枪。(5) 美观、实用、安全、方便、可靠。总之此手割枪既能明显改善产品性能，有效地阻止割枪爆破伤人，同时还有利于提高产品档次。

转让及合作意向：转让或合作。

通信地址：湖北省武汉市黄陂区武湖农场综合市场 63 号

邮政编码：430345

电　　话：18971447028/027-61811170

吴在全

男，41 岁，本科学历，高级工程师

发明名称：用于皮带运输机的托辊

专利（申请）号：ZL200920306178.3

发明简况：本实用新型公开了一种改性铸型尼龙滑轮，其滑轮腹板、滑轮槽，用于安放轴承的轮毂，都是采用改性铸型尼龙制成。轮毂上设有安装轴承的配合孔，滑轮腹板上设有辐条和减重孔。该改性铸型尼龙滑轮不但具有铸型尼龙滑轮的优点，并且具有更好的耐磨性、自润滑性、稳定性、抗反复冲击性等特点。同时，其结构进一步减轻了自身重量，通过辐条的使用提高了强度，加厚轮毂厚度增强了改性铸型尼龙滑轮的使用寿命。

通信地址：四川省攀枝花市仁和区南山循环经济发展区橄榄坪园

邮政编码：617027

电　　话：0812–2512926

E – mail:sanshenjixie@126.com

吴铭鑫

男，75 岁，中专学历，高级工程师

发明名称：不锈钢清洗剂

专利（申请）号：ZL200710133741.7

发明简况：不锈钢清洗剂新产品是针对无机强酸、强碱在使用时对人体及社会环境造成潜在危害而研制的。该发明多功能、高性能，集除油污、除锈、除黑色氧化皮、钙化于一体，多道工序一次完成。对人体无危害，对周围环境卫生安全。解决了直接使用无机强酸、强碱清洗金属表面带来的环境污染问题。该发明具有常温清洗、时间短、效率高、效果好，节能降耗，不燃不爆，无有害气体排放，人体直接接触无危害等功能特点。

本专利项目获第八届香港国际专利发明博览会专利金奖，2010 年度获中国时代改革创新科技发明奖。

转让及合作意向：加盟合作、技术合作、融资。

通信地址：江苏省丹阳市蒋墅镇青龙张家村 11 号　　邮政编码：212364

电　　话：13358181367

吴永华

男，大学学历

发明名称：钟表式定时器

专利（申请）号：ZL200510028551.X

发明简况：本发明包括钟表和接线端子，所述钟表为瞬跳式钟表，包括表盘和时针。该定时器还包括：内导电环和外导电环，设置在所述表盘上并分别与接线端子相连接；至少一个定时导电段，与表盘刻度相对应地布置在内、外导电环之间，所述定时导电段之间相互绝缘；定时断点，位于内导电环与每一定时导电段之间；走时断点，位于外导电环与每一定时导电段之间；定时导电片，位于内导电环与定时导电段之间，用于连通一个定时断点；走时导电片，设置在所述时针背面，用于连通一个走时断点。当时针定时导电片重叠时电路导通，定时器输出触发信号。这种定时器稳定性好、不易受干扰，定时误差小，准确性高。

通信地址：上海市徐汇区大桥路日晖二村 72 号 304 室

邮政编码：200032

吴顺泰

男，博士

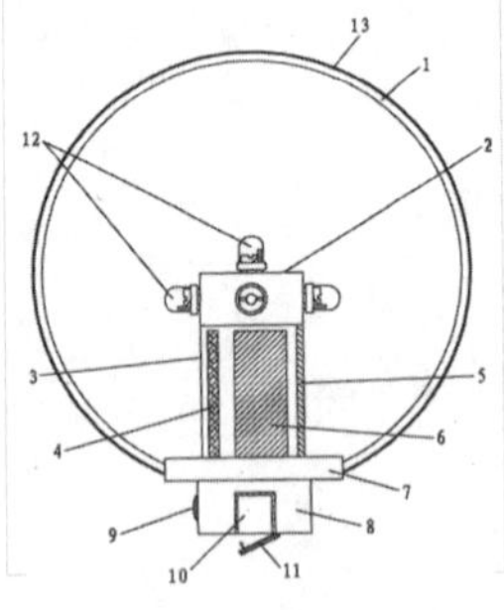

发明名称：一种光触媒净化装置

专利（申请）号：ZL201020558610.0

发明简况：本实用新型公开一种光触媒净化装置，包括灯罩、LED 灯、电路板、电池、导热板、USB 充电插座和开关，电路板、电池、导热板、USB 充电插座和开关安装在灯罩上，LED 灯安装在灯罩中，LED 灯、电路板、电池、USB 充电插座和开关连接形成回路，灯罩上涂布一层锐钛矿型 TiO_2 薄膜。本实用新型通过 LED 灯的内部照射，以激发圆球外罩表面 TiO_2 薄膜触媒体的充分作用，达到快速降解甲醛、苯、甲苯、二甲苯、氨、TVOC 等有害有机物、污染物、臭气、细菌、病毒、微生物的作用，以维护环境的洁净，保障人体的健康。本实用新型扩展了 TiO_2 光触媒的应用层面，改善了人类的家居生活。

转让及合作意向：转让、专利许可、参股合作三种形式均可商谈。

通信地址：福建省厦门市湖里区湖里大道 16 号厂房第三层东侧
邮政编码：361000
电　　话：0592–3192717

吴跃宗

男，80 岁，大学学历，工程师

发明名称：集雨保墒旱作农业技术

专利（申请）号：CN201010183938.3

发明简况：集雨保墒旱作农业技术，适用于干旱缺水地区，能使雨水集少成多，减少地面蒸发和沟（畦）雨水流失，蓄水保墒，调节雨水分布，提高雨水有效利用，基本满足作物生长所需水分要求；提高地温，促使早熟，抑制盐碱，获得稳定较高产量。我国草原辽阔，天然牧草对当地自然条件要求比农作物低，开发利用优势明显，并可为国家节省大量饲料用粮。该技术不受地形条件限制，能保持水土，减轻水旱灾害，为低产农田草原开发利用提供了较为现实有效的途径。

转让及合作意向：可转让，可技术入股等合作，可实施许可。

通信地址：青海省西宁市城北区海西路 21 号海西州干休所 2 号楼 511 室
邮政编码：810003
电　　话：15897145061

吴继平

男，58 岁，本科学历

发明名称：红外热像仪

专利（申请）号：ZL201030506719.5

发明简况：本外观设计公开了一种红外热像仪，属于红外热像仪领域，主要用于建筑业、消防业、汽车制造业、医学诊断以及电力检查等涉及物体表面或内部温度变化的检测场合。其设计要点主要是：该红外热像仪主机与机芯组件可分离，机芯组件可旋转，可隐藏的寻像器安装在可旋转机芯的后端，而液晶显示屏则安装在该红外热像仪主机的一侧。

转让及合作意向：面议。

通信地址：广东省广州市经济开发区东江大道 10 号
邮政编码：510730
电　　话：020–82217855
E– mail：satipi@sat.com.cn

武万亮

男，66 岁，本科学历，教授

发明名称：数学教具（1）

专利（申请）号：ZL200930125431.0

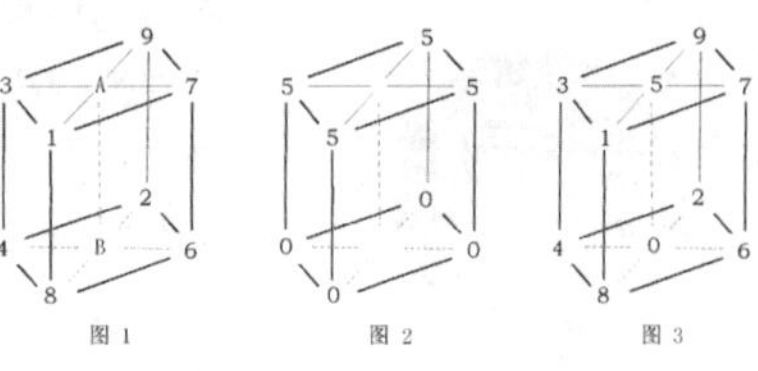

发明简况：本教具是由原理如图 3 的教具(963038729)升级而成。将 0,1,2…9 可重复地赋于两个正方体顶点，如图 1、图 2。为省篇幅将图 2 压缩为中轴，即图 1、图 2 套装成图 3。两个一位数乘积个位（下称本个）的规律叫个律，图 1、2 叫个律体。如，在图 1 上底无限右旋序列…1,7,9,3,1,7,9…里任取一项，则其前项、后项、隔项分别为其 ×3、×7、×9 的本个，而其正下、左下、右下、隔下分别为其 ×8、×4、×6、×2 的本个等。

转让及合作意向：在全国寻求几家合作单位（纸盒印刷厂即可生产）。

通信地址：河北省石家庄市红旗大街 428 号河北经贸大学南校区老干部科

邮政编码：050091

电　　话：0311-83910315

夏爱国

男，48 岁，大学本科学历，工程师

发明名称：煤矿用阻燃通信光缆

专利（申请）号：ZL200920096552.1

发明简况：本实用新型涉及一种煤矿用阻燃通信光缆，包括缆芯及包覆在缆芯外部的护套，其特征在于在所述护套外侧由里至外依次包覆加强层及阻燃层；所述加强层为芳纶纤维加强层，所述阻燃层为低烟无卤阻燃聚烯烃护层；所述芳纶纤维加强层的厚度大于 0.3mm，所述低烟无卤阻燃聚烯烃护层的厚度大于 1.8mm。本实用新型的有益效果是：使光缆具有阻燃性能，而且在外界发生火灾情况下不产生卤素，烟量小，保证人身安全；由于增设了具有超高强度、高模量芳纶纤维加强层，达到应用于竖井时对光缆抗拉力的要求，从而提供出适应煤矿通信技术要求的各种形式的阻燃通信光缆。

通信地址：天津市西青开发区赛达三大道 8 号

邮政编码：300385

电　　话：022-58110288/18920326988

夏君铁

男，大学教师

发明名称：跟踪太阳光照的装置

专利（申请）号：CN201010184192.8（国内）；PCT/CN2011/074660（国际）

发明简况：日照跟踪系统是太阳能利用领域里前端的、基础性的关键技术，目前仍是行业短板。本装置是为了解决现有动态日照跟踪系统存在的诸多技术难题而设计的，可在现有设备发电效率的基础上提高 30% 以上。采用负坡度轨道及渐进自锁式阻尼控制和液压连杆系统做随动跟踪，实现了无能耗双轴稳定、高精度地跟踪日照。适合大结构制作，用于大型光伏、光热电站。解决了伺服机构能耗激增、聚光组件易老化等问题；克服了野外沙尘侵害大、抗风强度要求高等带来的设计制造约束。尤其适合在我国西北部的风沙环境下使用，具有效率高、成本低、抗风沙、安装简单、运行稳定、维护容易等特点。

采用本技术装置还可方便实现：光伏→光热电→热机电分别转换一体化集约设计与实施，可不计跟踪重量的增加，为最充分地利用阳光的能量，达到最优的综合效率，降低总体成本，增加经济效益创造了最基本的条件。

转让及合作意向：转让、专利许可、参股合作三种形式均可商谈。

通信地址：辽宁省大连市大连开发区水御兰庭 5 号楼 2-1-3　邮政编码：116600

电　　话：15524898110/0411-87574651

向凌云

男，大学学历

发明名称及专利号：一种广幅声场立体声式扬声器（ZL200720201813.2）；用于电子元件钢帽扭紧的密集式扭紧机（ZL200820303864.0）；用于打火机电子点火器组装的模板（ZL200820303865.5）；移动式安全防范装置（ZL200920311462.X）

发明简况：一种广幅声场立体声式扬声器通过喇叭单元的特殊结构设计，在较小巧的箱体内集成安装1只低音喇叭、4只特殊交叉反射角设计的高音喇叭，能够使室内声场分布均匀，立体声空间感更强，能够有效避免室内空间狭小，容易产生啸叫和声场共振；用于打火机电子点火器组装的模板解决了电子元件生产中的重大技术难题，极大地减轻了劳动强度，保障了生产安全，提高了生产效率。

通信地址：贵州省贵阳市云岩区松山路智慧龙城玲珑水榭2栋2号楼10-1号
联合国科学技术组织驻贵州代表处
邮政编码：550001
电　　话：18985156001/15285116607

向雄典

男，30岁，大专学历，中医师

发明名称：治疗水肿病的药物

专利（申请）号：CN201010607056.5

发明简况：一种治疗水肿病的药物，由纯中草药党参、黄芪、薏苡仁、芡实、石斛、车前子等，按一定的重量比配方，熬煎取汁液，经高温高压消毒，真空包装而成；或按医药工业上的工艺制成胶囊剂或口服液。本发明治疗水肿病治愈率高、复发少、成本低，长期服用无毒副作用。该专利治疗水肿病疗效显著，治愈率66.66%，有效率93.94%，对治疗慢性肾炎、肾病综合症疗效显著，对部分未透析的尿毒症病人可治愈。

转让及合作意向：转让、专利许可、参股合作三种形式均可商谈。

通信地址：湖南省衡东县杨桥镇排形村10组
邮政编码：421441
电　　话：13786468821

向高峰

男，51岁，本科学历

发明名称：水烟电子炭

专利（申请）号：ZL200810143604.6

发明简况：本发明专利解决了传统水烟木炭点火所存在的严重污染问题，采用高科技陶瓷发热技术，使用环保材料，整体高密度陶瓷结构，直流电源，绿色环保。此外，它也是一项高效节能产品，其发热体消耗功率小，单向导热，表面温度均匀，且热响应时间短，热惯性小，使用寿命大于10万小时。电子水烟炭具有无烟、无火、无毒、无异味、无灰粉、无噪声，确保人身安全等诸多优点，解决了抽水烟木炭点火产生一氧化炭对人体有害的难题。

转让及合作意向：股份合作。

向高峰曾先后担任过湖南洞口外贸总公司进出口部经理，公司副总经理，并兼职美国湖南双龙公司副总，现任湖南洞口壬源有限公司董事长。

通信地址：湖南省洞口县雪峰广场壬源大厦
邮政编码：422300
电　　话：0739-7224389

项义考

男，50岁，本科学历，高级工程师

发明名称：锅炉烟气检测时脱水、除尘和保留待测成分的预处理方法

专利（申请）号：CN201010282372.X

发明简况：本发明属于环境监测技术领域，具体涉及一种锅炉烟气检测时脱水、除尘和保留待测成分的预处理方法，该方法根据所要检测烟气成分的性质，把烟气通入相应的缓冲溶液中，去除与所要检测成分性质相反的组份，与此同时吸收烟气中的水蒸汽和粉尘；所述的缓冲溶液分为保硫缓冲溶液和保氨缓冲溶液；对于处理后烟气湿度大于或等于50%时，再通入由分析纯试剂混合的保硫干燥剂或保氨干燥剂中进一步脱水。采用本发明的方法，即使对高湿度低浓度烟气降温冷却脱水也能避免二氧化硫或氨气的溶解损失。本发明方法同时能高效除尘，解决仪器管路易堵塞的技术难题，使测量仪器在接近干燥无尘的环境中长时间连续运行，不易损坏、使用寿命延长。

转让及合作意向：转让、专利许可、参股合作三种形式均可商谈。

通信地址：浙江省台州市椒江区白云山南路108号台州市环境监测中心站

邮政编码：318000

电　　话：13857699115　E－mail：xyk@tzepb.gov.cn

萧思镇

男，大学学历

发明名称及专利号：带有可脱换动力供应装置的电动车辆　（专利号ZL01822997.2）

废气能源发生器　（专利申请号：ZL02824543.1）

零排放装置（国际公布号：No 2007/116242）

发明简况：零排放装置，主要是通过处理方法，将碳酸汽在烟囱排放阶段回收，将其能源重用，之后再将之混合盐水和清水泵入油井底作永久储存。

转让及合作意向：由于新颖，尚待发展，如有合作意向，可联络其本人。

萧思镇，中国香港公民，主要从事研究环保能源和反污染系统工作，已有多项相关发明成果。

通信地址：中国香港上环诺道西8－14号嘉安大厦1楼G座

电　　话：00852－60318717

传　　真：00852－28152781

萧河龙

男，77岁，本科学历，研究员

发明简况：食用菌糖酸酶法酿造新工艺，被授予ZL88103922.5专利权；相继又以萧河龙为第一发明人，申请了果树与蔬菜果实无核化药剂与制备方法，授予国家保密专利权ZL88104943.3；食用菌与中草药混合发酵酿造的产品及其方法（ZL93104737.4）；食药用真菌与水果混合酿制保健品和医药及新方法（CN01109632.2）；食药用真菌与中草药制备基因的物质及其技术（CN200510057060.8）等非职务发明，尚有近30项生物工程新技术与产品。

转让及合作意向：转让、专利许可、参股合作三种形式均可商谈。

通信地址：北京市朝阳区华严北里39号院5单元1101室

邮政编码：100029

电　　话：15321990583

E－mail：chengyiqiang0305@163.com

肖嘉惠

男，研究所所长，客座教授

发明名称：治疗肝炎、肝硬化、肝癌的药物

专利（申请）号：ZL200910060025.X

发明简况：本发明提供了一种治疗肝炎、肝硬化、肝癌的药物，按重量份包括如下组分：牛蛙胆0.1g～80g、猪胆0.5g～900g、白矾0.1g～100g、丹参50g～90g、郁金25g～40g、当归20g～40g、粉丹皮0.1g～100g、虎杖40g～80g、石蜜200g～300g、生绿豆0.1g～200g、墙硝50g～100g、沉香0.5g～10g。本发明药物不但能治愈肝炎、肝硬化，还能防止肝癌变，对肝癌也有很好的治疗效果。

肖嘉惠，现任四川省攀西嘉华医药研究所所长，清华装修学院客座教授。

转让及合作意向：转让、专利许可、参股合作三种形式均可商谈。

通信地址：四川省双流县东升镇荷塘南街151号
邮政编码：610200
电　　话：028-85831968
E-mail：pxjiahua@126.cn

肖　平

男，74岁，本科学历，高级工程师

发明名称：一次性使用静脉滴注针头防动架

专利（申请）号：ZL200920033387.5

发明简况：本实用新型公开了一种一次性使用静脉滴注针头防动架，包括一个水平放置的U形框架和一个垂直设置在U形框架一端的门形支架，U形框架和门形支架连接为一个整体。本实用新型设计合理，结构简单，使用方便，在较长时间的点滴注射过程中能够保证针头的位置不发生偏离，从而减轻了医护人员的劳动强度，也减少了患者的痛苦。

转让及合作意向：转让、专利许可、参股合作三种形式均可商谈。

通信地址：陕西省西安市朱雀门外大学东路66号
邮政编码：710068
电　　话：029-87895293

肖官禄

男，71岁，高级工程师

发明名称：一种再生胶常压高温连续脱硫机

专利（申请）号：ZL201020037841.7

发明简况：本实用新型公开了一种再生胶常压高温连续脱硫机，包括控制柜、电机、减速机、传动齿轮、再生管道、冷却管道、密封箱、推进螺旋和架体，所述架体之间下部夹置冷却管道，所述架体之间上部夹置再生管道，所述冷却管道和再生管道内分别套接螺旋轴，螺旋轴上设有推进螺旋，所述冷却管道和再生管道两端分别设有密封箱，密封箱外侧设有动密封装置；所述冷却管道内的螺旋轴右端套接传动齿轮，所述再生管道内的螺旋轴右端套接传动齿轮，所述相邻两螺旋轴上的传动齿轮相互啮合。本实用新型的优点为：结构设计简单、科学，占地面积小，生产方便，降低制作成本；实现联动化生产，无废水、废气等的排放，减少了能源的浪费。

通信地址：四川省都江堰市崇义镇土桥
邮政编码：611830

谢锦华

男，72 岁，大专学历，工程师

发明名称：太阳能热水集热装置

专利（申请）号：ZL200420115146.2

发明简况：本专利结构形似瓦片，将太阳能转换成热能，供生产热水、采暖、空调制冷应用。其先进性在于：单位采光面增大、热导率高，热损小，效率高；生产成本低，国产工艺装备上马快，前期费用少；结构简单，产品工艺生产过程短，费用低；原材料易得，资金效率高。其设计符合发展循环经济的要求，产品到期，可回收再生。

转让及合作意向：本专利转让。

通信地址：福建省三明市新市中路 120 号 7 幢 106 室
邮政编码：365001
电　　话：0598–85858

发明名称：太阳热水空调建筑一体化系统

专利（申请）号：CN201010199538.1

发明简况：本发明是一种间接或者直接利用太阳能的热水、空调与建筑一体化系统，实现了太阳热水空调与建筑一体化，全天候供应热水和冷冻水（夏天）。根据太刚高度角，气象条件和用户要求，从多种配置中选择最佳方案达到大幅度节能。

采用水循环贮热贮冷供热供冷系统，减少集热面积和换热环节，降低了成本；太阳热转换效率高，空气热转换能效高，初投资、运行费和节电，都优于同容量的传统太阳热水空调系统。该专利已在海南吕江“太阳热水空调建筑一体化系统”等工程中应用，其应用很成功，可节能 30% ~ 90%，用户很满意。

转让及合作意向：股份合作。

通信地址：海南省海口市玉沙路 12 号椰城大厦 704 室　　邮政编码：570125
电　　话：18907668266
E – mail：tian08981eng@163.com

谢家儒

男，38 岁，大学学历，工程师，总经理

谢国排

男，大学学历

发明名称：一种利用泥炭水解液培养基培养己酸菌的方法

专利（申请）号：CN201010528065.5

发明简况：一种利用泥炭水解液培养基培养己酸菌的方法，具体实施步骤如下：泥炭水解液的制备方法：泥炭→干燥→粉碎→浓酸解→过滤→中和→冷冻静置→过滤。(1) 泥炭：泥炭采集自阜阳地区，含水量 20%左右。(2) 粉碎：粉碎后过 20 目筛。(3) 浓酸解：用 40%的硫酸酸解 48 小时。(4) 中和：用 40%的氢氧化钠中和至 pH 值为 6.5 ~ 6.8。(5) 静置：放于 0℃ ~ 5℃冰箱中静置 24 小时后过滤，并于冰箱中保存。本发明的优点：为己酸菌培养提供了一种新的培养方法，泥炭水解液作为一种生长促进因子，在己酸菌培养中的效果明显，利用泥炭水解液培养基培养己酸菌亦丰富了泥炭水解液在微生物培养中的应用，同时该方法亦综合利用了本地资源。

转让及合作意向：面谈。

通信地址：安徽省阜阳市莲花路安徽金种子酒业股份有限公司安徽阜阳市颍州区河滨路 302 号　　邮政编码：236000
电　　话：13855809104/18705583394

谢昭明

男，73岁，中专学历

发明名称：锥齿大轮磨孔夹具

专利（申请）号：CN201010148188.6

发明简况：本夹具的设计采用齿间以浮动钢球作为定位（固定钢球也能使用，效果居次）基准；用3个转动压板的正压力压紧锥齿轮的大端面，夹具底部装有与气动部件连接的螺纹接头，压板能够自动夹紧与松开，是唯一的以上两个因素相结合的设计。

锥齿大轮磨孔夹具，它由浮动钢球、压板、拉杆、底座、木体、连接板和柄部组成，底座上固定木体，木体的内圈止口中设浮动钢球，钢球由固定于本体上的铁皮包盖住，柄部由底座中心穿进，与连接板中心相连，连接板的圆周三等分角度上纵向固定拉杆，拉杆穿过本体，分别连接压板。本夹具提高齿轮加工的精度，结构简单，可靠性好。

转让及合作意向：转让参考价格250万元，具体事宜面议。

通信地址：重庆市綦江县桥河解放路29号
邮政编码：401421
电　话：13018337272

谢慰冰

男，35岁，大专学历，自由职业者

发明名称：一种快速省力自行车；一种节省体力自行车

专利（申请）号：ZL201020033125.1；ZL201020262282.X

发明简况：本专利公开了一种快速省力自行车，包括车架、安装在车架上的前轮、车把、脚蹬、坐垫以及后轮，所述脚蹬上具有主链轮，后轮上具有从链轮，主链轮和从链轮通过链条传动，其特征在于：所述主链轮和从链轮的齿数比是48:11。通过将主链轮和从链轮的齿数比设计成48:11，使得自行车的传动比相对传统自行车的传动比进行了提高，相应地提高了自行车的速度。

一种节省体力的自行车，包括车架，安装在车架上的前轮、车把、脚蹬、坐垫以及后轮，所述脚蹬上连接有主链轮，后轮上安装有从链轮，主链轮和从链轮通过链条传动，所述主链轮和从链轮的齿数比是33:11。通过将主链轮和从链轮的齿数比设计成33:11，使得自行车的传动比相对传统自行车的传动比进行了提高，相应地提高了自行车的速度。

转让及合作意向：转让、专利许可、参股合作三种形式均可商谈。

通信地址：上海市浦东新区北蔡镇下南路1071弄31号601室　邮政编码：201204
电　话：13917710474

谢振文

男，69岁，本科学历，工程师

发明名称：果蔬商品化无伤害预处理生产设备

专利（申请）号：ZL200920242705.9

发明简况：本实用新型提供了一种果蔬商品化无伤害预处理生产设备，由依次排列的挑选分级机、鼓泡喷淋一体化清洗机、弱酸性臭氧水灭菌机、无伤害抑菌机、风干机、套带机组成。本实用新型在对柠檬和樱桃、葡萄、草莓、杨莓类浆果，以及菇类、叶类蔬菜进行商品化静态预处理清洗过程中，能防止机械伤害，又具有降解果面重金属、农药残留，灭菌、抑菌功能等，适于规模化、连续化生产，又能与保鲜贮藏库配套完成延长果蔬保鲜期。

转让及合作意向：转让、专利许可、参股合作三种形式均可商谈。

通信地址：四川省成都市武候区置信北于1号谊苑4幢1单元403室
邮政编码：600041
电　话：13980788854/028-85089971
E-mail：xl1996@21cn.com

谢锄

男，大学学历

发明名称：恶臭气体及工业烟气光解净化处理方法及设备

专利（申请）号：ZL200710075448.X

发明简况：本发明包括如下步骤：(1) 收集恶臭气体；(2) 特定波长紫外线对恶臭气体进行光照处理；(3) 将经过光照分解后的残余物质排放出去。本发明还涉及一种恶臭气体及工业烟气光解净化处理设备，包括用于产生臭氧、紫外线的臭氧紫外线发生装置。具有以下有益效果：(1) 高效除恶臭。(2) 无须添加任何物质便可完成。(3) 适应性强。(4) 运行成本低。(5) 设备占地面积小，自重轻。(6) 防火、防腐蚀性能高，使用寿命长。(7) 不产生二次污染，同时达到高效消毒杀菌的作用。

转让及合作意向：诚征各省代理商，无转让意向。

通信地址：广东省深圳市福田区新闻路 59 号深茂商业中心 610-613 室
邮政编码：518000
电　　话：0755-83065335

谢佩林

男，大学学历

发明名称：棘棵作为保健茶的应用及该棘棵保健茶的制备方法

专利（申请）号：CN201110072103.5

发明简况：本发明公开了一种棘棵作为保健茶的应用，棘棵经加工可以制成保健茶，具体是采用棘棵的芽、杩或叶作为原料进行制备。同时，本发明还公开了该保健茶的制备方法。棘棵中含有丰富的营养元素和对人体有益的成分，尤其是所含硒和黄酮丰富，长期饮用能够增强体质，预防疾病，提高生育能力。冲泡时颜色深绿，色泽清亮，口感浓香，口味易于接受。本发明工艺简单，易于操作，通过不同的工艺手段可以将棘棵制成绿茶或红茶，满足人们的不同需求。

转让及合作意向：(1) 政府扶持投资扩大生产。(2) 招商引资，投资扩大生产。

通信地址：山东省乐陵市振兴东路 138 清乐聚茶楼
邮　　编：253600
电　　话：13310608498

谢来芬

女，大学学历

发明名称：足蹬拉肩带

专利（申请）号：ZL201020160050.3

发明简况：本实用新型提供了一种足蹬拉肩带，包括两个 10cm 宽的肩带，是在两个肩带的一端连接有皮带环，另一端连接有上绑带；把上绑带穿入皮带环内调节长度，两个上绑带下垂位置处设有上挂环，上挂环上设有弹簧连接器一端，弹簧连接器另一端连接有下挂环，下挂环上设有下绑带，下绑带的下端连接有一对足蹬带。在使用过程中把两个肩带挂在肩膀上，把上绑带从胳膊下拉过穿入皮带环内，根据身高调节带长至肚脐处并拉紧，用脚蹬住足蹬带使肩胛骨下移，就能够在透视下清楚地显示下颈段椎间隙，便于安全地穿刺治疗；此足蹬拉肩带结构简单，使用方便并可调节，能够满足不同高度的病人使用。

转让及合作意向：面议。

通信地址：湖北省十堰市丹江口市沙陀营路 167 号丹江口市第一医院护理部
邮政编码：442700
电　　话：13972471118

徐求见

男，19岁，纺织技术员

发明名称：洗头防水护套

专利（申请）号：CN201110079759.X

发明简况：本专利产品均由弹力橡胶灌模而成，一件为颈部防水，呈不规则三角形状。底边延长至60cm，从顶角垂直于底边的高度为15cm，最厚地方为0.3cm，使用时将底边绕颈部一圈，于颈后将两端打活结系上，利用橡胶的弹性，使之与颈部的皮肤完全接触，顶角向下位于正前方，由上至下为斜坡状，两斜边向上稍卷起，起到接水槽的作用。另两件为手腕处防水，呈管状，高10cm，直径4cm或5cm（依橡胶材料的弹性而定），中间5cm处有一圈向上的接水槽，与管状表面接触成60度斜角状，此斜边长1.5cm。

转让及合作意向：愿意寻找有实力的投资商进行开发。

通信地址：江苏省吴江市黎里镇东安路188号
邮政编码：215212
电　　话：13913090134

徐天东

男，73岁，本科学历，教授，政府特殊津贴享受者

发明名称：宽频带星形天线

专利（申请）号：ZL201020110568.6

发明简况：本实用新型涉及一种宽频带星形天线，包括一个上辐射星形锥体和一个下辐射星形锥体，上辐射星形锥体由辐射条与圆锥体的底部相连，下辐射星形锥体的辐射条与圆锥体的底部相连，同轴电缆的芯线与上辐射星形锥体的锥尖相连，中间有绝缘子与下锥尖隔离，同轴电缆的外皮金属导体与下辐射星形锥体的锥体相连，同轴电缆和电缆连接头组成一体。本实用新型与现有技术相比，具有接收宽频带信号的优点，可以同时输出30MHz～3GHz频段内信号，天线体积显著缩小，可以安装于室内、公共会议厅等场所使用，也可以安装于室外使用。

转让及合作意向：转让、专利许可、参股合作三种形式均可商谈。

通信地址：北京市海淀区宝盛里装备指挥技术学院泰欣苑小区2-3-402
邮政编码：100192
电　　话：13521649291
E－mail:xutando@mx.cei.gov.cn

徐福金

男，37岁，本科学历，工程师

发明名称：电动汽车仪表台

专利（申请）号：ZL201020015215.8

发明简况：本实用新型涉及一种电动汽车仪表台，该仪表台不仅外表光滑细腻，手感舒适，而且生产成本低。

本实用新型包括仪表台本体，所述仪表台本体外表面包覆有光滑的覆盖层，所述覆盖层和仪表台本体之间还有填充层。本实用新型的效果是：由于所述仪表台本体外表面包覆有光滑的覆盖层，所述覆盖层和仪表台本体之间还填充有填充层，因此，仪表台的外表比纯玻璃钢制成的仪表台要光滑细腻，手感也更加舒适，在覆盖层和仪表台本体之间填充了填充层，填充层是用价格比较低廉的填充料填充，这样就节省了生产成本，同时也增加了仪表台表面柔软度，增加了手感舒适程度。

转让及合作意向：愿意转让及合作。

通信地址：山东省潍坊市昌乐县朱刘镇比德文千亩产业园电动汽车事业部
邮政编码：261000
电　　话：13780859002

徐云忠

男，高级工程师

发明名称：多功能椅

专利（申请）号：ZL200810198800.3

发明简况：本专利产品包括坐垫、椅架及椅背，椅背底部与坐垫的一端铰接，以使坐垫与椅背之间可相对转动，椅背大致中间部位通过枢轴枢设在椅架上，坐垫的底部安装有卡位板，卡位板上纵向设置有若干卡位，椅架上安装有可插入卡位内的卡柱；其椅子向后调节椅背角度使办公椅可变为休息用椅，坐垫同时向前移动，改变重心，保持平衡，从而提高了安全系数，不会发生连人带椅倾翻现象，为舒展身体舒适休息提供了保障。该产品结构牢固、使用寿命长，操作简单，方便实用。

本产品适用于那些长期工作在办公室的人员，它可防止长期伏案工作而引起的颈椎和腰椎酸疼。

通信地址：广东省中山市板芙沙沟工业区　　邮政编码：528459

电　　话：13823783766

E－mail：yuntai123123@163.com

发明名称：汉字拉丁式五笔输入法

专利（申请）号：ZL200710192458.1

发明简况：本发明采用“反草”模拟西方各国拉丁式曲体文字，它的书写规则是：“以正为反；以左为上，以右为下”；采用“五笔分类集约化”教学模式，真正做到了“举一反十，晤一通百”；扩宽了汉字设计思路。可以广泛应用于知名商标设计、藏字与签名、仿古字画、诗词句对、美术工艺品、旅游纪念品、文字装饰、装潢设计……同时还可以带动和组建以竹、木、石、玉器、金属、陶瓷、纺织、针织、编织、刺绣、腊染……为载体的商品加工与制作。

转让及合作意向：希望与国内外各大专院校联合举办各种类型的培训班、书法讲座、书法展览会，同国内外科技部门、软件开发与融资商洽谈合作开发。

徐海中长期从事书法教学和宣传工作，曾获得三项专利和十余项科研成果。

通信地址：湖南省邵阳市北塔区邵阳学院（北院）　　邮政编码：422001

电　　话：13975995555

徐海中

男，78岁，大专学历，高级工程师

徐福燎

男，49岁，高中学历，自由职业者

发明名称：一种垃圾焚烧烟筒废气无害处理系统

专利（申请）号：ZL201020213920.9

发明简况：本处理系统二噁英收集率可以达到99.99%，酸性得到中和，其他有害物质得到有效杀菌。凡经过烟筒废气处理系统处理过的废气能有效除去二噁英和粉尘微粒，甚至臭气都能有效去除。

转让及合作意向：转让、专利许可、参股合作三种形式均可商谈。

通信地址：广东省广州市花都区新华街东城里西六巷五号

邮政编码：510800

电　　话：13719035318

徐德才

男，68 岁，大专学历，高级工程师

发明名称：双射流气力压运装置

专利（申请）号：ZL200620099387.1

发明简况：本实用新型提供一种双射流气力压运装置，由送料器、双射流管、水平输料管依次连接，双射流管由内输料管和外压风管共同组成，外压风管为喇叭状，套在内输料管外，与内输料管之间有环形风道连接，内输料管的出料口在外压风管出风口的内侧，外压风管的出风口连接输料管，外压风管的进风口与风机压风口连接。其送料器是带式送料器，由驱动电机、传动滚筒、输送胶带和压料滚筒组成，两个传动滚筒在不同高度，使输送胶带后高前低，压料滚筒位于输送胶带出料端后部，压在输送胶带上，输送胶带出料端后高前低的角度为 1°～5°。输送胶带出料端两侧安装有两块呈八字形放置的导流板。

转让及合作意向：技术转让。

通信地址：湖北省嘉鱼县东岳路 27 号 1 栋 2 单元 202 室　　邮政编码：437200

电　　话：13545605708

徐吉民

男，89 岁

发明名称：双溶剂快速制备药酒新工艺

专利（申请）号：ZL200710305345.8

发明简况：本发明采用多组逆流醇、水交替循环加热渗漉浓缩法。在制备过程后期将高醇、低醇渗漉液混合、降温、静置后的析出物制粒干燥，包上酸碱能溶的薄衣，将其悬浮于药酒中，就可做成功效强、口感好的药酒。本制备药酒新工艺用于提取中药成分，动、植物营养成分及回馏、蒸发、浓缩、分离乙醇中的挥发成分和水分。工序全部管道化，符合 GMP 要求。与市售产品比较，5 倍溶剂可发挥 25 倍的作用，节省热能 45%～46%，冷凝水 70%～80%。溶剂损耗由 25%～30%降至 5%以内，提取率提高 10%～15%。醇、水中的挥发成分能充分提取。

通信地址：江西省南昌市文教路 529 号

邮政编码：330077

徐根保

男，69 岁

发明名称：多功能工具

专利（申请）号：ZL200620052917.7

发明简况：本实用新公开了一种多功能工具，电动机轴上设有连接盘，连接盘盘面上设有磁铁和定位桩，连接盘的反面与磁铁块相应位置设有甩锁；一面设有盖体的工具件活动地套在连接盘上，盖顶内表面与连接盘上定位桩相应位置设有定位凹槽，盖顶外表面上固设有工作件，工作件为磨砂或钻头或金属刷或绞肉刀或切割刀。本实用新型结构简单、功能多样、使用方便、安全可靠。

本发明的特点：主机与被拖工具连接，速度快，拆卸、解锁同样速度快；可移动工作，用途极广；可机械调速，也可进行电源调速；操作简单、快捷；通过智能控制器可使用不同的电源；节约有色金属铜材料；可利用废旧电瓶。

转让及合作意向：转让或实施许可。

通信地址：湖南省长沙市天心区豹子岭湘江化工厂宿舍 6 栋 1 楼

邮政编码：410009

电　　话：0731-85150880/13135281555

徐金陵

男，60 岁，本科学历，高级工程师

发明名称：精密玻璃切桌刀头总成

专利（申请）号：ZL200710113581.X

发明简况：本发明提供一种精密玻璃切桌刀头总成，其摆块下部固接固定柱，固定柱内有台阶孔，台阶孔下端开口内有轴承，固定柱高度方向中部对通且偏心地开有两个相互对称的水平销孔，每个销孔的轴线分别与固定轴和销轴的轴线相垂直，前两个轴线之间有间距，每个销孔外端位于固定柱的外柱面上，内端与台阶孔相通，转动柱上部开有水平贯通方槽，转动轴的上部与台阶孔转动配合，中部通过轴承与固定柱连接，下部安装带刀轮的刀夹，控制销依次穿过一销孔、贯通方槽、另一销孔后相配合地设在固定柱与转动柱之间，固定柱高度方向中部与穿过尼龙轮中心的螺钉螺纹配合。使用时，刀轮顺时针或逆时针的最大转动角度为 15 度，采用本总成的刀盒，其分切玻璃的精度高。

转让及合作意向：转让、专利许可、参股合作三种形式均以商谈。

通信地址：安徽省蚌埠市高新区天河路 639 号　　邮政编码：233010

电　　话：0552—4070359

徐贵阁

女，46 岁，研究生学历

发明名称：绿色生物活性有机肥

专利（申请）号：CN201019097012.X

发明简况：一种绿色生物活性有机肥，能有效解决土地板结，环境污染，粮食、蔬菜、水果残留的化学物质对人体的危害问题，其解决的技术方案是，本发明是由以重量百分比计的：污泥、垃圾、土粉、畜禽粪便、秸秆粉、饼粕、羽毛粉、氨基酸原粉、复合酶、第一组复合菌和第二组复合菌，总量为 100% 制成。先将污泥、垃圾土粉、畜禽粪便、秸秆粉、复合酶和第一组复合菌混合均匀，堆置、盖上麻袋片，进行生物反应，温度达至 50℃～55℃时，放置 2 日，加入饼粕、羽毛粉、氨基酸原粉，搅拌均匀，二次反应，温度至 50℃～55℃时，放置 7～10 日，加入第二组复合菌，混匀、造粒、检验、包装即成。本发明配方科学，制作方法简单，效果好，无污染，对人身无危害。

转让及合作意向：技术推广、一次性转让、使用许可、合作生产、地区代理、招商引资等均可。

通信地址：河南省滑县九间房村

邮政编码：456487

徐敬超

男，64 岁，初中学历

发明名称：钢质节能环保省柴灶

专利（申请）号：ZL200820125446.7

发明简况：本灶使用液化气作为燃料，可节省烧柴，能减少二氧化碳排放 7.5～10 倍以上，本发明占地面积小，用材料少，灶面长 108cm，宽 48cm，高 40cm，可用钢板也可用不锈钢生产，用时用砖垫高至灶面适合高度即可。其使用寿命在 10 年以上。

转让及合作意向：本灶面向全国各地转让专利技术，也面向国外转让专利技术，价格面议。

徐敬超于 1974 年在梧州地区船厂转固定工，历任班长、车间主任、生产技术科科长、生产经营科科长，1988 年任藤城水运公司船厂厂长。1978 年获水泥船技术革新奖，1979 年获水泥船无柱模板革新奖。

通信地址：广西壮族自治区梧州市藤县河东荔枝塘一街 58 号

邮政编码：543300

电　　话：13377418744

许承华

男，28岁，本科学历

发明名称：餐厨垃圾生化连续处理系统

专利（申请）号：ZL200810025945.3

发明简况：本发明公开了一种餐厨垃圾生化连续处理系统及其方法，其中系统包括进料装置、与进料装置相连接的处理装置、与处理装置相连接的出料装置、与处理装置相连接的进气装置、与处理装置相连接的排气装置和支撑旋转装置。进料装置和出料装置位于所述的处理装置的两端，进气装置和出料装置位于处理装置的相同端，排气装置和进料装置位于处理装置的相同端。处理方法包括将所需处理餐厨垃圾装入进料装置，并由螺旋推料机推料搅拌；将餐厨垃圾送入生化反应装置进行生化反应；热交换装置将产生的热风输入生化反应装置为生化反应提供热量；将反应后的餐厨垃圾送至碰撞出料口出料；将生化反应后的尾气经尾气导出筒送入尾气处理装置进行处理排气。

通信地址：广东省广州市大石街今日丽舍怡富苑1204室

邮政编码：511430

电　　话：020-39935189/13048883880

许　龙

男，45岁，小学学历

发明名称：微波榨油机

专利（申请）号：CN200910190030.2

发明简况：本专利由微波系统、剂压系统和真空过滤系统组合成一体，结构复杂，操作简单，体积为200mm×3000mm×400mm，是现代家庭追求高品质生活的必备家用电器，其榨油速度快，操作简单轻便，从加入原料到出油只需2分钟，榨1kg花生仁只需10分钟，大大节省了经济开支，榨出来的油更加卫生健康。

本专利的优势：(1) 在整个榨油过程中没有任何油烟产生，不会污染环境。(2) 能耗很低，适合普通家庭用电使用。(3) 适用范围广，各种可榨油原材料，如花生、芝麻、玉米等均可。

转让及合作意向：愿与品牌家电商合作。

通信地址：广东省惠东县新平大道（654）号

邮政编码：516300

电　　话：15919372000

E－mail：xu642000@163.com

许开天

男，78岁，本科学历，高级工程师

发明名称：超音速飞机型板式化工塔器

专利（申请）号：CN201010289561.X

发明简况：本发明克服了常规浮阀型塔板常见的弊病，如物料返混、液面梯度和阻力大，存在死区和滞缓区现象。飞机型板式塔板运行时，飞阀与塔板平面呈5°～20°倾角，由汽液所组成的物料流体迎向飞阀头部或尾部通过全阀，实施充分的传热传质。相邻飞阀倾角分别为10°和20°两种，上下可形成两层接触面和呈扇状散射面，物料各分子间产生强烈碰撞进而产生质的变化。流体不断按顺流路径朝降液装置方向前进，几无返混现象，液面梯度和阻力小，并可激活常规塔板上所存在的边缘死区和两侧弓形滞缓区，充分发挥塔板效率和传热传质功能。

转让及合作意向：可转让。

通信地址：江苏省南京市黑龙江路15号汇林绿洲13幢3单元102室

邮政编码：210037

电　　话：13905173820

许 进

男，28 岁，本科学历，助理工程师

发明名称：钉芯拉杆循环式铆钉及其专用铆钉机

专利（申请）号：ZL201010275562.9

发明简况：本专利立足于保护生态环境，以杜绝抽芯铆钉材料浪费作为根本出发点，将抽芯铆钉钉体与钉芯拉杆分离设计，钉芯拉杆设计于新型铆钉机中循环利用，其材料纯节约率高达 50% 以上，几乎没有材料浪费，资源与能源节约意义重大，是一项利国利民的创新设计。与此同时，为实现此新型铆钉能够更加合理应用，本专利开发出其效率比市场现有手动及气动铆钉机更高、更省力、应用范围更广的铆钉机。通过近两年的不断试验、调整，目前新型铆钉及其专用铆钉机已经取得较好力学性能和结构优势，这种机械创新型产品的市场应用前景巨大，且富有社会普遍认同的价值观意义。

转让及合作意向：专利权不转让，使用权可合作。

通信地址：浙江省杭州市经济技术开发区 4 号大街 5 号史陶比尔（杭州）精密机械电子有限公司　　**邮政编码：**310018

电　　话：13588168466　　E-mail：jxzjut@163.com

发明名称：胃康中药胶囊

专利（申请）号：ZL98125097.1

发明简况：本发明采用生鲜药材：紫胡、复花、赭石、内金、茯苓、砂仁、白叩、白术、榔片、瓜蒌、当归、川芎、胆草、党参、元芪、排毒草、黄连、神曲、枳实、甘草，用泡制制备工艺使生鲜药材的原浆活力和原始药效成分充分保留，不致失掉。主治食道炎、胃溃疡、十二指肠溃疡、浅表性胃炎、胃膜脱落和胃出血、胃下垂、萎缩性胃炎、糜烂性胃炎、胆汁回流、慢性结肠等消化道疾病。

转让及合作意向：一次性转让 1500 万元，也可合作。

许志现任黑龙江省七台河市许氏生药抗衰老研究所所长，卫生部中国医疗保健国际交流促进会七台河抗老临床医学研究中心主任，黑龙江省卫协会理事，七台河市老科协理事。

通信地址：黑龙江省七台河市学府街 198 号老科协门诊

邮政编码：154600

电　　话：13846425687

许 志

男，82 岁，大专学历，主任医师

宣长生

男，63 岁，高中学历

发明名称：椎间盘中药包热敷药及制作方法

专利（申请）号：ZL200610008741.X

发明简况：本发明涉及一种用于热敷治疗椎间盘疾病的中药包热敷药及制作方法，由主方一个、副方三个组成，主要用于治疗椎间的间盘膨出、突出症，及受风、寒、湿影响，慢性劳损所致的骨关节疾病。

"中药包热敷药"具有祛风除湿、活血化淤、舒筋通络、消肿镇痛、破淤生新、祛腐生肌等功效。通过热敷改善微循环代谢淤积的酸性物质，激活修复病变组织，使椎间盘纤维环破裂愈合恢复弹性，致髓核回纳。

转让及合作意向：转让、专利许可、参股合作三种形式均可商谈。

通信地址：广东省深圳市福田区红荔西路 7002 号世界广场 A 栋 24C

邮政编码：518000

电　　话：0755-86264726/13602601350

薛宏理

男，76岁，大专学历，高级工程师

发明名称：鞋底

专利（申请）号：ZL200830356745.7

发明简况：一种健康鞋，该鞋能长期保持造型不变，对脚不挤压，特别是对脚趾不挤压。该鞋对原来鞋样的优点既不降低也不减少，改变了传统鞋对脚特别是对脚趾的伤害，是一种新型的健康鞋。

转让及合作意向：转让、专利许可、参股合作三种形式均可商谈。

通信地址：江苏省淮安市淮阴区化肥厂宿舍路东第七排平房

邮政编码：223300

电　　话：18936502381

薛立新

男，44岁，中专学历

发明名称：太阳能风力发电设备

专利（申请）号：ZL200920036876.6

发明简况：本专利设置于大型或中型建筑物屋顶面，利用太阳能产生热风进行风力发电，其由架设在屋顶面的钢架搭盖耐高温透明薄膜构成热风室，热风室内铺设有吸热膜，热风室的边侧部开有进风口，中部则竖置有与热风室相通的出风筒，出风筒顶部设有通风帽，出风筒下方有与热风室隔离的发电机房，机房内有发电机、蓄电池及变频控制器，发电机由设置在出风筒内的涡轮风机驱动进行发电。该发电设备在具有较大顶面的大型或超大型的建筑上应用为佳。

转让及合作意向：转让、授权、合作开发可任意选择。

薛立新长期在基层企业电力统计、电气锅炉运行岗位工作，曾获得第二届“劳动者之歌——最具影响力英模人物事迹报告暨五一座谈会”“荣誉英模”称号。

通信地址：江苏省常州市武进区横林镇新乐一村丁单元502室

邮政编码：213101

电　　话：15380455305

薛荣玉

男，55岁，高中学历

发明名称：柴油机燃油控制器

专利（申请）号：ZL200820019135.2

发明简况：本实用新型具体涉及一种柴油机燃油控制器。其结构包括筒形的壳体，壳体内部设有空腔，空腔内设有匹配的浮筒，壳体上、下两端分别设有上端盖、下端盖，上端盖、下端盖上分别设有出油口、进油口。

该实用新型产品根据国标柴油和劣质柴油的密度差，利用浮筒自动防止劣质柴油进入柴油机，具有结构简单、可延长柴油机使用寿命的优点。该产品主要用于大型发动机车辆，如挖掘机、装载机、大型客车、吊车、部队军用车等，可减少大功率柴油机油泵、柱塞、出油阀、油头、气门等部件的磨损，可减少排放尾气对大气的污染，有一定的环保作用。随着车辆使用的逐步增多，该产品的需求量将会越来越大，发展前景广阔。

通信地址：山东省淄博市临淄区辛店街道办事处王朱村3组107号

邮政编码：055400

电　　话：0533-7114589/13905333155

杨洪勇

男，63岁，中专学历，高级技师

发明名称：三香米普洱茶

专利（申请）号：ZL200510011069.5

发明简况：本发明属于茶叶制品，特别是经过发酵工艺制作的茶叶。本发明所述的普洱茶为加入了籼糯稻米、紫米香糯稻米、滇屯502稻米和黄瓜各辅料提取液的脱水产物。本发明的茶浸泡后保持了传统普洱茶独特的外观及良好的口感，同时又增强了浓郁的糯稻米香气，对人体无害，有良好的保健作用。现已在云南省普洱市工业园区木乃河科技普洱茶园区建设3500平方米的标准厂房生产开发。

本发明在2005年云南省昆明首届国际农业博览会上荣获“最新产品科技奖”，2007年第十七届全国发明展会上荣获全国发明银奖。

通信地址：云南省普洱市工业园区B7-01号
邮政编码：665660
电　　话：0879-2313079/13330477079

杨 征

男，48岁，高中学历

发明名称：一种治疗风湿病的药膏

专利（申请）号：CN200710152359.0

发明简况：本专利采用纯天然、野生之中草药，取材方便、广泛；以民间制膏技术为基础，运用现代工业化生产，以求利润的最大化；提高原材料的经济利用率，使原料与成品成千上万倍地增长。此专利技术可分为四种剂型：药膏型、粉剂（颗粒）型、药酒型、胶囊剂型。

本专利主要用于治疗风湿病痛、风湿性关节炎、偏头痛、肩周炎疼痛、腰椎疼痛等。

转让及合作意向：普通许可：250万元一次付清。独家许可：3000万元，分2次付清。独占许可：5000万元，分2次付清。技术入股：占原企业总股数25%～30%。

通信地址：重庆市垫江县杠家乡龙凤村1组
邮政编码：408341
电　　话：13983593588

杨玉广

男，46岁，中专学历，医生

发明名称：一种水流清洁型牙刷

专利（申请）号：ZL200920102560.2

发明简况：本专利产品前半部分是一中空牙刷，其主体设有开关和易更换易清堵刷头，后半部分是由一旅行杯和加压筒组成。杯体与牙刷体后端由一根软管相连，3秒钟可以完成拆装。它不但具备普通牙刷的功能，而且打开开关就有压力水流从刷头喷出，彻底冲洗牙齿的沟、窝、缝，是一台微型牙齿冲洗器。

本专利已有小批量产品上市，并以38元的零售价试销，效果良好。

转让及合作意向：转让及合作均可，具体事宜面谈。

通信地址：河北省保定市唐县都亭乡杨高和村　　**邮政编码：**072350
电　　话：13131286121　　E-mail：zhenjiekq@163.com

杨天博

男，82岁，高级工程师

发明名称：一种无间歇实时跟踪的太阳能采光驱动机构及其工作方法

专利（申请）号：ZL200910068468.3

发明简况：本发明目的在于提供一种无间歇实时跟踪的太阳能采光驱动机构及其工作方法，它采用全部齿轮传动结构，只用一套驱动机构，就能够无间歇地实时精确跟踪太阳，完全避开了采用传感器和微机程序控制等进行间歇跟踪的烦琐模式，跟踪精度高，大大简化了整体结构。

本发明传动系统设计得非常小巧，用极小的功率就能产生足够大的扭矩，使生产和运行成本大大降低，安全运转的可靠性大大提高。

转让及合作意向：面谈。

杨天博1989年退休，拥有多项发明，曾获一项国际发明铜牌奖，三项国家级金奖，地矿部优秀专利成果奖等。

通信地址：天津市河西区宾友道文静里49门304室　邮政编码：300074

电　　话：022-88374201　E-mail：tbyang@126.com

杨和平

男，58岁，大专学历，执业医师，中医药研究所所长

发明名称：一种治疗高血压和高血脂的中药

专利（申请）号：ZL200810188237.1

发明简况：本发明是一种治疗高血压和高血脂的中药。它由下述重量配比的原料制成：益母草10～25克，郁金15～35克，决明子10～20克，河蚌壳5～15克，丹皮10～25克，泽泻15～30克，大黄5～15克。

本发明的中药可分别降低高血压、高血脂，更可同时降低高血压和高血脂，从而起到预防心脑血管疾病的作用，治愈率高达95%。

转让及合作意向：转让、专利许可、参股合作三种形式均可商谈。

通信地址：安徽省淮南市谢家集区蔡新路华丰商场四楼淮南市杨氏中医药研究所

邮政编码：232052

电　　话：0554-5675641/13855402774

杨伦华

男，70岁，本科学历，高级工程师

发明名称：平板式漂洗机

专利（申请）号：CN201010174975.8

发明简况：本发明包括进料斗和传动机构，传动机构沿水平方向放置，其首尾端设有无磁传动滚筒；无磁传动滚筒外围套设有环形无孔传动带；环形无孔传动带之间设置有平板式磁场体系，平板式磁场体系中设有磁极性相反且相间安放的永磁缸；进料斗上方设有喷水管，下方设有送料导板；环形无孔传动带下侧安放有废料水池，废料水池上方设置有位于环形无孔传动带下侧的群控水力喷水管；环形无孔传动带输出端设置有下料喷水管、出料导板和装料斗。本发明使磁性颗粒物质在水表面上进行漂洗磁选，提高了铁矿石的品位，成本费用低，生产量大，容易达到环保要求。

转让及合作意向：专利权转让或者共同合作开发均可。

通信地址：福建省福州市晋安区象园街道升兴公寓3号楼804

邮政编码：350009

电　　话：13358205908

杨帮训

男，73 岁，高中学历

发明名称：多级太阳能日夜发电装置

专利（申请）号：ZL200720003947.3

发明简况：该太阳能发电装置有两个系统：一是太阳跟踪系统，为推广利用大型凸透镜获得廉价清洁的能源创造有利条件；二是冷热气体交换系统，能够将太阳能进行储存，夜间能够发电，增加一倍发电时间。该太阳能发电装置还有一个配套件—太阳能热水器，它能提供大量热水发电，增强发电能力，是一种多用型太阳能热水器。该发明的实施，将为节能减排、改善环境发挥重要作用。

转让及合作意向：转让或是合作均可。

杨帮训做修理工作几十年，多次获得先进生产者称号，从小就对发明创造感兴趣，共获得五项专利。

通信地址：新疆联合机械集团公司退休会

邮政编码：830013

电　　话：0991–3721365

杨解定

56 岁，工程师

发明名称：一种混合脂肪酸及其制备方法与应用

专利（申请）号：ZL200610003104.3

发明简况：本发明结束了传统工艺中植物油脚废弃的历史，将其变废为宝，加长了农产品生产的工业链。对植物油脚——油泥等进行无触媒加压水解，生产脂肪酸系列产品，既可解决植物油生产企业的环境污染问题，同时又为饮食服务行业生产的植物油废油的加工寻找到了新的出路，符合国家循环经济的发展思路。本项目属于环保与资源综合利用技术领域，生产工艺为专利技术，生产成本每吨降低 900 元，产品替代了工业上用的植物油原料，使购买方每吨降低成本 1200 元。

转让及合作方式：本专利转让及合作均可。

通信地址：陕西省渭南市高新区委北产业园

邮政编码：714000

电　　话：0913—8188828

E- mail ：wnbyjt @ 126.com

杨世祥

男，高级工程师，政府特殊津贴获得者

发明名称：带数字或模拟信号输出的流体缸

专利（申请）号：CN99103582.8

发明简况：本发明公开了一种带扭转螺旋体内反馈的大导程数字或模拟信号流体缸。它包括缸体、活塞杆、大导程内反馈扭转螺旋体、反馈螺母、连接杆，数字或模拟信号发生器，该信号发生器可以是脉冲发生器、绝对位置编码器、多圈电位计、旋转变压器等各种信号发生器，其信号通过电插头送出。由于螺旋体制造简单、导程大，因而可制造出长行程、低价位的工业用数字或模拟信号流体缸。可广泛用于各种流体系统中。

转让及合作意向：转让、专利许可、参股合作三种形式均可商谈。

通信地址：北京亿美博科技有限公司

邮政编码： 100053

电　　话：13801290652

杨官运

男，61 岁，中专学历，经济师

发明名称：黄姜提取水解干燥物和淀粉的生产工艺

专利（申请）号：ZL200410026237.3

发明简况：本发明的工艺是：黄姜清洗、粉碎、磨细，机械浆渣分离，浆水回收淀粉，淀粉沉淀后的混悬液和渣发酵、酸解提取黄姜水解干燥物。本发明运用机械分离技术在黄姜提取水解干燥物过程中，将淀粉分离提取出来，既提高了皂素收率，又综合利用了淀粉，减轻了环境污染，具有操作简便，生产成本低，适合工业化生产等特点，特别是对淀粉食用价值的深入研究，制成的黄姜粉丝、粉条和凉粉，提高了附加值，开拓了黄姜淀粉巨大的市场，具有重大的推广应用价值。

转让及合作意向：新建厂占地约 2.67 公顷，投资 2400 万元新建厂房，进行皂素提取清洁化综合利用，可全额投资、股份、控股、借款付息、融资分红等。

通信地址：陕西省旬阳县康花园小区 2 号楼 2 单元 1 楼

邮政编码：725700

电　　话：0915-7227679

杨松然

男，80 岁，统计师

发明名称：一种保健酒

专利（申请）号：ZL200710304814.4

发明简况：本发明是以纯天然动物、植物有机生物活性物质为原料，按一定工艺加工而成的液体组合物，原料中无化学物质和其他成分，长期服用无副作用，且生产时无三废排放。

本保健酒有五大特点：一是配方合理，含有人体所需要的营养物质全面，属药食同源范畴；二是不添加任何色素、防腐剂、增稠剂，属纯天然绿色食品；三是口味醇正；四是热稳定性好，能在室外 37℃左右的空气中长期保存不变质；五是利用原材料的自身功能将保健酒调配出鲜丽的透明微红色。

转让及合作意向：本专利以转让为主，也可专利人入股与厂商合作开发，可协商。

杨松然曾在许昌县商业统计局计统科做计统工作 39 年，统计师。

通信地址：河南省许昌市解放路南段过许由路南许昌县商业局家属院

邮政编码：461000　　　　电　　话：0374-3187808/13569450525

杨 栎

男，46 岁，本科学历，高级工程师

发明名称：一种 ATB 沥青碎石基层施工工艺

专利（申请）号：ZL201110028561.9

发明简况：本发明具有工艺简单、施工方便、成本较低、性能优良、适用范围广等特点。本工法适用于新建、改扩建公路项目刚性或半刚性基层上铺筑柔性基层。

ATB（Asphalt-Treated Permeable-Base）沥青碎石基层为柔性结构层，具有较强的柔性和抗变形能力。在面层和半刚性基层之间增加一层 ATB 沥青碎石柔性基层结构，增加了柔性沥青路面的总厚度，可以很好地预防或延缓半刚性基层反射裂缝，提高了结构层的抗车辙能力。

杨栎，现任广东省华盟路桥工程有限公司副总工程师，技术委员会副主任，多次获得先进科技工作者称号。

通信地址：陕西省西安市高新区唐延路 35 号旺座现代城 F 城 15 楼

邮政编码：710065

电　　话：15339063381

杨邦群

男，62 岁

发明名称：一种风力发电机的受风装置

专利（申请）号：ZL201020216186.1

发明简况：本发明的技术背景：目前风力发电机的受风部件大多采用三叶设计，此受风部件受风力度差、转速慢，因此发电效率低下。本实用新型的目的是解决以上所述存在的问题，提供一种受风力度强、转速快的受风装置。

本实用新型涉及的是一种风力发电机的受风装置，它包括主轴、均匀分布在主轴上的 12 片叶片和叶片固定装置，其中叶片的横截面呈 L 形。本实用新型的受风装置受风力度变强，因此转速提高，发电机的发电效率变高，具有结构简单、效果明显、便于实施推广的特点。

通信地址：四川省大竹县高穴镇长征村 1 组

邮政编码：635104

电　　话：15984483492

杨 楠

女，17 岁，高中在校学生

发明名称：一种硬币计数器

专利（申请）号：ZL201020264955.5

发明简况：一种硬币计数器，主要解决拿着许多硬币去银行存钱或换整时，过程烦琐，耗时多的问题。其特征是，包括底座和圆筒状的标尺，所述的底座上并列分布有依照硬币规格而设置的圆筒状标尺，所述的标尺顶端开口，标尺的侧壁上按规律标有刻度线并在刻度线的一侧标有数字，每两条刻度线之间的距离等于相应的硬币厚度，所述的数字从底端到顶端依次增大。使用时，工作人员只需将硬币分类有序放入相应圆筒状的标尺内，然后观察最上方的硬币表面所对应的刻度值，即可得出硬币总数，同时该硬币计数器也可以暂时存储硬币，给工作带来便利。

转让及合作意向：转让、专利许可、参股合作三种形式均可商谈。

通信地址：山东省邹平县鹤伴二路 166 号邹平一中 09 级 23 班

邮政编码：256200

电　　话：13706371865

E － mail:dsbsyz@126.com

杨教连

男，高中学历

发明名称：淡水势能开发利用装置

专利（申请）号：ZL200820226568.5

发明简况：本发明是铺设在大地上大中小皆宜的水利、水电双功能科技创新装置。此装置成本低廉、工艺路线短、施工简便易行。

本发明主要是由取水装置通过浊水管连接地上总池，地上总池的上部设置主连通管，主连通管的另一端连接地上蓄水一池，地上蓄水一池通过上连通管和下连通管与地上蓄水二池相连，蓄水二池与 2 ～ 8 根清水管连接，清水管与至少两个安全池相连，每个安全池再通过管道与至少 2 个用户蓄水池相连，在安全池处可以设置发电设备进行发电。本实用新型的淡水势能开发利用装置和现有技术相比，能够充分利用水资源，能够节约能源，经济效益好。本实用新型还可以连接发电装置进行发电，产生电力能源。

通信地址：山东省济南市济阳县孙耿镇杨家村

邮政编码：251402

电　　话：0531–84552822

杨建敏

女，55 岁，大专学历，工程师

发明名称：家庭用水综合利用方法

专利（申请）号：ZL200810015453.6

发明简况：本发明涉及一种水的综合利用方法，具体说是一种家庭用水综合利用方法。将入户自来水用过滤装置过滤后分别送到碱性水处理器、反渗透膜水处理器和中空纤维水处理器；其中碱性水处理器采用交换树脂或电解水的方法将水处理成碱性水，处理后的活性水送到卫生间用于洗衣、洗澡；反渗透膜水处理器采用反渗透膜渗透的方法去除水中的细菌和各类盐离子，得到纯净水；中空纤维水处理器采用真空纤维过滤的方法去除水中的细菌，得到无菌水；将纯净水和无菌水经含盐量调节阀混合后得到饮用水，通过管道送到厨房、客厅使用。该方法根据不同的用途提供不同质量的家庭用水，提高水的利用价值，降低水的消耗量，减少环境污染。

转让及合作意向：转让、专利许可、参股合作三种形式均可商谈。

通信地址：山东省青岛市北区延安三路 166 号 3 单元 103 室

邮政编码：266023

电　　话：13969469367/0532–89931863

杨洪恩

男，72 岁，初中学历

发明名称：植物杀菌剂

专利（申请）号：ZL200810303915.4

发明简况：本发明步及一种植物杀菌剂农药，由以下重量比原料制成：硫磺 6% ～ 8%，松香 3.5% ～ 5.5%，碳酸钠 2.5% ～ 4.5%，氧化钙 4% ～ 6%，其余为水或焦油。制备方法为：a. 将硫磺、松香、碳酸钠、氧化钙分别粉碎成粉末；b. 按比例将粉末分别加入反应釜中，温度 60℃ ～ 80℃，搅拌均匀；c. 按比例加水或加焦油，搅拌；d. 将步骤 c 中的加水药液过滤；e. 将过滤液或加焦油药液装瓶。本发明防治植物病菌效果好，且防效期长。

转让及合作意向：一次性转让，价格面议。

通信地址：吉林省吉林市丰满区海口路 117 号 B 区 25 号楼三单元 1 门左

邮政编码：132000

电　　话：13134447212

杨广群

男，52 岁，本科学历，总经理

发明名称：薰衣草全草沐浴露及其制备方法

专利（申请）号：ZL201010593510.6

发明简况：本发明公开了薰衣草全草沐浴露，其包括以下组分：按重量百分比计算，表面活性剂 12% ～ 18%，增稠剂 3% ～ 4.5%，防腐剂 0.05% ～ 0.1%，薰衣草全草颗粒 0.5% ～ 1%，pH 调节剂 0.1% ～ 0.2%，其余为水。本发明通过添加薰衣草全草粉碎颗粒入沐浴露，使沐浴露增加了按摩功能，产品得到了升级。同时，天然薰衣草全草应用得到进一步提升，产品的技术性能达到或优于沐浴露产品行业标准（QB1994–2004 Ⅰ型）要求的质量标准。

转让及合作意向：转让、专利许可、参股合作三种形式均可商谈。

通信地址：广东省广州市荔湾区龙溪大道蟠龙工业区丹奇工业大厦

邮政编码：510370

电　　话：13602785054

E – mail：Yang13602785054@126.com

杨成志

男，63 岁，本科学历，高级工程师

发明名称：能源回收型家庭垃圾处理机

专利（申请）号：ZL201020150666.2

发明简况：能源回收型家庭垃圾处理机除吸收和综合了各种食物垃圾处理器的优点的同时，还增加了将废塑料、废纸盒等包装物转化成生活燃气的装置，实现了家庭垃圾的科学处理和资源的再利用。其能源回收部分采用催化裂化原理：用一个圆形密封容器将纸张、布头、塑料制品、食品袋、饮料瓶等凡是可以燃烧的物品放入其中，密封后注入微波能，在微波脉冲和催化剂的作用下转化成可燃气体。处理后的气体清洁、无味，与家用煤气的燃烧值基本相同，或者略高于普通煤气。产生的残余物为 2% ~ 8% 的碳灰，用水冲洗后排入下水道即可。

转让及合作意向：转让、专利许可、参股合作三种形式均可商谈。

通信地址：四川省绵阳市涪城区西山东路 40 号 2 栋 3 单元 201 室

邮政编码：621000

电　　话：13819614598

E － mail：Yang_cheng_zhi@sina.com

杨培瀛

男，60 岁，大专学历，工程师

发明名称：高效节能全自动电锅炉

专利（申请）号：CN201010558357.3

发明简况：本产品全自动性强，应用本专利产品的客观条件：(1) 要有机械工程师结合电器工程师具体设计不同功率的高效节能全自动电锅炉。(2) 要有电器工程师在生产过程中安装电器，配合机械工程师调试合格，取得生产许可证以后交付正常生产。(3) 电器元件在各大城市电器自动化元件门市部都能买到，也可到国家专业电器元件大型知名厂家直接购买。

本产品体表保温、节能安全，根据工作需要自动进水，自动控制恒温，自动控制恒压，自动工作定时。拥有进水净化器，水垢污物排出孔，外加语音提示更人性化。

转让及合作意向：本发明专利为普通实施专利，被许可方是有制造压力电器经验的锅炉生产厂家，最好是与全自动热水器生产厂家联合生产。

通信地址：河北省景县一中后 2 号楼 5 单元 101 室

邮政编码：053500

电　　话：15930827003

杨有钊

男，大学学历

发明名称：一种甜叶菊单株育成新品种改良工艺

专利（申请）号：CN03131156.3

发明简况：本专利是改良后的新品种甜叶菊，是生产甜菊糖甙、甜菊饮料、甜菊茶的主要原料，其提取糖甙的含量是国内常规品种的近 2 倍，比国内优良品种高 1/3，是农民大田种植的特种经济作物，是纯天然绿色保健原料。其保健原理为低热量、无糖，是肥胖症、糖尿病人和儿童食品无可取代的甜味保健品。高血压病人泡茶饮用疗效超过西药，经常饮用能使便秘畅通。

转让及合作意向：技术入股、合作开发、区域转让均可。

通信地址：江苏省东台市曹丿镇南首

邮政编码：224241

杨立新

男，高中学历

发明名称：一种管道式轨道交通系统

专利（申请）号：CN201110168922.X

发明简况：本专利涉及一种管道式轨道交通系统，包括管道，所述管道包括支承网、承拉绳和管体，支承网和承拉绳均浇铸于管体内，管体内壁上设有内轨道，管体外壁上嵌套有支承环，所述承拉绳沿管体方向等距离平行固定于支承网外侧。本专利的有益效果为：克服水运、陆运、空运的缺点，融合水运、陆运、空运的优点，不受地域、地形、天气等具体环境因素的影响。

转让及合作意向：面议。

通信地址：北京市房山区河北镇黄土坡村三区 64 号
邮政编码：102415
电　　话：010-60311537

杨元东

男，49 岁，大专学历，工程师

发明名称：一种多功能截面可变模板

专利（申请）号：CN201110243256.1

发明简况：多功能截面可变模板的发明是从研究现浇钢筋混凝土柱的施工方法开始，模板工法决定模板内容。从众多的建筑构件中找出问题的共性——平面正交多面体，针对这些问题，设计灵活机动的构配件进行组合，达成模板三维空间的可调性。从根本上解决了木模板存在的因切割和容易腐烂而消耗量过大的缺点问题与钢模板因为难于当场切割而造成规格繁多的缺点问题。

多功能截面可变模板具有三维空间可调性，与复合支撑梁和复合桁条相配合，无论结构截面如何千变万化，方法上都能以不变应万变，万变不离其宗，多快好省。

专利转让及合作意向：以省市为单位独占许可。

通信地址：广东省湛江市赤坎区翠堤湾翠绿苑军民路 6 号 1008 房
邮政编码：524043
电　　话：13922086578　　E-mail：13922086578@139.com

杨兴富

男，72 岁，大学学历，高级工程师

发明名称：电站锅炉疑难水垢软化剂及两步清洗除垢法

专利（申请）号：ZL200810058390.2

发明简况：本发明提供了一种电站锅炉结生硫酸盐、硅酸盐疑难水垢软化剂两步清洗除垢法，彻底解决了疑难水垢清除的难题，本软化剂是一种由有机无机化合物复配而成的碱性软化剂。

本除垢软化剂具有无毒、无害、无腐蚀的优点，而且能彻底软化溶脱疑难水垢。本发明彻底解决了现有电站锅炉清洗技术中低压电站锅炉结生疑难水垢无法彻底清除的难题，本发明也适用于工业锅炉。

转让及合作意向：有意者可与本人联系洽谈，本发明已由昆明双星化学清洗有限责任公司实施产业化。

通信地址：云南省昆明市经开区大冲社区　　邮政编码：650501
电　　话：0871-7426517　　E-mail：info@sxqx.com

姚章明

男，55岁，高中学历，经商

发明名称：建筑物（神舟福城）

专利（申请）号：ZL201030163709.6

发明简况：神舟福城广场总面积201.8公顷，占地面积2016400平方米，商品房240幢，计12560套。商品房总建筑面积约300万平方米，福字楼建筑面积约250万平方米，一共投资约130亿元，还剩下整个福字楼，福星楼、环福楼、环城楼第一层店面960套。

转让及合作意向：意向股份制合作。

通信地址：福建省莆田市涵江区国欢镇洞庭村

邮政编码：351111

电　　话：0594-3293823

E- mail：fucheng21798@163.com

姚新岐

男，69岁，大学学历，高级工程师

发明名称：一种反射区穴探疗仪

专利（申请）号：ZL200820178325.9

发明简况：一种反射区穴探疗仪，属于医疗保健仪器技术领域，旨在解决现有的反射区穴探查诊疗仪器构造分辨率低，实用效果不稳定的问题。它是在主机体内装有电路板，后、前面板装设有电源开关、电流—电阻／频率表、定时器、选择开关、探测接口、+30kΩ探测接口、两个频率调节旋钮、两个幅度调节旋钮、两个电疗输出接口和指示灯，电源开关连至装在电路板上的直流稳压电源和功能电路，功能电路是由集成电路IC2—3构成脉冲振荡电路和电流—电阻／频率表，功能电路输出分别连接有配合连接探极和导电极的探测接口、+30kΩ探测接口和两个电疗输出接口所组成。其结构新颖，适用于耳部反射区穴位探查诊疗、足按摩反射区穴位探查诊疗等。

转让及合作意向：转让、专利许可、参股合作三种形式均可商谈。

通信地址：河北省沧州市交通大街红卫小区红卫诊所　　邮政编码：061000

电　　话：15227594589　　E-mail:yaoxqll@163.com

叶云德

男，67岁，大学学历，工程师

发明名称：染色机用染色液加热装置

专利（申请）号：ZL200420054767.4

发明简况：用导热油对染色机所用的染色液进行加热的装置。该加热装置包括换热器和染缸。其中的换热器由筒状壳体、管板和若干换热管组成。其结构特点是：设置有油锅炉，油锅炉的出油口通过油泵、进油阀和油管与换热器筒状壳体上的进口相连通，筒状壳体上的出口通过出油阀和油管与油锅炉的进油口相连通，从而使油锅炉与筒状壳体间形成一个闭合的循环油路。通过进入筒状壳体内的导热油来对流经换热管内的染色液进行加热。使用这种染色机用染色液加热装置对染色液进行加热，不仅节约能源、降低使用成本，还可延长设备的使用寿命。

转上及合作意向：面议。

通信地址：江苏省无锡市惠山区前洲街道北七房工业区　　邮政编码：214182

电　　话：13906193099　　E - mail：sales@dcyr.com.cn

叶 吉

男，54岁，本科学历，高级工程师

发明名称：双控动力固结处理软地基的方法

专利（申请）号：ZL200510134968.4

发明简况：本专利是一种优于现有的降水强夯方法的新技术，本工法通过数遍电渗降水，采取最先进的物理原理，综合现有的井点降水并结合数轮强夯，达到提高土体密实度，减少地基工后沉降和差异沉降的目的。

该专利技术不仅解决了软土超孔隙水压力消散及强夯容易使软土形成“弹簧土”等关键问题，同时，采用电渗降水，减少了土体含水量，辅以强夯工艺，使夯实效果大大提高，从而使被处理土体形成一定厚度的超固结“硬壳层”，由于“硬壳层”的存在，使得表层荷载有效扩散，减少了因荷载不均匀产生的不均匀沉降；由于采取电渗降水强夯结合多遍施工技术，土体的瞬时沉降在施工过程中被消除，大大减少了需加固区域的工后沉降。

通信地址：江苏省江阴市滨江中路13号一幢206室

邮政编码：214400

电　　话：13601528051

叶再钟

男，40岁，初中学历

发明名称：一种密封马桶

专利（申请）号：ZL201020560117.2

发明简况：本实用新型公开了一种密封马桶，包括上部的马桶盖、下部的外壳和位于马桶盖和外壳之间的座盘，其特征在于：座盘上设置有便坑，便坑底部设置有出便口，出便口处设置有内密封片，出便口下端通过连接管连接设置有内桶；所述马桶盖内壁上设置有与座盘的开口对应的气囊；本实用新型可以有效地将人解下的大小便从源头上接收并收集，并且马桶设计有密封盖、气囊和内密封片，可以达到洁净无臭味的效果。

转让及合作意向：转让、专利许可、参股合作三种形式均可商谈。

通信地址：四川省巴中市巴州区尹家乡下苏村820号

邮政编码：636091

电　　话：13282712165

E－mail：471470150@163.com

易洪斌

男，45岁，本科学历，高级工程师

发明名称：一种具有低温自动排水的泄水阀

专利（申请）号：ZL200920296125.8

发明简况：本发明涉及一种安装在水路系统上低温自动排水的泄水阀，包括阀体、进水接头、出水接头。其特征在于阀体内腔中设有可滑动的滑动组件、封水台阶，使滑动组件在封水台阶上滑动时能将水流通道切断；在进水接头与滑动组件之间装有热敏材料，热敏材料桶体的开口设有膜片，膜片由顶杆一端顶住，顶杆的另一端与出水接头连接；在进水接头与热敏材料桶体之间设有弹簧。

本专利结构简单，实施方便，应用范围广，成本低。

转让及合作意向：可来人来函，面洽。

发明人现为中山华帝燃具股份有限公司技术中心技术总监。

通信地址：广东省中山市小榄镇工业大道南华园路1号华帝技术中心

邮政编码：528416

电　　话：13702788506　　　　E－mail：hdyhb@163.com

殷志强

男，75 岁，大学学历，教授

发明名称：光选择性吸收层及其制备方法

专利（申请）号：ZL200780006506.1

发明简况：本发明涉及光选择性吸收层及其制备方法，该光选择性吸收层由在真空镀膜技术下铁铬合金与非金属气体反应沉积形成的复合材料薄膜构成，所述非金属气体优选为包含氮和氧元素的气体。本发明还涉及包含所述光选择性吸收层的太阳能集热元件或太阳能选择性吸收涂层体系及其制备方法，以及所述复合材料薄膜作为太阳能集热元件或太阳能选择性吸收涂层体系的光选择性吸收层的用途。

转让及合作意向：转让、专利许可、参股合作三种形式均可商谈。

通信地址：北京清华大学电子工程系

邮政编码：100084

电　　话：010-62791901

E-mail：yinzq@tsinghua.edu.cn

尹建国

男，58 岁，大学本科学历

发明名称：一种自动调速式模块化风力发电系统

专利（申请）号：CN201010240307.0

发明简况：本发明包括风力机模块、风力发电机以及电气控制和输出部分，所述的风力机模块至少两个，每个风力机模块之间连接风力机模块连接器，所述的风力机模块连接器上端设有上可偏心连接器，上可偏心连接器上端连接风力机模块，上可偏心连接器下端连接主动传动轴，主动传动轴下端经离合器连接从动传动轴，传动轴一端经下可偏心连接器连接风力机模块。本发明解决了在不稳定的自然风况下保证发电机稳定高效运行和对自然风源的高效利用的问题，具有结构简单、安全性高、易安装、实用性广，使风电运营成本大幅下降的特点，大大地提高了风能资源的有效利用率，易于推广应用。

转让及合作意向：合作方式多种，可通过见面协商。

通信地址：江西省九江市九瑞大道 51 号移动宿舍

邮政编码：332000

电　　话：13707923310

尹秉安

男，68 岁，本科学历，主任医师

发明名称：一种治疗神经衰弱的药物

专利（申请）号：ZL200910004612.7

发明简况：发明人经过 38 例动物实验和临床病人 12993 例治疗观察，揭示了神经衰弱的病因是人体大脑血流量不足，脑细胞乏氧，造成脑细胞的功能减退，这是国内外对神经疾病病因研究的新突破。发明人将神经衰弱归类为脑血管疾病，使用扩张脑血管药物增加脑血流量，改善脑细胞氧和营养物质的供给，佐以脑细胞营养剂和微量兴奋剂，具有激活休眠状态脑细胞的功能，经病人用药前后脑血流量对比观察，证实，可从病因上治愈病人。本专利经检索是当前国内外医药市场没有的新药，长期服用对人体各脏器无毒副作用，无成瘾性。治疗有效率达到 95.49%，治愈率为 91.67%。

转让及合作意向：转让。

通信地址：辽宁省兴城市川北路欣和园小区 4 栋三单元 102

邮政编码：125100

电　　话：0429-2408858

尹凤琴

女，60 岁，大学学历，药剂师

发明名称：降糖降脂利尿保健酒；活血化淤舒筋通络祛风湿酒

专利（申请）号：ZL03111411.3；ZL200710072017.8

发明简况：降糖降脂利尿保健酒主要成分为姜蚕、核桃仁、山药、葛根、黄芪、黑豆、绿豆、五味子、三七、川芎、天麻和白酒的浸取液。具有益气养阴、生津止渴、清热降火、滋阴助阳、理气活血、祛风通络的作用。

活血化淤舒筋通络祛风湿酒，由甘草、全当归、鸡血藤、续断、木瓜、杜仲、骨碎补、狗脊、桃仁、独活、寄生、满山红、白僵蚕、防己、白花蛇和葛根制成。

转让及合作意向：面议。

通信地址：黑龙江省哈尔滨市阿城区河东街兴学路 99 号

邮政编码：150302

电　　话：0451—53961555/18945698333

尹俊钢

男，大学学历

发明名称：人工地下河、地下地上水库蓄水循环发电系统

发明专利（申请）号：CN201010146777.0

实用新型专利号：ZL201020159350.X（人工地下河蓄水结构）

实用新型专利号：ZL201020159339.3（人工地下河蓄水发电系统）

发明简况：地下河蓄水结构设在天然水道一侧，在一局部设防护网，水堤处设有拦水坝带闸门，相接有地下河，露天引河，末端有拦水坝及发电机组进行第一次发电，它供给部分抽水机及第一处拦水坝用电，它的主要功能是蓄存水源，向各地区输送水源，把流向大海的水有效地引向地下水库，为地上水库蓄水进行循环发电起到关键作用。

本专利的效果是该发电系统可实现利用蓄水水源循环发电，适合广大农村地区和偏远山区，既可解决当地人民用电困难的问题，又可以给投资人带来可观的经济效益，有很大的发展前景。

转让及合作意向：研发阶段合作开发。

通信地址：天津市塘沽区海宁里 11—1—101　　邮政编码：300456

电　　话：13821683881/13512047477

尹宏开

男，72 岁，本科学历，高级工程师

发明名称：程控全自动翻身方便床

专利（申请）号：CN200910191455.5

发明简况：程控全自动翻身方便床是一种为不能起床的严重病人及全瘫、半瘫、植物人等特殊病人设计的现代化用床。它由铝合金型材、型钢、木工板分面加工组合而成，床面板设计独特巧妙，与翻身装置、方便装置特殊的运动相结合。解决了纵向运动的方便机构与横向运动的翻身机构相互冲突的技术难题，病人不需要任何人的帮助可在床上左右翻身自行方便，不方便时可在床上做弯伸腰，弯伸腿，左右翻身等运动。它可以点动，要运动哪儿就运动哪儿，直到合适为止。编有两个程序，可将各个运动连接起来实现程序性，实现有人在场和无人在场全自动，病人运动得好，对恢复健康大有好处。床下还组合有贷柜及收折陪伴床，方便陪护紧靠病人睡觉，病人出现突发情况可及时加以处理。

转让及合作意向：转让、专利许可、参股合作三种形式均可商谈。

通信地址：重庆市大渡口区伏牛溪长征一村 27—4—9 号　　邮政编码：400083

电　　话：15823376973　　E－mail：Yhk1939@sina.com

尹凤金

男，56岁，大专学历，高级工程师

发明名称：十字块连接整体式多功能全液压转向器

专利（申请）号：CN201010596923.X

发明简况：本发明涉及一种十字块连接整体式多功能全液压转向器，包括阀体，阀体上制有进油口、回油口、左油口和右油口，所述阀体上制有安全阀孔、两个双向缓冲阀孔，所述进油口内安装单向阀，安全阀孔内安装安全阀，安全阀与进油口连通，双向缓冲阀孔内安装有双向缓冲阀及补油阀的合体，补油阀及双向缓冲阀的合体与回油口连通，两个双向缓冲阀分别与左油口和右油口连通。由于本发明由十字块连接，具有特殊的组合设计，安全阀、双向缓冲阀、补油阀、单向阀都集成于转向器的壳体内，不再需要连接阀块，与现有技术通过阀块连接具有不易漏油的优点，而且结构紧凑、体积小、安装方便、使用寿命长。

转让及合作意向：转让、专利许可、参股合作三种形式均可商谈。

通信地址：山东省青州市海岱北路（山东环盾院内）

电　　话：15106363369

E－mail：znzxq@163.com

尹　刚

男，42岁，大学学历，高级工程师

发明名称：具有载荷差分环的轴承；单控式车辆制动装置

专利（申请）号：CN201110055702.6；CN201110048036.3

发明简况：具有载荷差分环的轴承由外圈（或轴承座）、内圈（或转轴）、载荷差分环、滚动体、内枕垫及枕垫等关键件组成。与现有技术相比，本专利特点在于：载荷差分环将内外圈相对转速几乎折减一半，同时载荷差分环还起弹性载体的作用，所以具有更高极限转速、抗冲击、更高载荷，去噪间接更低的特点。

单控式车辆制动装置将离合器与制动器的控制通过组合缸，以及“离合器强迫结合装置”、“离合器强迫分离装置”、“脚感器”、“组合踏板”等实现单只脚控制离合器与制动器，提高了安全操作性与快速反应能力，为运输行业提速提供了人体控制的保障环节。

转让及合作意向：转让、专利许可、参股合作三种形式均可商谈。

通信地址：四川省广元市利州区北京路245号农业银行四川省广元利州支行刘舜楠转尹钢　邮政编码：628000

电　　话：13738856081　E－mail：yingangzxm2000@126.com

应关雄

男，75岁，大学本科学历，高级工程师

发明名称：双吸型保鲜封存剂

专利（申请）号：ZL88105412.7

发明简况：本发明引进水分欠足的设计思想并使供水系统具有自动调节功能，让碱性粒子起蓄水池作用，让氯化钙起自动调节阀作用，贮存期间通过碱性粒子最外层的氯化钙吸附周围的水汽（还可以降低Aw，有利于提高保鲜性能）、通过松毛状纤维输送到碱性粒子贮存起来；当铁粉发生吸氧反应时，铁粉又通过与其接触的氯化钙、松毛状纤维，从碱性粒子中按需吸取除氧反应所需要的水分，使铁粉表面的水分始终保持较稳定状态；同时将碱性粒子裹复上活性炭和盐类形成的反应基作为半成品，运用优选法选取最佳水分，使铁粉表面形成有利于吸氧反应所需的最佳水膜厚度，确保吸氧反应始终处于最佳状态，从而成功攻克了在碱性条件下吸氧难进行下去的技术关键。

通信地址：江苏省南京市后标营35号3－102室　邮政编码：210007

电　　话：025－84488666

于江波

男，48 岁，本科学历，高级工程师

发明名称：公路路肩养护专用车

专利（申请）号：ZL200820103602.X

发明简况：本实用新型公开了一种公路路肩养护专用车，包括车体，在车体后部上水平安装着一个料箱，料箱的底部设置着一根由马达驱动的输土绞龙，输土绞龙的轴线与车体后端面相垂直，在车体的后部倾斜设置着一输土槽，输土槽的高端与料箱相连通，输土槽的低端连接着一块路肩平整板。本实用新型使得国省道公路的养护路肩作业实现了机械化，解放了生产力，提高了工作效率。

于江波毕业于长沙理工大学交通工程专业，现任北屯公路段段长，曾获阿勒泰公路总段“支持工会工作党政好领导”称号，阿勒泰公路总段“优秀工会积极分子”、“先进人个”等称号；2009 年被中国管理科学研究院人文科学研究所授予“中国优秀创新人物”称号；2011 年获阿勒泰地区“先进工作者”等荣誉称号。

通信地址：新疆维吾尔自治区北屯公路分局

邮政编码：836000

于少杰

男，56 岁，大学学历

发明名称：六日接骨散

专利（申请）号：ZL01115184.6

发明简况：该发明专利技术是一种快速接骨口服中药，将药物倒入加热的黄酒（白开水冲之）中浸泡 1 ～ 20 分钟后服用。此项专利属创伤修复药品，适用于跌打拉扭、劳损、糖尿病溃疡、胃炎等伤病的治疗，极具市场推广价值。

转让及合作意向：优势互补合作开发。

通信地址：山东省青岛市黄道路 5 号

邮　　编：266001

电　　话：0532-82801180/13687695660

于宝锋

男，60 岁，本科学历，主任医师

发明名称：一种用于治疗脱发和白发的药物组合物及其制备方法

专利（申请）号：ZL200810118371.4

发明简况：本发明涉及一种用于治疗脱发和白发的药物组合物及其制备方法，特别是涉及一种用于治疗脱发和白发的中药组合物及其制备方法。通过多年的临床观察，首乌生发丸治疗脱发、白发疗效显著，优于其他中西医，是目前治疗脱发、白发的理想药物，可以预测，医疗市场前景广阔，急需开发新药，满足市场需要。

转让及合作意向：专利转让，有关事宜面谈。

发明人现任呼伦贝尔市中医学会理事长、内蒙古中医学会常务理事，内科专业委员会副主任委员、《内蒙古中医药》杂志编委。

通信地址：内蒙古自治区呼伦贝尔市海拉尔区西大街 58 号

邮政编码：021000

电　　话：13347049733

E－mail：Wo-heimudan@163.com

于飞

男，54 岁，本科学历，研究员

发明名称：水稻旱作直播种植方法

专利（申请）号：ZL201010144224.1

发明简况：本发明的水稻旱作直播种植方法，其特征是包括下列步骤：(1) 整地：播种前土地整平耙细，补好底墒水，土壤湿度保持在 75% ~ 85% 之间；(2) 播种：将水稻种子均匀播种在步骤 (1) 整理的土地上，每亩地种子用量为 2.5 ~ 4 千克；(3) 培土：播种完成后，培土 1.5 ~ 3 厘米；(4) 震压：培土后，进行镇压；(5) 喷膜：将液态膜 10 ~ 15 千克、60% 含量的丁草胺溶液 0.2 ~ 0.3 千克、10% 含量的农思它溶液 0.2 ~ 0.3 千克和灭草剂二甲四氯 0.03 ~ 0.06 千克加入 60 ~ 80 升水中混合搅拌，均匀地喷在震压后的土地上，即完成水稻的旱作直播。

转让及合作意向：只与中国独资企业合作，技术投资入股，其他事项面谈。

通信地址：黑龙江省龙江县地方税务局建设路 90 号
邮政编码：161100
电　　话：15945219588

余庆发

男，大学学历

发明名称：淤沙抽升器

专利（申请）号：ZL02150094.0

发明简况：一种淤沙抽升器，主要是外管内设置有内管，在内、外管之间形成高速流体腔道，外管呈锥形端连有提升管，另一端经内管连有抽吸管，侧面连通有接动力源的弯管。该抽升器结构简单，制造容易，成本低。它能够利用一种载体，可有效地把水下至少 7 米深处比重为 14 的淤沙抽吸到水面，并提升到高出水面至少 8.5 米高处排掉。这种抽升器不仅可以置于水面工作，清理水下 7 米深处的淤沙，还可以置于水中工作，清理较深水域如水库底部的淤沙，甚至还可以阶梯式串接置于更深水中，清理更深水域底部的淤沙，从而可解决长期以来人们想解决而尚未解决的水底淤沙清理难的课题。

转让及合作意向：转让、专利许可、参股合作三种形式均可商谈。

通信地址：河南省开封市鼓楼区西坡西街 6 号院 7 号楼西单元一楼东屋
邮政编码：475000
电　　话：0378−3151703

余银满

男，65 岁，大专学历，工程师

发明名称：转子发动机

专利（申请）号：ZL200920020666.8

发明简况：本实用新型公开了一种转子发动机，发动机主机由机壳和转子组成，其特点是机壳的下机壳和上机壳组成的内腔为机壳内槽，机壳上设第一孔和第二孔，机壳内槽与燃烧室相通，燃烧室的顶端设燃油的直喷装置和火花塞，燃烧室通过装有阀门的管子与空气压力箱连接；转子包括一根轴和转子齿轮，转子齿轮设在机壳内槽内，在转子齿轮上钻第三孔，燃烧室和转子齿轮内的废气分别通过第三孔和第一孔排出，机壳下部的第二孔浸泡在机油里，通过加大转子齿轮的外径，提升功率，其结构简单、成本低、提升功率快、寿命长、节省燃料。

转让及合作意向：转让、专利许可、参股合作三种形式均可商谈。

通信地址：安徽省合肥市包河区五里庙安徽国际五金机电商贸城 B 区 23 栋 112 号
邮政编码：230001
电　　话：0551−2786478/13287959203

余烈

男，64 岁，大专学历，高级教师

发明名称：新型低音结构的手风琴

专利（申请）号：ZL201020193649.7

发明简况：新型低音结构的手风琴，风箱的两端分别为弹奏单元和低音单元，低音单元中有纵横点阵形式的键钮，其中纵列键钮中由内向外依次为辅助低音钮、基本低音钮及至少两列以该基本低音作为根音的和弦钮；斜横行键钮中各相邻基本低音均间隔五度音程。和弦钮中的各键钮分别连接有一个带有至少两个不同拨叉结构的顶杆，各拨叉结构分别与在底板上排列设置的对应地轴上的连杆作推顶配合，各地轴分别与用于推动带复位结构的对应簧片风门的推杆连接。和弦钮中各键钮所连接顶杆的拨叉结构同时只与两个地轴连杆相配合。该手风琴可以在基本不增加重量和制造成本的条件下极大地提升音乐能力，如多使用非三度叠置和弦的各种民族风格与现代风格作品。

转让及合作意向：转让、专利许可、参股合作三种形式均可商谈。

通信地址：四川省成都市高新区新光路 8 号银都花园 4 期 5 单元 201
邮政编码：610041
电　　话：18980039691　　E–Mail：512091039@qq.com

发明名称：出入共地型全截止网络

专利（申请）号：CN200510098366.8

发明简况：本发明是一种多用途电路，Z0 是一个可以任意给定的阻抗，称为“被测阻抗”，网络内部包含一个可调元件。这个网络具有下述的特性：当这个可调元件与被测阻抗两者的参数之间符合某一简单关系时，它不论作正向或反向传输，其输出电压 U2 在任何频率∞、任何负载 Z 下恒等于零，即 U7(∞，Z) –0。

本发明能排除外界因素对测、控结果的影响，而其传递信号的延时值则可以忽略不计，因而可人为地任意提高测、控系统的灵敏度、准确度和分辨率，其终端反应则较现有的逻辑电路提前。

转让及合作意向：融资开发或独家转让。

通信地址：北京市朝阳区慧忠北里 306 楼 805 室　　邮政编码：100012
电　　话：010–64800195/15161520085　　E – mail：zhengyinxuan@126.com

余本立

男，80 岁，高级讲师

於岳亮

男，69 岁，本科学历，高级工程师

发明名称：轨道交通合分联运方法

专利（申请）号：CN201110023132.2

发明简况：该方法是一项涵盖铁路设计建设、车辆开发制造、列车运行管理三大系统的特大型综合系统技术体系，以“道同而合，道异而分；和则两利，分则两宜”作为轨交新运行原则，以此原则建立的“动车组静态联发 / 动态解列系统（动静动系统）”，可将数列动车组列车在同一车站上的静态条件下连挂编组成一长列列车，然后以大车组的形式联合发车启运、共同前行。动静动系统是针对我国京沪高铁建设而研发的新技术，可以将一条高铁线路的客运量轻易增大 3 ～ 5 倍，其经济效益上万亿元；同时可以克服我国铁路运量总是不能满足日益增长的交通客运需求的瓶颈，也是一项具有巨大社会效益的重大技术。

通信地址：上海市周家嘴路 2188 弄 3–1202
邮政编码：200092
电　　话：021–65844007

俞沅

男，59岁，大学学历，研究员

发明名称：滚动式水面油膜采样装置

专利（申请）号：ZL200910250072.0

发明简况：滚动式水面油膜采样装置的研制是该发明者所承担的科技部科技支撑项目“水上溢油应急事故处理技术”中，为配合水上溢油源的快速鉴别技术和溢油事故污染损害评估技术而研制，设计开发出能在海上进行快速油膜取样的专利技术，解决了溢油指纹鉴别人员对水面油膜采样的规范化和提高采样效率的实际问题，特别是在一定的波浪条件下，从船上对水面薄油膜的快速取样难题。该装置结构设计合理、成本低、使用方便、安全可靠，在雨雾等不良气象条件下和夜间均可应用。该技术为国内外首创，填补了国内外海上溢油快速取样器具的空白。

转让及合作意向：转让、专利许可、参股合作三种形式都可以商谈。

通信地址：北京市海淀区西土城路8号

邮政编码：100088

电　　话：010-62079829

E－mail：yuyuan@wti.ac.cn

发明名称：反光纽扣及其生产工艺

专利（申请）号：CN201010276184.6

发明简况：本发明公开了一种反光纽扣及其生产工艺，旨在提供一种价格低廉，生产方便，可进行大批量生产且能长期反光的纽扣及其生产工艺。反光纽扣的材料中含有反光粉。反光纽扣的生产工艺依次包括：纽扣坯的制造、纽扣的成形、纽扣的抛光。在夜间经光线照射后纽扣会反光，可以避免事故的发生，减少人员伤亡，降低经济损失，尤其是老人、儿童、道路工作人员十分需要。它具有结构简单、生产方便、使用寿命长、外形美观、制造成本低等优点。

转让及合作意向：转让、专利许可、参股合作三种形式均可商谈。

通信地址：浙江省嘉善县西塘镇钮扣工业园区23号嘉善天路达工贸有限公司

邮政编码：314102

电　　话：0573-84562222

俞善锋

男，42岁，硕士研究生学历

俞正良

男，67岁，高级研究员，杰出企业家

发明名称：一种汽油节油添加剂及其制备方法

专利（申请）号：CN200910098315.3

发明简况：本发明涉及一种汽油节油添加剂及其制备方法，特别是公开了一种可有效改善汽油品质、提高燃烧值、减少有害物质排放的高效环保汽油节油添加剂，属石油化工技术领域。本发明具有配方设计合理，有效改善汽油品质，提高汽油辛烷值、提高燃烧值、增加动力、消除积炭、清洁燃油系统、节油效果明显，减少汽车尾气污染物的排放，增强机器润滑性，延长机器寿命，降低汽车运行成本的优点。

转让及合作意向：转让、专利许可、参股合作三种形式均可商谈。

通信地址：浙江省杭州市桐君街道大丰　　邮政编码：311501

电　　话：0571-64213478

E－mail：hf_fuels@yahoo.com.cn

袁诚

男，52岁，大专学历

发明名称：一种抗疲劳方向盘套

专利（申请）号：ZL200820125445.2

发明简况：本专利项目主要由三个部分组成，太阳能电池、微电子仿生电路控制板和导电胶（线）。太阳能电池负责提供电能；仿生电路是根据人体生理特征设计的，有促进血液循环和刺激穴位的作用;导电胶（线）负责将电信号传递到手掌及其他部位。

其创新点如下：首次将仿生电子工程技术应用到汽车方向盘套上来解决驾驶疲劳问题；将太阳能技术与电子技术有机结合在一起，凸显了环保意识；在技术施实中应用了中医理论作指导，具有中国特色。

转让及合作意向：专利权转让或专利入股、合作均可。

袁诚长期从事企业管理工作，曾领导过多项电子产品项目的开发工作，现任海南美厚农庄有限公司总经理。

通信地址：海南省海口市和平大道28号蓝海银座B1404　　邮政编码：570208

电　　话：13518069315　　E-mail：113564417@qq.com

发明名称：一种新型小容量管形单相直线电动机

专利（申请）号：CN201010278804.X

发明简况：一种新型小容量管形单相直线电动机。电动机环形线圈置于2段定子铁心Ⅰ和定子铁心Ⅱ组成的环形槽内，2组管形永久磁铁分别置于2段定子铁心Ⅰ内侧，并呈N、S的方向相反放置。移动子铁心用软磁复合(SMC)材料做成，形状为管形。环形线圈中流过正弦电流时，永久磁铁产生的磁通和线圈电流产生的磁通共同作用，使移动子沿着轴向往复地运动。

转让及合作意向：转让、专利许可、参股合作三种形式均可商谈。

通信地址：海南省海南大学儋州校区机电工程学院

邮政编码：571737

电　　话：13976801648

E - mail：hainuyq@163.com

袁琦

男，44岁，硕士学历，副教授 ，硕士生导师

袁坚

男，54岁，大专学历，高级工程师

发明名称：一种汽车继电器抗电强度测试模块

专利（申请）号：ZL201010189588.1

发明简况：本发明提供一种汽车继电器抗电强度测试模块，包括一抗电强度测试仪和一高压控制模块。所述高压控制模块包括可编程控制电路、高压端开关和低压端开关。其中，抗电强度测试仪输出高压通过高压端开关、汽车继电器、低压端开关回到该抗电强度测试仪输出低压端；可编程控制电路对高压端开关、汽车继电器、低压端开关及该抗电强度测试仪的控制，以实现对汽车继电器抗电强度进行测试的目的。

发明人一直从事仪器、仪表设计制造工作，2010年有四项发明获申请受理。

通信地址：上海市嘉定区谢春路1288号

邮政编码：201804

电　　话：021-69592728

E - mail：yuanjian@hg-china.com

袁家祯

男，75岁，大学学历，高级工程师

发明名称：车载制氢加氢站；氢电动重型货车

专利（申请）号：ZL201010265839.X；CN201010159924.8

发明简况：车载制氢加氢站，本专利项目发扬电解水氢的技术，形成紧凑的厢式结构，把电源，制氢、压缩、储氢、售氢的生产过程，设计为全自动加氢站的成套设备，全自动化设备装入4个集装箱内，填补产品空白，供国内外的氢能源汽车使用。

氢电动重型货车，将氢电动客车的经验移置到重型货车上，以电动机代替柴油机，储氢罐也有了装车产品，用氢气代替柴油，可彻底解决重型车的噪声和排放污染问题。

转让及合作意向：同意转让，但以投资合作为妥。

通信地址：北京市海淀区车道沟南里小区15楼2104号　　邮政编码：100089

电　　话：13718031986/010－68725753

E － mail：yuan1935@sina.com

臧玉华

女，46岁，高级工程师

发明名称：便移式低压低温供气装置

专利（申请）号：CN200620138603.9

发明简况：该专利目的是克服现有杜瓦瓶无法对夹层真空度、夹层漏放气速率即时检测的不足，由不锈钢内胆、不锈钢外壳、真空夹层、汽化盘管、增压盘管、底托、阀门管路系统、夹层真空检测系统等组成。夹层真空检测系统，由金属规管、真空测量线、真空计构成，设在不锈钢外壳上。在有电源的情况下，真空夹层的真空度通过电离真空计可以随时随地直接读出数据，根据该数据可计算出夹层漏放气速率数值，从而判断杜瓦瓶是否符合质量标准的要求。

该实用新型的优点是：由于设有夹层真空检测系统，可以随时随地通过真空计直接读出真空数据，并可根据真空数据，随时计算出夹层漏放气速率数值，从而随机检测出质量不合格的杜瓦瓶。

通信地址：山东省青岛市崂山区株洲路153号2号楼益青科技创新园14F、16F

邮政编码：266000

电　　话：18954200778

曾继明

男，41岁，高中学历，高级电工

发明名称：多功能空调扇

专利（申请）号：ZL201020605792.2

发明简况：本实用新型涉及一种多功能空调扇，它由装有风扇的风扇座、风扇罩、有加热功能的通风灯罩、渗湿座、诱蚊灯、灭蚊网、保护罩构成。风扇罩、通风灯罩、渗湿座、诱蚊灯、灭蚊网、保护罩均为可拆卸式，风扇罩、通风灯罩、渗湿座、诱蚊灯、灭蚊网、保护罩均可自由组合安装。本发明集发热、降温、诱蚊、灭蚊等几大功能于一体，四季皆宜。节能，用电功率不足100瓦，是普通空调用电量的1/10。

本发明环保、清洗方便，几大功能间采用抽擦式拆装组合，原理简单，经久耐用，维修方便，适合家庭或办公室使用。

转让及合作意向：普通许可，参考价40万元；入门费，首付20万元。其他方式面议。

通信地址：广东省佛山市顺德区均安镇三华启明街十巷23号

邮政编码：528329

电　　话：13679851180

曾 妍

女，29 岁，本科学历

发明名称：泄水井

专利（申请）号：ZL200920193436.1

发明简况：泄水井由储水池、进水渠、高围墙、矮围墙、过滤槽、井箍及沙网组成，进水渠与储水池连通，高围墙和矮围墙之间设有过滤槽，雨水经过滤槽内的布和沙子（或微孔过滤材料）过滤后，再经过泄水通道内的沙子、石块通孔流入渗透到地下去，补充被抽干的地下水，更有利于雨水的回收及利用，使水能更加充分地循环利用，缓解日渐缺水的难题，另外在大雨和暴雨造成洪水泛滥时，该泄水井可以起到分流的作用，减少洪涝灾害造成的损失。上述的过滤方法也适用于污水处理。

转让及合作意向：转让为主。

通信地址：广东省湛江市霞山区海宁路 38 号之十四 502 房

邮政编码：524000

电　　话：0759－2109085

E － mail：chauur@126.com

曾昭湘

男，65 岁，大专学历

发明名称：一种卧床病人转移车

专利（申请）号：ZL200920049909.0

发明简况：该技术方案的要点包括底部装有万向轮的底座，在底座上设有立柱，立柱设有升降装置，在立柱上部设有悬臂，悬臂前部设有横梁，其中所述的横梁下部安装有抓斗状对开的两块曲面板，两块曲面板合拢后能容纳人体，所述的两块曲面板设有开合装置。该项目的设备是综合人体仿生学、医学生物工程学、物理学、机电学、新技术新材料微电子技术学及 IT 专业的结晶而制成。

本实用新型专利具有结构简单，使用方便的优点，移动病人时稳定，病人的痛苦小，它可以将医护人员从繁重的体力劳动中解放出来。

转让及合作意向：转让、专利许可、参股合作三种形式均可商谈。

通信地址：广东省广州市天河区金颖路一号金颖大厦门 208 室。

邮政编码：510640

电　　话：020－38319015

E － mail：xianghuizhi@yahoo.com.cn

曾聪南

男，13 岁，初中在读

发明名称：一种夏长裤

专利（申请）号：ZL201020540255.4

发明简况：本实用新型专利公开了一种夏长裤，包括左右胯、左右大腿前部以及左右大腿后部，其特征在于，在所述左右胯的中心各剪出一个心图形，所述左右大腿前部各剪出一个心图形，在所述左右大腿后部上各剪出一个心图形，所述心图形的上边沿具有丝绸条；所述膝盖上方 1.5 厘米处的位置具有围绕所述夏长裤一周的丝绸条，所述丝绸条的宽度为 0.5 厘米，间距为 0.5 厘米，长 25 ～ 32 厘米。本实用新型提供的夏长裤制作工艺简单，款式新颖、样式大方，装饰效果显著，可满足消费者对时尚衣着的需求。

转让及合作意向：一次性转让。

通信地址：辽宁省大连市西岗区纪念街 2－1 号

邮政编码：116011

电　　话：15940930528

曾克云

男，中共党员，教授级高工

发明名称：生产石膏砌块的模型

专利（申请）号：ZL200420117224.2

发明简况：为了减少烧砖毁地，推动墙体材料改革，发展节能减排降耗环境友好型中小企业，针对一种产品经多年探索，曾克云先后获得六项专利：生产石膏砌块的模型；钢筋构筑型内隔墙辅助砌块；敷设电线型内隔墙辅助砌块；T型内隔墙辅助砌块；墙砌块；生产石膏辅助砌块的模型。

采用上述六项专利技术与多项普通技术对原有产品进行技术创新，弥补了以往石膏砌块单一型号单一规格致使施工时墙体交叉处不能榫接，埋放电线管不便，墙体的稳定性难以保证，在空心砌块墙面上固定也有难度的一系列问题。

转让及合作意向：(1) 区域独占：150万元（税后）；(2) 普通许可：60万元（税后）；(3) 其他情况面议。

通信地址：山西省太原市新建路10省机电行业办公大院　　邮政编码：030022

电　　话：0351-4064731

曾玉华

男，54岁

发明名称：一种用于治疗骨质增生的药膏

专利（申请）号：ZL200710030499.0

发明简况：该药膏采取定点、靶向溶解法，将药膏直接对准增生部位进行外敷，药膏可选择性地区分增生骨骼和正常的骨组织，继而能安全分解颈、腰椎及其他部位上长出多余的增生物质，将其转化为人体可吸收并能溶解为代谢产物参与体循环，对在不同部位上长出的增生骨骼，使其被溶解、消散、吸收干净，清除病根，恢复健康。

本发明将保护皮肤、软化骨刺、通经活络、促进吸收的药物组配在一起，经临床证明，有效实现了软化骨刺、促进骨质增生的多余部分被消散吸收。

转让及合作意向：本专利一次性转让或独家转让，共同开发条件面议。

通信地址：广东省惠州市惠阳区镇隆镇河西八街24号

邮政编码：516227

电话（兼传真）：0752-3950686/13532123268

曾腾辉

男，35岁，博士研究生学历

发明名称：手术工具角度定位手柄

专利（申请）号：ZL200910104845.4

发明简况：大量的病人需要穿刺治疗、取活检、穿刺引流、脊柱骨科的椎弓根螺钉需要方向很精确，传统方法是医生根据影像学检查然后凭着个人的手感和经验操作，因为穿刺方向不正确带来大量并发症，给病人带来痛苦，每年为此直接的医疗费用开支达数亿元，患者本人和家属耽误工作造成的间接损失达数十亿元。该发明简单有效，可以避免穿刺方向角度不对带来的并发症，减轻病人痛苦，减少医疗纠纷，并带来数十亿元的经济效益，是造福国民的重大发明。

转让及合作意向：可以转让和合作，有意者直接联系发明人。

曾腾辉曾参与国家级科研课题1项，省部级科研课题5项，获得科技进步奖2项，已获得国家发明专利2项，实用新型专利9项。

通信地址：广东省深圳市罗湖区水贝二路贝丽花园23栋505

邮政编码：518000

电　　话：13602631767

翟雁萍

男，83 岁，本科学历，高级工程师

发明名称：配制甲醇汽油的助溶剂组合物

专利（申请）号：ZL200410075046.6

发明简况：配制甲醇汽油的助溶剂组合物，以重量份数计按组分组成，加入本发明的组合物用于甲醇和汽油混配，使之互溶性好，且可提高甲醇汽油和相关理化性能。

转让及合作意向：以技术参股和技术服务方式寻求投资合作。

翟雁萍从事汽车行业，有过多项发明成果。20 世纪 70 年代研制出电动汽车，80 年代开始研发车用甲醇燃料，是我国最早研究燃料甲醇的科学家之一。他研发的嘉雁 HR–A 车用甲醇汽油添加剂及系列产品，成功地解决了甲醇汽油常见的热值低动力不足、腐蚀溶胀、高温气阻、低温冷启动困难等技术难题，可以任何比例与汽油混合而无须改动或加装任何汽车部件。

通信地址：浙江省杭州市西湖区文三西路 360 号香樟商贸楼 619 室

邮政编码：310012

电　　话：0571–85133281

詹朝润

男，62 岁，本科学历，电子工程师

发明名称：总线式油雾探测器

专利（申请）号：ZL201020562231.9

发明简况：一种总线式油雾探测器，包括主控制器、油雾传感器，油雾传感器为至少一组，油雾传感器安装在曲轴箱的油雾采集口处，主控制器通过线缆与油雾传感器连接。由于采用了上述技术方案，本实用新型具有体积小、重量轻、安装方便、简捷的优点。它通过油雾传感器直接探测曲轴箱各缸的油雾，将油雾浓度电信号通过线缆传输给主控制器，线缆的安装位置明显低于管道的安装位置，最少能对 20 个缸的柴油机进行检测，明显增大了检测范围，各缸单独检测，互不干扰，信号传输时间短，提高了检测精度，避免发生误报警或不报警的情况，可检测到故障发生的部位，直接按照显示部位进行检修，省时、省力，减少了机构转动磨损，延长了使用寿命。

转让及合作意向：转让、专利许可、参股合作三种形式均可商谈。

通信地址：四川省简阳市学府苑

邮政编码：641400

占财兴

男，42 岁，本科学历，工程师

发明名称：多功能饰面打磨工具

专利（申请）号：CN200910113322.6

发明简况：本项目已在兵团建科院下属企业新疆宏力新型材料厂实施，需要设备：冲床 1 台，折弯机 1 台，线切割机 1 台，电焊机 1 台，台钻 1 台，打磨机 2 台，模具 4 套。技术背景：通常在建筑施工、装修中对于墙面的打磨，以及对门框、家具等物品表面的打磨都是施工人员用手拿砂纸进行，速度慢，劳动强度大，打磨效果差。本实用新型饰面打磨工具能够有效地对装饰面进行打磨，打磨面积大，打磨速度快，不会出现墙面及物品表面凹凸不平的情况，而且打磨刀更换方便，有助于减轻工人劳动强度，提高打磨效果。

转让及合作意向：技术转让。

占财兴于 2010 年成立了乌鲁木齐爱思特专利转让服务有限责任公司，申请了多项专利。

通信地址：新疆维吾尔自治区乌鲁木齐市河滩北路 57 号兵团建科院

邮政编码：830054

电　　话：0991–6686543

张振文

男，59岁，高中学历，董事

发明名称：利用海浪能源的发电装置

专利（申请）号：ZL200810141621.6

发明简况：本新型发明装置的独特设计是利用杠杆原理，使杠杆板悬挂在海面上随海浪的拍打摆动，用海浪的动力带动发电机转动发电。本发明对于缓解现今人类面临的能源短缺问题起到积极作用，同时它的结构简单，投资成本低。

转让及合作意向：转让、专利许可、参股合作三种形式均可商谈。

通信地址：中国香港九龙长沙湾发祥街3号嘉里鸿基货仓一楼
电　　话：00852-91815427
E－mail：imfo@hkinventors.drg

张东海

男，非物质文化遗产传承人

发明名称：一种接骨散剂

专利（申请）号：ZL03118231.3

发明简况：本专利为纯中草药组成，无毒副作用，安全方便。骨伤科病是多发病、常见病，尤以青少年及农村发病率较高，患者较多；中草药资源丰富，价格便宜，适合农村基层医疗推广应用，有利市场拓展。

转让及合作意向：面议。

通信地址：湖南省龙山县华塘街道龙凤路197号
邮政编码：416800
电　　话：0743-6290136

张俊卿

男，81岁，大专学历，副主任医师

发明名称：网纱膏药

专利（申请）号：ZL201120364089.1

发明简况：一种网纱膏药，由下至上依次为外背衬层、内背衬层、膏药层、膏药防护层、封药层；其中，外背衬层为上表面具有粘贴胶的无纺布，内背衬层为上表面具有粘贴胶的珠光膜，膏药防护层为网纱，封药层为蜡光纸。所述内背衬层的尺寸小于外背衬层的尺寸并胶合在外背衬层的中心，所述膏药层为圆片形状的硬膏药并附置在内背衬层的中心，所述膏药防护层的尺寸小于内背衬层的尺寸，其边缘与内背衬层胶合，所述封药层的尺寸与外背衬层的尺寸相同，其边缘与内背衬层的边缘及外背衬层的边缘胶合。本实用新型具有良好的密封性能、敷贴的舒适性能、硬膏药低温环境下的抗破碎性能和贴后的抗流淌性能。

转让及合作意向：转让、合作或无偿、无保留地交给国家相关部门开发利用。

通信地址：河北省秦皇岛市长城花园711信箱　　邮政编码：066000
电　　话：0335-3646537　　E－mail：464402668@qq.com

张国榉

男，76 岁

发明名称：球齿形列小直径硬质合金整体钎子

专利（申请）号：CN85102269

发明简况：发明人主持研制的“中小直径新型钎头”、“球齿形系列硬质合金整体钎子”、“沉底式感应钎焊固齿球齿钎头”、“极坚韧岩石用特重型钎头”、“钻车凿岩用中大直径钎头”、“钻车凿岩用重大直径钎头”、“钻车凿岩用重型螺纹连接钎杆”、“超纯、超细、窄带 Cr—Ni—W—Mo—V 系‘热穿孔－带芯热轧法’、‘钻孔法’钎钢暨整钎”以及“硬质合金复合片齿钎具”，解决了困扰国内外凿岩钎具界的诸多难题，实现了大瑶山隧道、三峡工程等国家重点工程进口钎具国产化，并使我国冲击凿岩技术在沉寂 160 年后，重新跻身于世界同行业前沿。

张国榉是著名凿岩工程专家，我国凿岩工程主要学科带头人之一。

通信地址：湖北省武汉市鲁磨路 388 号中国地质大学

邮政编码：430000

电　　话：027–87803877

张景元

男，63 岁，研究员，副总经理

发明名称：段木菌丝体熬制液及加工方法

专利（申请）号：ZL96118223.7

发明简况：应用本发明研发生产的产品为“今迈通口服液”（国食健字 G20041178）。此产品于 2008 ～ 2009 年连续两年入编《国医年鉴》一书，并于 2010 年被中国医师协会推荐为唯一治未病的指定产品。现已四批出口韩国，深受广大消费者欢迎。

发明人为 1965 年老知青，1979 年回城任洪江市茶场场长。2004 年合股创办湖南森康生物技术有限公司，任董事、副总经理。1994 年获中国食药用菌首届天麻有性繁殖推广应用奖，1996 年获得发明专利。

通信地址：湖南省长沙市韶山北路 216 号唯一星城 · 国际 1408

邮政编码：410000

电　　话：13873129096

E – mail：hnsenkang@163.com

张继成

男，70 岁，大专学历，研究员

发明名称：一种治疗心脑血管疾病的中药组合物

专利（申请）号：ZL201010504684.0

发明简况：一种治疗心脑血管疾病的中药组合物，它是如下按重量份计的原药混合而成的粉剂或者粉剂胶囊：三七 1 份；红花 0.5 ～ 1.5 份；水蛭 0.1 ～ 0.9 份；丹参 1 ～ 2 份；地龙 0.5 ～ 1.5 份，还可加入当归 1 ～ 2 份；白芍 1 ～ 2 份，川芎 0.4 ～ 1.2 份；牛膝 0.8 ～ 2 份；钩藤 1 ～ 2 份；郁金 0.5 ～ 1.5 份；柏子仁 0.5 ～ 1.5 份；朱砂 0.05 ～ 0.3 份；冰片 0.05 ～ 0.4 份。发明特点在于对脑供血不足引起的头昏、眩晕有快速疗效，服药后 3 ～ 10 分钟即可消除症状，恢复头脑清醒，顿觉神清气爽，连服一周，一个月内无头昏目眩，对中老年人保健十分有用，对于脑溢血轻度后遗症，如脚手麻木。行走无力等症可在持续服药 5 ～ 9 个月内恢复正常。

转让及合作意向：面议。

通信地址：云南省个旧市金湖西路 245 号

邮政编码：661000

电　　话：0873–8882078

张龙翔

男，70 岁，中专学历，总经理

发明名称：电流显示电路

专利（申请）号：ZL201020111275.X

发明简况：本实用新型包括电源、负载，一个能量显示器，一个发光二极管与能量显示器的输出端相连接。所述的能量显示器包括圆环、细漆包线、导线、骨架，细漆包线绕在圆环圆周上，细漆包线的两端与发光二极管相连，骨架套设在细漆包线外并用绝缘材料固封，导线绕在骨架外，导线的一端与电源相连，另一端与负载相连。

其优点和效果是：电流显示电路能准确及时地反映电器负载是否处于正常运行状态。本专利适用于：日用电器、家用电器、工矿企业的三相、单相用电设备的电力拖动系统等。

转让及合作意向：转让、合作均可，有意者与发明人联系。

张龙翔曾获得由国家知识产权局主办的中国国际专利与名牌博览会金奖。

通信地址：上海市闵行区川江路 558 弄 43 号 104 室　　邮政编码：200240

电　　话：13701802163

张景玉

男，教师

发明名称：化学实验用三脚架；氢气试验装置

专利（申请）号：ZL201020501830.X；ZL200920029724.3）

发明简况：化学实验用三脚架，本实用新型的目的是弥补现有技术的不足，提供了一种拆装方便、占用空间小、方便携带、方便调节高度的化学实验用三脚架。

氢气试验装置，本实用新型的目的在于提供一种结构简单、使用方便、容易操作，可以观察到整个反应过程的氢气试验装置。

转让及合作意向：转让、专利许可、参股合作三种形式均可商谈。

通信地址：山东省菏泽市郓城县郓城镇东门街南段 9 号山东郓城师范学校

邮政编码：274700

电　　话：13020646777/0530-6523259

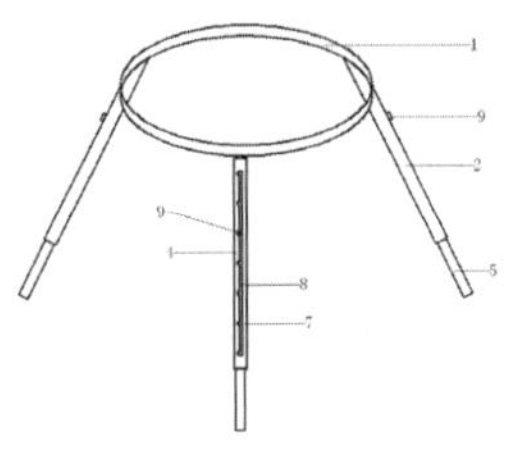

张　雷

男，30 岁，博士研究生学历，副教授

发明名称：煤中有机氧含量的测定方法

专利（申请）号：ZL200910074439.8

发明简况：本发明解决现有煤中有机氧含量的测定方法误差极大以及现有氧含量测定方法都需在惰性气体环境下进行等问题。该测定方法是先求得煤中全氧含量，再求得无机氧含量，最后通过这两者之差来求得有机氧的含量；这种方法主要集中于对煤粉中全氧含量和无机氧含量的定标和计算。从实验测量结果来看，对有机氧测量的精度为 1.15% ~ 1.37%，测量的平均相对误差为 19.39%。

转让及合作意向：转让参考价 2000 万元；合作，以本发明专利作抵押，融资 1000 万元或合作参股投资 1000 万元成立公司。

通信地址：山西省太原市坞城路 92 号山西大学光电所

邮政编码：030006

电　　话：0351-7018904

E - mail：k1226@sxu.edu.cn

张洪沙

男，大学学历

发明名称：一种杂化材料检查井盖及其制造方法

专利（申请）号：ZL200910216194.8

发明简况：该专利具有明显优势：承载能力高，最高试验荷载已经达650kn；使用寿命长，理化指标良好、抗老化、防酸碱、耐磨性均超过铸铁井盖；嵌入深度佳，A级（试验荷载15kn）25kn，D级（试验荷载400kn）嵌入深度55mm。井盖为平底，嵌入深度与承载能力之比，目前尚无其他产品能超越；安全防范优，超过规定荷载而导致井盖损坏时，井盖不解体，使正在通过的车辆能安全通过；取出骨架十分困难，增大盗卖成本而具有防盗作用，更加全面fb杜绝了安全隐患；生产工艺简单、投资少、成本低、噪声少、绿色低碳。

转让及合作意向：技术转让或可合作生产，具体事宜可面谈协商。

通信地址：四川省成都市武侯区玉林东街16号2–18–3室

邮政编码：610000

电　　话：18980675109/028–85568687

张文起

男，69岁，本科学历，高级工程师

发明名称：汽车水箱自动快速补漏剂

专利（申请）号：CN200610134526.4

发明简况：本发明涉及一种汽车水箱自动快速补漏剂，属于防、补漏技术，其组成成分包括素胶、水工胶液和填充粉料按配方的比例经加工而成的颗粒状产品。本产品具有补漏速度快、保持时间长、添加防冻液后补漏效力不减、降低成本50%等优点，同时实施容易，利于推广应用，特别适于各类汽车水箱防、补漏用。

本专利项目已经通过中试，生产技术成熟，经各地用户反映，已达设计标准，原材料易购，成本低，利润丰厚，自制设备，投资小、上马快，生产中无高温、高压，无毒无害。

转让及合作意向：本专利可转让或合作经营。

张文起现任辽宁昌氏化工（集团）有限公司总经理助理。

通信地址：辽宁省营口市大石桥市光明里6号70–1

邮政编码：115000

电　　话：13304976755

张正儒

男，70岁

发明名称：参花酒的制作方法

专利（申请）号：ZL03123539.5

发明简况：本发明涉及一种参花酒及其制作方法，是在传统药膳的基础上，采用经过拣选除杂的中药材成分加入四川浓香型曲酒中制成参花酒。其加入的中药成分包括金银花、枸杞、花苓、白术、黄柏、柏子仁、五味子和西洋参。在70°优质酒中，按照配方量加入上述8种药材，在45℃ ±2℃的温度下密封恒温保持35天，再经过滤，滤液蒸馏，得到参花含香酒，再根据不同需要配兑配成500、450、380、220的参花酒。

本发明突破了传统工艺方法，去除了中药材自身的苦涩味等口感不适及受影响的外观色泽，沉清透明，并在500、450、380、220参花酒中完全保留了四川浓香型曲酒的口感与香味，酒药两香。

通信地址：四川省成都市人民南路四段53号嘉云台甲幢7–B

邮政编码：610043

电　　话：028–87784068/13111864939

张慧书

男，72 岁，大专学历，工程师

发明名称：利用地热能发电的方法及装置

专利（申请）号：ZL200710092826.5

发明简况：本专利采用低沸点工质的有机郎肯循环的原理；单井全封闭自动抽热方式工作；浅层钻井（井深 1500 ～ 3500 米）；井内井外只有能量流，没有物流，不会影响地层结构及水文状态。本专利绿色零污染，不排放 CO_2、SO_2、NO_x 及固体颗粒物；发电成本低，一般地热电能的发电成本在 0.3 元／度电左右，远低于其他绿色新电能。

本专利项目可应用到燃煤电厂的转型，县、乡、镇、村的能源自给，太阳能光热发电应用等领域。

张慧书现为重庆天豪建材有限责任公司总工程师，重庆金火王生物液体燃料研究院总工程师。

通信地址：重庆市南岸区长生桥镇凉风村三根树
邮政编码：401336
电　　话：023-62451700/13983989130

张立新

男，49 岁

发明名称：多功能餐车炉

专利（申请）号：CN200610160035.7

发明简况：本发明的目的是克服已有的技术缺陷，提供一种高效节能的炉具。该发明是一种一炉多用，具备四项功能和六种功效（餐饮、取暖、煲汤、烧烤、洗浴、移动）的炉具。餐车炉工作原理：主炉燃烧产生火焰供炒菜，加工各类饮食；余火通过集热器连通的过火烟道进入集热器，集热器上部连接副炉口，副炉喷出的火焰可做饭、煲汤、加温；集热器产生的高温，由集热器外部冷水吸收，使水沸腾，产生蒸汽，蒸汽由台面出汽口涌出，可蒸饭、保温；集热器向下产生的余热，由烤箱的均热器过热孔喷出使烤箱产生高温，用于烤制食品。

转让及合作方式：转让或合资均可。

通信地址：安徽省阜阳市颍东区阜涡南路东方红建材城工业园
邮政编码：236000
电　　话：0558-2319588

张坤树

男，78 岁，博士研究生学历

发明名称：利用非燃性硫酸铵以抑制燃烧炉发生戴奥辛类物的方法

专利（申请）号：CN201010139456.8

发明简况：本专利目的在于解决已有处理燃烧炉所发生戴奥辛类物的方法成本过高的问题，属于化工领域。其特征在于：向燃烧炉中投放适量硫酸铵，其与燃烧物的重量比例为 1：3000，当炉温达到 513℃以上时，硫酸铵分解，并与炉中所发生的氯化苯、多氯联苯、多氯二联苯呋喃及氯二联苯戴奥辛等高毒性物起反应，生成低毒性的苯、联苯和联苯氧化合物，同时释放氧、氧化胺和三氧化硫；其中苯、联苯和联苯氧化合物在高温下会与氧继续起反应，变成二氧化碳和水。

张坤树现为三誉研究所开发有限公司执行董事。已获发明专利权累计 26 项，曾获国家发明金奖、国际发明金奖 9 项，银奖 5 项和铜奖 5 项。

通信地址：台湾省高雄市三民区建德路 30 号 4F
邮政编码：80288
电　　话：00886-73860558

张继盛

男，70岁，本科学历，高级工程师

发明名称：压入式锅炉脱硫除尘器

专利（申请）号：ZL200820027359.8

发明简况：本实用新型公开了一种压入式锅炉脱硫除尘器，包括箱体，箱体的内腔上部为除尘腔，下部为盛水腔，箱体内设有把除尘腔依次分隔成第一除尘腔、第二除尘腔、第三除尘腔和出烟腔的挡烟板、阻烟板和横挡板。挡烟板的上边与箱体的顶壁间设有进烟通道，下边延伸到盛水腔内；阻烟板的上边与箱体的顶壁固接，下边高出盛水腔；横挡板的一边与箱体的另一端壁间设有出烟通道，横挡板的其余三边分别与阻烟板和箱体的前、后侧壁连接；第一除尘腔连接有喷烟管，出烟腔上连通有出烟管，第一除尘腔和第二除尘腔内各设有连接在箱体的顶壁上的喷淋头，箱体的箱壁上设有溢流口。该压入式锅炉脱硫除尘器能把烟气与水充分混合，除尘脱硫效果好。

转让及合作意向：转让、专利许可、参股合作三种形式均可商谈。

通信地址：山东省潍坊市昌邑市新兴街80号18—1751信箱

邮政编码：261300

电　　话：0536—7214291

张师祝

男，57岁，硕士学历，研究员，公司总裁

发明名称：一种动态口令输入规则

专利（申请）号：CN200910177255.4

发明简况：本发明涉及一种动态口令输入规则，是一种防止动态口令被非法盗用的规则。本发明使用的系统包括手机、通信网络、短信平台服务器、用户PC、互联网、应用服务器。本发明采用动态口令输入规则，将动态口令运算转换成为一次性密码隐私信息，然后在PC上通过键盘输入开始就保证密码的安全特征，并保证输入用户账号等个人信息安全地传送。正因为有这个特征，即使在非常恶劣的环境中也能保证个人信息不会受到威胁，以确保动态口令输入使用的安全。

转让及合作意向：转让、专利许可、参股合作三种形式均可商谈。

通信地址：北京市丰台区马家堡西路15号一区2007

邮政编码：100068

电　　话：13146358208

E－mail：zhangsz3377@sina.com

张领然

男，61岁，中专学历

发明名称：整体水泥复合保温外墙生产安装工艺及相配套的摊抹板机

专利（申请）号：ZL200910119599.X

发明简况：本发明提出了无桥热、无开裂、低成本，并把水、电、气、管道及门窗口一次做出的整体水泥保温外墙及生产方法，并在安装时与框架施工同步进行的建筑新工艺，并设计出相配套的摊抹板机，采用多轨道、多层叠压的方法连续生产。本发明能使建筑隔热保温、节能环保，轻体牢固、抗震防震，节约材料、降低成本、缩短工期，一次施工取得事半功倍的效果。该工艺不但适用于楼房居室建设，同样也适用于冷库建设，不但适用于外墙生产安装，同样也适用于内墙的生产与安装施工。

转让及合作意向：合作、转让、融资均可。

通信地址：河南省延津县城东路南原汽车修配厂院内

邮政编码：453200

电　　话：0373—7636535

E－mail：xxjc8888@126.com

张德士

男，83 岁，工人

发明名称：一种磁动力节能装置

专利（申请）号：ZL200820136539.X

发明简况：本实用新型公开了一种磁动力节能装置，包括机壳，其特征是：还包括空轴、三角柱磁铁、小三角柱磁铁；所述三角柱磁铁镶嵌于空轴外表面；所述小三角柱磁铁，分两排放置，上排和下排之间有间隙，镶嵌于机壳的内表面；所述机壳裹住空轴。本实用新型具有结构简单、使用方便，牢固可靠，节能效果明显等特点。

转让及合作意向：转让、专利许可、参股合作三种形式均可商谈。

通信地址：辽宁省昌图县双庙子镇道东 3 组
邮政编码：112503
电　　话：0410–4415033

张亚玉

男，44 岁，大学学历，高级工程师

发明名称：一种高效环保节能锅炉

专利（申请）号：ZL200810138729.X

发明简况：本发明提供一种高效环保节能锅炉，该锅炉是由节能锅炉和脱硫除尘器组成，节能锅炉的排烟口与脱硫除尘器的进烟口连接，节能锅炉是由下炉体和上炉体组成，上炉体设置在下炉体的上部，下炉体的中间是炉膛，周边是水套，炉膛的底部设置有双层管式炉排，双层管式炉排的侧面设置有带碟阀的二次补风口，炉膛的上部设置有锥形集烟口，在锥形集烟口上呈放射状设置有三次补风管，三次补风管的外端穿过下炉体水套与设置在下炉体外壁上的环形补风道相通，环形补风道上设置有带蝶阀的三次补风口；上炉体包括上行烟道、下行烟道、上行烟管、导烟板、二次燃烧室、预热水箱、集烟室、环形内水套和环形外水套，上行烟道的下端与炉膛上部的锥形集烟口连接。

转让及合作意向：转让、专利许可、参股合作三种形式均可商谈。

通信地址：山东省临沂市经济技术开发区重沟办事处新集子村阳光锅炉厂
邮政编码：276027

张国法

男，38 岁，本科学历

发明名称：真空胎安全装置

专利（申请）号：ZL201020207160.0

发明简况：普通真空胎在爆胎情况下车轮重心突然下降较多，产生偏转力矩使车辆较难控制，尤其车辆在高速行驶时很容易导致事故发生。

本专利提供一种真空胎安全装置，在真空胎爆胎后使爆胎车轮重心下降较小，车辆处于安全可控状态，并能以一定速度继续行驶一定距离，提高车辆安全性能。

本专利突出之处：通过旋紧支撑螺杆可以使支撑圈与轮辋结合较紧，较好地解决了爆胎后车辆继续行驶时支撑圈与轮辋之间的滑动摩擦现象，从而可以使车辆爆胎后能以较高速度继续行驶较远里程，能够较好地化解车辆爆胎危险并能使车辆爆胎后继续安全行驶。

转让及合作意向：转让、专利许可、参股合作三种形式均可商谈。

通信地址：江苏省连云港市灌南县新安镇镇郊新村 8–5 号　邮政编码：222500
电　　话：0518–83223914/13605129706
E – mail：Zgf_cn@163.com

张西英

女，38 岁，本科学历，副主任医师

发明名称：腔道防癌取样器

专利（申请）号：ZL200710014057.7

发明简况：该腔道取样器包括并列连为一体的充气管和冲洗管。充气管和冲洗管末端封闭，顶端分别为开口 A、开口 B，开口 A 上有门塞。充气管和冲洗管末端包绕有气囊，充气管的后端开有通向气囊的出口 A，冲洗管后端开有通向外界的出口 B，冲洗管的后端内部设有气囊膨胀时包覆气囊的网罩，网罩的一端连接充气管末端，另一端通过外引线延伸出冲洗管外。本发明具有通液、引流、收集宫腔内膜、胃黏膜、食道粘膜等脱落细胞、冲洗、压迫止血、局部用药、胃内营养等多种功能。

转让及合作意向：转让、专利许可、参股合作三种形式均可商谈。

通信地址：山东省菏泽市解放大街 688 号菏泽市立医院分院妇产科
邮政编码：274000
电　　话：0530-6679927
E - mail：zhangxiy@126.com

张春阳

男，7 岁，小学在读

发明名称：地震报警器

专利（申请）号：CN201010289282.3

发明简况：本发明提供了一种包括感应装置和报警电路且可进行声光报警的地震警报器，包括感应装置和报警电路，其特别之处在于：所述的感应装置包括固定于底板上的支撑架和悬挂于支撑架上的磁铁，所述的报警电路包括电源、设置于磁铁下方的干簧管和设置于电路中的声光报警装置，所述的干簧管以常闭点的形式接入电路中。本发明的警报器包括感应装置和报警电路，既实现了对地震的快速感应，又实现了对震中人们很好的警示作用；在报警电路中还可设置起到自锁作用的继电器 J，使报警信号连续不间断。

转让及合作意向：转让或其他合作方式。

通信地址：山东省济南市天桥区师范小区 19 号 1 单元 303
邮政编码：250031
电　　话：0531-85811270

张玉增

男，48 岁，初中学历

发明名称：机械蓄能动力装置

专利（申请）号：ZL201020610010.4

发明简况：本专利涉及一种机械蓄能动力装置，将机械能储存再利用机械蓄能自动装置。具有结构简单，方便实施，操作方便、性能可靠，储能释能效率高，性价比高，适用范围广的优点。

转让及合作意向：转让、专利许可、参股合作三种形式均可商谈。

通信地址：河北省大城县臧屯乡任前庄
邮政编码：065902
电　　话：15933060875

张会明

男，58岁，大专学历，工程师

发明名称：圆盘式硅藻土全自动净水设备

专利（申请）号：ZL201010283614.7

发明简况：本项目发明属于水处理技术领域，是一种圆盘式硅藻土涂层微孔膜为过滤介质的全自动净水设备。

本发明专利是充分利用硅藻土涂层的微孔膜来滤除液体中的悬浮物、杂质等微小颗粒达到水质净化；采用先进的全自动新技术控制理念，实现了节能、降耗、低碳、环保的新一代净水设备；其效果是：(1) 使整个滤水过程科学化，主体结构新颖，控制理念先进；(2) 冲洗过程全自动化，降低了工人的劳动强度，节约了资源；(3) 避免了人工清洗可能对设备带来的机械损伤及二次污染；(4) 变压恒量滤水充分，保证滤液滤出量不因滤盘表面部分堵塞而造成过滤量减少不能满足设计需求。滤水水质、水量稳定并具备自动检测滤料堵塞状况，适时全自动冲洗的密封式净水设备；(5) 旋转驱动部分采用密封软连接，动力部分耗能仅相当于现有技术的20%～30%。

转让及合作意向：愿与给排水领域深度开发的大专院校或科研单位合作开发。

通信地址：山东省德州市经济开发区东方红东路美食城东150米路南

电　　话：0534-5011869　　　E-mail：Keyuan618@163.com

张　磊

男，30岁，硕士研究生学历，讲师

发明名称：平安包

专利（申请）号：ZL201030187323.9

发明简况：本发明涉及一种平安包，外部轮廓采用了平安锁独特的造型，表面饰以青花瓷朴素优雅的图案。细节之处与整体造型呼应，搭扣采用平安锁的形式，显得精细美观，富有中国特色。造型独特，花纹美观，视觉上是一种美的享受，功能实用，使用方便。

张磊硕士毕业于南京工业大学工业与艺术设计学院工业设计专业，主要研究方向为平面设计，现为中国流行色协会会员、江苏省工艺美术学会会员。在高等院校从事艺术设计的实践与教学工作近8年，其间作为主编正式出版专业性书籍5本，发表专业学术论文7篇，获省级以上专业奖项12项，市级专业奖项2项，外观设计专利1项。

通信地址：江苏省常州市武进区大学城工程职业技术学院建工系装饰组

邮政编码：213164

电　　话：13813692801

张勇华

男，51岁，高中学历，司机

发明名称：汽车碰撞缓冲器

专利（申请）号：ZL200920077141.8

发明简况：一种汽车碰撞缓冲器，通过压缩气罐和胶气垫的配合来对汽车本身提供缓冲力，其包括一环状壳体、数个胶气垫以及一活塞部。壳体内纵向排列有数个压缩气罐，压缩气罐内具有压缩气体，壳体前端设有一挤压板，挤压板上设有与压缩气罐数量一致且正对压缩气罐的阀门的顶针，壳体后端设有一固定板，固定于汽车保险架中间割开而形成的空间内，壳体中央设有一通孔；数个胶气垫设于壳体内且包围每个顶针与每一压缩气罐的阀门，以在每个顶针与每一压缩气罐的阀门之间形成供压缩气罐内的压缩气体膨胀的空间。活塞部穿设于壳体的通孔内，且部分露出于壳体前方，活塞部前端设有一碰撞板与壳体的挤压板相对，且碰撞板与挤压板之间的活塞部段上套设有一弹簧。

转让及合作意向：转让、专利许可、参股合作三种形式均可商谈。

通信地址：上海市延长西路40弄4号103室　　邮政编码：200065

电　　话：021-56615055

张群刚

男，58 岁，硕士研究生学历，高级工程师

发明名称：镀金用柠檬酸金钾及其制备方法

专利（申请）号：ZL200710193015.4

发明简况：本发明公开了一种镀金用柠檬酸金钾及其制备方法，该柠檬酸金钾分子式为 $K_3Au_2C_9H_5O_7N_2$。制备方法是将三氯化金溶解于一定温度的水中，在该温度下多次浓缩、稀释，在反应器中，通过一定的温度和时间，与柠檬酸钾、乙二胺四乙酸、丙二腈反应制成的一种有机金盐。毒性低，不含游离氰，产品和氰化金钾在相同金含量时，总 CN^- 含量为 5% ～ 6%，比氰化金钾中 CN^- 含量低 50%以上。镀金后的废液中仅含有微量游离 CN^-，降低了电镀企业的废水处理成本。

通信地址：河南省三门峡市经济开发区分陕路西砥柱路北

邮政编码：472000

电　　话：15039878798

张晓鹤

男，大学学历

发明名称：一种风帆式发电机

专利（申请）号：CN201010566644.9

发明简况：本发明公开了一种风帆式发电机，包括一塔体基座，所述塔体基座上设置有塔体基台，所述塔体基台上设置有一组回转轴承，所述回转轴承内设置有一塔体主轴，所述塔体主轴的下端与联轴器的上端固定连接，所述联轴器的下端与一发电机连接，所述塔体主轴外侧通过风帆支撑臂分布设置有多个以获得风动力驱动所述塔体主轴公转的风帆，所述风帆与控制所述风帆进行自转的外置驱动装置连接。风帆的自转方向与塔体主轴的公转方向相反，风帆自转一周的同时塔体主轴反方向公转一周，风帆的前缘永远指向风向，风帆的等效平面与风向的夹角在塔体主轴旋转的圆周上按函数规律作数学解析。本发明的风帆式发电机风电转换效率高、单机输出功率大。

通信地址：江苏省苏州市高新区新升新苑 12 幢 401 室　　**邮政编码**：215011

电　　话：0512-67893215

张福全

男，43 岁，本科学历，工程师

发明名称：一种可调节式遮阳百叶窗

专利（申请）号：ZL201020541408.7

发明简况：一种可调节式遮阳百叶窗：叶片两端受拉，并环绕中轴转动，调节角度 0 ～ 180 度，可有效降低热胀冷缩影响使叶片稳定，同时实现了遮阳隔热、调节风向、采光、保温、减低噪声、隔断视线的效果。在全闭合状态下不需要照明，仍能保持室内光亮，起到节约用电、降低能耗的作用。

产品选用先进的材料：高强、自洁、耐久，为国家实现节能减排，同时为各类建筑外遮阳的强制性标准实现提供了技术支持和物质保障。

转让及合作意向：转让、专利许可、参股合作三种形式均可商谈。

通信地址：上海市松江工业区荣乐东路 83 弄 4 号 601 室

邮政编码：201613

电　　话：021-67742785

张冀晋

男，大学学历

发明名称：集约型墓地厝室位

专利（申请）号：ZL201120118635.3

发明简况：本实用新型涉及一种板式结构骨灰盒存放室，特别是立体的家族式集约型墓地厝室位。其特征是：在土地表面之下设置矩形中空立方室体，室内后部用纵向分隔板和横向分隔板隔成存骨灰盒的厝架，室内前部为祠室空间，祠室上方的顶板上设置有人孔，人孔上配置有密封盖板。

通信地址：云南省昆明市正义路北段四通巷3号

邮政编码：530000

电　　话：13678726672

张克勤

男，大学学历

发明名称：高性能防弹衣

专利（申请）号：CN201110026945.7

发明简况：本发明公开了一种高性能防弹衣，防弹层由一组防弹块成鱼鳞状排列组成，所述防弹层的各个防弹块是具有一定弧度的曲面结构，分别放置固定在由软面材料制成的防弹衣的前、后片上缝制的，边沿相互重叠搭接的夹袋内。本发明可以解决传统的防弹衣防弹效果差，使用不方便和舒适性差等技术问题。

张克勤说："防弹衣安全的问题不是可以一劳永逸的，研制之后便再也不会改变。就拿人类几千年的文明发展过程来讲，很多防范安全方面的问题一直存在于我们周围。我们必须把产品研制在一个可防范的范围内，这样才能保证生命的安全。"

通信地址：北京市海淀区温泉9512信箱

邮政编码：100095

电　　话：010−62489623

张仲生

男，55岁，中专学历，工程师

发明名称：一种测量不规则物体体积的装置和方法

专利（申请）号：CN201110165465.9

发明简况：将不规则物体放入亥姆霍兹共鸣器的空腔内，共鸣器的共振频率随之变化，变化量取决于放入空腔内不规则物体体积的大小，用电子技术对共鸣器共振频率的周期进行取样、扩展、量化、运算，就得出不规则物体的体积。通常测量不规则物体的体积（或比重）是用阿基米德发明的静水力学法，本发明较之有明显优点：可测量任何比重的固体和液体的体积（不能测量不定体积的物体，如松软的棉团之类），测量有小洞、小孔、小间隙的物体不影响其结果值；测量时不需要附加材料；操作简单，使用方便，易于推广。

转让及合作意向：本发明转让技术，将商品研发中不公开的核心内容无条件、无保留地移交给接产方。

通信地址：广东省湛江市赤坎区北桥路8号3栋601房

邮政编码：524000

电　　话：13377599657

张 旻

男，31 岁，博士研究生，助理研究员

发明名称：用于蛙虹彩病毒检测的标准阳性参考物质

专利（申请）号：CN201010256303.1

发明简况：本发明建立了一种标准阳性重组质粒，可在蛙虹彩病毒的分子生物学检测中作为阳性参考物质。

本发明设计出一对特异性引物，扩增出甲鱼虹彩病毒（Soft—shell turtle iridovirus，STIV）核衣壳蛋白（Major capsid protein，MCP）全基因，利用目的基因构建重组质粒，将其命名为 pGEM—T—S。pGEM—T—S 结构包含 STIV 全 MCP 基因，可与所有根据 MCP 某段基因设计得引物特异性结合；不仅如此，由于 STIV 全 MCP 基因与流行性造血器官坏死病毒和虎纹蛙虹彩病毒的 MCP 基因同源性超过 97%，因此 pGEM—T—S 也可作为标准阳性参考物质用于 EHNV 和 TFV 全 MCP 基因的 PCR 或荧光定量 PCR 检测，在分子生物学检测领域应用广泛。

通信地址：北京市朝阳区惠新里 241 号 109
电　　话：010—64933405

张进发

男，56 岁

发明名称：一次成型式开沟机

专利（申请）号：ZL200820179856.X

发明简况：本实用新型公开了一种一次成型式开沟机，包括轮式拖拉机，其特征是在轮式拖拉机的后部设置支架，在支架上设置刀盘，刀盘通过动力传动装置、传动轴与轮式拖拉机的变速箱连接；在刀盘上固联旋耕刀片，旋耕刀片的弯曲方向从刀盘圆面的中间分别朝向刀盘两侧。本实用新型结构简单，使用方便，在利用现有农用机械的前提下加装挖掘支架，成本低，效率高，其能一次性将田地里所需要的沟挖掘出来，能更好地满足农业生产的需求。

转让及合作意向：转让、专利许可、参股合作三种形式均可商谈。

通信地址：海南省东方市农机服务中心感城镇农机站
邮政编码：572633
电　　话：13976435089/0898—25828398

张福工

男，68 岁，本科学历，农艺师

发明名称：简易渗灌栽培柱设施

专利（申请）号：ZL200920169301.1

发明简况：本实用新型是一种集渗灌与立体栽培柱于一体的农、林种植用栽培设施。其结构特征为桶状渗灌栽培单元重叠垒成栽培柱设施，桶状渗灌栽培单元内部设置隔水槽，能蓄水，栽培柱外围立面设置种植插管。此设施易于作物生长，可实现节水、节肥及能扩大生产面积等多种增产目标。

转让及合作意向：普通转让，技术入股。

通信地址：四川省成都市马鞍北路 32 号 A 座 13—8
邮政编码：610081
电　　话：13348810300
E－mail：2637483872@qq.com

张 宁

男，50岁，研究生学历，研究员

发明名称：短波收信天线至接收机的无线电短波非金属远程传输系统

专利（申请）号：ZL200520112274.6

发明简况：本专利是一种在短波收信天线至短波接收机之间利用光纤传输短波信号的系统，系统采用光电转换的方法，将短波天线接收的电信号转换为光信号，通过光缆远程传输至接收端再还原为电信号。达到了传输损耗小、可靠性高的目的，从而解决了短波电台和天线之间通过金属电缆连接存在信号传输损耗的问题。该系统具有噪声低、灵敏度高、动态范围大的特点。使用该系统可使短波接收天线与短波电台之间距离达到40千米以上，从而打破了天线场不能远离短波电台及机房的限制，提高了无线电通信枢纽的隐蔽性，同时，还可有效提高通信枢纽中电子设备抗新概念武器电磁脉冲炸弹攻击的能力。

转让及合作意向：面谈。

专利人系全军通信网络管理领域专家、网络管理学术带头人，博士、硕士生导师。2005年批准享受政府特殊津贴，2003年被评为总参优秀中青年专家，2005年被聘为全军通信兵军事理论“信息网络管理”研究方向首席研究员。近年来，先后参与主持完成了军事综合信息网、全军通信网络综合管理系统、战略、战术卫星通信系统等军队重大科研项目20余项，发表论文20余篇。2002年、2007年、2009年获军队科技进步一等奖3项，分别排名第一、第二、第三；2004年、2007年获军队科技进步二等奖3项，分别排名第四、第二、第三；2004年荣立二等功。

通信地址：北京市海淀区复兴路20号网管中心

电　　话：010-66818801

E－mail：Wgzx_zhangn@sina.com

张诗文

男，78岁

发明名称：一种将地热与空气相融合应用于室内控温的节能设计

专利（申请）号：CN201110197895.9

发明简况：理念：以能节能。领域：能源开发涉及民生。背景：地热在农业上已有广泛应用，但用于室内还无先例。原理：应用地热在特定条件下能与空气相融合形成地气，这时地气有一较恒定的区间温度15℃～25℃和流动性强的两大特点，实施设计。流程：外界空气→竖道→消毒器→融合横道→地气库→送气道→室内→循环道→排气道→屋面出口。设计：与建筑工程设计同步进行。施工：与建筑施工同步进行。前景：有地下空间设计的工程都适用。特点：节能降耗，增强社会经济发展后劲，物优价廉，是最完美的人居环境。效果：室内不装空调暖气，冬暖夏凉，四季如春，空气新鲜，舒适宜人。

转让及合作意向：转让、专利许可、参股合作三种形式均可商谈。

通信地址：重庆市巫山县巫峡镇祥云路教委宿舍5单元401

邮政编码：404700

章洪

男，56岁，本科学历，高级教师

发明名称：旋翼飞行轿车

专利（申请）号：ZL03159020.9

发明简况：本专利是一项对常规“旋翼机”进行折叠收藏的改进发明，它类似于鸟类的飞行、降落、收翅、走向鸟巢的过程，很好地模拟了鸟类的飞行和行走。其结构简单、安全、价廉，它能够满足空中快速飞行、公路短距起降、经公路驶向家庭车库的使用要求。

在城市中使用单向行驶来兼容“旋翼飞行轿车”起降时，只需利用红绿灯将“旋翼飞行轿车”与其他车辆暂时隔离即可。本车在起、降时占用公路的时间短暂，它对公路交通影响很小，并且能够完成门户与门户之间的点对点的交通。本发明以易用、低成本、安全可靠性高而独具优势。

通信地址：辽宁省抚顺市抚顺城路（东段）14–3单元102号
邮政编码：113006
电　　话：0413–8961681

赵杨

男，大学学历

发明名称：胸前防盗艺术挂包

专利（申请）号：ZL200920276165.6

发明简况：本专利防盗艺术挂包，植入了民族元素，防盗、方便出行；它将增加一个新种类，成为新一代挂包。

女士爱美，但她们少有随身装东西的地方，尤其在热天，拿包不方便，很难做到优雅出行。我们让挂包与装饰相组合，用来装随身的手机、卡、零钱、小化妆用品、钥匙等。

挂包市场大，但竞争充分，利润有限。企业家现在急需的是生产出对消费者极具吸引力的新产品！本专利挂包现在还处于没有竞争的领先地位。国家专利的秀包，是最大的品牌，也一定会带动企业品牌价值的提升。

转让及合作意向：可以免费出让商标、品牌使用权，从彻底出让专利到转让独占或普通许可，还可以使用入门费加技术入股等多种合作形式。

通信地址：北京市海淀区115号7楼907室　**邮政编码**：100142
电　　话：13311230116　E–mail：johnn2000@vip.sina.com

赵晓江

男，50岁，本科学历，高级工程师

发明名称：三枕合一腰颈椎、失眠病人保健卧具

专利（申请）号：ZL200610146073.7

发明简况：本实用新型将“三枕合一”的腰颈椎、失眠病人被动保健理念，通过独特颈枕、腰枕、脚枕的应用，合理、有效地诠释在板式卧具上。其典型构成包含了可折叠板床及颈枕、腰枕、脚枕。通过对颈枕、腰枕的特殊设计和运用，能维护颈椎、腰椎正常生理曲线，保持颈腰肌肉的松弛，改善颈、腰部血液循环，利于颈腰椎疾患及肌肉劳损的修复。通过可调节式脚枕的特殊设计和运用，可增加血液循环，使失眠的人更易入睡。该专利项目设计简约、成本低；折叠式设计，便于包装和运输；项目含金量高，保护时间长，有很强的实用性和可推广性。

通信地址：四川省绵阳市仙人路一段30号绵阳师范学院创新学院
邮政编码：621000
电　　话：13981120402/13398392650

赵存瑞

男，56岁，助理工程师

发明名称：人力动力两用打谷机；取暖包

专利（申请）号：ZL91219592.4；ZL200420061922.5

发明简况：人力动力两用打谷机，该机人力动力根据需要，互相转换方便，只需装卸与主动齿轮轴及短链杆即可实现。脱下的谷粒，经风力及前后移动，即实现谷草分离，分别排出机外。目前，丰力牌、骏马牌打谷机已卸去人力部分，农村的拥有率逐年上升。

取暖包，本发明集高效、节能、环保、保健、取暖为一体，将热碳物质和药物质渗入一体，多功能、数字化、独创了热碳疗法。

转让及合作意向：转让、专利许可、参股合作三种形式均可商谈。

通信地址：广西壮族自治区全州县绍水镇农业服务中心
邮政编码：541501
电　　话：13367536213

赵一弘

男，45岁，本科学历，经济师

发明名称：具有改善胃肠道功能的保健茶及其制备方法

专利（申请）号：ZL200610083789.7

发明简况：本发明公开了一种具有改善胃肠道功能的保健茶及其制备方法，本发明的保健茶按重量比由绿茶：99～101份、土茯苓：27～29份、沙参：27～29份、淮山药23～25份、草决明19～21份、蜂蜜11～13份组成；制备本发明保健茶的方法包括配料、冲洗、粉碎、提取、制备混合微粒、包装消毒等步骤；本发明的保健茶长期饮用具有改善胃肠道功能，且本发明的制备方法工艺简单、适于工业化生产。

赵一弘现为北京奥特舒尔保健品开发有限公司和碧生源控股有限公司创始人、董事长兼CEO，曾获得第六届北京优秀创业企业家，第四届北京市优秀青年企业家突出贡献奖等称号。

通信地址：北京市房山区窦店镇秋实工业小区1号
邮政编码：102433
电　　话：010-80313000

赵锡鹏

男，29岁，本科学历，工程师

发明名称：旋挖钻机及其动力头传动装置

专利（申请）号：ZL201010273119.8

发明简况：本发明包括键套体，所述键套体的内壁开设有多个键槽，各所述键槽内配合有传扭键；所述传扭键的上端设有第一连接部，其下端设有第二连接部；所述键套体上端的内壁中设有支撑套，所述键套体下端的内壁设有支撑环；所述支撑套与所述第一连接部连接，所述支撑环与所述第二连接部连接。该装置一方面能够显著提高工作的安全可靠性，另一方面加工制造方便，能够有效降低制造成本；此外，该装置还能避免环境污染和资源浪费。本发明另一个核心为提供一种包括该动力头传动装置的旋挖钻机。

转让及合作意向：共同开发。

通信地址：北京市昌平区沙河镇辛庄桥北清路三一产业园旋挖研究院
邮政编码：102206
电　　话：15011390369

赵鸿书

男，57 岁，大专学历，工程师

发明名称：磁编码器一体化伺服电机

专利（申请）号：ZL201020213749.1

发明简况：本实用新型涉及一种电机，磁编码器一体化伺服电机，包括伺服电机、磁编码器、伺服电机的后罩和电机输出轴，所述的伺服电机的后罩内设有驱动模块，磁编码器固定在驱动模块上，在电机输出轴的端部磁编码器和电机输出轴设有磁钢，在伺服电机的侧面设有与驱动模块连接的插头。本实用新型磁编码器与电机分离，与电机输出轴分离，装到后罩的驱动模块上，利用磁极检测转子位置，智能初始化并设定绝对值，因为是模块化，所以取消了编码器连线和接头，取消专业人员和仪器的技术调整，降低磁场干扰和生产工艺技术成本，因而故障率低，没有维修技术门槛，普通工人即可维护。本专利通用性强，便于更换，易于推广应用。

转让及合作意向：转让、专利许可、参股合作三种形式均可商谈。

通信地址：辽宁省沈阳市东陵区文化东路 24–11–111 室

邮政编码：110015

赵建波

男，38 岁，大专学历，国家执业医师

发明名称：续筋活血接骨及其制备方法

专利（申请）号：ZL200910230345.5

发明简况：本专利涉及一种治疗骨折的中药及其制备方法。目前，对骨折病人的治疗一般采用手术或石膏外固定治疗，再辅以口服药物，但这种治疗方法存在痛苦大、疗效差、功能恢复慢等弊端。本发明是治疗骨折的一种外用药物，它的优点是制作简单，对皮肤无污染，皮肤吸收快，膏药塑形好，能快速消肿止痛，并能有效促进骨折愈合。该膏药对 X 线无阻光作用，便于骨折病人复查，并对不稳定的骨折，在膏药外敷的基础上，可用石膏或板外固定。本发明膏药基于中医理论，气血淤滞，不通则痛，血不活则骨不能接。鉴于上述理论，在中医辨证的基础上，经过筛选研究，并结合先人的方剂，采用活血化淤，改善微循环药物，加大骨折局部供血量，促进血肿吸收，使成骨细胞增生，减轻局部创伤炎症，促进骨折早期愈合。

转让及合作意向：此技术可以转让或寻求合作。

通信地址：山东省寿光市洛城斟灌城里村　　邮政编码：262734

电　　话：15163698778

甄维廉

男，75 岁

发明名称：一种清积聚、补精气、均衡营养，平衡体液酸碱度的中药制剂

专利（申请）号：CN200910131264.X

发明简介：本制剂由玄明粉和松花粉两味中药组方而成，为纯中药制剂，玄明粉是硝族成员，《本草纲目》上说它能除 120 疾；松花粉在中草药里是营养最全的药之一。两药配在一起被称为“英雄”。

本制剂清积聚，补精气，养胃消谷，帮助人体解毒，解金属毒，如铅、汞毒，石毒如砒霜、雄黄等，解酒毒。此外本制剂是人体血的保护神，对眼疾有治疗作用，对结石症、痔疮也有疗效。还可平衡体内血液酸碱度，调整人体阴阳平衡，对五脏六腑十二经络上所有的疾病都有一定的作用，无任何毒副作用，具有很好的发展前景。

转让及合作意向：本专利转让，国内以 2000 万元人民币转让，国外以 2000 万元美元转让。

通信地址：北京市西城区正觉胡同 6 号　　邮政编码：100035

电　　话：010–66125926

甄泽炳

男，高级工程师

发明名称：大跨度空间螺栓球钢网壳穹顶无支撑安装工法

专利（申请）号：ZL201010502563.2

发明简况：本发明涉及建筑施工技术领域，具体是指一种大跨度空间螺栓球钢网壳穹顶无支撑安装工法，其包括埋件安装、复测标高，网架杆件分类、装配节点，网架单体划分及吊装顺序，网架单体地面拼装，吊点、吊带、钢丝绳选择、试吊，首榀网架单体吊装，第一圈单体网架拼装，地面拼三角锥小单元，高空“散拼法”安装小单元，逐块拼接、网架合拢，屋面压型钢板安装，检查挠度及中心偏移以及验收的工序。本发明在地面拼装网架单体和三角架小单元，施工操作方便，易于调整精度偏差，保证安装质量，减少了高空作业安全隐患，且可有效降低施工成本，具有良好的经济效益和社会效益。

转让及合作意向：转让、专利许可、参股合作三种形式均可商谈。

通信地址：广东省深圳市福田区红荔西路 7022 号鲁班大厦写字楼 12 层

邮政编码：518000

电　　话：0755-83549692

钟　伟

男，大学学历，中医主治医师

发明名称：一种抗癌消瘤排毒汤

专利（申请）号：CN200410038090.X

发明简况：一种抗癌消瘤排毒汤，采用具有清热解毒、活血化淤、抗癌消瘤功效的中药，其中以蟾蜍、土鳖、水蛭、斑蝥、壁虎等动物药为主药，辅以黄芪、人参、灵芝、三七、白术、三棱、莪术、桃仁、红花、蛇舌草等中草药煎制而成。本发明既可直接杀灭肿瘤细胞，破坏病灶结合，又可抗病毒、消炎、破坏肿瘤血管防止细胞转移，抗细胞突变、改善细胞信息传递途径，逆转肿瘤细胞的耐药性，同时提高机体免疫功能，从而有效治疗各种良、恶性肿瘤，尤其治疗肝癌、肺癌、乳腺癌效果最佳。

通信地址：北京市朝阳区东三环北路甲 17 号北京长虹医院中医科

邮政编码：100027

电　　话：13331061179

钟琼香

男，67 岁，本科学历，高级工程师

发明名称：一种三角活塞旋转压缩膨胀机

专利（申请）号：ZL200920054727.2

发明简况：本专利是一种三角活塞旋转压缩膨胀机，涉及环保新能源领域。本专利原理结构设计合理，通过介质循环吸收空气中的热量和水分，并通过介质循环以及自身热量的释放，实现整个装置由热能到机械能的转换，进而推动发电机发出多余的电量输出来加以利用，并同时能将空气中的水分冷凝成水而排出来加以利用。

转让及合作意向：本专利转让或合作均可，转让价格可商议。

通信地址：广东省惠州市商业冷藏实业有限公司

邮政编码：516002

电　　话：15815363854

E－mail：gw1700889@sina.com

章明川
第一发明人，工学博士，MIT 访问学者，上海交通大学机械与动力工程学院教授

周月桂
第二发明人，工学博士，上海交通大学机械与动力工程学院副教授

发明名称：多流体碱雾发生器烟气脱硫方法

专利（申请）号：ZL03116987.2

发明简况：本发明涉及的是一种烟气脱硫方法与工艺，属于能源与环境技术领域。针对中小型电站锅炉、工业炉窑的烟气脱硫以及垃圾焚烧炉的烟气净化，发明和研究了一种以可控喷雾增湿为核心的紧凑、高效、低成本半干法烟气脱硫技术——多流体碱雾发生器烟气脱硫技术工艺。本发明依据已有的半干法烟气脱硫技术原理，对其实施工艺进行了彻底的创新性变革，属于工艺发明范畴。该脱硫技术工艺的关键发明点是设置前置式多流体碱雾发生器，通过可控粒径的双流体喷嘴雾化的水滴与脱硫剂颗粒在较高浓度下高效碰撞活化，完成湿式脱硫剂碱雾的在线制备；随即，在线制备的湿式脱硫碱雾连续均匀地混合入具有一定停留时间的锅炉烟道或反应器的烟气中，完成快速脱硫反应以脱除烟气中的二氧化硫。

本专利发明设计人为：章明川；周月桂；范卫东；范浩杰

通信地址：上海市闵行区东川路 800 号上海交通大学机械与动力工程学院
邮政编码：200240　　**电话**：021–34206768/34206769
E – mail：mczhang@sjtu.edu.cn　　ygzhou@sjtu.edu.cn

周拓韬
男，大学学历

发明名称：一种新型散手擂台

专利（申请）号：201120306829.6

发明简况：本实用新型公开一种新型散手擂台，包括擂台主体，所述擂台主体为八卦八角图形，该擂台主体包含擂台板，所述擂台板的下面是中心擂台夹板，所述中心擂台夹板下面是八卦八角形的底座，所述底座设置有支撑所述擂台板和所述中心擂台夹板的框架及护垫支座，所述护垫支座安装有用于稳固擂台主体、放置可拆卸的护垫，并与地面接触的撑杆和支柱脚；所述擂台主体的周围装设有护垫，所述护垫外围八卦八角形的八个对角上分别相应连接有可拆卸的立柱，所述立柱之间连接有围绳索，且所述立柱的底部均安装有弧形缓冲垫；在所述擂台主体之东、南、西、北方向的下方，位于所述护垫的上方分别相应设置有弹簧脚踏板。它可用于我国武术散手比赛、训练。

本专利可公开转让，欢迎洽谈。

联系人：周峻雄
电　话：13923089686

周健勇
男，42 岁，在职博士，副教授

发明名称：新型尿素干法脱蜡工艺

专利（申请）号：ZL201110352220.7

发明简况：本发明公开了一种新型尿素干法脱蜡工艺，为尿素深度脱蜡方法，利用尿素干脱及深度低凝技术，使低凝矿物油倾点下降 100%（温差绝对值在 –20℃以上）。该技术及衍生工艺已在实际生产中得到广泛应用。

该发明可使 600SN 基础油倾点达到 –36℃～–42℃，在常温常压下生产，消耗的能源极低，仅需尿素等常规化工原料，不存在有害排放，重要生产原料能实现循环利用，成功攻克了世界级的难题，生产出凝固点在 –50℃以下、低温流动性好的油品。

转让及合作意向：面议。

通信地址：上海市杨浦区翔殷路 128 号 1 号楼 B 座 306 室
邮政编码：200433
电　　话：13801664572
E – mail：zjy@mega-tel.net

周汉

男，注册电气工程师

发明名称：基于云计算系统的动态道路照明节能系统

专利（申请）号：CN200910057705.6

发明简况：该专利是一个宏系统，以众多的微系统集成一个“云系统”，每个微系统管理一小段道路，上一级的微系统管理一条道路，并与相关的同级的道路级的微系统交换信息。该系统的运行可以使整个能源从“生产”到“消费”达到最佳控制效果，以达到节能环保的目的。

转让及合作意向：商谈面议。

通信地址：上海市殷高西路 101 号高景国际大厦 15 楼

邮政编码：650216

电　　话：13917720829

E － mail：Zhouhan1959@126.com

周光伟

男，34 岁，中专学历

发明名称：一种陶瓷红包

专利（申请）号：ZL200920155031.9

发明简况：本实用新型涉及一种红包，其主体为陶瓷片，陶瓷片上粘贴或绑扎有礼金红包。陶瓷片可设计有图文，可设计成独特的造型。瓷器具有浓厚的中国文化特色，英文的瓷器为“China”，和“中国”相同。“瓷福”和“赐福”同音，“瓷福”又可以联想成“中国福”，所以把陶瓷和红包结合起来，寓意深刻。由于采用陶瓷片作为红包的主体，提升了红包文化，寓意深刻，艺术性强，三维立体效果强烈，可重复使用，也可作为纪念品收藏，外型美观、高档，适合现代人求新的心理需求。

陶瓷红包作为红包的一种，可以重复使用，不会像纸质红包一样一次性使用。

转让及合作意向：转让或合作开发。

通信地址：浙江省江山市峡口镇兴华街 113 号　　邮政编码：324100

电　　话：13757049353　　E–mail：13757049353@163.com

周福泉

男，60 岁，医生

发明名称：维生素 E 用于提高母猪受胎、产仔及幼仔成活率的方法

专利（申请）号：ZL98111611.6

发明简况：本发明公布了一种将维生素 E 用于提高母猪产仔、受胎及幼仔成活率的方法，在母猪的发情、排卵、受孕期间，适时地加大母猪对维生素 E 的摄入量，可以使母猪排出更多更好的卵子，并能延长卵子在母猪体内的存活时间，从而提高了母猪的受胎率、产仔率和幼仔的成活率。

转让及合作意向：转让、专利许可、参股合作三种形式均可商谈。

通信地址：江苏省江阴市花园五村 12 栋 101 室

邮政编码：214431

电　　话：0510–86823861/13771619215

E － mail：86823861@163.com

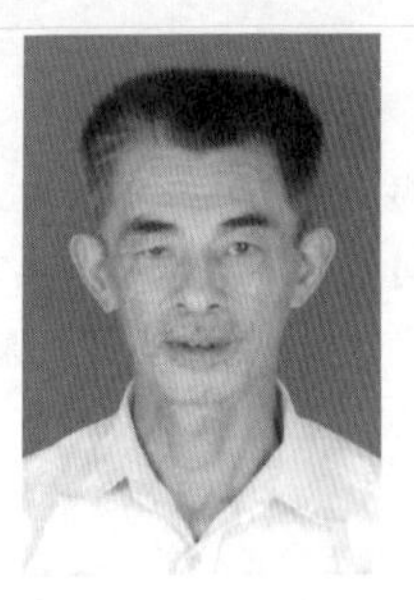

周巳培

男，61岁，中专学历，研究员

发明名称：一种多功能中药保健药枕

专利（申请）号：ZL201010276331.X

发明简况：一种多功能中药保健药枕，它运用人体自然规律，采用气对人体生理作用与中药生物功能相结合的最新理论，本专利有一定的保健作用，可以起到舒缓神经、镇静安神、疏通气机、促进血液循环、增强抵抗力，兼具保护颈椎、大脑，防病于未然。

转让及合作意向：转让、专利许可、参股合作三种形式均可商谈。

通信地址：湖南省长沙市望城县茶亭镇九峰山村

邮政编码：410214

电　　话：13787062955

周士良

男，64岁，大专学历

发明名称：电子伺服变压器

专利（申请）号：CN200910209262.8

发明简况：本发明包括防雷过压保护和高谐波抑制电路，三相输入R、S、T端子通过所述防雷过压保护和高谐波抑制电路接地；三相输入R、S、T端子和零线N端子通过AC/DC电压变换电路和电源滤波电路连接输出端子；零线N端子通过防感应电压泄放电路接地；零线N端子还通过抑制零线上的高谐波窜扰的抑噪接地电路接地。

本发明的技术特点：双重绝缘、全封闭、全铝合金、散热模块结构；核心模块采用美、日进口件及国产优质元器件，集防雷保护、抗干扰电路于一体；低功耗、发热小、抗过载能力强；工作寿命长，不会因此故障而危及伺服系统，确保人身及设备安全，替代进口品及铁芯伺服变压器。

转让及合作意向：可以洽谈合作或转让。

通信地址：江苏省无锡市新区硕放镇墙门西路88号　　邮政编码：214142

电　　话：0510-85302036/13812513468

周树荣

男，70岁，大学学历，主任医生，江苏省人民医院专家室成员

发明名称：一种氧汽水及其制备方法、专用设备

专利（申请）号：CN201010291201.3

发明简况：本发明公开了一种氧汽水，以饮用水为基质，所述饮用水中氧分压大于700mmHg。本发明还公开了其制备方法和专用设备。本发明产品用途广泛，除作为日常健康生活的饮品外，还能给高山、高原地区工作人员，边防海岛士兵，体育运动员等特殊群体补充必需的氧气；本发明产品还可以在军事、救灾等特定情况下满足人们的需要，更能够作为航空、航天、航海人员的饮用品。

转让及合作意向：转让、专利许可、参股合作三种形式均可商谈。

通信地址：江苏省南京市鼓楼区凤凰西街59号裕华新邨4幢106

邮政编码：210029

电　　话：025-86558128/13951001841

E－mail：zhoushurongnj@163.com

周廷华

男，79岁，中专学历，中级工程师

发明名称：人造鼓皮及其制造方法

专利（申请）号：CN201110102786.4

发明简况：本发明公开了一种人造鼓皮及其制造方法，该人造鼓皮溶体的组分以总量的重量百分比计为：聚乙烯醇6～25；水74.4～93.9；食用色素0.1～0.3。制造该人造鼓皮的工艺步骤为：按上述组分将聚乙烯醇和水混合搅拌均匀，隔水炖，从水开100℃起计1.5～2小时，完全溶解成溶体，将溶体取出，自然冷却至40℃～50℃，加入人造鼓皮溶体组分中的食用色素搅拌均匀，自然冷却至20℃～40℃，在模板上灌浆，干燥成型，成为一张人造鼓皮。本人造鼓皮无毒、不老化、环保、卫生，也不会吸音，其音色与羊皮鼓皮相近，可代替传统羊皮鼓皮。

转让及合作意向：转让、专利许可、参股合作三种形式均可商谈。

通信地址：广东省佛山市禅城区君北路仙涌街12号401

邮政编码：528000

电　　话：0757-83372414

发明名称：蚊虫诱捕器

专利（申请）号：ZL201020638735.4

发明简况：本实用新型所要解决的技术问题是提供一种安全、环保和蚊虫诱捕率高的蚊虫诱捕器，该诱捕器结合光诱捕和生物引诱技术，克服了以往蚊虫诱捕产品诱捕率低、环保性差的问题，通过物理方法将诱捕的蚊虫收集起来作为二次利用，十分环保。其中光诱捕采用了引诱能力强、抗衰减、引诱蚊虫品种多、引诱效果好的灯管，而生物引诱技术中使用的引诱剂化学成分低，避免了空气、土壤、动物受到化学污染和毒害，改善了生态环境，这两种方法结合的蚊虫诱捕器，进一步提高了蚊虫诱捕效率，并且安全性能高。

转让及合作意向：可以转让或共同开发，投资方需要投资1000万元，可以实现年销售1亿元以上，投资回报率高。

通信地址：浙江省湖州市安吉县城天目小区13栋104室

邮政编码：313300

电　　话：13616892558

周帮所

男，大学学历

周志涛

男，28岁，本科学历

发明名称：高性能混凝土制备方法

专利（申请）号：CN201010533117.8

发明简况：本发明公开了一种高性能混凝土的制备方法，其特征在于：所述制备方法包括以下步骤：(1)在保持胶凝材料总成本不变的情况下，对胶凝材料掺量及砂石掺量进行确定；(2)根据胶凝材料掺量确定减水剂掺量；(3)待得出减水剂相对于胶凝材料的掺量以后，在不改变减水剂减水率的情况下，调整减水剂引气成分至满足设计要求的混凝土含气量；(4)根据胶凝材料和减水剂的配比及满足混凝土工作性要求确定水掺量。所述的胶凝材料为水泥和矿物掺合料。所述的矿物掺合料为粉煤灰或粉煤灰和矿粉。本发明能将设计与施工有效连接，混凝土工作性、强度、耐久性满足设计要求，同时生产单位立方米混凝土成本最低。

转让及合作意向：暂没考虑转让，愿与混凝土制备相关的企业合作。

通信地址：北京市房山区长阳镇夏场村二区中铁二十二局京石项目部

邮政编码：102444

电　　话：18610113977　　E-mail：meisen22@163.com

周永生

男，大学学历

发明名称：新型智能读写卡器

专利（申请）号：ZL201120041544.4

发明简况：本实用新型公开了一种新型智能读写卡器，包括无线定位模块、读写模块和中央控制模块，还包括标识路径模块和无线定位模块，所述中央控制模块包括无线读写器、加解密模块和存储器，所述读写模块、加解密模块、路径标识模块和无线定位模块均与无线读写器相连，所述加解密模块经过存储器与传输系统相连，所述加解密模块通过数个可以自由切换的PSAM卡座进行认证加密。本实用新型不仅拥有读写模块，而且集成了路径标识模块和无线定位模块，采用复合的定位技术，其不仅可以在户外进行定位，而且可以同时在普通的室内进行定位。

转让及合作意向：转让、专利许可、参股合作三种形式均可商谈。

通信地址：四川省成都市青羊区锦里西路72号
邮政编码：610000
电　　话：028-86131500

周世英

男，66岁，本科学历，高级工程师

发明名称：木糖醇亚麻酸酯及其制备方法和应用

专利（申请）号：CN200810139340.7

发明简况：本发明公开了一种木糖醇亚麻酸酯，其分子式为$C_{24}H_{42}O_5$，还公开了一种木糖醇亚麻酸酯的制备方法，其包括：将木糖醇或木糖醇浓缩物和亚麻酸加入反应器中，升温到90℃加入催化剂；抽真空后在30～40分种内，在100℃温度下排除物料分子中的水分；升温到135℃～165℃进行酯化，在此温度保持2～3小时；酯化反应完成后，检测产物的酸值；然后视情况对反应产物进行或者不进行脱色；反应产物冷却后，沉降分离其中的树脂状副反应产物便得产品。本发明还公开了木糖醇亚麻酸酯的用途。

周世英在退休后曾担任黄岛出入境检验检疫局顾问、督查室副主任。现担任青岛世纪龙力公司高级顾问、总工程师。

通信地址：山东省青岛市崂山区同安路887号双福大厦15楼
邮政编码：266010
电　　话：13969817537

周定雄

男，63岁，初中学历

发明名称：一种组合式活塞

专利（申请）号：ZL200610031160.8

发明简况：一种组合式活塞，经过测验，使用本专利活塞，所有气环、油环全折断一公分以上，发动机照常能输出最大功率。内燃机因燃烧不完全，耗油多、排污大，本专利活塞彻底密封压缩时的下漏气，故增大了压缩高温气能点火的爆炸力，使供油指数减少，同样能输出更大功率。

本专利完全符合国家政策，节能环保，市场前景广阔，开发风险小。

通信地址：江西省吉安市峡江县埠镇借41号
邮政编码：331411
电　　话：13607966270

周志壮

男，董事长

发明名称：带加湿功能的取暖炉

专利（申请）号：CN201019146005.4

发明简况：本发明涉及燃烧型室内取暖炉，尤其涉及带加湿功能的取暖炉。带加湿功能的取暖炉，包括炉体，所述炉体内设有一加热炉腔，所述加热炉腔后方设有排风管，所述排风管的进风端设有一排风电机，所述排风管与加热炉腔之间设有导热板，所述炉体内还设有一水雾发生器，所述水雾发生器包括一采用导热材料制成的箱体，所述箱体上连有进风管和喷雾管。其水雾发生器箱体内的水源能持续地受热于炉体，因此水温高于室温，让所喷出雾气的温度接近于取暖炉的排风管出口的热气。温度接近的雾气和热气能很好地混合在一起，随取暖炉的暖风系统运到室内的各个角落，达到取暖保湿的完美功能。

转让及合作意向：转让、专利许可、参股合作三种形式均可商谈。

通信地址：浙江省杭州市萧山经济技术开发区桥南区鸿达路 267 号

邮政编码：311231

周家荣

男，大学学历

发明名称：各种门锁、保险柜锁和保险箱锁的锁芯磁性防盗护罩

专利（申请）号：CN201110290365.9

发明简况：具有超 B 级五种防盗功能的防盗门锁，完全符合国家公安部《GA7—94》防盗门锁标准规定的 B 级要求外，还有五项超过 B 级规定的防盗功能。适合于安装在各种厚度规格的防盗门上，特别适合于安装在高档的防盗门上。

转让及合作意向：转让、专利许可、参股合作三种形式均可商谈。

通信地址：浙江省缙云县鼎立路 28 号

邮政编码：321400

电　　话：13306781228

周名扬

男，73 岁，大专学历

发明名称：空气造水机

专利（申请）号：ZL200920003903.X

发明简况：本实用新型公开了一种空气造水机，为解决淡化水匮乏的问题而发明。至少包括：引风单元，用于将空气引入至低温凝水单元；低温凝水单元，由制冷模块和凝水媒质模块组成，其中，所述的制冷模块用于至少将凝水媒质模块表面的温度降低至预定温度，凝水媒质单元作为载体和凝结物将空气中的水蒸汽凝结。采用上述结构，通过引风单元将空气引至凝水媒质模块上，而由于凝水媒质模块上的温度已被制冷模块降低至凝结温度以下，因此，“热”空气中的水蒸汽在遇到“低温”的凝水媒质模块时会在凝水媒质模块上产生凝结，从而产生凝结水。

通信地址：北京市海淀区紫竹院路 44 号

邮政编码：100089

电　　话：010—68400566/68419345

周利庆

男，55岁，中专学历，工程师

发明名称：无风道阻力安全节能暖风装置

专利（申请）号：CN201110208266.1

发明简况：本实用新型公开了一种既保障锅炉冬季冷态初次点火投粉安全，又能防范锅炉运行中尾部受热面因低温结露腐蚀堵塞的安全节能暖风装置，从源头上消除横卧在风道中传统式蒸汽表面散热暖风器，大大降低风道阻力，使得风机电流大幅下降。又保障锅炉初次点火安全，不论锅炉冷态启动，还是正常运行中，无风道阻力安全节能暖风装置均能满足锅炉在不同状态下的需求，是当今燃煤锅炉节能降耗新创举，是确保锅炉长周期安全高效运行必备基础条件之一。

转让及合作意向：转让。

通信地址：江苏省南通市怡园锦居2幢1104室　　**邮政编码**：226001
电　　话：13806294538
E－mai：Zhouliqing1001@163.com

周　勇

男，50岁，大专学历，高级摄影师

发明名称：批量证件照片采集板

专利（申请）号：ZL200520146302.6

发明简况：批量证件照片采集板专利是根据“数的物质性”理论发明的一种用于社会管理创新方面的技术，通过在兰州、定西的试点应用，通过图片数字转化，建立了车辆管理中信息化、网络化、自动对比管理车辆的平台，现已在无线和有线视频监控系统中应用，为社会管理创新做出了积极贡献。

转让及合作意向：愿与交警车辆管理部门合作。

通信地址：甘肃省定西市中华路23号宏远信息服务中心
邮政编码：743000
电　　话：0932－8212635

周程康

男，21岁，本科学历，学生

发明名称：一种便于清洗的防臭袜子

发明简况：本实用新型的技术方案是一种便于清洗的防臭袜子，包括袜体，其特征在于该袜子还包括弹性材料和网状材料，弹性材料位于袜体的脚掌部和脚跟部，弹性材料外部缝有网状材料。

由于脚掌部和脚跟部是弹性材料，增加了足底与地面接触时的舒适性，弹性材料外部缝有不吸水、多孔网状材料，相对于普通布料具有结实、透气性好、便于排汗的优点，特别是当袜子脚掌部和脚根部有污垢时，易于用刷子清洗。

本实用新型的有益效果是该袜子透气性好，改进了普通袜子容易脏不容易清洗的问题，且结实耐用。

转让及合作意向：可以一次性转让，也可以出售使用权或合伙投产。

通信地址：云南省昆明市五华区一二一大街298号能源与环境科学学院10号
邮政编码：650031
电　　话：18788527247
E－mail：269083290@qq.com

朱世楣

男，主任医师，教授

发明名称：藏药制剂的制备方法

专利（申请）号：ZL00120583.8

发明简况：本发明是一种藏药制剂的制备方法，其特征在于以藏红花、雪莲花、骨碎补、全当归、白芥子、白芍、栀子、细辛、大黄、五灵脂、土鳖虫、川芎、乳香、雪山一枝蒿等为原料，经精选、洗涤、干燥切片、粉碎，然后分别用水或乙醇或甲醇按常规方法提取有效成分，浓缩成药物浸膏或提取液；再与甘油、松节油、单硬脂酸甘油脂、樟脑、尼泊金乙酯等配制成藏药制剂，可医治跌打损伤、扭挫伤、风湿疼痛、颈肩腰腿痛以及硬结性淋巴结炎等多种疾病，工艺简单。

转让及合作意向：转让、专利许可、参股合作三种形式均可商谈。

通信地址：四川省成都市双流县棠湖西路一段81号二单元二楼13号

邮政编码：610200

电　　话：15882265836

朱元林

男，79岁

发明名称：双轮半潜银屏式海流发电装置

专利（申请）号：ZL201020145092.X

发明简况：本发电装置是一种利用江河、海潮流能量的接收装置，水下密度大，每平方米流速在2m/s以上，每平方米功率在15kW～25kW以上。该装置的应用，可减少对石油的依赖，除去离坝式水电站回报最高外，就是无坝式径流水电站，回报率是风电的6～8倍。本装置结构简单可靠，且能根据不同环境条件，任意放大该装置，即放大其体积和叶片面积，能适配相应发电设备，二幅CAD动画示意叶片，与水流成90°角运转。

转让及合作意向：本专利采取先合作后转让的方式，转让事宜面谈。

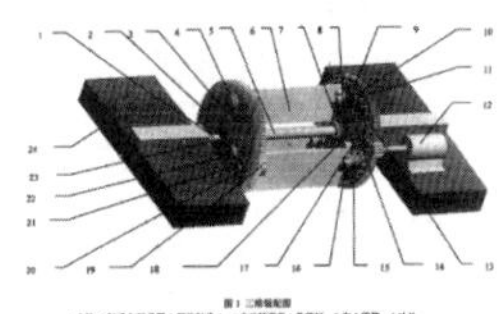

通信地址：上海市奉贤区紫苑小区54幢40号201

电　　话：021-57174372

朱卫民

男，39岁，工程师

发明名称：一种发动机的燃油节油器

专利（申请）号：ZL200920114747.4

发明简况：本实用新型公开了一种发动机的燃油节油器，包括壳体，壳体的下端设置有与输油泵连通的进油口，壳体的上端设置有与喷油泵连通的出油口，特点是壳体内设置有燃油磁化雾化装置，燃油磁化雾化装置设置在进油口和出油口之间；优点是当燃油发动机启动运行时，燃油通过输油泵向壳体内泵送燃油，强磁铁产生的强磁场对燃油进行多次充分磁化，并对燃油中的铁金属进行吸附与净化，改善了燃油的品质，又由于在出油口与定位板的油孔之间设置有空气稳压层，能有效降低输出油压及喷油泵工作时的燃油油压变动率，提高了喷油的均匀性，使燃油在气缸内得到充分燃烧，从而降低燃油消耗率，达到节油、降低排放的目的，能有效地保护环境。

转让及合作意向：转让、专利许可、参股合作三种形式均可商谈。

通信地址：浙江省宁波市菱池街4号2楼

邮政编码：315010

电　　话：18957899474

朱立新

男，52 岁，大专学历，经济师

发明名称：一种城市交叉路口的立交方案

专利（申请）号：ZL200920136896.0

发明简况：一种城市交叉路口的立交方案，是一种不过大占用城市用地和空间位置的人车分行的立交桥。它通过对上桥车辆按照直行、左转、右转的合理分道，使车辆根据各自的去向互不干扰地进入各自的车道；分道后的车辆，经过直行车辆与左转弯车辆的汇流，在靠近交叉路口中心处走过穿行桥体驶下地面的内侧坡道桥，沿地面道路驶离立交桥，并在远处与外侧坡道桥下来的右转弯车辆汇流离开交叉路口。利用地面剩下的大部分空间，行人和非机动车通过中间通道和中心活动区实现交叉路口的换道。这样人车分道确保了交通安全，同时合理的车辆汇流缩短了机动车通过交叉路口的时间。

转让及合作意向：转让、专利许可、参股合作三种形式均可商谈。

通信地址：福建省福州市鼓楼区城边曹巷 28 号 5 座 402 室

邮政编码：350003

电　　话：13859096879

朱先保

男，76，岁，大学本科学历，主任医师

发明名称：一种降糖调脂健身营养茶及其制作方法。

专利（申请）号：ZL200810083925.1

发明简况：本专利是一种降糖调脂健身营养茶及其制作方法。它针对糖尿病病因复杂、病程漫长和病情影响各个器官的特点，统筹兼顾而研制成的一种以绿茶为载体和基质，添加黄芪、玉米须等 8 种天然无毒中药植物提取的生物活性物质加工制成的功能性营养食品。该品具有优异的抗氧化性能，它具有降低血糖、调节血脂、抑制胰岛素抵抗和抗动脉粥样硬化等作用，同时具有保护和改善肝、肾功能。

转让及合作意向：本专利以各种可行的相关形式进行转让或合作。

朱先保从医 60 年，一直从事中西医结合临床、教学和科研工作。曾任江西省劳卫所附属职业病医院院长，先后获得国家发明专利 3 项。

通信地址：江西省南昌市永外正街 336 号 8 栋 2 单元 602 室

邮政编码：330006

电　　话：0791-8633581

朱骋东

男，56 岁，本科学历

发明名称：五谷杂粮方便糍粥片的制备方法

专利（申请）号：ZL200810036137.7

发明简况：本发明涉及的是一种食品技术领域的制备方法，具体涉及一种五谷杂粮方便糍粥片的制备方法。所述的五谷杂粮方便糍粥片的组分和重量百分比为：粳米：26%～30%、糯米 18%～30%、小米 10%～14%、高粱米 10%～14%，余量为玉米粉；制备方法包括以下步骤：水磨五谷粉→糊化→制膜→烘焙。本发明产品特点为：用开水冲泡即可方便食用，营养丰富而全面，且易消化吸收，长期食用有益健康，是中老年、病弱人群的理想绿色营养食粮。

转让及合作意向：具体事宜面议。

朱骋东现任重庆旭达科技发展有限公司总经理助理兼人力资源部经理和行政部经理。

通信地址：重庆市九龙坡区石桥铺渝州路 29 号 6 号楼 30-1 室

邮政编码：400039

电　　话：13996014984

朱夏霖

男，70岁，高级工程师，董事长

发明简况：

液体收集再分布器的穿梁结构（专利号：ZL201020140320.4）本发明的目的是克服现有技术中存在的不足，提供一种可以降低再分布器的总高度、可减少无液区和少液区的液体收集再分布器的穿梁结构。

多管式液体收集再分布器（专利号：ZL201020140320.4）

新型网孔波纹填料（专利号：ZL92221678.9）该填料是我国精馏行业中获得第一个专利权的具有自主产权的创新产品。目前已在液液分离及气液分离中广泛使用，特别是在带有腐蚀性的介质中使用，该填料可以用各种防腐蚀的金属薄带冲制而成。

分块托盘液体再分布器（专利号：ZL200610088161.6）该再分布器具有均匀的液体分布点，均匀的气体通道，外周一圈具有相应的液体分布点与塔体相匹配。克服了槽式分布器的直线形分布而在圆周处产生无液区，能防止气体产生短路。

通信地址：江苏省无锡市滨湖区太湖双新经济园区　　邮政编码：214125
电　　话：0510-85180367　　E - mail：xltl518@163.com

发明名称：酸性嫩黄／ZnO 核壳结构纳米复合材料及制备方法

专利（申请）号：CN200910022061.7

发明简况：本发明是在酸性嫩黄颜料外包裹了一层 ZnO，该纳米复合材料表现出原有酸性嫩黄染料所不具备的防紫外线、抗菌除臭和无毒无污染等优良性质，可将纺织行业的染、整两道工序合成一道工序，减少染料的毒性和污染，解决了染整行业的环保、绿色和节能的问题。

本发明的目的是提供一种酸性嫩黄／ZnO 核壳结构纳米复合材料，解决了现有酸性嫩黄颜料释放毒性，污染环境，并不具有防紫外线和抗菌除臭性能的问题。

转让及合作意向：专利转、独家许可、普通许可、合作生产、技术入股或其他。

通信地址：陕西省西安市西安工程大学环化学院
邮政编码：710048
电　　话：18991915607/13152066629

朱艳

女，46岁，博士研究生学历，教授

朱一夫

男，高级教师

发明名称：天盘形声汉字输入方法

专利（申请）号：ZL97108962.0

发明简况：天盘形声汉字输入方法，把所有汉字的字形按照一分为二的原则，并根据其结构特点：直笔画、勾笔画、相交、不相交、笔画数目、特殊字根整齐而有序地分布在通用电脑的键盘上，先输入字形，或再输入声母就可得到所需要的字，不用记忆字根。

神奇天字码把组成合体字的偏旁部首或独体字称为字块，不是把偏旁部首折成字根。其拆法是，偏旁部首不用拆，相交相连不用拆，完整成块不用拆，简称不用拆。因此比较完整直观地体现了方块字的特色。其抓住了汉字形、数、声、义的本质特征，将汉字、键盘、手指三者有机结合，抓住了汉字不变的特征（笔画的关系、方向、数目不变），抓住键盘小平面的特点（坐标定位），体现手指左右两手对称的功能（盲打布局）。

通信地址：广东省佛山市南海区大沥镇黄岐中心小学　　邮政编码：528248
电　　话：0757-8591575/13431664288

朱孟领

男，58岁，总经理

发明名称：复合装饰板

专利（申请）号：ZL201020609136.X

发明简况：本实用新型公开了一种复合装饰板，包括基板，所述基板的一侧设置有面板，所述基板的另一侧设置有底板；所述基板与所述面板之间以及所述基板与所述底板之间均设有热熔胶膜，且所述基板、所述面板和所述底板通过热压复合连为一体；所述基板内部设有若干真空孔，且所述基板具体可以为真空防腐聚乙烯板；所述面板外表面涂有阻燃防火装饰层。该复合装饰板生产工艺简单，产品结构牢固，防腐性能较高，且具有较好的隔音保温效果。

转让及合作意向：转让、专利许可、参股合作三种形式均可商谈。

通信地址：上海市松江区新城三新北路1333弄73号301室

邮政编码：201617

电　　话：13816611412

朱淑怡

女，23岁，本科在读，学生

发明名称：太阳能空气净化器

专利（申请）号：ZL201020254405.5

发明简况：本实用新型属环境保护技术领域，该太阳能空气净化器的特征在于它主要由出气孔、内显示灯、显示屏、进气孔、太阳能板、吸盘、外显示灯、过滤层和连接杆组成，显示屏的外圈设置有多个进气孔，外沿连接有多个连接杆，每根连接杆上都有两个显示灯，靠近显示屏外沿的为内显示灯，远离显示屏外沿的为外显示灯，连接杆的另一端连接有出气孔，连接杆内部具有连接显示灯、太阳能板及显示屏的导电线；吸盘位于太阳能空气净化器的背面，太阳能板设置在出气孔的背面，显示屏和吸盘之间设置有过滤层。本实用新型具有以下有益效果：外形薄，更节省空间，可自动检测空气质量，净化效率高，成本低。

转让及合作意向：转让、专利许可、参股合作三种形式均可商谈。

通信地址：浙江省宁波市北仑区中河家园4B幢403室　　邮政编码：315800

电　　话：13402138046　　E－mail：578351601qq.com

祝辛卯

男，60岁，本科学历，高级策划师

发明名称：尾矿库表层净化与佛甲草生态修复方法

专利（申请）号：ZL200910273478.0

发明简况：一种尾矿库表层净化与佛甲草生态修复方法，其步骤如下：a、尾矿浅表净化；b、覆盖黏土；c、植被绿化。其优点是：治理污染；修复生态；在尾矿库上实施本方法，与填充法和固结法相比，节约了治理成本；与复垦法相比，在节约成本的基础上，节约了大量土壤资源，而较之普通尾矿库则是解决了其裸露尾矿扬尘造成的环境污染；技术实施方便、成本低廉，有利于生态平衡和社会可持续发展，可取得很好的经济效益和环境效益。

矿山环境综合治理先从恢复生态开始，在尾矿库上种植被，可以达到防止扬尘，降低有害气体挥发，减少雨水的自然渗透和绿化、美化环境的效果。尾矿库表层净化恢复植被专利技术，实施方便，成本低廉，有利于生态平衡和社会可持续发展，可取得很好的环境综合治理效果。

转让及合作意向：转让、专利许可、参股合作三种形式均可商谈。

通信地址：湖北省武汉市武昌区友谊大道508号万利广场B座22楼

邮政编码：4300062

电　　话：027—50806766

庄汉忠

男，73岁，本科学历，教授

发明简况：

简便分离血清高密度脂蛋白及其亚组分试剂盒的制备方法（专利号：ZL00107298.6）

异麦芽低聚糖硫酸酯（IMOS）的制备方法（专利号：ZL200510002141.8）

上海肝癌研究所应用本专利产品所进行的动物实验证明，该产品具有明显的抑制和杀灭癌细胞的作用，其相关论文已在英国著名的《BMC Cancer》刊物上发表。

一种含异麦芽低聚糖和果糖的糖浆及其制备方法（专利号：ZL03100280.3）

异麦芽低聚糖铁及其制备方法（专利号：ZL200710000147.0）本专利产品已被世界许多大型药物公司认可，拜耳、MTC等均有大批订单。

转让及合作意向：转让、专利许可、参股合作三种形式均可商谈。

通信地址：广东省深圳市南澳街道同富工业区10栋
邮政编码：518121
电　　话：0755—84401737
E- mail：herbon@china-dextran.com

邹兰月

女，42岁，本科学历，中学高级教师

发明名称：防滑圆规

专利（申请）号：ZL200920253909.2

发明简况：该实用新型为防滑圆规，圆心处用吸盘固定，吸在黑板上，从而固定圆心，转动槽杆可画圆，笔筒移动可调节半径，在光滑的黑板上画图方便实用。该圆规共由三部分组成：吸盘、带刻度的槽杆、笔筒。附件为螺丝、螺母、垫片。用螺丝、螺母可将吸盘与槽杆连接，槽杆可自由转动，吸盘固定在转轴上。槽杆与笔筒连接处用一垫片和螺丝固定，垫片上有指针可与槽杆上的刻度线对齐以确定半径。

转让及合作意向：转让、专利许可、参股合作三种形式均可商谈。

通信地址：山东省东平县职业中专
邮政编码：271500
电　　话：13853830256
E － mail：happyzly0609@163.com

邹大恒

男，58岁，大学学历，高级工程师

发明名称：用于运输船舶或船舶部件的船台小车

专利（申请）号：ZL200920229056.9

发明简况：用于运输船舶或船舶部件的船台小车，它包括车轮、车架体、液压控制系统、动力驱动系统，所述的动力驱动系统包括位于车架体上的驱动电机，双输出减速器，第一齿轮轴系，第二齿轮轴系，车轮；所述的液压控制系统包括液压驱动电机，液压驱动电机与液压油箱连接，液压油箱与液压系统连接。本实用新型对原有的100t承载能力的船台小车的结构及设备性能进行了改进，提升了船台小车的荷载能力。

转让及合作意向：转让、专利许可、参股合作三种形式均可商谈。

通信地址：中国长江航运集团青山船厂（湖北省武汉市青山区船厂村）
邮政编码：430082
电　　话：13396088670/027-86597036
E － mail：Dhz070606@163.com

邹东洋

男，大学学历

发明名称：汽车保险装置

专利（申请）号：ZL200710035682.X

发明简况：装备各款式小轿车，大中型客、货车时，可隐形配制本专利，在车辆刹车失灵或操作失误时保护车辆、人身安全。

本发明的特征是在防撞架后面连接有对称的两根推拉杆，推拉杆上有伸缩弹簧，后部向内平行折转，推拉杆外侧面连接有大梁连接杆，由前后支撑杆通过端部销轴活动连接组成支撑架，支撑架的前支撑杆置于大梁连接杆与推拉杆后部折转段之间，由销轴穿过大梁连接杆上的滑行槽将三者活动连接，支撑架的后段支撑杆与大梁连接杆活动连接。当被撞击时，推拉杆受力向后移动，由伸缩弹簧的缓冲作用减少撞击力。本发明是一种结构新颖、简单的安全保护装置

转让及合作意向：独家转让或普通转让均可，转让费用可一次性支付或分期支付。

通信地址：湖南省衡阳市雁峰区白沙洲
邮政编码：421007

邹立基

男，总工程师

发明名称：城市生活污水自然处理方法

专利（申请）号：ZL201010201082.8

发明简况：一种城市生活污水自然治理方法，是将污水引入土壤中，使微生物具备最佳生存环境，能迅速繁殖，从而高效降解污水中的有机污染物。利用土壤中生长的植物吸收污水中的矿质营养，利用植物根皮层吸附、储存污水中的重金属。本方法实用性强，适用范围广，规模可大可小，机动灵活，应用前景十分广阔。

本发明模仿湿地的基本原理并加以改进，使污水净化比湿地更快更好，能够显著降低污水治理成本；利用城市绿化带和农村河堤，不单独占地；除可高效降解污水中的有机物外，还可解决污水的富营养化问题和重金属残毒问题。应用面广：城市和农村生活污水、养殖场污水和垃圾渗出液污水均适用。

转让及合作意向：希望转让给环卫相关部门。

通信地址：四川省成都市人民南路三段 24 号 D-29-6
邮政编码：610041
电　　话：15883602235

邹国忠

男，50 岁，本科学历，助理研究员

发明名称：肥海菌的制备和修复水产养殖环境的方法

专利（申请）号：ZL200610027183.1

发明简况：肥海菌是应用现代生物工程技术开发的绿色环保型复合活菌肥水产品，是专门针对海水养殖池塘水质特点，将有机肥通过从自然界精心选育的多种有益菌株的培养和发酵后得到的以光合细菌、芽孢杆菌为主导菌种并复配有多种海洋微藻所需的微量元素的复合微生态制剂。肥海菌微生物均处于休眠状态，稳定而易保存，投放到水体后，休眠活菌能很快复苏和崩解，并以倍数繁殖成优势种群，迅速分解水体中的有机污染物，消除水中氨基氮、亚硝基氮、硫化氢等有害物质，起到迅速肥水的作用，同时能增加水体溶氧，净化底质，改善水质。

通信地址：上海市杨浦区军工路 300 号 10 号楼 2 楼
邮政编码：200090
电　　话：021-65710077
E-mail：zgz@hbkjgroup.com

邹本清

男，研究员级高级工程师

发明名称：连续作业的高效植物炭化炉

专利（申请）号：ZL201120068970.7

发明简况：本实用新型专利采用尾气做燃料节约能源，提高产量，还能回收植物焦油、酢液，用做替代石油的化工原料，使原制炭污染物资源化，消除环境污染。炭和可燃气做清洁能源，适于中小厂家生产用。

本专利是第三代技术更新，技术基本成熟，亟待产业化。污染物资源化，节省了制炭环境污染治理工程费用及运行费用。因实现了自动化，达到了连续生产的目的，较高效植物炭化炉提高工效 8 ~ 10 倍，除供自采能源还有剩余的清洁能源——可燃气体供外用，降低了制炭成本。为转变制炭经济增长方式，改造传统炭化装置技术，达到节能减排目的，设计了“制炭尾气净化回收装置”（专利号：ZL200620021259.5），实用于土炉的技术改造，治理环境污染。

转让及合作意向：面议。

通信地址：黑龙江省尚志市兴志化工研究所（黑龙江省尚志市尚志镇环保楼二单元 301 房间） 邮政编码：150601

电　　话：0451-53350853　　E - mail：benqing2004@163.com

邹汉培

男，75 岁，本科学历，高级工程师

发明名称：含有铬钼钒合金的耐磨堆焊实芯焊丝

专利（申请）号：CN201010605246.3

发明简况：本发明公开了耐磨堆焊实芯焊丝，特别是含有铬钼钒合金的堆焊实芯焊丝。一种耐磨堆焊实芯焊丝，该实芯焊丝内含有：碳 C 0.50 ~ 0.65%、硅 Si ≤ 0.75%、锰 Mn ≤ 1.00%、铬 Cr 14.00 ~ 16.00%、钼 Mo 0.50 ~ 0.90%、镍 Ni 0.30 ~ 0.90%、钒 V 0.10 ~ 0.40%、铁 Fe79.4 ~ 84.1%。另一种耐磨堆焊实芯焊丝，在该实芯焊丝内含有：碳 C 0.40 ~ 0.50%、硅 Si ≤ 0.75%、锰 Mn ≤ 1.00%、铬 Cr 14.00 ~ 16.00%、钼 Mo 0.50 ~ 0.90%、镍 Ni 0.30 ~ 0.90%、钒 V 0.10 ~ 0.40%、铁 Fe 79.75 ~ 84.2%。该耐磨堆焊用实芯焊丝广泛应用于石油矿山钻探机械，冶金机械，工程机械，电力系统，零部件磨损后的堆焊修复，其堆焊后的表面硬度能达到 HRC48 ~ 54，性能稳定。

通信地址：江苏省无锡市芦庄新联苑 54 号 102 室　　邮政编码：214024

电　　话：0510-85407741

邹学满

男，高级工程师

发明名称：从蛋白水解液中一次性分离 15 种氨基酸的方法

专利（申请）号：CN200710031199.4

发明简况：本发明包含以下工艺：首先将人发加酸、加热水解而获取人发蛋白水解液，而后将其用水稀释，再使其流经一短程活性炭吸附色层柱，合并该色层柱的流出液和水洗液并将所得收集液用碱中和至 pH 值 4.0 ~ 5.0，在 0℃ ~ 4℃ 条件下结晶，过滤出结晶物后，重结晶，得胱氨酸；其后，将所得胱氨酸母液中和至 pH 值 7.0 ~ 9.0，并让其流经直径一长程活性炭吸附色层柱，再依次采用水洗、盐酸和乙醇液解脱，分段收集洗涤液而得到丙组分、脯组分、亮组分和精氨酸分离溶液，再对这些分离溶液作后续分离即得其余 14 中氨基酸。本专利通过在前期增加一个短程 GH-15 颗粒活性炭吸附柱，就可以得到 15 种氨基酸产品，工艺简单，分离效果好，收率高。

通信地址：广东省广州市先烈中路 102 号华盛大厦北塔 23 层 15 单元

邮政编码：510070

电　　话：18666000825